GW01606158

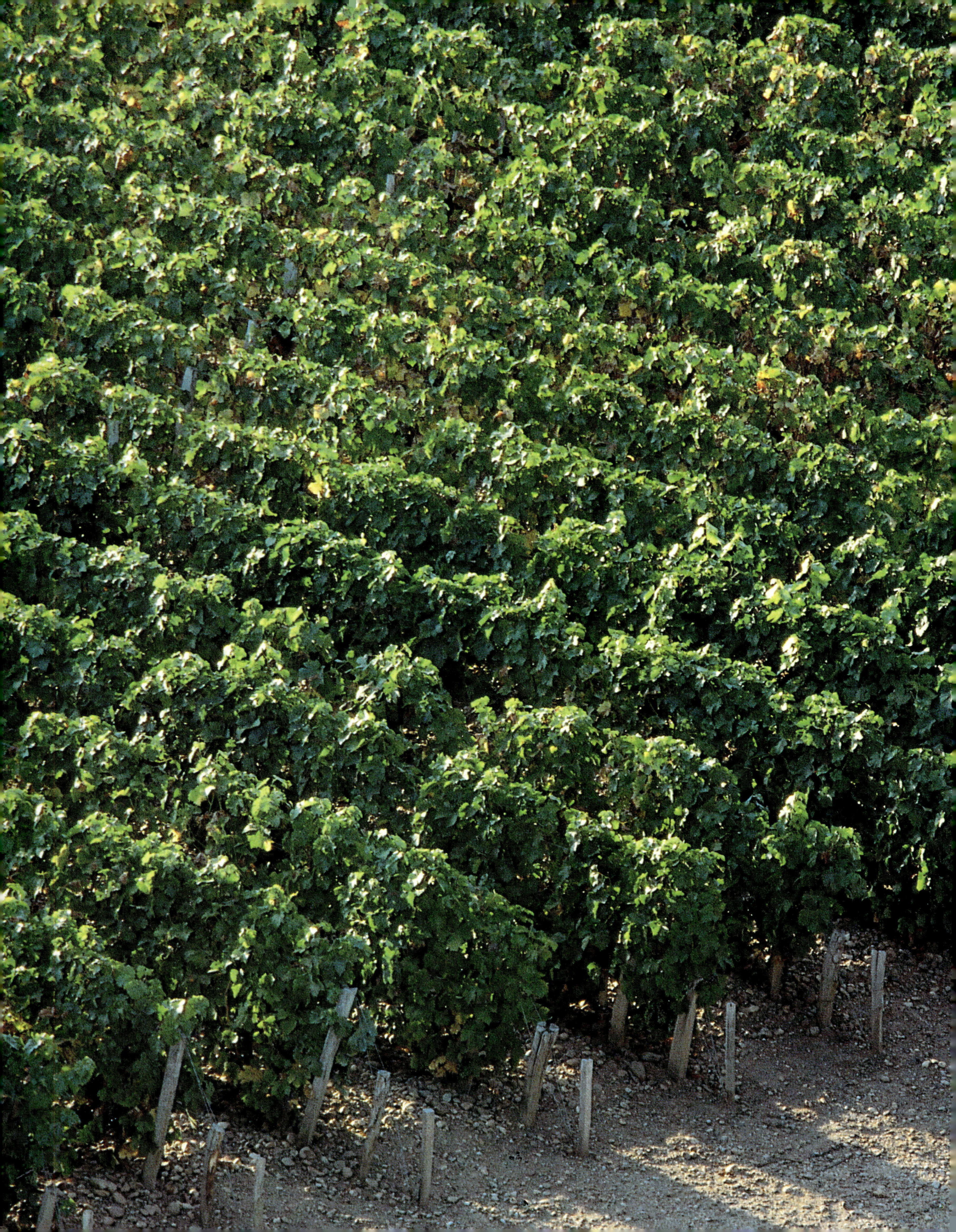

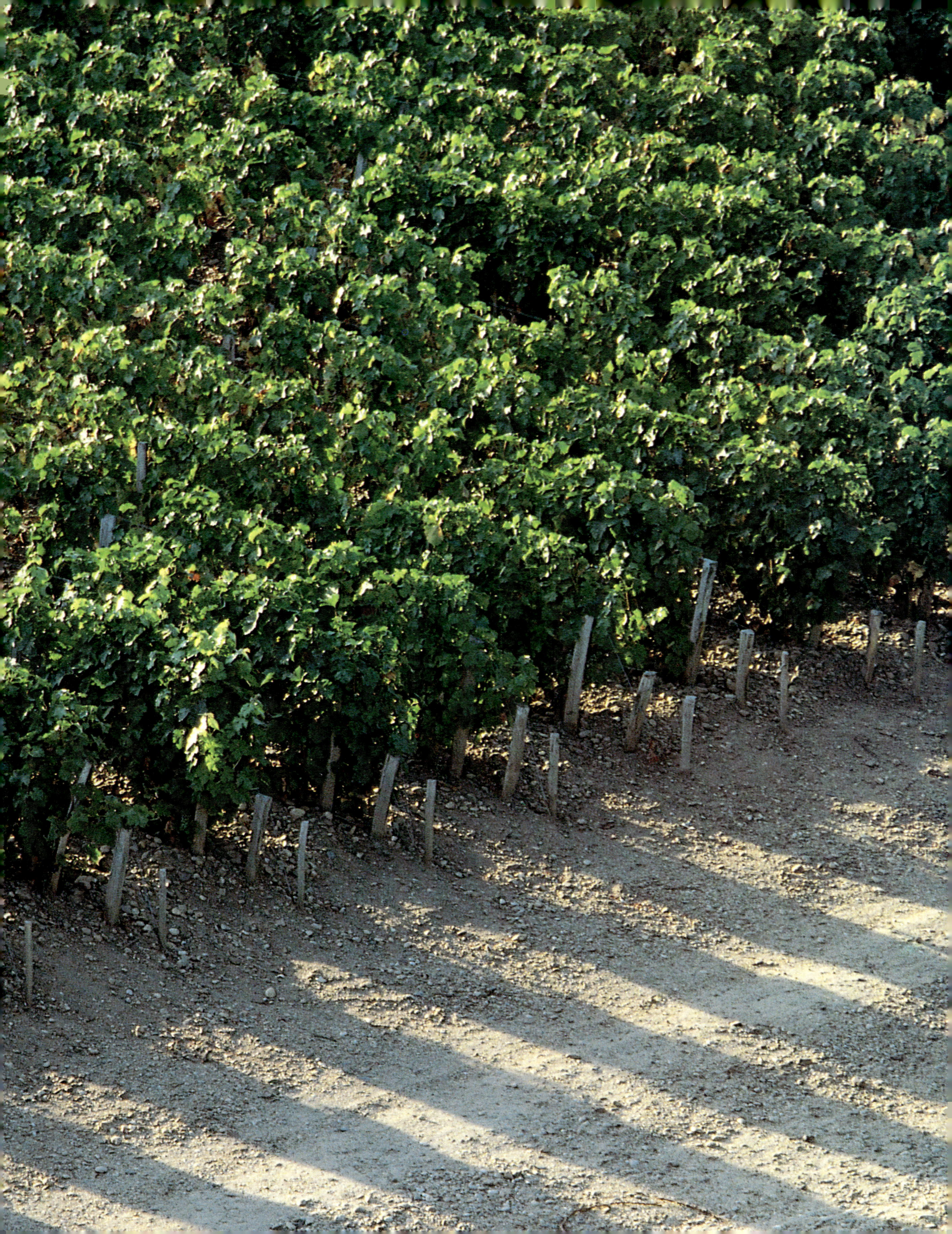

CHÂTEAUX, DEMEURES DE CHARME DANS LE VIGNOBLE BORDELAIS

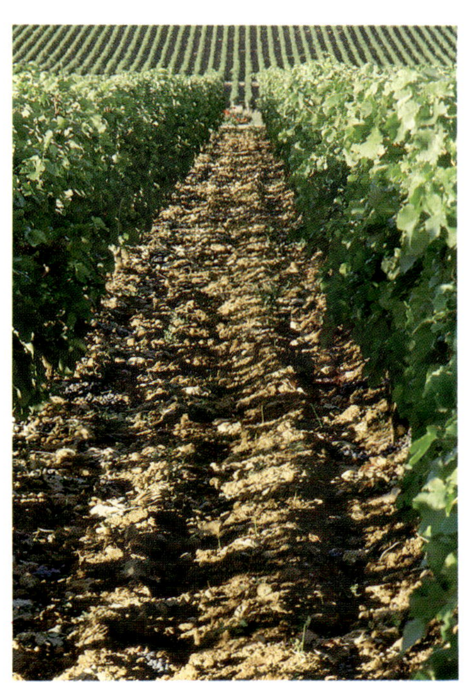

DIANE DE BIÉVILLE
Photographies
JEAN-PIERRE GODEAUT

CHÂTEAUX
DEMEURES DE CHARME DANS LE VIGNOBLE BORDELAIS

Conception graphique et réalisation
Sylvie Raulet

Conception graphique de la couverture
Walid Salem

AUBÉRON

ISBN 2-908650-28-2

S O M M A I R E

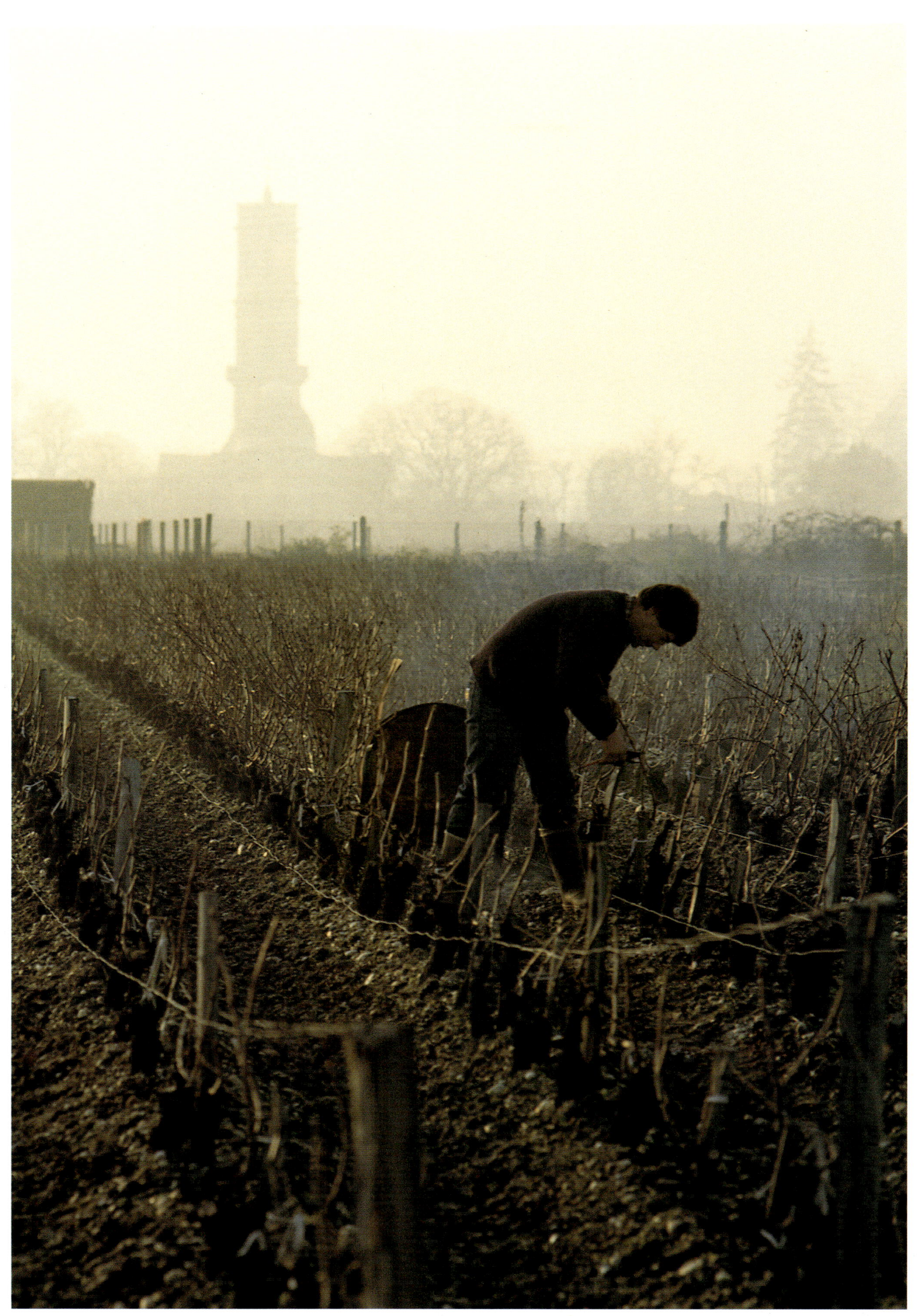

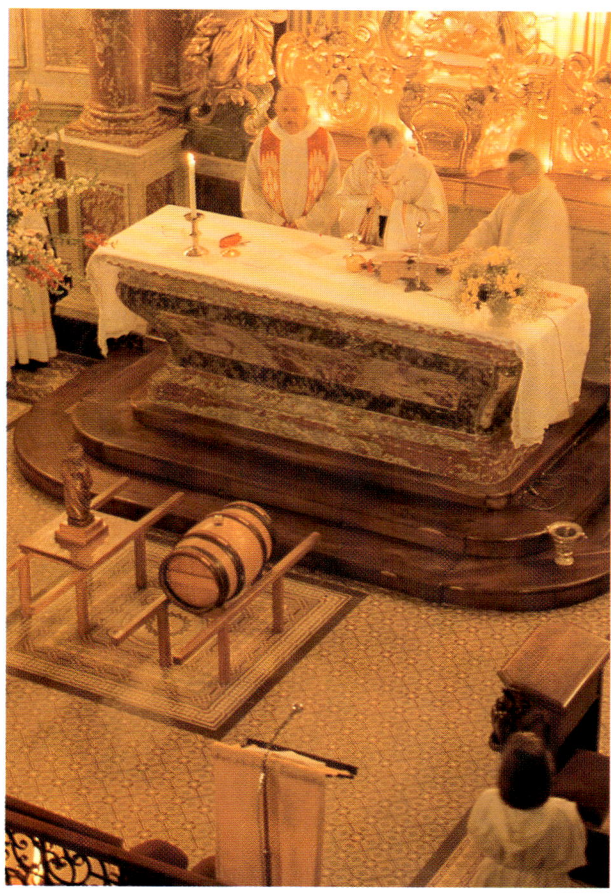

Célébration de la Saint-Vincent dans l'église de Saint-Estèphe.

La culture de la vigne est un travail tellement aléatoire que les gens qui en vivent, éprouvent le besoin de s'en remettre au pouvoir d'un saint pour espérer une bonne récolte. En France, ces saints sont nombreux, plus d'une trentaine, et leur choix varie d'une région à l'autre. Saint Michel est fêté en Alsace, saint Vernier dans certaines paroisses de Bourgogne, mais le plus célébré, en particulier dans le Bordelais, est, sans conteste, saint Vincent.

Ce choix est légitimé par sa propre histoire. Diacre de Saragosse mort torturé, Vincent avait pour fonction de verser le vin dans le calice, ce vin qui est souvent associé au sang du Christ pendant la messe ou dans le thème du pressoir mythique.

La fête d'un saint coïncide toujours avec un moment capital du travail de la vigne. La Saint-Michel, le 29 septembre, tombe dans la période des vendanges, la Saint-Vincent, le 22 janvier,

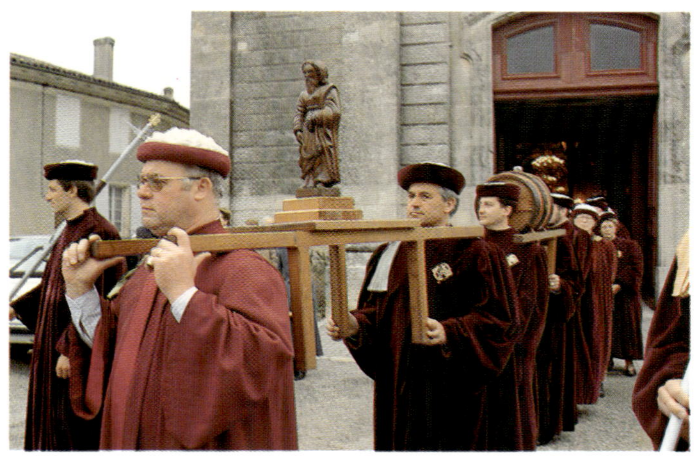

Après la messe, la statue de saint Vincent
est portée en procession de l'église jusqu'à la salles des fêtes.

correspond à celle de l'embauche, de la taille et des premiers labours. Nombreux sont les dictons en rapport avec ce saint et ce travail : « Saint-Vincent clair et beau, plus de vin que d'eau » ou sa variante « Saint-Vincent clair et beau, du vin au tonneau », « Saint-Vincent au pied sec, la vigne à la serpette », « À la Saint-Vincent, le vin monte en sarment ou, s'il gèle, il en descend » et enfin « À la Saint-Vincent, l'hiver se rend ou se reprend ».

Pourvu de toutes les vertus, saint Vincent est chargé de favoriser la montée de la sève au solstice d'hiver quand la végétation quitte l'état de sommeil pour amorcer sa renaissance et, aussi, d'assurer une protection contre tous les accidents contraires à l'obtention d'une bonne récolte.

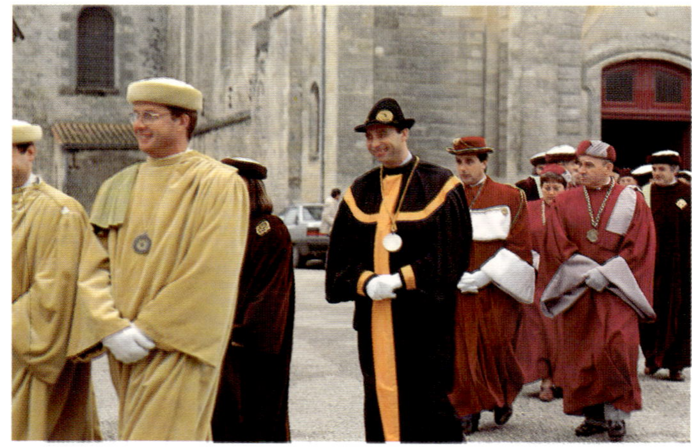

Dans le cortège, on reconnaît, de gauche à droite,
les commandeurs du Bontemps de Sauternes et Barsac ;
à demi caché, un commandeur du Bontemps du Médoc
et des Graves ; un membre de la Connétablie de Guyenne ;
un membre de la Jurade de Saint-Émilion à côté d'un membre
des Compagnons du Bordeaux.

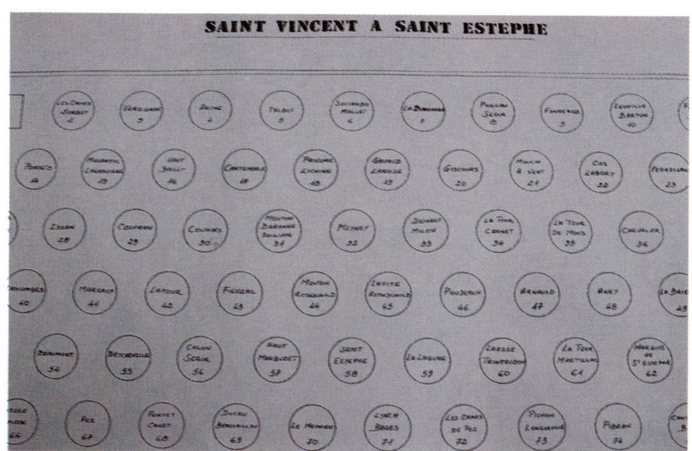

Plan de la disposition des tables dans la salle des fêtes
pour le déjeuner offert après la messe de la Saint-Vincent.

L'attention d'un psychanalyste lacanien serait vivement attirée par la multitude de calembours conçus autour de Vincent et du vin : vin-sent (le vin sent), vin-cent (le vin est rendu au centuple), vin-sang (le vin est le sang de la vigne ou celui du martyr) sans oublier l'enseigne des cabarets « O Vincent O » (au vin sans eau). Dans le Bordelais, la Saint-Vincent est célébrée chaque année dans un village différent. En 1991, ce privilège revient à celui de Saint-Estèphe. La journée commence par un défilé. La statue d'un saint Vincent en bois armé d'une serpette est portée, ainsi qu'un petit tonneau, à travers les rues par les membres des différentes confréries viticoles de la région reconnaissables aux couleurs de leur costume : robe rouge à parements d'hermine pour la Jurade de Saint-Émilion, robe lie-de-vin pour celle du

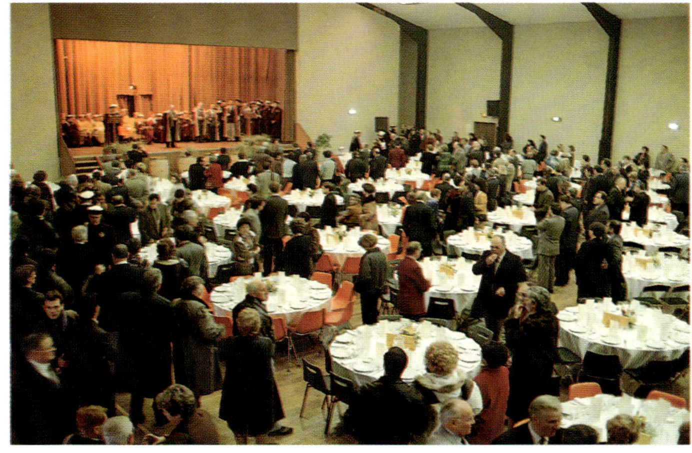

Cérémonie d'intronisation précédant le déjeuner.

Bontemps du Médoc et des Graves, robe de velours vieil or et épitoge verte pour celle du Bontemps de Sauternes et Barsac, robe rouge au col et aux revers de velours noir avec une grande croix de Malte brodée sur le devant pour les Hospitaliers de Pomerol.
Cette procession se termine par une messe. La statue et le tonnelet se retrouvent côte à côte devant l'autel de l'église baroque archicomble. Vêtu d'une chasuble blanche bordée d'or, Monseigneur Eyt, archevêque de Bordeaux, dit la messe. Après un sermon de circonstance, il bénit à la fois le vin et l'assistance. Le chœur entonne un Santa Maria à la gloire du breuvage eucharistique.
À la sortie de l'église, tout le monde se retrouve dans la salle des fêtes aménagée pour un banquet. Chaque châtelain a réservé sa table. Pour la circonstance, il est habituel d'inviter des personnalités du monde vinicole – négociant, courtier, journaliste – ou son banquier. Pendant le déjeuner, les viticulteurs échangent leurs bouteilles apportées dans des cartons. Cette fête rassemble, dans une atmosphère « bon enfant » tous les propriétaires de crus au nom mythique associés dans toutes les mémoires à de délicats bouquets et à de subtiles saveurs : Clarke, Ducru-Beaucaillou, Filhot, Giscours, Lafite-Rothschild, Lamarque, Léoville-Barton, Malle, Malleret, Margaux, Paveil de Luze, Perrotin, Pontet-Canet, Prieuré-Lichine, Troplong-Mondot. Ils sont tous réunis comme dans cet ouvrage qui les présente dans leur vie de château en ouvrant leur univers de la cave au grenier.
Pour leur histoire, leur beauté ou la qualité de leur vin, bien d'autres châteaux auraient mérité de figurer dans ce livre. N'en avoir retenu que quinze est, à leur égard, une sorte d'injustice que saint Vincent pardonnera sûrement !

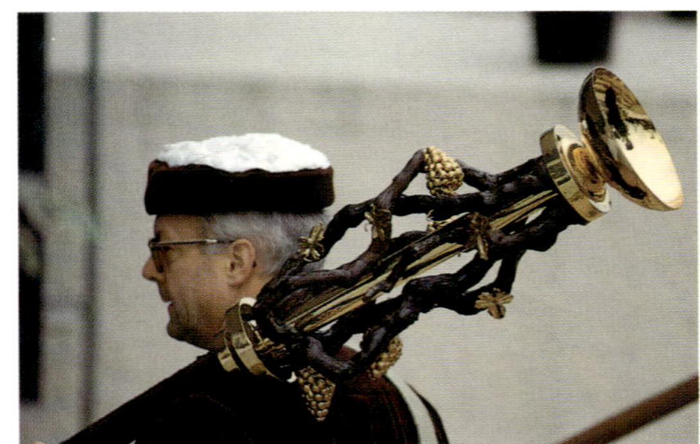

Le massier ouvre le cortège ; suivent les tambours, les trompettes, la bannière et les hallebardiers. Il porte sur l'épaule « la masse », cep de vigne surmonté d'une coupelle symbolisant le bontemps ou « desquet » en patois médocain.

CLARKE

Listrac. Cru bourgeois
Baron Edmond de Rothschild

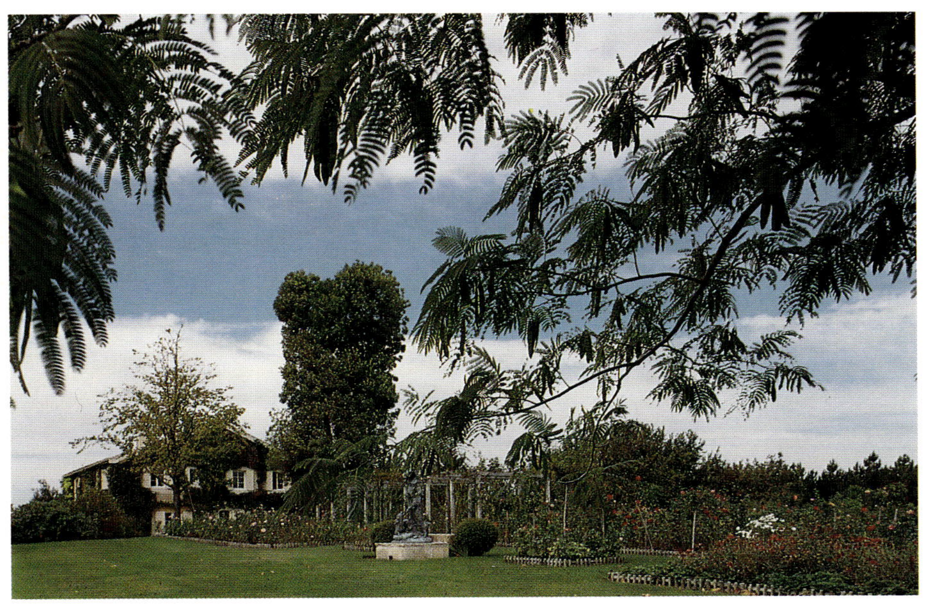

Que je chante à mon bien-aimé
Le chant de son amour pour sa vigne.
Mon ami avait une vigne sur un coteau fertile,
Il la défricha, il en ôta les pierres,
Il la planta de ce cep exquis...

Esaïe, 5.1

Arbre de vie, sang de la grappe, vigne et vin sont mentionnés plus de six cents fois dans la Bible. Dieu ne maudit point Noé pour s'être enivré après le déluge et ce fut une grappe géante que les envoyés de Moïse rapportèrent du pays de Canaan, terre promise. Dans le Haut-Médoc, sur le terroir de Listrac, à Château Clarke, on a l'oreille sensible à ces échos bibliques. Là, pour faire renaître un cru, on construit une belle histoire, celle d'un défi comme en lancent, de génération en génération, toutes branches confondues, les Rothschild.

Edmond de Rothschild, grand-père de l'actuel propriétaire de Château Clarke et fils cadet de James, fondateur de la branche française de la famille, fut un des pionniers d'Israël. Il racheta les premières terres aux Turcs, construisit les premières maisons, implanta les premières usines. Les billets israéliens de 500 shekels gravés à son effigie perpétuent sa volonté de faire *refleurir le désert*.

En 1973, sur les conseils de son ami François de Gunzbourg, propriétaire à l'époque de Château Greysac, son petit-fils qui porte le même prénom, rachète à un certain monsieur Bidon Château Clarke. Ce domaine est à l'abandon depuis vingt ans, les derniers beaux jours du cru datent de l'entre-deux-guerres. La décision du baron rencontre une incompréhension générale. Actionnaire à 20 % de Château Lafite, pourquoi s'encombrait-il de ce misérable cru défunt ?

C'est faire peu de cas de l'esprit d'entreprise d'Edmond de Rothschild et de sa singulière aptitude à la réussite. Ne dit-on pas qu'il change en or tout ce qu'il touche ? Le Club Méditerranée, à ses débuts, sa Compagnie financière ou plus modestement Monceau Fleurs. De Château Clarke démoli en 1950 ne subsistent que quelques bâtiments perdus dans les broussailles et les marécages.

Son histoire remonte au XIIe siècle, quand les moines d'une abbaye cistercienne voisine établie sur la rive gauche de la Gironde défrichent les terres qui constituent en grande partie le domaine actuel. Après leur départ, ce vignoble connaît bien des vicissitudes, morcellements et changements de main. En 1760, il ne faut pas moins de soixante-trois achats successifs de parcelles à Pierre Penne pour constituer un vignoble de 130 hectares, l'actuel Château Clarke. En 1771, le vignoble passe aux mains d'un armateur Irlandais, Tobie Clarke, dont la famille s'est exilée en France en 1692 pour avoir soutenu Jacques II le Catholique contre le prétendant protestant Guillaume d'Orange. C'est Luc, fils de Tobie, qui construit au début du XIXe siècle le château et donne son nom au domaine. Ensuite, il appartient aux Saint-Guirons, puis transmis successivement par les femmes à leurs descendantes, mesdames Abiet, Merman, Cantegril et John-Durand, puis enfin à monsieur Bidon. Vin et château ne sont plus que des noms. Edmond de Rothschild ne résiste pas à la tentation de tout refaire.

De cette gageure – coup de tête ou coup de génie –, avec la détermination d'un sioniste de la première heure, il se lance dans la plus fantastique aventure viticole jamais entreprise en France. Ressusciter un vignoble lui apparaît comme une œuvre de paix et de patience, un pacte renoué avec la nature, la vie et la tradition. Cette reconquête exige des investissements considérables, des préparatifs et un plan d'action quasi-militaire complété en 1979 par une annexion : le domaine mitoyen de Peyrelebade. Ancienne propriété d'Odilon Redon, son acquisition introduit une part d'imaginaire dans cette aventure d'un rêveur réaliste.

Soixante-cinq employés travaillent à Clarke. Pendant douze ans, un milliard de centimes sont injectés chaque année pour permettre la plantation de 130 hectares de jeunes vignes, le creusage de 27 kilomètres de fossés, la pose de 47 kilomètres de drains, l'installation d'une trentaine de cuves en acier inoxydable et thermo-régulées et surtout la mise au point d'un programme informatique unique au monde. Parcelle par parcelle, toutes les données concernant la vigne y sont répertoriées : tailles, fumures, traitements sanitaires et cuve par cuve, celles relatives à l'élaboration du vin : taux d'acidité, densité, quantité de levures utilisées...

Pour atteindre son but, Edmond de Rothschild s'entoure de personnes extraordinairement compétentes dans leur domaine. Un bon vin est la réunion de quatre paramètres : le sol, le climat, le cépage et le savoir-faire. Pour le sol et le climat, il suffisait de faire confiance aux moines, ils ne s'installaient jamais au hasard. L'encépagement a été soigneusement dosé parmi les grands classiques de cette rive de la Gironde sur les conseils hautement qualifiés de l'œnologue Jacques Boissenot. Quant au savoir-faire, c'est le travail du maître de chai. Pendant la première année, il surveille la maturation du vin, compense par ajouts réguliers son évaporation – cela s'appelle ouiller – et, pendant la seconde année, le goûte ponctuellement jusqu'à la mise en bouteille. De son expérience, goût et aussi intuition, dépend le classement du cru. À Château Clarke, cette charge est remplie par Philippe Bonnin, fils de viticulteurs de l'Entre-deux-Mers et ancien élève de l'école d'œnologie de la Tour Blanche, près de Sauternes. En revanche, il n'intervient pas dans la petite production d'un vin casher réalisée sous contrôle rabbinique et entièrement confiée à des employés de confession juive.

Edmond de Rothschild considère que la renaissance de Clarke revient essentiellement à sa meilleure alliée, son enthousiaste compagne, sa femme Nadine, dont l'histoire est à sa façon exemplaire.

Née à Saint-Quentin, dans l'Aisne, sous le signe du bélier, elle est une jeune fille volontaire, enjouée, pleine d'initiatives et déjà ennemie de la routine. Avant d'accomplir une fabuleuse ascension sociale, elle est tour à tour ouvrière dans une usine de housses, modèle du peintre Domergue et actrice. En se mariant, elle trouve enfin la consécration dans un rôle à sa mesure, celui de baronne. Elle incarne ce personnage avec le sourire, en prodiguant sa joie de vivre et en ne donnant jamais l'impression d'être blasée. Après s'être occupée de ses somptueuses demeures d'Armainvilliers, près de Paris, ou de Pregny, en Suisse, en s'installant à Clarke, Nadine de Rothschild prend le contre-pied de Marie-Antoinette. Au lieu de bâtir un hameau pour y jouer à la bergère par ennui, Nadine transforme un hameau pour se faire plaisir et vivre en châtelaine. C'est aussi l'occasion d'exercer dans la plus totale liberté ses talents de décoratrice. Parmi les cristaux de Bohême et les meubles Boulle, le vin et la vigne se manifestent sous forme de clins d'œil : nappe brodée avec des scènes de vendanges, collection de tire-bouchons ... Et partout, des coupelles emplies de bonbons et de sucreries tentantes comme le diable.

Nadine de Rothschild aime bien retrouver Clarke en été et en automne. Est-ce installée sous la pergola ou la tonnelle dans le jardin qu'elle écrit ses *best-sellers* ? Le dernier, un manuel de savoir-vivre, apprend à affronter toutes sortes de circonstances sans jamais être pris au dépourvu, véritable mine de conseils tirés de sa propre expérience. Il y en a toutefois un qui ne s'y trouve pas, c'est sa joie de vivre. La devise des Rothschild *Se transformer pour durer* lui convient à merveille. Comme ces quelques vers du *Cantique des Cantiques* de Salomon :

Levons-nous le matin pour aller aux vignes
et voyons si le pampre a poussé,
si la grappe est formée.
C'est là que je te donnerai mon amour.

Edmond et Nadine de Rothschild envisagent l'avenir de Château Clarke avec confiance. *Audentes fortuna juvat.* Inauguré en 1979, à la fête de la Fleur, ce jeune vignoble a fait *ses classes*. Maintenant il n'a besoin que de vieillir. Bon vigneron sait attendre, le temps travaille pour lui.

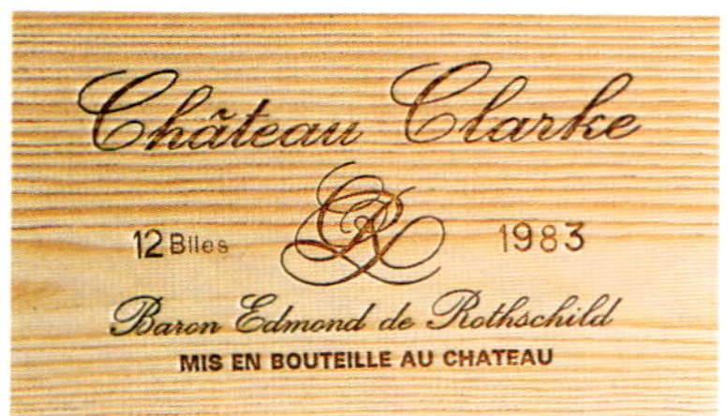

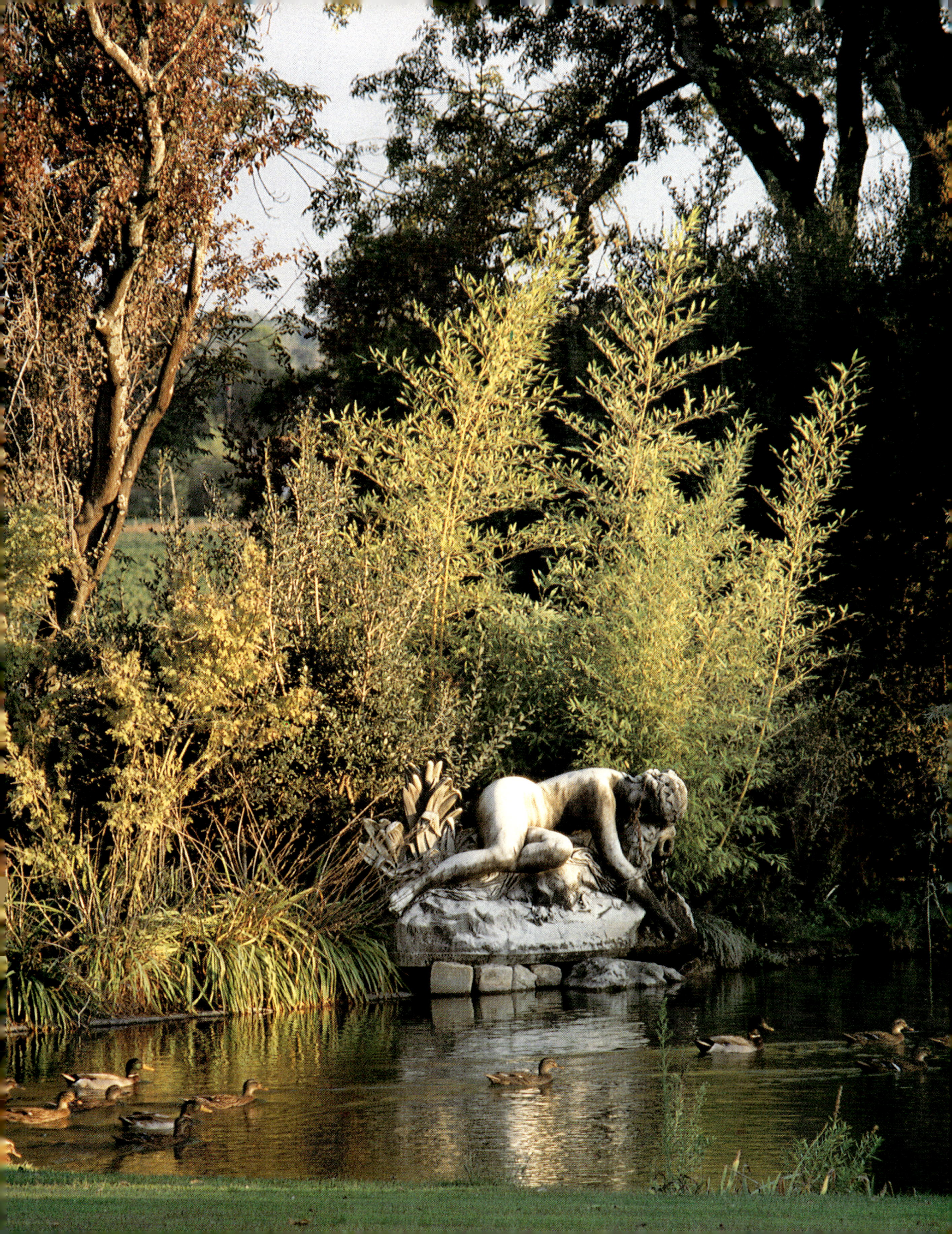

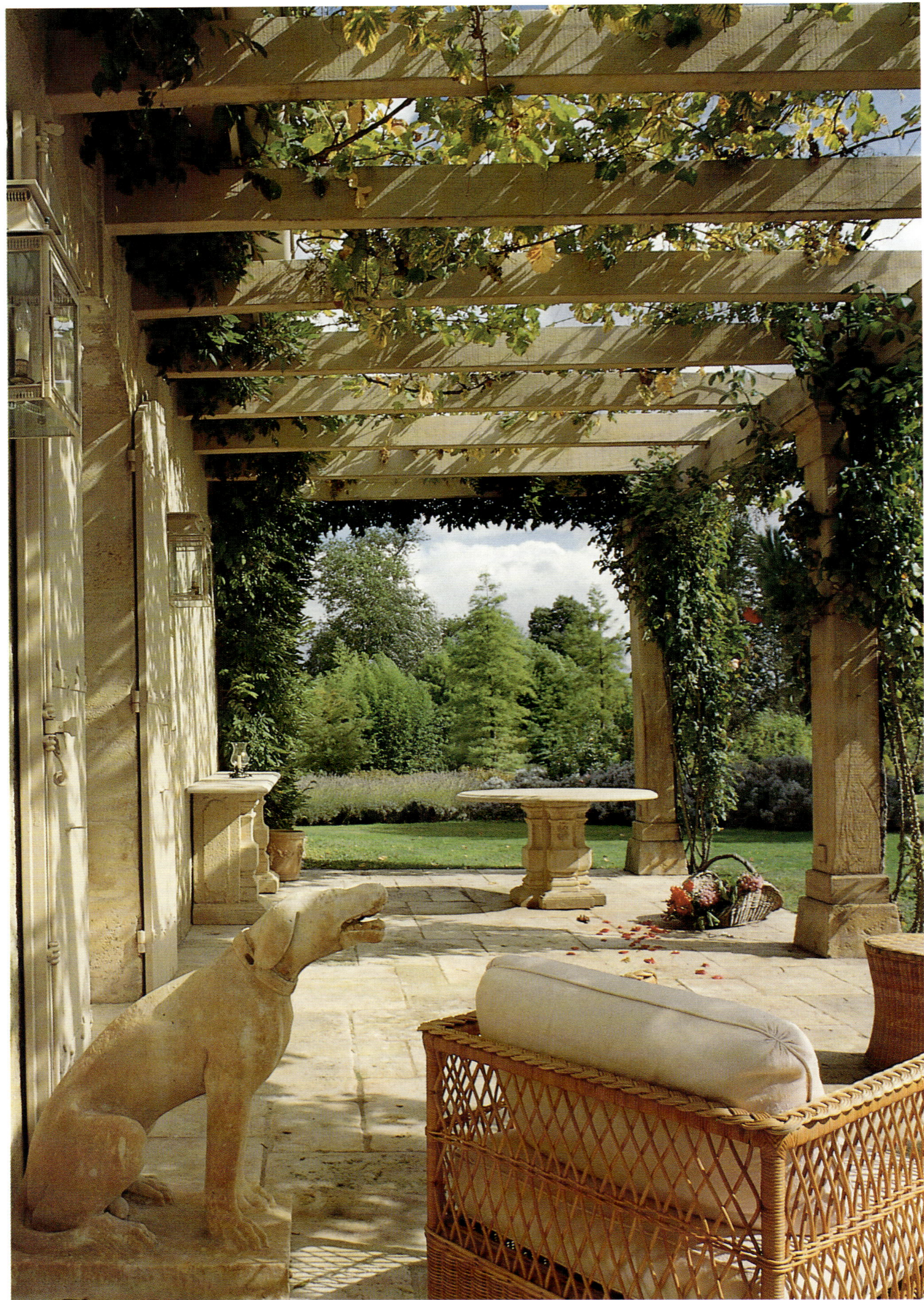

Sous la charmille, devant la salle à manger, un chien de pierre garde le panier de roses fraîchement coupées.

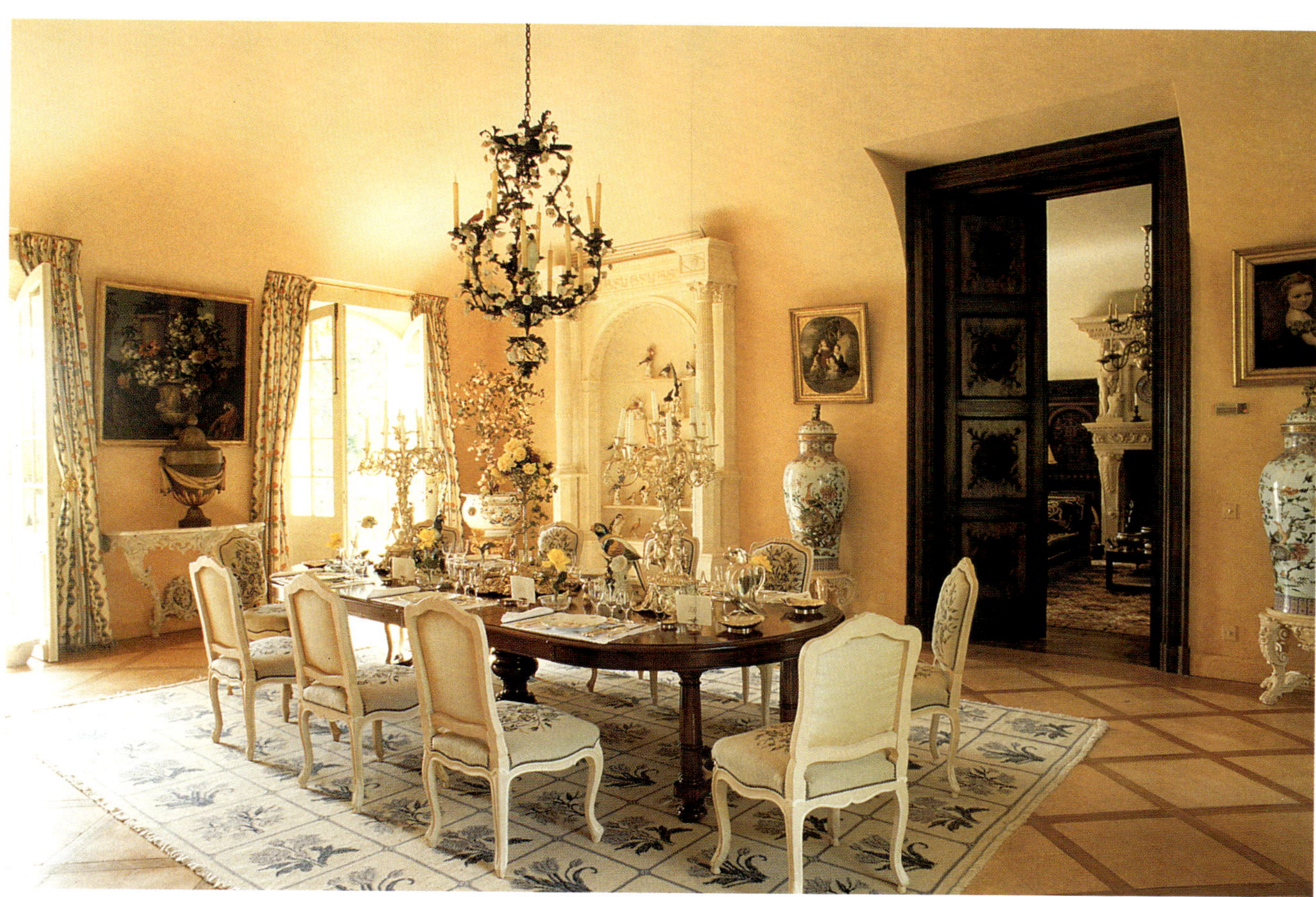

Salle à manger d'apparat dans laquelle est exposée une collection d'oiseaux en porcelaine de Saxe.

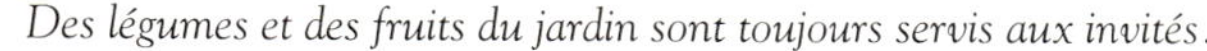

Des légumes et des fruits du jardin sont toujours servis aux invités.

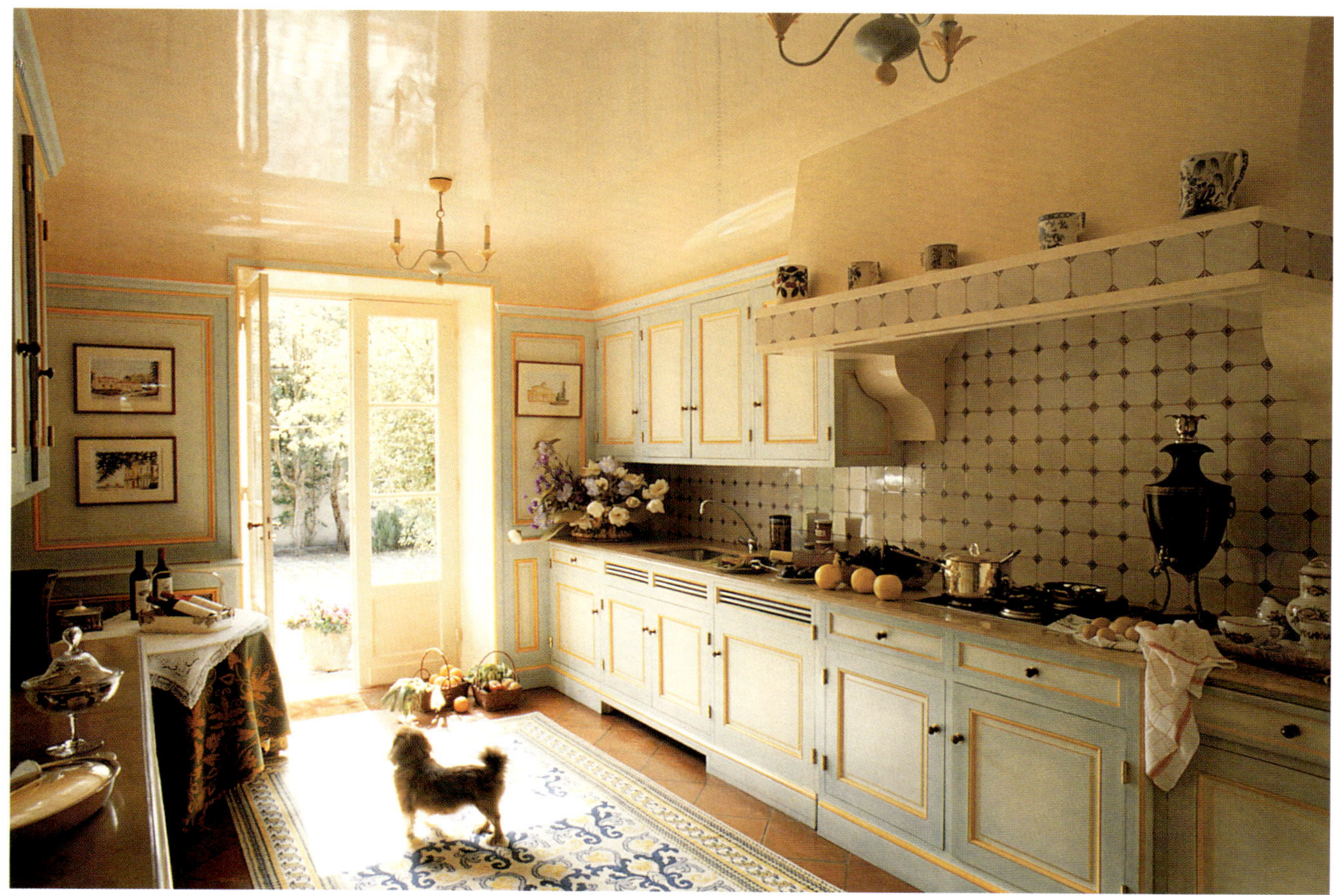

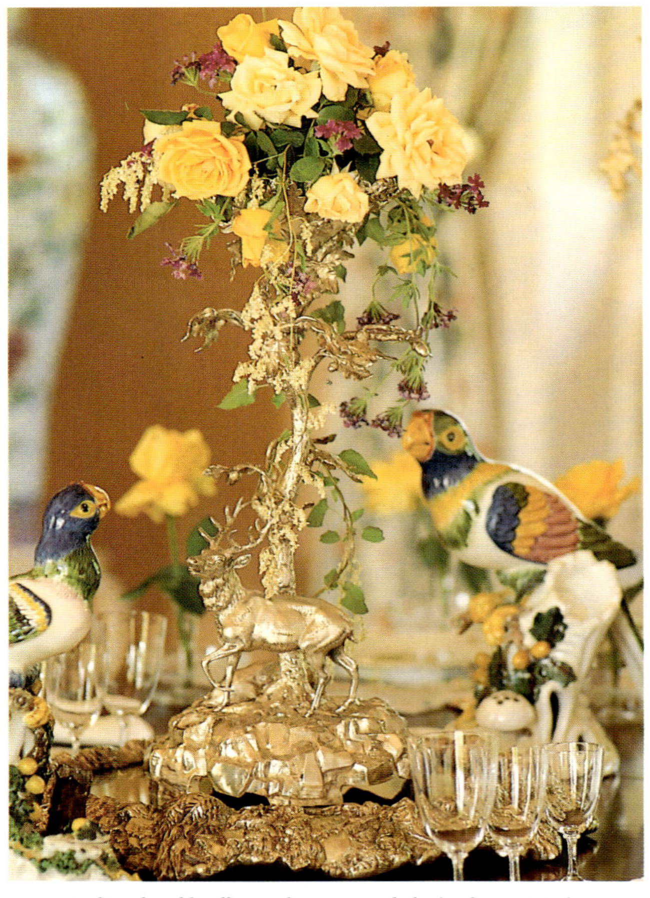

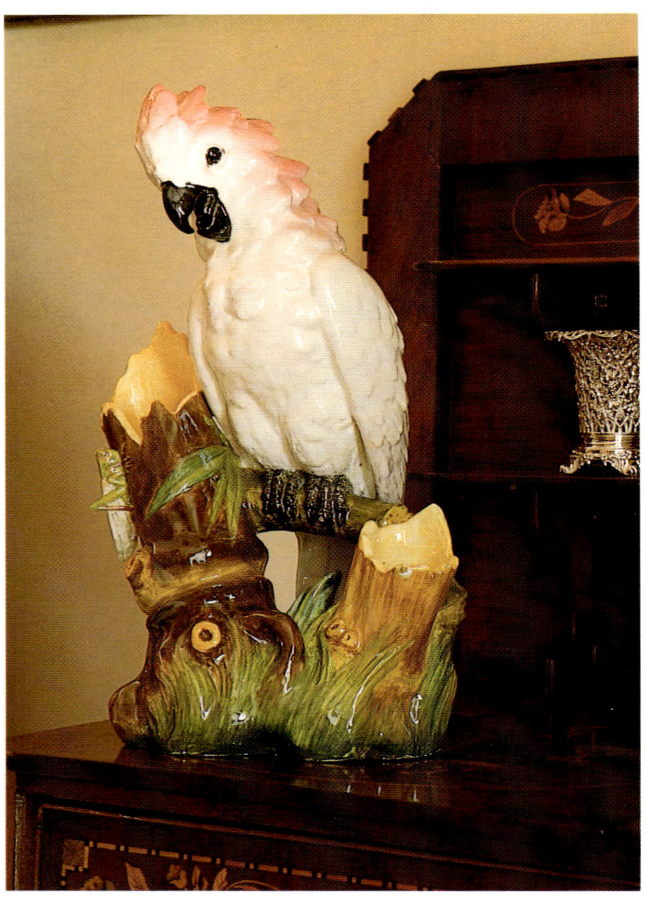

Milieu de table allemand en argent de la fin du XIXe siècle, offert à Edmond de Rothschild par son fils Benjamin.

Dans l'entrée, un perroquet en barbotine accueille les visiteurs.

Oiseaux d'une collection en porcelaine de Saxe présentés dans la salle à manger.

À cheval sur son tonneau, Bacchus a l'ivresse mélancolique.

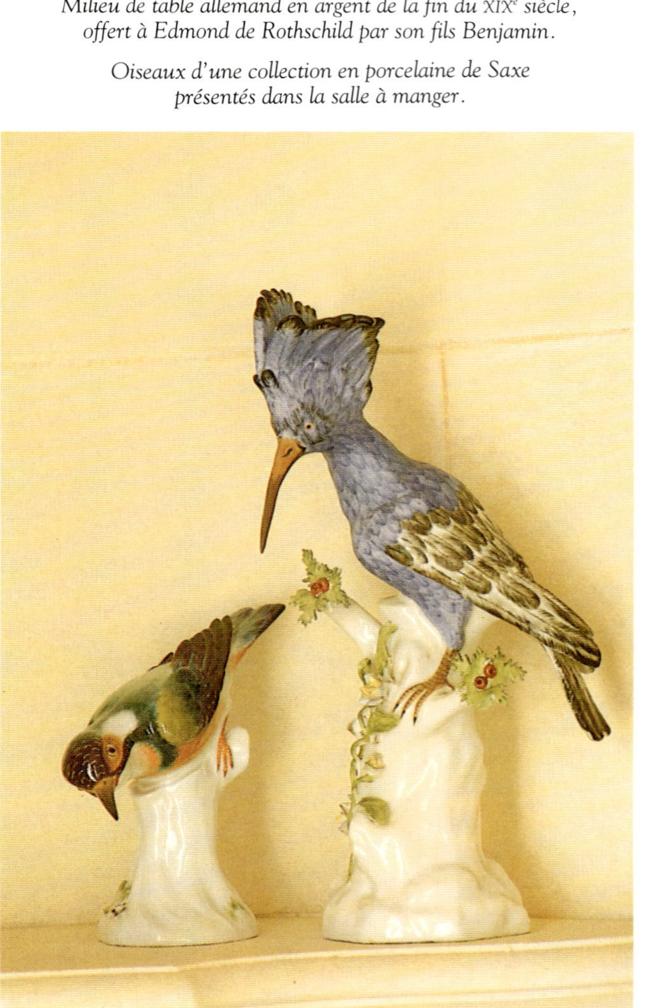

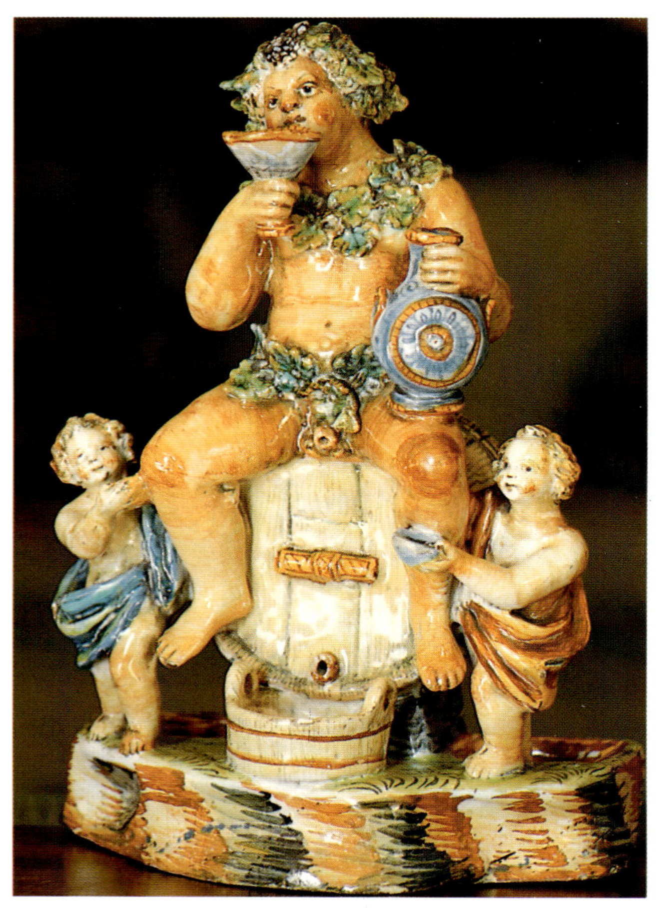

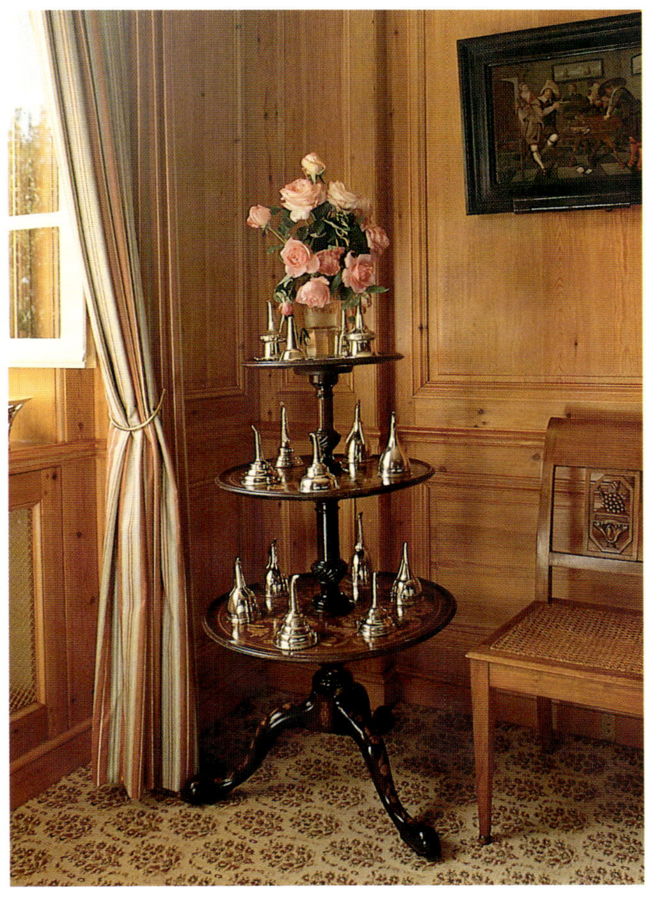

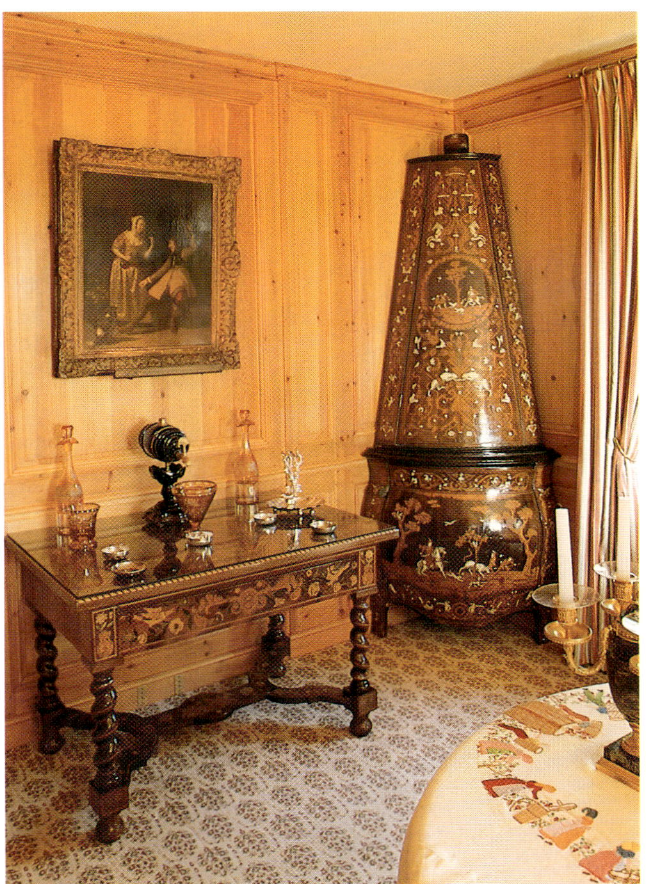

Filtres d'argent très à la mode au XIXe siècle, les décantoirs servaient à transvaser le vin de la bouteille à la carafe.

Meubles hollandais et cristaux de Bohême.

Appelé massacre, ce fauteuil rappelle, comme un trophée, sa matière d'origine.

Sur la table de la bibliothèque, le vieux livre de chasse de la propriété d'Armainvilliers.

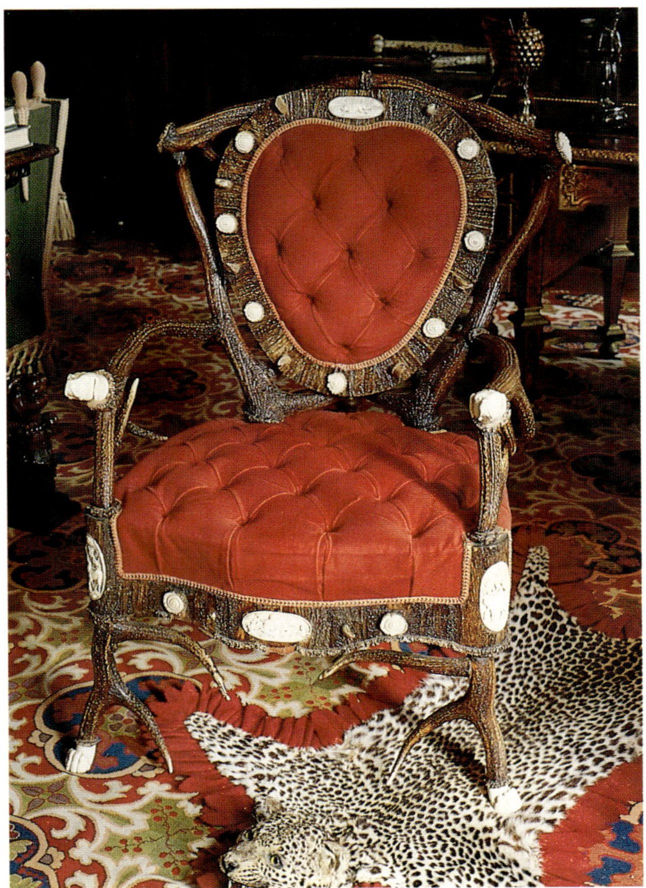

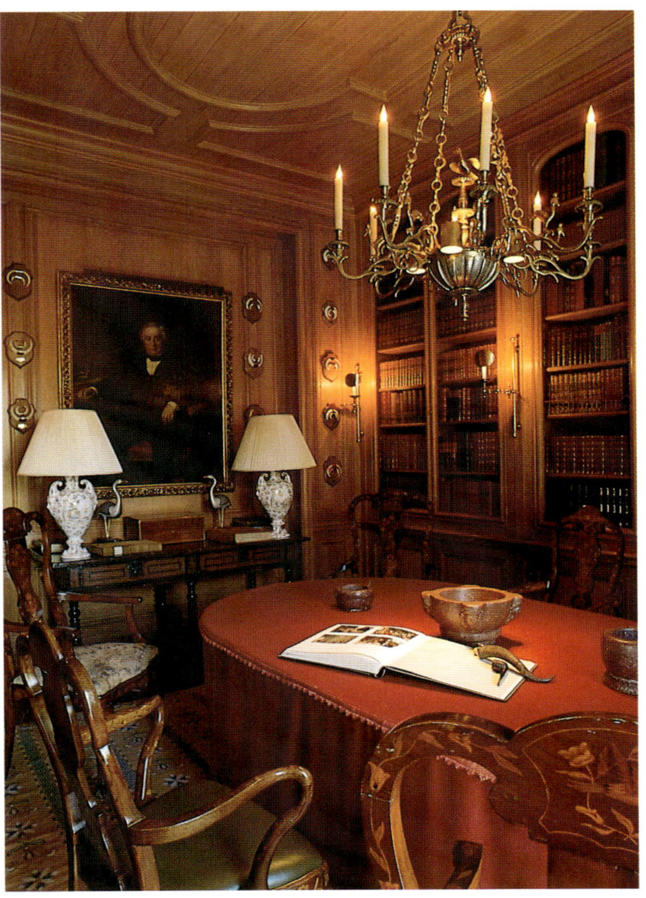

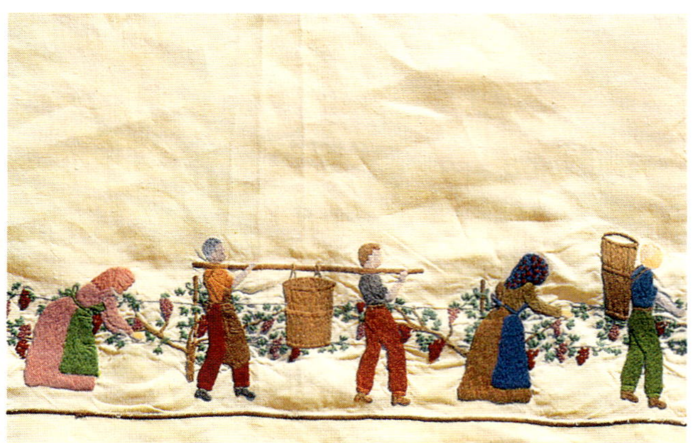

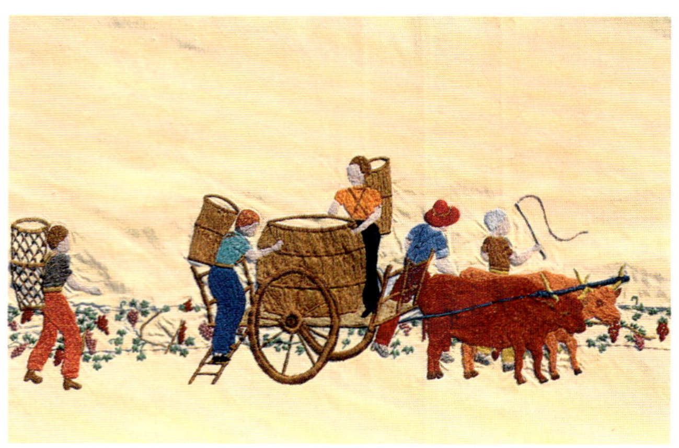

Les livres de Nadine de Rothschild sont des best-sellers mais elle possède d'autres talents moins connus du grand public.

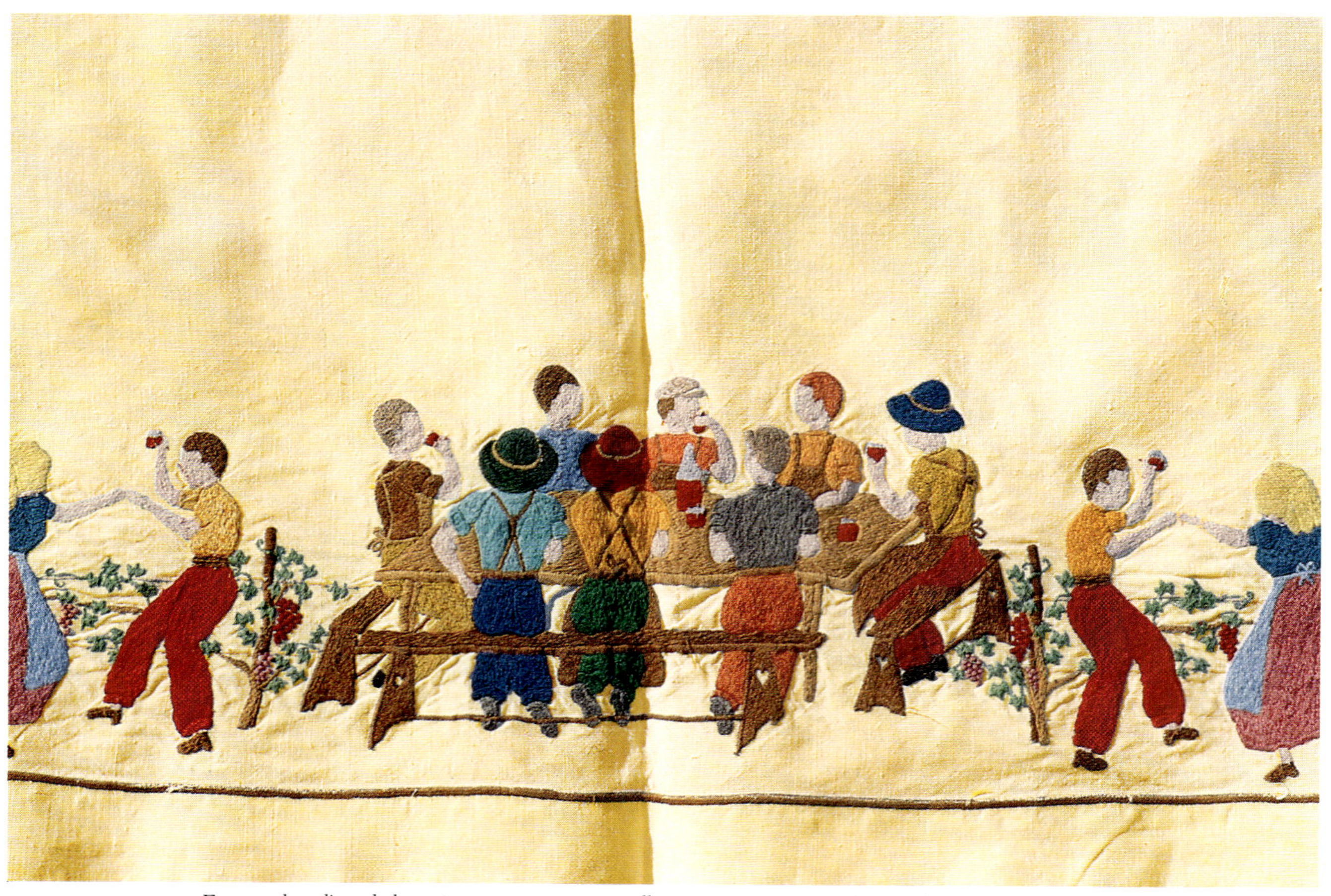

Experte dans l'art de la tapisserie au petit point, elle a recouvert certains des fauteuils de son petit salon. Excellente brodeuse de surcroît comme en témoigne cette ronde des vendanges représentées dans un style naïf sur une nappe de lin.

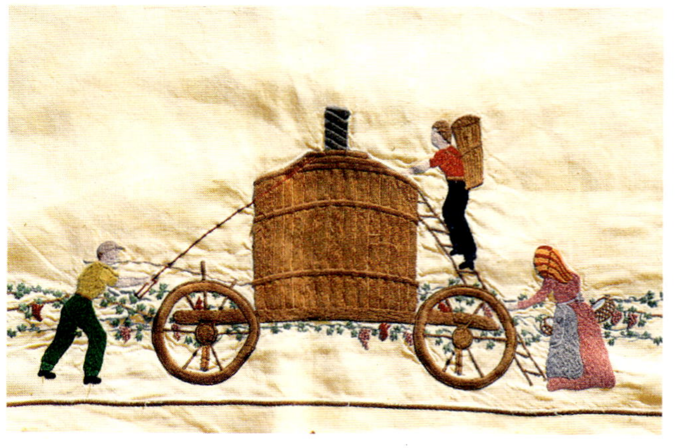

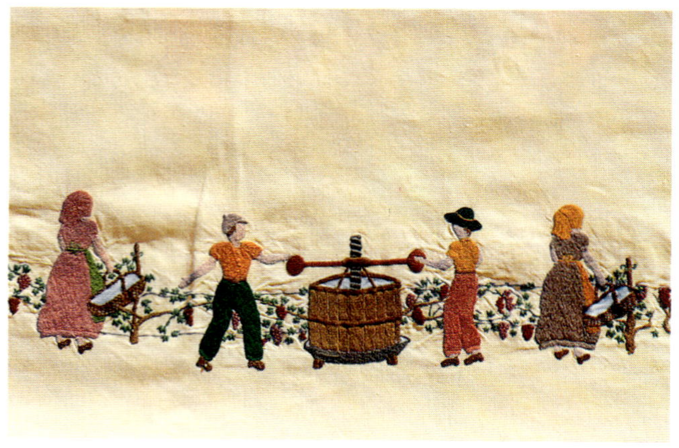

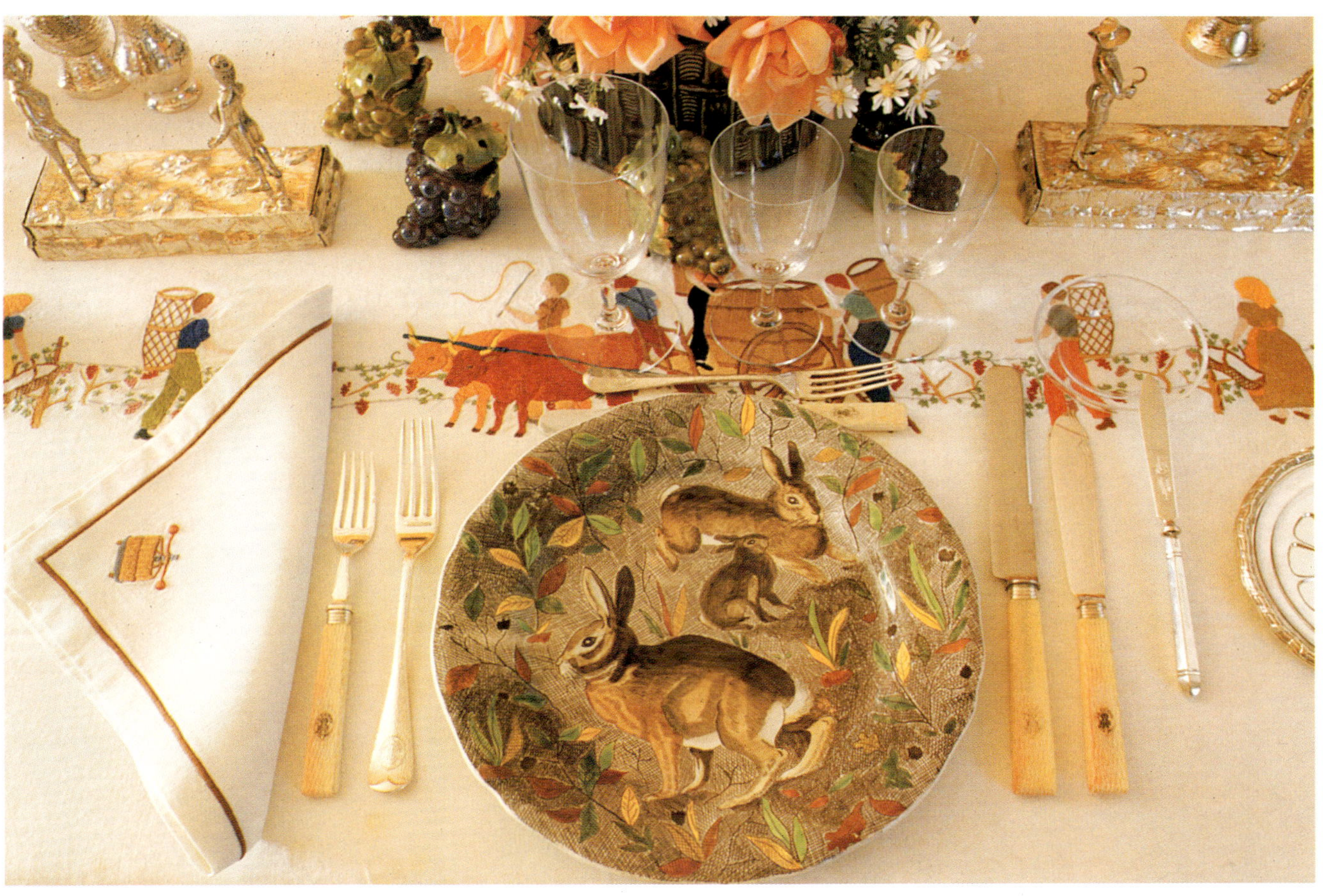

Détail d'une table dressée pour un repas d'automne : occasion rêvée de servir des grives aux raisins dans cette vaisselle de Gien.

Clarke possède sa tapisserie de Bayeux, une ronde des vendanges naïvement brodée sur une nappe blanche.

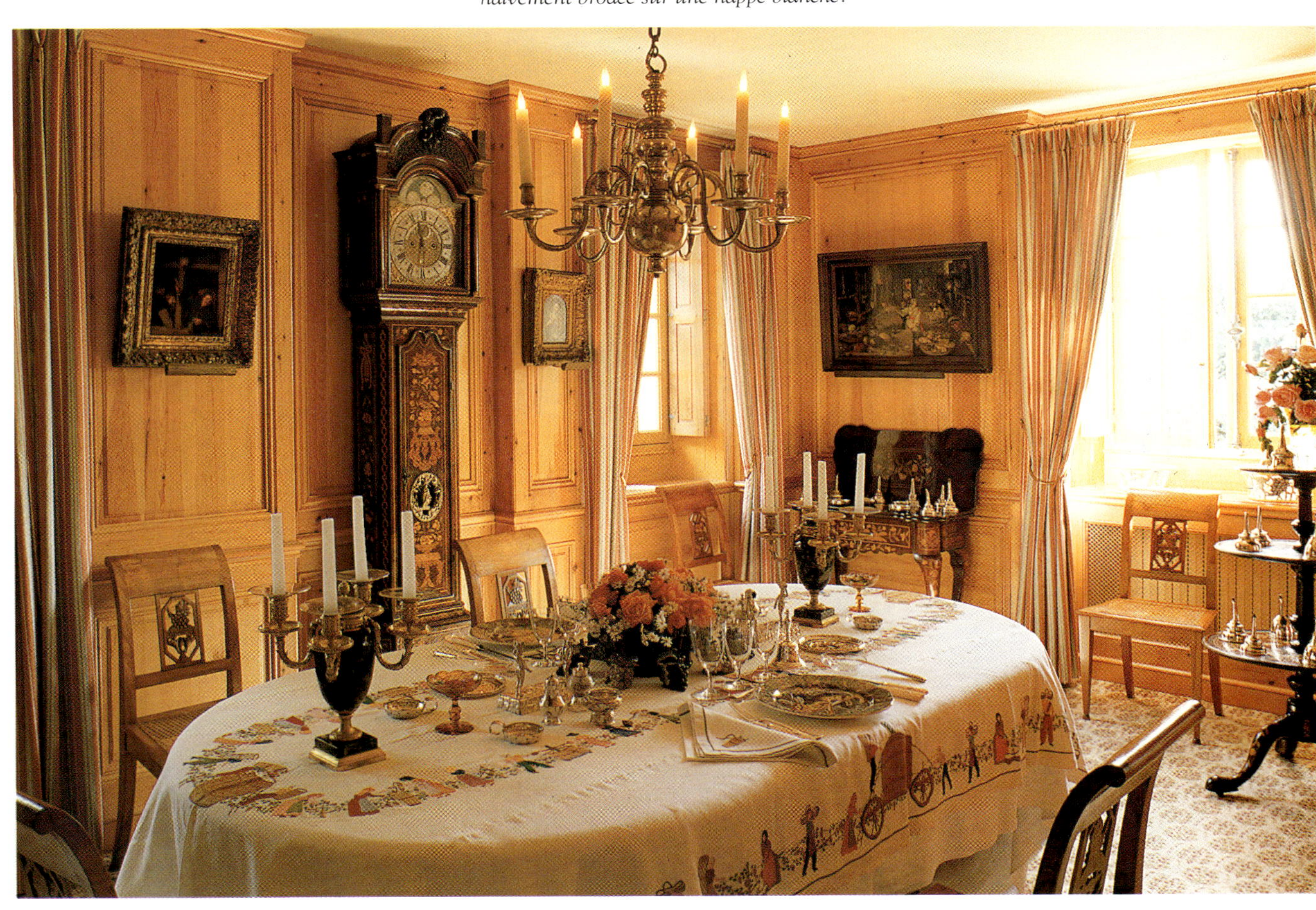

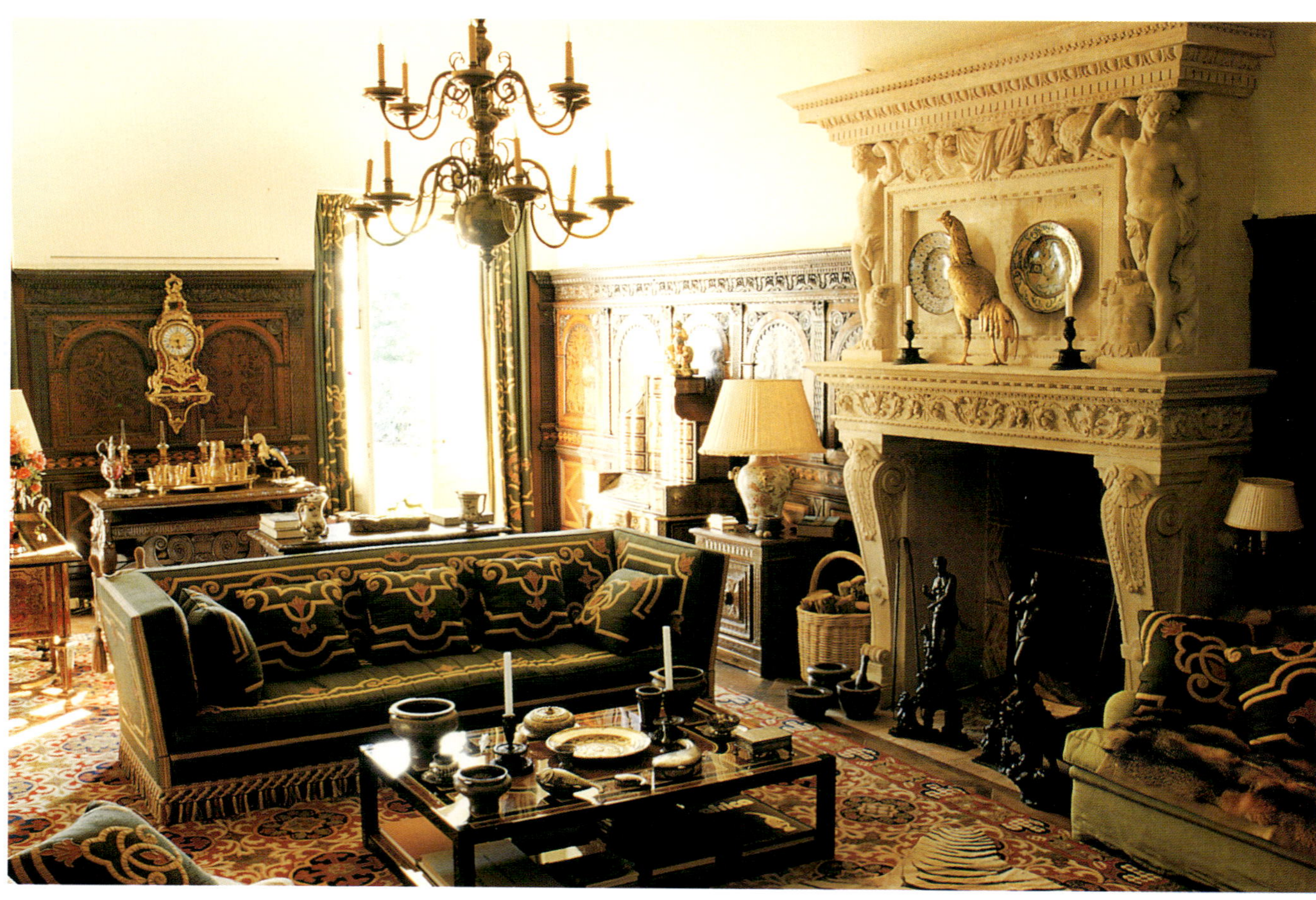

Pièce préférée d'Edmond de Rothschild, le grand salon s'ouvre sur l'ondulation des vignes.

Les incrustations de cuivre et d'écaille du mobilier Boulle s'harmonisent aux boiseries du début du XVIIe siècle rescapées d'un palais vénitien.

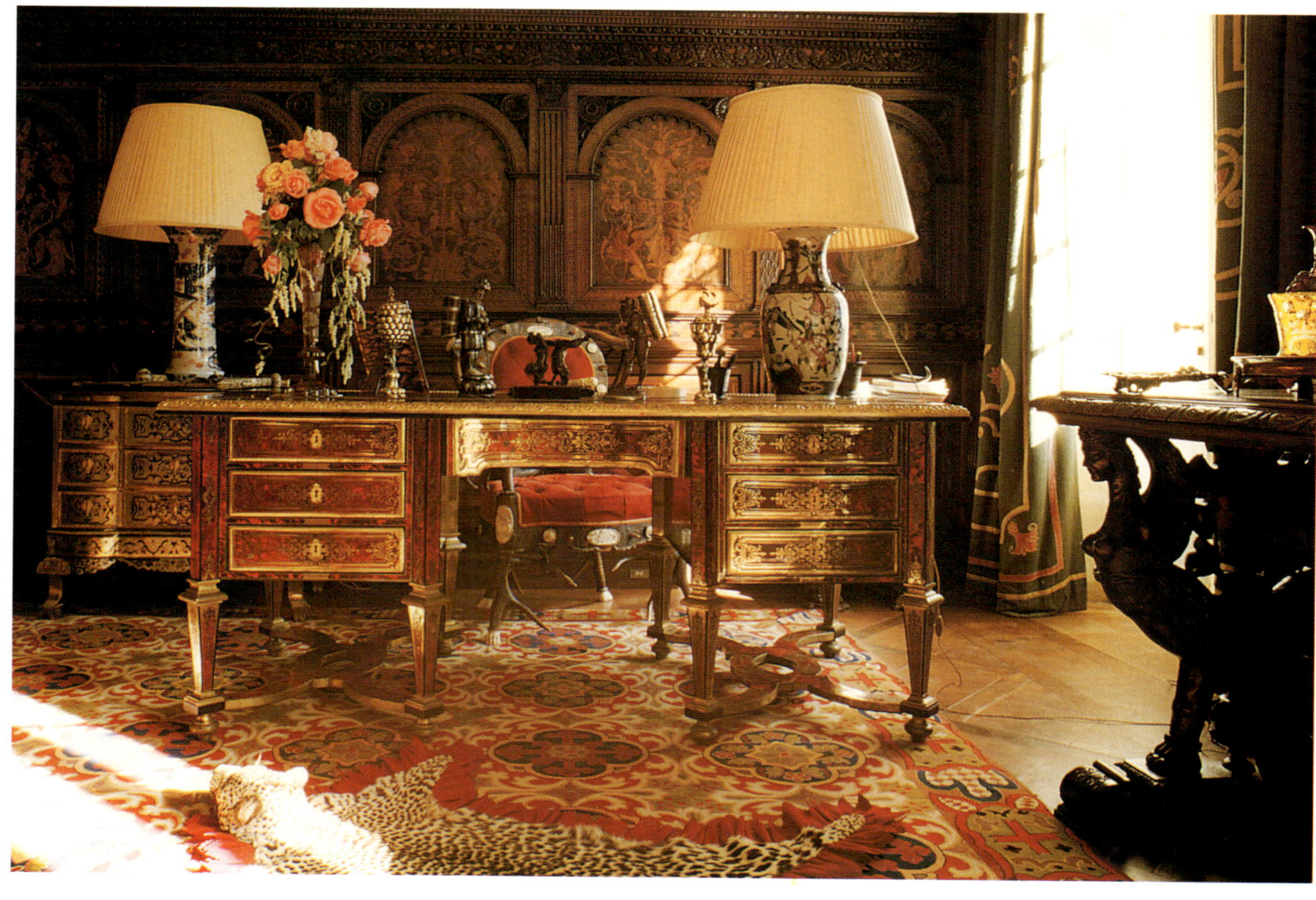

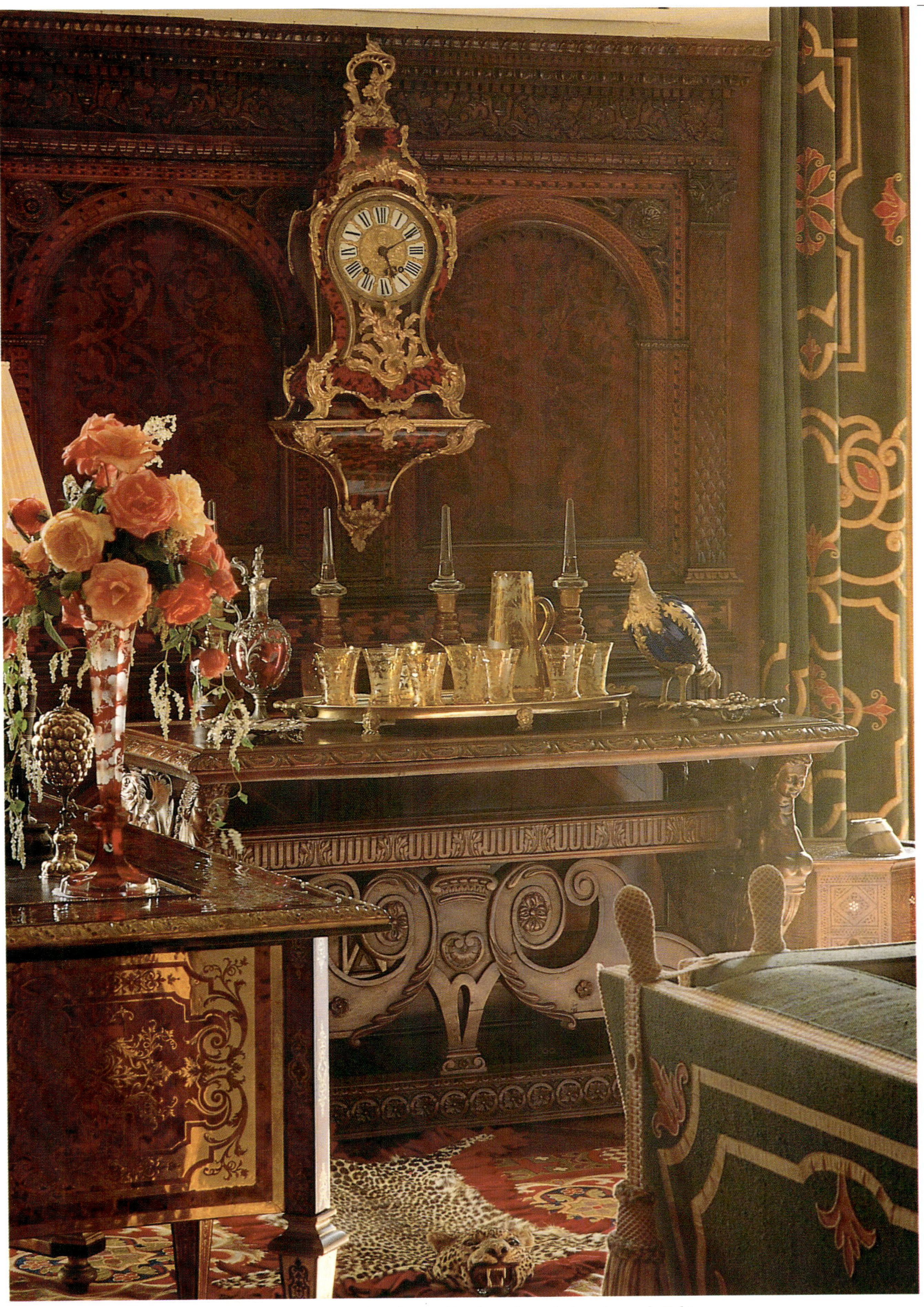

Nadine de Rothschild adore chiner : elle relança la mode des cristaux de Bohême.

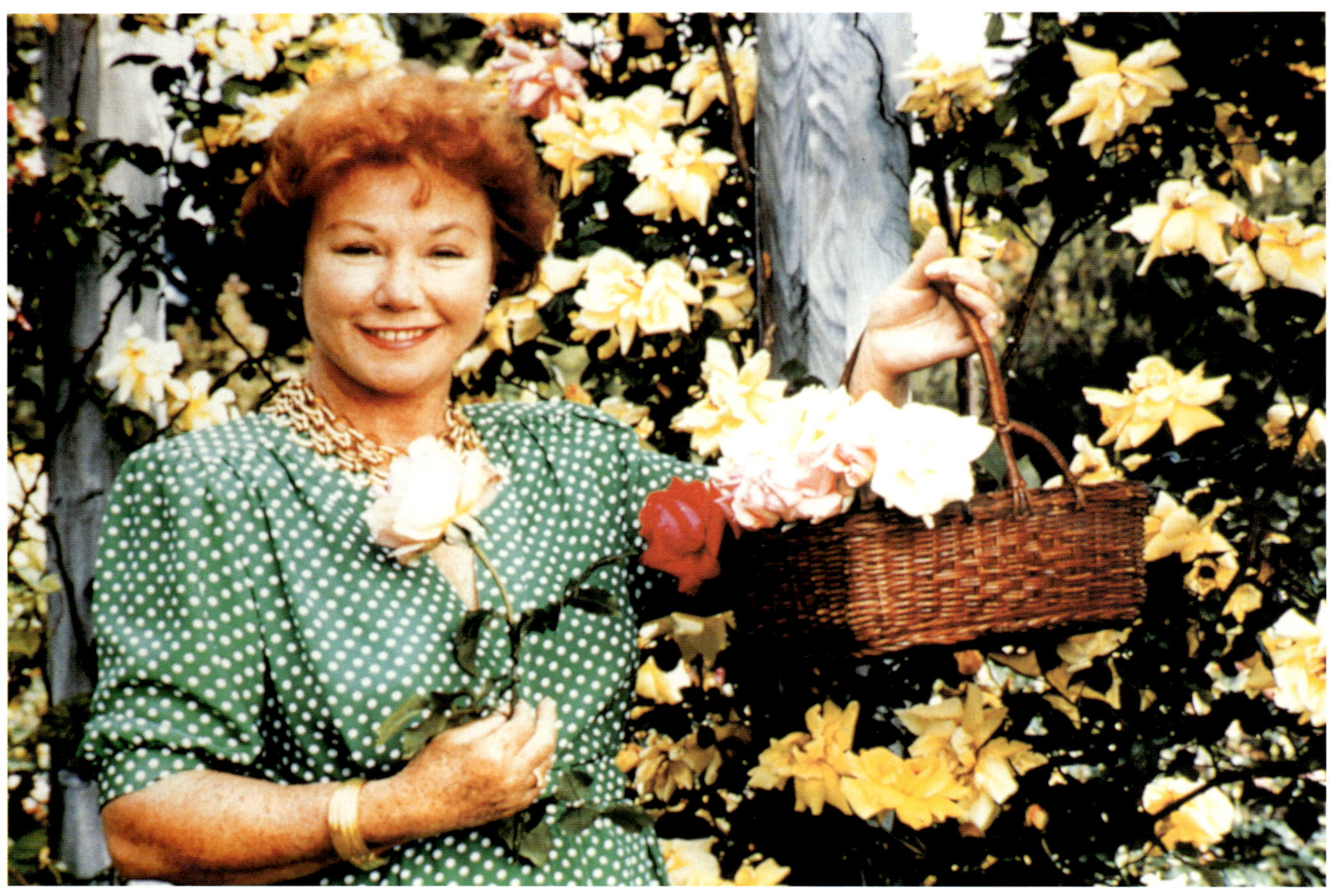

Photographie de Nadine de Rothschild dans la roseraie de Clarke.

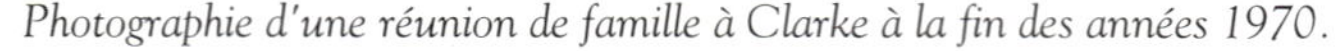

Photographie d'une réunion de famille à Clarke à la fin des années 1970.

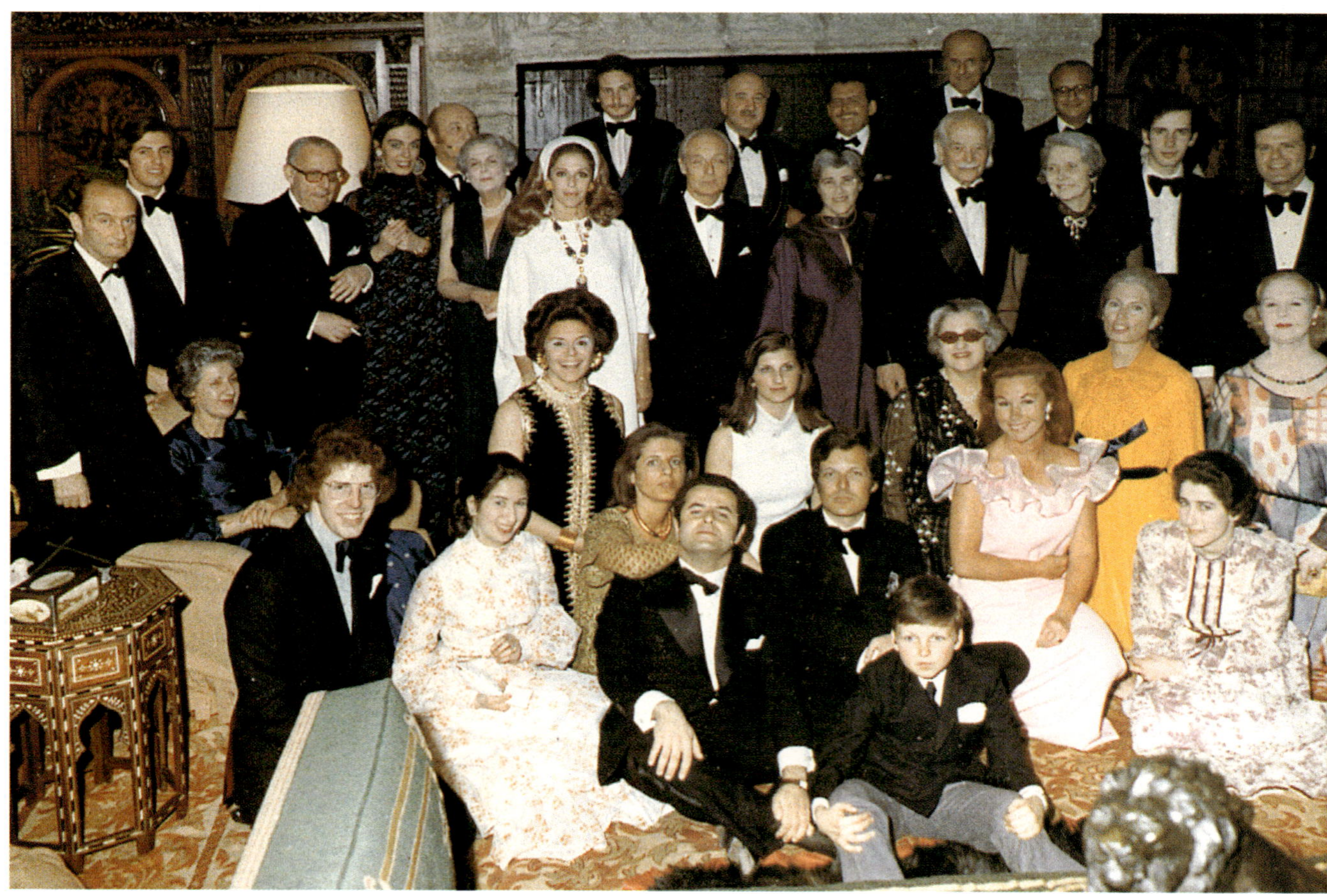

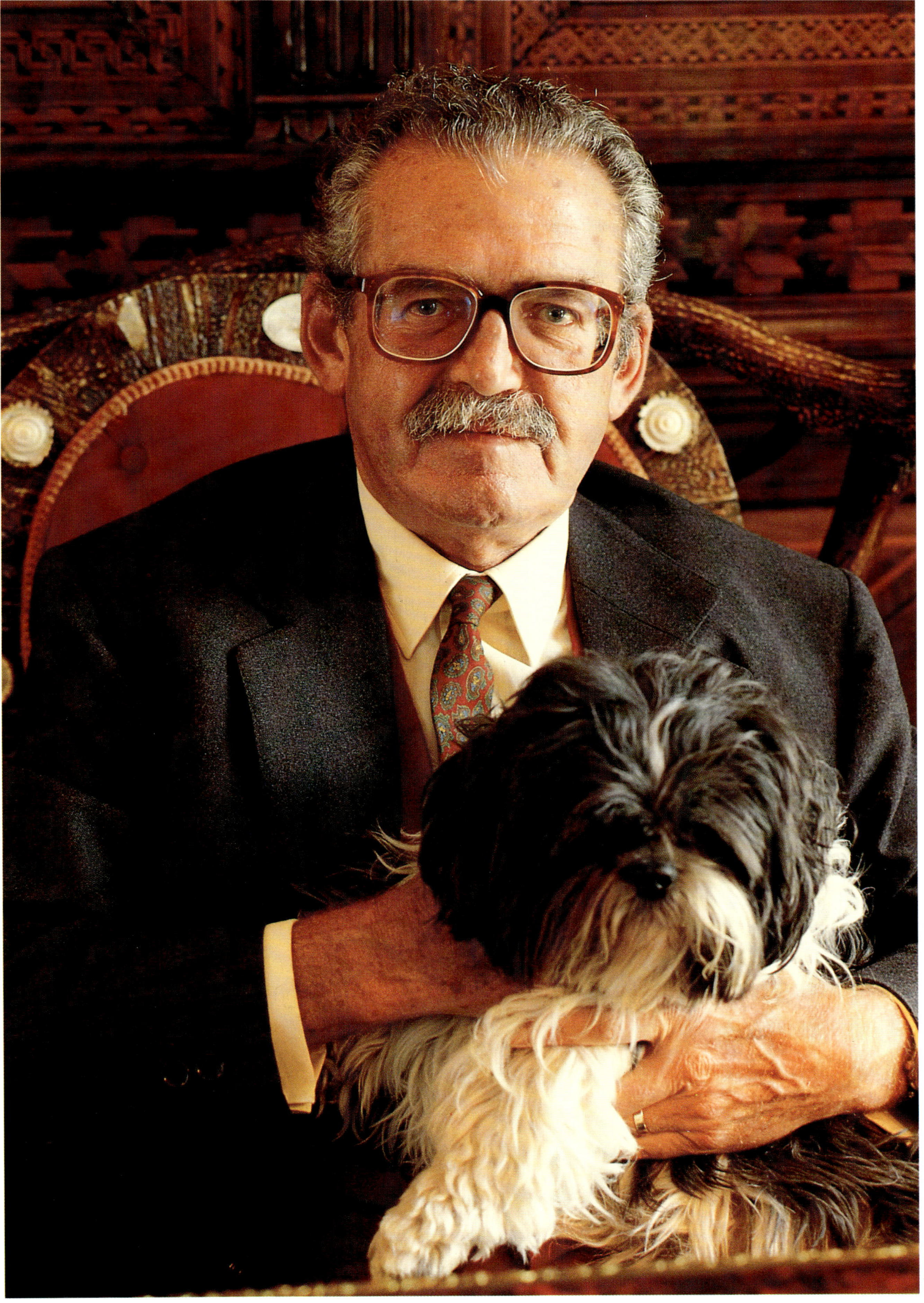

Edmond de Rothschild et son schi-tzu Bonzaï.

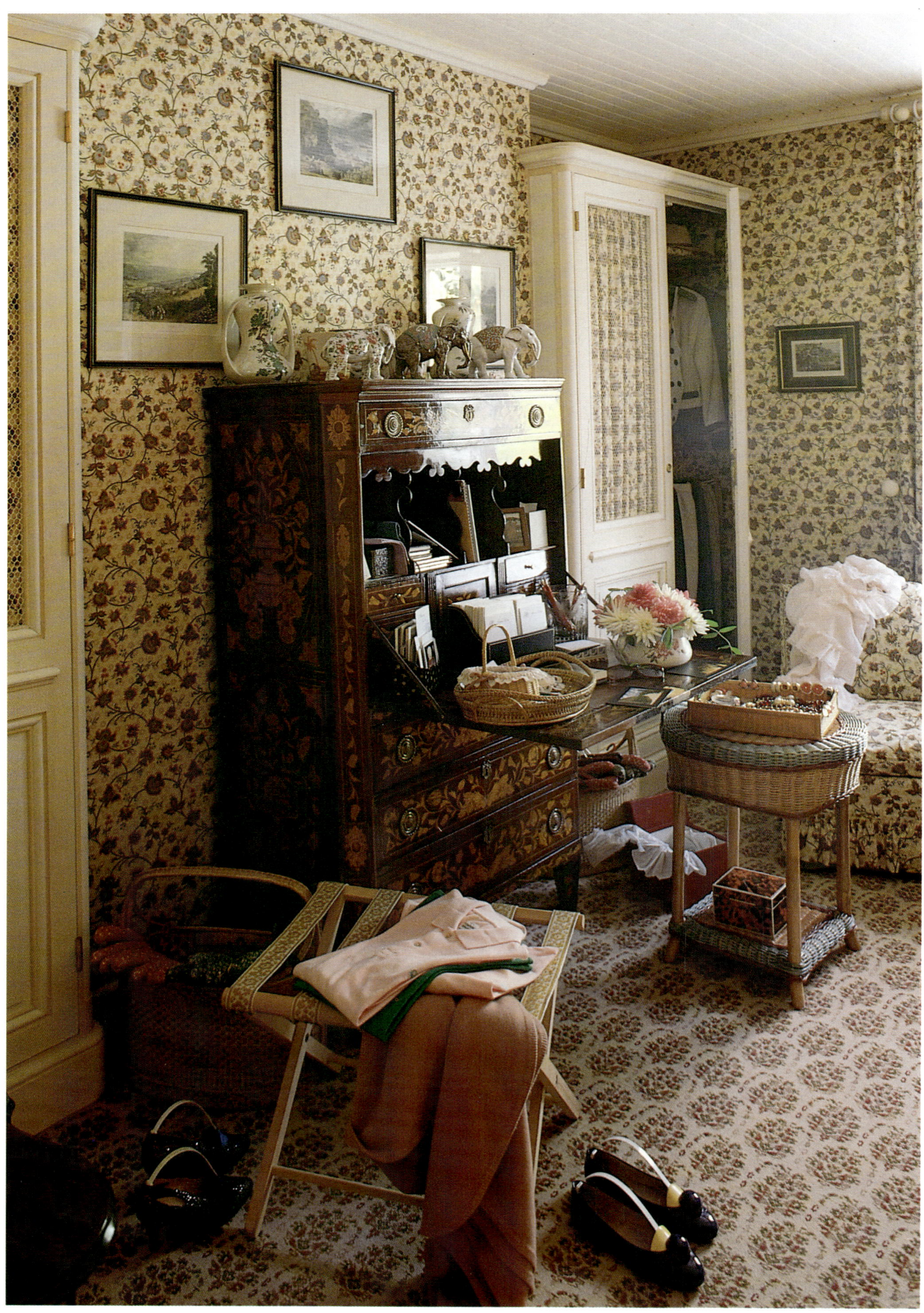

Dressing de Nadine de Rothschild : son désordre est encore esthétique.

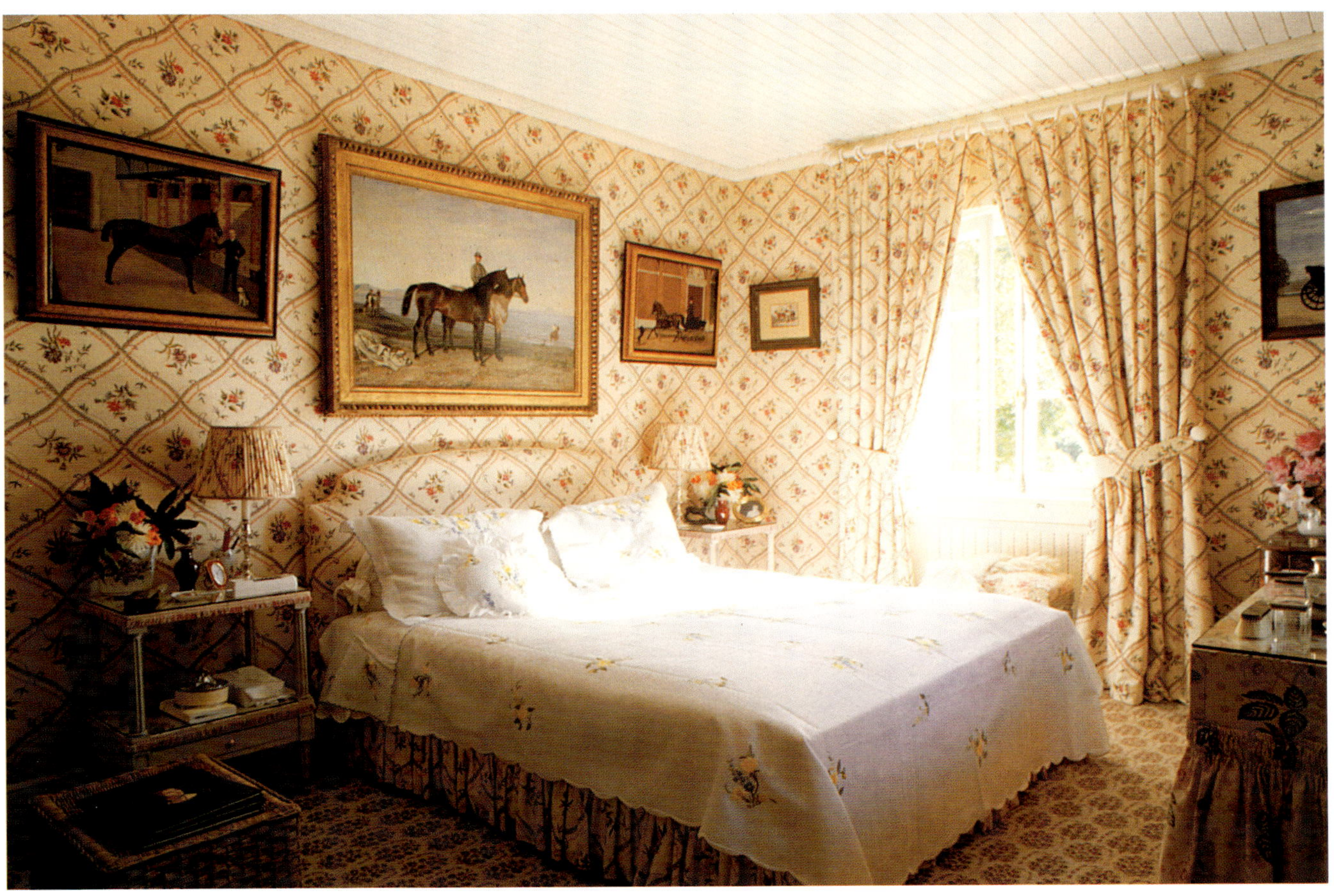

Le tissu imprimé de motifs floraux, les peintures de chevaux donnent à la chambre de Nadine de Rothschild une atmosphère confortable à l'anglaise.

Sa salle de bains est tapissée du même tissu que celui de sa chambre. Tous les sols de cette maison baptisée « Petit Clarke » sont recouverts de la même moquette.

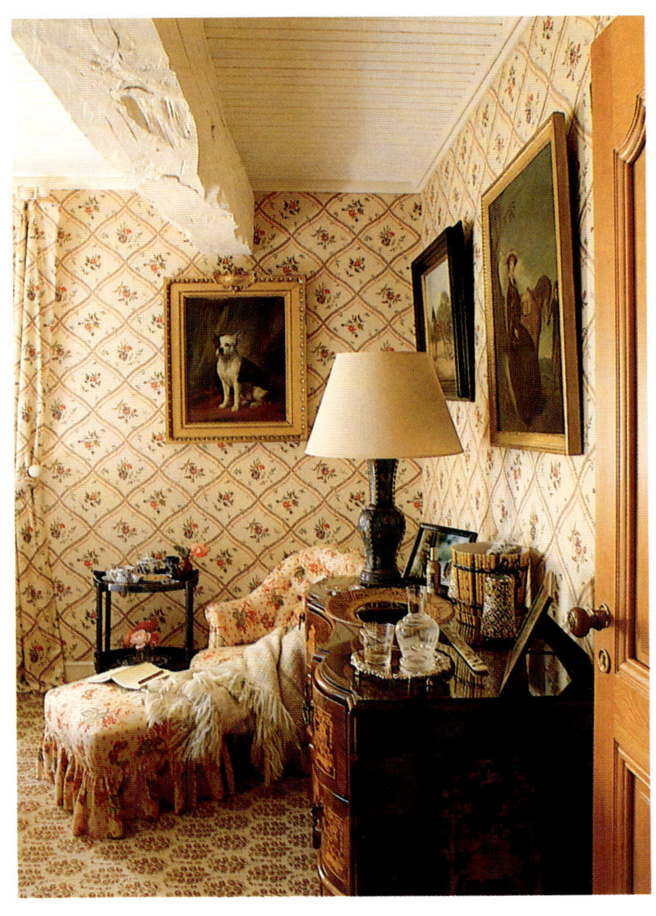

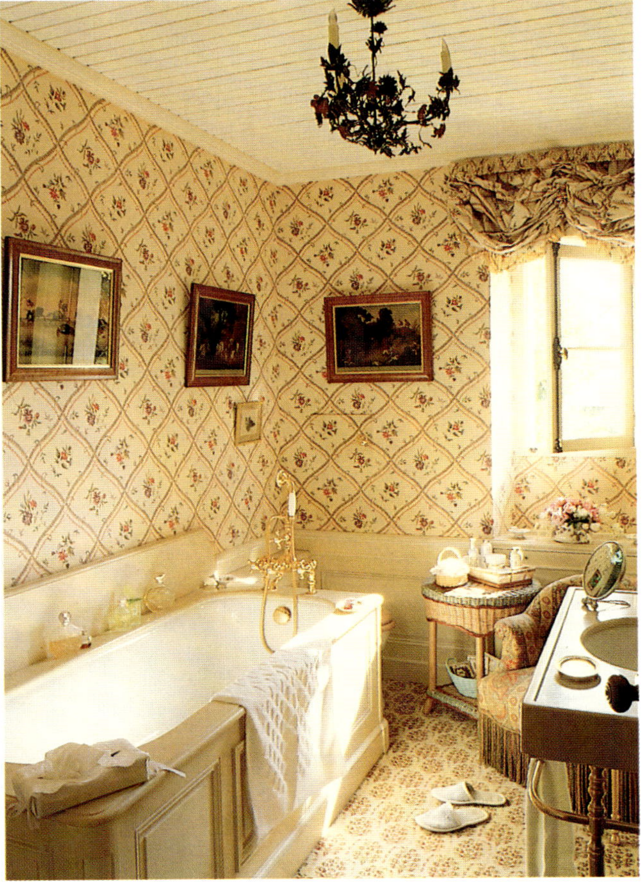

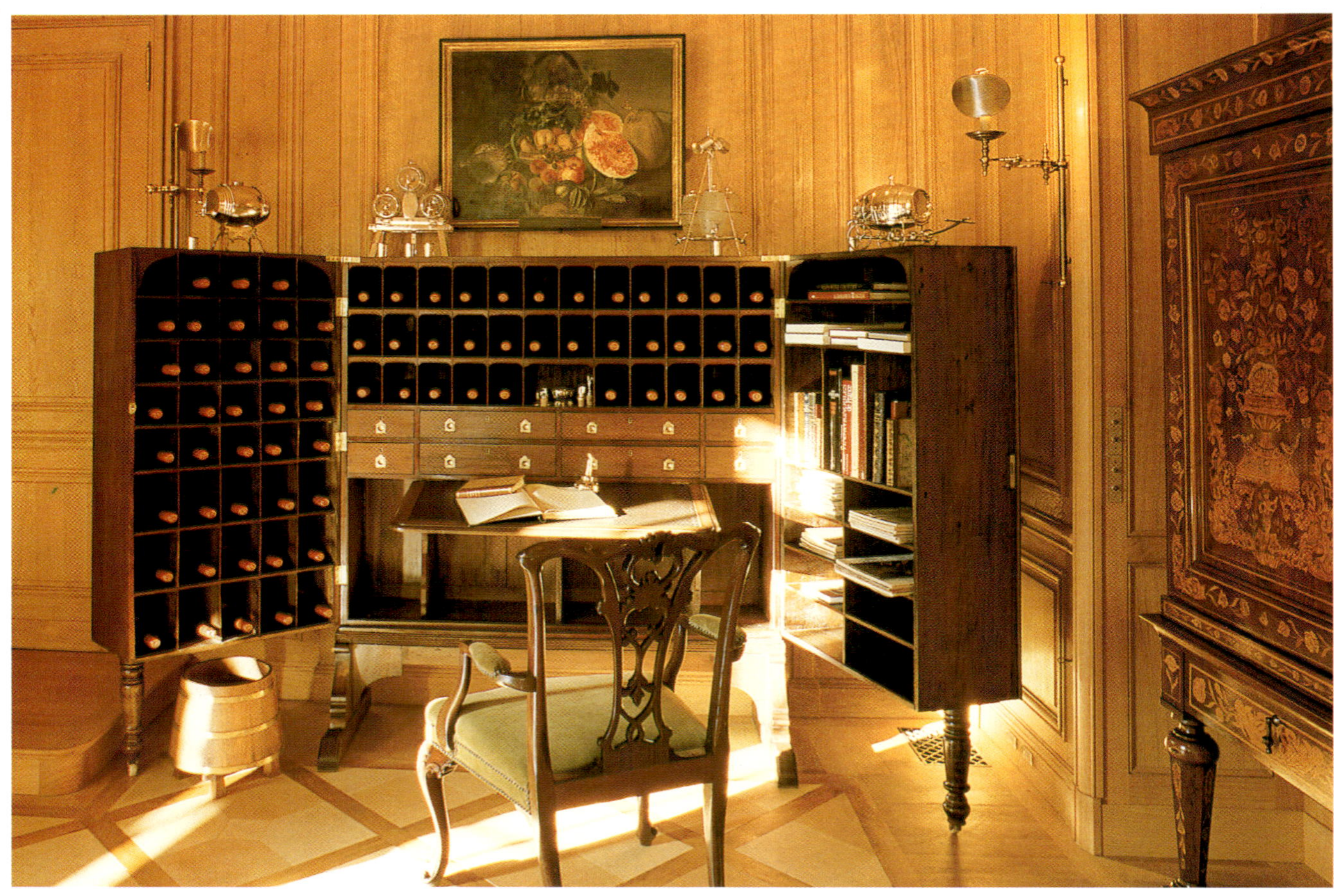

Meuble anglais du XIX*e siècle de négociant en vins.*

Au XVII*e siècle, le tire-bouchon est considéré comme un nez de métal qui perce le liège des bouteilles pour les déboucher.*

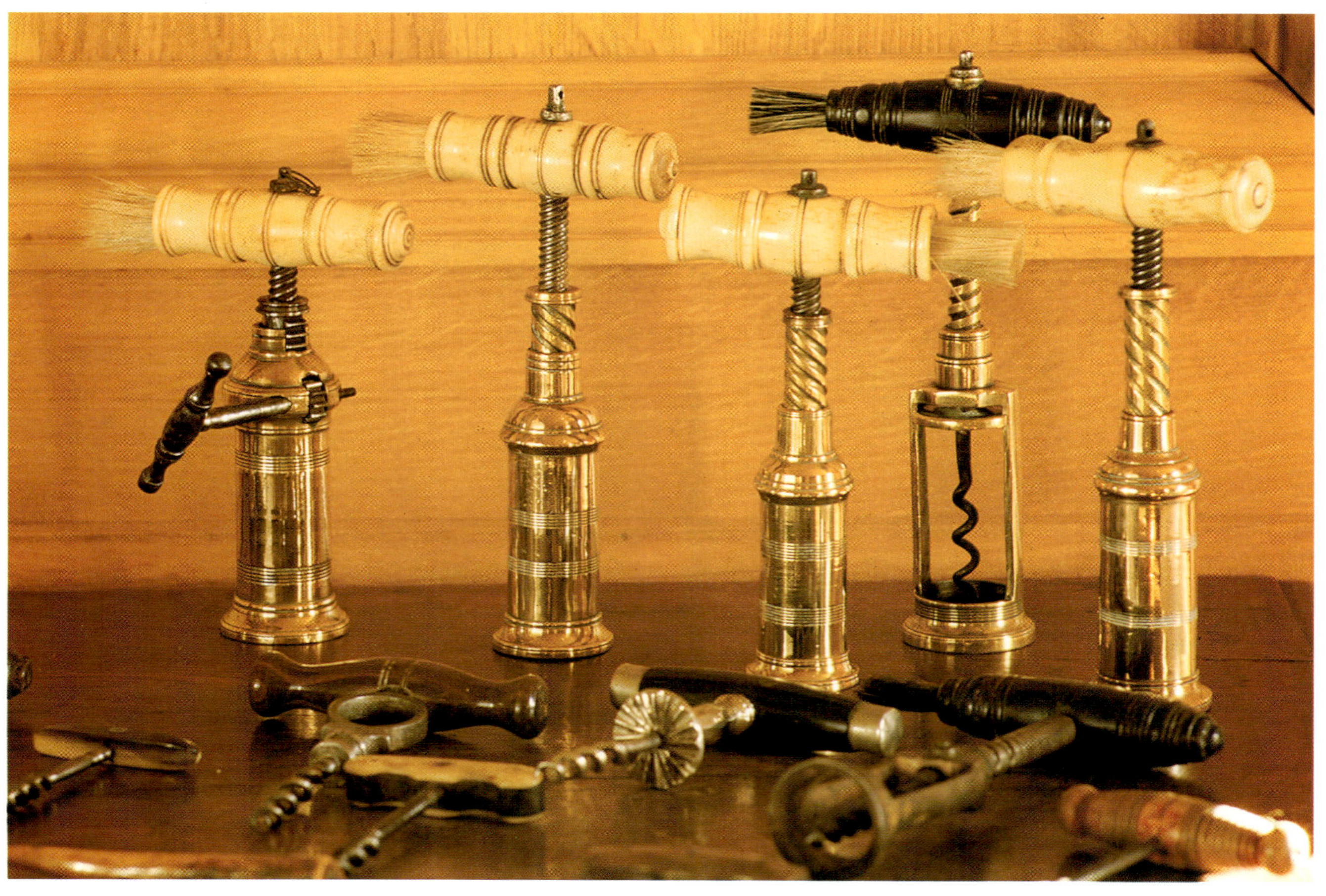

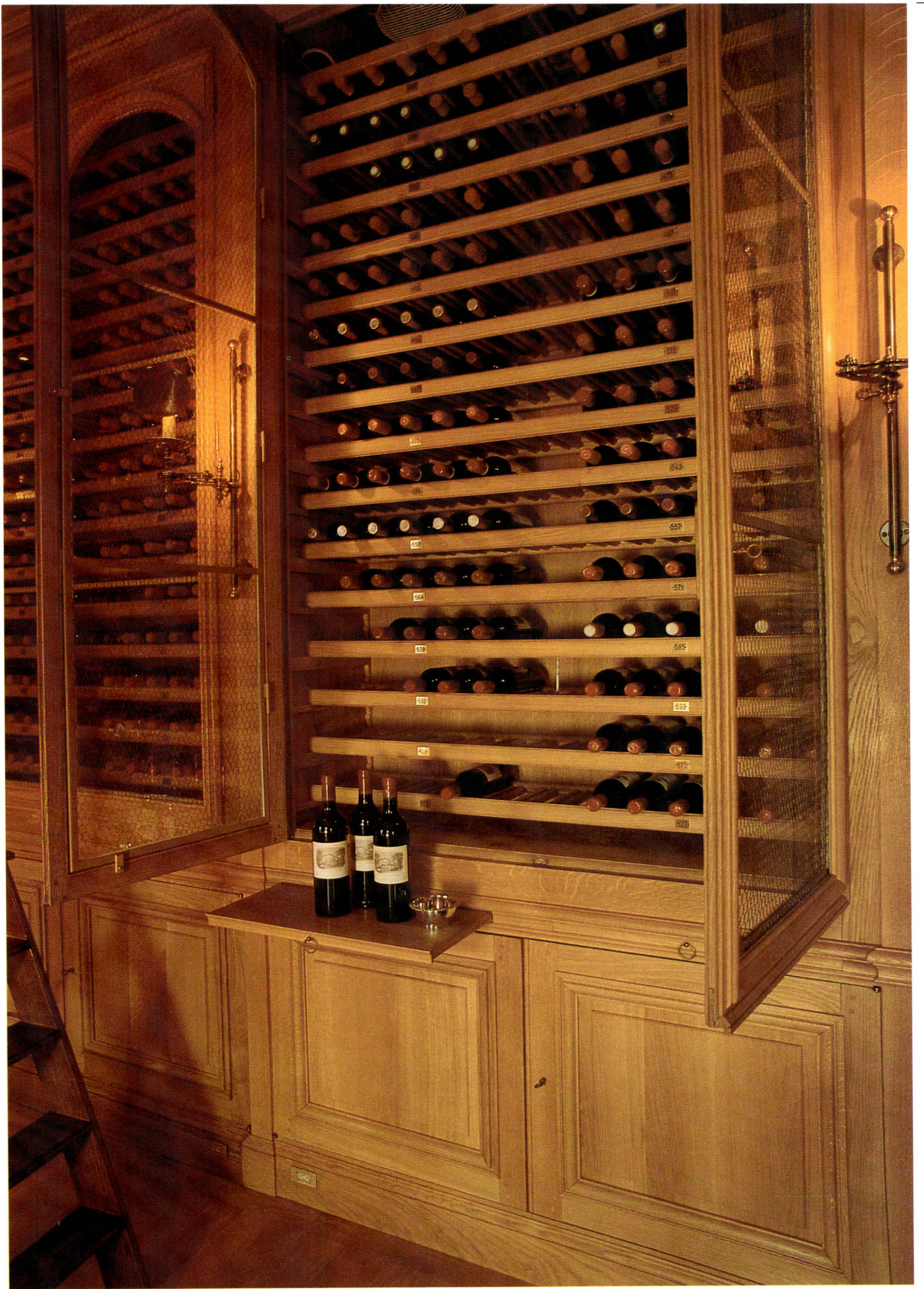

Vinothèque climatisée réalisée en 1985 où sont rassemblés tous les grands crus de Bordeaux.

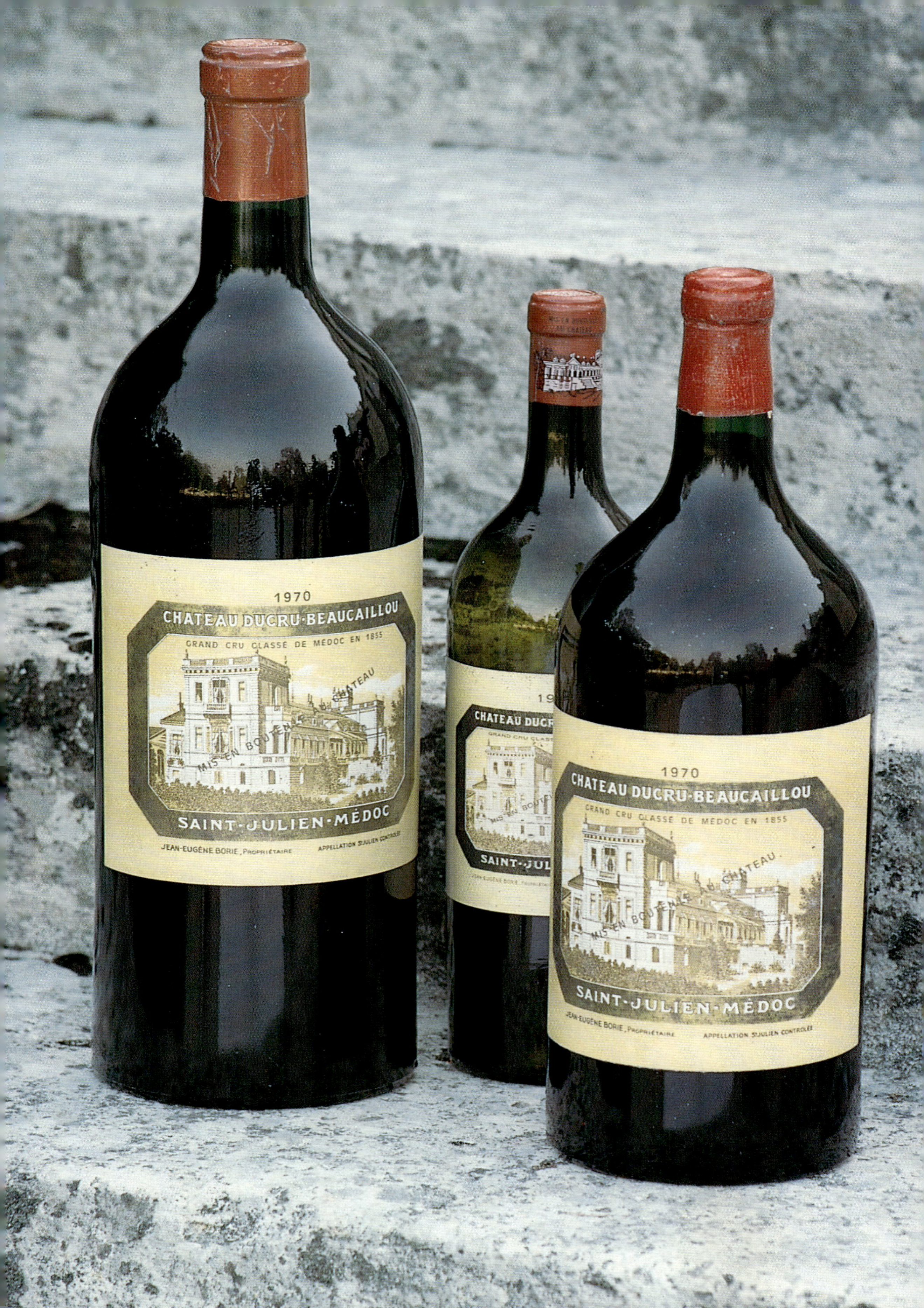
1970
CHATEAU DUCRU-BEAUCAILLOU
GRAND CRU CLASSÉ DE MÉDOC EN 1855
SAINT-JULIEN-MÉDOC
JEAN-EUGÈNE BORIE, Propriétaire
APPELLATION St JULIEN CONTROLÉE
1970
CHATEAU DUCRU-BEAUCAILLOU
GRAND CRU CLASSÉ DE MÉDOC EN 1855
SAINT-JULIEN-MÉDOC
JEAN-EUGÈNE BORIE, Propriétaire
APPELLATION St JULIEN CONTROLÉE

DUCRU-BEAUCAILLOU

Saint-Julien. Deuxième grand Cru classé
Monsieur Jean-Eugène Borie

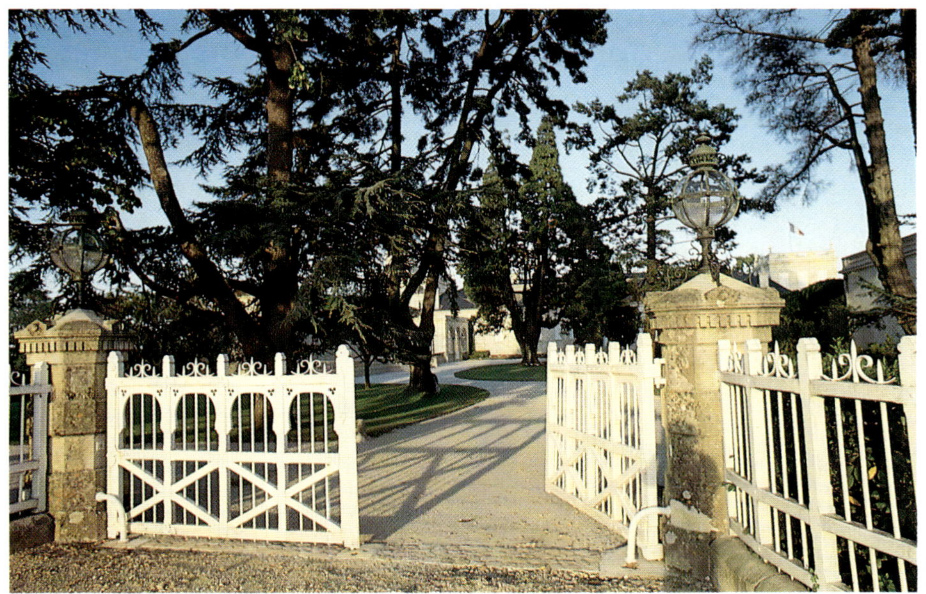

Tout peut naître ici bas d'une attente infinie
Paul Valéry

Après Lamarque, la route des grands crus du Médoc, qui conduit à Ducru-Beaucaillou, s'infléchit nettement vers la rive de l'estuaire. D'emblée, le regard saisit les deux éléments qui unissent viscéralement ce terroir et son vin : l'eau et la pierre. Un vieil adage prétend « qu'une bonne vigne doit regarder l'eau mais point s'y baigner. » Pour mériter son eau, le cep doit profondément pousser ses racines à travers la croupe maigre et pierreuse qui donne au vin ses quartiers de noblesse, car c'est le caillou qui fait le vin.

Séparé juste ce qu'il faut de la *rivière* – appellation locale de la Gironde – par les pacages où venaient paître les anciens compagnons

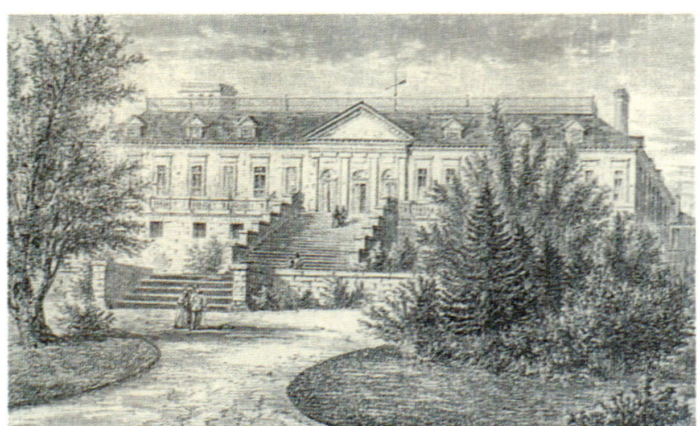

Gravure de la chartreuse exécutée au XIXe siècle. Jusqu'au XVIIIe siècle, le site s'appelait Maucaillou, lieu-dit fréquent en Médoc.

du viticulteur, le cheval et l'âne, Ducru-Beaucaillou justifie bien son nom. Son vignoble est ancré sur le terrain le plus pierreux de Saint-Julien. Une fois cette route quittée, le château ne se découvre pas pour autant. Au bout du chemin bordé de roses pâles, un écran d'épicéas et un superbe magnolia le dissimulent à la vue. Seule émerge une des deux tours carrées et crénelées ajoutées par les Johnston à la fin du siècle dernier. Passée la modeste barrière de bois peinte en blanc, Ducru-Beaucaillou se révèle enfin. C'est une ancienne chartreuse du XVIIIe siècle coiffée d'ardoises dont les ajouts latéraux n'ont pas altéré l'élégance et les proportions. Sa blancheur s'avive sur le vert tendre d'un gazon dru découpé en arabesques à la française.

À l'instar de Beychevelle sa voisine, une terrasse dégage la façade noble de son environnement. Les trois porte-fenêtres centrales, surmontées d'un fronton d'une rigueur toute classique, s'ouvrent sur une terrasse dont une ample volée de marches compense la dénivellation

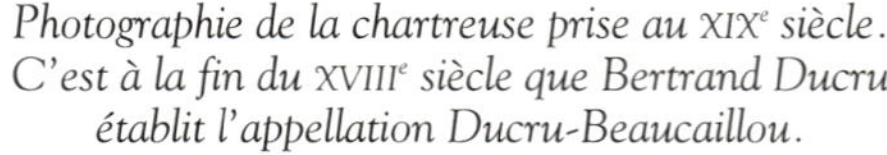

Photographie de la chartreuse prise au XIXe siècle. C'est à la fin du XVIIIe siècle que Bertrand Ducru établit l'appellation Ducru-Beaucaillou.

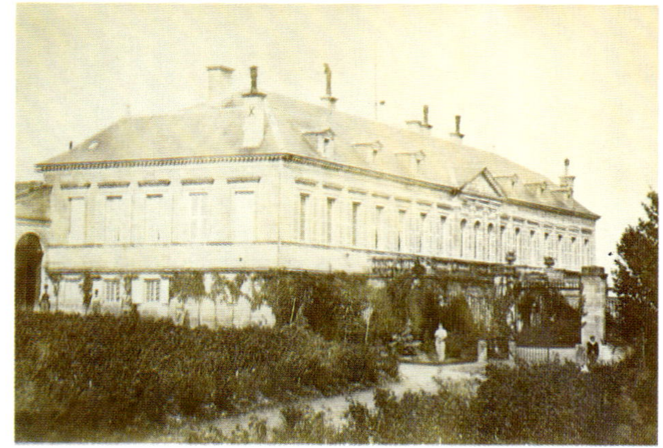

du terrain. Il émane de l'ensemble une impression saisissante de solidité sereine et de noblesse, effet donné par la dominante horizontale. En contrebas, une seconde terrasse à balustres de pierre ouvre la perspective jusqu'au fleuve. Dans le parc, quelques palmiers se sont adaptés au climat. Un peu à l'écart, de superbes écuries en forme de fer à cheval servent de remise pour les tracteurs et le matériel d'exploitation. Elles témoignent d'une emprise anglaise sur l'endroit à la fin du XIXᵉ siècle, influence qui se retrouve dans ses aménagements, son architecture et sa décoration.

Jean-Eugène Borie et sa femme, actuels propriétaires, ont allégé l'atmosphère victorienne un peu étouffante de l'intérieur. Les nuances des rideaux rafraîchissent les plafonds à caissons et les boiseries néo-gothiques. Se tenant à l'entrée du salon comme le sphinx aux portes de Thèbes, Jean-Eugène Borie prie son visiteur de découvrir la particularité du lieu. Inutile de s'attarder sur les panneaux peints par Thénot représentant des comédies et des proverbes, de reconnaître parmi la collection de bronzes disposés sur le piano ceux de Mène, de chercher à apercevoir à travers les fenêtres la citadelle de Blaye, la solution n'est pas dans ce qui se voit mais dans ce qui se sent. À l'agréable odeur de cire du parquet vient, peu à peu, se mêler une légère senteur de vin. Elémentaire : Ducru-Beaucaillou est construit sur ses chais.

Deuxième grand Cru au classement de 1855, personne ne s'étonne de ce que Nathaniel Johnston Jr avance un million de francs en 1866 pour acquérir cette propriété de 82 hectares dont 48 consacrés à la vigne. Bien au contraire ! Ducru a toujours été un symbole de qualité.

L'attention et les soins portés au vignoble constituent la première démonstration de cette volonté. Ce n'est pas un hasard si, comme on le prétend, la bouillie bordelaise a été découverte et expérimentée à Ducru. Mélange homogène de sulfate de cuivre, de chaux vive et d'eau, cette bouillie servit à combattre certains parasites cryptogames comme le mildiou ou le *black-rot*. Compte tenu des ravages qui affectèrent le vignoble bordelais au siècle dernier, l'importance de cette découverte peut se comparer à celle de la pénicilline en médecine.

Jusqu'alors les moyens employés pour lutter contre ces fléaux étaient plus préventifs que curatifs et aussi empiriques que les roses. Attaquées par divers parasites bien avant le vignoble, elles annonçaient un risque d'épidémie aux viticulteurs. Maintenant, en souvenir de cette technique obsolète, on peut voir de petits rosiers à chaque extrémité de tous les rangs. Leurs pétales qui pigmentent le paysage font penser au conseil du peintre Bonnard : « Pour éclairer un tableau et lui redonner vie, ajoutez-y une petite tache de rouge. »

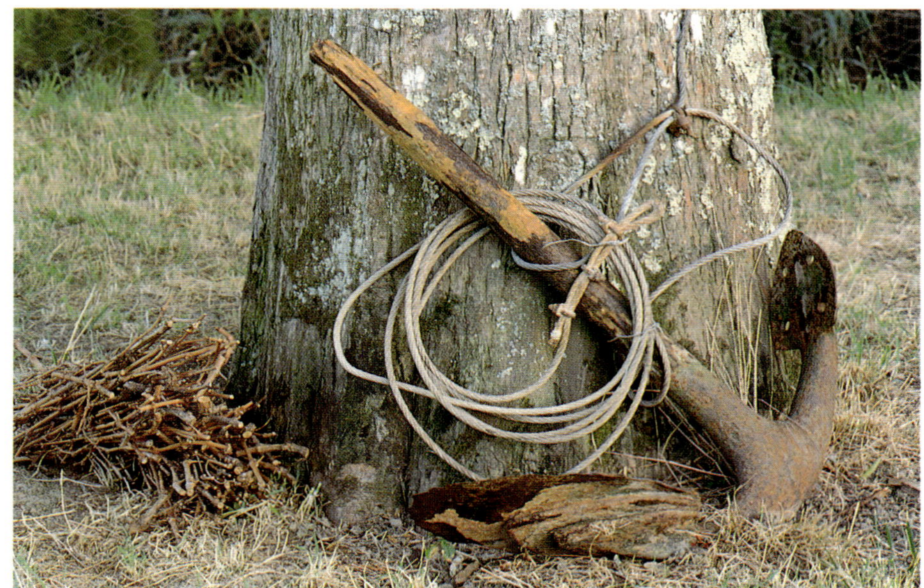

Cette ancre rouillée témoigne du passé fluvial de la Gironde, jalonnée de petits ports où étaient chargées les barriques de vins.

À la mort de son père en 1953, Jean-Eugène Borie sollicite l'aide précieuse du célèbre œnologue Émile Peynaud pour maintenir la tradition. Tous les gens de ce milieu reconnaissent, à une rare unanimité, les mérites de celui qu'ils surnomment amicalement *Le Prince Eugène*. Récemment, au festival de Cannes, la critique lui aurait haut la main décerné la palme d'or. Un millésime des années 1960 servi après la projection de la version longue de *Lawrence d'Arabie* éclipsa complètement ce monumental chef-d'œuvre du cinéma. S'il feint d'être insensible aux éloges recueillis par son vin, son plus fidèle représentant et interprète, c'est pour éviter les nombreuses mondanités et obligations d'usage et, ainsi, pouvoir rester dans l'ambiance tranquille et familiale de Ducru-Beaucaillou.

Là, il existe une complicité entre la demeure et ses hôtes, un art de vivre où l'amour de la tradition s'accorde aux lois de la tribu tout en respectant le bon plaisir et les occupations de chacun. Cet air de grâce inimitable appartient en propre aux vieilles maisons de famille où les moments heureux vécus pendant l'enfance deviendront les plus merveilleux souvenirs de la vie.

Dans son enfance et son adolescence, Monique Borie venait souvent à Ducru-Beaucaillou. Tout en continuant son tricot, elle raconte les poursuites dans le galetas, les parties de cache-cache ou de colin-maillard, les promenades à travers le vignoble dans la carriole tirée par l'âne *Mickey*, les pique-niques et les fêtes costumées près de la petite maison en pierre, cachée sous les arbres, construite à l'échelle de l'enfant avec cheminée, évier et four miniature. Aucune nostalgie ne perce dans sa voix, car aujourd'hui encore ces jeux sont presque tous restés les mêmes.

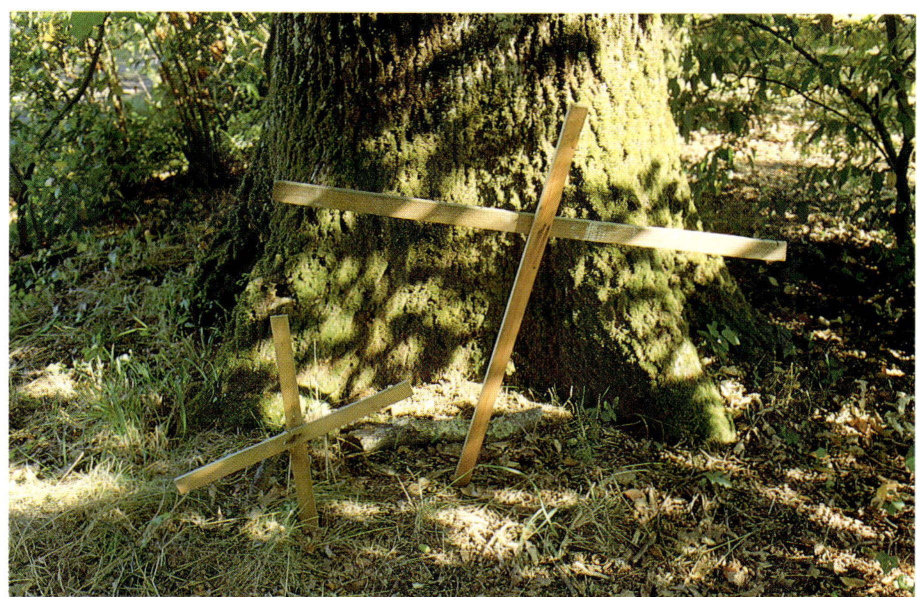

Cimetière des chiens dans le parc,
situé non loin de la petite maison, domaine réservé des enfants.

Un tennis a bien été depuis aménagé ; Mickey, l'âne qui tournait autour du puits pour remonter l'eau s'est, un jour, pendant la seconde guerre mondiale, effondré de fatigue, ce qui fit dire à une petite servante : « Mickey est mort au champ d'honneur. » Il repose maintenant au pied d'un tilleul à côté du cimetière des chiens.

Monique Borie était alors l'invitée d'une amie d'enfance. Prêtait-elle déjà attention à Jean-Eugène, frère de cette amie ? « À cette époque, j'entendais toujours mon père, exploitant forestier de Castelnau et propriétaire de vignobles, se plaindre de la situation économique viticole. Il me répétait de ne jamais épouser un homme de la vigne. Pourquoi courir le risque d'un avenir précaire ? Tandis qu'un avocat, un médecin, un notaire... »

Voilà un exemple de désobéissance qui mène au bonheur.

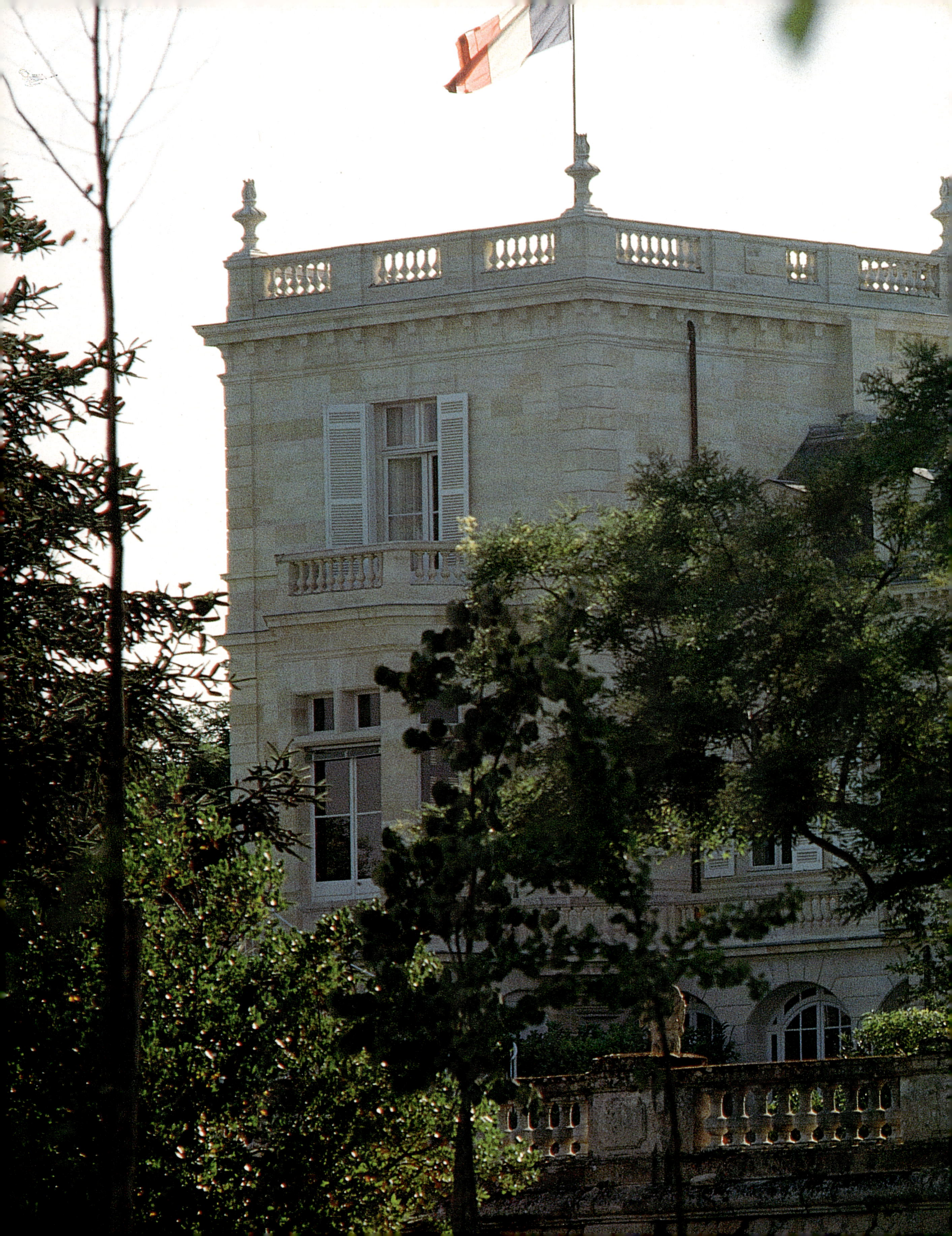

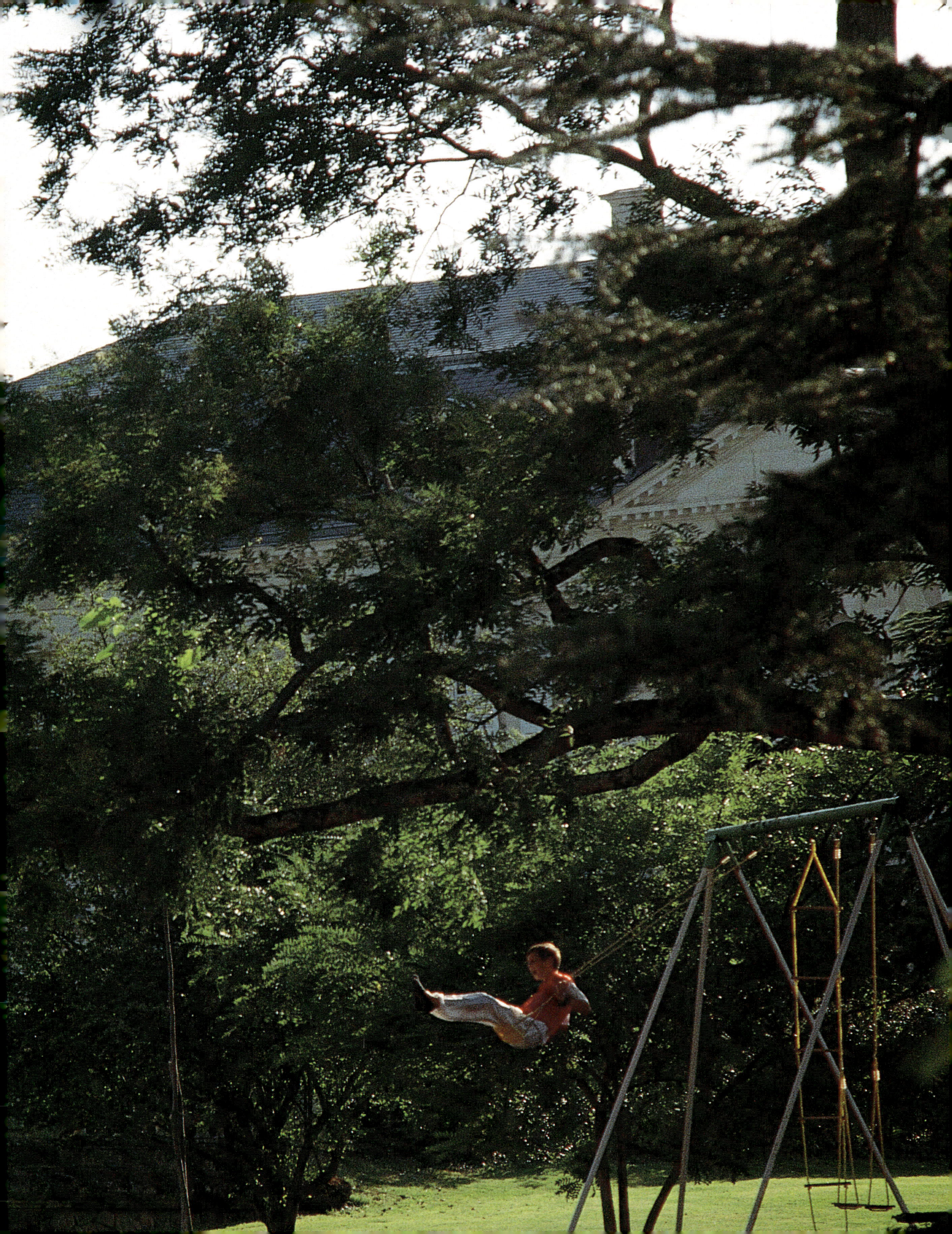

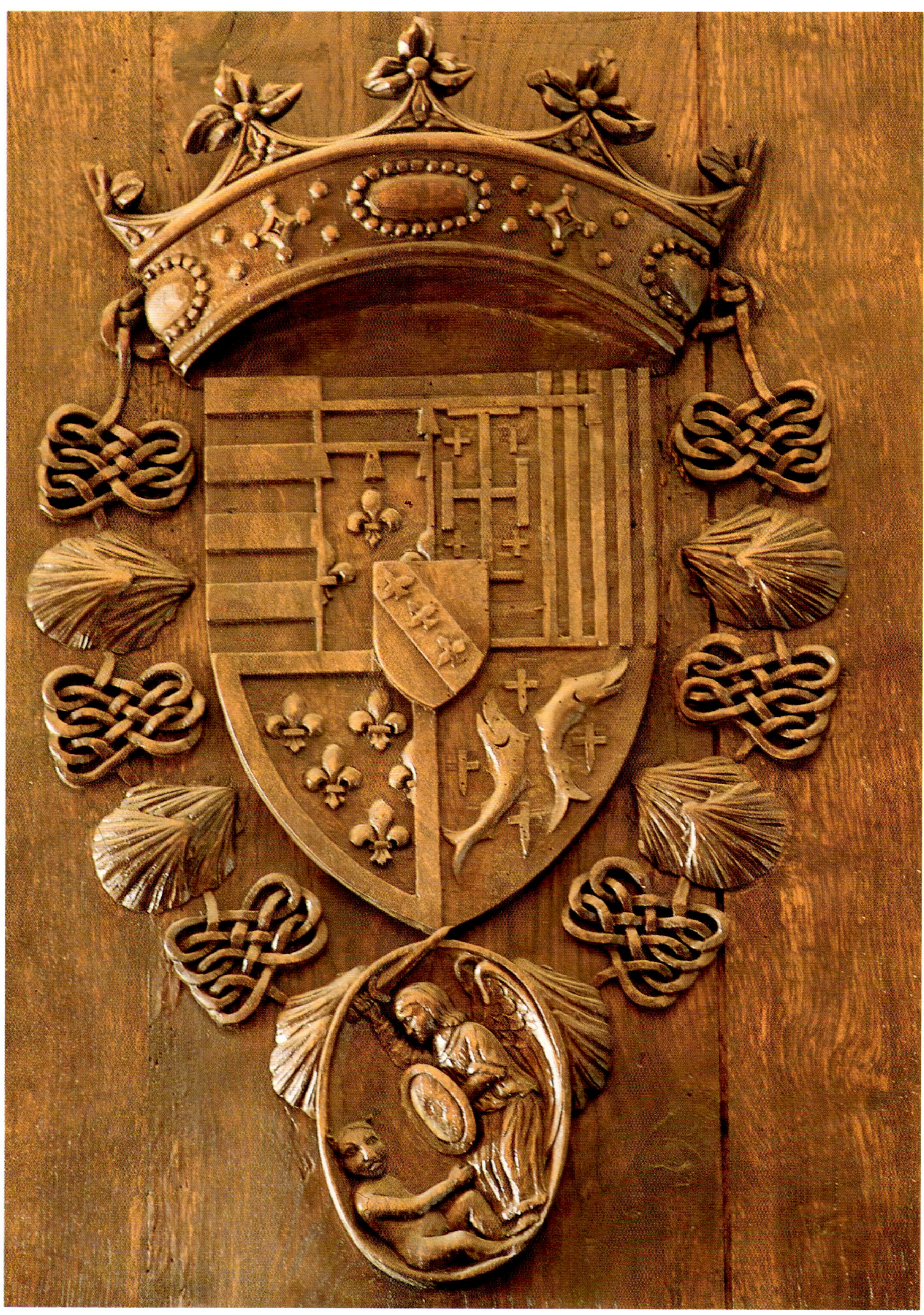

Dans une chambre, cette armoirie est sculptée sur le manteau de la cheminée de style troubadour.

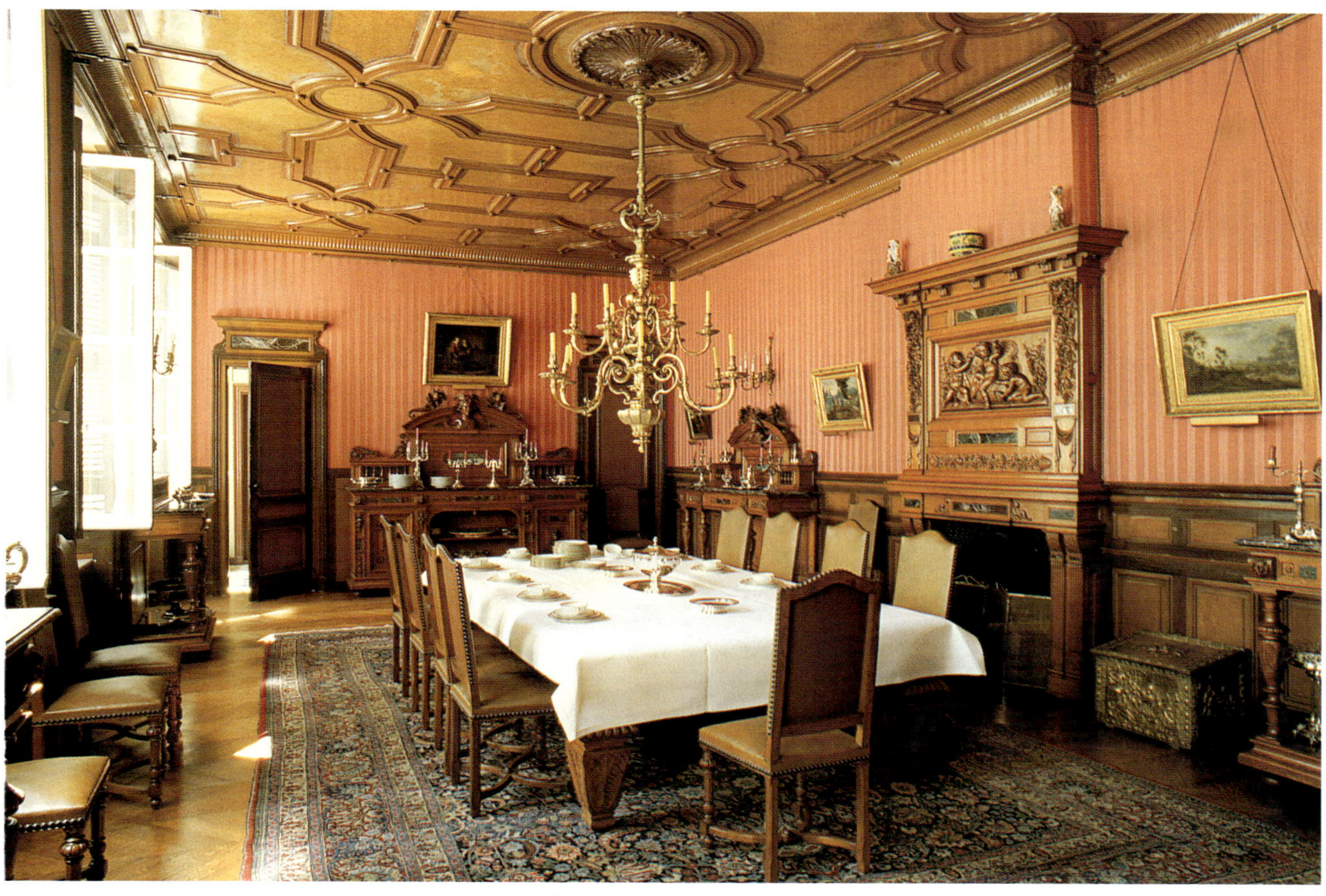

Décorée par les Johnston, propriétaires à la fin du XIXe siècle, la salle à manger d'apparat est restée intacte depuis un siècle.

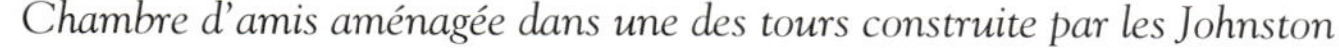

Chambre d'amis aménagée dans une des tours construite par les Johnston.

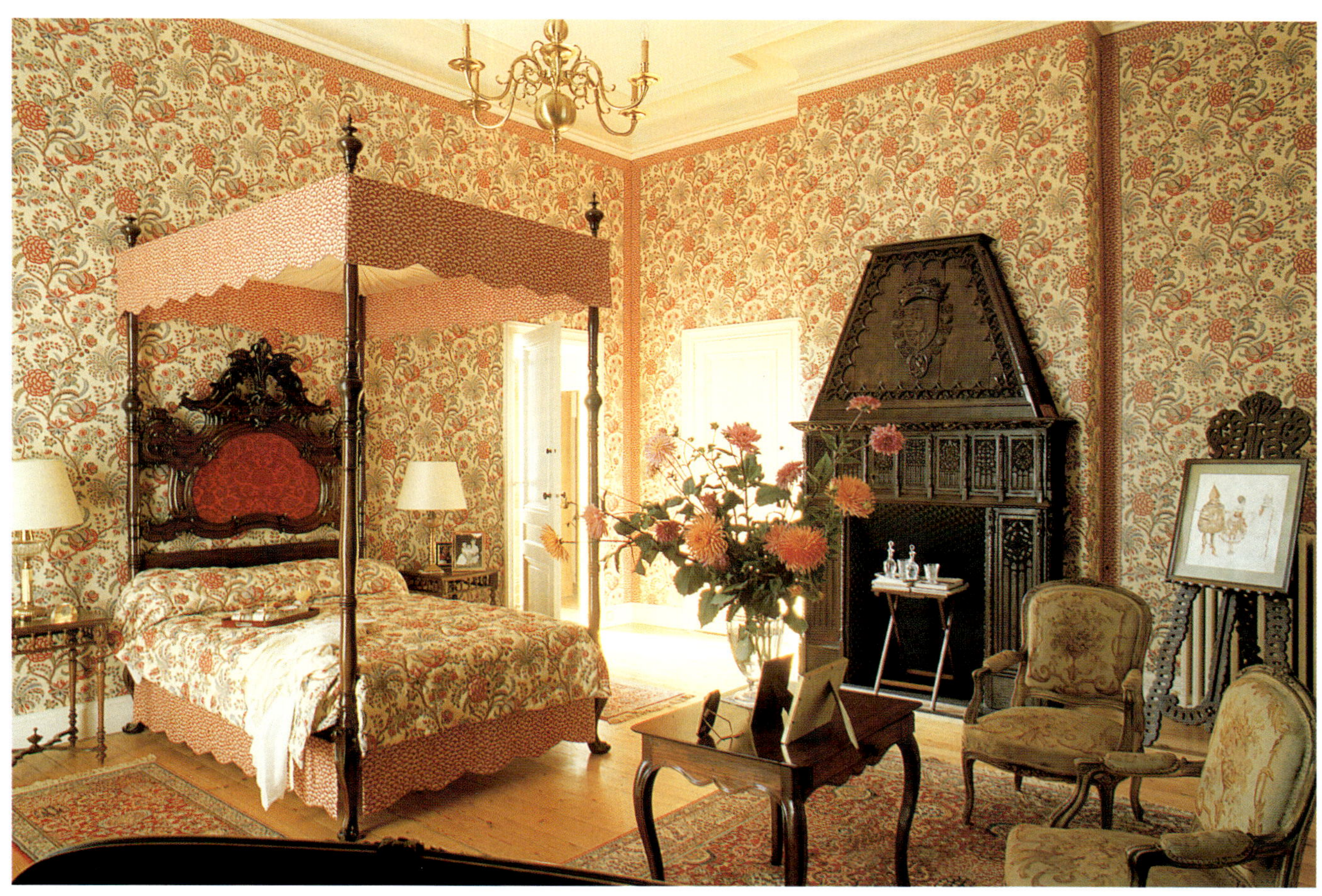

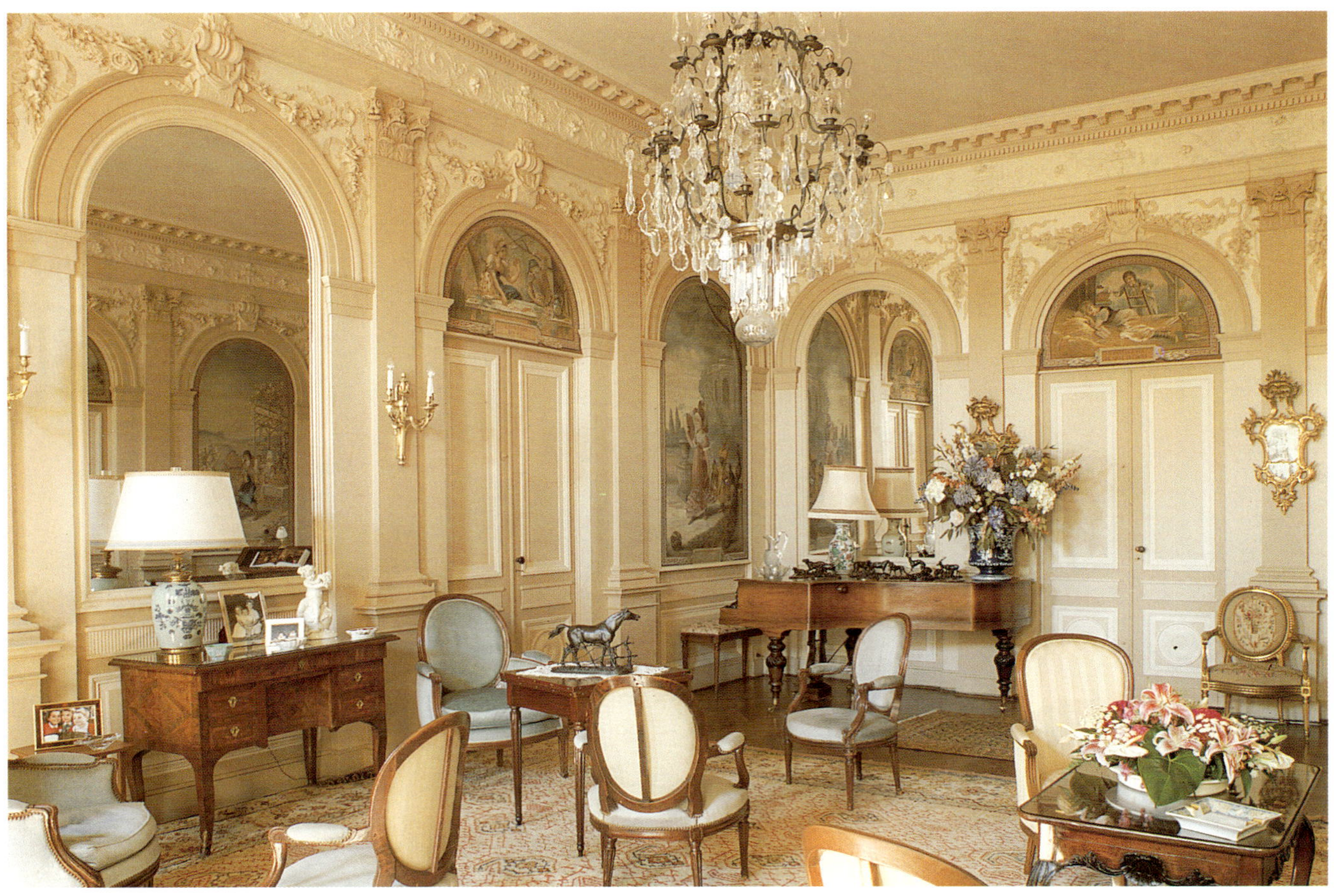

Dans le salon, un mobilier discret laisse la parole aux proverbes illustrés sur les murs par Thénot, peintre bordelais du XIXe siècle.

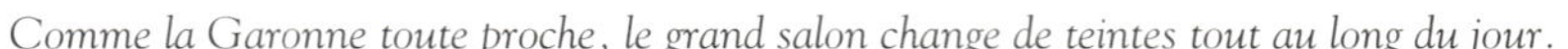

Comme la Garonne toute proche, le grand salon change de teintes tout au long du jour.

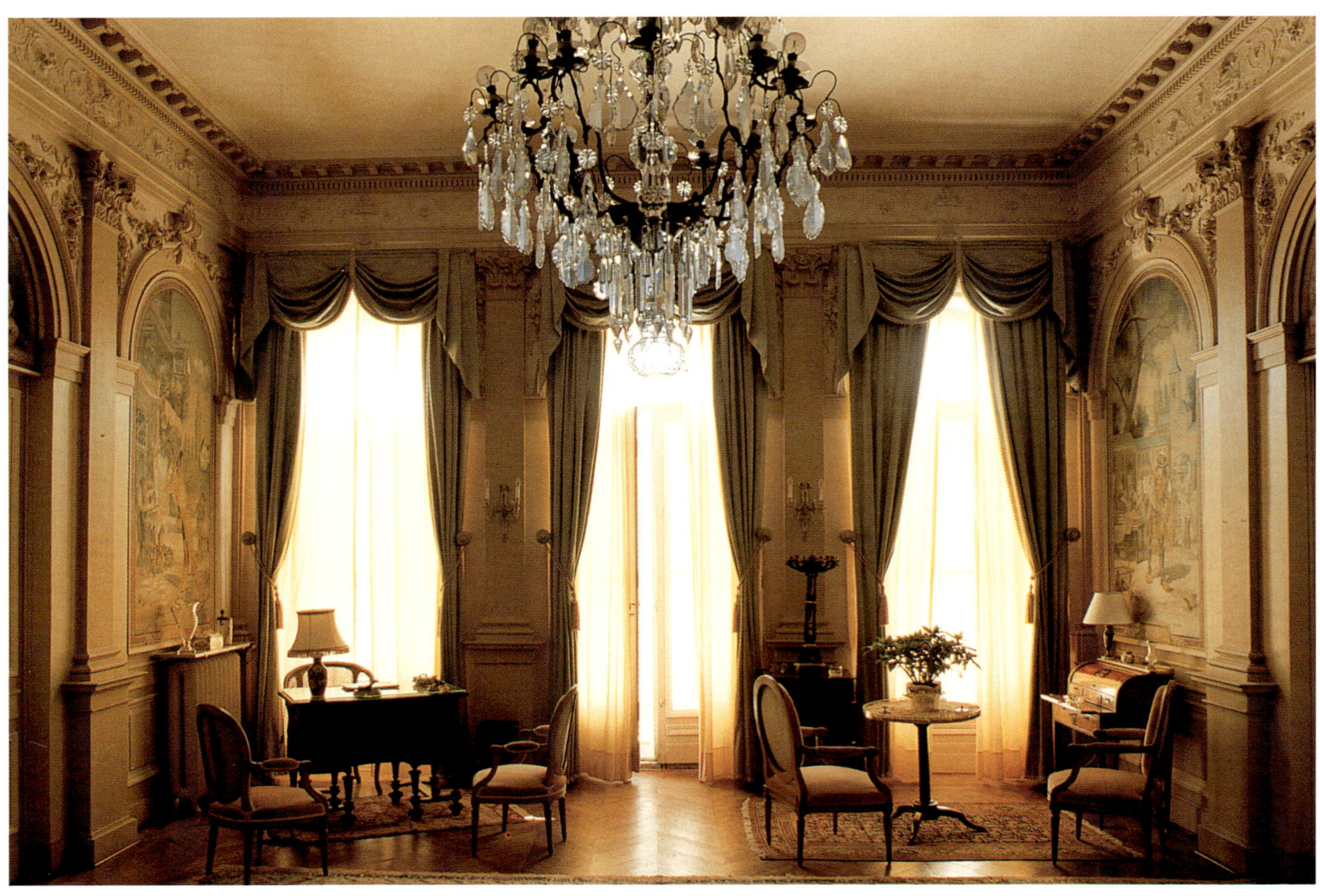

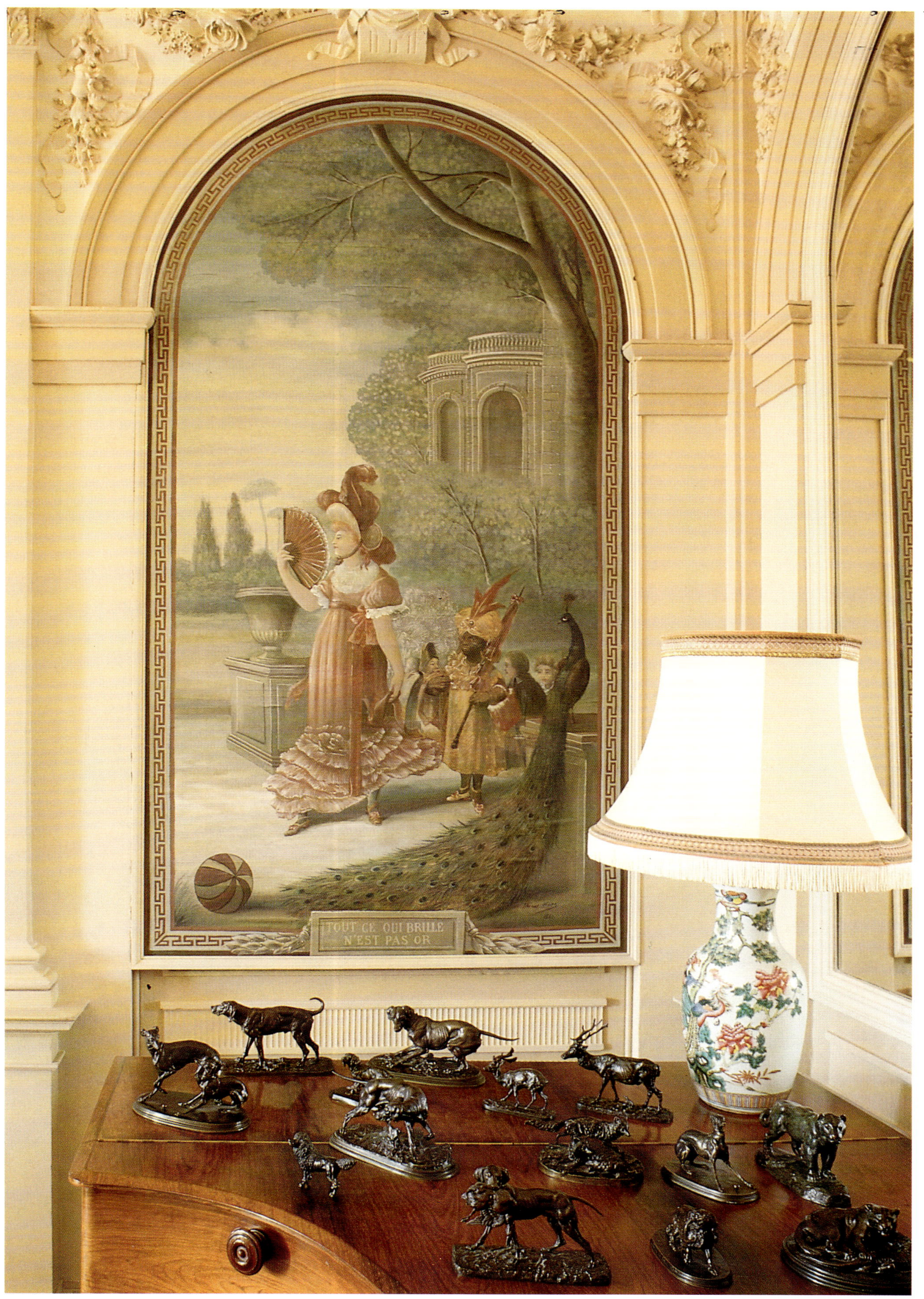

Sur le piano, dans le salon, collection de bronzes animaliers signés Mène et Barye.

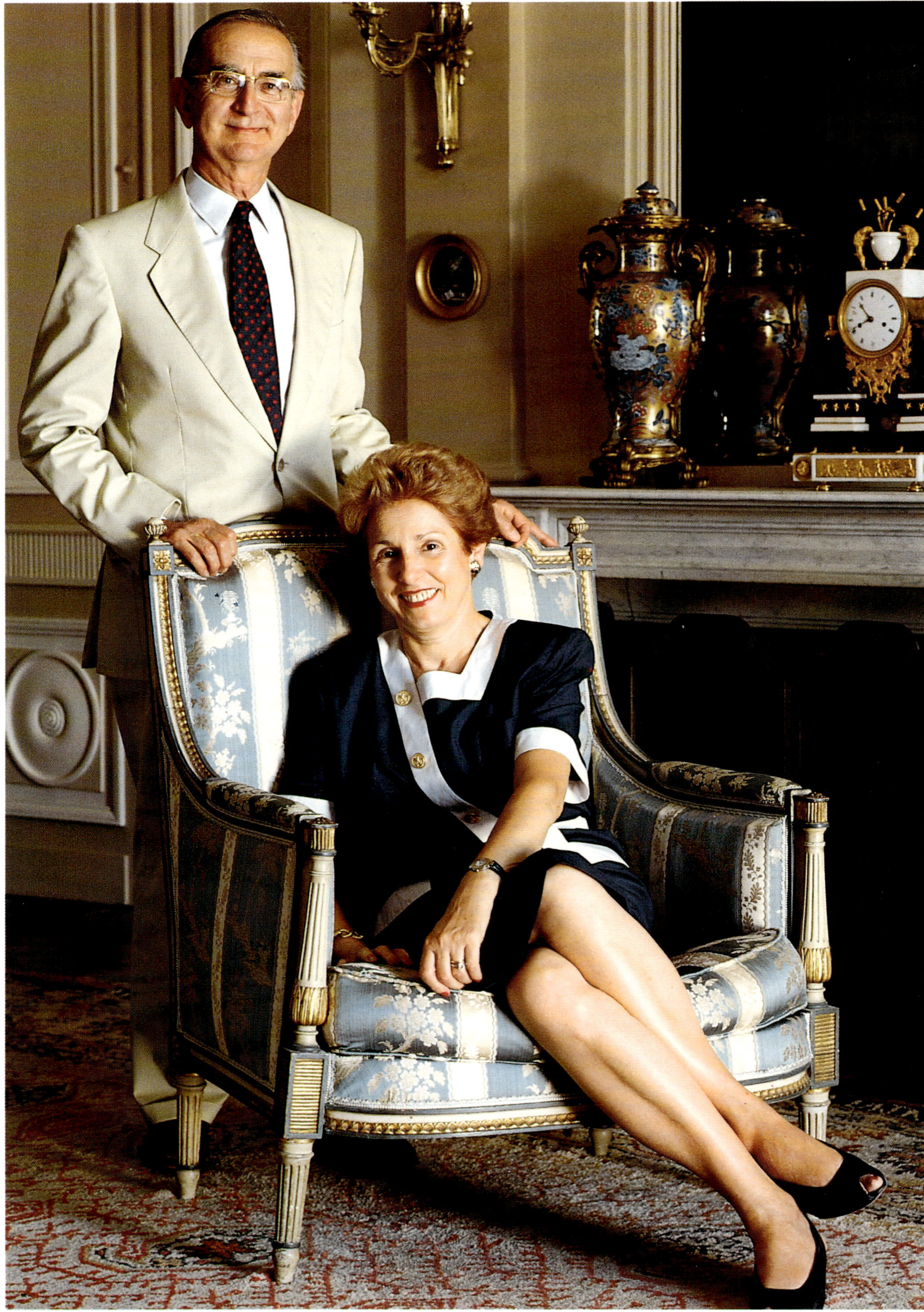

Jean-Eugène Borie et sa femme Monique.

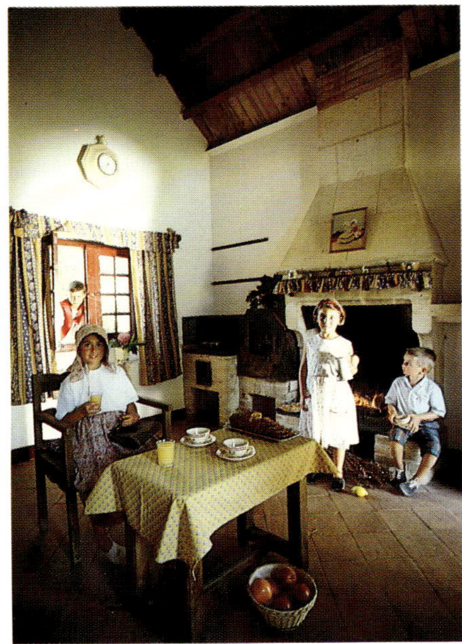

Émeline et Emmanuel prêts pour un tournoi.

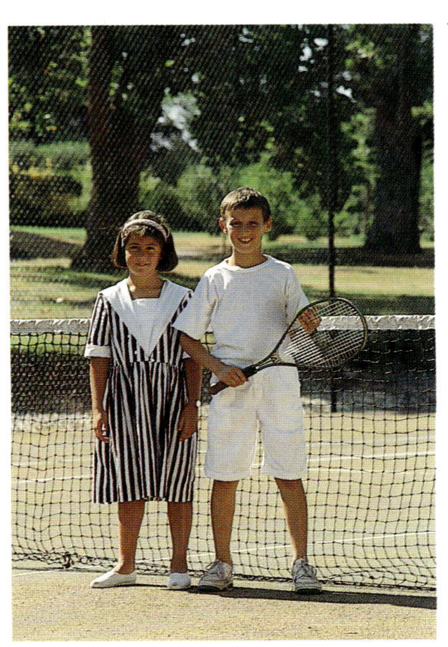

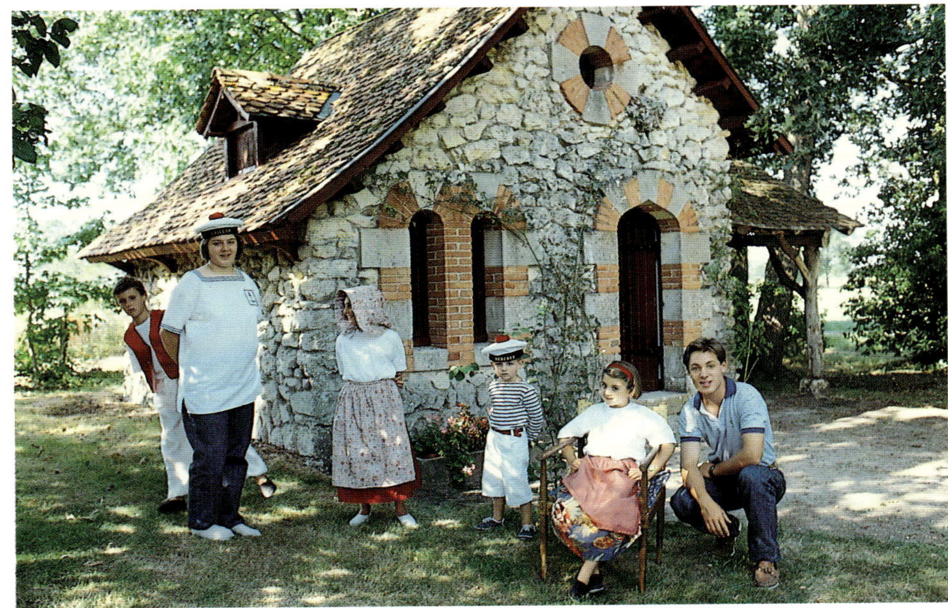

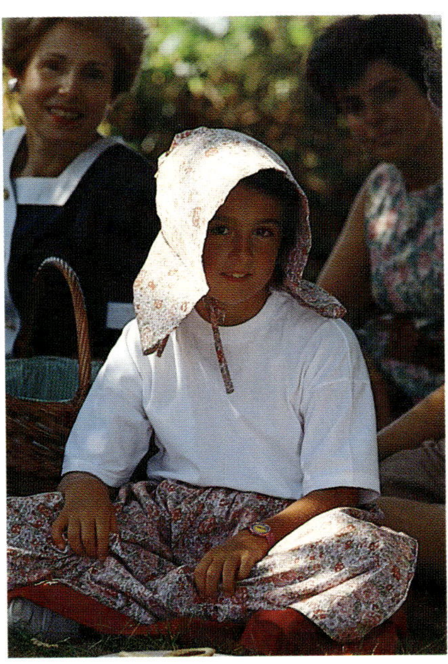

Ce domaine est un pays de cocagne pour les petits-enfants des propriétaires. Dissimulée dans le parc, une maison, construite au XIXe siècle à l'échelle de l'enfant avec cheminée, évier et four miniature, fait toujours le bonheur des jeunes générations. Laurence, boute-en-train de la bande, se prélasse dans son fauteuil, entourée d'Emmanuel, Clémence, Émeline, Pierre-Antoine et Roland.

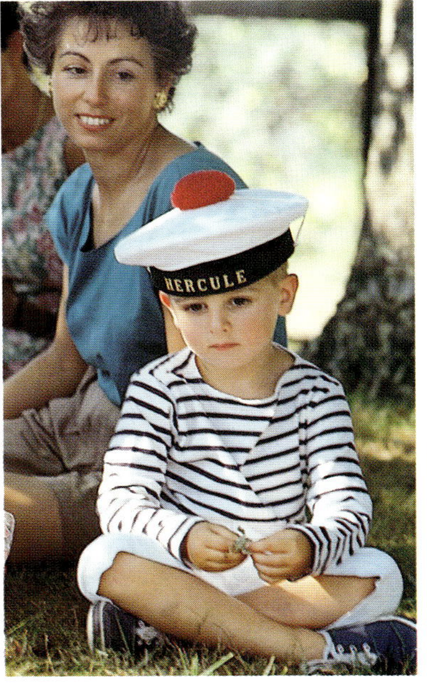

Émeline se déguise et Pierre-Antoine boude.

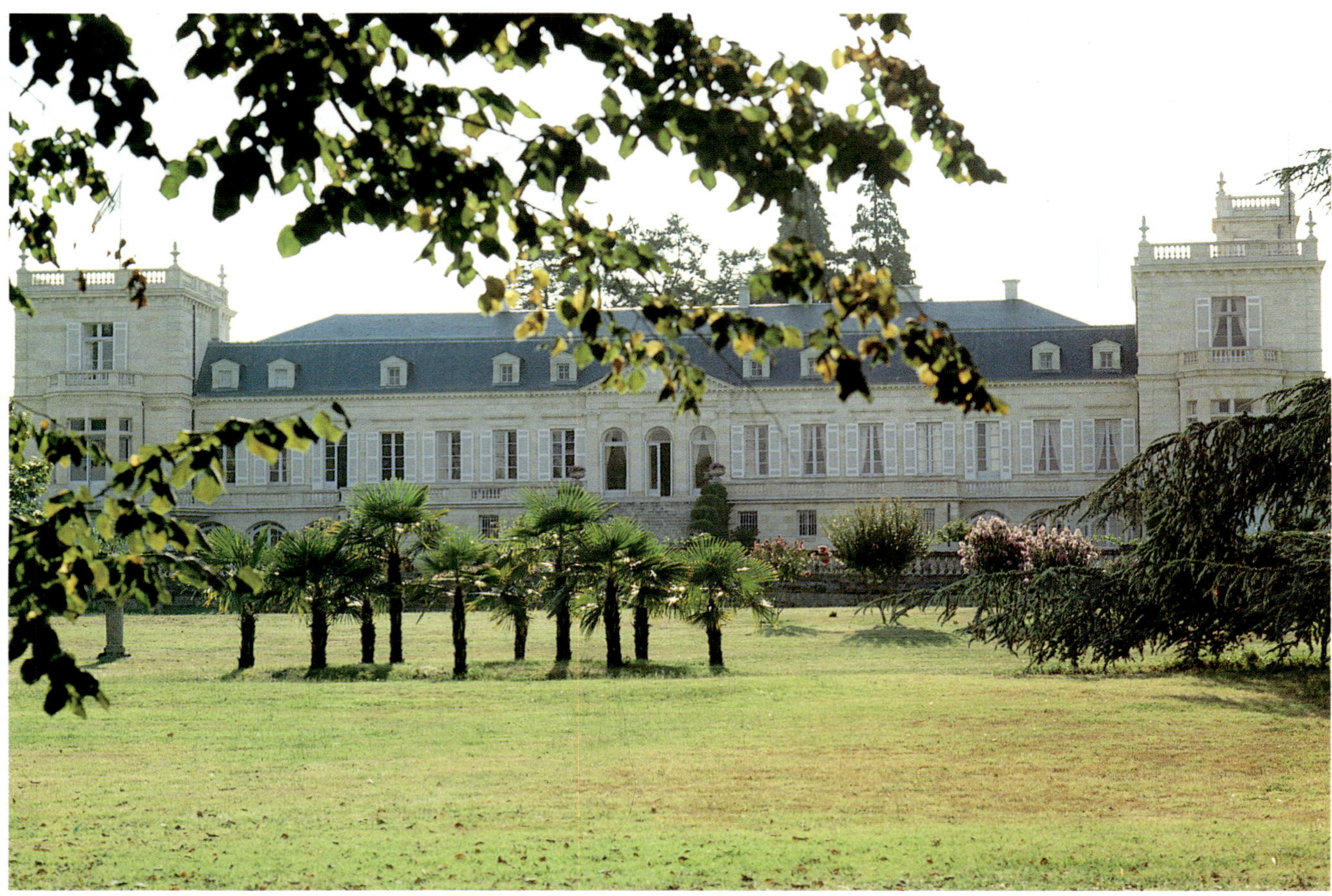

Chartreuse de style Directoire flanquée de deux tours ajoutées en 1878 par les Johnston. Des fenêtres de cette façade, on bénéficie de la vue sur le parc et la Gironde.

« Il aimait les champs de repos comme d'autres chérissaient les jardins, les pièces d'eau ou les potagers. » Colette.

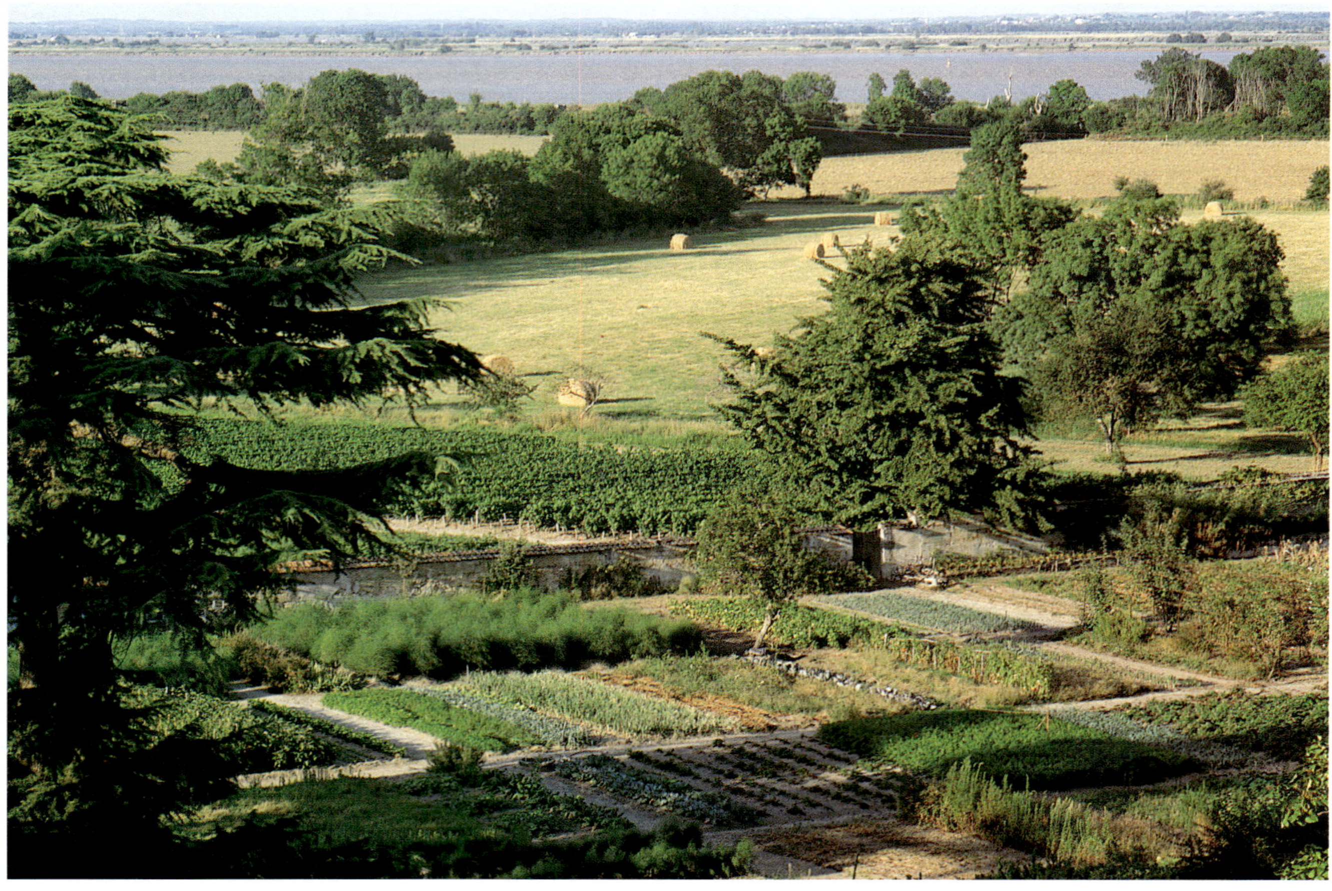

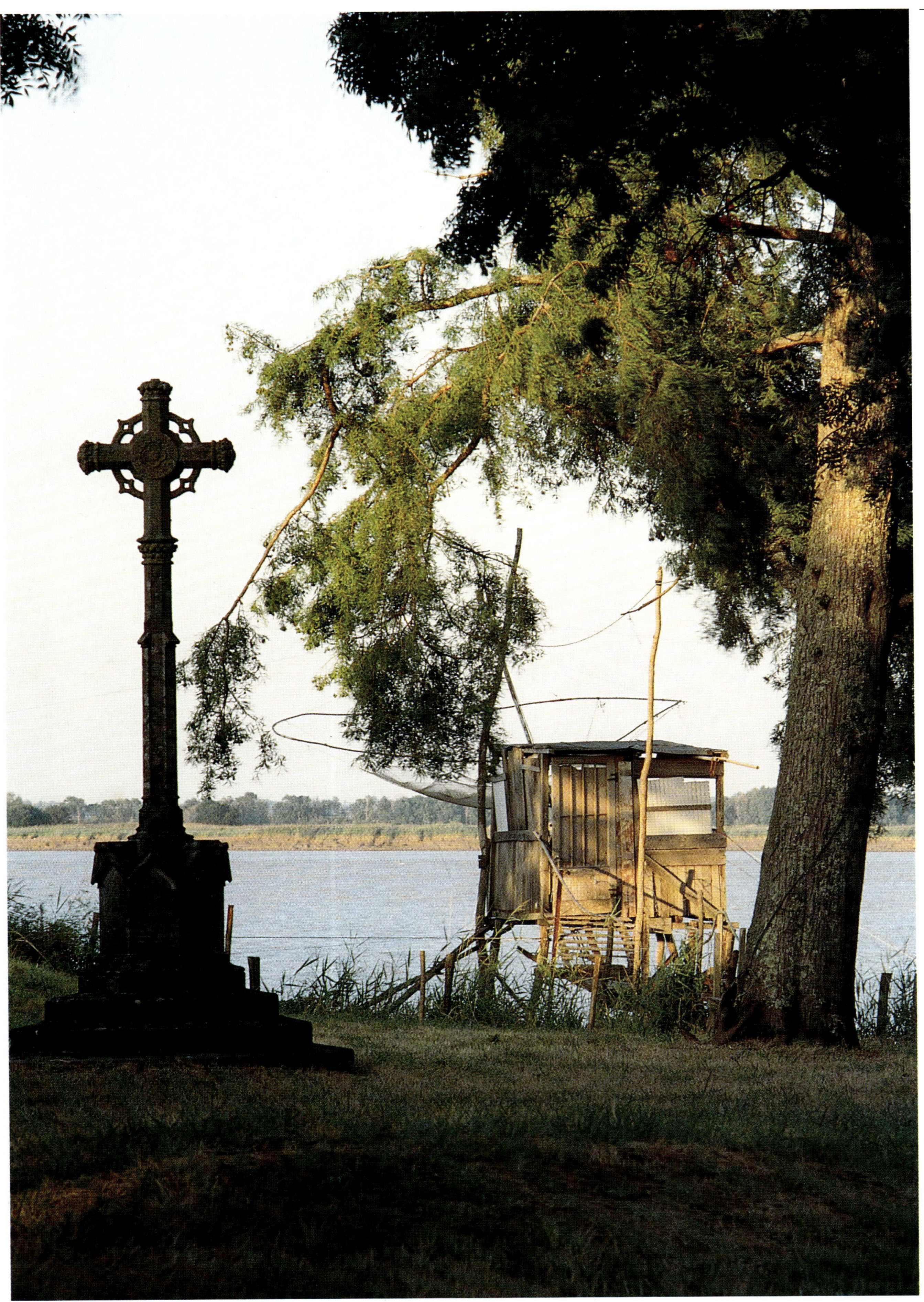

Deux fois par jour, la houle du mascaret trouble la quiétude du carrelet.

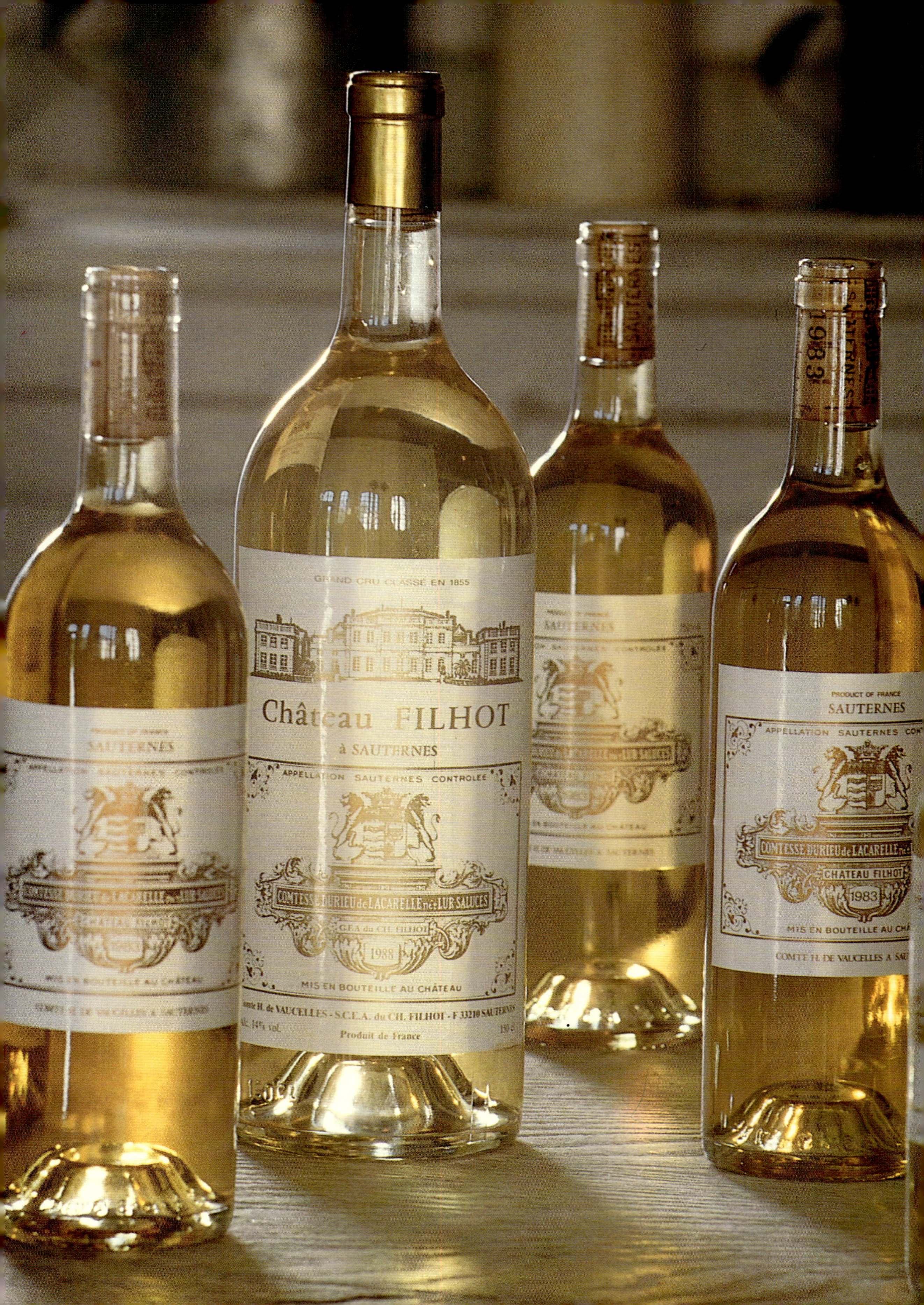
GRAND CRU CLASSÉ EN 1855
Château FILHOT
à SAUTERNES
APPELLATION SAUTERNES CONTROLÉE
COMTESSE DURIEU de LACARELLE née LUR-SALUCES
1988
MIS EN BOUTEILLE AU CHÂTEAU
Produit de France
PRODUCT OF FRANCE
SAUTERNES
CHATEAU FILHOT
1983

FILHOT

Sauternes. Deuxième grand Cru classé
Comte Henri de Vaucelles

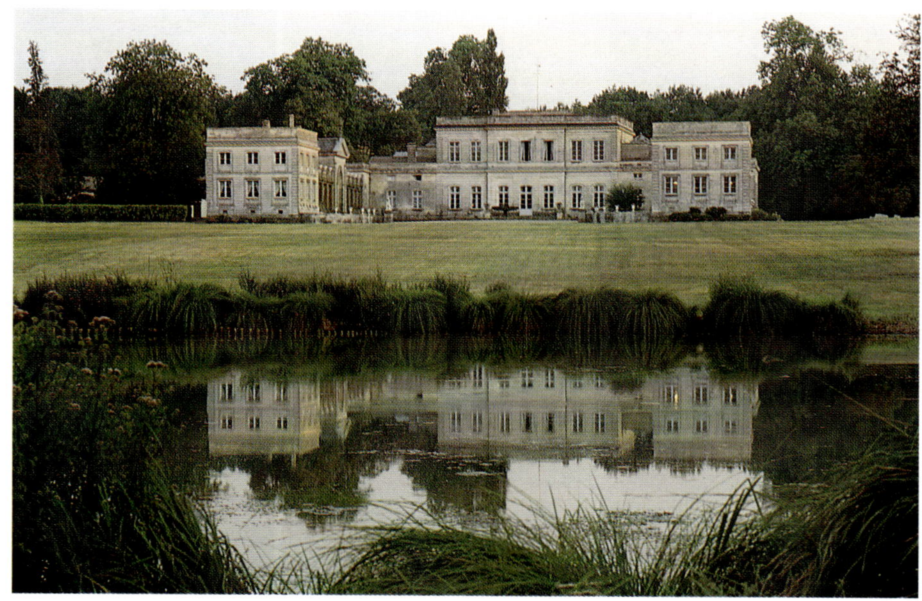

– Plus d'inquiétude à avoir.
– Il n'y a qu'à attendre.
– Nous en avons l'habitude.
Samuel Beckett

La puissance d'un état ne s'évalue pas à sa superficie. « Le Vatican, combien de divisions ? » demandait Staline. Il en va de même de la renommée d'une appellation. À une quarantaine de kilomètres au sud-est de Bordeaux, 1900 hectares de vignobles répartis sur les communes de Sauternes, Preignac, Barsac, Fargues et Bommes suffisent à produire un vin blanc unique et célèbre : le Sauternes.

Objet de soins constants et de tailles fréquentes, la culture d'un Sauternes relève de l'apostolat et de la roulette russe. Le vieil adage des *Bucoliques* de Virgile : « Pour faire du bon vin, vendange le dernier » s'apparente, dans ce terroir, à une véritable profession de foi. À chaque récolte, les propriétaires jouent leur tête et leurs terres. « Plus on attend, plus on s'expose à la catastrophe » constate un propriétaire qui s'empresse d'ajouter : « Mais attendre, c'est parfois triompher. » Pourquoi donc attendre ? Pourquoi s'obliger à prendre de tels risques ? Tout simplement pour permettre au *botrytis cinerea* d'entrer en action. Sans lui, pas de Sauternes. Sous cette dénomination scientifique se cache un champignon parasite du raisin. Adepte du hammam glacé au petit déjeuner et du sauna au goûter, il a besoin, à l'approche de l'automne, de violentes alternances climatiques pour se développer. Le Ciron, petit affluent froid de la Garonne, lui offre ses brumes matinales et le soleil ses bouffées de chaleur.

Sous son influence, les grains blonds arrivés à pleine maturation prennent des taches rousses, se confisent et pourrissent. Ce phénomène de surmaturation donne au raisin, selon l'heureuse formule de Bernard Ginestet, l'aspect d'une *momie vivante* car, bien que la peau semble complètement morte, « la vie continue à l'intérieur du grain et permet une concentration progressive des principes essentiels du raisin ». Suivant les années, cette période de surmaturation s'échelonne entre trois et cinq semaines, comme elle peut ne pas avoir lieu. D'autres, pour embellir l'image du Sauternes, disent qu'il y a eu formation de *pourriture noble*.

Dès lors, les vendanges commencent. Dans le Sauternais où rien ne se fait comme ailleurs, elles ne sont pas une récolte mais une cueillette et, plus précisément, une succession de cueillettes, d'où la formule vendanges par *tries successives*. Le mot trie traduit parfaitement la manière de procéder, indique le choix qui s'opère devant chaque grappe. Celles-ci ne sont pas sectionnées une fois pour toute mais dépouillées une par une de leurs grains les plus avancés – les autres attendront les prochaines tries –, déposés alors dans un panier en bois dont chaque interstice a été bouché à la cire pour que le jus rare et précieux ne se perde pas. Selon les années, les vendanges donnent lieu à une dizaine de tries. Il n'est pas étonnant de voir des vendangeurs passer entre des rangées de vigne aux feuilles complètement rousses – quand elles ne sont pas tombées – et travailler mains gantées, emmitouflés dans des anoraks .

Chaque trie produit un vin différent. La première donne la *crème de tête*, un moût fort élevé en alcool (de 24 à 26°), la seconde le *vin de tête*, plus fin, la troisième, le *centre*, extrêmement liquoreux, et pour finir, le *vin de queue*. Leur assemblage donne un produit qui ne doit pas dépasser 12°5. Que des éléments météorologiques soient défavorables à la formation de la grappe, à la maturation du raisin – vague de froid gelant les bourgeons, orage de grêle ravageant les jeunes grappes, coups de soleil brûlant la peau du raisin avant qu'il ne se développe –

ou empêchent l'apparition du *botrytis cinerea*, il n'y a alors pas de récolte comme en 1963 et 1968 ou une production presque nulle comme en 1960 et 1965.

Le tournant des années 1960 à 1970 a été très difficilement négocié par les gens du Sauternais. En plus de ces mauvaises années, ils rencontraient de réelles difficultés de commercialisation. Inconsciemment, ils avaient laissé se détériorer leur image de marque et une modification des modes et des goûts chez le consommateur avait quasiment rabaissé leur vin au rang de banal apéritif. Pour traverser cette mauvaise passe, nombreux sont ceux qui auraient pu céder à la tentation d'ajouter du sucre pour faire monter le degré d'alcool ou, suprême sacrilège, d'augmenter les rendements. Dans le Sauternais, le principe énonçant *un cep, un verre*, donne, grosso modo, une production de 20 hectolitres de vin par hectare, c'est-à-dire moitié moins de ce qui est obtenu dans le Médoc.

Aujourd'hui, le Sauternais vit en pleine embellie. Les châteaux mis en vente ont été bien rachetés, les récoltes de 1983 et 1986 ont redonné plus qu'espoir et l'étonnante succession de trois années exceptionnelles, 1988, 1989 et 1990, a relancé la spéculation de plus belle. En quatre ans la valeur des terres a décuplé, variant de un à deux millions de francs l'hectare.

Château Filhot dont le vin se vendait, au siècle dernier, presque aussi cher qu'Yquem est un des plus anciens et des plus vastes domaines du Sauternais. Quand les Filhot l'achètent en 1709, la propriété se limite à une gentilhommière entourée de quelques terres. Originaires de l'autre rive de la Garonne, les Filhot étaient des personnalités de la région. Un de leurs ancêtres, Jacques de Filhot fut trésorier général de France. Ayant manifesté pendant la Fronde son attachement au roi, il fut torturé par les chefs ormistes bordelais. Ils développent progressivement le vignoble et transforment la demeure en château. Aux alentours de 1850, l'architecte bordelais Alexandre Poitevin lui donne son actuel aspect néo-classique. Il prolonge l'ancien corps de logis, d'un côté par une terrasse destinée à l'orangerie, de l'autre par une aile de style Louis XVI qui abrite une chapelle en son centre. Si, dans le passé, la présence d'une chapelle marquait les liens directs entretenus par le châtelain avec Dieu et son indépendance à l'égard de la paroisse, en construire une au XIXe siècle a une signification supplémentaire : celle d'un acte politique. Dans la nouvelle société laïque et républicaine, l'aristocratie manifeste violemment sa fidélité à la religion catholique et son attachement à la monarchie. Alexandre Poitevin travaille aussi à l'aménagement des bâtiments dont l'ensemble occupe plus de deux hectares de terrain.

En revanche, la création d'un parc *à l'anglaise* ne reflète aucune arrière-pensée idéologique. Elle ne marque ni reconnaissance, ni sympathie pour la première terre d'accueil des émigrés. Elle correspond à l'anglomanie de l'époque. Au début, les paysagistes donnent dans le déjà-vu et ne reproduisent que de mauvais pastiches du modèle anglais. À partir de 1840, ils commencent à trouver leur style et à s'enhardir. C'est en cette période où fleurissent de nouvelles conceptions que Louis-Bernard Fischer, créateur du célèbre jardin public de Bordeaux, dessine le parc de Filhot. Il compose un panorama de vastes pelouses qui descendent jusqu'aux bords d'un petit lac, imagine une savante plantation d'arbres exotiques sur la colline face à la cour d'honneur et traverse l'ensemble de profondes perspectives qui partent du château comme les trois branches d'une étoile. L'une relie Filhot à Yquem, l'autre conduit à la forteresse de Budos et la dernière à la mairie de Sauternes. Anachronique provocation dans un pays où la séparation de l'Église et de l'État est un dogme irréversible, la façade de cette ancienne métairie du domaine s'orne d'une statue de la vierge.

Fait assez rarissime dans l'histoire des Châteaux du Bordelais, les trois familles qui se sont succédé à la tête de ce vaste domaine, les Lur-Saluces, les Lacarelle et les Vaucelles, ont su maintenir la lignée Filhot par mariages ou donation.

Tout d'abord en 1806, quand Joséphine de Filhot, épouse d'un marquis, chambellan de Napoléon 1er, rachète le domaine familial devenu bien national et le fait alors tomber dans le giron des Lur-Saluces, une vieille famille noble d'origine piémontaise.

Pour ces rois des vignes blanches, Filhot n'est qu'une toute petite principauté. Outre le déjà célèbre Yquem, les Lur-Saluces possèdent aussi les châteaux de Malle, Fargues et Coutet. En 1935, Bertrand de Lur-Saluces, qui trouve bien conséquente pour un célibataire la propriété commune d'Yquem et de Filhot, cède ce dernier à sa sœur mariée au comte Durieu de Lacarelle. Ensuite, il devient propriété de leur fille , épouse d'un ambassadeur, le comte de Vaucelles.

Depuis 1973, leur fils Henri de Vaucelles dirige le domaine. D'une famille originaire de l'Allier, cet ancien ingénieur des Mines ne regrette pas l'époque où il s'occupait de centrales nucléaires en Bretagne. Lui-même ainsi que sa femme, Sophie de Sigalas, fille de diplomate, sont complètement imprégnés par ce terroir qu'ils ont appris à aimer. L'accompagner dans ses vignes, qu'il parcourt, peu soucieux de son apparence, vêtu de vieux vêtements de travail légèrement élimés, devient une véritable leçon d'histoire du Bordelais. Il en fait revivre les principaux personnages comme on feuillette un livre d'images : Aliénor d'Aquitaine qui, scellant le sort de son pays à celui d'Henri II Plantagenêt, créa un lien indestructible entre Bordeaux et l'Angleterre ; Le Prince Noir, Édouard, prince de Galles, qui attendit, sur les conseils de son entourage, la fin des vendanges pour attaquer Jean le Bon. Heureux temps où les guerres passaient après les plaisirs de la gueule. Il termine sa parabole par la situation actuelle du vignoble et du vin. Il s'inquiète de la difficulté à s'imposer sur les marchés étrangers et de la précarité de sa réputation. Au passage, il égratigne quelques châtelains dont l'avidité de reconnaissance et la complaisance manifestée à l'égard de certains journalistes pour être *médiatisés* ou *starifiés* – mais est-ce bien ses termes ? – l'agacent plus qu'elles ne l'amusent. Bien que gens du sud, les Sauternais sont plus austères et réservés que ceux du nord, les Médocains. Ils préfèrent rester chez eux que s'afficher.

Une fois par an, Henri de Vaucelles ouvre les portes de son domaine pour une fête du vin et de la chasse. L'après-midi, sur les pelouses du parc, une troupe de cascadeurs reconstitue des tournois d'antan. Sous leurs masques et leurs armures, Le Prince Noir et Jean le Bon se retrouvent pour la plus grande joie du public.

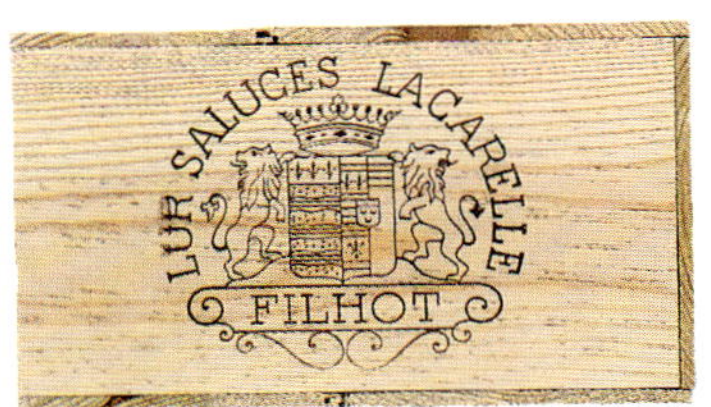

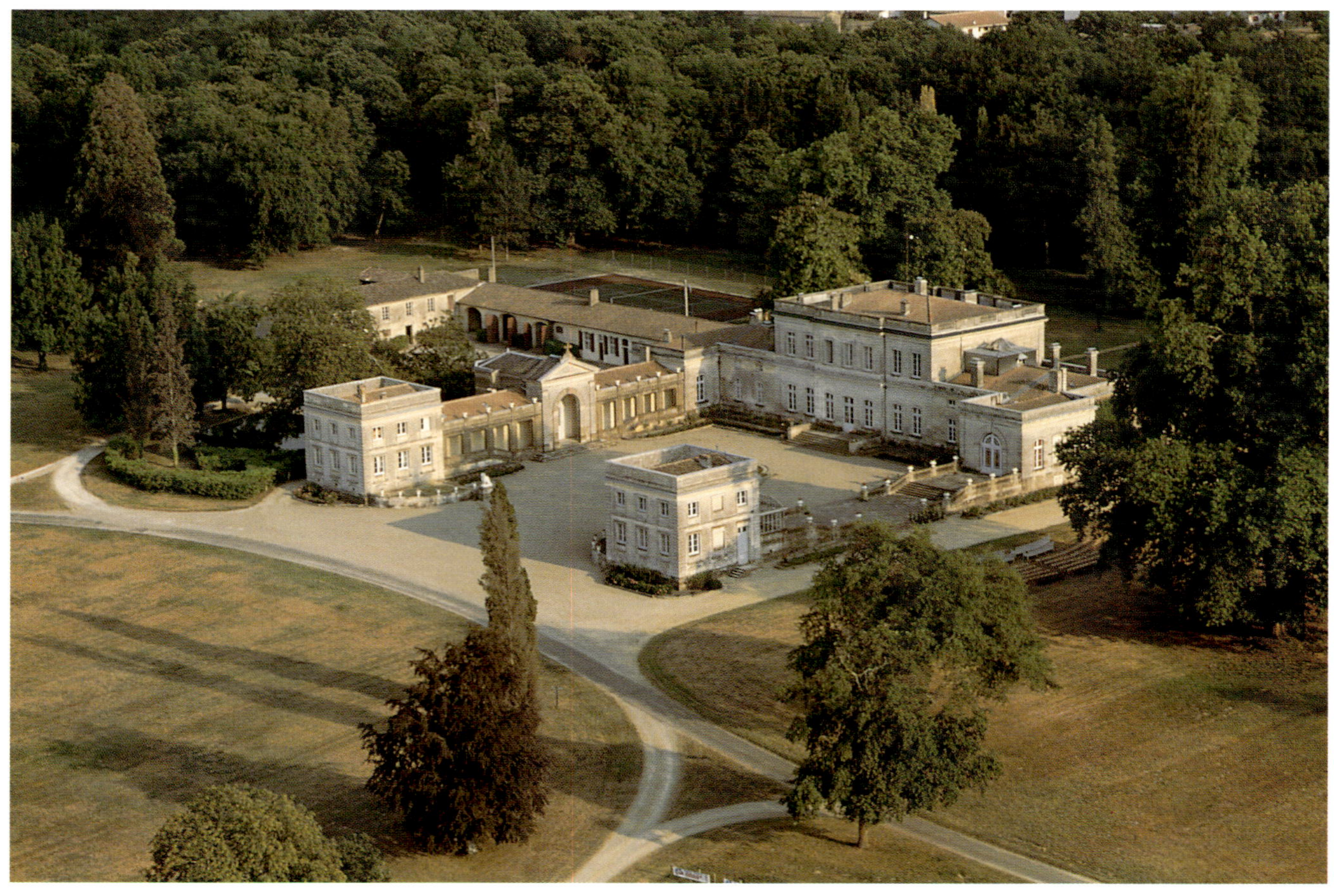

Vue d'hélicoptère de l'ensemble de la propriété. Autour de la gentilhommière du XVIIIe siècle, l'architecte Poitevin construisit presque deux hectares de bâtiments au XIXe siècle.

« Fillotte », ainsi que l'écrivait Thomas Jefferson, tire son eau dans ce petit bâtiment traversé par un ruisseau.

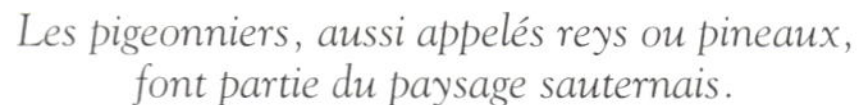

Les pigeonniers, aussi appelés reys ou pineaux, font partie du paysage sauternais.

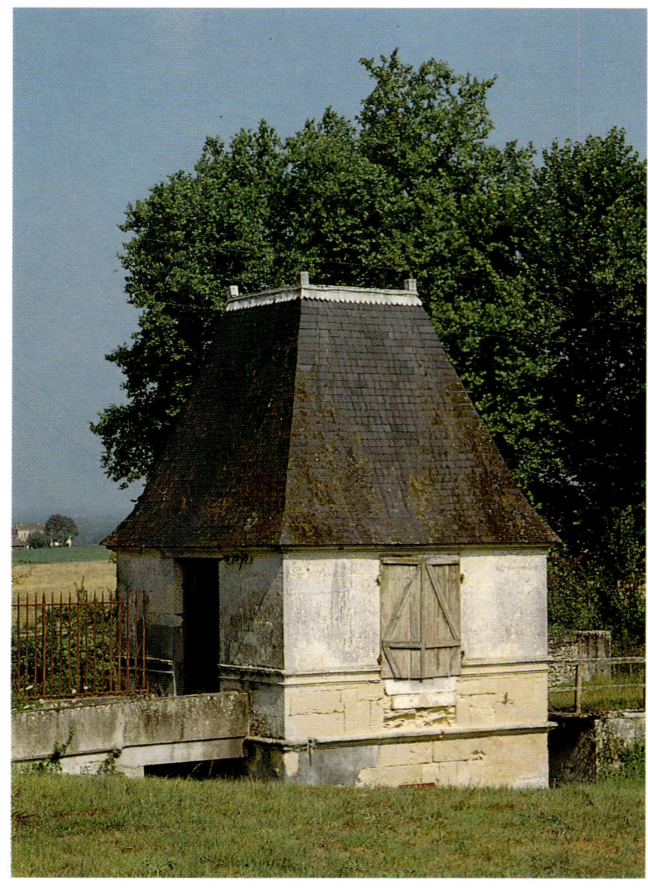

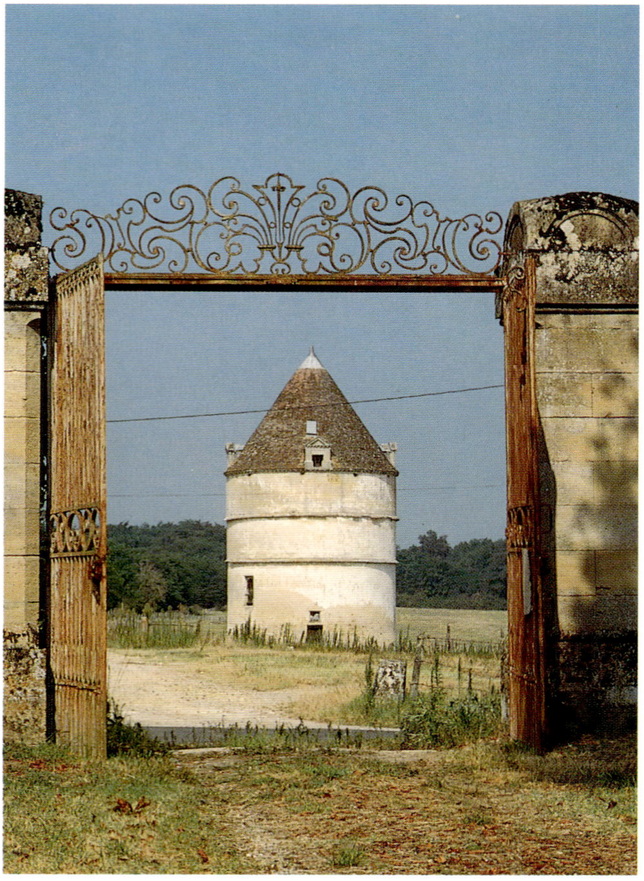

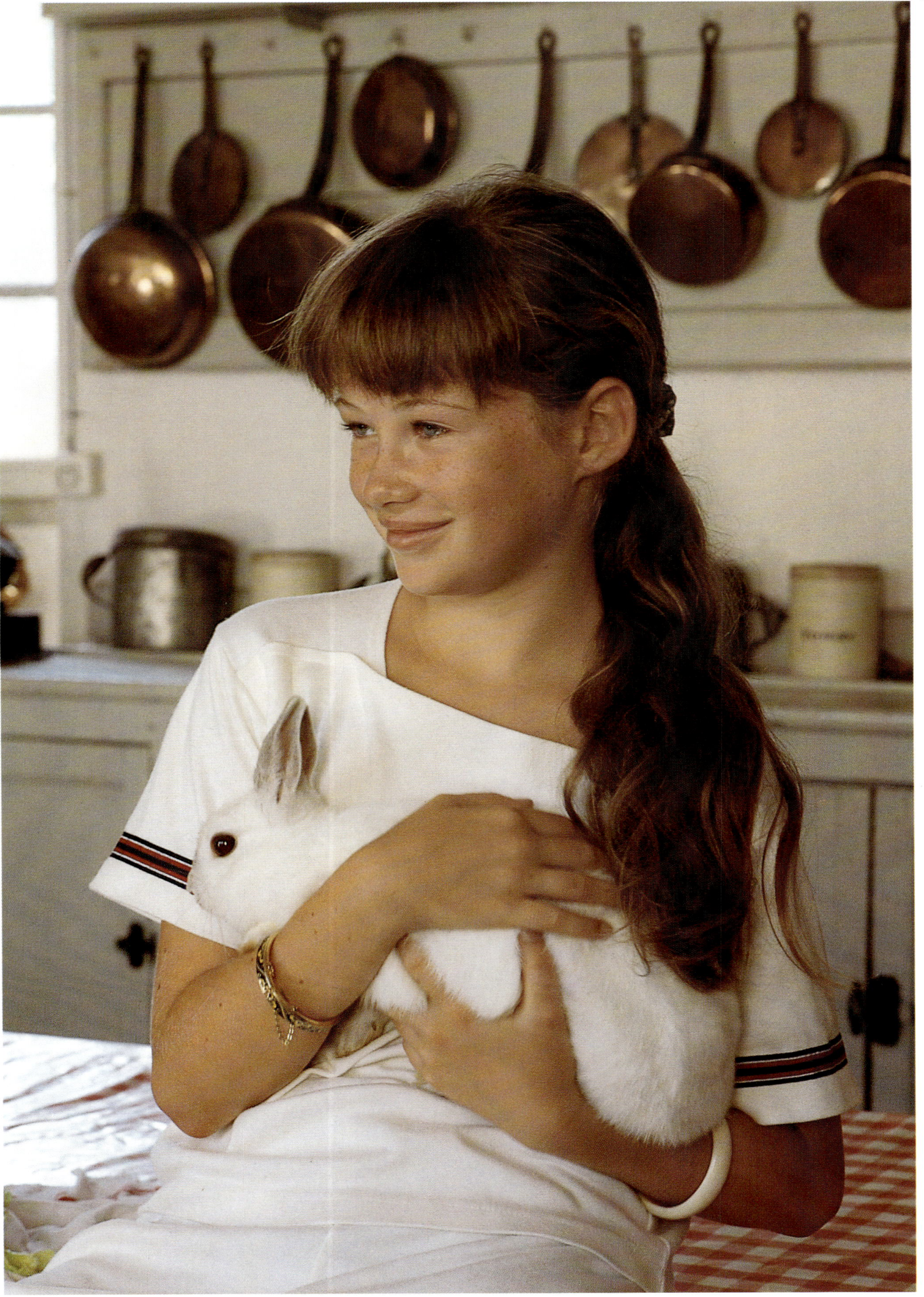

Aliette de Vaucelles cajole son lapin apprivoisé.

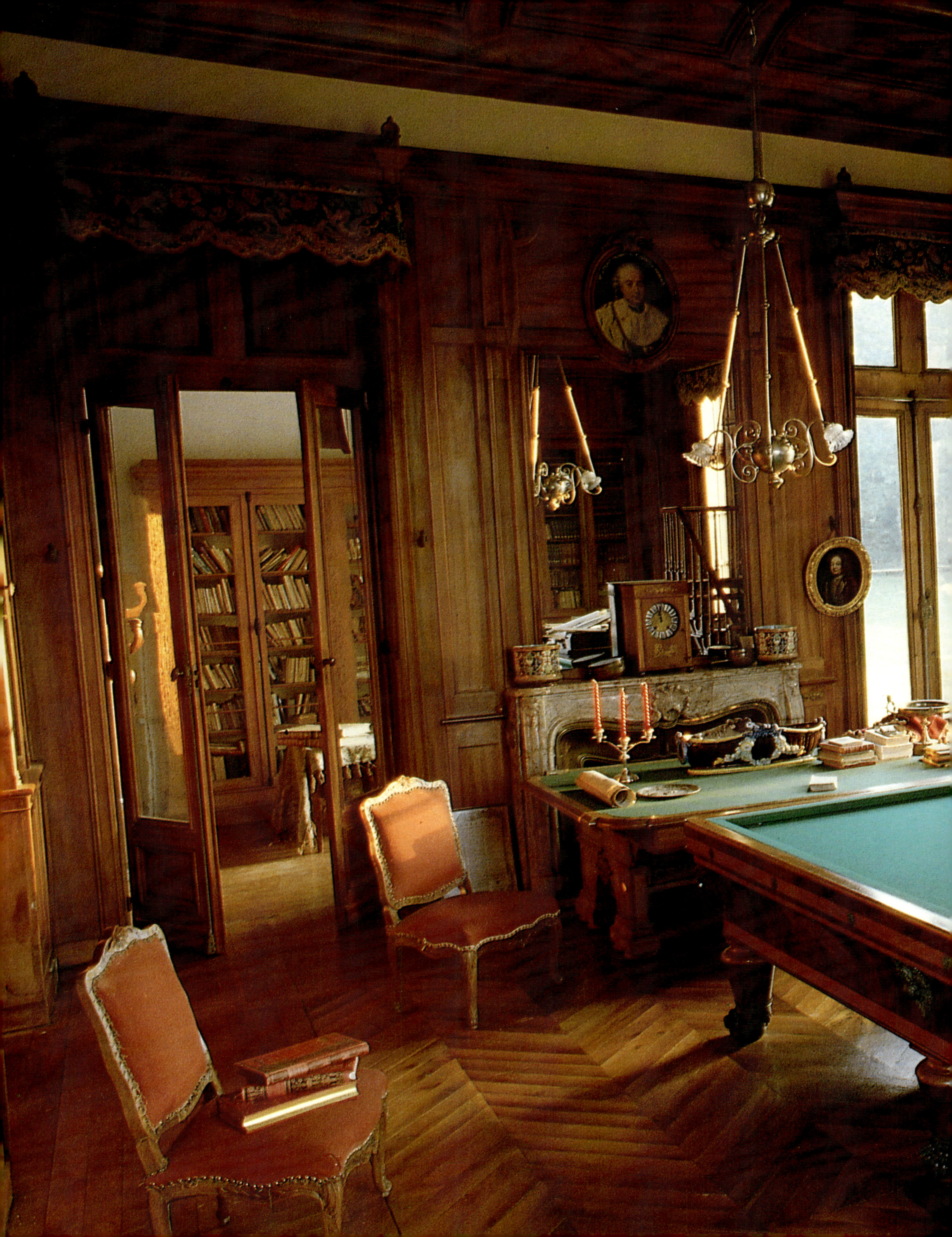

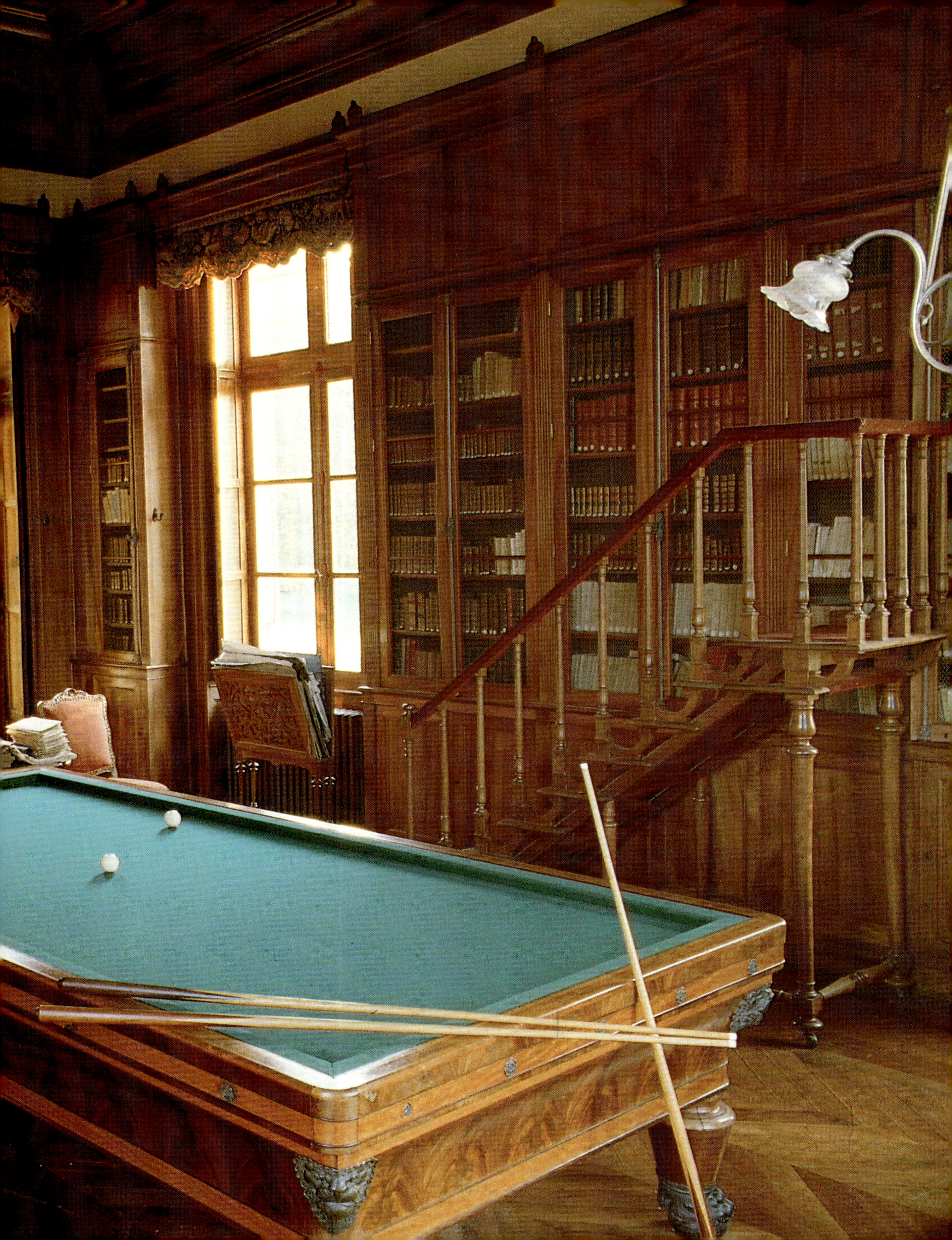

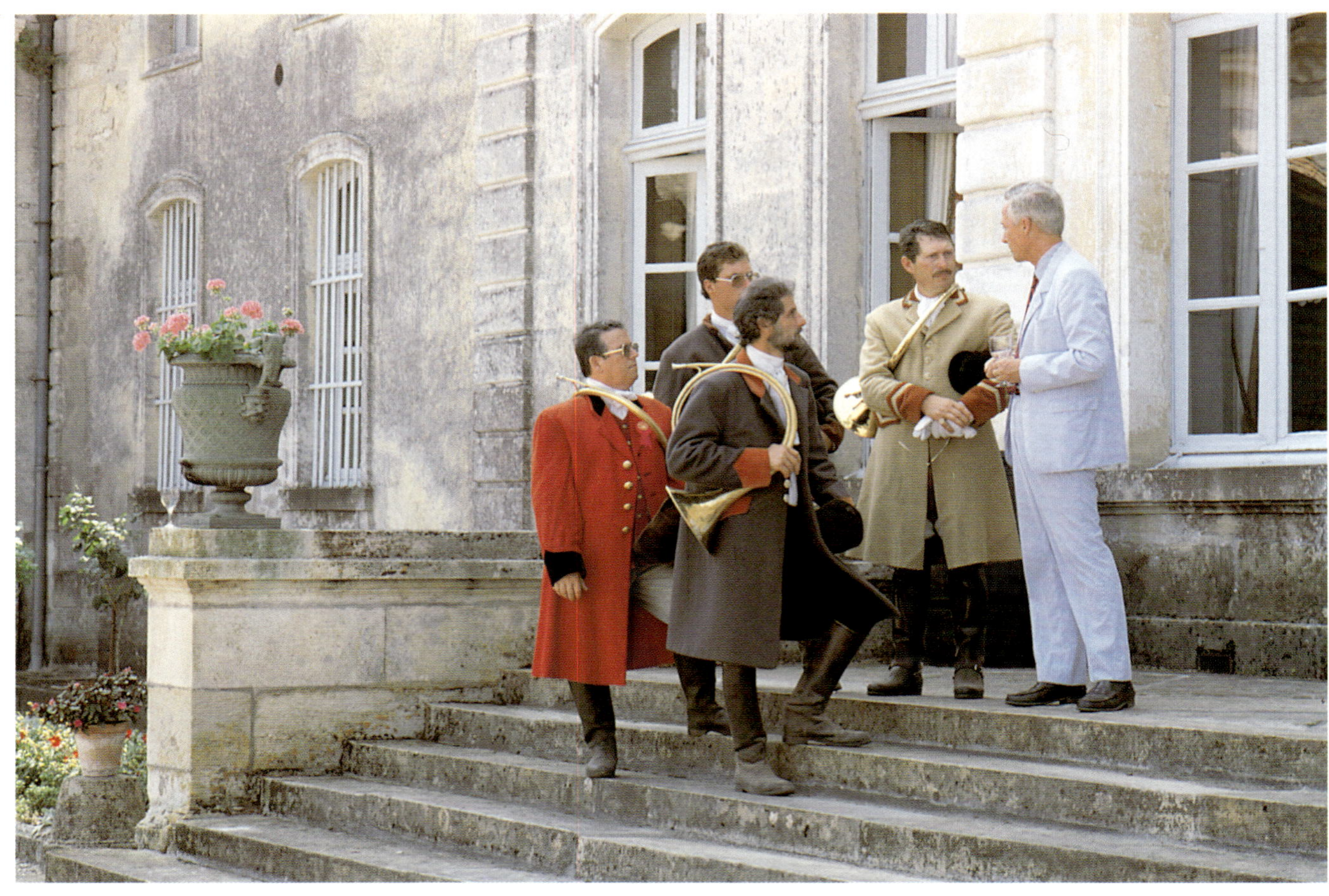

Pour la fête de la chasse et de la nature organisée à Filhot,
le maître des lieux reçoit une délégation de chasseurs suisses.
Double page précédente : commun à beaucoup de châteaux, le billard se trouve ici dans la bibliothèque.
Fête de la chasse et de la nature organisée chaque année, début août.

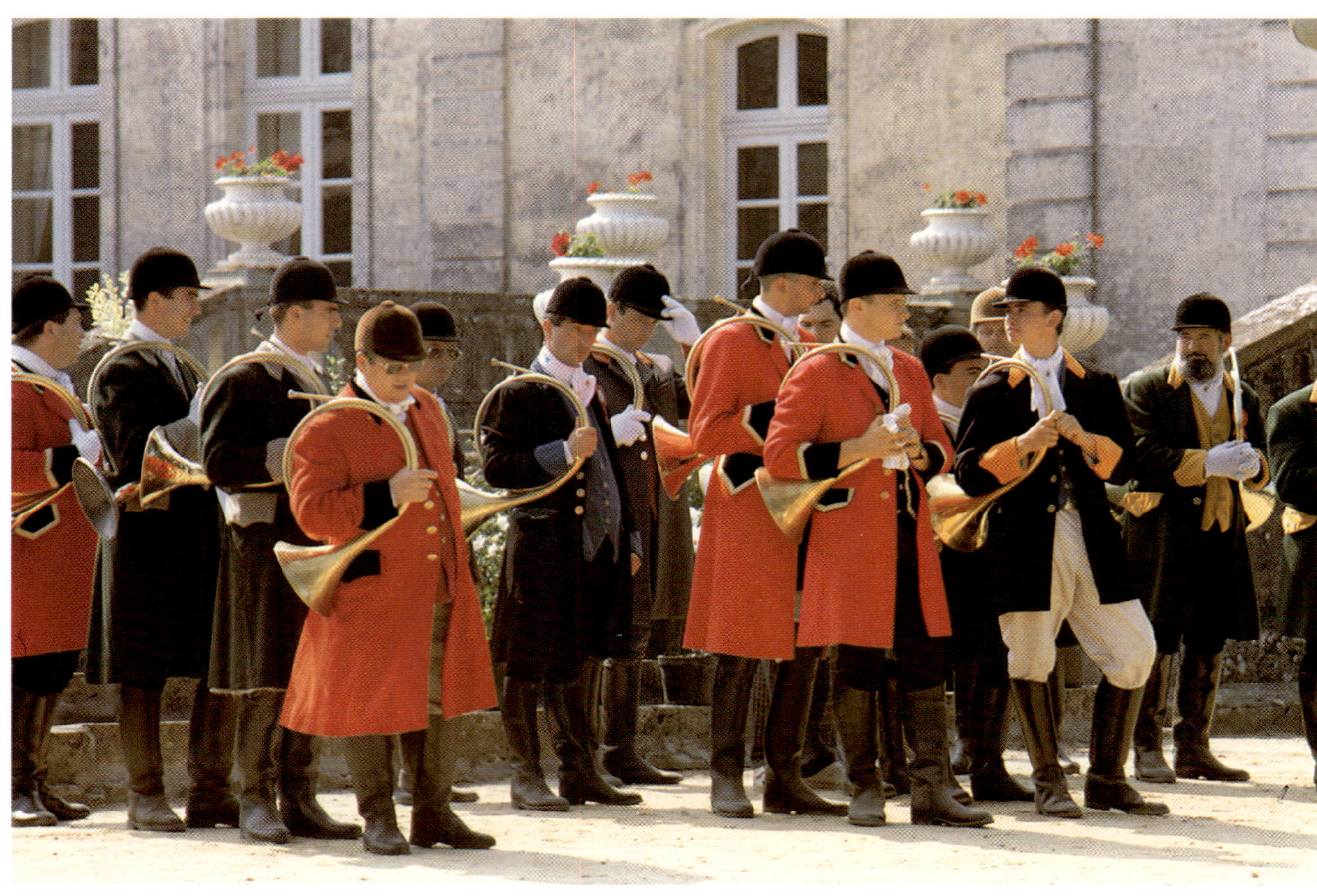

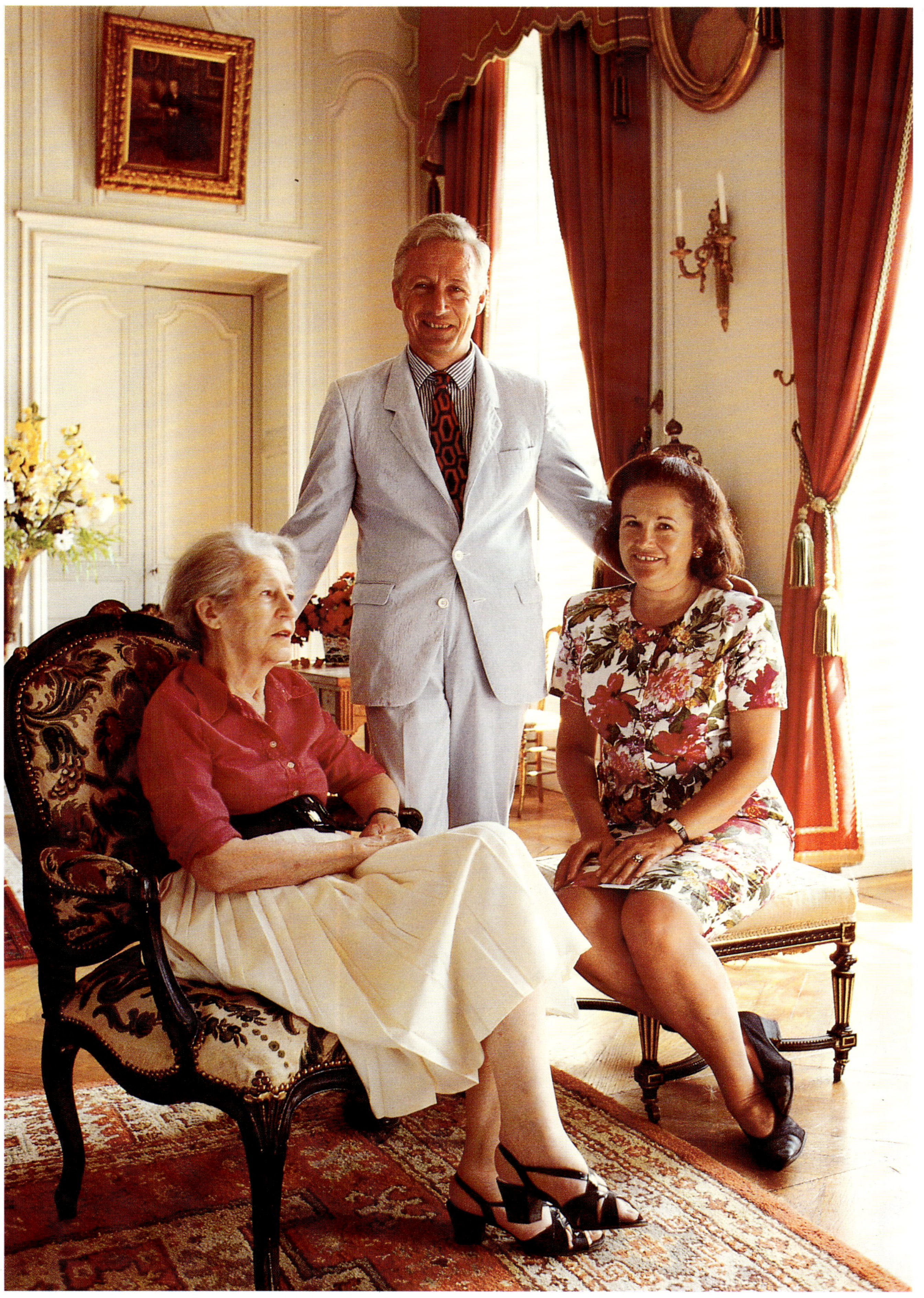

Henri de Vaucelles entre sa mère et sa femme, née Sophie de Sigalas.

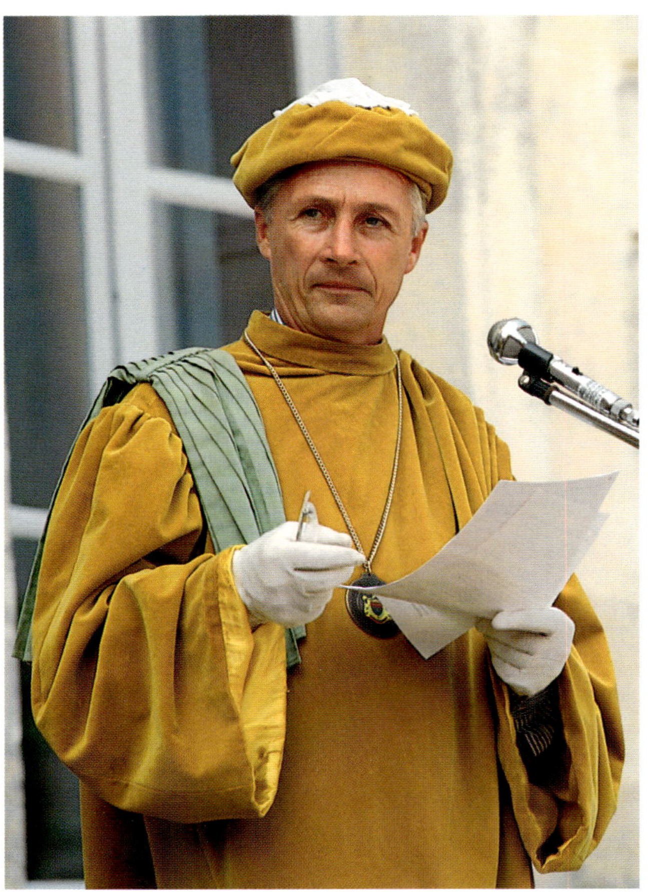

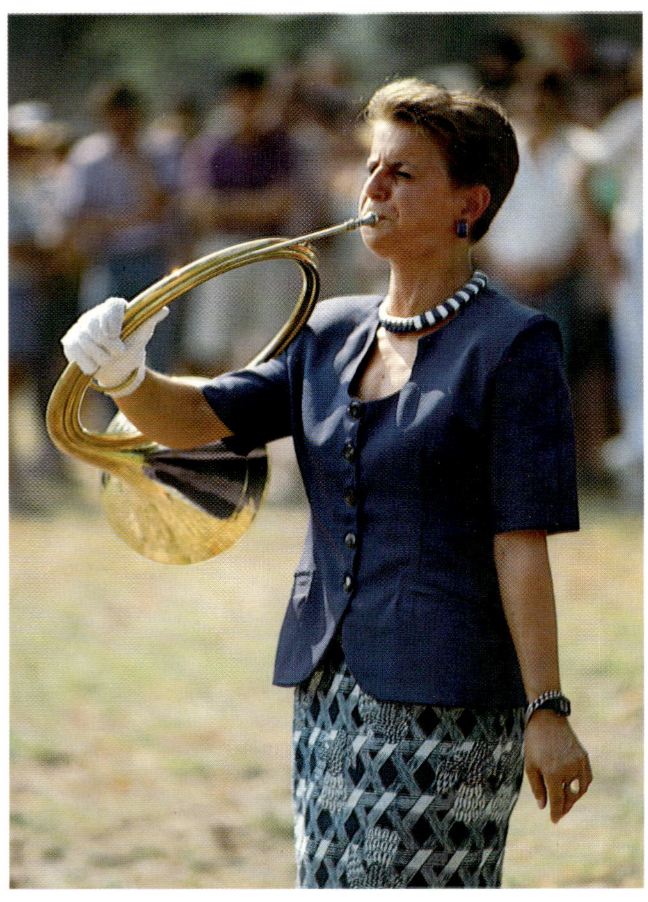

À gauche : le maître des lieux reçoit en tenue de commandeur du Bontemps de Sauternes et Barsac, confrérie créée en 1959 par le comte de Bournazel.

À droite : jeune femme participant au concours de sonneur de trompe.

Dans le Sauternais, on préfère « siffler un petit coup que dire du mal de son voisin ».

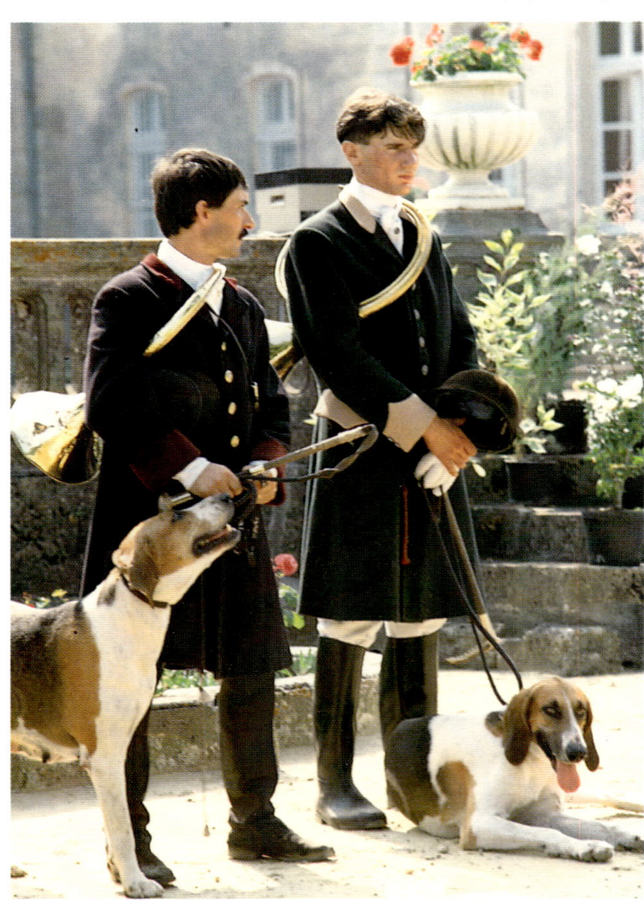

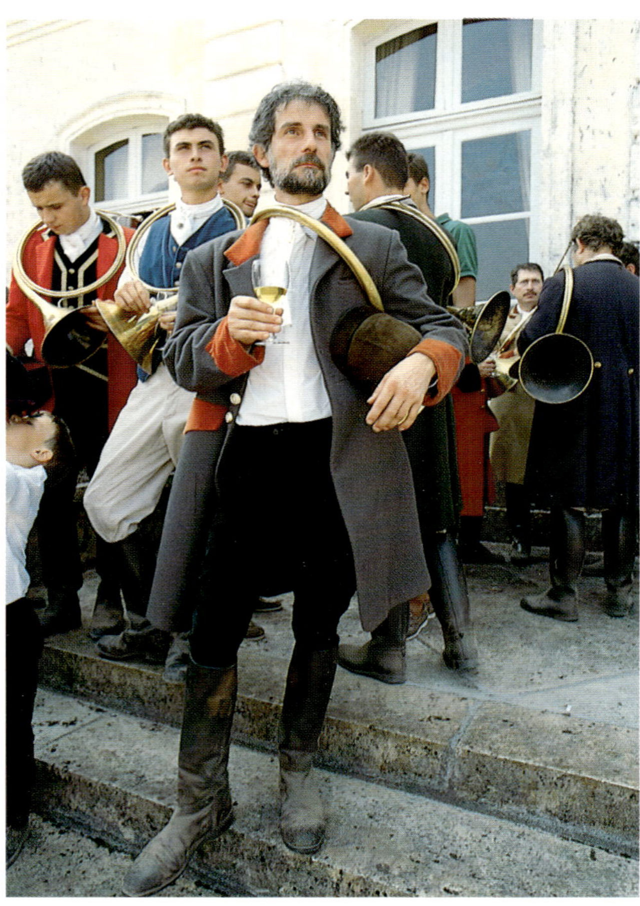

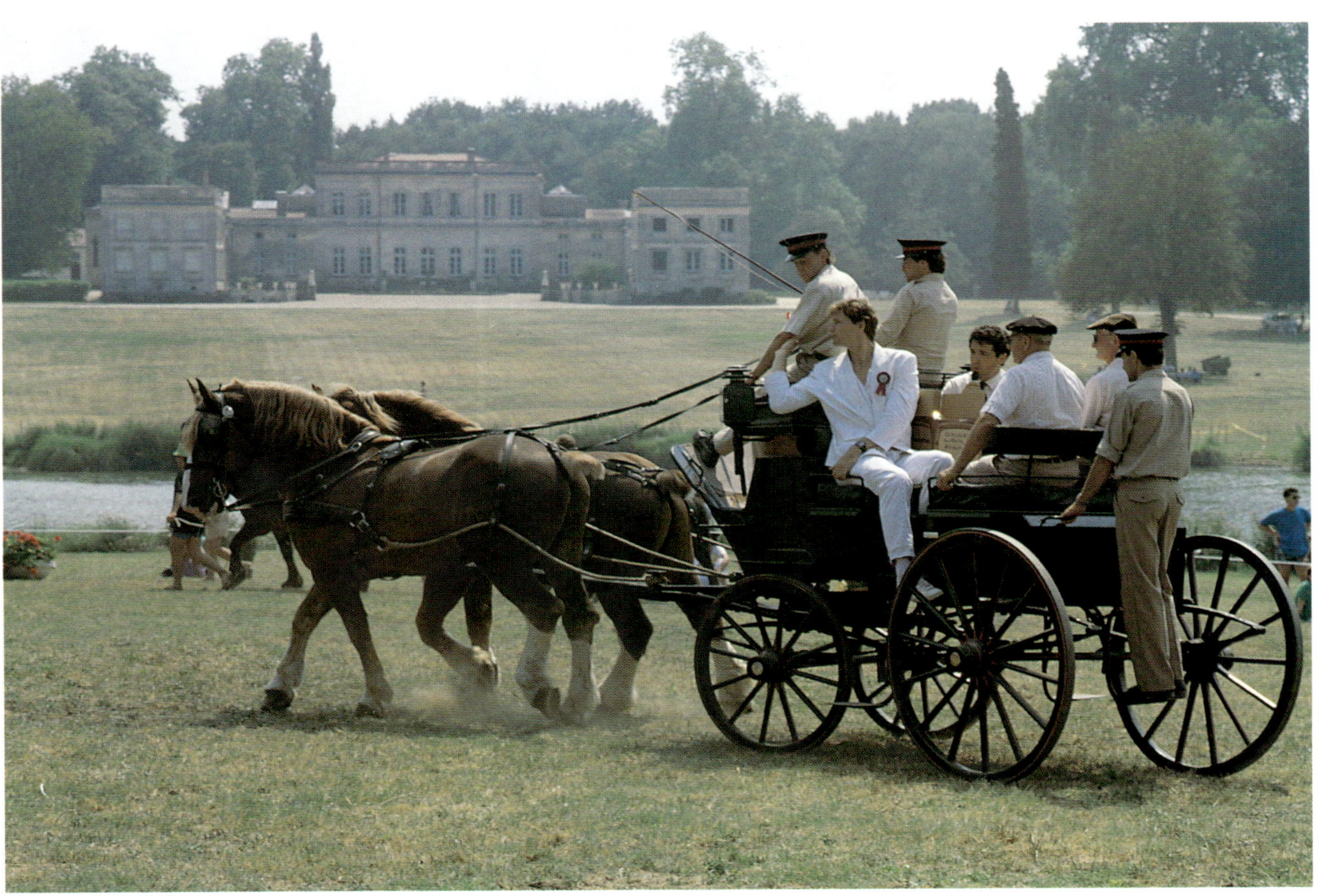

Après une messe en l'honneur de saint Hubert, il est possible d'acheter un chien, de faire un tour en hélicoptère ou en attelage et de rencontrer ses voisins.

Divertissement au Moyen Âge, le tournoi a toujours la faveur du public.

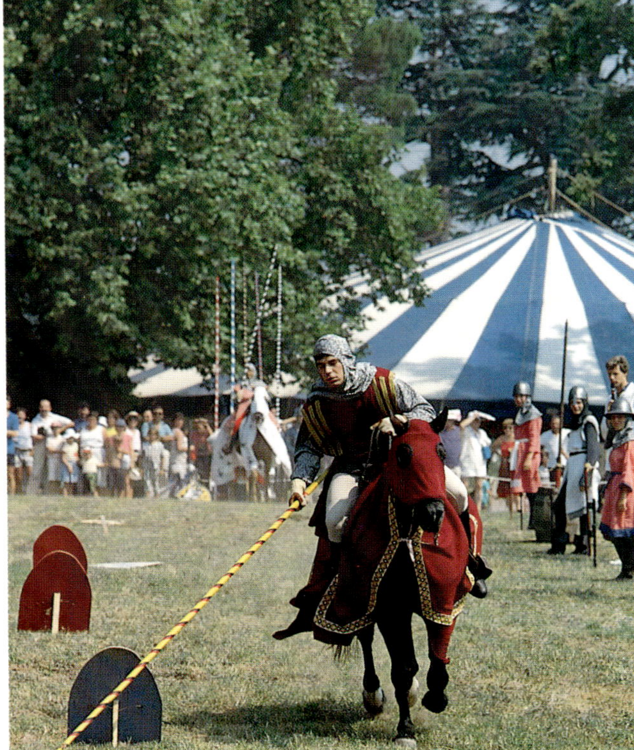

Sous les masques et les armures, des cascadeurs.

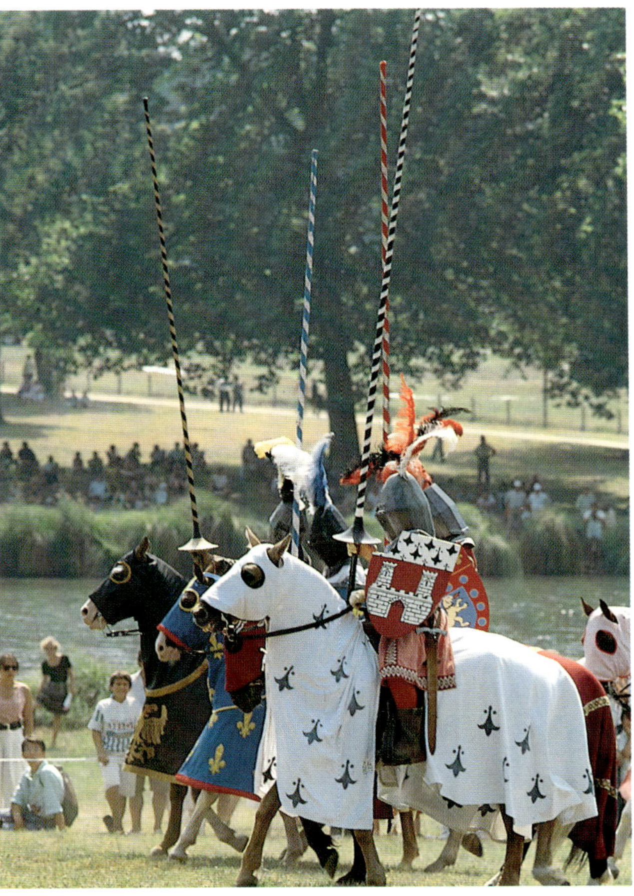

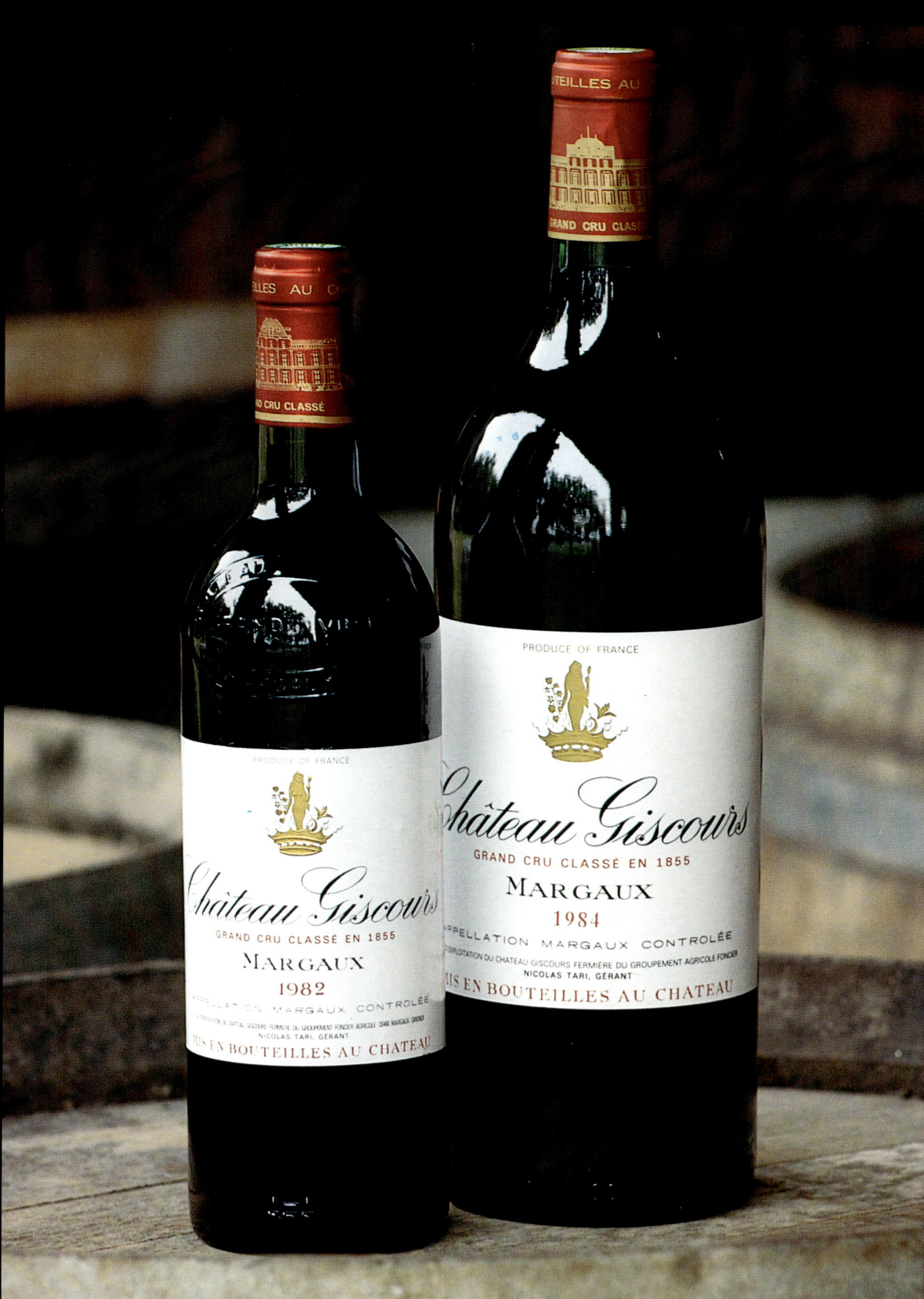

GRAND CRU CLASSÉ
PRODUCE OF FRANCE
Château Giscours
GRAND CRU CLASSÉ EN 1855
MARGAUX
1982
NICOLAS TARI, GÉRANT
PRODUCE OF FRANCE
Château Giscours
GRAND CRU CLASSÉ EN 1855
MARGAUX
1984
NICOLAS TARI, GÉRANT

GISCOURS

Margaux. Troisième grand Cru classé
Monsieur Pierre Tari

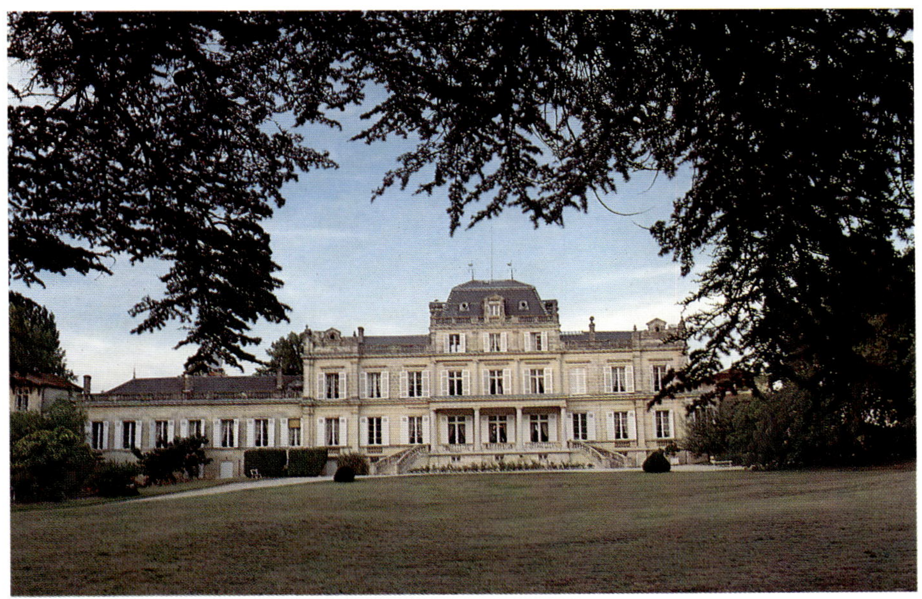

Tout est vain en nous excepté le sincère aveu que nous faisons devant Dieu de nos vanités.

Bossuet

La réalité d'un jour n'est pas nécessairement celle du lendemain ou de la veille. Il ne faut donc pas se contenter d'admirer la richesse présente du Médoc et de croire qu'il a été, de tout temps, un pays de cocagne. C'est méconnaître l'existence de déconfitures subites et de déchéances inexorables dues à des crises économiques, une conjoncture défavorable, une succession de mauvaises récoltes, des conflits, une gestion relâchée ou aventureuse.

Si un propriétaire ne possède pas les capacités financières suffisantes pour non seulement affronter mais aussi traverser des périodes difficiles, son seul recours est, au mieux, de vendre son domaine, au pire, de le brader. Telle est la situation du Médoc à la fin de la deuxième guerre mondiale.

Nicolas Tari, gros propriétaire terrien de l'Oranais – plantations de vignes et d'oranges – achète Giscours en 1947 et s'installe dans le Médoc. Est-il conduit dans ce choix par la certitude de réaliser une *bonne affaire* ou plutôt par un extraordinaire flair politique ? Pressent-il les craquements à venir, les déchirures et les soubresauts qui vont agiter l'Algérie ? Il est, en tout cas, le premier pied-noir à investir dans la région avant la déferlante des années 1960.

Troisième grand Cru de Margaux, Giscours se réfugie derrière son classement, façade qui arrivait difficilement à masquer la réalité de la situation et son état d'abandon. « Les arbres poussaient dans les chais » se souvient Pierre Tari. Quant au vignoble, avec ses huit hectares, il était réduit aux dimensions d'un timbre-poste.

À chaque étape de la restauration de son domaine, Nicolas Tari aura la sagesse de s'entourer des meilleurs conseillers en œnologie : Peynaud, Enjalbert, Puisais. Il commence son long combat contre la désolation et l'abandon par la rénovation des chais. Tout en leur conservant leur aspect d'origine, il les dote des perfectionnements les mieux adaptés aux nouvelles techniques de vinification. En 1954, après avoir reconstitué, par récupérations successives, les 70 hectares du vignoble d'antan, il choisit pour un encépement quasi-général l'amalgame qui allie le mieux la délicatesse propre aux grands Médocs et la puissance des Bordeaux de race, c'est-à-dire 65 % de cabernet sauvignon, 13 % de merlot et le reste réparti en cabernet franc, petit verdot et malbec. Il trouve que son vignoble encastré dans 370 hectares de bois, de marais et de terres cultivées, manque d'aération. Il fait alors abattre 13 hectares de bois et creuser un lac artificiel. Ce nouveau plan d'eau crée un micro-climat qui améliore la circulation de l'air, tempère les chaleurs de l'été et les froidures de l'hiver et limite les risques de gelées tardives au printemps, préventions toutes favorables à l'épanouissement du raisin. Enfin, pour que les racines trouvent en profondeur une nourriture plus riche et subtile, il fait drainer l'ensemble de ses terres. Cette opération, qui traduit chez Nicolas Tari un sens extraordinaire de la viticulture, coûtera huit millions de francs sur huit ans. Elle n'est ni un caprice, ni une extravagance semblables à ceux que connut le domaine au XIXe siècle.

Autour du vieux donjon du XIVe siècle, la culture de la vigne se pratique dès 1550. En 1656, la renommée du vin de Giscours dépasse les limites de la province pour atteindre la Cour : Louis XIV s'en régale. Au XVIIIe siècle, le domaine appartient à Claude-Anne de Saint-Simon, branche cadette du célèbre mémorialiste. Confisqué sous la Révolution, morcelé, il est revendu aux enchères en vingt-quatre lots. Les bâtiments principaux et le vignoble sont achetés par un certain

Jacob acoquiné à deux négociants américains pour une association éphémère. Puis Giscours passe entre diverses mains jusqu'en 1825, quand un négociant, Marc Promis, décide de s'en occuper sérieusement et de construire un château à la place de la vieille maison. Pourtant, dès la fin des travaux, sans autre raison apparente que l'appât du gain, il décide de s'en séparer et le cède pour un demi-million de francs au comte Jean-Pierre Pescatore, banquier parisien. Sitôt la transaction conclue, le château brûle ! En définitive, ce malheur est plutôt un bienfait pour le comte Pescatore qui peut reconstruire selon ses désirs le château censé éblouir la femme de ses rêves. Il demande au paysagiste Eugène Bühler de concevoir sur le principe du jardin anglais un parc qui ravira la belle Eugénie de Montijo quand elle le regardera depuis la fenêtre de sa chambre. C'est l'actuel château construit sur trois étages dans le style Renaissance. La chambre de l'adorée y est conservée sans le moindre changement.

Le comte Pescatore meurt l'année où Giscours, qui produit 90 tonneaux de vin par an pour 50 hectares de vignes, est classé. Vingt ans plus tard, son neveu le revend un million de francs à Édouard Cruse. Sous la direction des Cruse, déjà propriétaires de Pontet-Canet, Giscours atteint l'apogée de sa gloire. Ils agrandissent le vignoble de 10 hectares et investissent dans la construction de bâtiments agricoles indépendants. C'est la naissance de la ferme modèle de Giscours, dite *ferme Suzanne*, conçue par l'architecte Théodore Duphot. Cette période de prospérité dure peu. À partir de 1913, tombé dans les mains d'Émile Grange, Giscours commence un déclin qui ne s'achèvera qu'avec l'arrivée de Nicolas Tari.

En 1970, il transmet à son fils Pierre le fruit de son obstination, symbole d'une reconquête vinicole et d'une réussite commerciale. Aux côtés de sa femme Marie-Antoinette, il continue d'y vivre comme un chef de tribu méditerranéen, entouré de toute sa famille. Sa fille, Nicole, propriétaire d'une des plus belles demeures de Gironde, le Château Nairac, où elle produit un excellent Sauternes classé deuxième Cru, occupe tout le dernier étage avec ses enfants. Pierre et sa femme Florence se sont aménagé l'aile droite du château, celle qui jouxte les chais, et y ont ajouté une immense verrière emplie de bougainvillées. Leur décoration fait preuve de goûts très éclectiques. Dotés d'un sens du confort et du luxe qui n'exclut pas des *clins d'œil* pleins d'humour, ils marient audacieusement des meubles orientaux à du mobilier de style.

Bien que leur réussite unanimement reconnue force l'estime, les Tari restent pour certains Bordelais des étrangers aux idées bizarres et déconcertantes. Quand Pierre Tari décide, en 1979, de créer un club

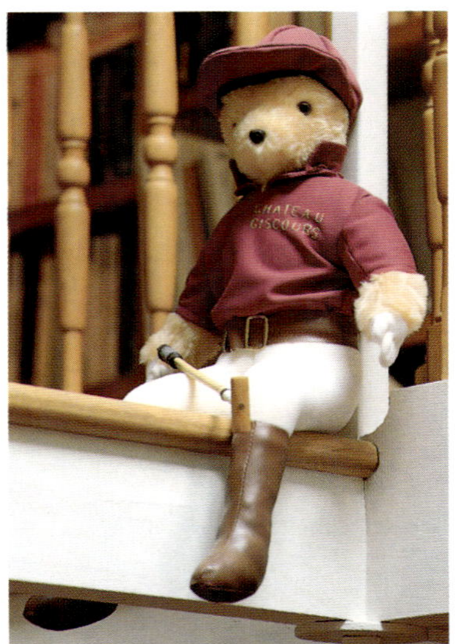
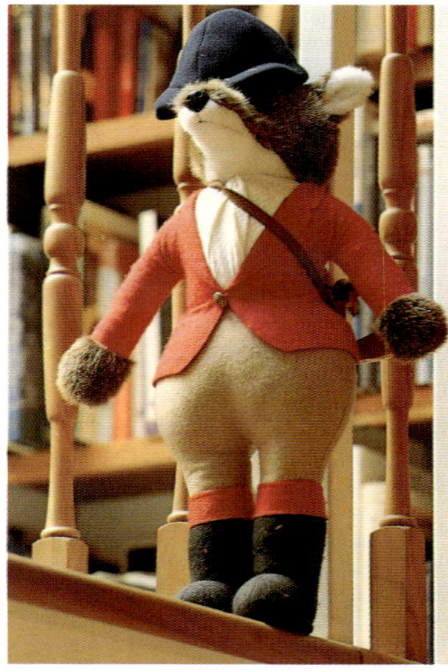

Sur la balustrade de la bibliothèque, deux peluches mascottes de Giscours : un ours joueur de polo aux couleurs de Giscours et un renard en tenue de vénerie.

de polo et d'aménager un terrain sur une partie de ses terres, la population oscille alors entre l'effarement, la perplexité et l'indignation. Détourner pour des plaisirs de péons de si beaux lopins de terre, à un moment où la moindre parcelle s'arrache à prix d'or, semblait inconcevable et insupportable.

Pour Pierre Tari, cette implantation est un retour aux sources. La première compétition de polo sur le sol français s'est déroulée en 1875 dans le sud-ouest, aux environs de Pau. Ce bouillonnant provocateur n'a pas poussé son souci d'orthodoxie à utiliser en guise de balle la tête d'un de ses ennemis comme le faisait l'empereur Darius. Il entretient donc à Giscours quatre joueurs qui disposent, chacun, de quatre chevaux. L'équipe aux couleurs bordeaux et or est uniquement composée de joueurs français dont les propres fils de Pierre Tari qui les

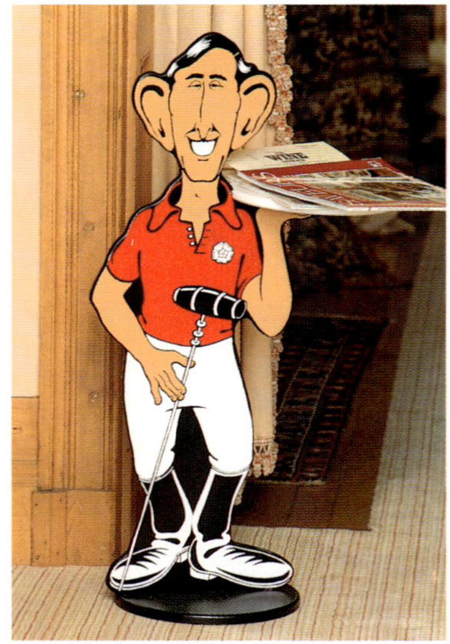

Dans l'entrée, le prince Charles présente de célèbres revues de vins.

encourage dans cette passion. Viennent s'y joindre, pour certaines rencontres, quelques amis dont l'acteur Guy Marchand. Marqué à tout jamais par les courses de bourricots organisées dans la médina de son enfance, Pierre Tari considère que la soif de vaincre se forge sur une selle.

L'équipe remporte sa première victoire internationale en 1983. Elle est invitée en Mongolie par le gouvernement chinois. À Windsor, elle éblouit la reine en gagnant une coupe aux dépens de son royal fils, irrespectueux hommage de la jeune Aquitaine à la vieille Angleterre. Chaque année, elle relève sur ses terres le défi lancé par des équipes adverses étrangères devant une assistance composée de la *jet-society*, de personnalités de la finance, de la mode et du spectacle.

À une époque où les manifestations de relations publiques sont devenues la version XXe siècle des traditions d'accueil des châtelains, il se dégage de Giscours une impression de vie et de mouvement peu courante dans le Bordelais. Pierre Tari aime faire découvrir Giscours. À ses visiteurs, il présente dans une salle de projection digne d'un nabab hollywoodien un court métrage sur son château. À sa clientèle il offre un exemplaire de son journal, *Giscours Réalité*. Il est aussi maire de Labarde, commune de sa propriété. En deux générations, les Tari ont gagné un pari et honoré la devise du château : *Giscours à nul autre second.*

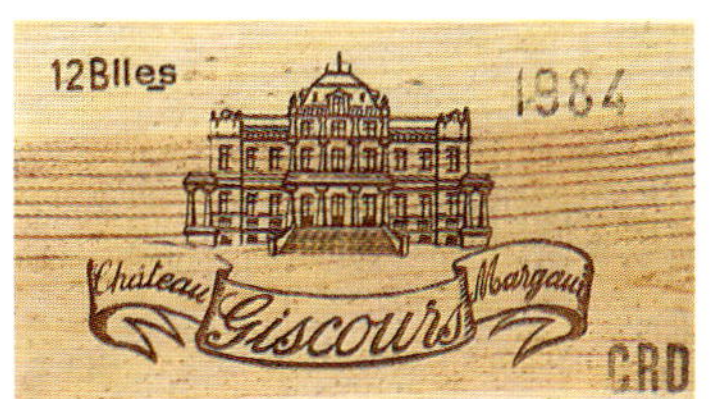

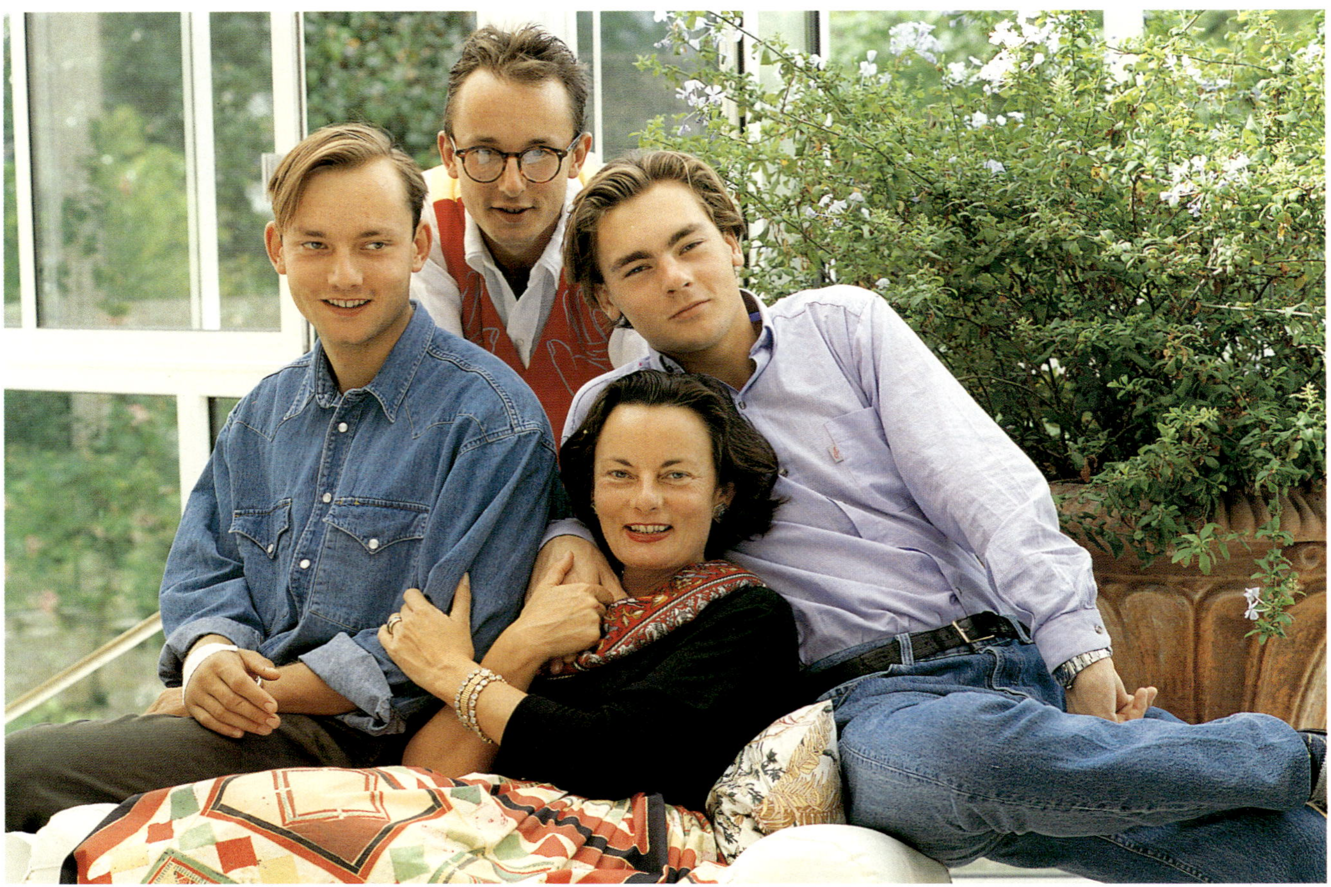

Florence, femme de Pierre Tari, entourée de ses trois fils, Benoît, Guillaume et Louis.

Le clan familial sous la véranda.

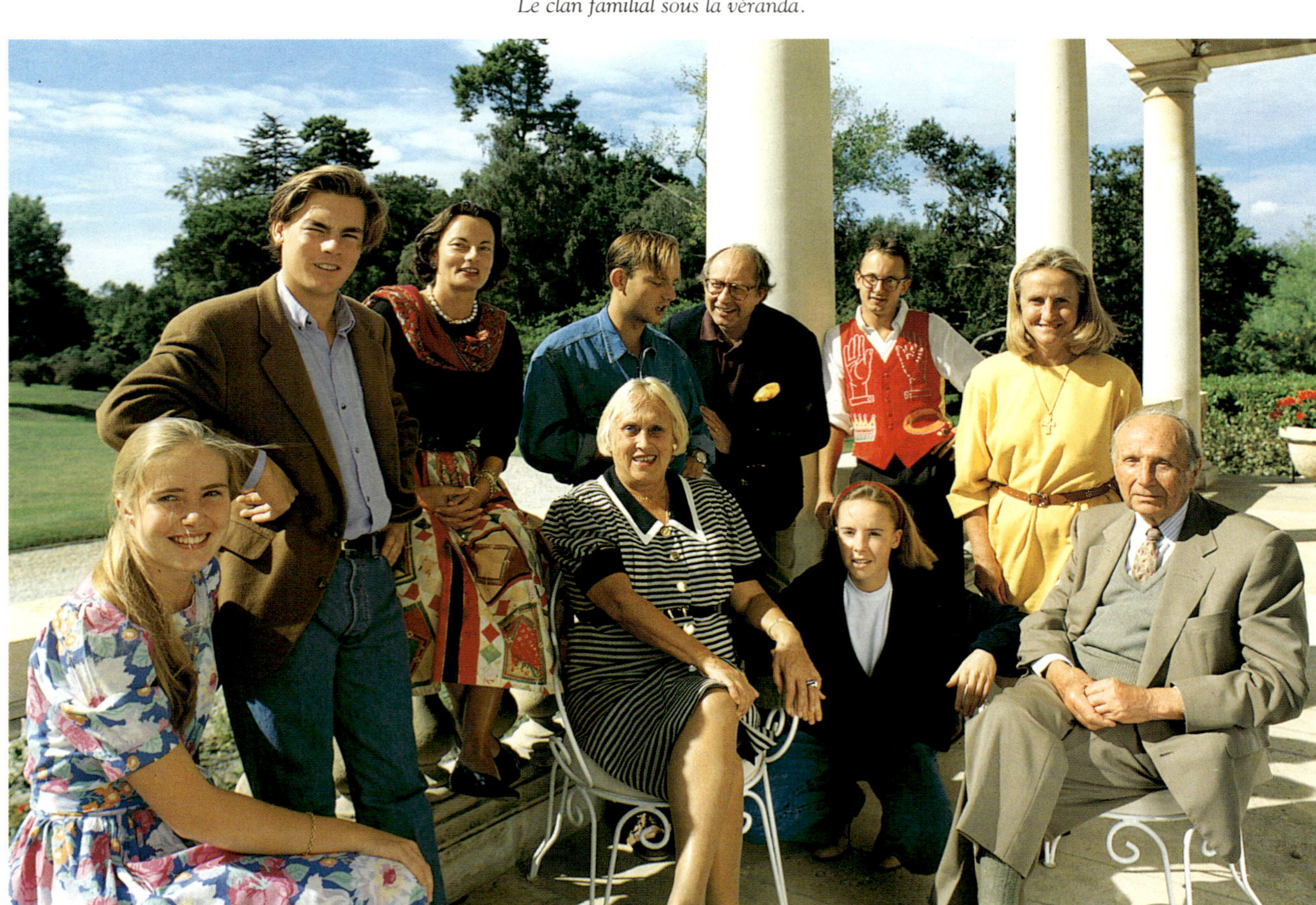

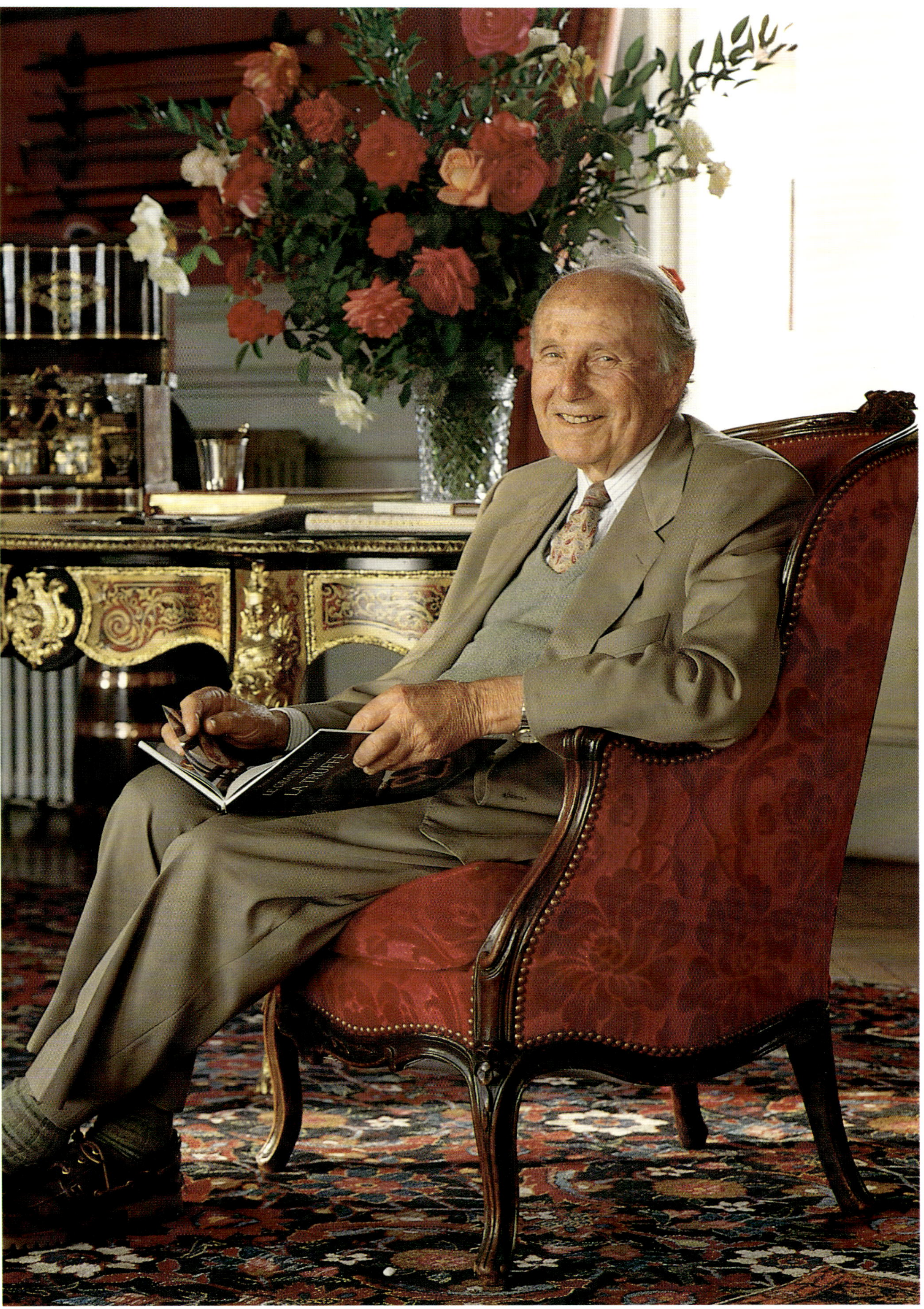

Nicolas Tari, propriétaire de Giscours.

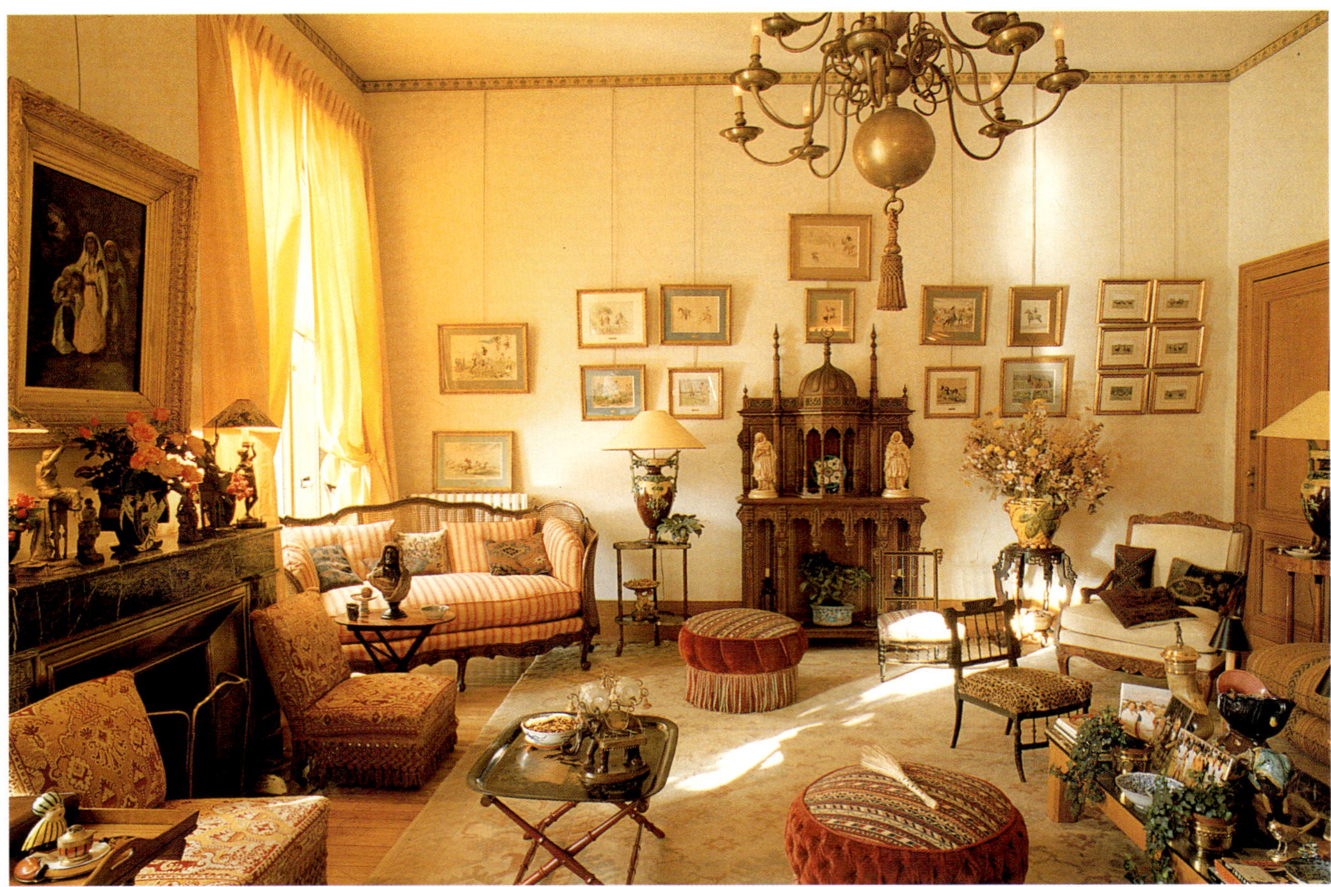

Une atmosphère orientaliste émane de ce salon confortable.

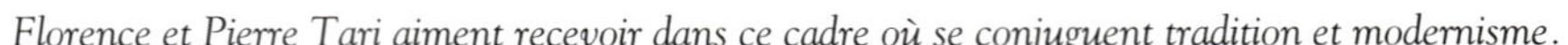

Florence et Pierre Tari aiment recevoir dans ce cadre où se conjuguent tradition et modernisme.

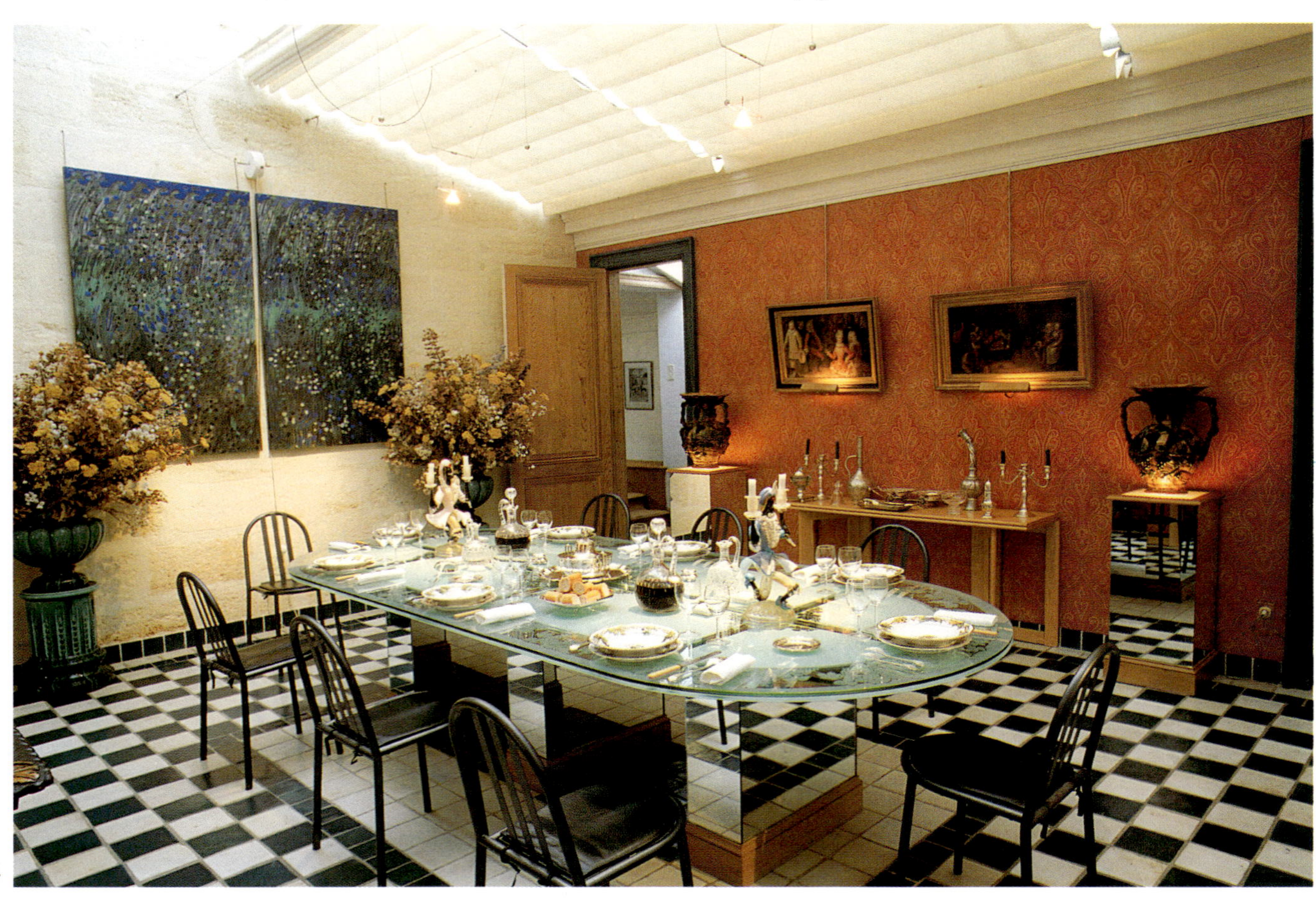

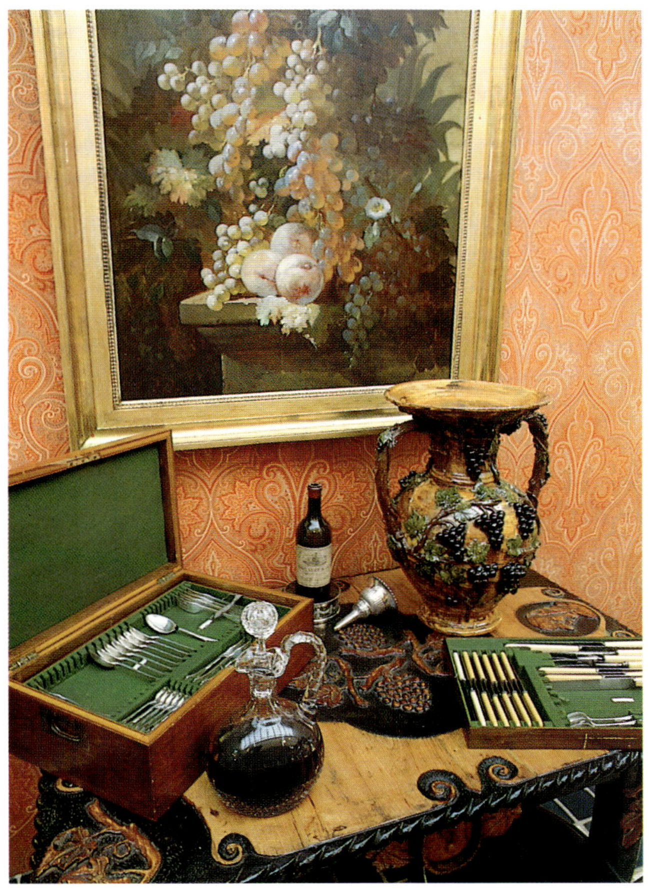

Dans la salle à manger, un autel consacré au dieu Raisin.

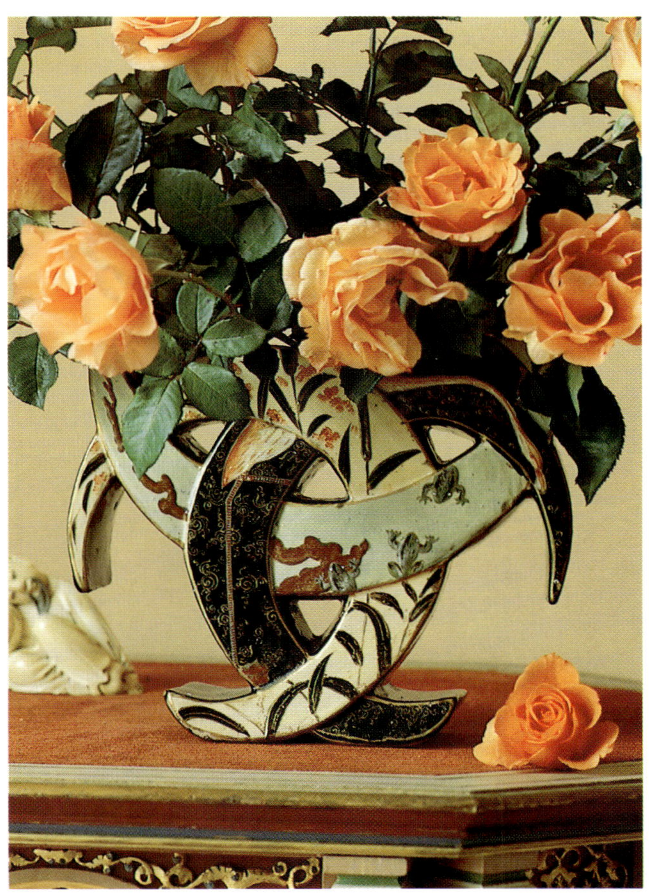

Armes de la ville de Bordeaux stylisées sur un vase 1900.

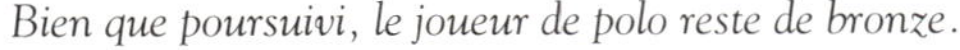

Bien que poursuivi, le joueur de polo reste de bronze.

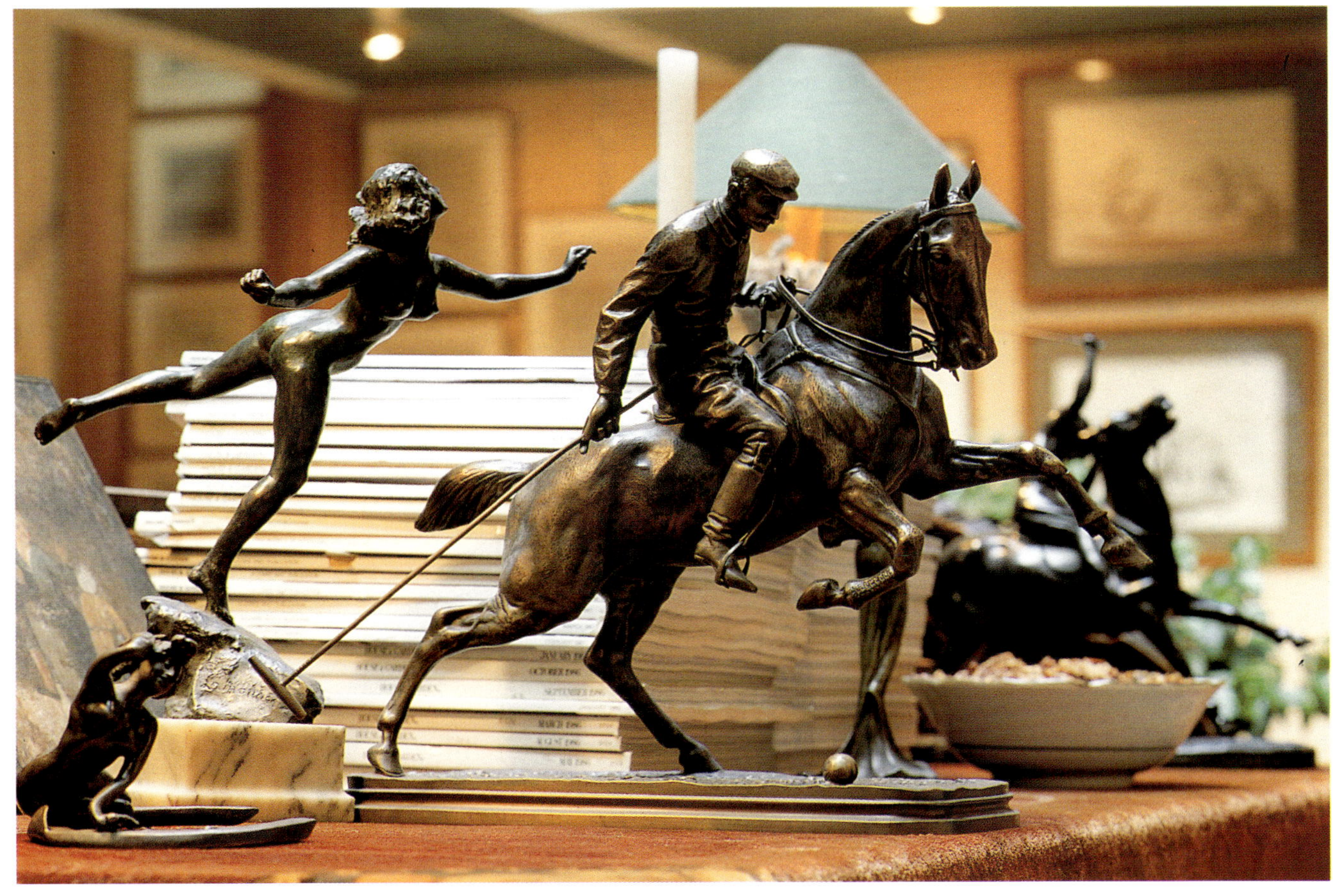

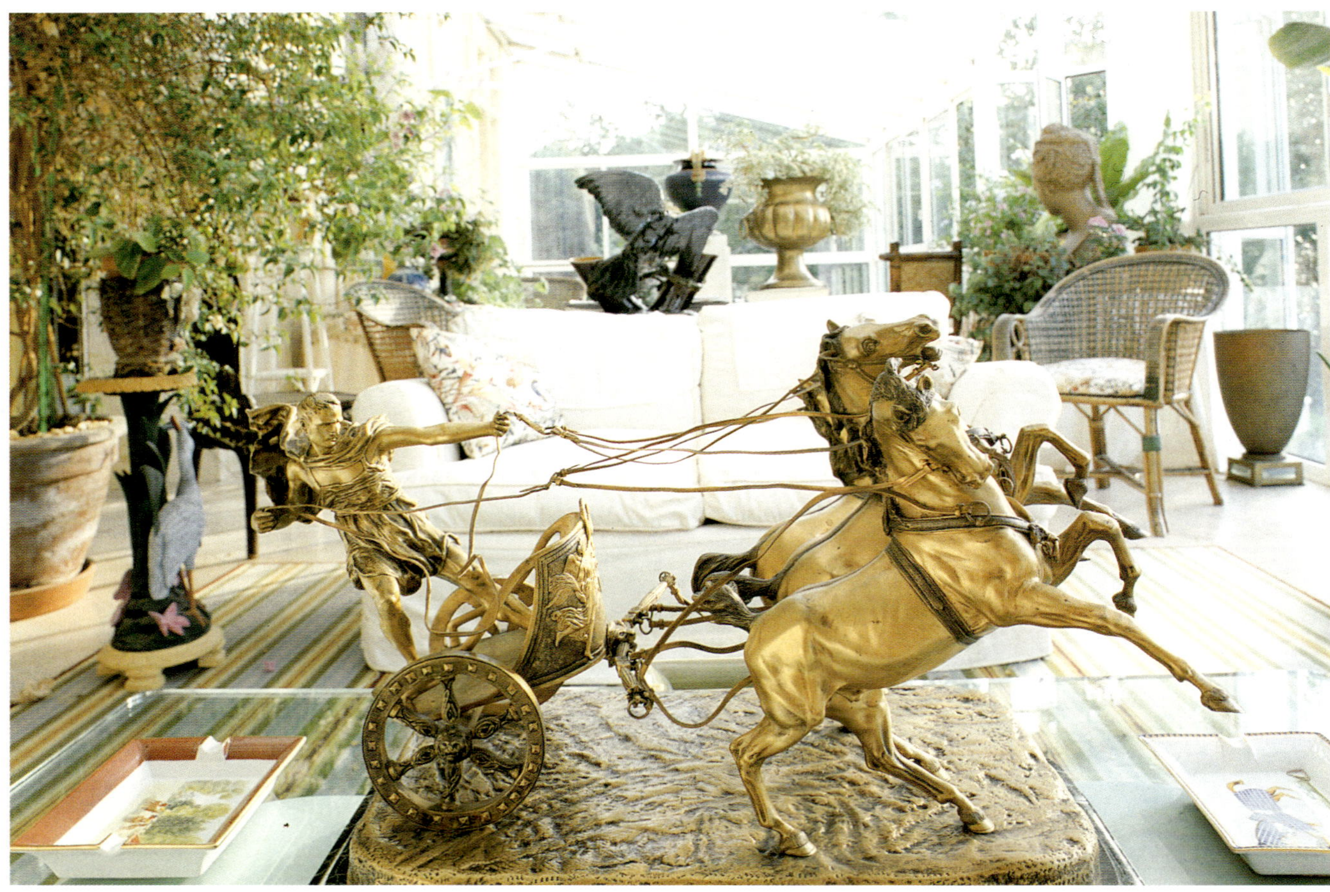

Sur la table basse de la véranda, un important bronze doré italien du XIXe siècle signé Vanetti.

Page de droite : des vestales en laque décorent les murs du Polo Bar où se retrouvent joueurs et supporters après les tournois.

La véranda est le lieu de farniente et de détente favori de la jeune génération. Le backgammon y est roi.

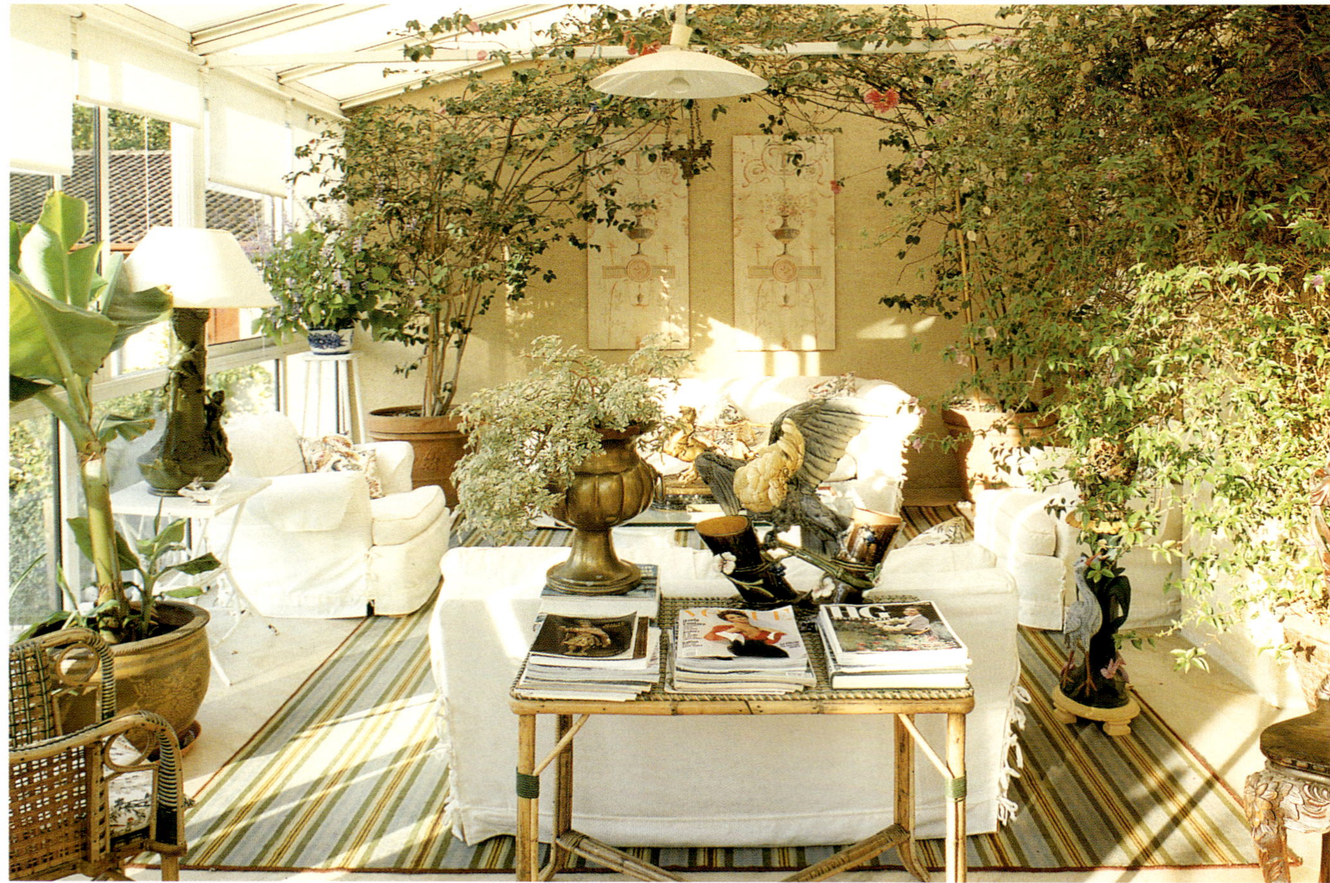

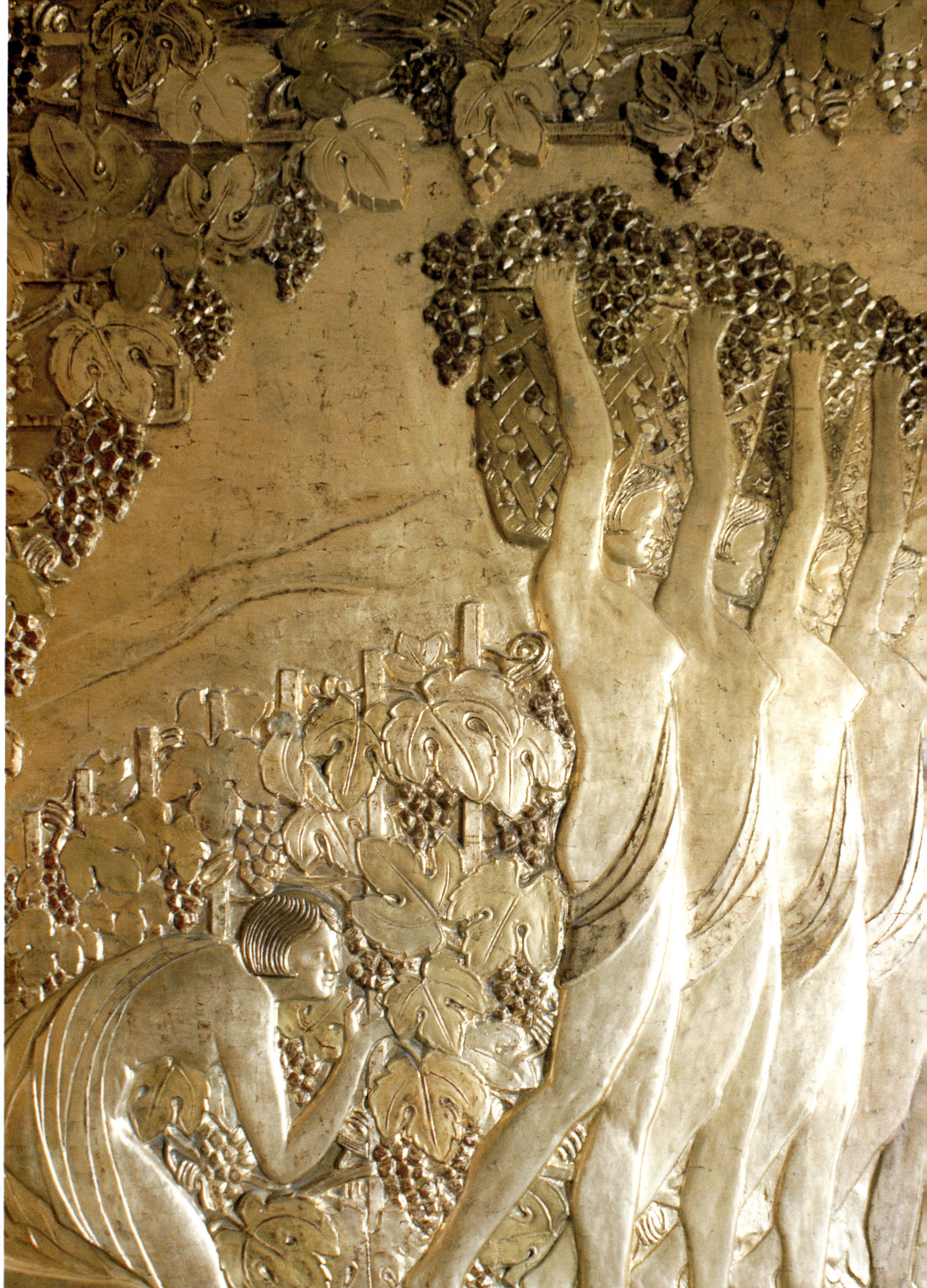

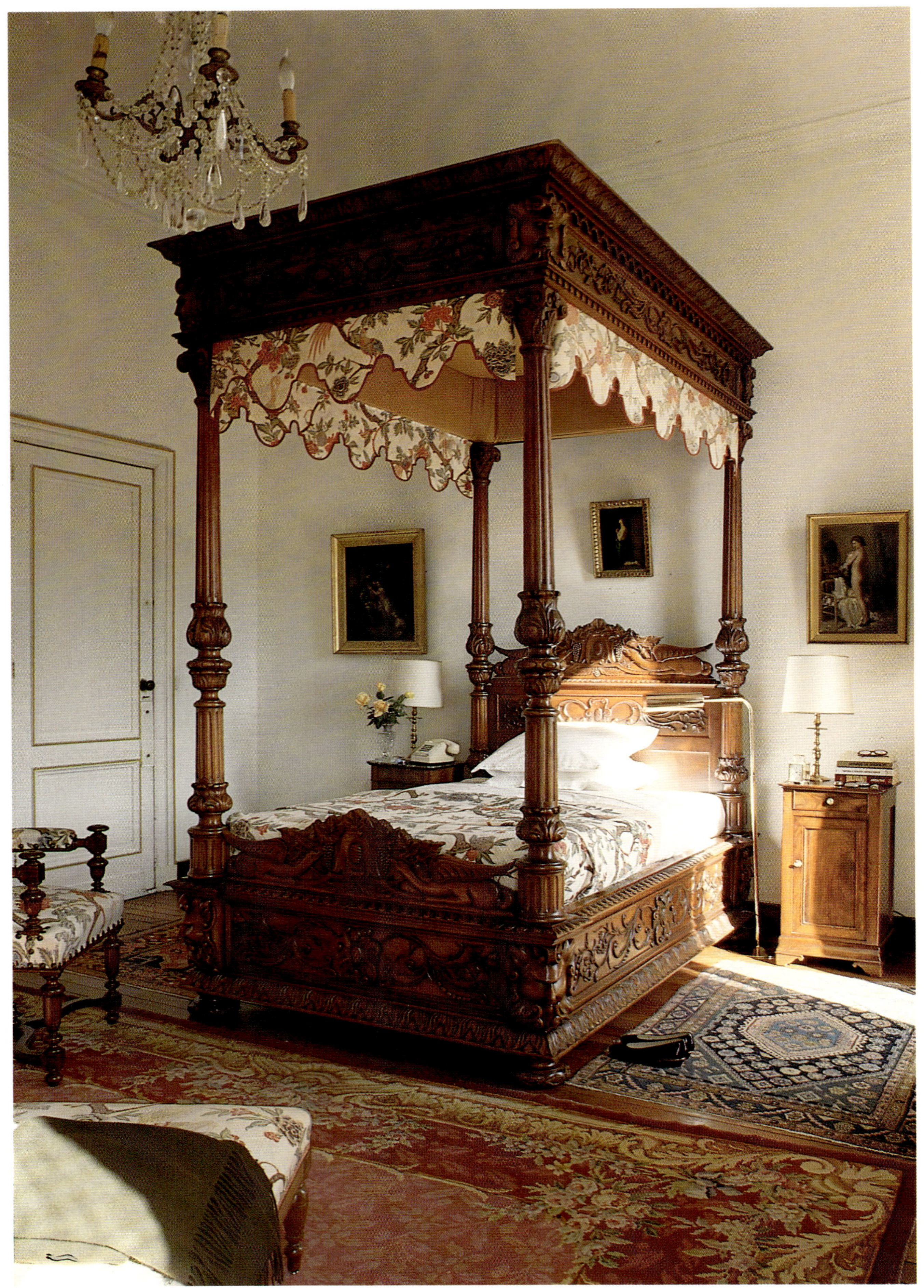

De cette chambre, Eugénie de Montijo bénéficiait de la plus belle vue sur le parc. Conservée en l'état, elle est habitée par Antoinette Tari.

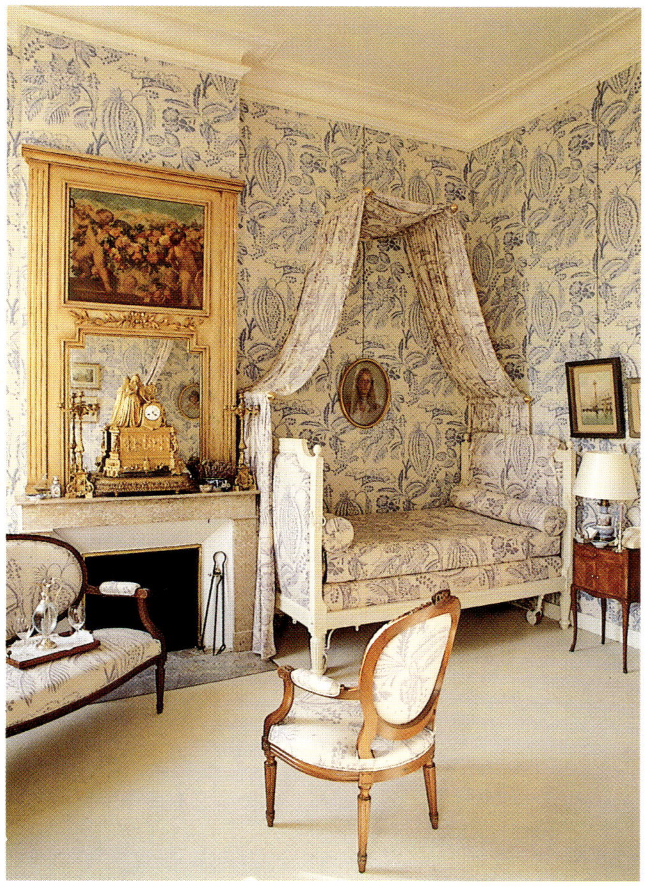

Chambre d'amis.

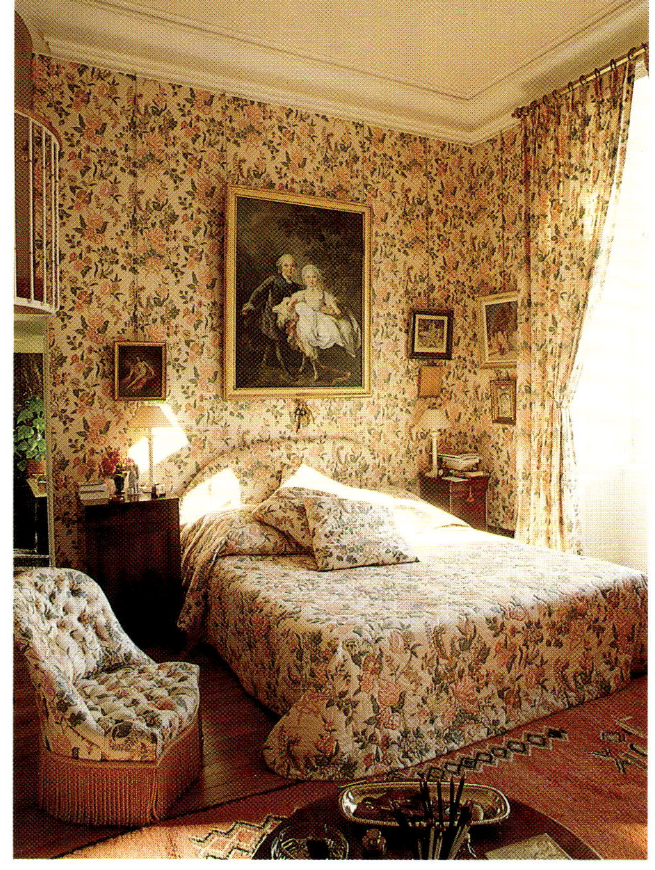

Chambre de Florence et Pierre Tari.

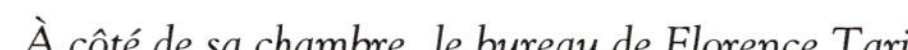

À côté de sa chambre, le bureau de Florence Tari.

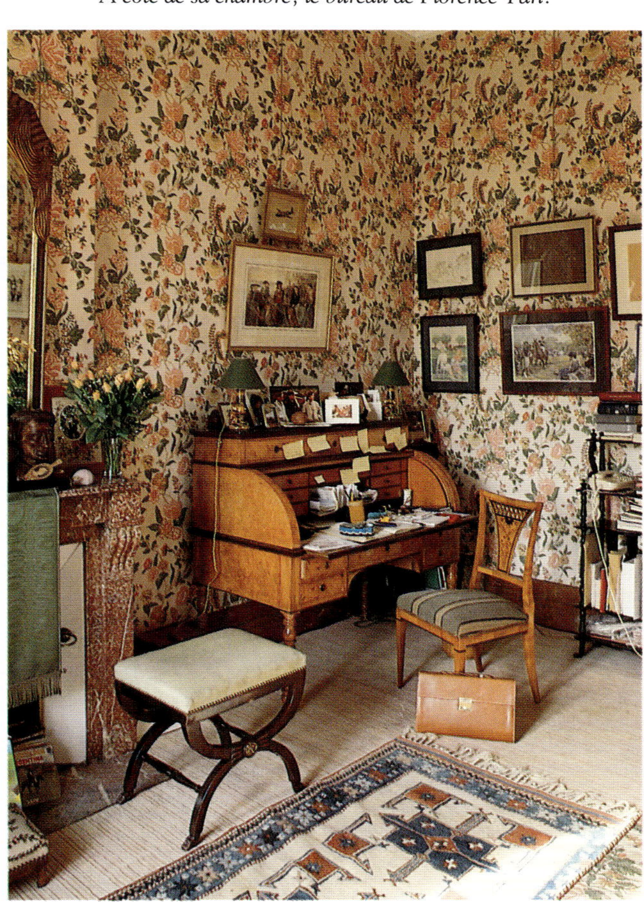

Chambre d'amis.

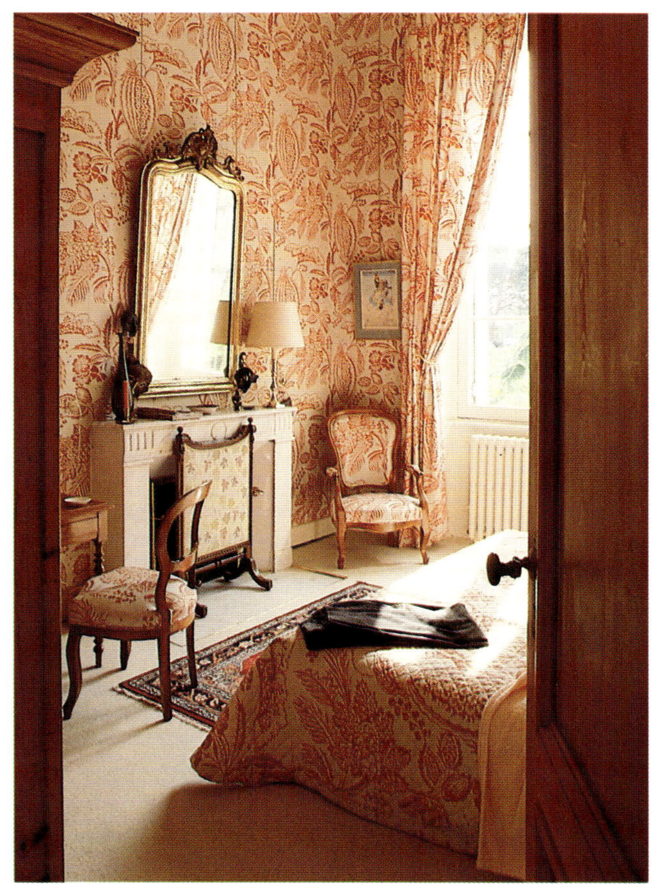

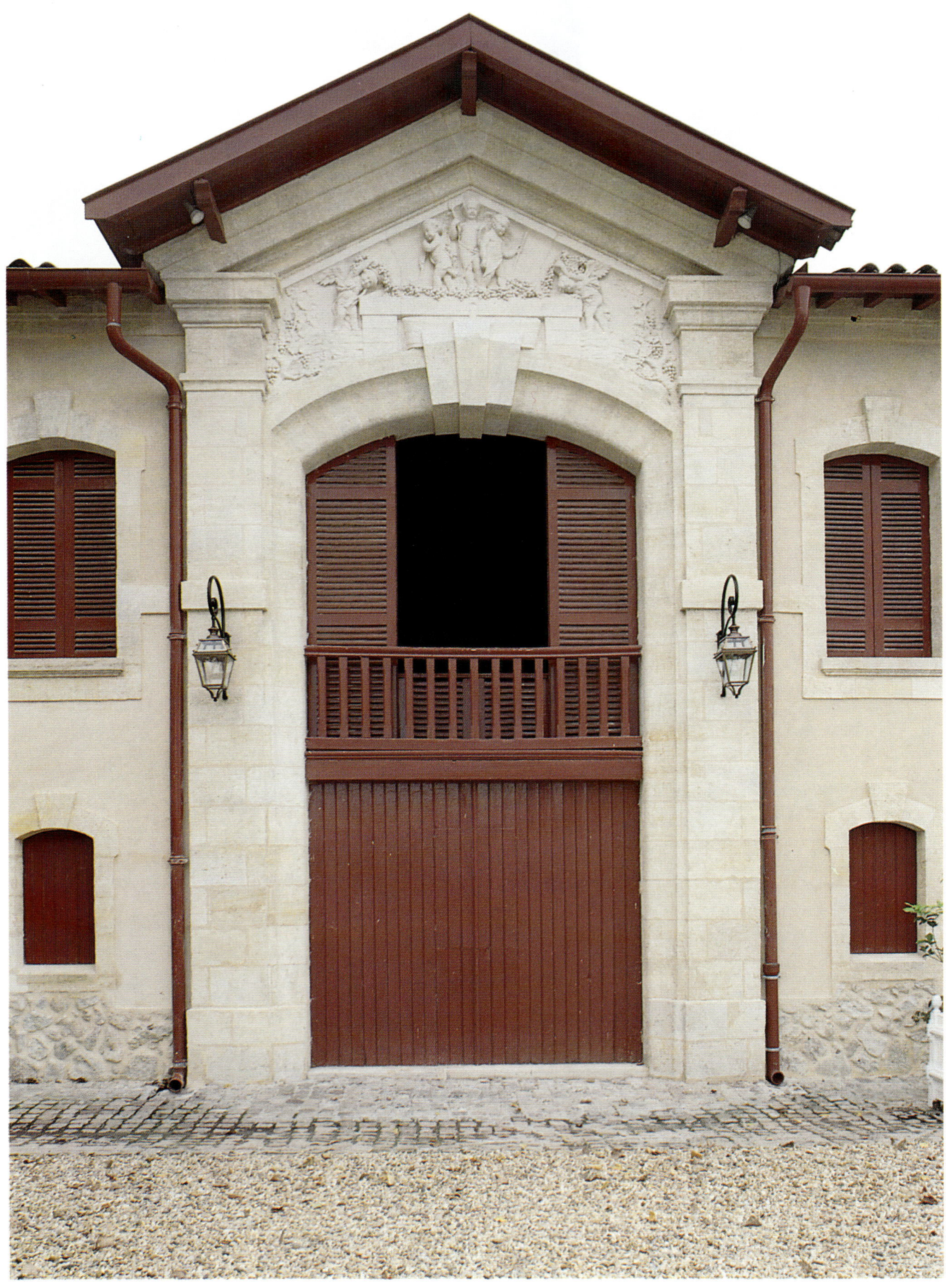

Porte d'entrée des chais construits au XIXe siècle.

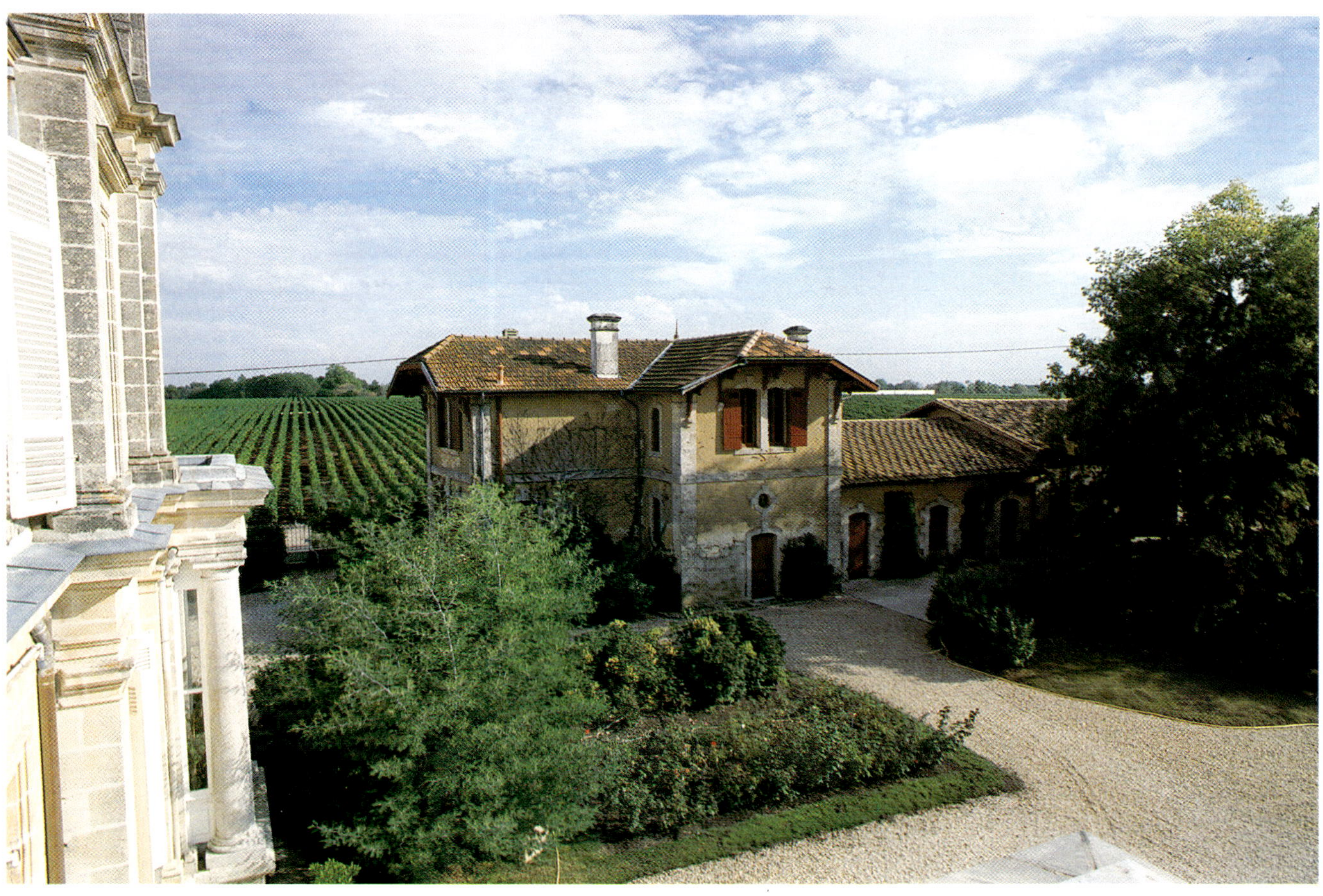

Inventeurs des chais modernes, les Skawinski, régisseurs de Giscours et de Pontet-Canet pour la famille Cruse, firent construire chais, fermes et bâtiments qui donnent au domaine l'aspect d'un petit village.

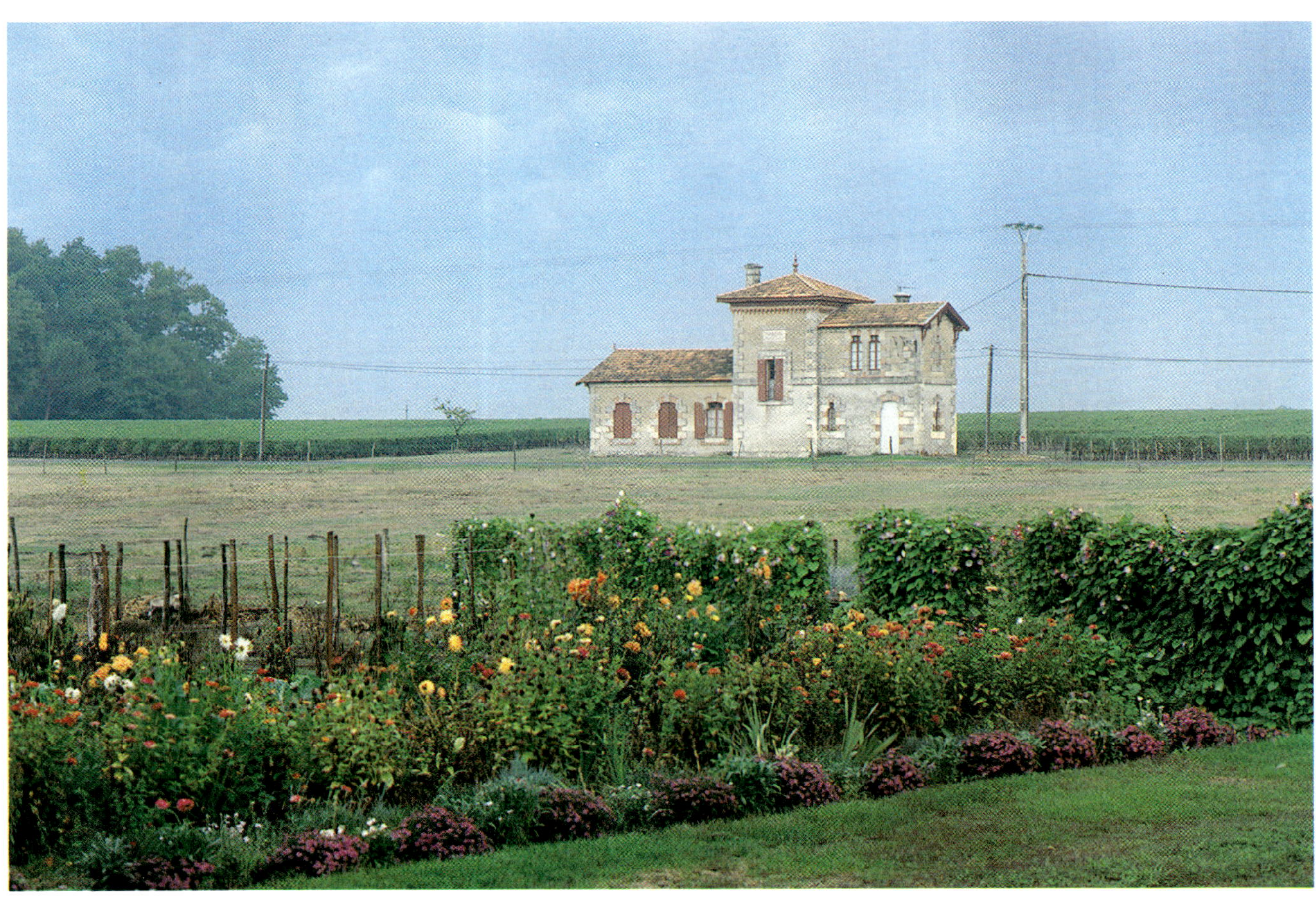

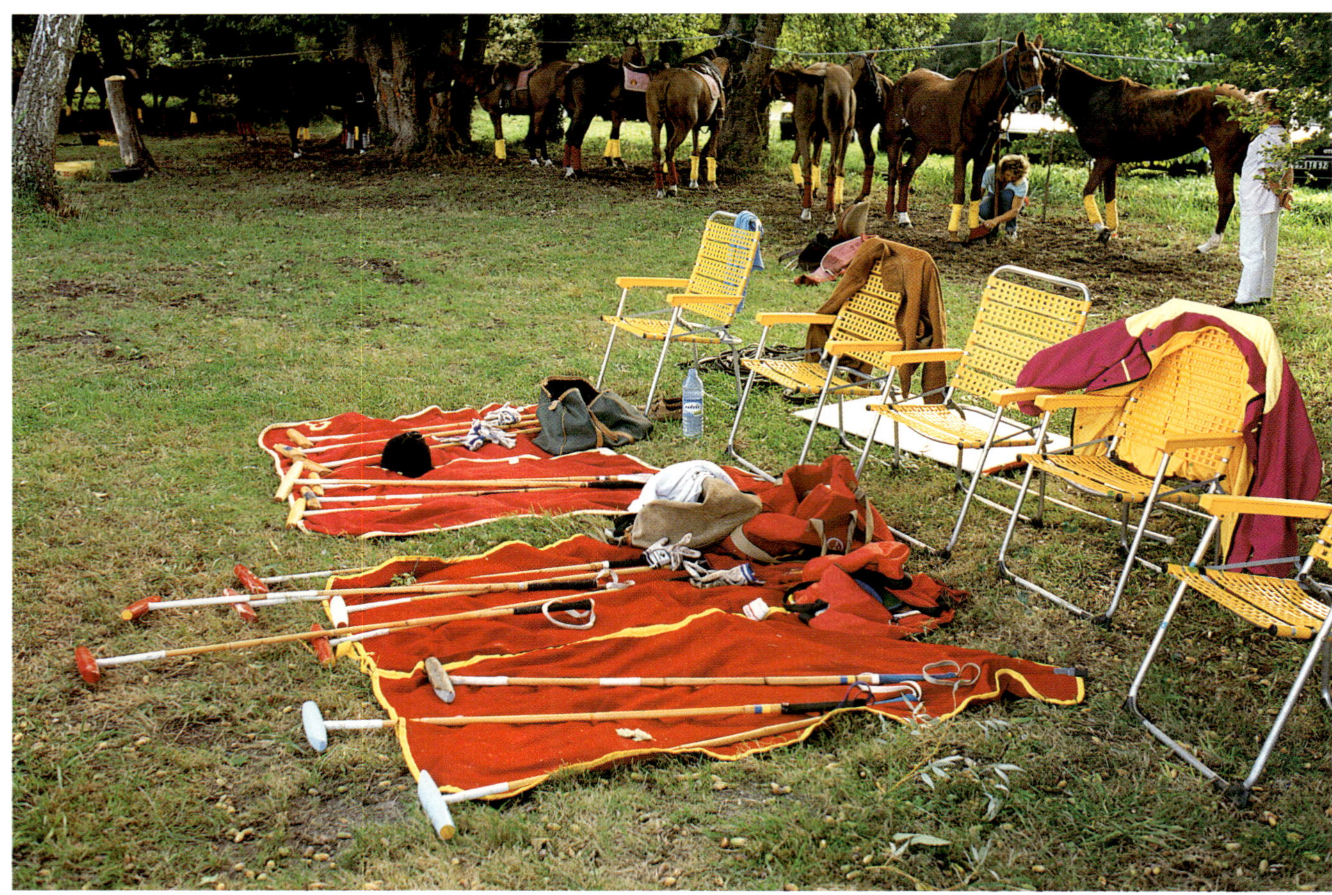

Atmosphère de match de championnat de polo.

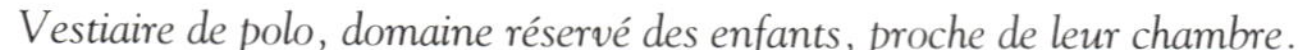

Vestiaire de polo, domaine réservé des enfants, proche de leur chambre.

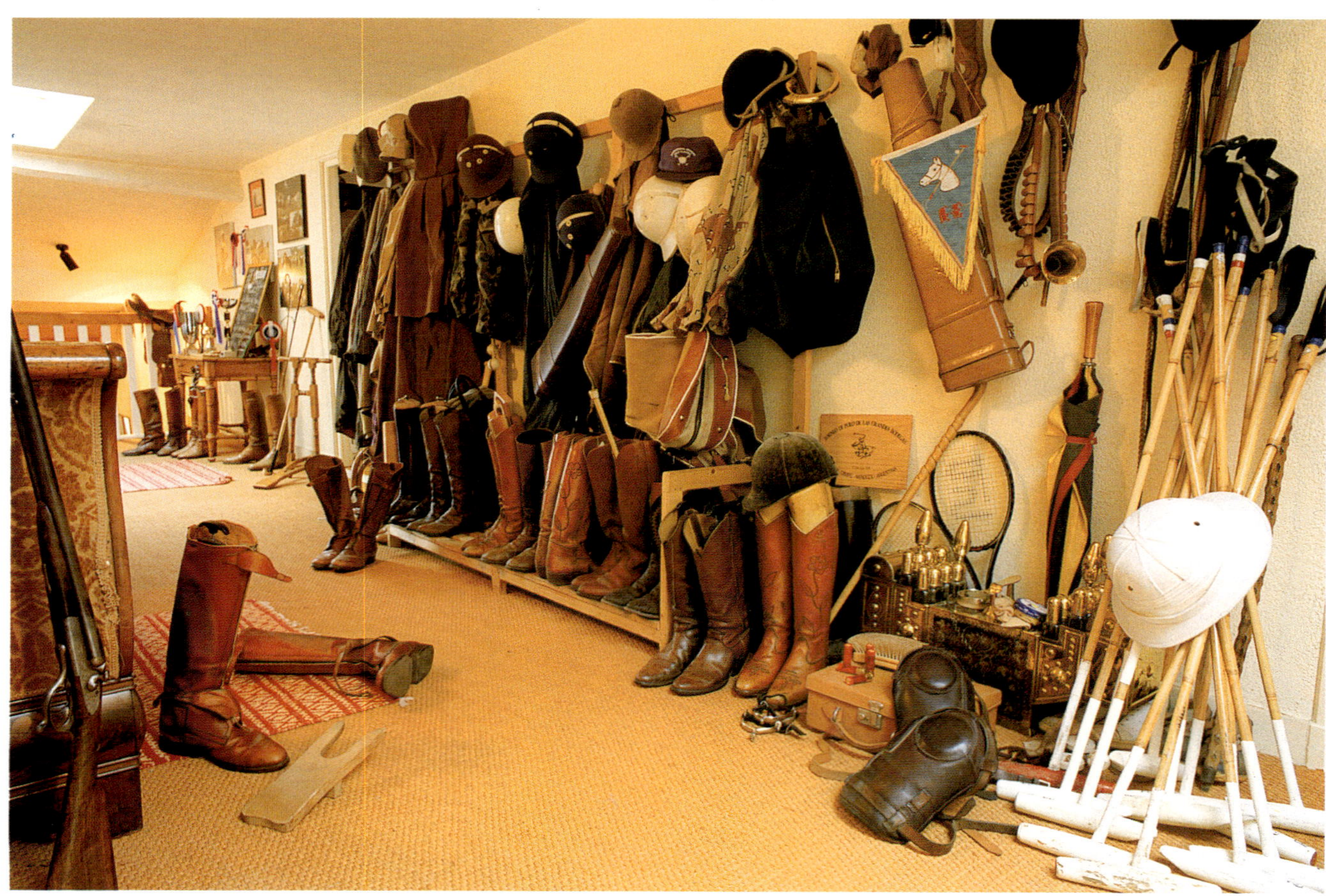

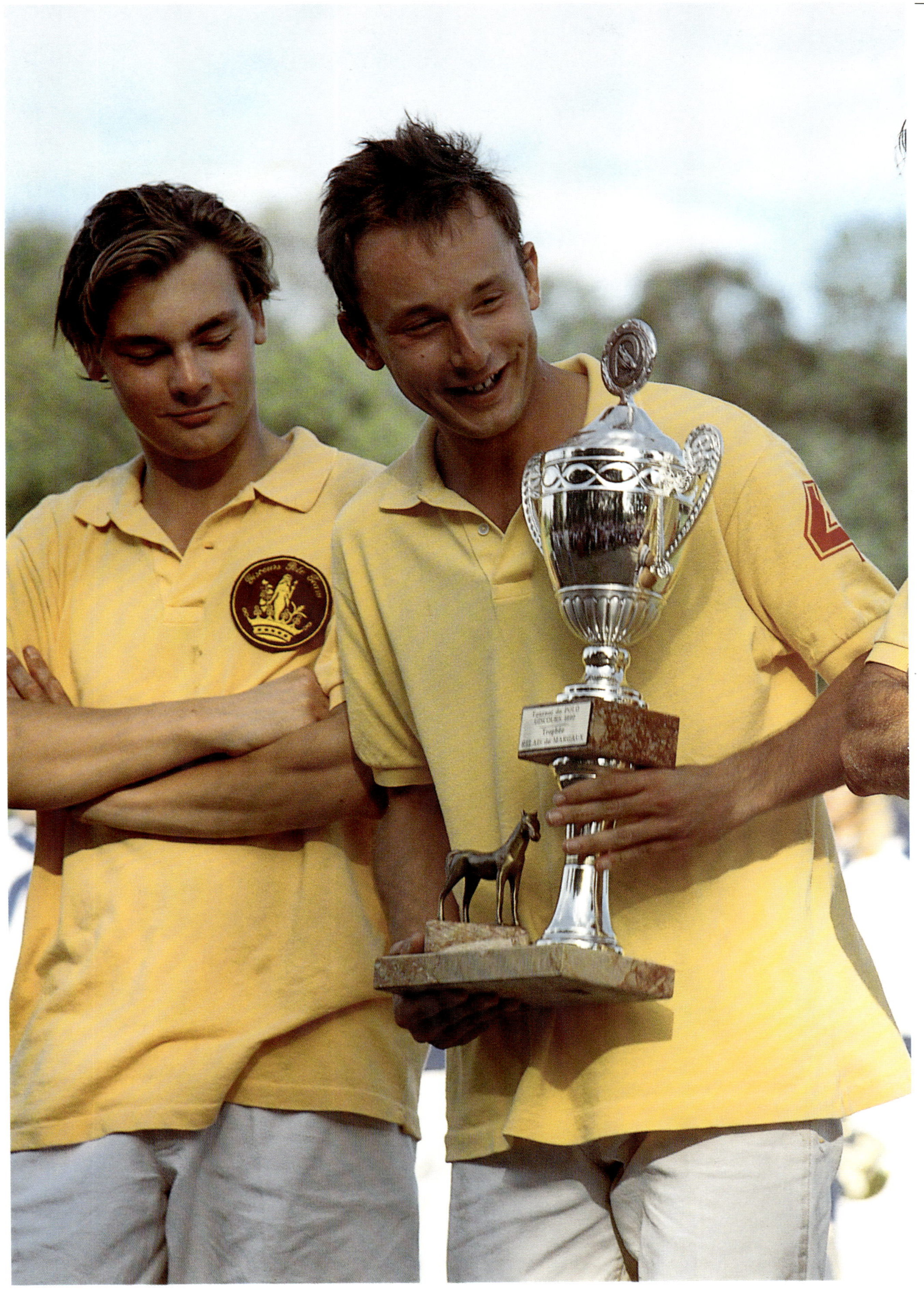

La coupe reste dans la famille.

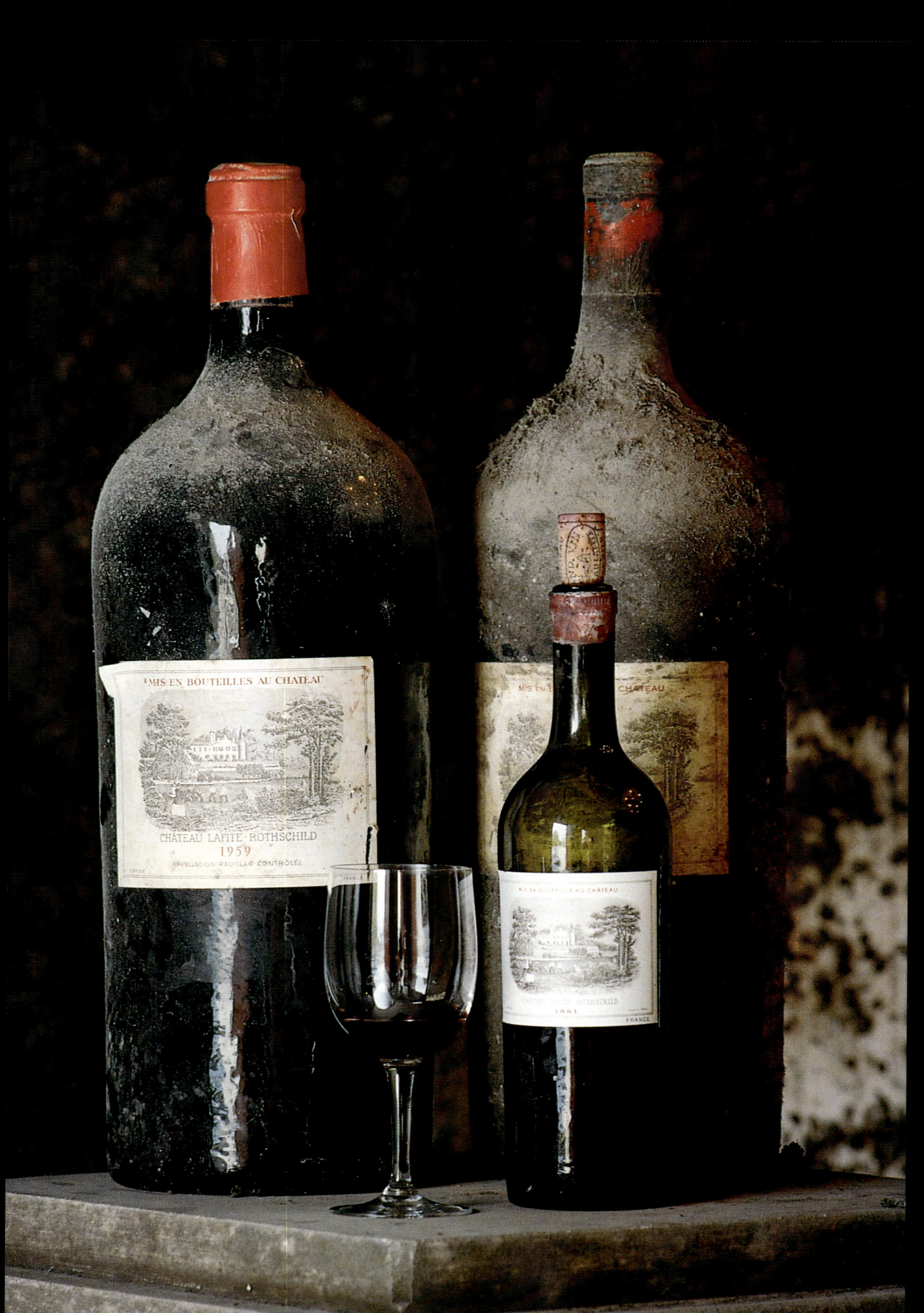
MIS EN BOUTEILLES AU CHATEAU
CHATEAU LAFITE-ROTHSCHILD
1959
APPELLATION PAUILLAC CONTROLÉE

LAFITE-ROTHSCHILD

Pauillac. Premier grand Cru classé
Baron Éric de Rothschild

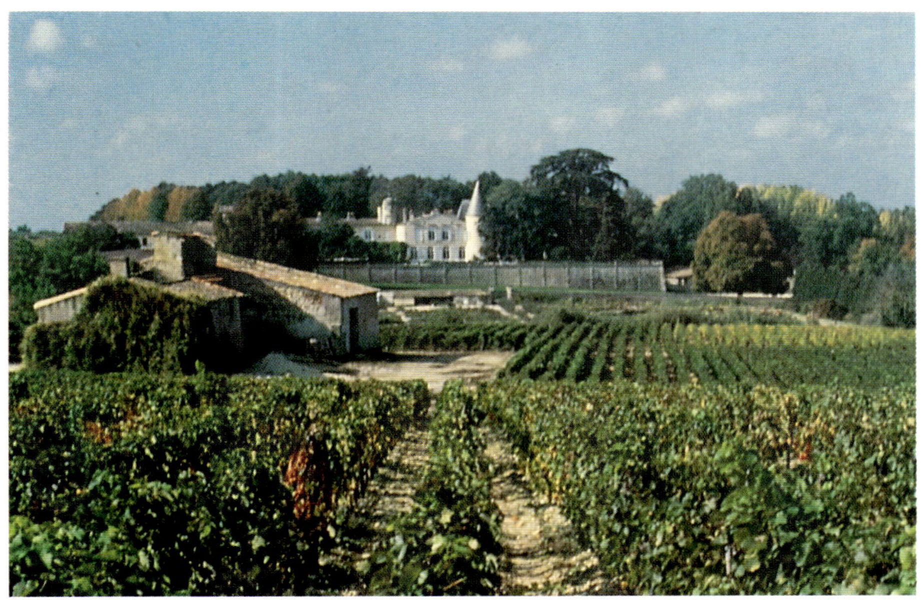

La vigne, le vin sont de grands mystères.
Seule dans le règne végétal, la vigne nous rend intelligible
ce qui est la véritable saveur de la terre
Colette

Louis XV aurait demandé au maréchal de Richelieu, récemment nommé gouverneur de la Guienne, si l'on récoltait du vin notable en Bordelais. « Sire, répondit Richelieu, il y a des crus du pays dont le vin n'est pas à dédaigner. Il y a deux ou trois espèces de vins rouges dont les gens de Bordeaux font des gasconnades à mourir de rire. Ce serait la plus merveilleuse boisson de la terre et du nectar pour les dieux, à les entendre. Ce n'est pas un vin bien généreux ni très vigoureux, mais il a du bouquet et je ne sais quelle sorte de mordant sombre et sournois qui n'est pas désagréable. » Or, si l'on se fie aux Mémoires de la marquise de Crégny, Richelieu fit apporter du Lafite à Versailles et, catastrophe, le roi le trouva passable... Mais cette histoire possède une autre version selon laquelle le maréchal de Richelieu consulta à Bordeaux un médecin qui lui prescrivit le vin de Lafite comme le meilleur et le plus agréable des toniques. De retour à Paris, il fut apostrophé par Louis XV : « Maréchal, lui dit-il, je suis tenté de croire que vous avez vingt-cinq ans de moins qu'à votre départ pour la Guienne. »

– Votre Majesté ignore-t-elle que j'ai découvert la fameuse fontaine de Jouvence ? Le vin de Château Lafite est un cordial généreux, délicieux et comparable à l'ambroisie des dieux de l'Olympe. » Et le maréchal en offrit quelques bouteilles au roi. Bientôt, on ne parla plus à Versailles que du Lafite, honoré de la haute approbation du roi. Tout le monde voulut en avoir, madame de Pompadour en servit à ses dîners intimes et, plus tard, madame du Barry se fit un devoir de ne boire que *le vin du roi*. Tout comme l'avait été le vin de Beaune sous Louis XIV, le Lafite se trouva à la pointe de la mode...

La pluralité des récits sur Lafite, et même leurs contradictions, montrent que son cru était déjà assez réputé pour qu'on en parle mais curieusement sa renommée internationale précéda son succès hexagonal. Les Anglais n'avaient pas attendu l'aval d'un roi de France pour être enthousiasmés par Château Lafite. Depuis longtemps entichés des clairets, ils raffolèrent des grands crus rebaptisés *New French Clarets* dès leurs premières importations, vers 1720. Aussitôt débarqués, ils vendaient ces vins aux enchères que la *London Gazette* annonçait dans ses colonnes. C'était l'époque où, snobisme aidant, la haute société londonienne s'enflammait pour tout ce qui était nouveau et rare. Comme en Angleterre, la dégustation des vins dans les dîners élégants, ainsi que celle du café dans les premiers cafés publics, devint le comble du raffinement pour cette société des *lumières* dont les mœurs oscillaient entre la rigueur de Montesquieu et le libertinage de Sade. La notion de *civilisation du vin* venait d'éclore...

Presque un siècle plus tard, quand le baron James de Rothschild acheta Château Lafite au terme d'enchères homériques pour l'invraisemblable somme de 4 400 000 francs, il lui rendit sa respectabilité. Depuis quelque temps, le château voguait de mains douteuses en mains douteuses. Après une lignée de propriétaires honnêtes mais vite ruinés comme les Ségur ou rapidement guillotinés comme les Pichard, Lafite ne connut qu'une succession d'enchères frauduleuses, de ventes fictives et de faillites crapuleuses.

Les raisons de cet achat ne sont que conjectures. Le baron James voulait-il devenir châtelain pour imiter son cousin Nathaniel, propriétaire de Mouton depuis quinze ans ? Était-ce une extravagance de milliardaire fondée sur l'homonymie du château avec la rue où se situait la banque familiale ? Une envie de se faire plaisir ? Ou tout simplement un investissement comme un autre, juste un peu plus cher au départ ? Nul ne le saura. Déjà très âgé, le baron James eut le mauvais goût de mourir quelques mois après son acquisition en emportant son secret et sans être venu une seule fois à Lafite.

La visite de Lafite est agréable et surprenante. Ce manoir du XVIe siècle ressemble à une grande maison bourgeoise surchargée, d'un côté, d'une échauguette ronde collée à une tour carrée et, de l'autre, d'une poivrière coiffée d'ardoises. Sa décoration est restée, en grande partie, celle voulue par l'épouse du baron James, Betty. Lors d'une récente réfection, Éric de Rothschild a découvert sous un fauteuil un petit morceau de tissu portant la signature du premier artisan tapissier. Il le découpa et l'encadra pour l'accrocher au mur. En revanche, la table d'acajou ornée d'incrustations de cuivre a été rapportée de son château de Ferrières par le baron Alphonse. Jules Favre y jeta en 1871 les bases du traité de Francfort sous la dictée de Bismarck. Quand il apprit que le baron, grand ami de Napoléon III, avançait l'indemnité de trois milliards de francs pour que ses troupes quittent le territoire français, le chancelier allemand entra dans une grande colère et s'écria tout en frappant du poing sur la table et en renversant l'encrier : « Si j'avais su que les Français étaient aussi riches, j'aurais demandé le double ! » Une tache d'encre est restée. Elle témoigne de la violence de l'intervention et d'un des rôles joués par les Rothschild dans l'histoire de la France.

Sur les 135 hectares du domaine, 74 sont consacrés à la vigne. Le vignoble est divisée en trois parties : la première et la plus importante entoure le château, la deuxième se trouve dans Saint-Estèphe et la troisième sur le plateau des Carruades. Cette implantation remonte au XVIIIe siècle, lorsqu'une véritable fureur de planter s'empara de la bourgeoisie et de l'aristocratie parlementaire de Bordeaux.

Richesse de Lafite, une collection commencée dès 1797 par quelque prédécesseur clairvoyant fait l'objet d'une énigme invariablement posée au visiteur : « Elles hibernent mais restent actives toute l'année. Il y en a de petites, de grosses, d'énormes et de gigantesques. Leur présence à table garantit des dîners amicaux réussis. Qui sont-elles ? » Il s'agit de très anciennes bouteilles de Château Lafite *bichonnées* comme de vénérables vieilles dames.

Chaque fois que l'une d'entre elles est mise en vente, son prix crève tous les plafonds. Une bouteille de 1797 aux initiales de Thomas Jefferson a été adjugée pour 1 100 000 francs chez Christie's en 1985. En 1980, un Lafite 1806 atteint 140 000 francs à Chicago ; en 1987, un Lafite 1820, dans une bouteille en verre soufflé bouchée à l'émeri, est emporté pour 78 500 francs. Mais quelle ne fut pas la stupeur du négociant William Sokolin et des invités du restaurant new-yorkais *The Four Seasons* quand il brisa d'un geste malheureux une bouteille de Lafite estimée plus de 3 000 000 francs ? De toute manière, Lafite a toujours été très cher. En 1758, quand un tonneau de Margaux se vendait 1 200 livres, un tonneau de Lafite oscillait entre 1 500 et 1 800 livres. À une vente organisée en 1868, les bouteilles de récoltes des quarante dernières années se vendaient de 12 à 65 francs, sans parler des 130 francs atteints par une bouteille de 1811. Cette année-là, la plus extraordinaire de tout le XIXe siècle, est aussi appelée l'année de la comète. Par la suite, on a longtemps prétendu qu'une récolte exceptionnelle était liée au passage d'une comète. Récemment, celui de la comète de Halley n'a pas confirmé cette croyance puisque les cours n'ont pas flambé.

Pour éviter qu'à la longue, le vin ne s'évapore ou ne se bouchonne, il est recommandé de changer tous les vingt ans les bouchons des bouteilles précieusement conservées. Cette opération d'une grande délicatesse exige la dextérité d'un professionnel. Seul Robert-Henri Revelle, maître de chai, est habilité à la pratiquer. À Lafite, chaque année, il en rebouche cinq mille et pour celles stockées un peu partout dans le monde, il se rend lui-même chez les négociants ou les collectionneurs. Ces déplacements font penser aux mécaniciens anglais de Rolls-Royce qui maintenaient le prestige de la maison en débarquant au fin fond du désert, leur trousse à outils à la main, pour réparer un moteur récalcitrant. Son opération terminée, il appose le sceau de Lafite sur le nouveau bouchon.

Être cousins n'empêche pas de solides et sévères divergences de vue. Ainsi, dans les années 1920, au jeune baron Philippe, propriétaire de Mouton, qui prônait la mise en bouteille au château, garantie d'une qualité constante non altérée par l'action des négociants, le baron Édouard, propriétaire de Lafite, écrivait : « Vous êtes-vous demandé combien de vignerons pourront faire face à la mise de fonds nécessaire ? Avez-vous calculé combien va coûter votre idée merveilleuse ? On arrive à un million de francs au bas mot. Et pourquoi faire ? Simplement pour rompre avec la tradition et contrarier nos vieux amis les négociants. » À court terme, le bien-fondé des vues du baron Édouard se confirma : pendant la crise des années 1930, aucun cru, même parmi les premiers, ne put assumer un tel investissement. Mais le long terme donna raison au baron Philippe. Actuellement, la mise en bouteille au château est complètement généralisée.

Pour la construction du nouveau chai, Éric de Rothschild mise totalement sur le pari de la modernité. Il demande à Ricardo Bofill de matérialiser ses conceptions quant à l'architecture du chai sans pour autant négliger les impératifs d'organisation inhérents au vieillissement du vin. L'entrée creusée dans le flanc d'une colline dont le sommet est planté de vignes a été bordée de deux larges murs de soutènement convergents. À l'intérieur, la grande innovation et l'originalité du lieu tiennent à la disposition circulaire des barriques qui permet de les déplacer en économisant temps et énergie. Enfoui à trois mètres sous terre, l'ensemble bénéficie d'une température naturelle presque constante et baigne dans une douce ambiance de clair-obscur. Un halo de lumière diffusé par une sorte de puits tombe directement sur les armes des Rothschild gravées sur une dalle : cinq flèches disposées en faisceau symbolisent les cinq frères partis faire fortune dans cinq directions différentes. Construit en trois ans, de 1984 à 1987, la remarquable pureté de l'ouvrage lui confère une rare qualité esthétique. Pour Éric de Rothschild, ce nouveau chai transcrit dans l'espace son éthique quasi mystique du vin. Superbe hommage au génie du plus précieux des breuvages.

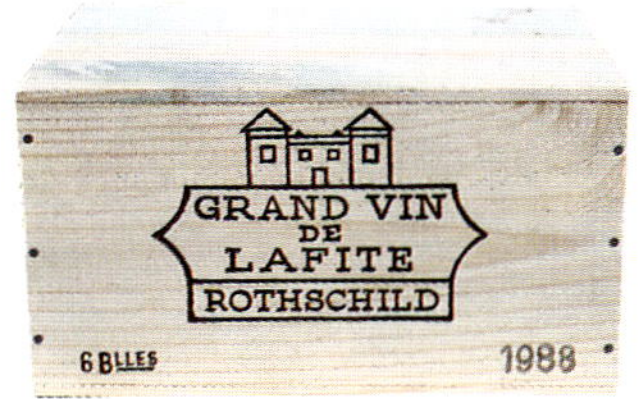

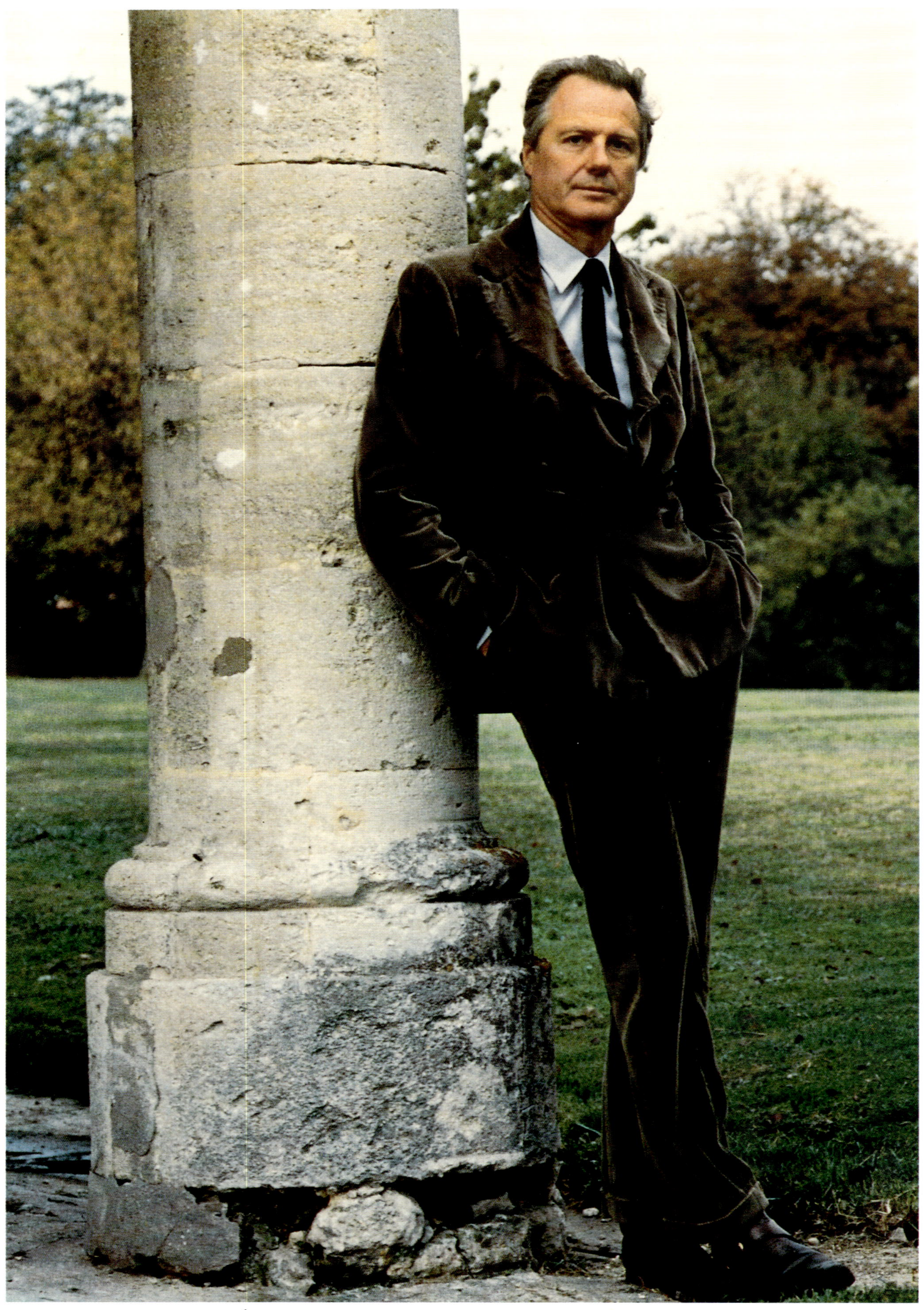

Le baron Éric de Rothschild. On dit que « celui qui possède Lafite est le Prince des vignes ».

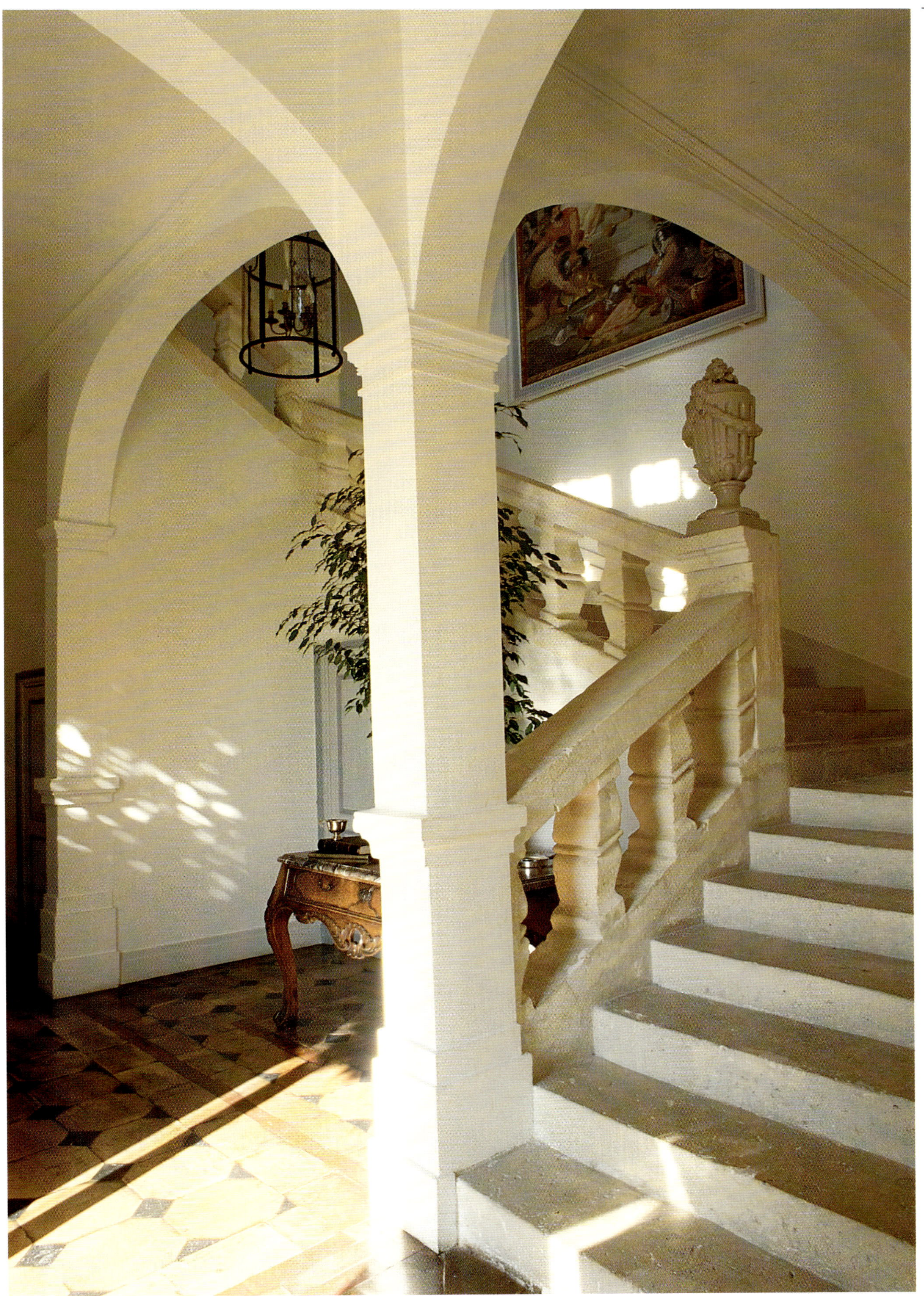

Dans le vestibule, grand escalier de pierre à balustres Louis XIV.

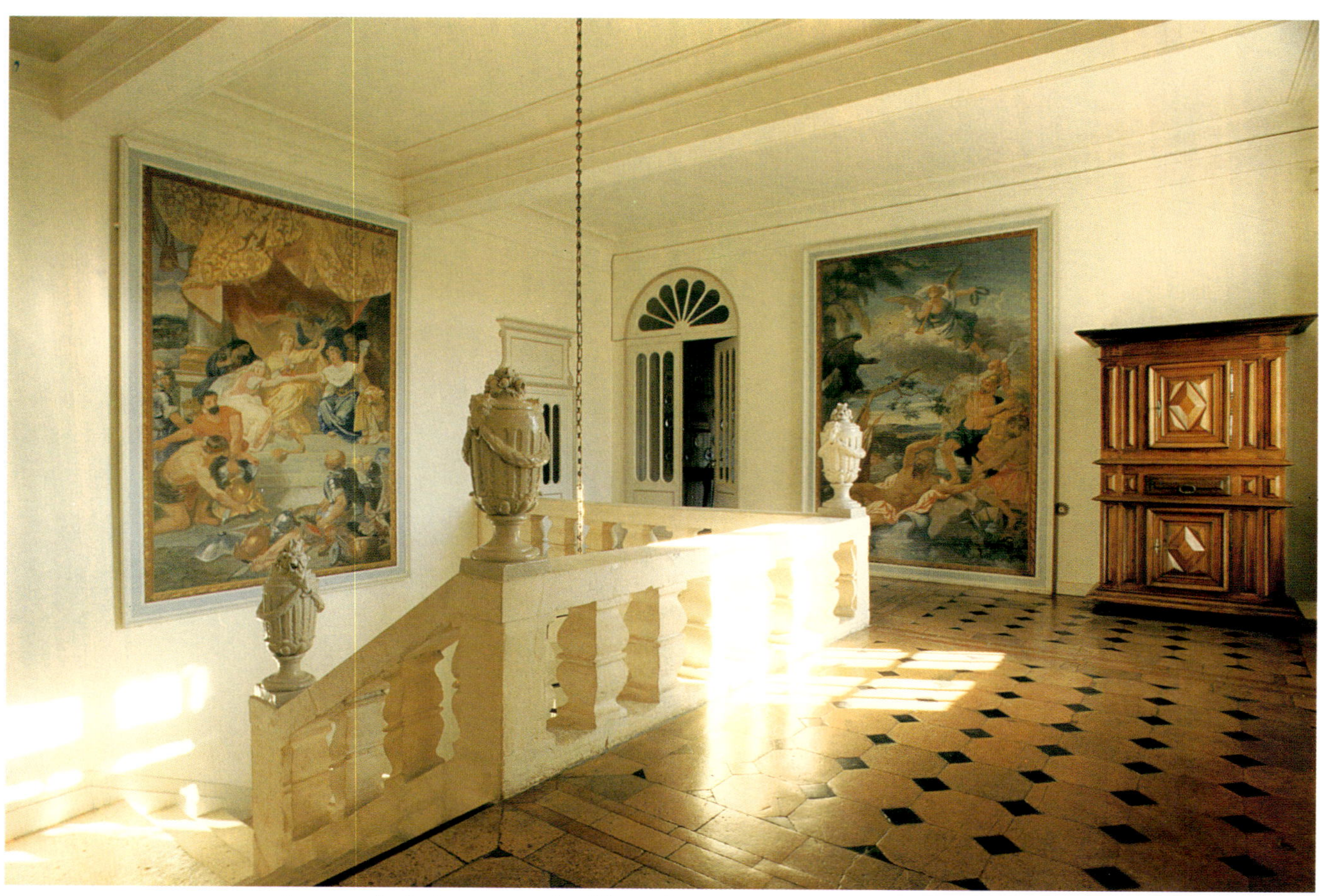

Ces pots à feu badigeonnés par les Allemands qui occupaient Lafite pendant la guerre n'ont jamais pu être décapés.
Page de droite : détail de la boiserie peinte du petit salon où se réunit la famille.
Patricia Marsac, la femme de chambre, ranime le feu du salon où sont souvent servis les petits déjeuners.

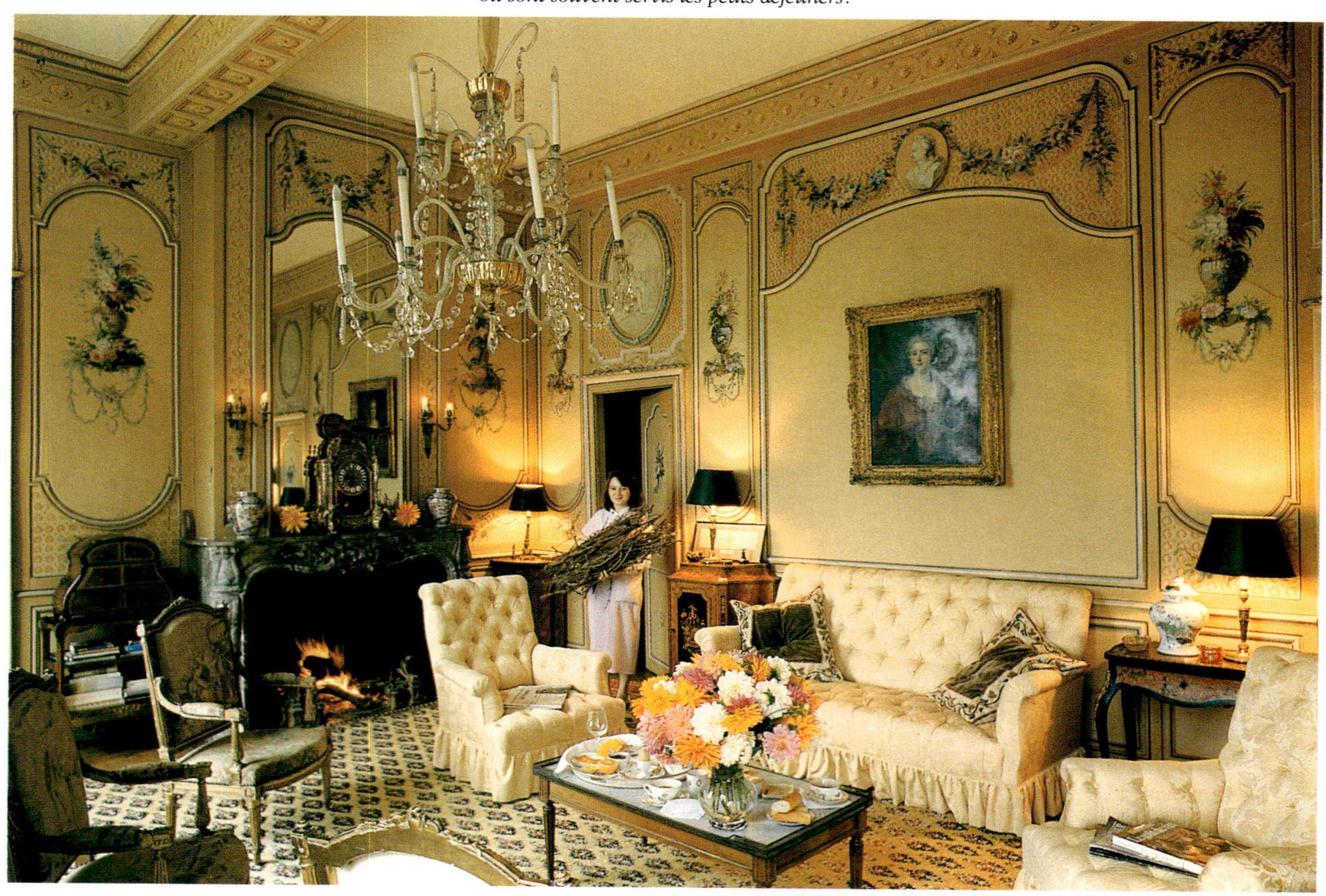

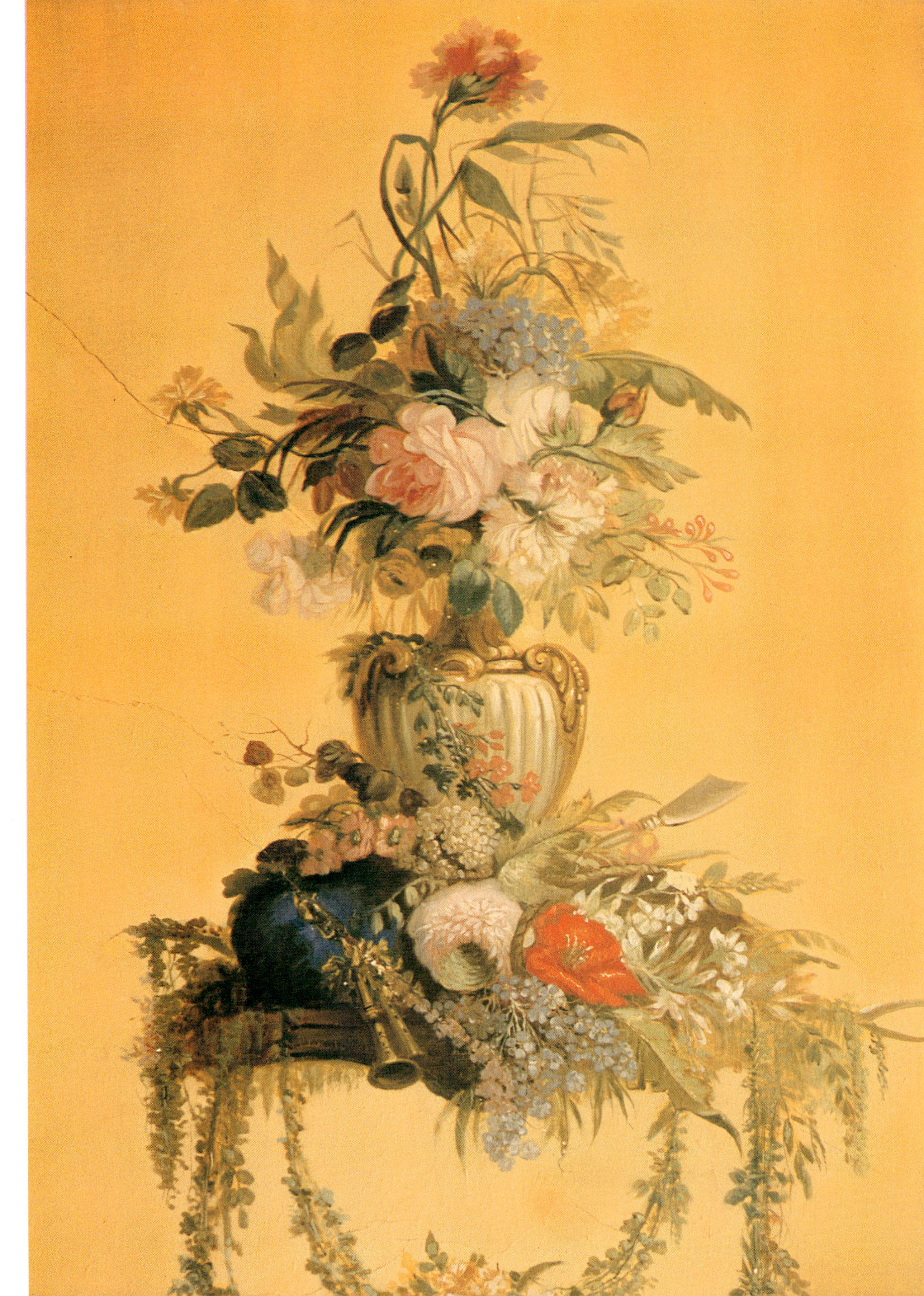

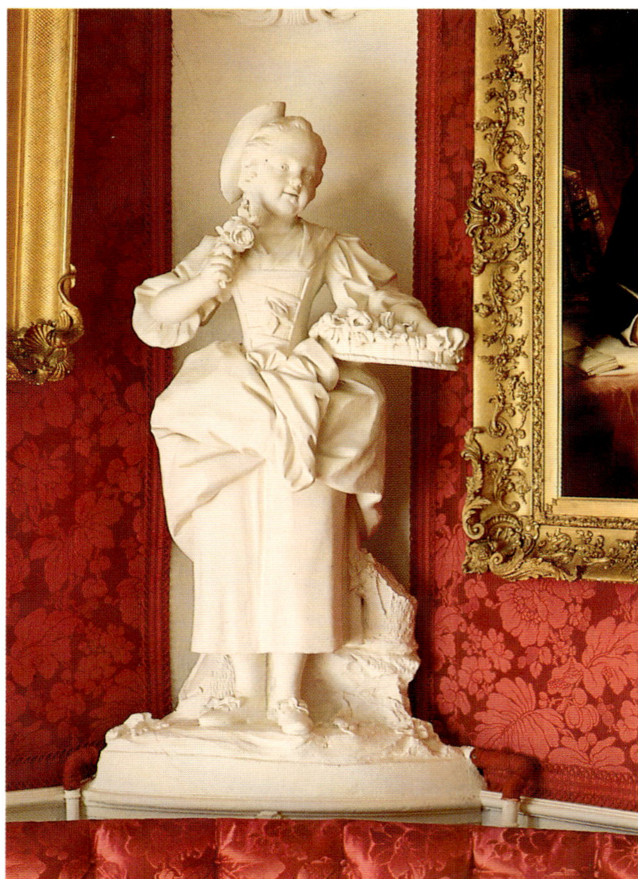

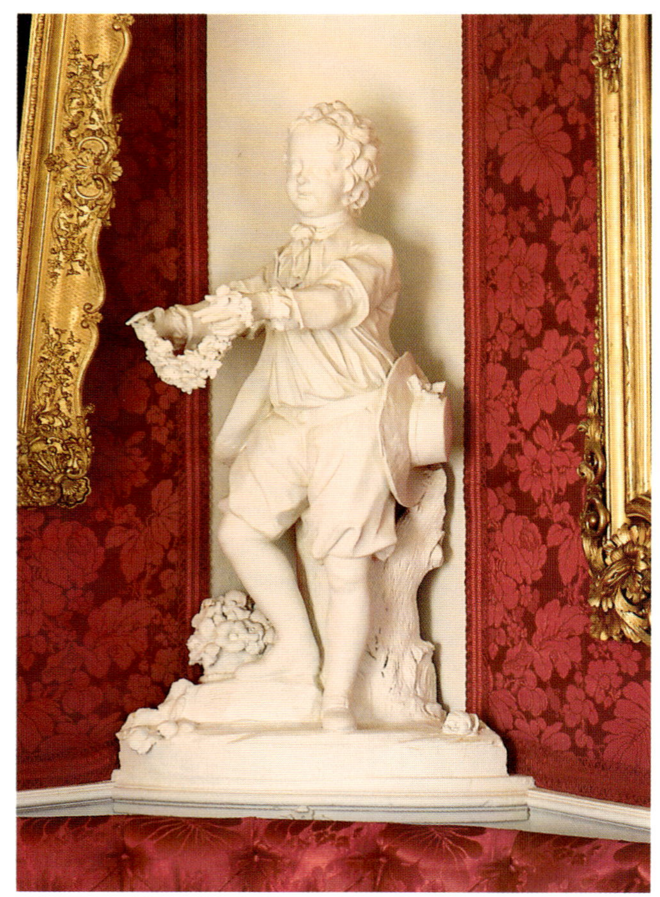

Dans le salon tapissé de damas rouge cramoisi, deux niches abritent des statues de plâtre gris grandeur nature.

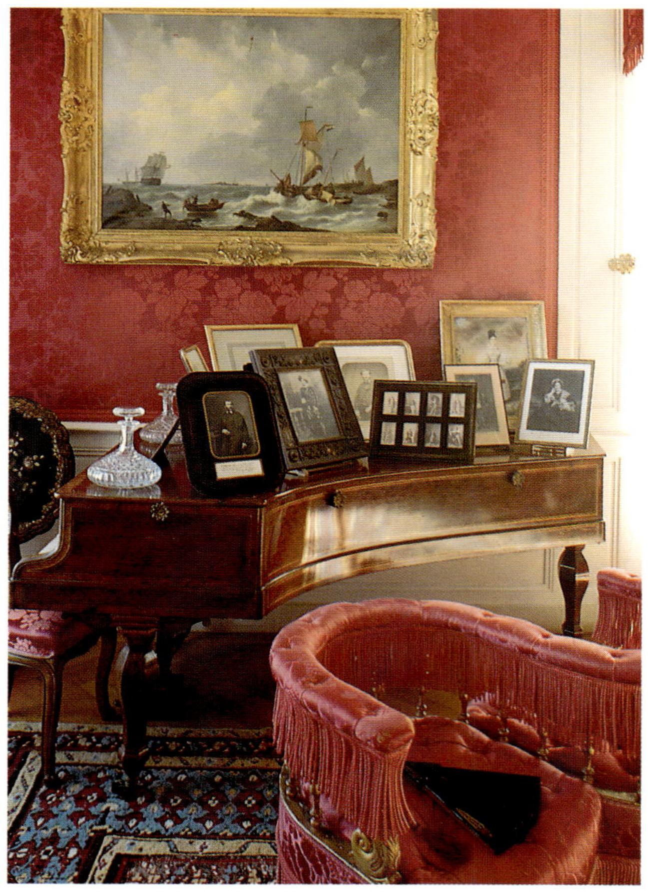

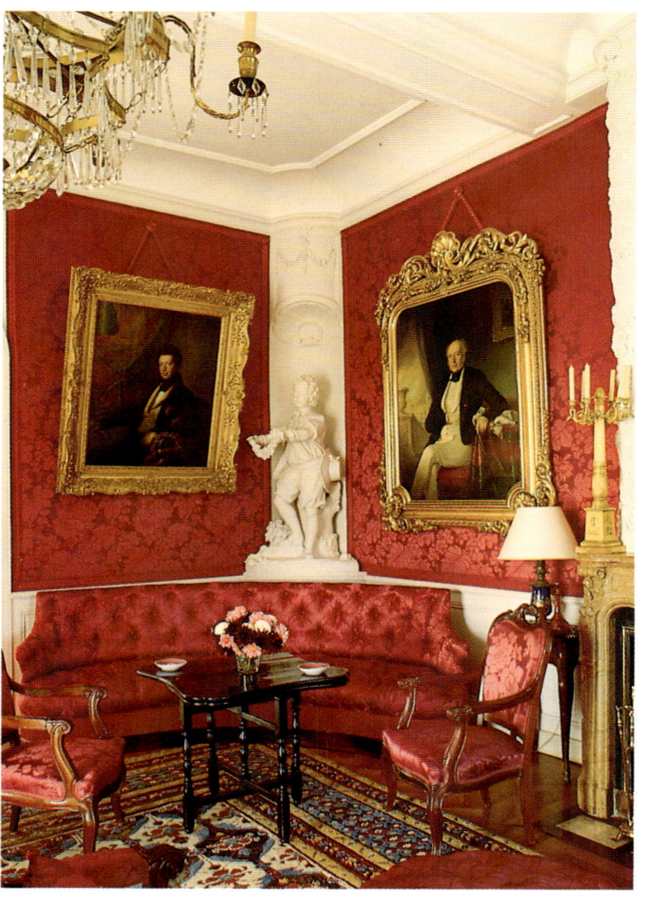

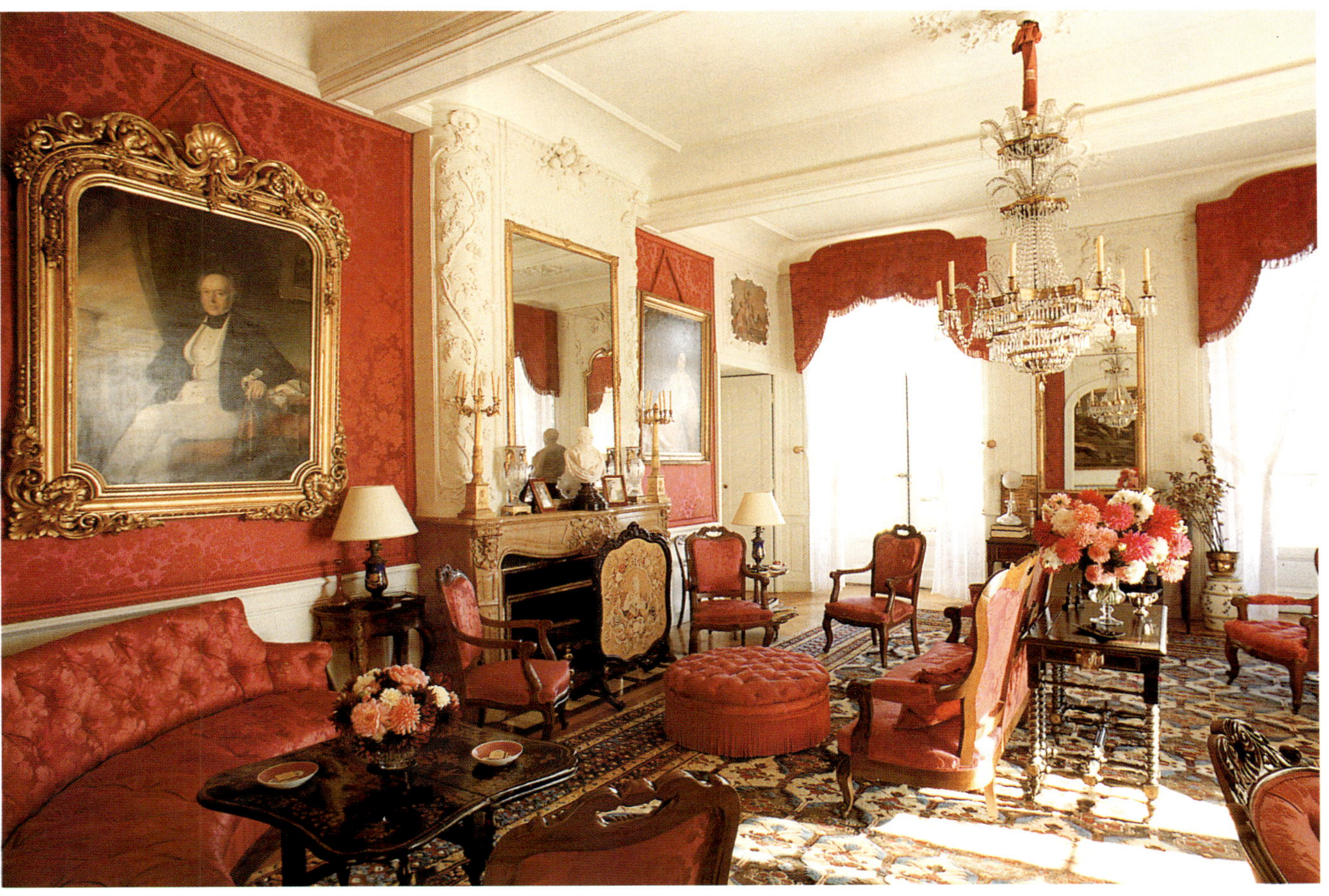

Salon d'angle, à trois fenêtres, meublé de fauteuils et de canapés Second Empire capitonnés de damas rouge.

Le décor second Empire a été entièrement conçu par Betty, la femme du baron James, premier Rothschild propriétaire de Lafite.

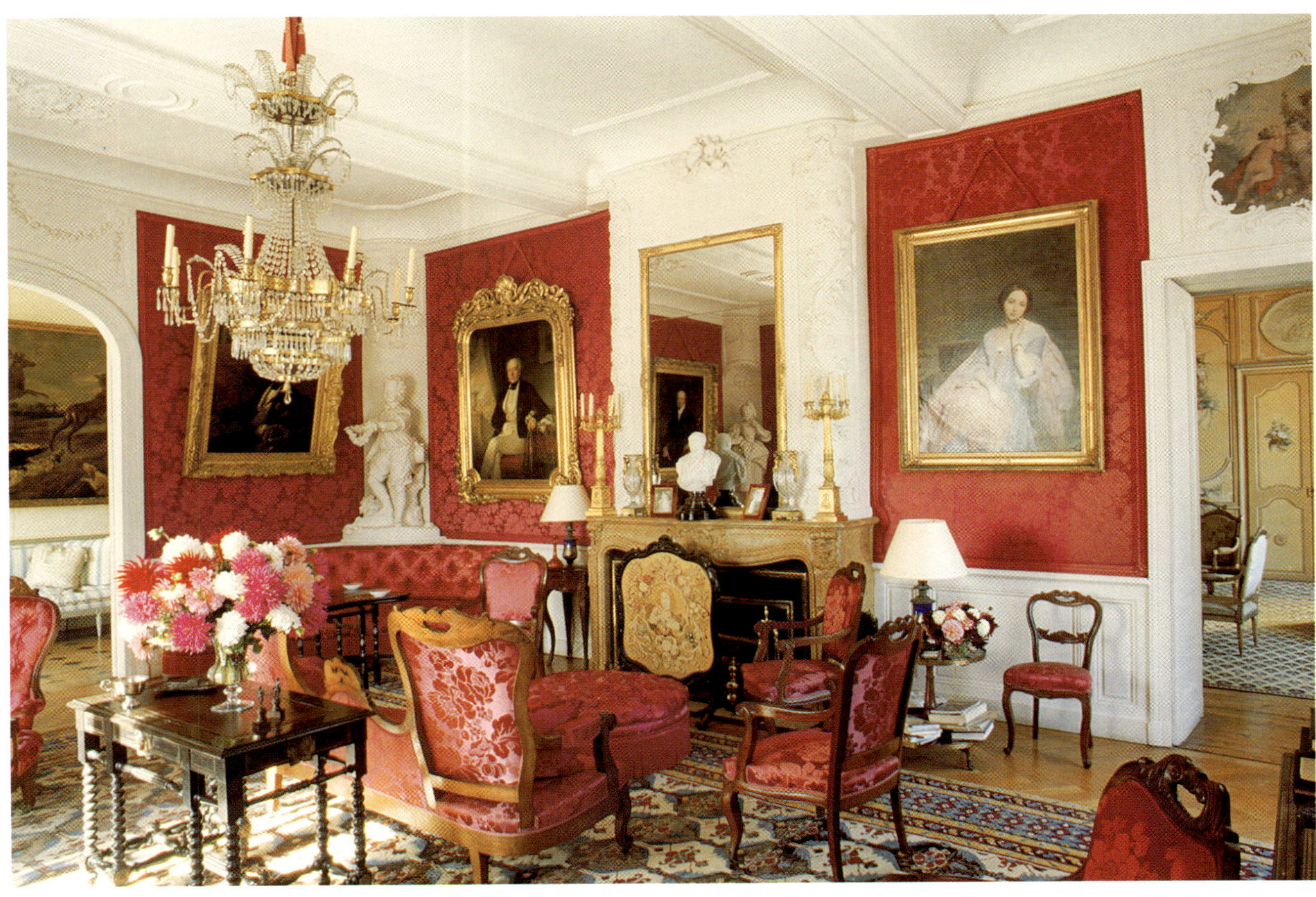

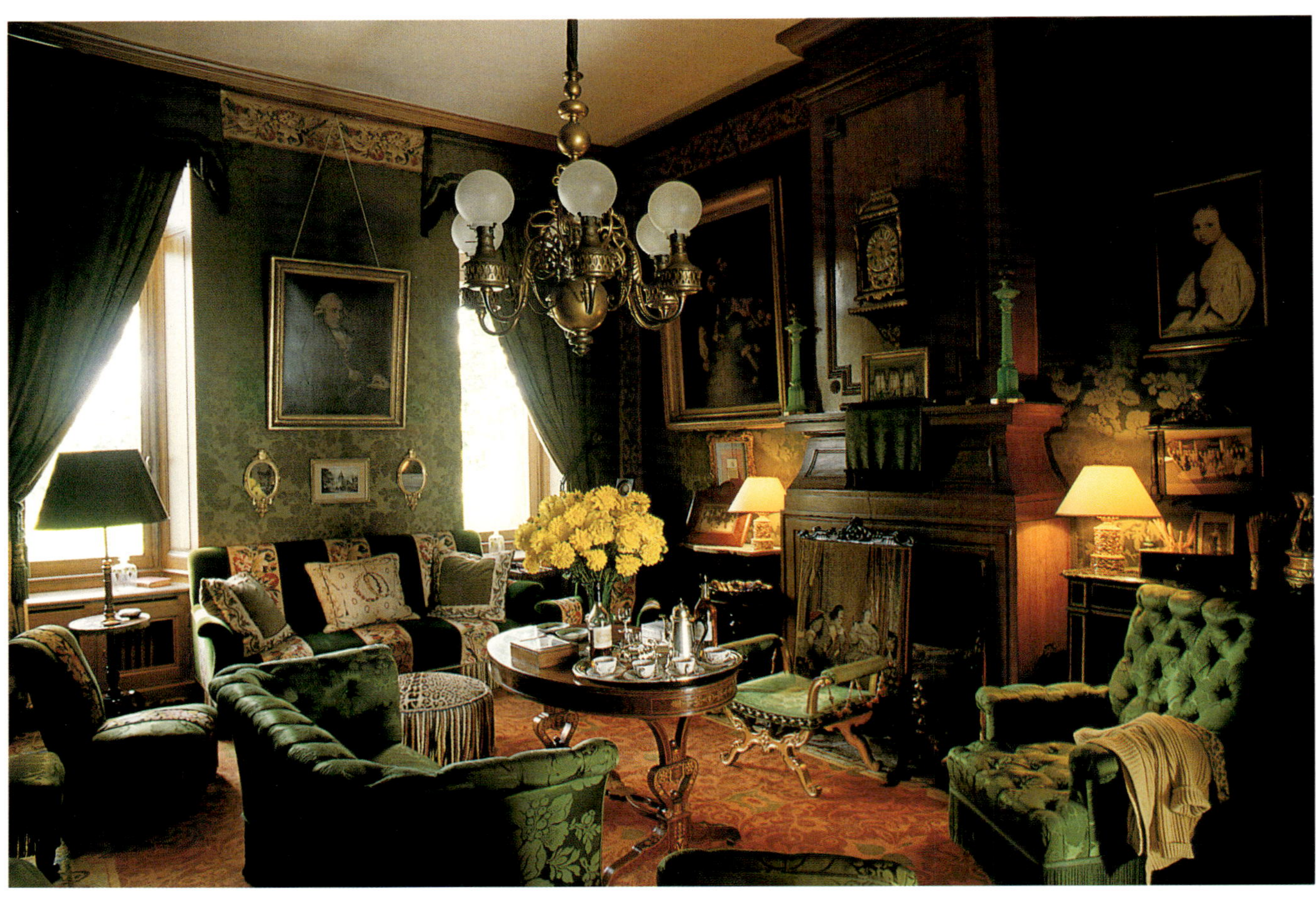

Après le café pris dans ce salon « vert Rothschild », les invités descendent disputer une partie de snooker au sous-sol.

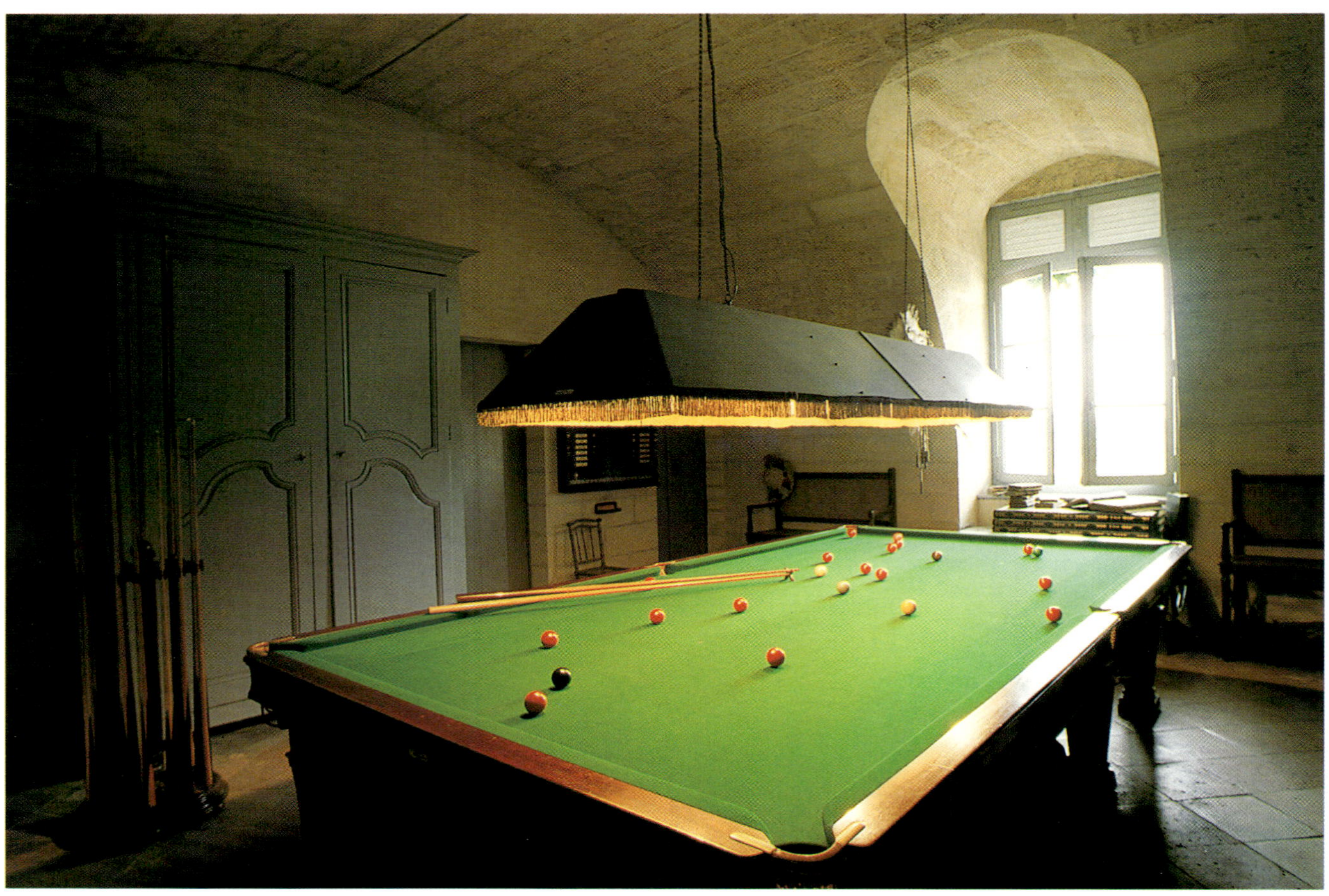

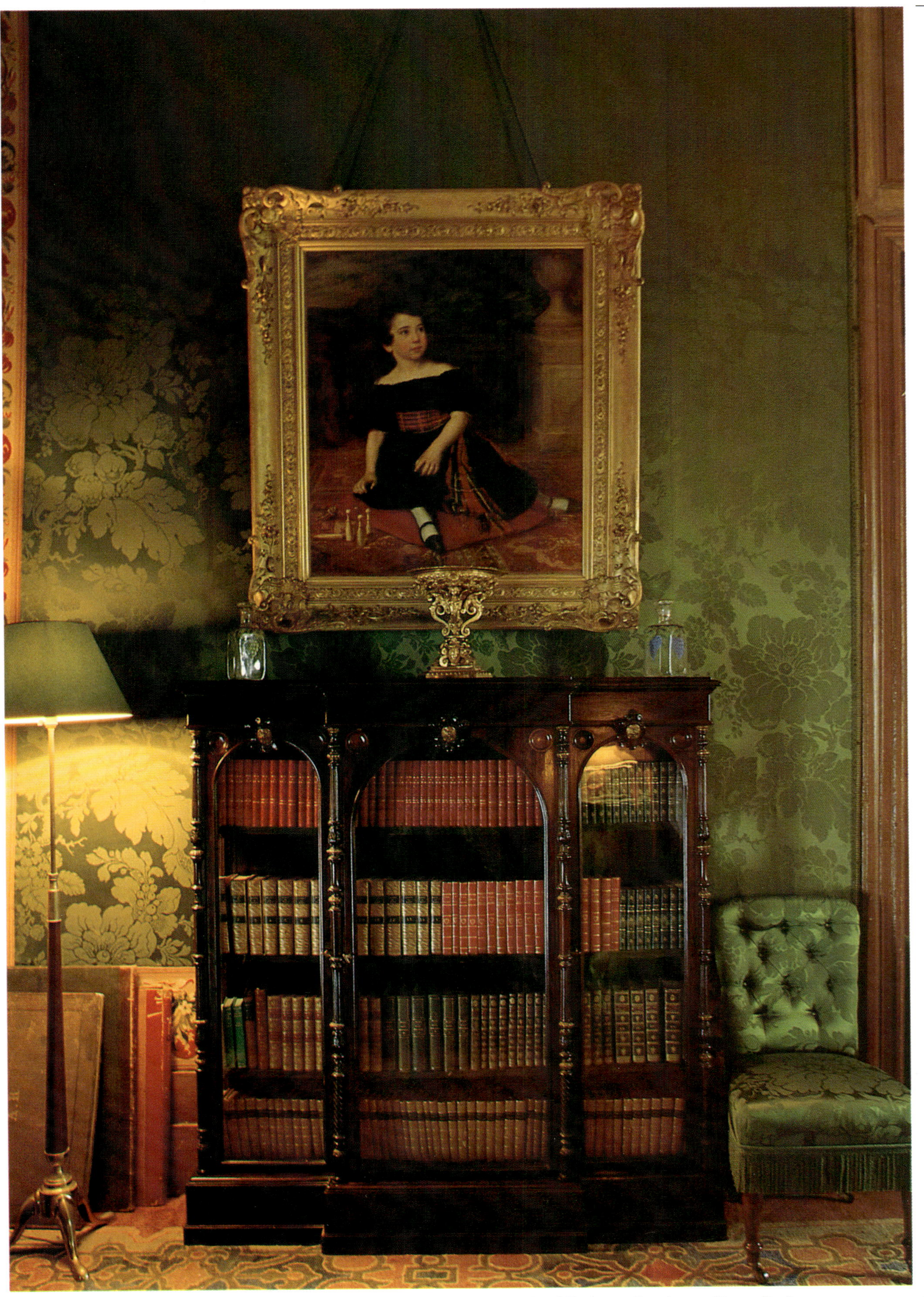

« Mais qui sont ces Rothschildren ? » s'exclama un jour Randolph Churchill à la vue d'un de ces tableaux d'enfant.

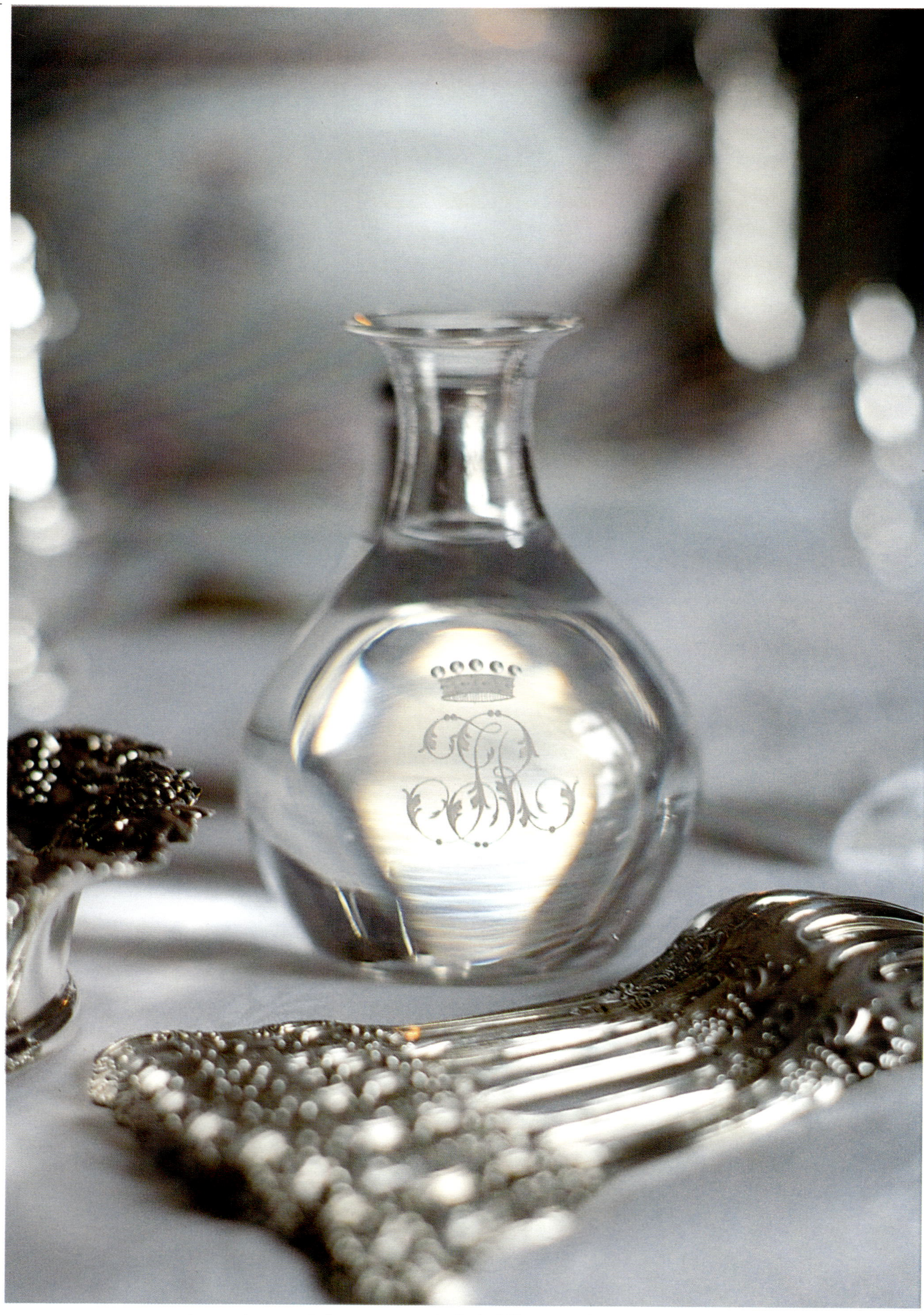

La verrerie est gravée du monogramme des Rothschild surmonté de la couronne de baron.

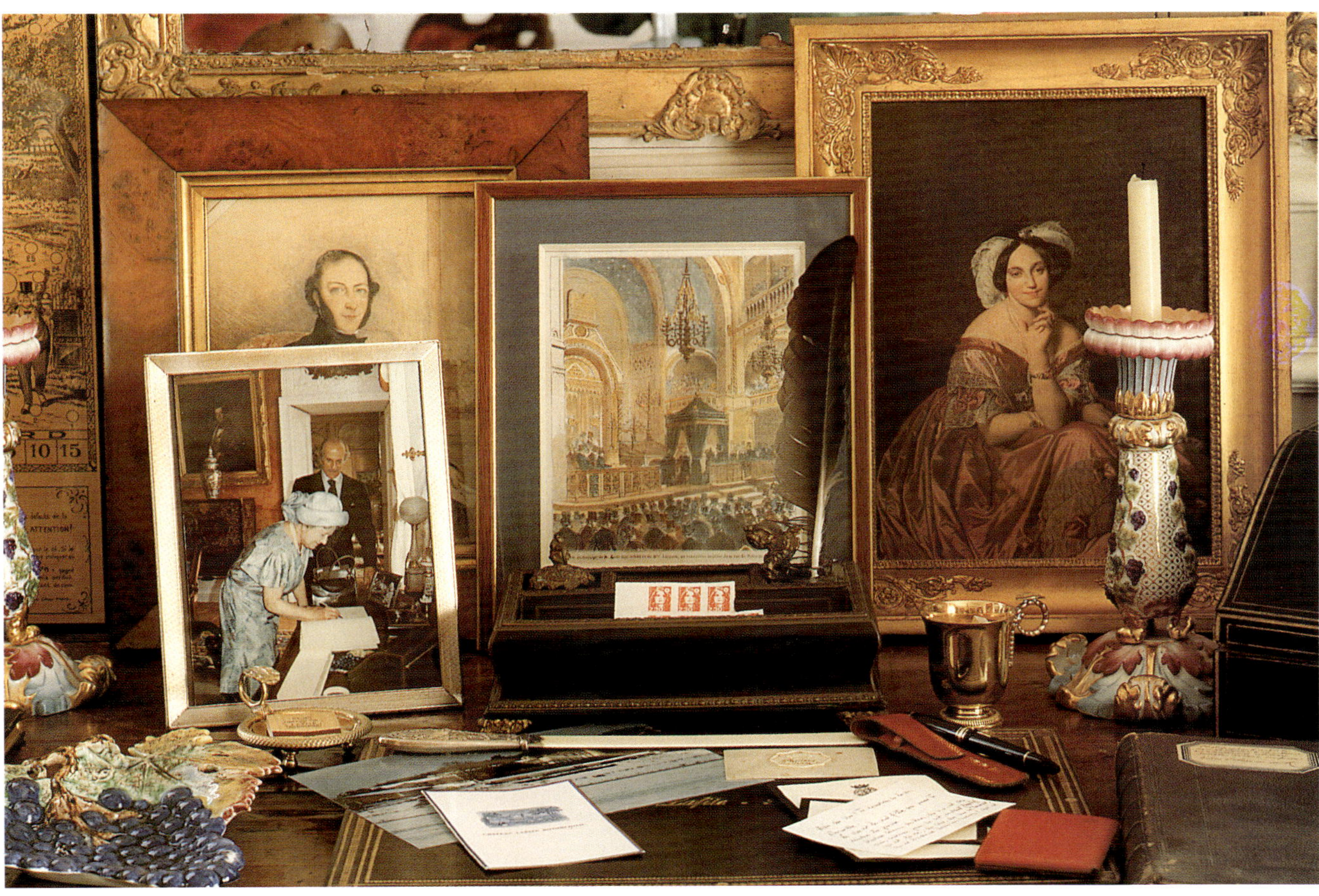

Sur le bureau, la tache d'encre témoigne d'une colère de Bismarck dictant en 1871 à Jules Favre les bases du traité de Francfort.

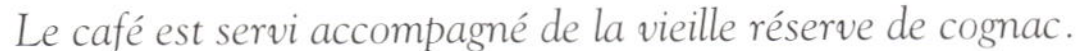

Le café est servi accompagné de la vieille réserve de cognac.

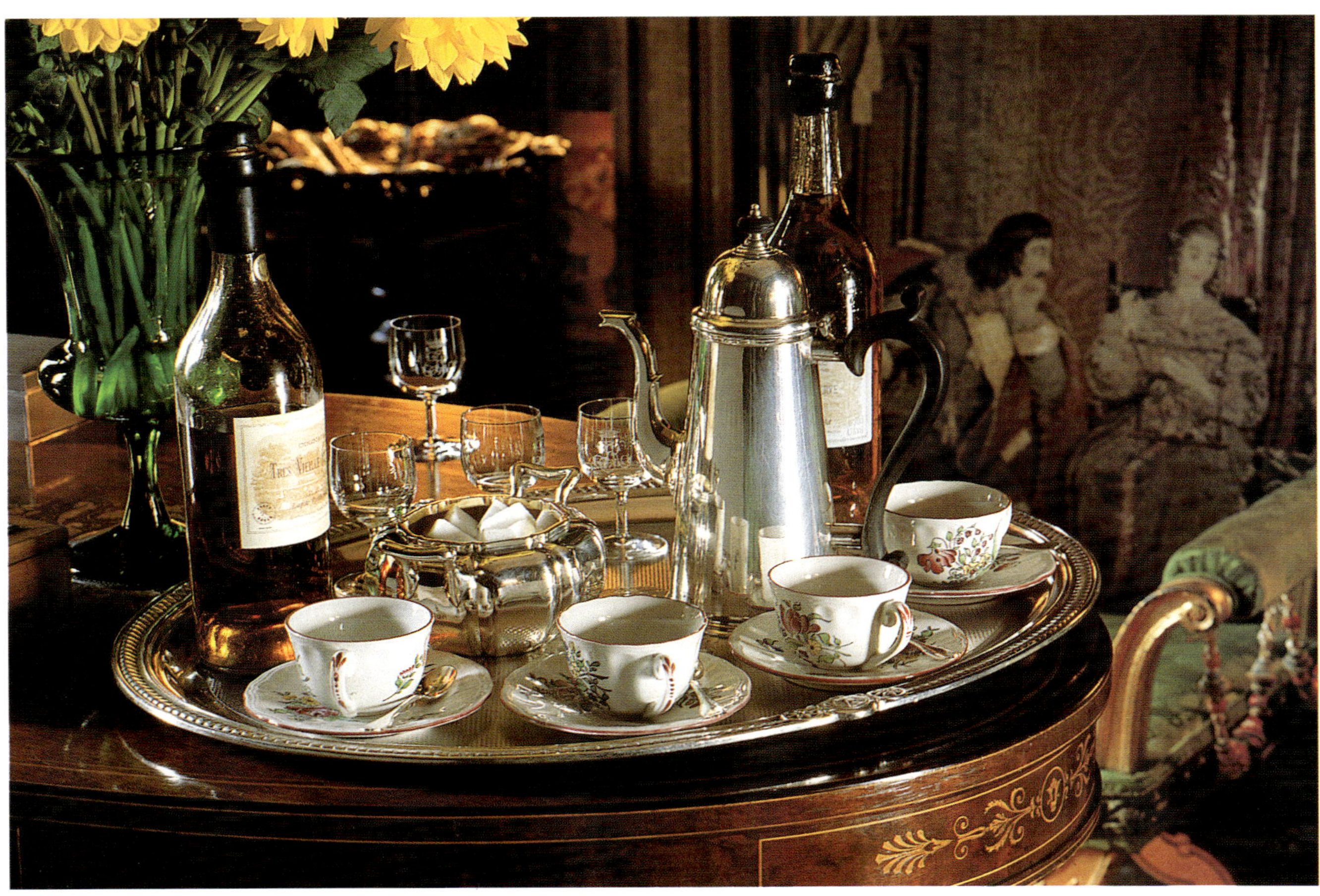

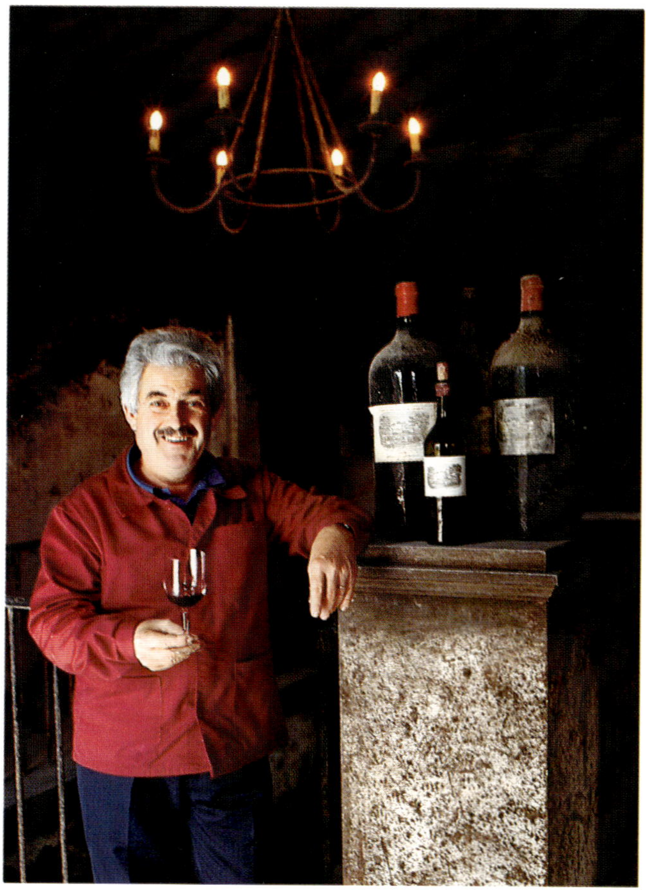

Robert-Henri Revelle, maître de chai.

Marie-Thérèse Petit, cuisinière.

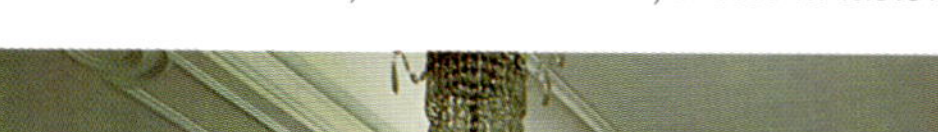

Le maître d'hôtel, Marcel Marsac, dresse la table.

Grégoire Sanchez, jardinier.

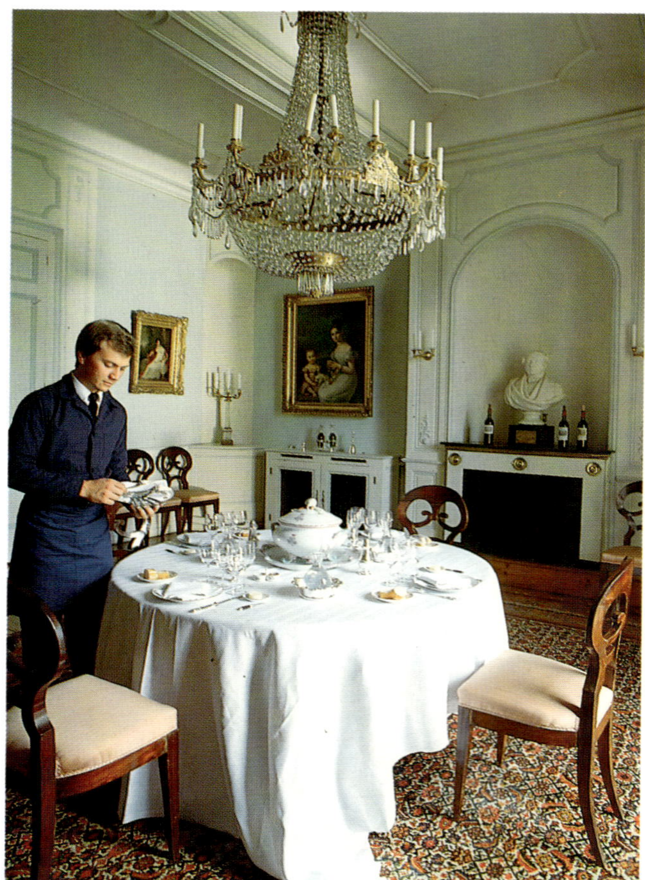

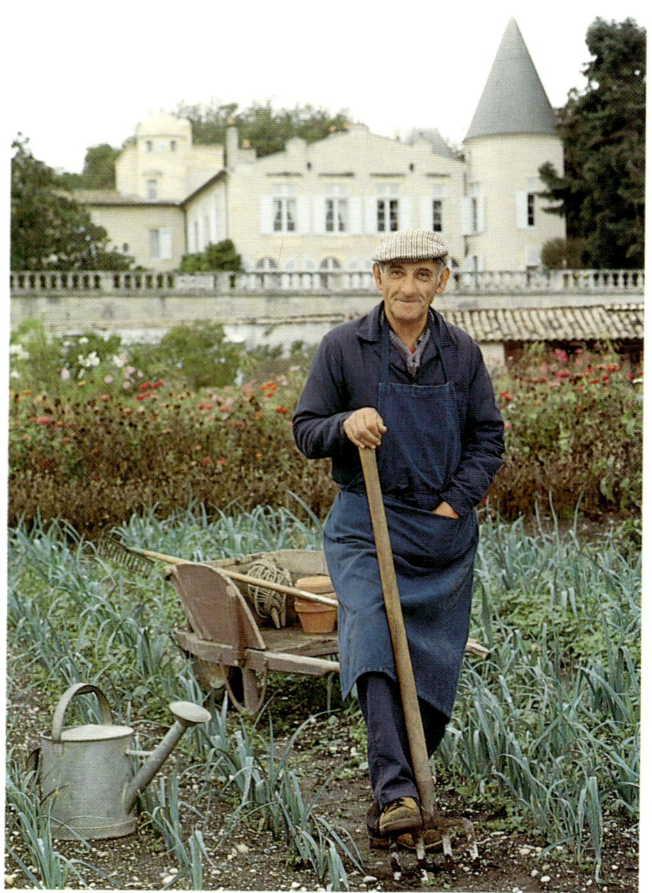

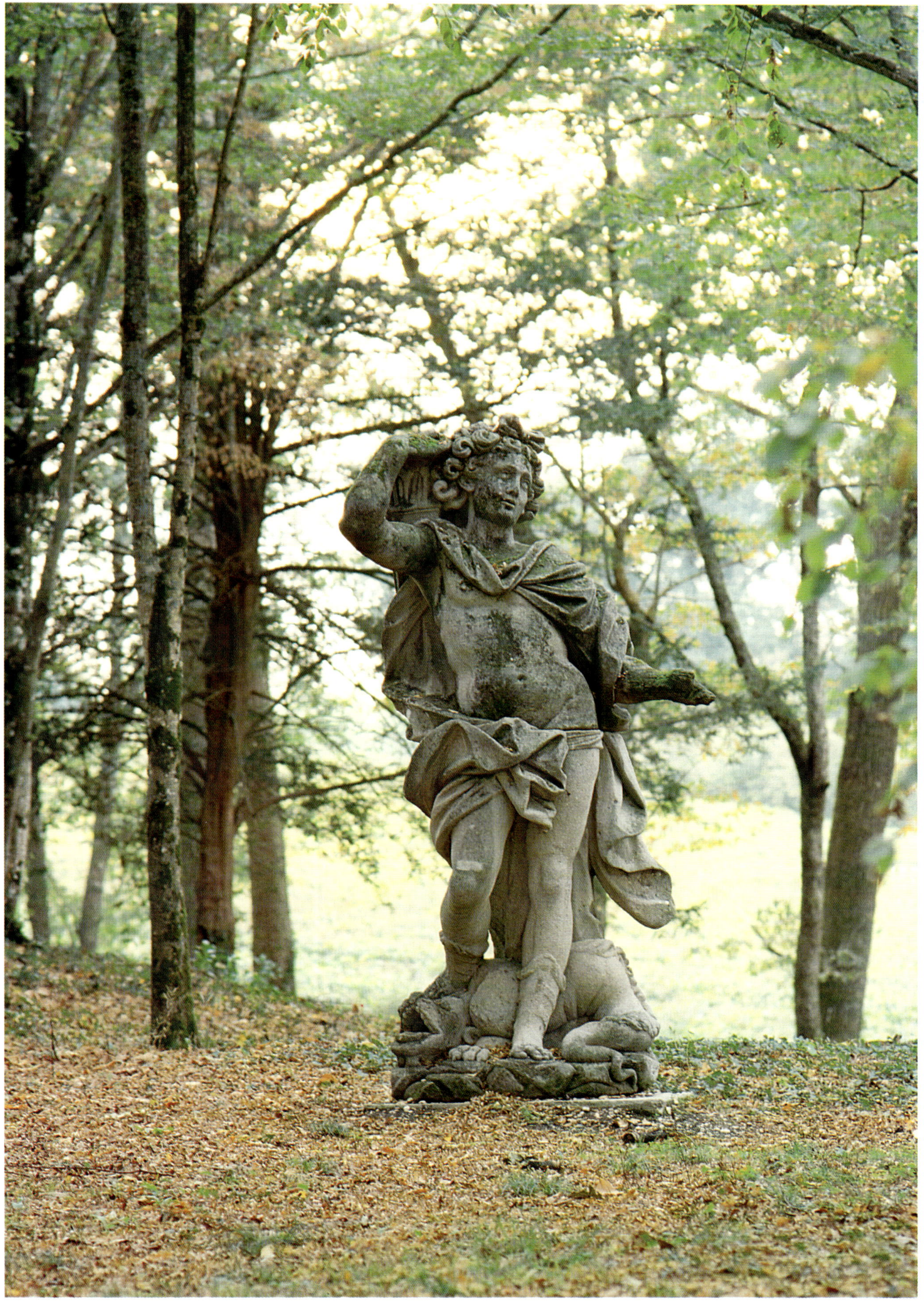

Unique sculpture du jardin protégé du déferlement des vignes par des balustres en pierre Louis XIV.

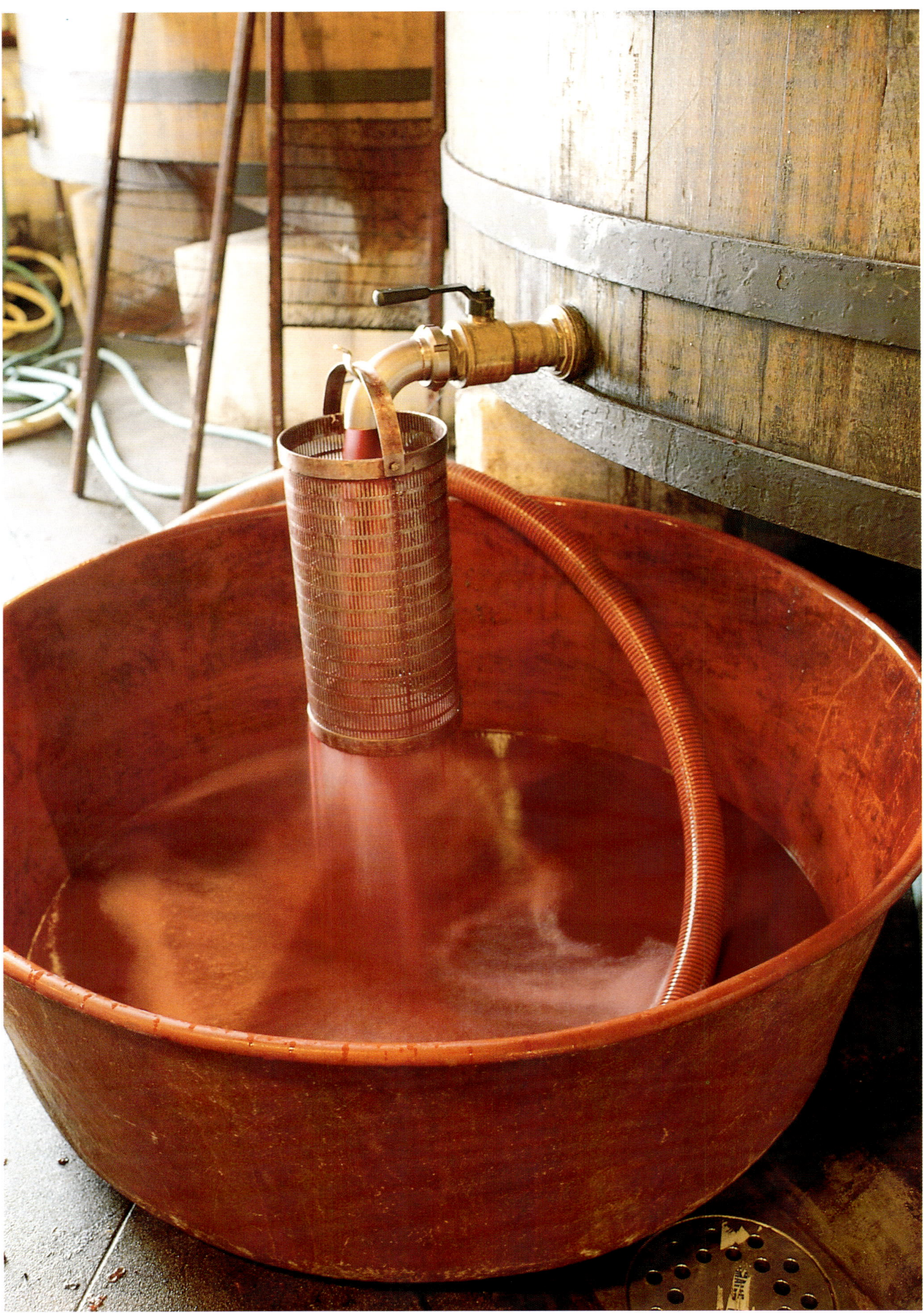

On nomme douil cette bassine. Pendant sa fermentation le vin est aéré deux fois par jour et remonté au-dessus de la cuve.

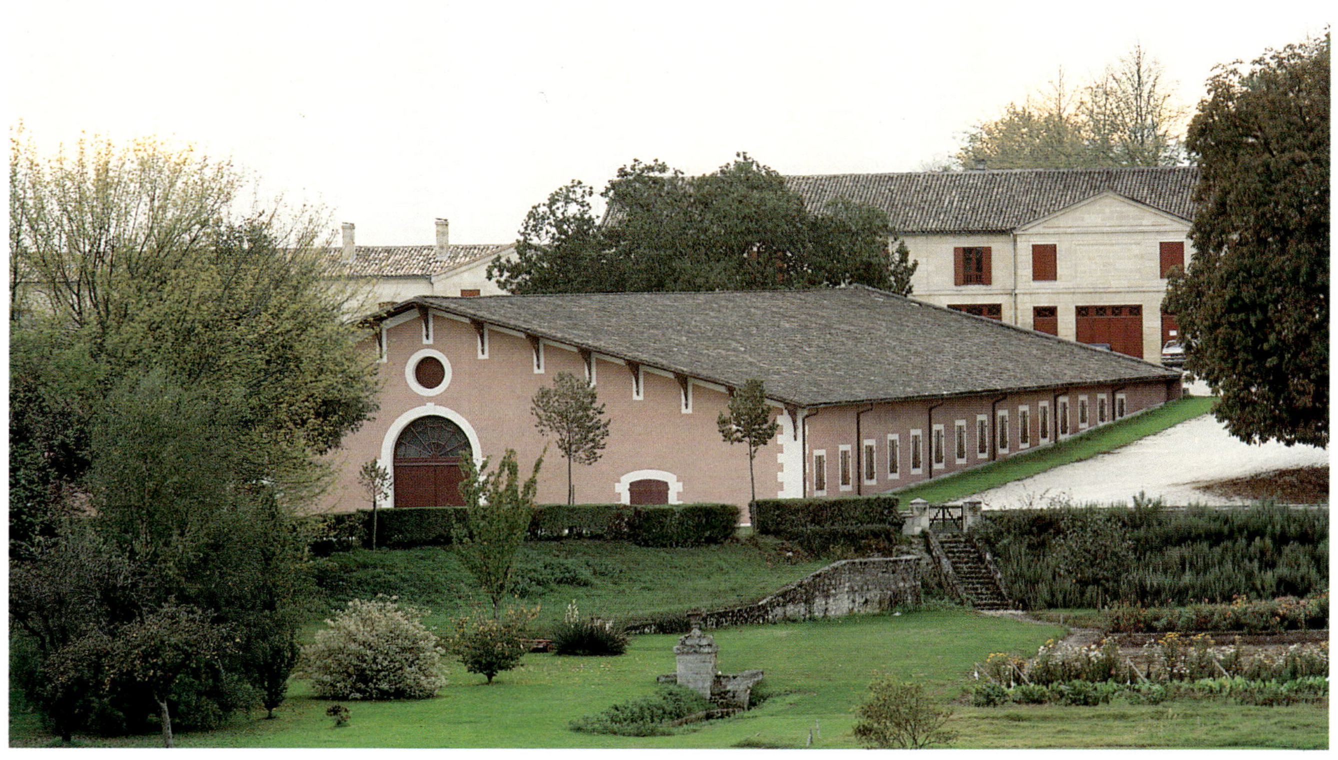

Vue extérieure du chai attenant au cuvier.
Double page suivante : le nouveau chai, construit en 1987 : un chef-d'œuvre de pureté signé Ricardo Bofill.
Après l'écoulage du vin fin, les ouvriers descendent dans les cuves et retirent à la pelle le chapeau formé des peaux du raisin qui donnera le vin de presse.

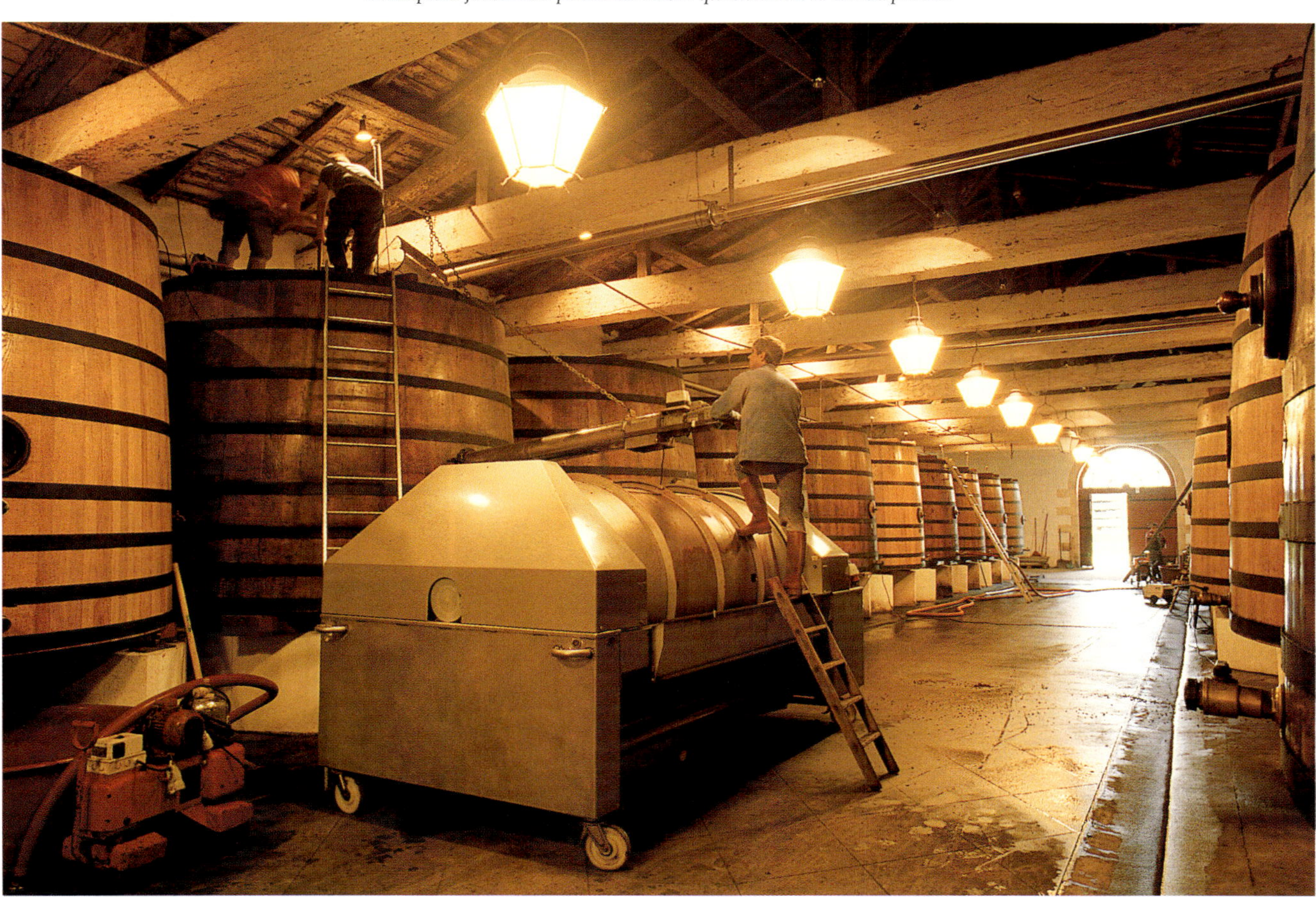

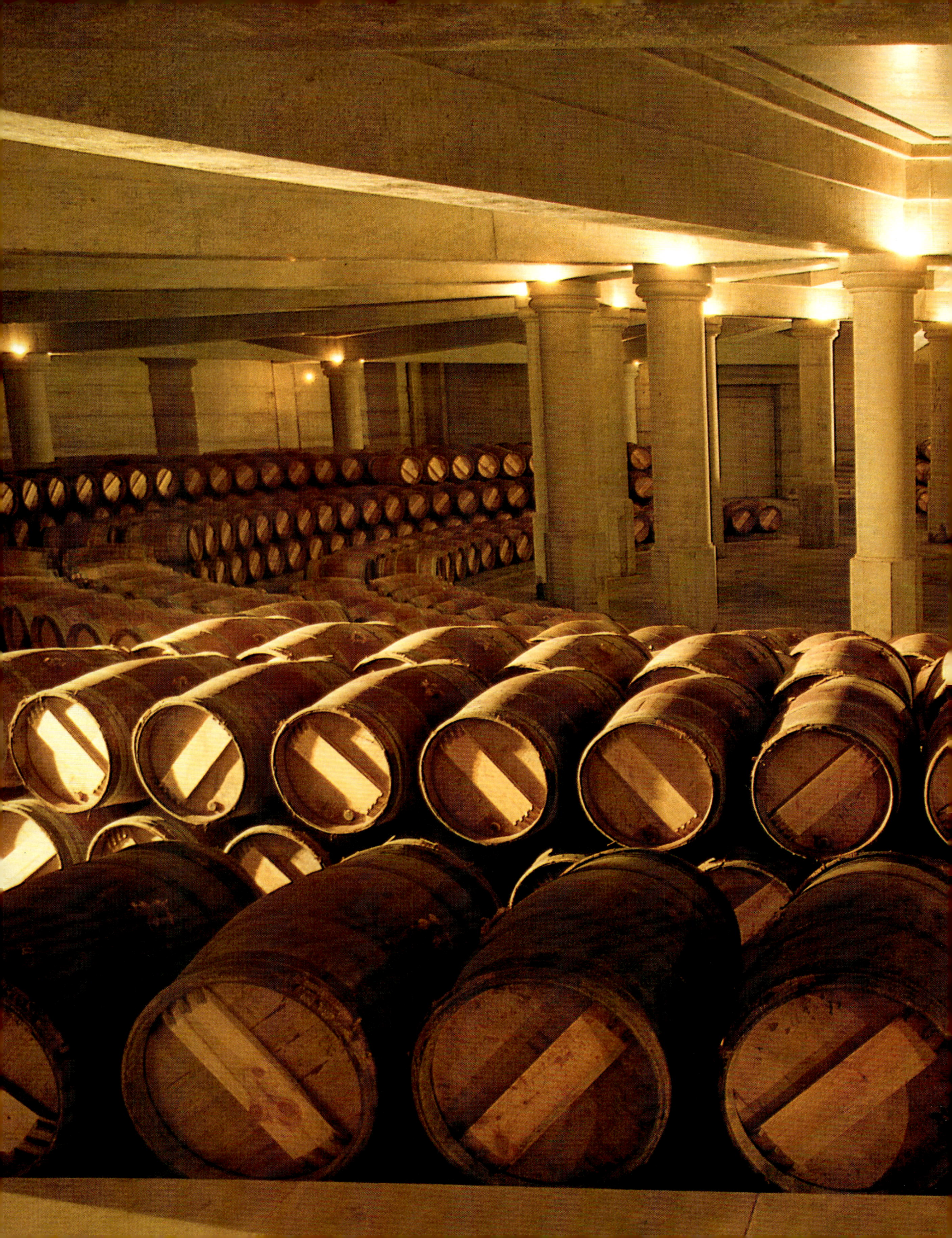

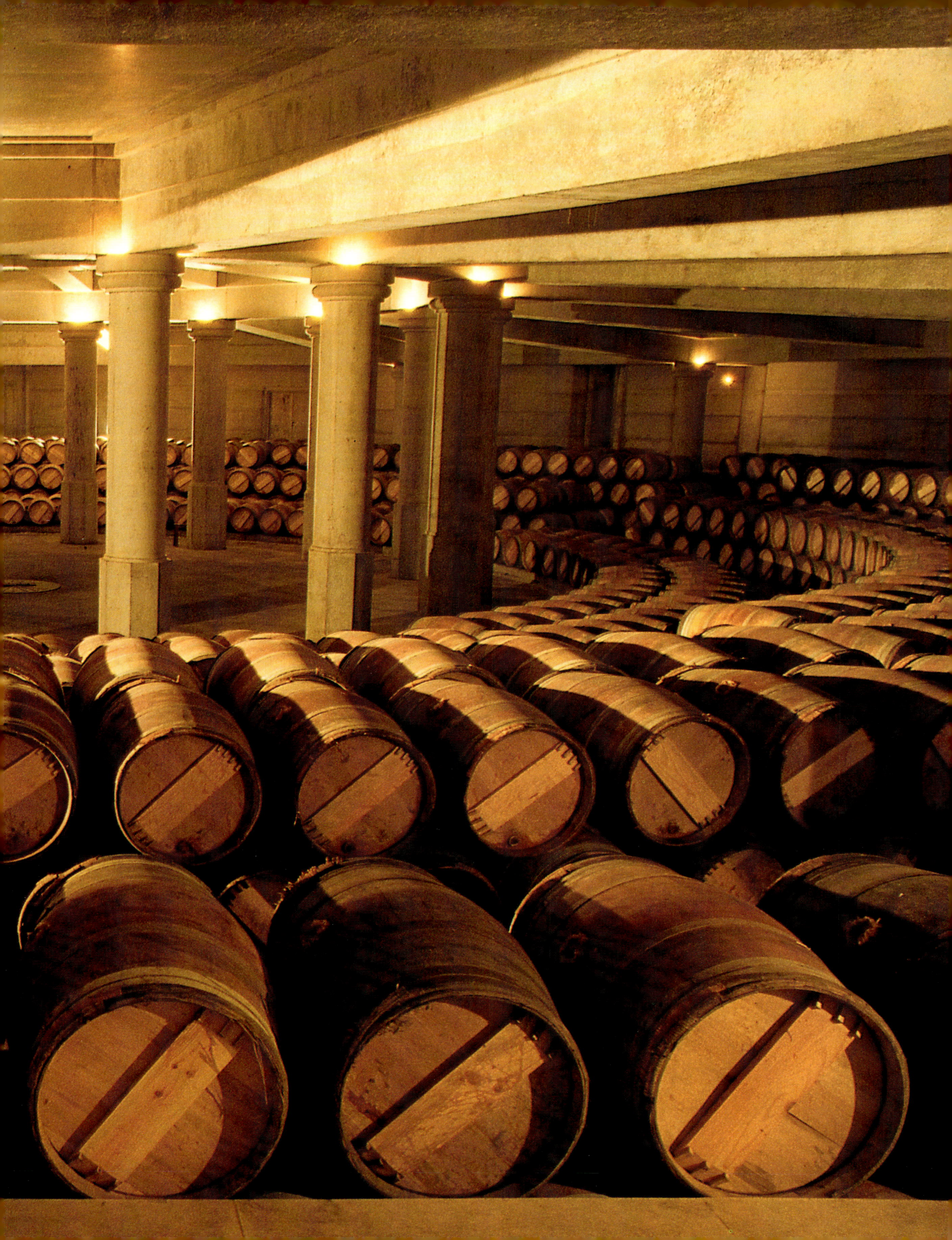

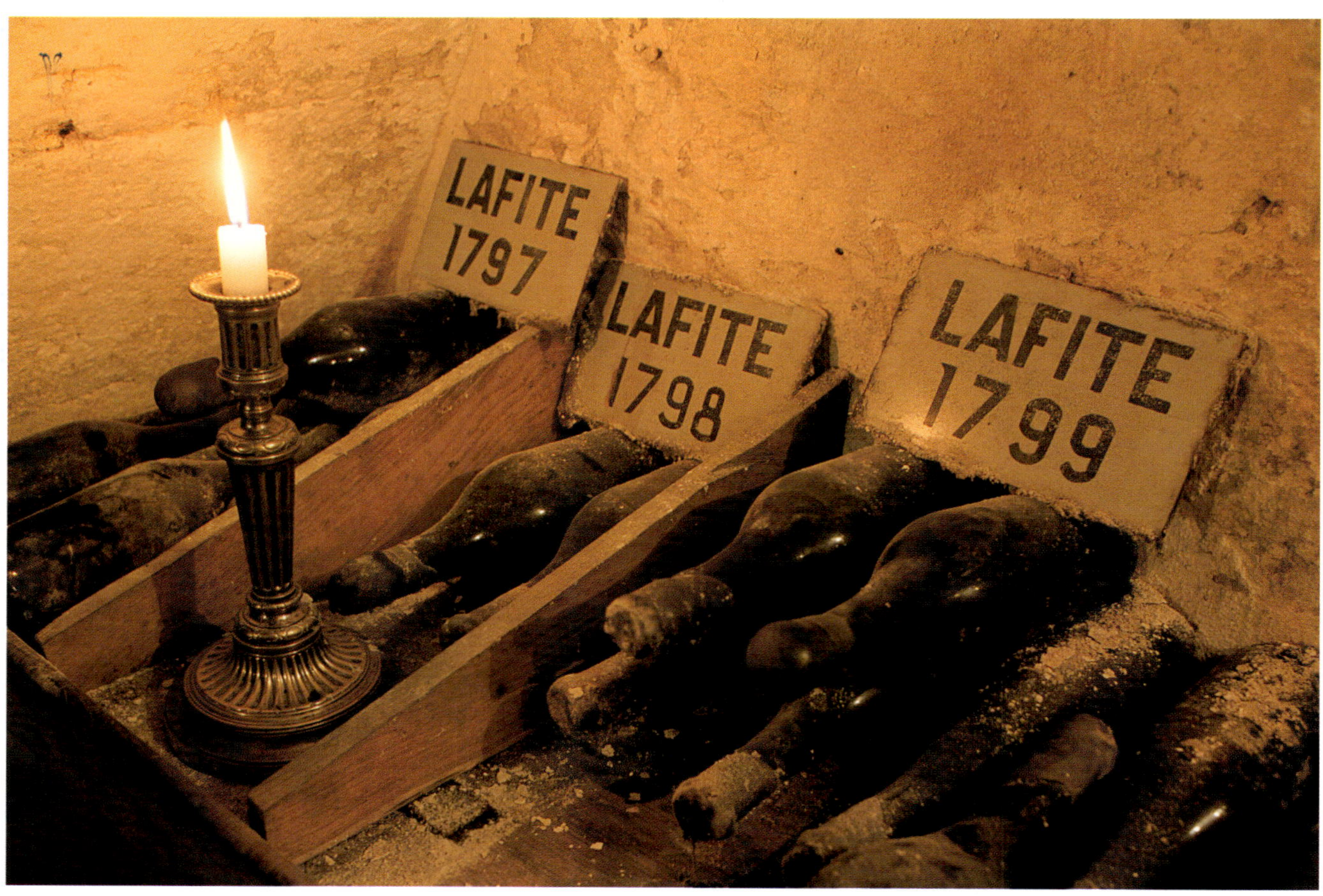

Certaines « vieilles dames » se reposent depuis 1797.

« Longtemps dans l'atmosphère humide des caveaux, sous la voûte profonde et de nitre imprégnée, sous la poussière et sous les toiles d'araignées, le jeune vin vieillit dans des flacons nouveaux. » François Coppée.

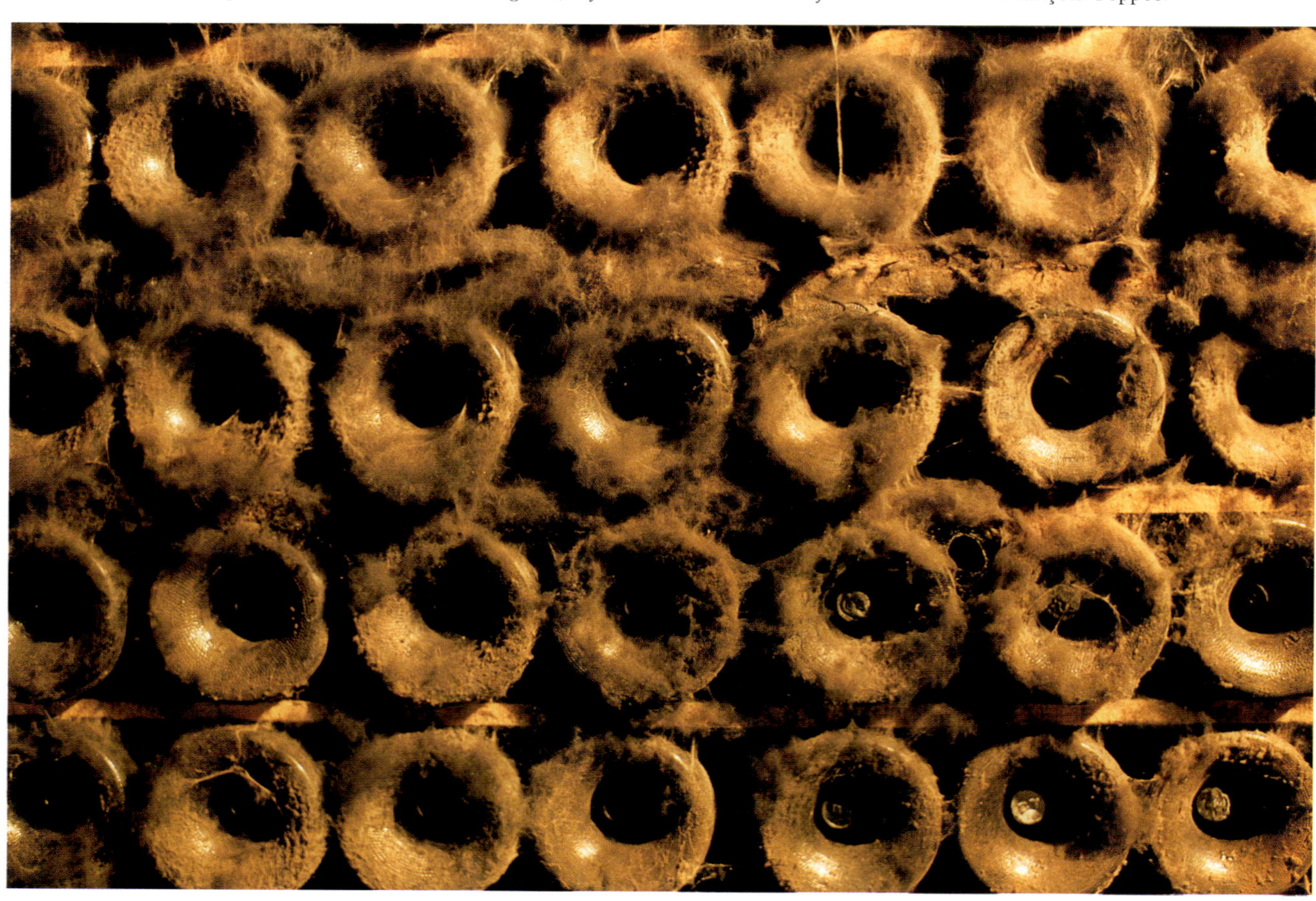

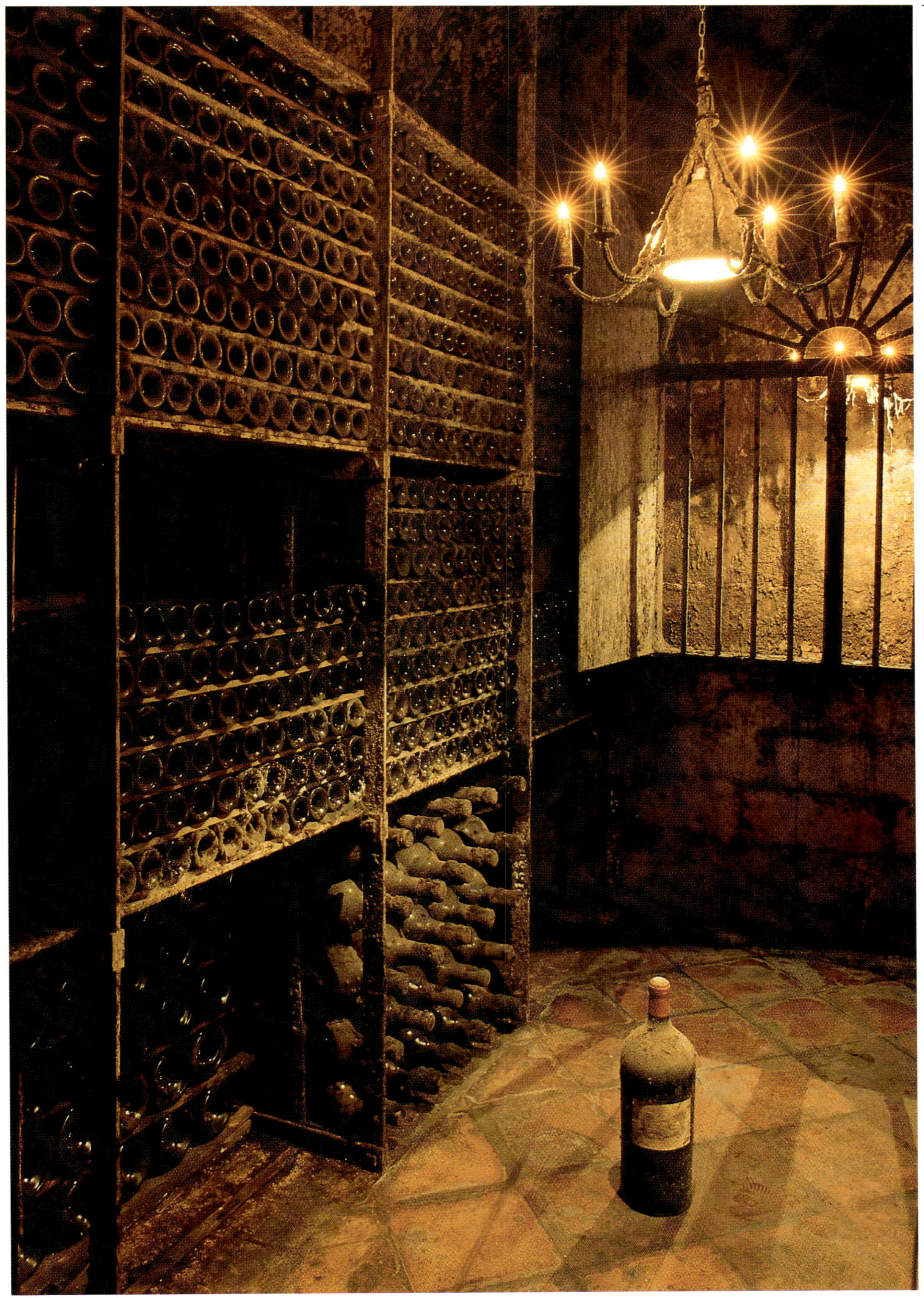

Attenante au chai, la cave renferme des Lafite de tous les millésimes.

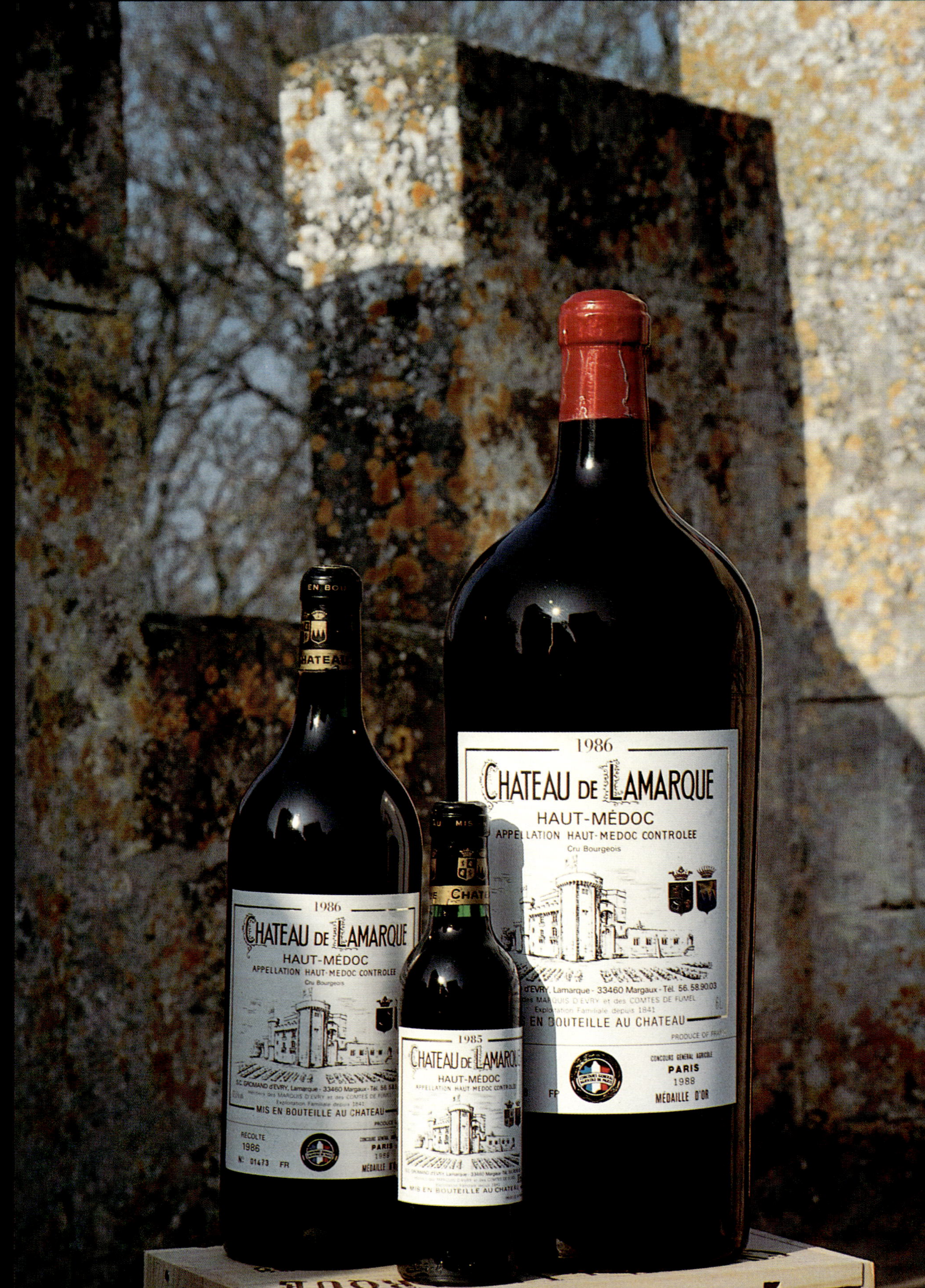
1986
CHATEAU DE LAMARQUE
HAUT-MÉDOC
APPELLATION HAUT-MEDOC CONTROLEE
Cru Bourgeois
Exploitation Familiale depuis 1841
CONCOURS GENERAL AGRICOLE
PARIS
1988
MÉDAILLE D'OR
1986
CHATEAU DE LAMARQUE
HAUT-MÉDOC
APPELLATION HAUT-MEDOC CONTROLEE
Cru Bourgeois
MIS EN BOUTEILLE AU CHATEAU
RECOLTE
1986
1985
CHATEAU DE LAMARQUE
HAUT-MÉDOC
MIS EN BOUTEILLE AU CHATEAU

LAMARQUE

Haut-Médoc. Cru bourgeois
Monsieur Pierre-Gilles Gromand d'Évry

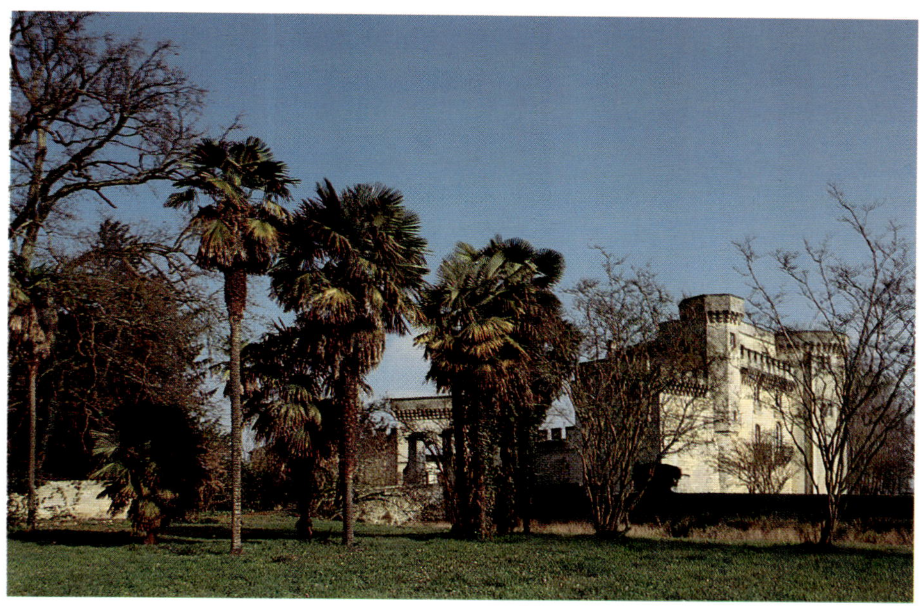

Mon fer vainc
Mon vin convainc
Devise des Fumel

Aucun département français n'abrite autant de châteaux que la Gironde : plus de trois mille y sont recensés. Ce foisonnement est dû à une caractéristique socio-culturelle de la région où le mot château définit un domaine viticole. À quelques rares exceptions, il est inutile d'y chercher un Chambord, un Chenonceau, un Chantilly : ils n'existent pas.

Un château dans le Bordelais est une propriété où le site, la beauté, l'histoire, l'architecture n'ont que des rôles secondaires. Certains sont parfois si modestes qu'on pourrait croire à une usurpation de titre en les découvrant sur l'étiquette. Château Pétrus dans le Pomerol en est le plus bel exemple car personne n'oserait contester la qualité de la production de cette simple maison paysanne. Cette appellation reflète un penchant des Bordelais pour les titres *de courtoisie*. Générosité naturelle ou vantardise gasconne, il est communément admis qu'un viticulteur, participant actif à la renommée de la région, habite un château au même titre qu'une personne bien née à la position sociale reconnue et à la fortune établie.

De tous les châteaux qui se consacrent à une activité viticole, Lamarque est un des plus anciens. Il s'élève au cœur du village du même nom, sur les bords de la Gironde entre Margaux et Pauillac. Édifiée au XIe siècle, cette seigneurie doit son nom au sens ancien du mot marche, frontière militaire d'une région. Ainsi que les forteresses de Lesparre au nord, de Blanquefort au sud et d'Agassac, Lamarque protégeait le Médoc des invasions des Vikings.

Au début du XVe siècle, Lamarque appartient à la couronne d'Angleterre. On y voit encore aujourd'hui un avis d'Henri VI obligeant les serfs à monter la garde. En 1431, Henri VI retire la jouissance du château à Pons de Castillon pour insubordination et l'offre au duc de Gloucester qui n'en profite pas lontemps. En 1446, Henri VI, qui l'a de nouveau récupéré, le concède à Jean de Foix, comte de Candale.

Quand, en 1453, l'Aquitaine revient enfin à la couronne de France, Lamarque devient la résidence des gouverneurs de Guyenne dont le plus fameux, le maréchal de Matignon, y est emporté par une crise d'apoplexie. Au XVIIe siècle, Lamarque appartient à l'un des mignons d'Henri III, le célèbre Jean-Louis de la Valette, duc d'Épernon qui possède aussi Beychevelle, la joliment nommée. Située au bord de la Gironde, chaque navire qui la croise lui rend hommage en baissant ses voiles ou *beychevelle* en vieux français.

La Révolution met provisoirement fin à cette succession armoriée. En 1793, l'État place Lamarque sous séquestre. Des sieurs Poppe et Giard s'en portent acquéreurs et laissent le château tomber en ruine. Ils s'en débarrassent en 1825 auprès d'un monsieur Sauvage qui le vend en 1841 au comte de Fumel.

Les Fumel, vieille famille originaire du Quercy, ont donné à la France le premier des ambassadeurs envoyés en Turquie par François Ier. Un Fumel fut conseiller de Henri III ; un autre, major général de l'armée des Indes ; un autre encore, général commandant militaire du Médoc. En 1790, un Fumel devint le premier maire de Bordeaux élu démocratiquement. Dès lors, Lamarque restera dans la même famille, le comte de Fumel étant le trisaïeul maternel de l'actuel propriétaire, Pierre-Gilles Gromand d'Évry.

Lamarque est construit selon un plan très irrégulier dont le caractère originel s'est modifié au cours des siècles. À vrai dire, seuls les soubassements et une partie des défenses du XIe siècle subsistent dans leur forme initiale. Les contreforts triangulaires sont une caractéristique unique en France. Autour de la forteresse moyenâgeuse, Pons de Castillon fait construire au XVIe siècle le château dans sa forme actuelle, constitué d'un donjon, d'une paterne, d'un chemin de ronde, de murs crénelés et d'une tour de défense très massive composée de deux étages octogonaux couronnés par des machicoulis.

Au XVIIe siècle, le duc d'Épernon y apporte des modifications qui ne nuisent pas à l'ensemble et reflètent le goût de son époque. Il agrandit les fenêtres, ajoute des balcons et construit la grande tour carrée qui abrite l'escalier d'honneur. Le comte de Fumel restaure Lamarque au XIXe siècle pour lui donner le caractère confortable et bourgeois qui est le sien aujourd'hui. Il fait aussi repeindre dans un style haut-moyenâgeux la chapelle qui n'avait jamais été touchée depuis le XIIe siècle. Quant aux fossés qui entouraient la forteresse, on ne sait à quelle époque ils furent comblés.

Depuis longtemps, le château ne résonne plus du cliquetis des épées qui s'entrechoquent, les sémillantes princesses et les preux chevaliers ne se content plus fleurette. Pourtant, à Lamarque, les traces du passé ne sont jamais perdues, elles sont même recomposées. La miniature d'une grand-tante totalement oubliée masque une fissure dans une boiserie, une lettre de la mère de Pierre-Gilles Gromand adressée à son mari : « Tu es tous mes rêves de jeune fille quand je pensais qu'un jour je me marierais » est accrochée sur son portrait dans le salon. Les meubles et les vieux vêtements dont on ne se sert plus attendent, bien rangés sous les combles, de se retrouver réconciliés avec les modes du temps. Seules les petites-filles de Pierre-Gilles et de Marie-Hélène viennent troubler leur retraite. Dans cette caverne d'Ali Baba, elles se déguisent, s'attribuent des rôles et font revivre leurs ancêtres dans un décor qu'elles ont elles-mêmes composé.

Les tourbillons de l'histoire de Lamarque ne doivent pas faire dédaigner son vin, il mérite même qu'on parle de lui. Le vignoble situé entre le fleuve et la grande route qui relie Bordeaux à Pauillac est divisé en deux parcelles : l'une, plantée au nord du château, vers Arcins, l'autre, à l'est. Jusqu'en 1940 l'entreprise prospère grâce au marché allemand qui absorbe la plus grande partie de la production. Après la guerre, le père de Pierre-Gilles, Roger Gromand, repense entièrement l'exploitation. Il replante et modernise en 1963 les installations. Le spectaculaire cuvier de bois à la beauté parfaite n'est qu'un leurre puisqu'il dissimule des cuves en ciment. Il charge aussi Émile Peynaud de superviser la vinification des quatre crus qu'il produit : le Château Cap de Haut, la Réserve des Marquis d'Évry, le Château Marquis de Sorans et enfin le Château de Lamarque.

Pierre-Gilles Gromand d'Évry et sa femme Marie-Hélène continuent d'imposer le vin de Lamarque. Produit par 20 hectares de vignes réputées pour donner un vin pur et parfumé, Château de Lamarque est classé parmi les crus bourgeois du Haut-Médoc. Sa production de 60 à 70 tonneaux est la première de sa commune et en 1988, ainsi qu'en 1990, il obtient la médaille d'or au concours général agricole de Paris.

Alors que la majorité des viticulteurs passent par des maisons de négoce pour distribuer leurs vins, Pierre-Gilles et Marie-Hélène se sont bien réparti les tâches pour garder le contrôle absolu de leurs ventes. Même si cela entraîne un surcroît de travail et oblige à de nombreux déplacements, cette fatigue supplémentaire est largement payée de retour par les nombreux liens amicaux ainsi tissés.

Pierre-Gilles Gromand d'Évry, secrétaire du Syndicat des Crus bourgeois, membre du conseil d'administration de Mercedes-Benz, possède une autre exploitation agricole dans la région parisienne, à Évry. Il illustre cette race de propriétaires qui assument avec succès plusieurs activités différentes sans pour autant perdre de leur charme et de leur simplicité.

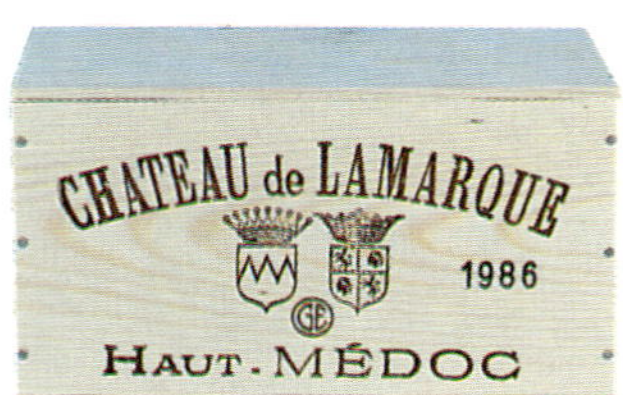

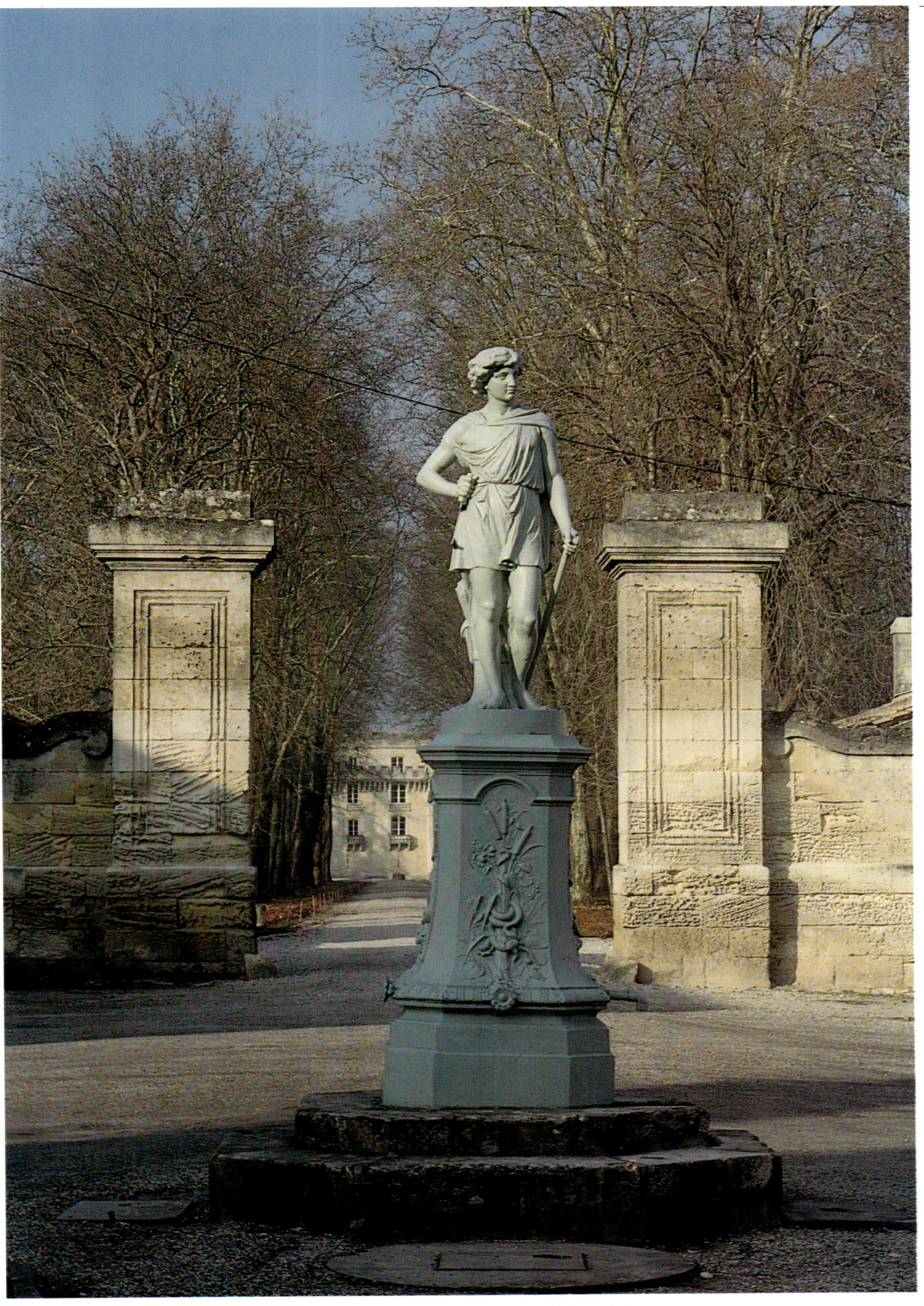

Au cœur du village de Lamarque, une statue devant l'entrée de la propriété.

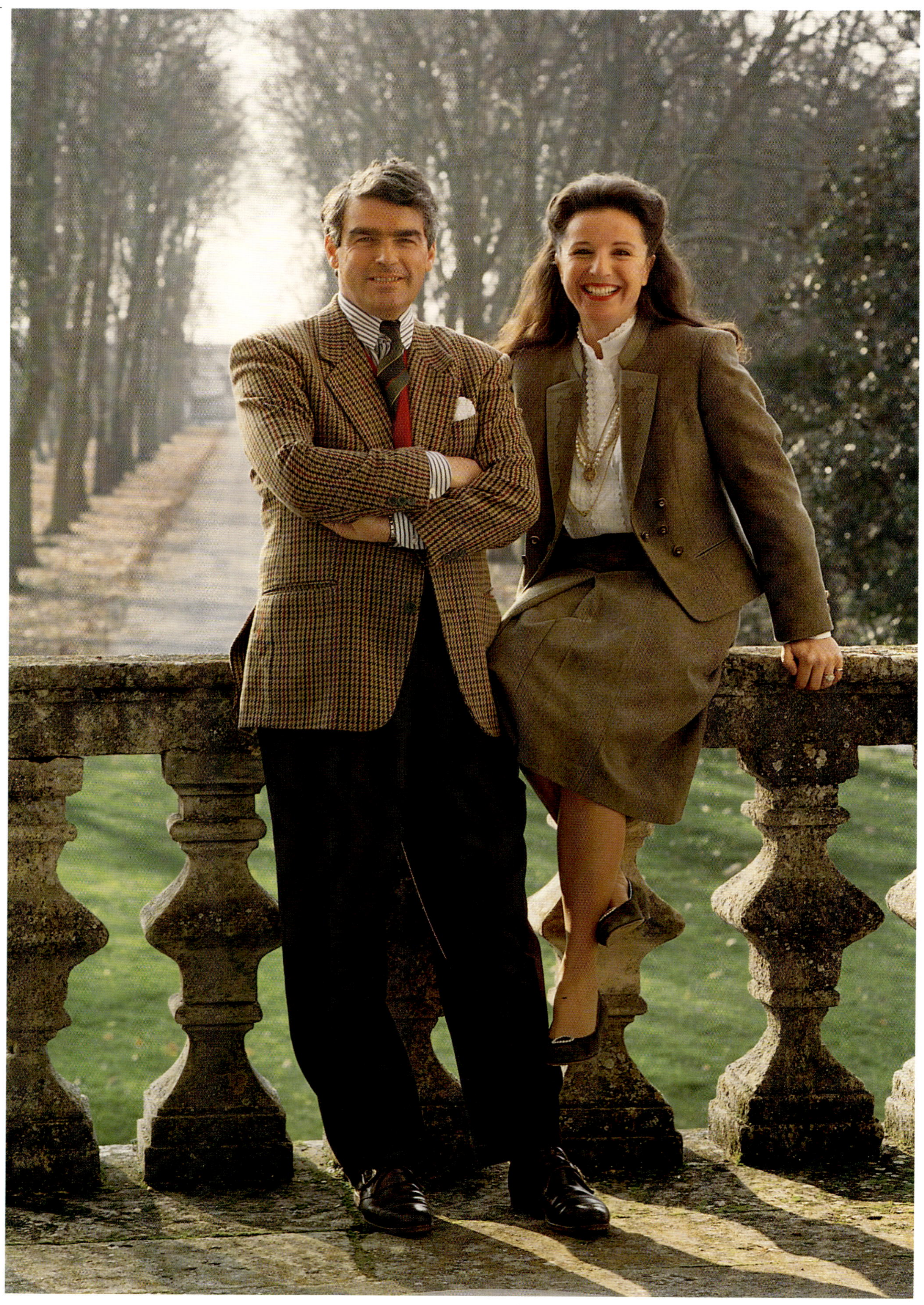

Sur le balcon du salon, Pierre-Gilles Gromand d'Évry et sa femme Marie-Hélène.

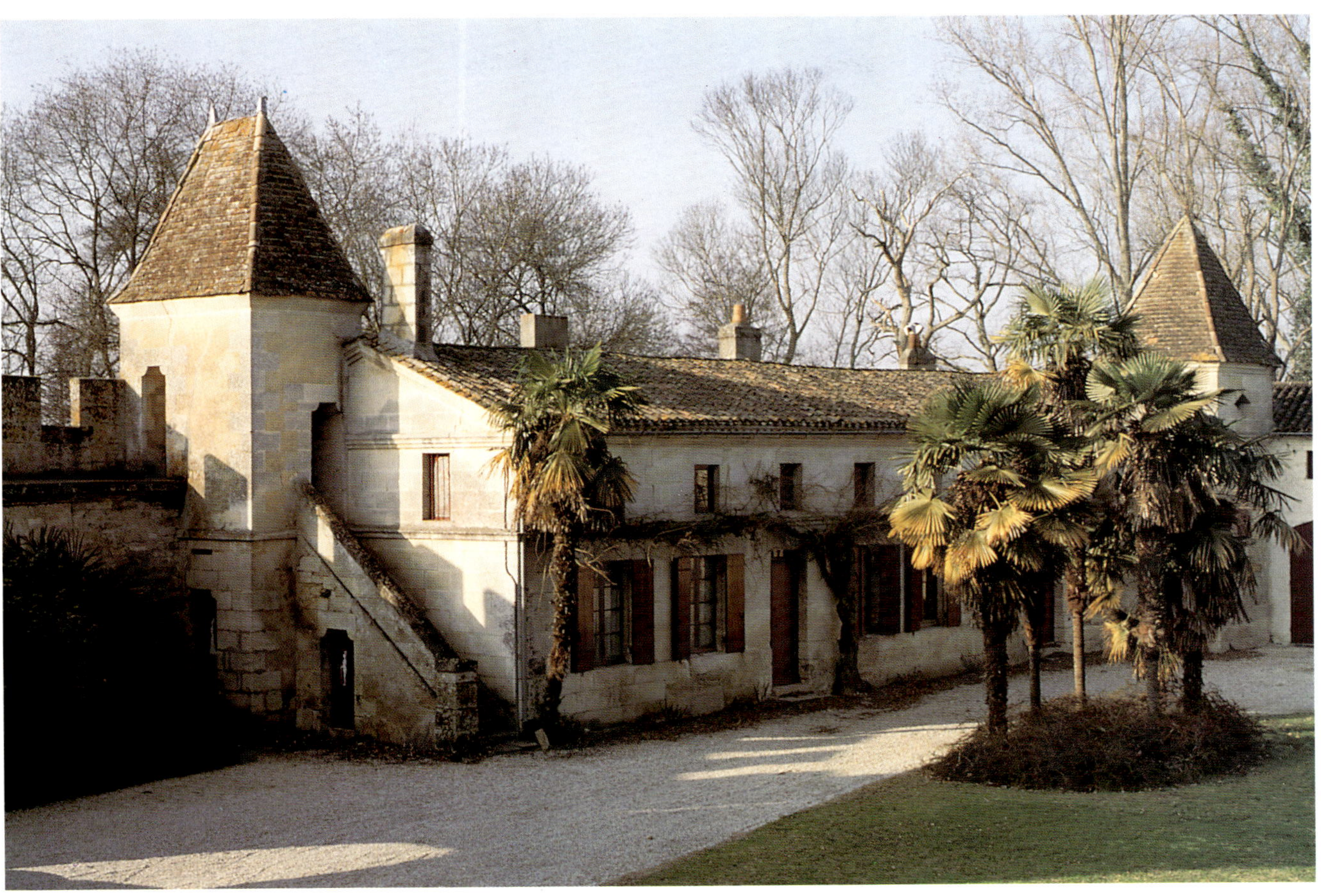

Cour intérieure plantée de palmiers.

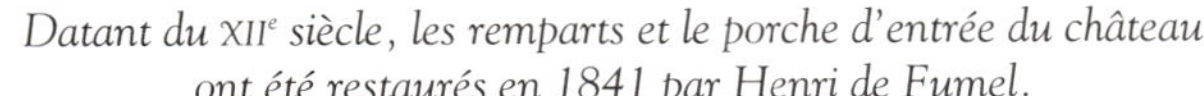

Datant du XIIe siècle, les remparts et le porche d'entrée du château ont été restaurés en 1841 par Henri de Fumel.

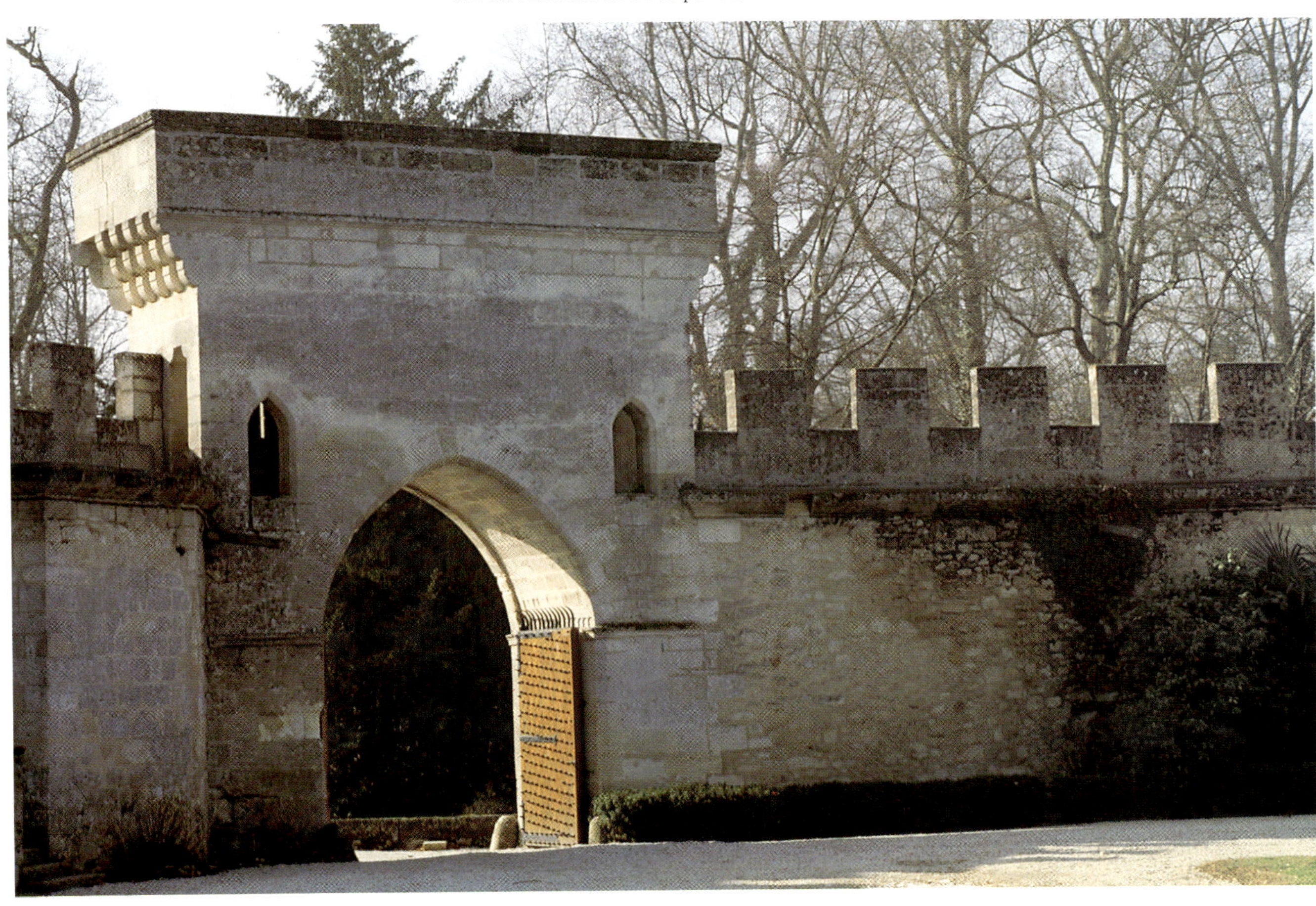

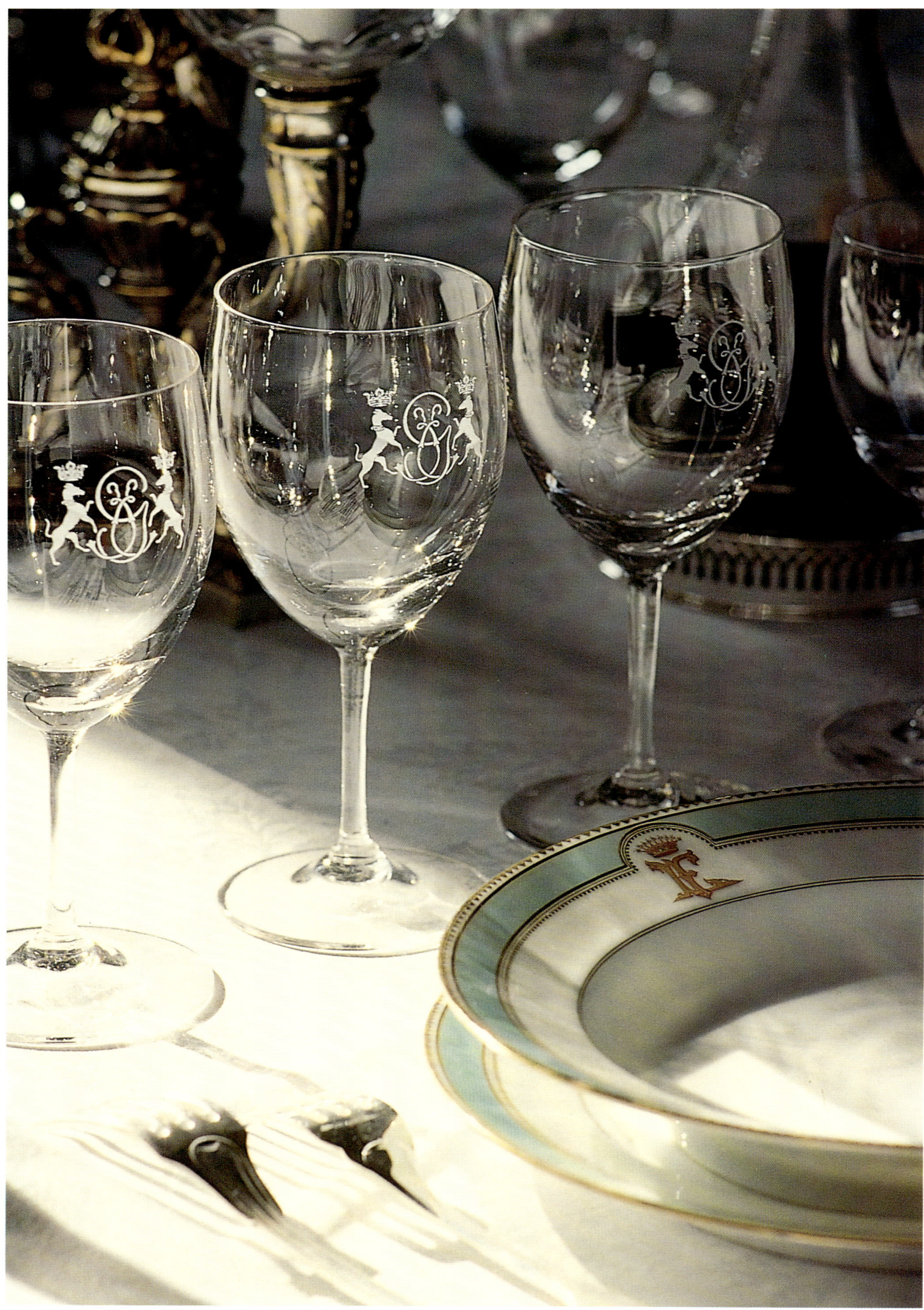

La forme tulipe des verres gravés aux armes de la famille est la mieux adaptée à la dégustation des vins de Bordeaux.

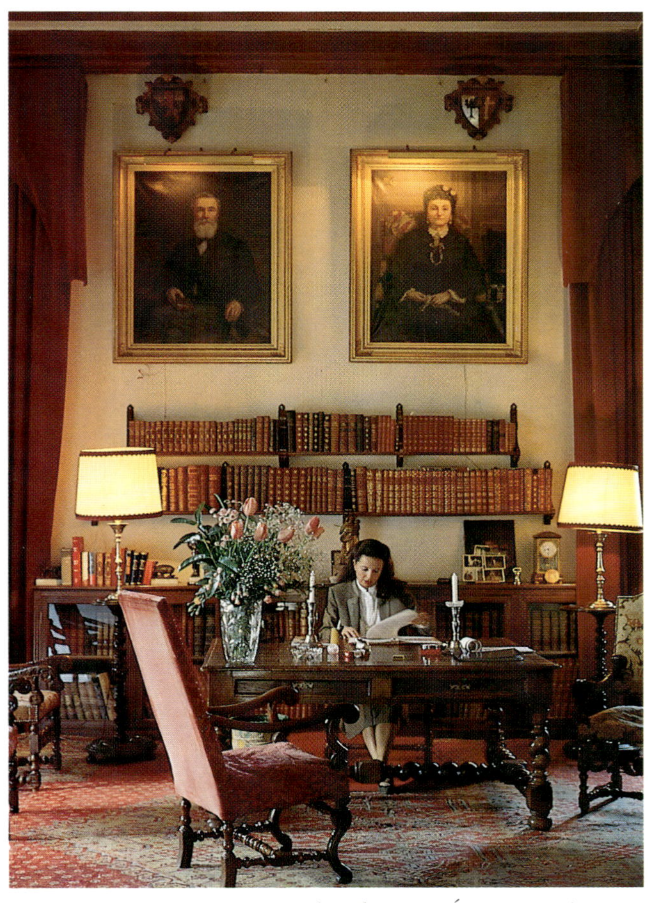

Le bureau conserve le style Haute-Époque d'un des plus anciens châteaux du Bordelais.

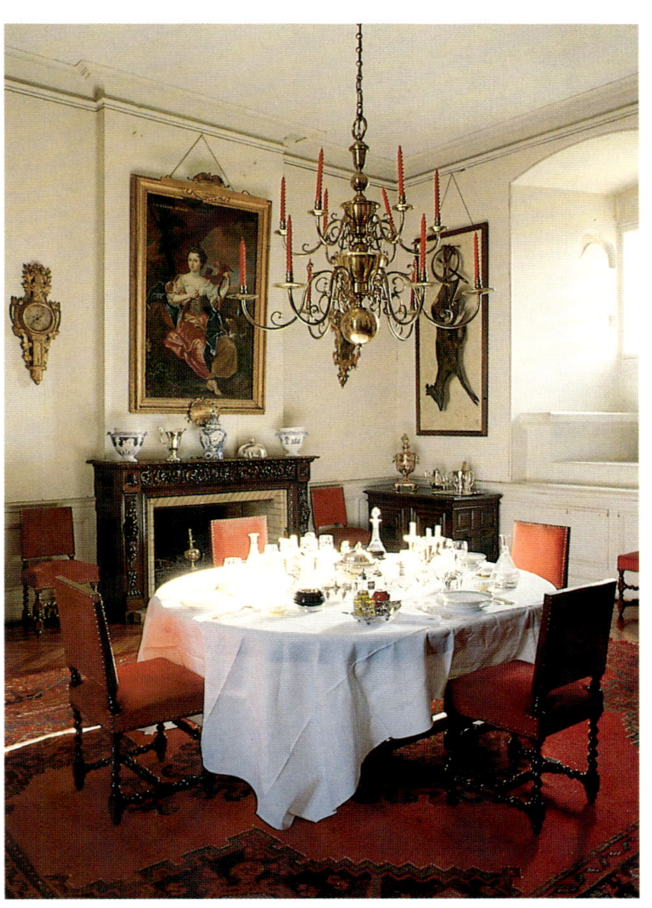

La salle à manger est située au premier étage, au-dessus des cuisines, ancien « magasin » de la place forte.

Dans le salon, plusieurs portraits des ancêtres Fumel sont accrochés aux boiseries blanches rechampies or du XVIIIe siècle.

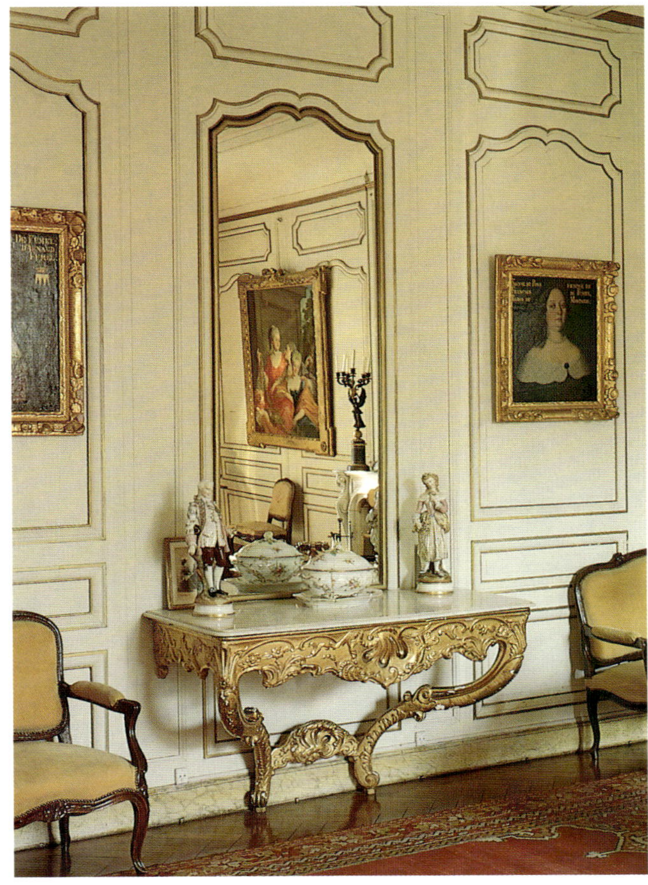

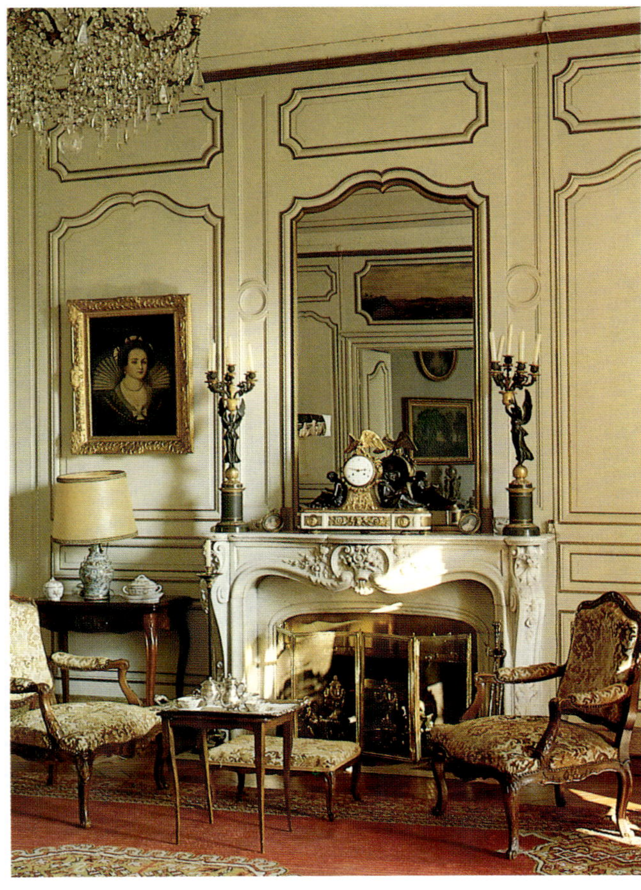

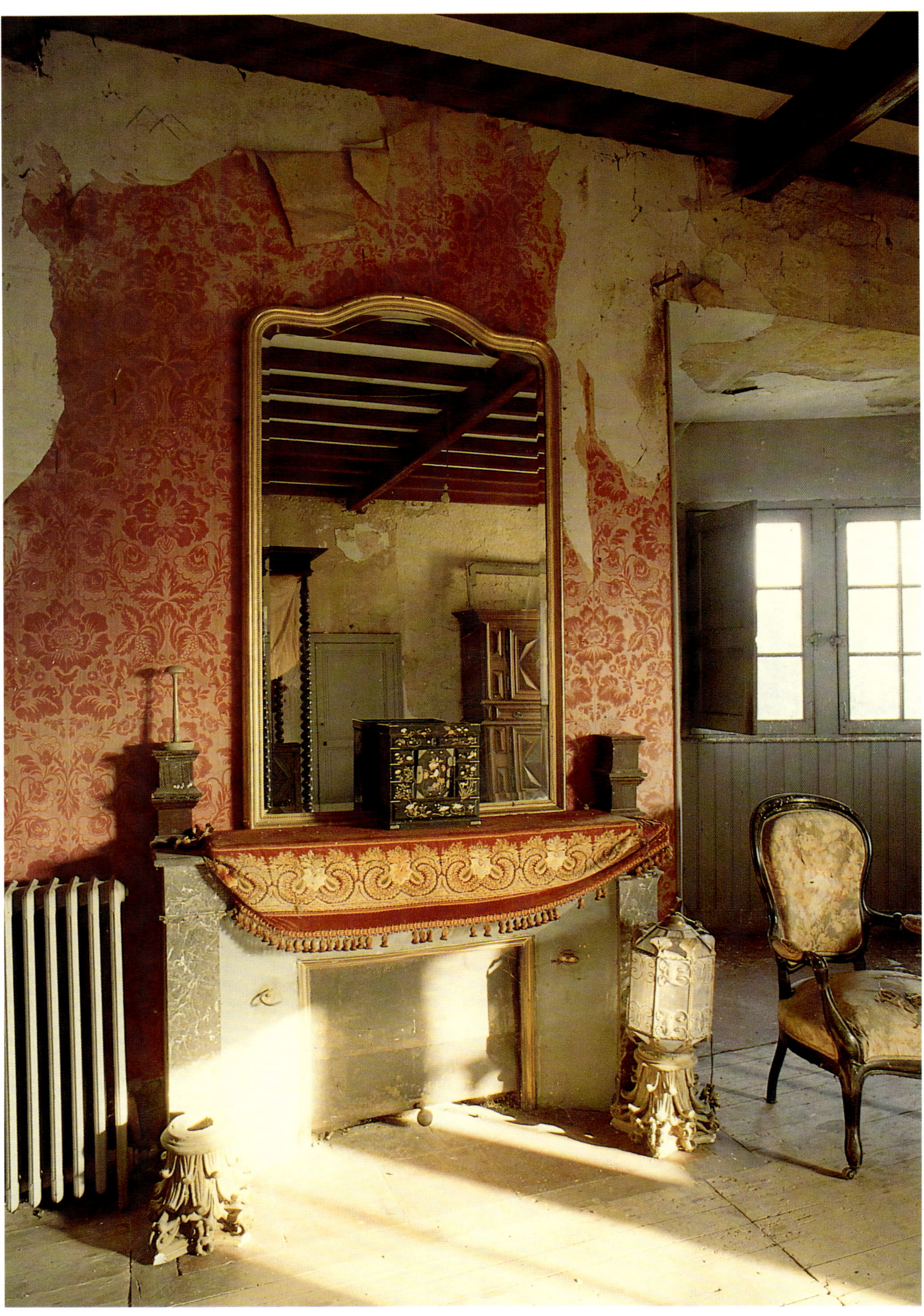

Depuis la chambre haute, on entend battre le cœur de la marée.

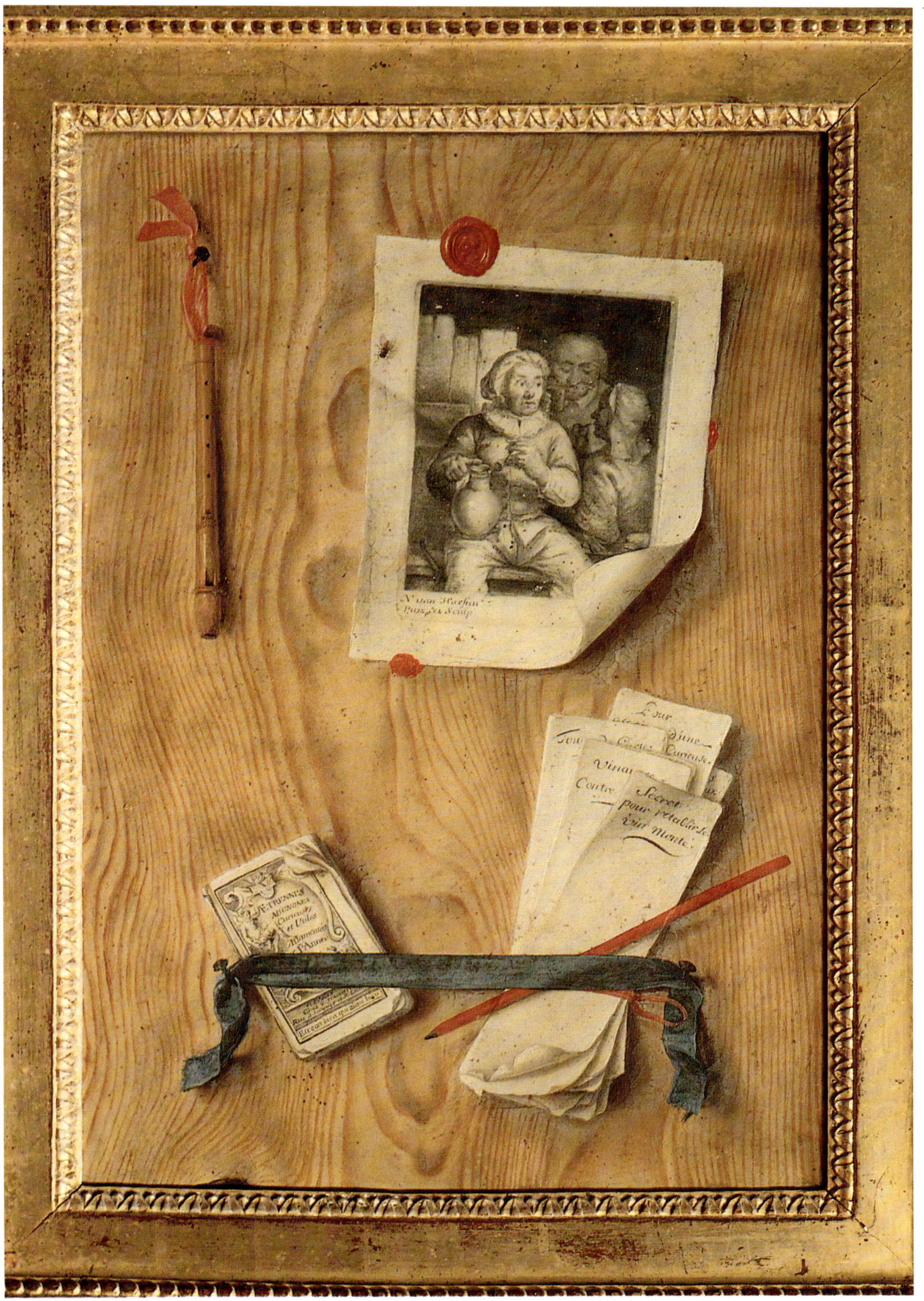

Trompe-l'œil réalisé à la fin du XIXe siècle par le comte Théodule de Perthuis, grand oncle du propriétaire.

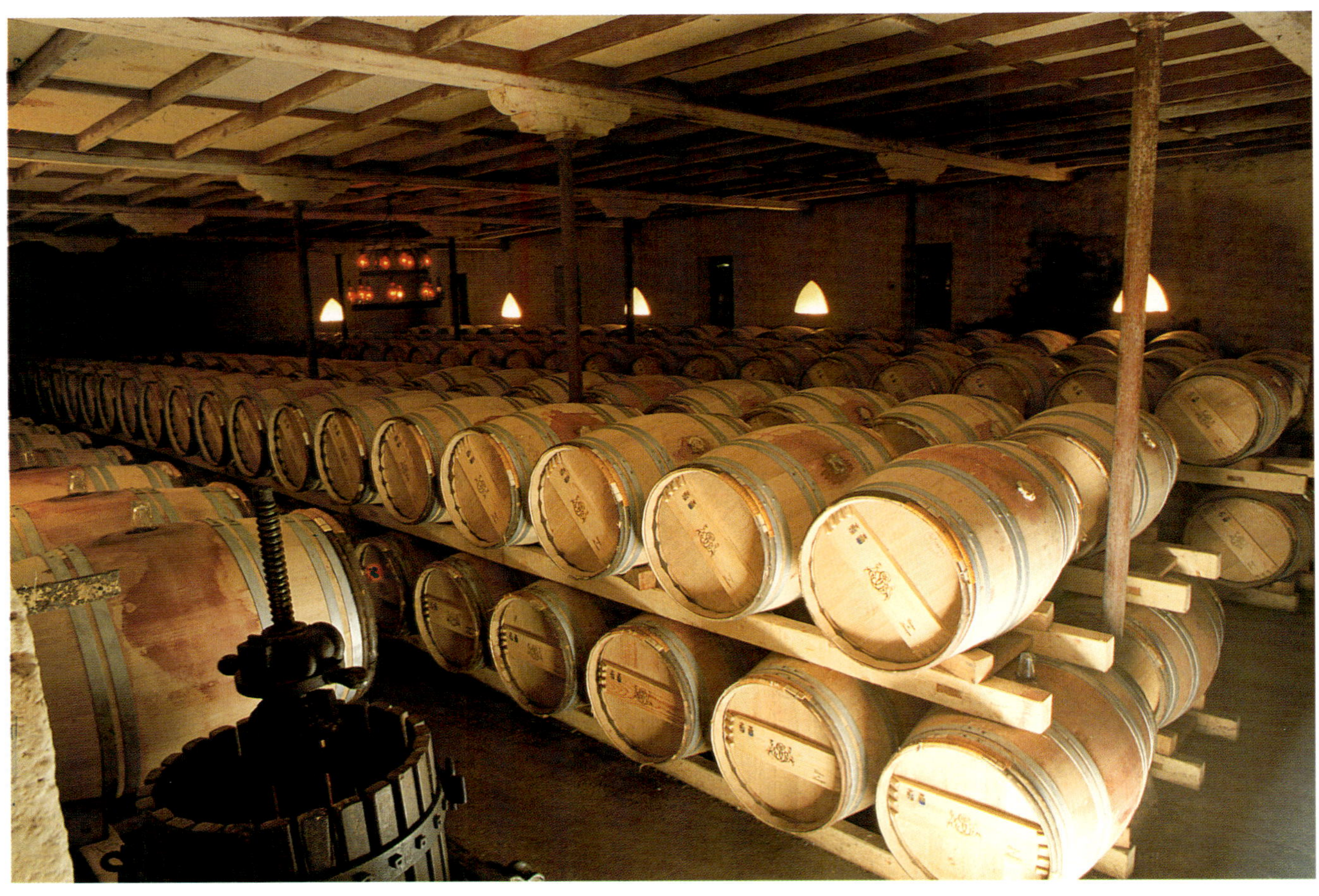

Alignées au cordeau sur leurs tains, en bois ou en ciment, barriques bordelaises de 225 litres en chêne merrain.

Page de droite : dans l'ancienne salle de garde située à la base du donjon, le cellier renferme, outre les crus du Bordeaux, des vins blancs suisses et du champagne.

Le cuvier abrite une rangée de « foudres » en bois à l'intérieur desquelles, pour des raisons œnologiques, a été coulé du ciment vitrifié.

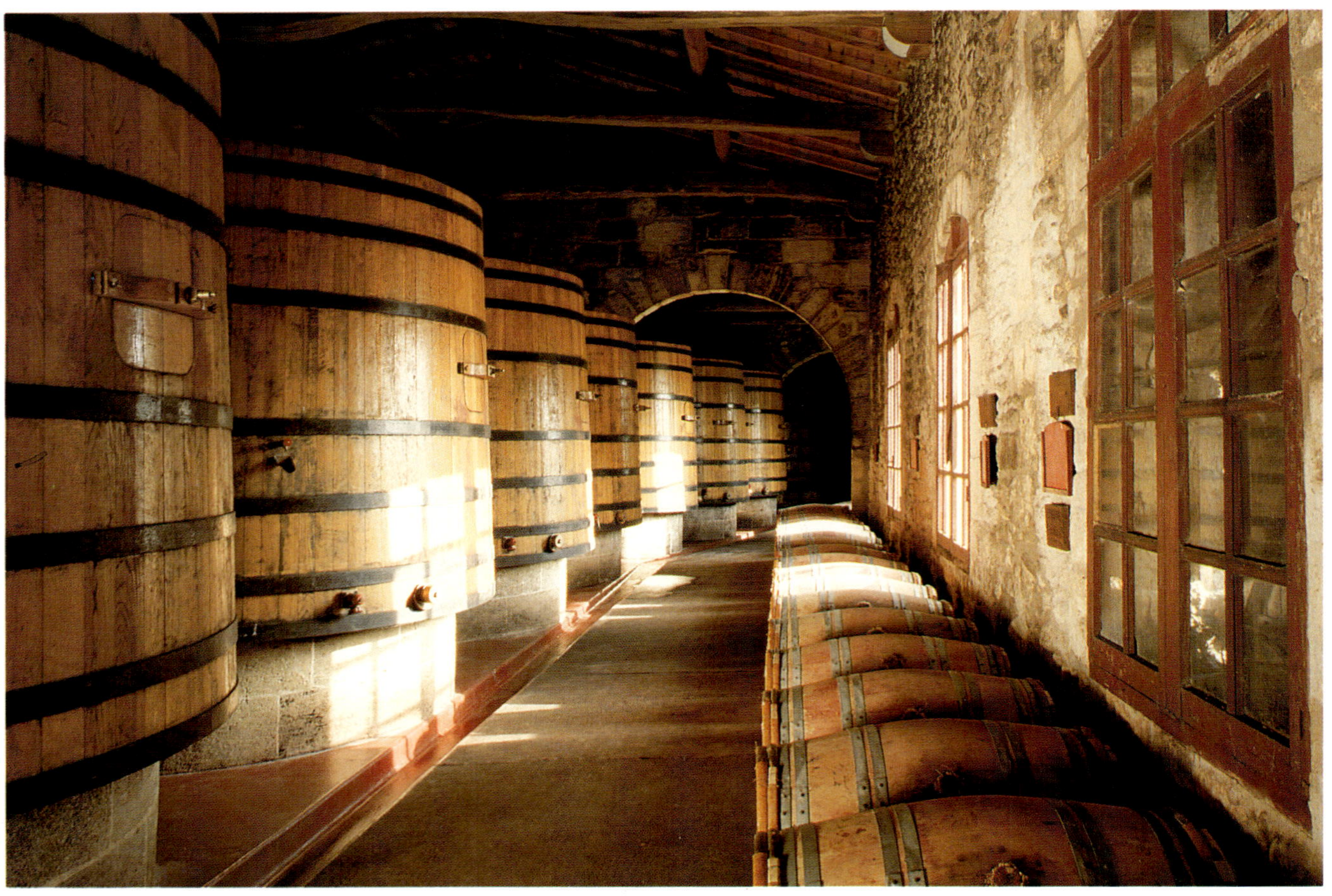

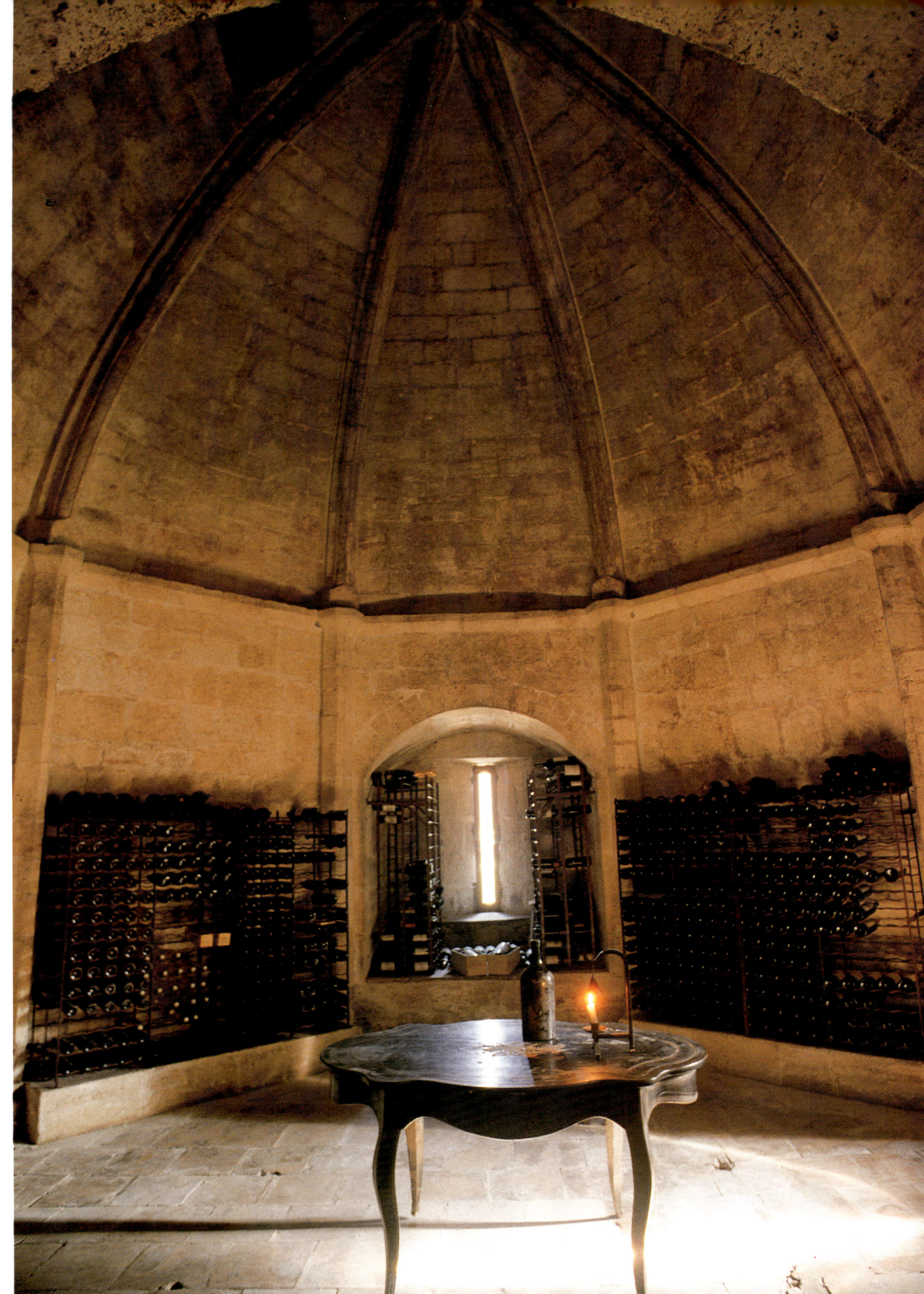

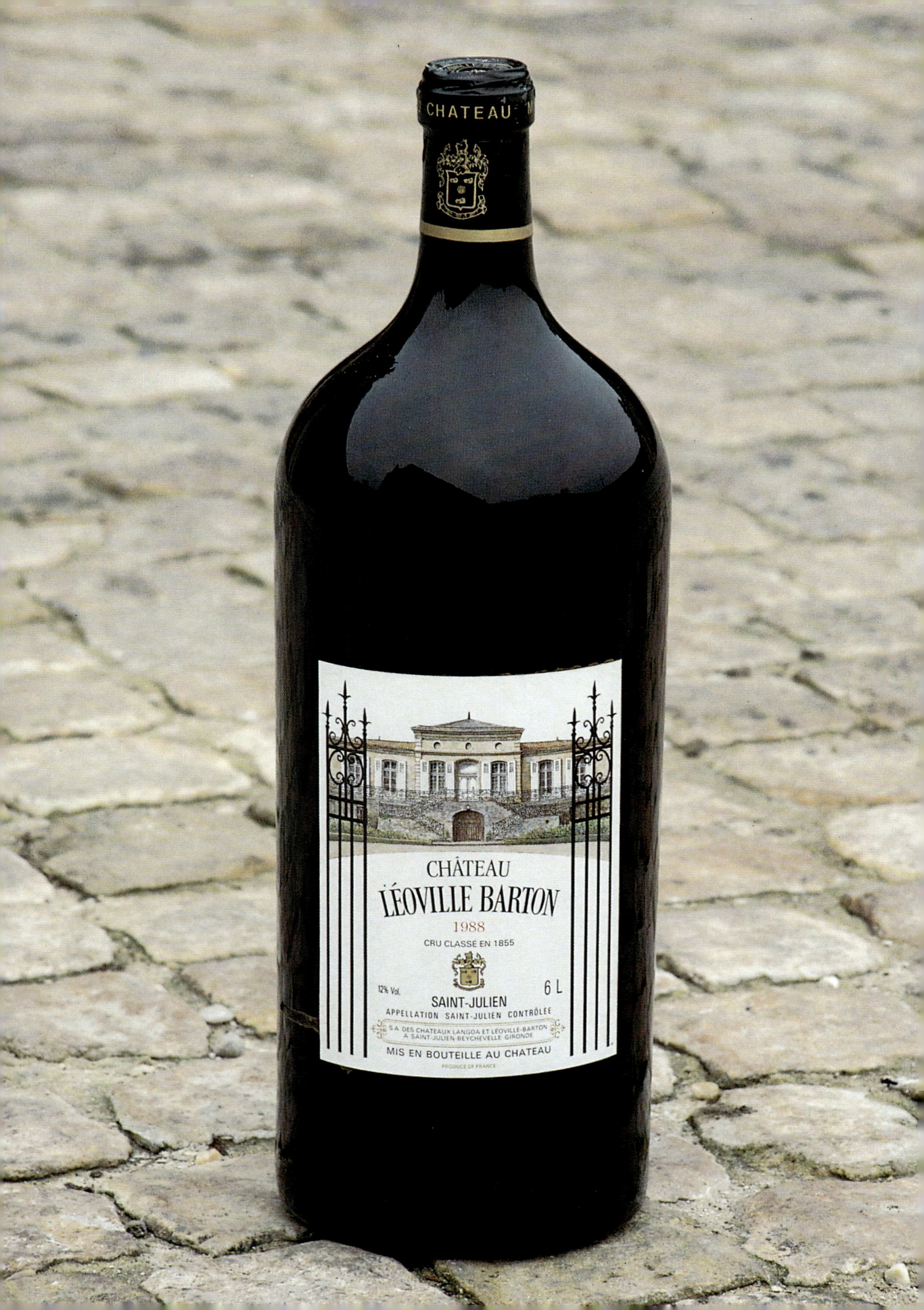
CHATEAU
CHÂTEAU
LÉOVILLE BARTON
1988
CRU CLASSE EN 1855
12% Vol.
6 L
SAINT-JULIEN
APPELLATION SAINT-JULIEN CONTRÔLEE
S.A. DES CHATEAUX LANGOA ET LEOVILLE-BARTON
A SAINT-JULIEN-BEYCHEVELLE GIRONDE
MIS EN BOUTEILLE AU CHATEAU
PRODUCE OF FRANCE

LÉOVILLE-BARTON

Saint-Julien. Deuxième grand Cru classé
Monsieur Anthony Barton

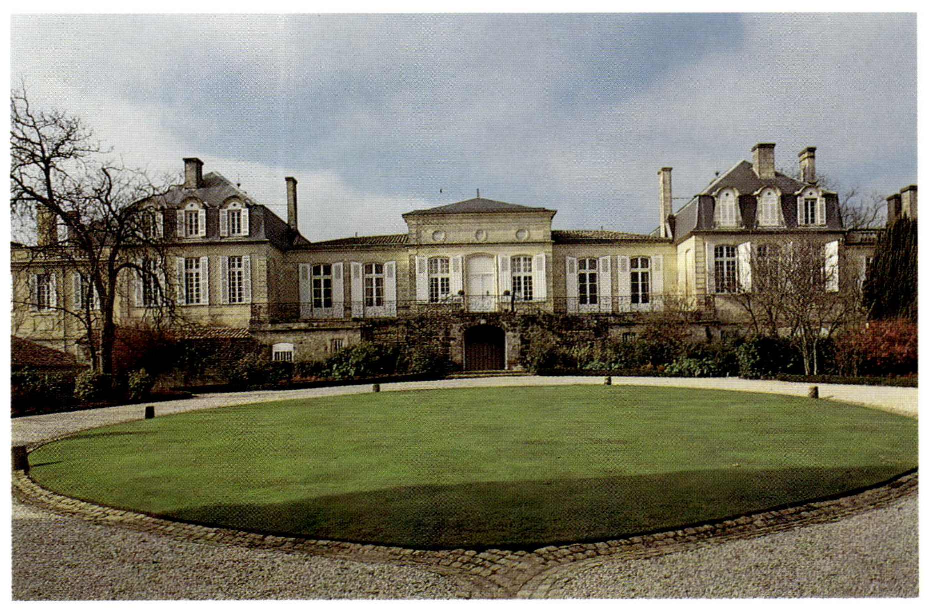

Bon Français quand je vois mon verre
Plein de son vin couleur de feu,
Je songe, en remerciant Dieu,
Qu'ils n'en ont pas en Angleterre.

Vieille chanson à boire

Après avoir subi au cours des premiers siècles de notre ère le passage ou l'invasion des Bituriges, Vikings, Arabes, Goths et Wisigoths, en 1154, le mariage d'Aliénor d'Aquitaine fait passer jusqu'en 1453 la région de Bordeaux sous domination anglaise, annexion qui marquera la région à tout jamais.

Les Anglais s'intéressent rapidement au joyau de la région, son vin qu'ils baptisent joliment *claret*. Ils mettent sur pied un trafic avec la mère patrie et, deux fois par an, des flottes anglaises remontent l'estuaire de la Gironde pour *aller aux vins*.

Lorsque la France récupère l'Aquitaine, ce trafic est complètement interrompu. Pour écouler une production qu'ils améliorent sans cesse, les Bordelais doivent trouver de nouveaux marchés. Pendant que Bordeaux se tourne de plus en plus vers l'étranger, les représentants du roi, qui redoutent une éventuelle reconquête anglaise, cherchent paradoxalement à protéger la ville de l'extérieur. Ainsi est construit le célèbre château Trompette, véritable poste de douane sur les bords de la Gironde.

L'Allemagne du Nord et la Hollande représentent ces nouveaux marchés et la nature des échanges avec la Hollande ne se limite pas à la vente du vin. Jusqu'alors l'implantation du vignoble bordelais se confine à la périphérie de sa capitale, à la région des Graves, de l'Entre-deux-Mers et des Premières Côtes. Pour augmenter sa surface, il est nécessaire de gagner des terres sur les marais. Forts de leur expérience de bâtisseurs de polders, des Hollandais sont appelés pour assécher une grande partie du Médoc. Ensuite, certains choisissent la nationalité française, facilement accordée en remerciement des services rendus, et s'installent à Bordeaux. Aujourd'hui disparue, la première maison de négoce est fondée en 1620 par un Hollandais, Beyerman.

Grands amateurs de vin blanc, les Hollandais découvrent à cette époque une technique qui va révolutionner les possibilités de conservation du vin et développer la spéculation. Ils remarquent, en effet, que la combustion d'une mèche de soufre arrête la fermentation du vin en barrique. Dès lors il n'est plus nécessaire d'écouler toute la production dans les six mois qui suivent les vendanges sans risquer de la voir se transformer en vinaigre.

Si le commerce du vin est à l'origine de la croissance et de la richesse de Bordeaux, le véritable essor date de l'arrivée d'une très forte immigration d'origine anglaise, irlandaise et allemande au XVIIIe siècle. Par obligation, elle s'installe hors de la ville, dans le faubourg des Chartrons, du nom d'un couvent de chartreux situé à proximité du fleuve. Là, ces nouveaux arrivants ouvrent des maisons de commerce, construisent des entrepôts sur les bords de la Garonne et... trois chapelles réservées au culte calviniste, luthérien et anglican. Ils sont aussi affectés du nom de leur quartier résidentiel et deviennent les Chartrons.

Très vite, ils forment une caste qui contraste par ses activités, son sens du commerce, son style de vie et son enrichissement rapide avec les Bordelais d'origine, essentiellement terriens, pauvres et catholiques. Lorsqu'après les guerres napoléoniennes, un ambitieux plan d'urbanisme détruit le château Trompette et rattache le quartier des Chartrons à la ville, ses habitants continuent de cultiver leur différence et de se considérer comme une *noblesse du bouchon*. Si la frontière est abattue, le clivage social persiste.

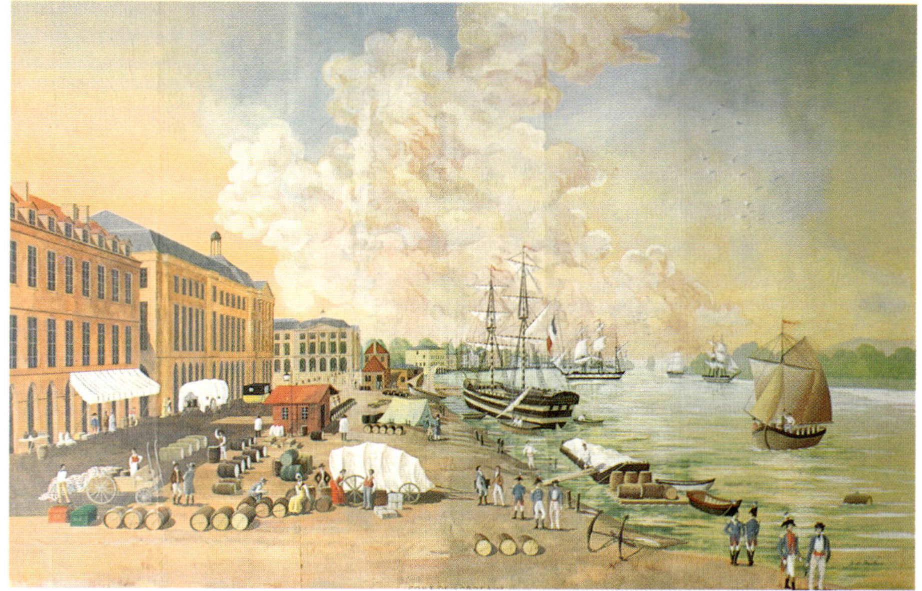

Le quai des Chartrons au XIXᵉ siècle peint par Perthuis. Collection Sacha Lichine.

Au début du XIXe siècle, ces immigrés négociants commencent à s'intéresser aux vignobles et à exercer une double activité. Certains Châteaux conservent encore le patronyme de ces anciens propriétaires : Clarke, Kirwan, Boyd-Cantenac, Lynch-Bages.

Parmi tous ces immigrés il en est un, Thomas Barton, fils d'un important éleveur de moutons, quittant en 1722 avec peu d'argent son Irlande natale, à l'âge de vingt-six ans. L'idée de fonder une maison de négoce à Bordeaux procède sans doute des relations commerciales privilégiées entre l'Irlande et cette ville. Il faut rappeler qu'au début du XVIIIe siècle existait une loi anglaise établissant le monopole des importations de laine irlandaise en Angleterre et instaurant aussi des taxes conséquentes dans un but protectionniste en faveur des éleveurs anglais. Cette loi encouragea une forte contrebande entre l'Irlande et la France qui acceptait de payer le juste prix pour la meilleure laine d'Europe. Afin de dissimuler les importants mouvements d'argent résultant de ce commerce, les éleveurs irlandais déjouaient les soupçons du gouvernement anglais en se faisant payer en tonneaux de vin et de cognac. Idée d'autant plus astucieuse qu'elle permettait aux bateaux de rentrer en Irlande chargés.

Rapidement il devient le plus important acheteur de grands crus, connu dans toute l'Europe sous le nom de *French Tom*. À sa mort, en 1780, son fils William, qui, peu intéressé par les affaires, vit en Irlande, hérite de toute sa fortune, de la maison bordelaise ainsi que de diverses propriétés tant en France qu'en Irlande. Seules 60 000 livres lui échappent, *French Tom* ayant voulu qu'elles soient directement partagées entre ses six petits-enfants. C'est à l'un d'entre eux, Hugh, que Thomas Barton avait transmis sa passion et enseigné les arcanes du

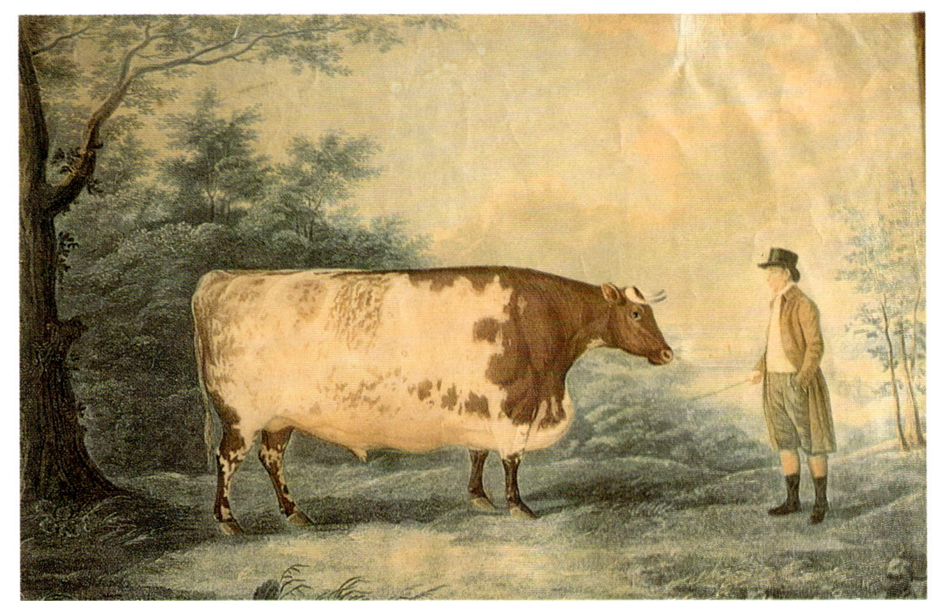

Ce tableau irlandais appartenait au grand-père d'Anthony Barton, éleveur de bétail au XIXe siècle, qui créa par croisement une nouvelle race de vaches du nom de « Short Horn ».

métier de *wine trader* alors qu'il était adolescent. En 1786, Hugh Barton reprend la maison de négoce et s'associe à Daniel Guestier, négociant bordelais, donnant ainsi naissance à la maison Barton et Guestier promise à un grand avenir.

Quand surviennent les tourmentes de la Révolution, Hugh connaît des heures tragiques. Pourchassé par un redoutable représentant du peuple, il est incarcéré avec toute sa famille au couvent des carmélites faisant alors office de prison, puis se réfugie en 1794 en Irlande. A-t-il été libéré ou s'est-il enfui en emportant la clé de la guillotine, comme le veut la légende, nul ne le sait vraiment ! Il ne revient à Bordeaux qu'en 1802, Daniel Guestier ayant pendant cet intermède assumé brillamment la direction de l'affaire. En remerciement de son efficace sup-

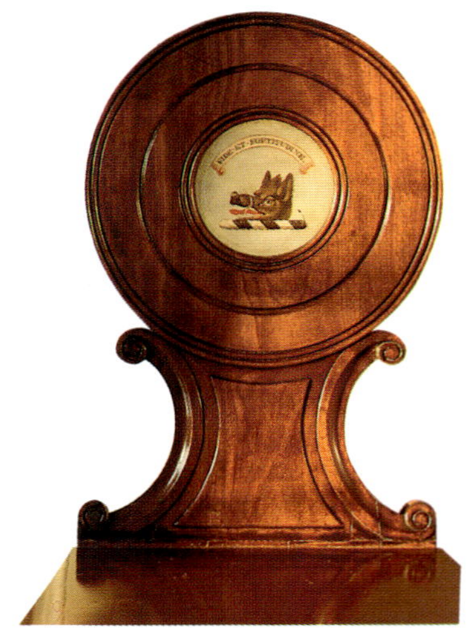

Chaise de combats de coqs ornée d'un médaillon de la devise des Barton « Par la foi et par la force ».

pléance et de son honnêteté, Hugh Barton décide de renforcer le contrat d'association rédigé de la manière suivante : « Je mets un million de francs, tu mets la même somme et nous partageons les profits et pertes. Entente valable pour vingt-cinq ans et renouvelable. » Que les affaires semblaient simples à l'époque !

En 1821, Hugh Barton a doublé sa fortune et envisage l'achat d'un Château. Lafite lui aurait bien plu mais il se fait devancer. Il se rabat alors sur Langoa dont Bernard Pontet se sépare pour concentrer ses efforts sur le développement de Pontet-Canet. Cinq ans plus tard, en 1825, il achète à l'État le quart du domaine de Léoville. Ce domaine voisin de Langoa fut confisqué comme biens d'émigrés sous la Révolution. On ne sait quelles sont alors les véritables intentions d'Hugh Barton. Sert-il d'intermédiaire et a-t-il vraiment l'intention de le revendre aux héritiers de l'ancien propriétaire, le marquis de Las Cases-Beauvoice, dès qu'ils auront perçu les indemnités dues aux émigrés ? Les fonds s'étant, paraît-il, égarés, les indemnités n'arrivent pas. Hugh Barton qui apprécie les affaires rondement menées décide de garder Léoville.

De tous les patronymes de propriétaires inscrits au classement de 1855, il ne reste plus, aujourd'hui, que ceux de Rothschild et de Barton. D'une génération à l'autre, les Barton ont conservé leur nationalité irlandaise et su garder intégralement leurs domaines de Léoville et de Langoa. Dans un pays avide d'intégrer ses immigrés, leur exemple relève de la bravade ou de la plus parfaite incongruité. Étonnante conséquence, la plus ancienne famille installée maintenant dans le Médoc est d'origine irlandaise.

Quant à la maison de négoce, Barton et Guestier, elle poursuit ses activités après avoir été rachetée en 1956 par la société canadienne Seagram.

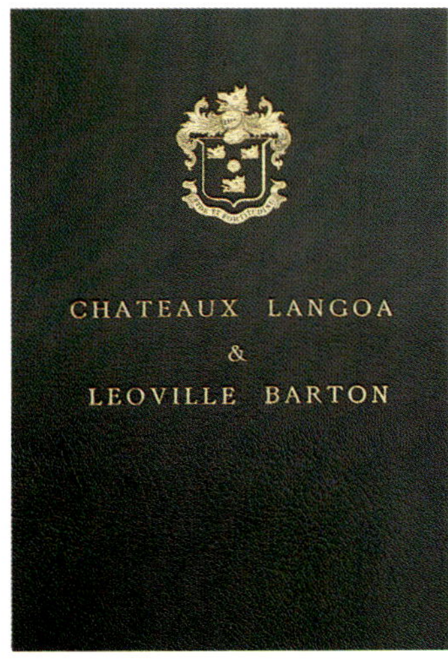

Livre d'or orné des armes de la famille et de leur devise.

Vinifiés séparément, Château Léoville-Barton et Château Langoa sont exploités en commun. Leur vignoble presque similaire conserve un judicieux équilibre entre vieilles vignes, justes mûres, et jeunes vignes. Le choix fait par l'arrière-arrière-petit-fils d'Hugh, Ronald, au lendemain de la deuxième guerre mondiale n'y est certainement pas étranger. Alors que la plupart des propriétaires ont entièrement replanté leurs vignobles laissés dans un total abandon par manque de main-d'œuvre et de produits, Ronald qui connaissait l'importance du rôle des vieilles vignes dans la constitution d'un vin essaya de conserver le maximum d'anciens pieds. Aujourd'hui, Anthony Barton, neveu de Ronald, exploite les deux châteaux. Né en Irlande, dans une propriété achetée par Hugh et située dans le comté de Kildare, il est, comme ses ancêtres, un immigré dans le Bordelais. Est-ce la recherche de ses racines qui l'incite à entreprendre un livre sur la généalogie de sa famille ?
C'est avec humour, ambiguïté et malice que cet homme charmeur aime définir ses deux crus. Pour lui, Langoa, classé troisième Cru, est *un vin féminin* et Léoville, classé deuxième Cru, *un vin austère, plus profond et surtout très long en bouche*. Il aurait pu ajouter les deux vers du long poème didactique écrit par un certain Biarnez au siècle passé :

Assemblage parfait de force, de chaleur,
En lui tout est royal, la moëlle et la couleur.

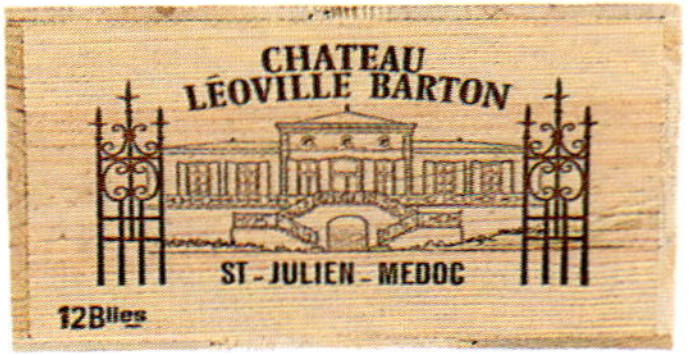

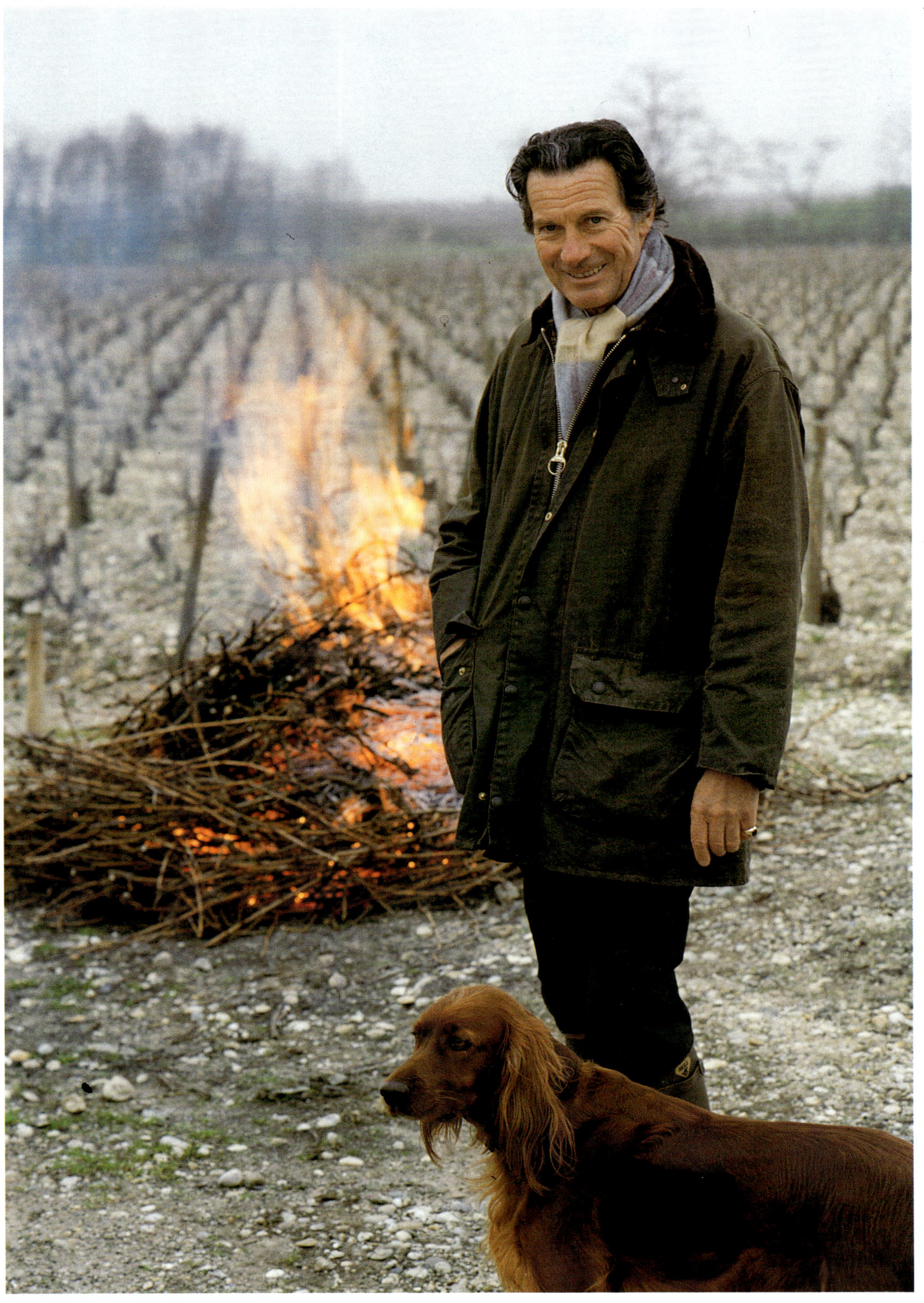

Anthony Barton, propriétaire de Léoville-Barton.

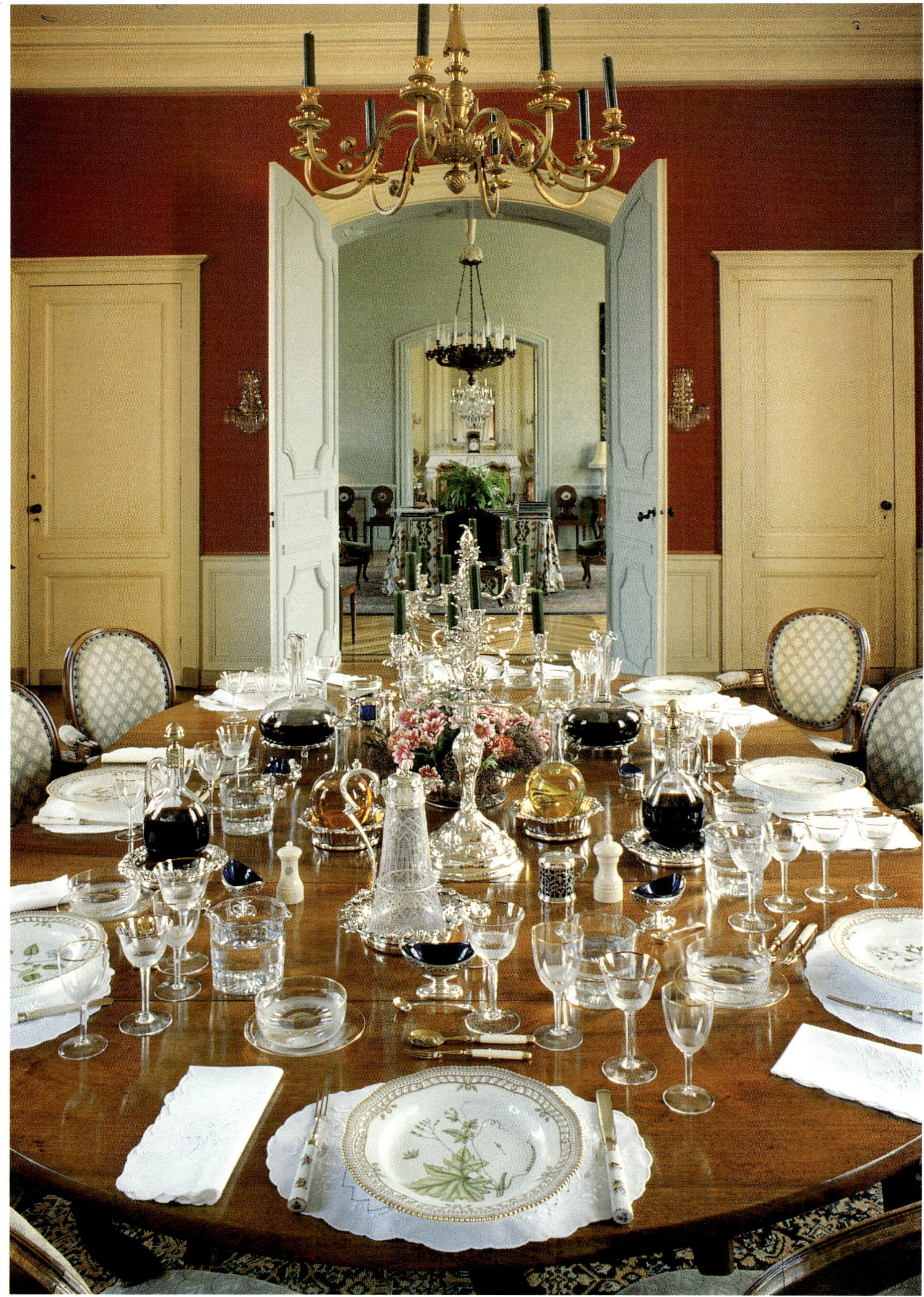

À côté de la vaisselle et des couverts danois, les solitaires en cristal utilisés comme rince-verres sont la seule touche bordelaise de la table.

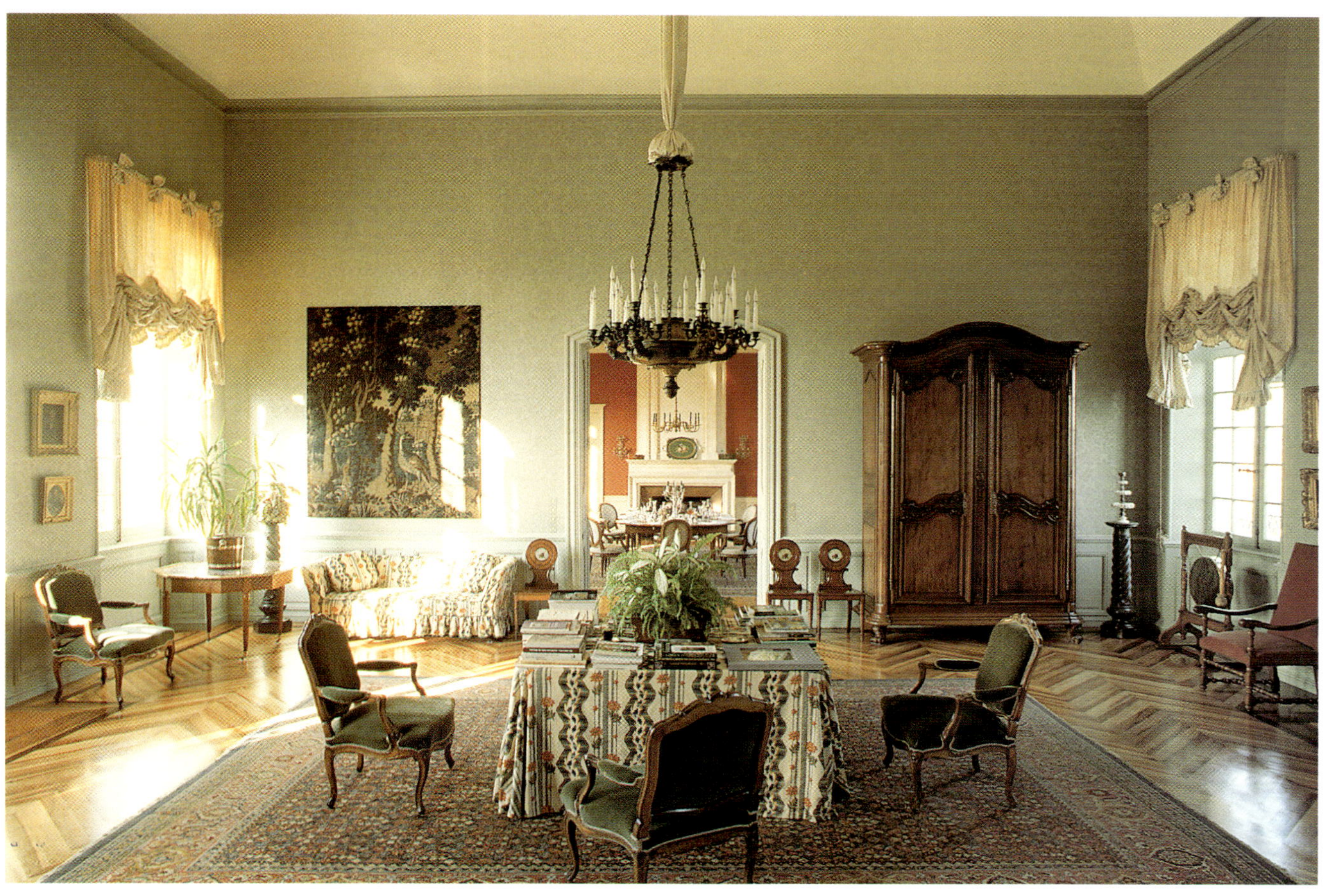

Cette vaste entrée a la particularité d'être meublée comme un salon.

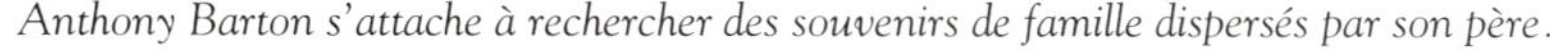

Anthony Barton s'attache à rechercher des souvenirs de famille dispersés par son père.

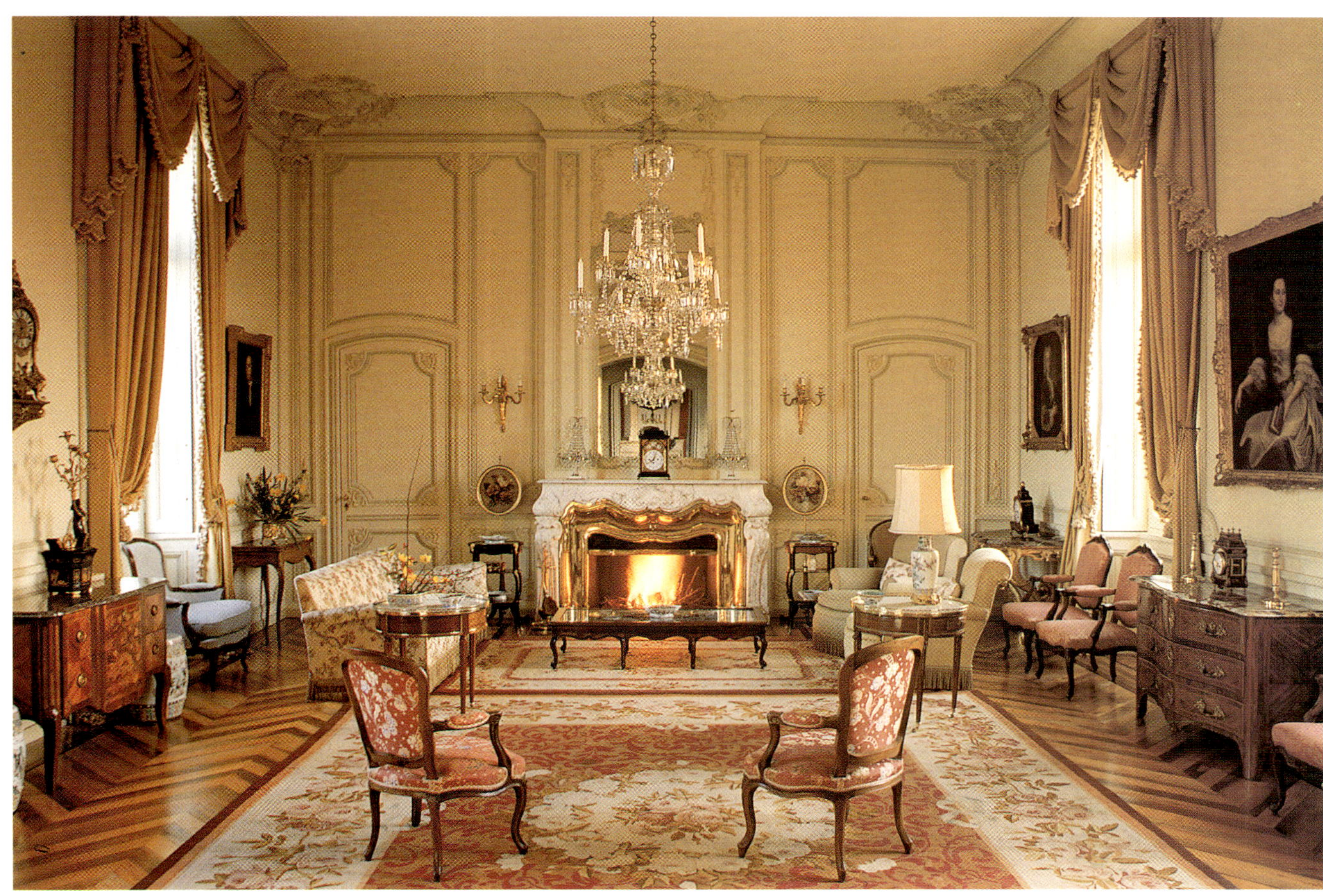

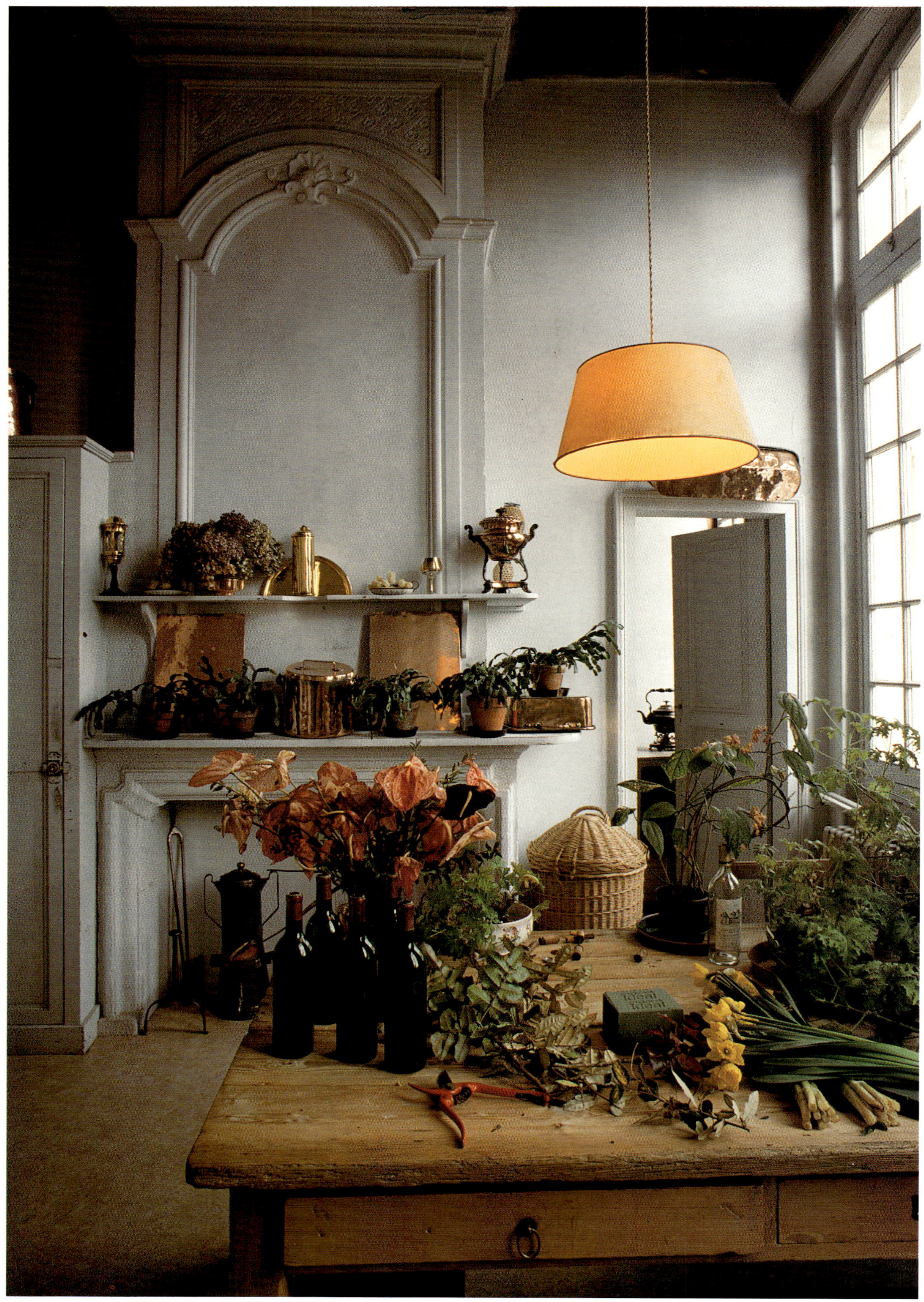

L'atmosphère scandinave de l'office témoigne des origines danoises d'Eva Barton.

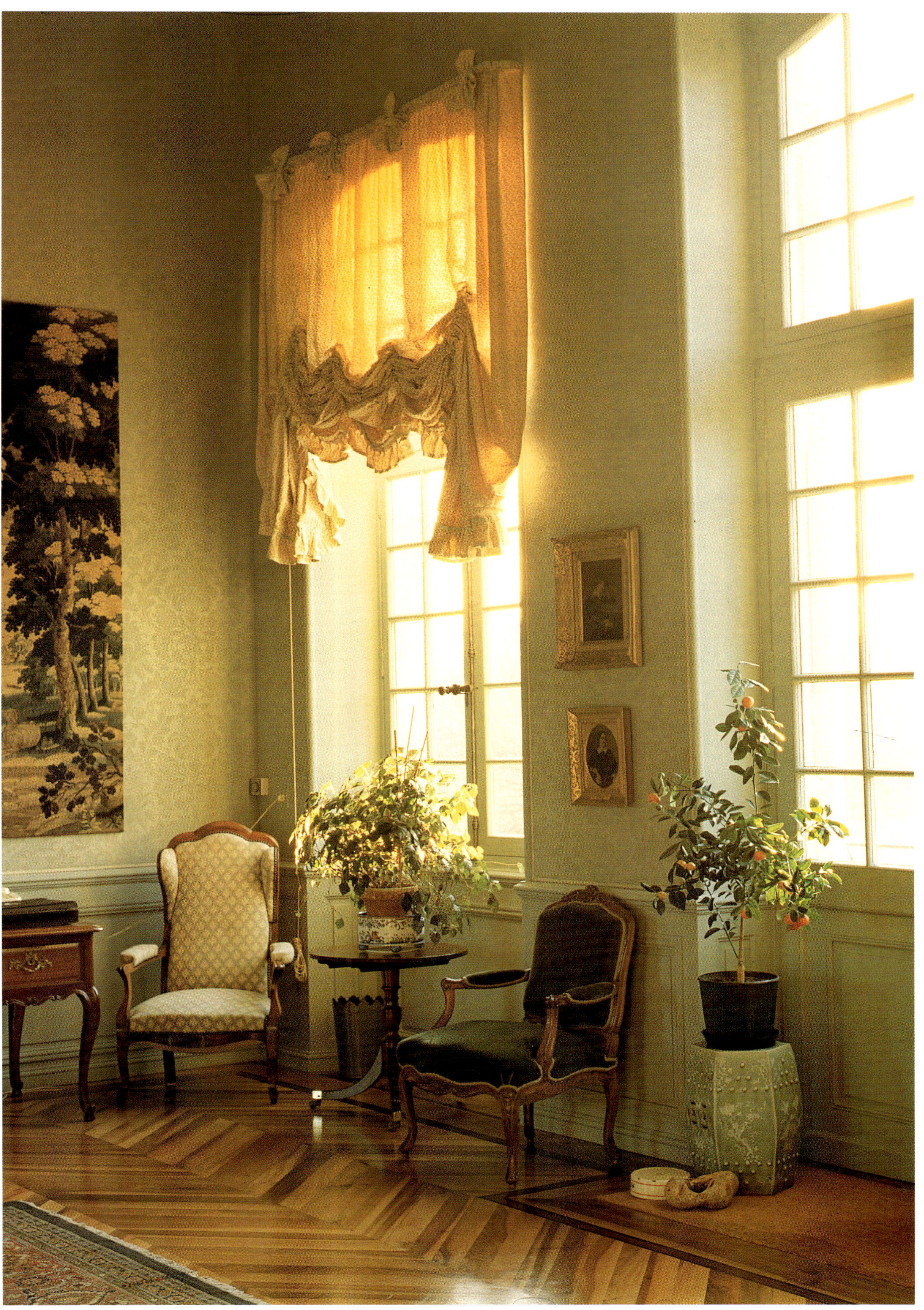

Les petits enfants de la maison aiment transformer les parquets cirés en patinoire !

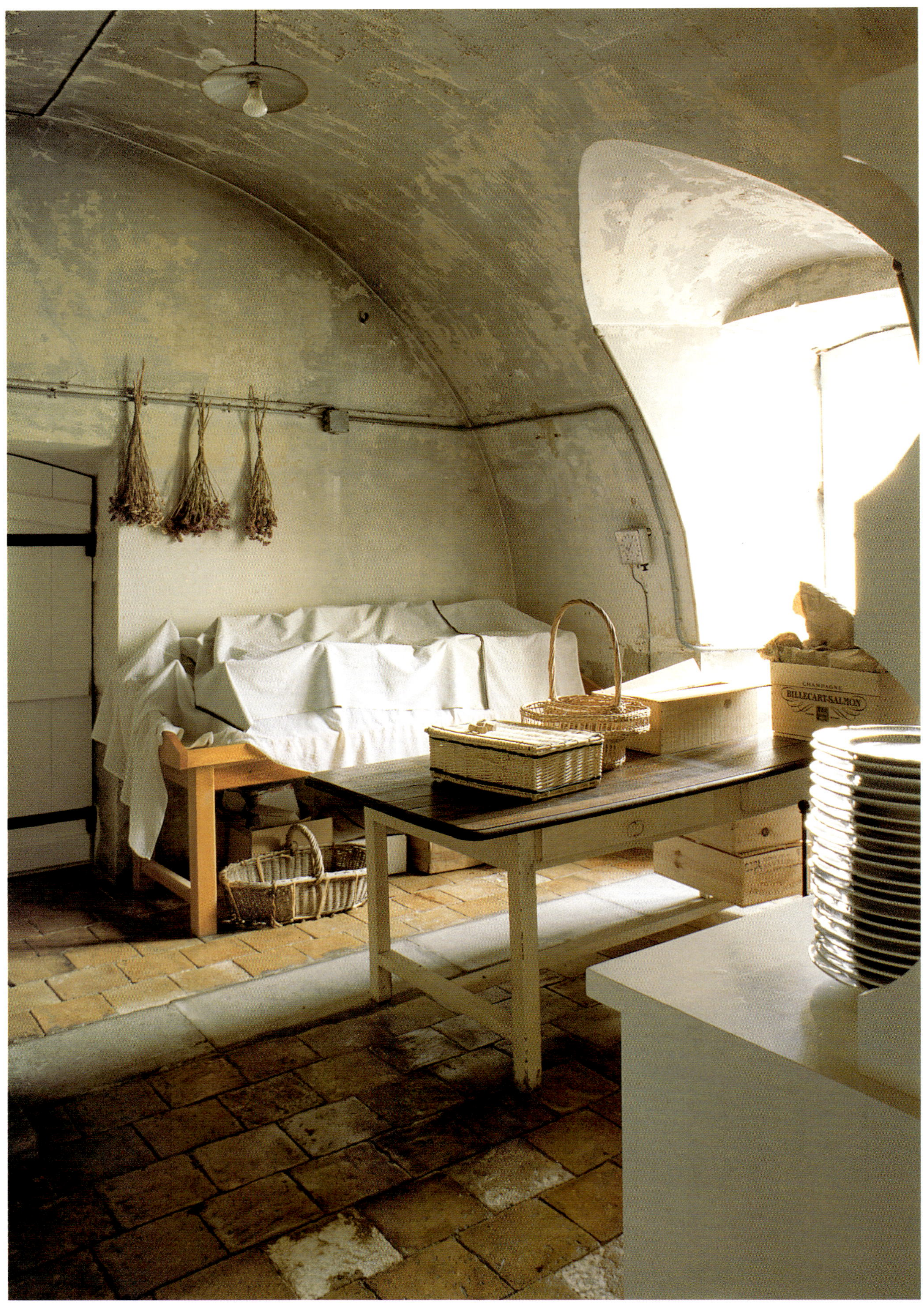

Attenante à la cuisine, cette pièce sert d'office et de pièce de rangement.

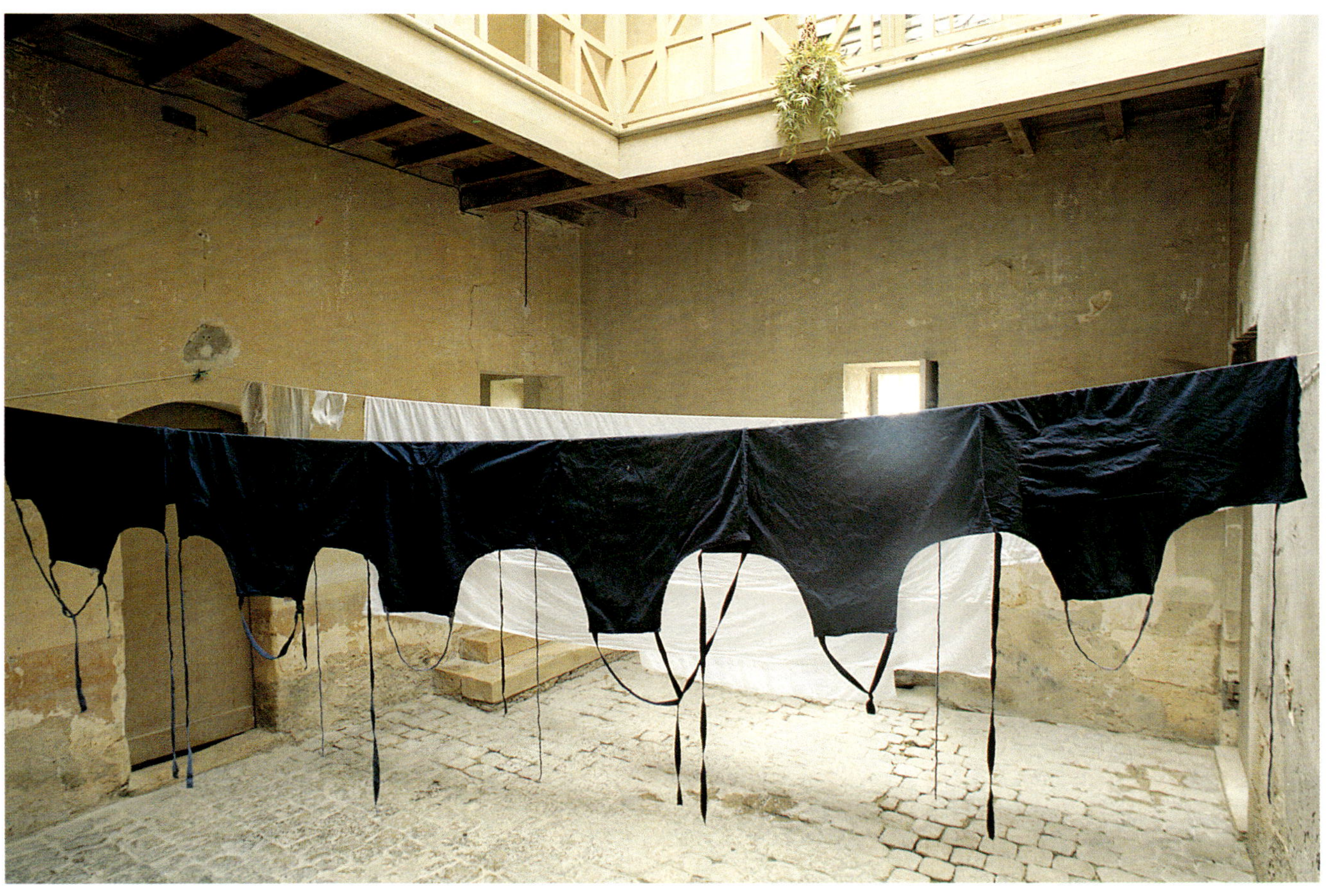

Près de l'office et de la cuisine, les tabliers sèchent dans une cour intérieure.

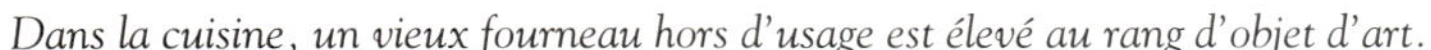

Dans la cuisine, un vieux fourneau hors d'usage est élevé au rang d'objet d'art.

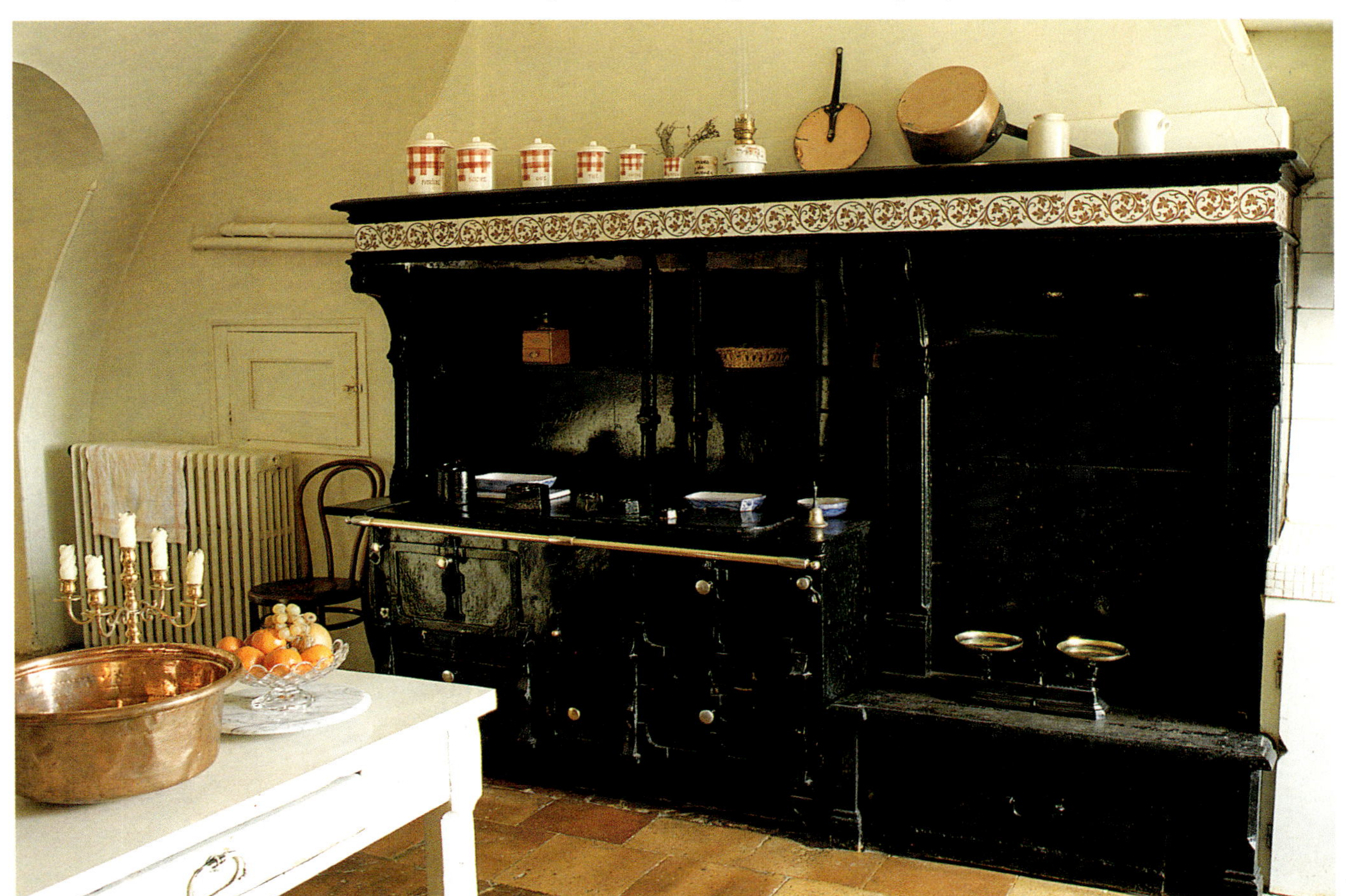

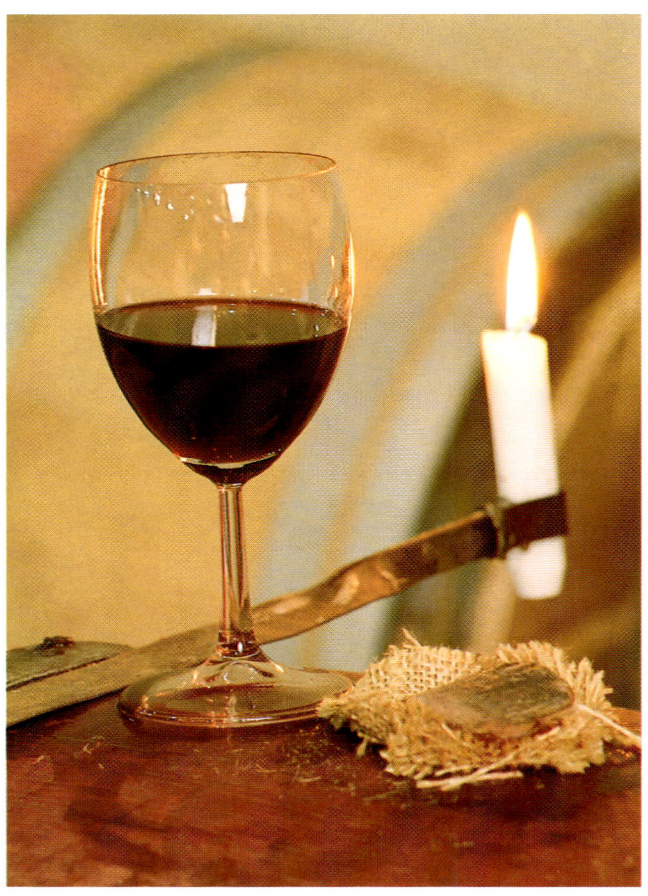

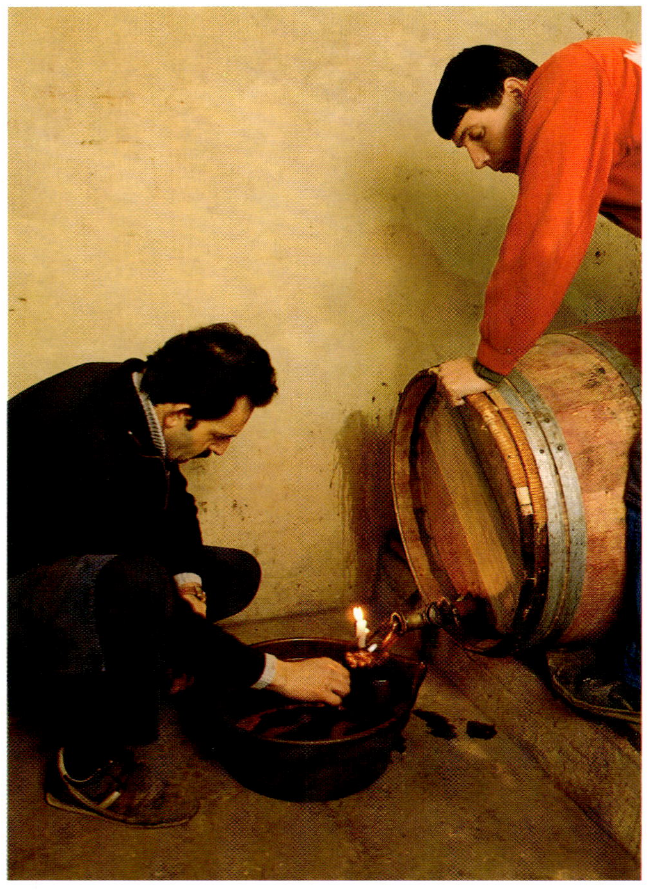

Dernière opération avant la mise en bouteille : procéder au « tirage au fin ».
On transfère le vin dans une autre barrique en vérifiant avec une bougie sa clarté.

Sur chaque tonneau, une petite bonde en verre non hermétique laisse passer l'air,
nécessaire au vieillissement du vin.

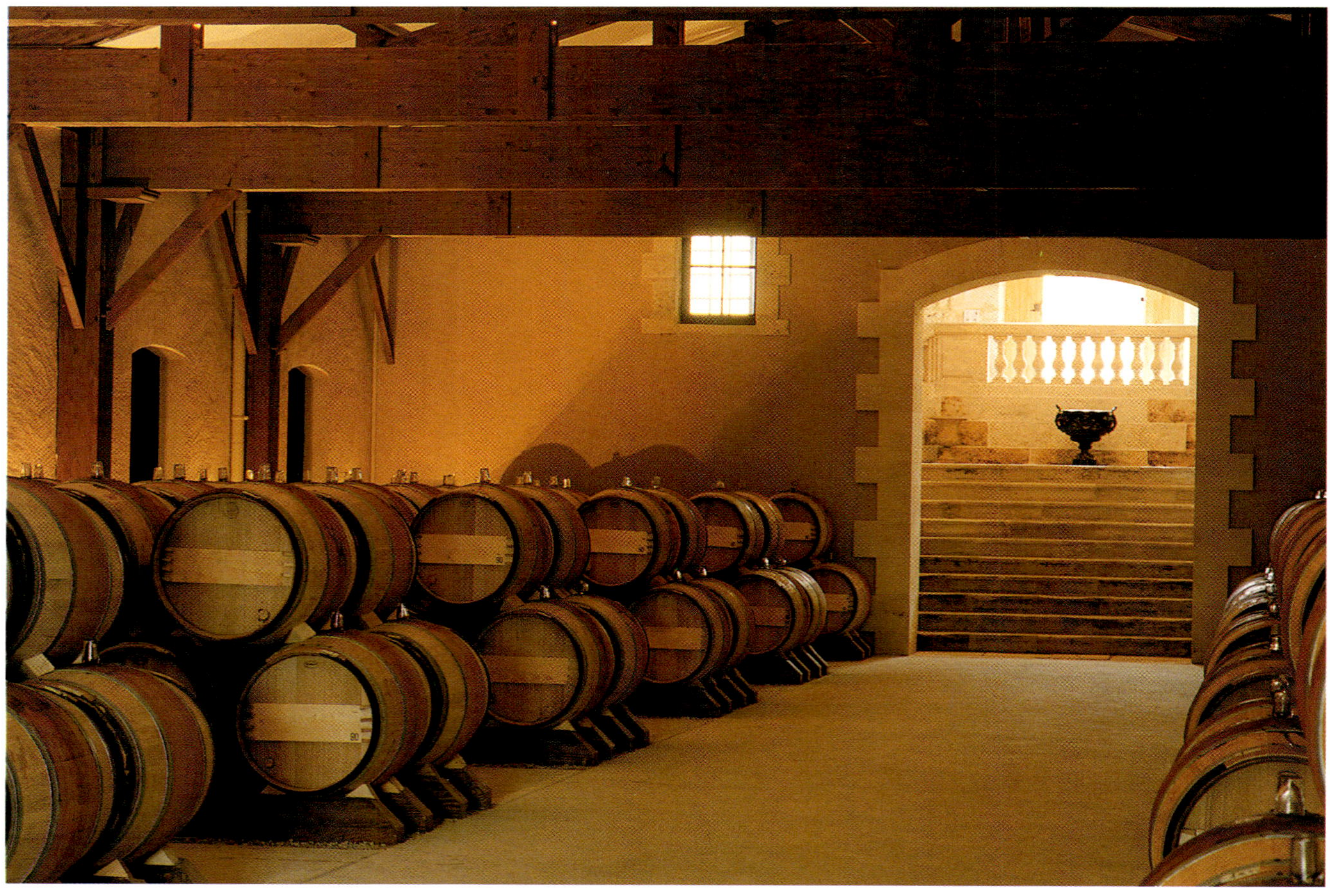

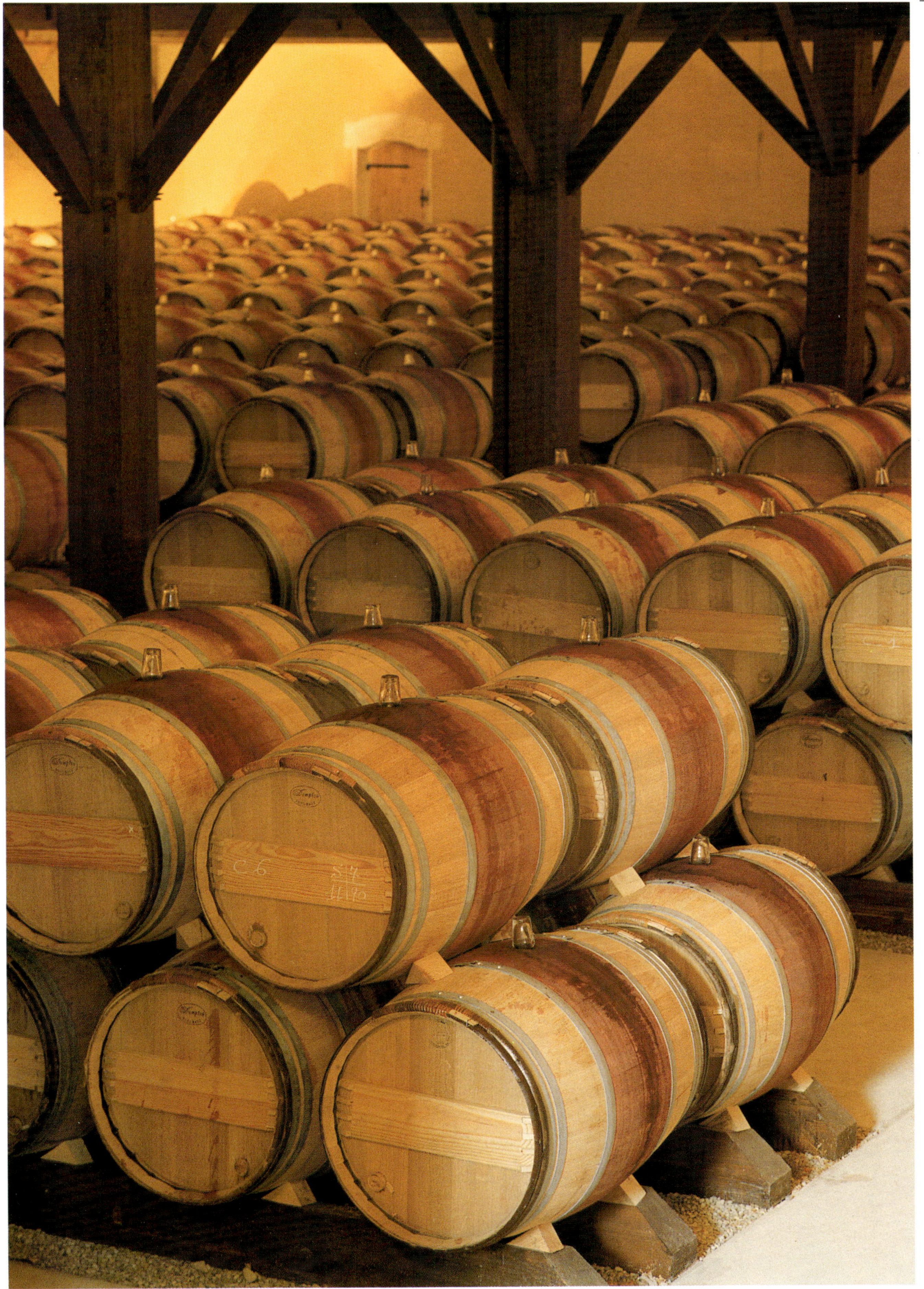

« L'élevage » du vin s'effectue dans deux chais : l'un de première année et l'autre de deuxième année.

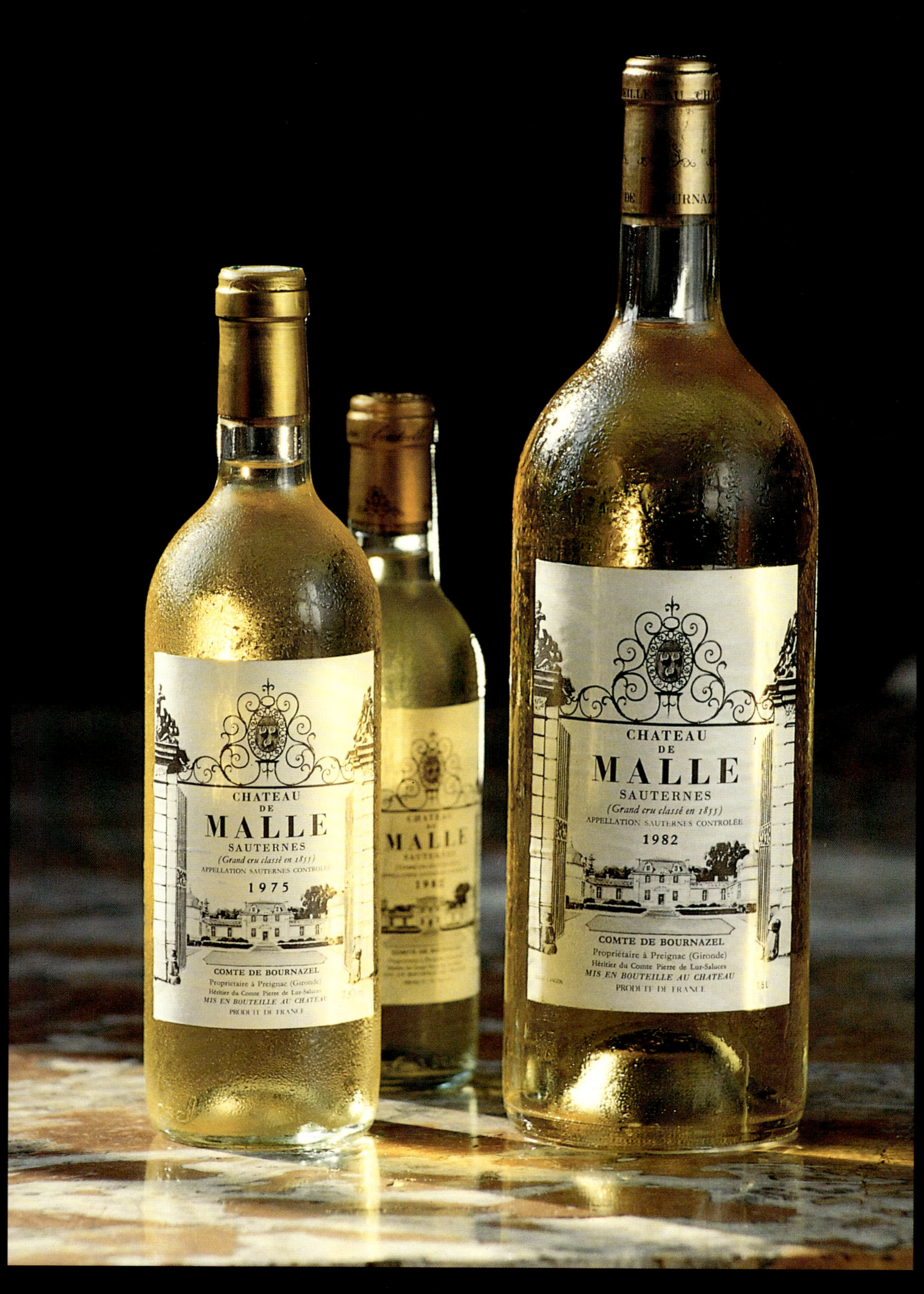
CHATEAU
DE
MALLE
SAUTERNES
(Grand cru classé en 1855)
APPELLATION SAUTERNES CONTROLEE
1975
COMTE DE BOURNAZEL
Propriétaire à Preignac (Gironde)
Héritier du Comte Pierre de Lur-Saluces
MIS EN BOUTEILLE AU CHATEAU
PRODUIT DE FRANCE
CHATEAU
DE
MALLE
SAUTERNES
(Grand cru classé en 1855)
APPELLATION SAUTERNES CONTROLEE
1982
COMTE DE BOURNAZEL
Propriétaire à Preignac (Gironde)
Héritier du Comte Pierre de Lur-Saluces
MIS EN BOUTEILLE AU CHATEAU
PRODUIT DE FRANCE

MALLE

Sauternes. Deuxième grand Cru classé
Comtesse de Bournazel

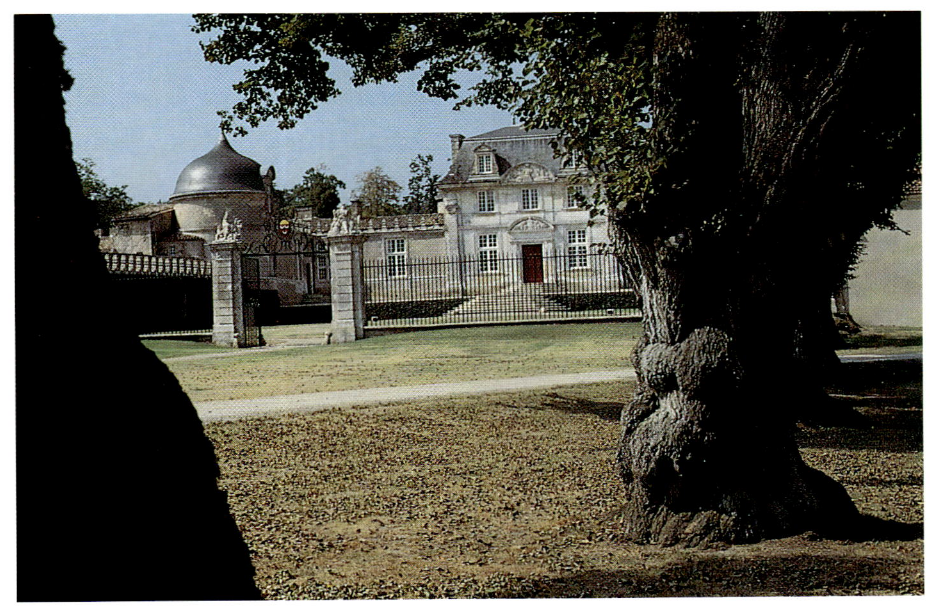

Les pays qui n'ont pas de légendes sont condamnés à mourir de froid.
Patrice de la Tour du Pin

Jusqu'au 25 février 1702, le château de Malle, construit au tout début du XVIIe siècle, connaît la vie paisible d'une somptueuse demeure de plaisance et d'un domaine viticole. Ce jour-là, sa destinée est bouleversée par le mariage de Jeanne de Malle, fille héritière de Pierre de Malle, conseiller du roi et garde des Sceaux de la cour de Guyenne, avec le jeune chevalier Alexandre-Eutrope de Lur-Saluces, comte d'Uza, vicomte d'Aureillan, baron de Fargues et de Malengin.

Ce mariage aussi brillant qu'inespéré élève une fille de petite noblesse de robe au premier rang de l'aristocratie : les Lur-Saluces sont une vieille et puissante famille d'origine italienne. Ses racines remontent

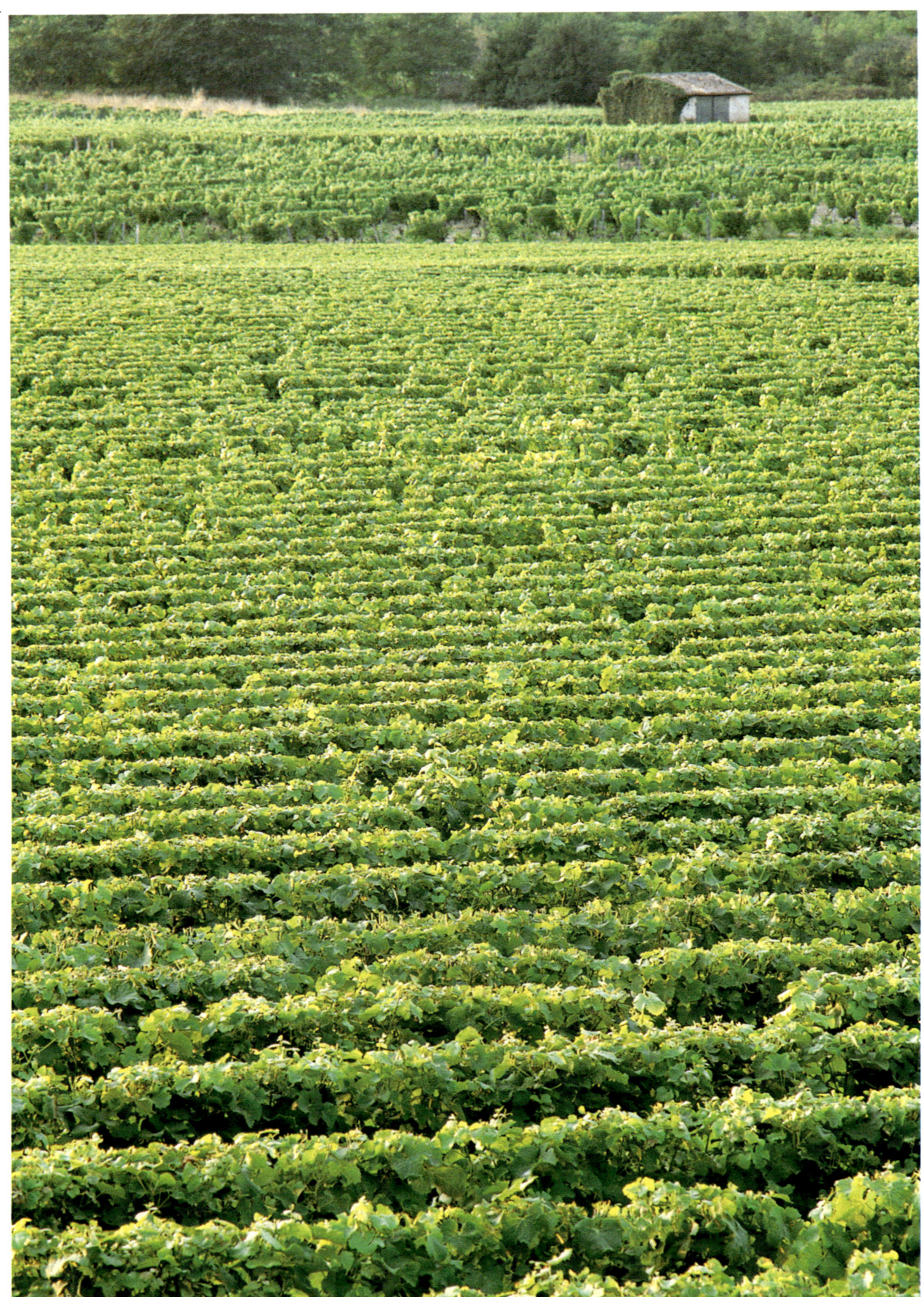

Ce vignoble possède la particularité d'être à cheval sur les appellations Sauternes et Graves, apportant à la propriété un bel équilibre.

MALLE

Sauternes. Deuxième grand Cru classé
Comtesse de Bournazel

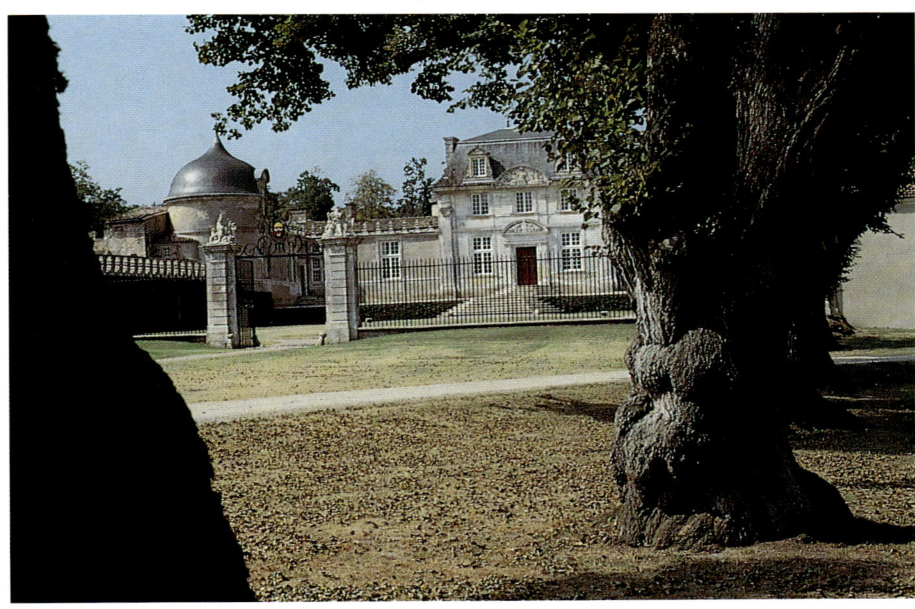

Les pays qui n'ont pas de légendes sont condamnés à mourir de froid.
Patrice de la Tour du Pin

Jusqu'au 25 février 1702, le château de Malle, construit au tout début du XVIIe siècle, connaît la vie paisible d'une somptueuse demeure de plaisance et d'un domaine viticole. Ce jour-là, sa destinée est bouleversée par le mariage de Jeanne de Malle, fille héritière de Pierre de Malle, conseiller du roi et garde des Sceaux de la cour de Guyenne, avec le jeune chevalier Alexandre-Eutrope de Lur-Saluces, comte d'Uza, vicomte d'Aureillan, baron de Fargues et de Malengin.

Ce mariage aussi brillant qu'inespéré élève une fille de petite noblesse de robe au premier rang de l'aristocratie : les Lur-Saluces sont une vieille et puissante famille d'origine italienne. Ses racines remontent à 1142 avec la création du marquisat de Saluces dans le Piémont. Ensuite, de génération en génération, elle s'est brillamment illustrée dans le métier des armes.

Le marié est capitaine de dragons, son père aide de camp de Turenne puis du prince de Condé. Des ancêtres ont servi sous Henri III, d'autres sous le roi de Navarre, le futur Henri IV et, non contents d'être au service du roi, ils en sont parfois les créanciers. Charles IX promet, en effet, une indemnisation au marquis de Saluces en échange de ses terres piémontaises. Le remboursement de cette dette qui s'étale sur deux siècles donne lieu à une correspondance aussi suivie qu'embarrassée, conservée dans les archives de Malle.

Sept générations de Lur-Saluces vont se succéder à Malle, devenu leur port d'attache girondin car, dans un premier temps, il est difficile d'abandonner le métier des armes. Ainsi, Pierre, fils de Jeanne et d'Alexandre-Eutrope, devient maréchal de camp sous Louis XV. On raconte même que, pendant la guerre de Sept Ans, cherchant quelques bouteilles de vin à Hanovre, il entre dans un magasin où on lui fait goûter un vin de Malle ! Toutefois à chaque difficulté d'ordre familial ou politique, les Lur-Saluces se retirent ou se réfugient à Malle comme en 1793 après que Claude-Henri fut guillotiné. Ses trois sœurs, poursuivies depuis Bordeaux par des sans-culottes, échappent à la violence révolutionnaire en parlementant, cachées derrière un billard. Dernier des Lur-Saluces à habiter Malle, Pierre, ancien officier célibataire, lègue le domaine de 200 hectares dont 50 de vignes à son héritier le plus direct, son neveu et filleul, Pierre de Bournazel.

Comme leurs prédécesseurs, les Bournazel héritent d'une vieille tradition militaire. Le père de Pierre, Henri, participe activement à la colonisation du Maroc dans le corps des spahis et comme gouverneur. Surnommé *Le Cavalier rouge*, il inspire de nombreux romanciers d'avant-guerre et l'académicien Henri Bordeaux lui consacre une biographie.

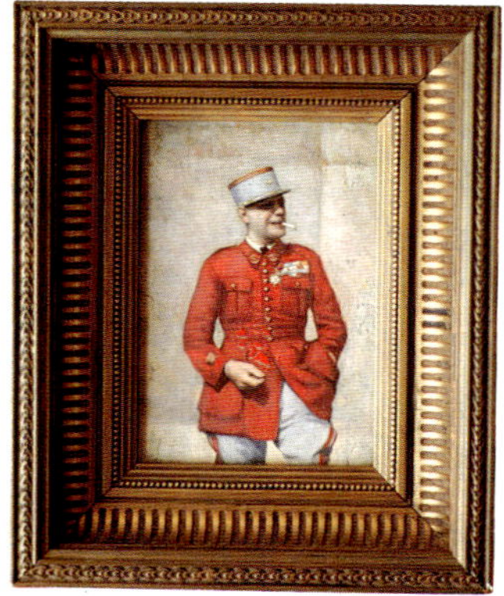

Henri de Bournazel, surnommé « Le Cavalier rouge ».

Une comparaison avec Filhot s'impose ici, non seulement parce qu'il s'agit d'un cru du Sauternais, mais aussi parce que les propriétaires actuels sont les descendants des Lur-Saluces.

Premier habitant du château au début du XVIIe siècle, son bâtisseur, Jacques de Malle, y maintient la tradition viticole vieille de deux siècles. La lecture de ses carnets apprend qu'il détermine lui-même la date des vendanges. Elle fournit aussi une multitude de détails sur la vie quotidienne à Malle, sur la manière dont la propriété est gérée et les employés dirigés.

Lorsqu'il reprend le domaine au début des années 1950, Pierre de Bournazel se fixe pour seul objectif : redonner éclat et prestige au château et à sa production. Malle sort d'un long sommeil, car depuis deux générations, son entretien et ses cultures dépendaient de régisseurs peu concernés. De front, il se lance dans de nouvelles études pour se familiariser avec la gestion et obtenir un diplôme d'œnologie, s'attaque à la remise en état des cuviers et à la restauration des bâtiments et, en 1956, replante la presque totalité des 50 hectares de vignes détruites par les gelées. Pour cela, il respecte l'encépagement traditionnel du Sauternes : 75 % de sémillion, 23 % de sauvignon et le reste de muscarelle.

Très rapidement, l'ancien ingénieur en électronique devient une personnalité de la viticulture bordelaise. Il est élu à la présidence des Crus classés et se fait l'avocat et le représentant des Sauternes et des Graves. Très attaché à la protection des vignobles et à leur environnement, il mène un combat contre le choix du tracé de l'autoroute Bordeaux-Toulouse. S'il échoue contre la bureaucratie technocratique, il réussit pleinement dans la promotion internationale des grands vins liquoreux. Dans ce but, il crée en 1959 un extraordinaire support, la Commanderie du Bontemps de Sauternes et Barsac, qui voit la naissance d'une petite sœur américaine, lors d'un voyage à Philadelphie en 1977. Les commandeurs en costume traditionnel, robe et coiffe en velours couleur vieil or et épitoge verte pour symboliser les vignes blanches, participent le plus possible aux différentes manifestations : réceptions d'invités de marque, séances d'intronisation, remises de diplômes, dégustations gastronomiques.

Lorsque Pierre de Bournazel meurt en 1985, sa femme Nancy reprend le flambeau. Paul-Henry, l'aîné de ses fils, frère d'Antoine et de Charles, n'a que dix-huit ans ; il est alors beaucoup trop jeune pour une telle charge. Elle s'inscrit aux stages de la station d'œnologie de Bordeaux pour achever une initiation entreprise avec son mari et avec ardeur cumule les fonctions de chef d'entreprise – Malle occupe régulièrement une vingtaine de personnes –, de maîtresse de maison, de mère de famille et, bien sûr, de vice-grand-maître de la Commanderie. Des raisons professionnelles l'obligent à s'absenter fréquemment : les exportations représentant 60 % de son chiffre d'affaires, elle a compris que, pour vendre, il ne faut pas hésiter à relancer sa clientèle, même si elle se trouve au bout du monde. Les États-Unis et le Japon n'ont pas plus de secrets pour elle que l'Espagne ou la Belgique. Elle assure avec brio la continuité tout en préparant la relève à une nouvelle génération de Bournazel.

La beauté de l'endroit explique aussi l'atavique attachement des Bournazel à Malle. On peut vraiment en tomber amoureux et les jardins, à eux seuls, incitent à l'agréable prélude d'une idylle. Réalisés selon un modèle de jardin italien, ils se composent de larges terrasses peuplées d'une infinité de statues. La plupart sont l'œuvre d'artistes, eux aussi, d'origine italienne, appelés en Guyenne par le duc d'Épernon pour sa résidence de Cadillac et qui ont séjourné à Malle alors en construction. À côté des allégories et des personnages mythologiques habituels se trouvent des scènes en relation avec le monde viticole : enfants en train de cueillir du raisin, fouleurs dans une cuve...

Ces jardins abritent un petit théâtre en rocaille et cailloux des graves où étaient donnés autrefois des spectacles fort courus. C'étaient généralement des petites pièces frivoles semées d'intrigues et pleines de rebondissements dans le style de la comedia dell'arte. Leur titre rappelait certaines gravures champêtres et coquines du XVIIIe siècle : *La Méfiance vengée* ou *La Précaution inutile*. Il faut regretter que Mozart, pour la musique, ou Marivaux, pour le théâtre, n'y ont jamais été interprétés, tant ce cadre est à leur mesure.

On prétend que les pierres inutilisées lors de la construction de la résidence voisine du duc d'Épernon servirent à celle de Malle. En revanche, personne ne dit si Jacques de Malle reversa une indemnisation au duc. Et peu importe, seul compte le résultat. De l'ensemble, il se dégage un sentiment de théâtralité. De quelque côté qu'on l'aborde, le corps de logis central évoque un décor de théâtre, impression renforcée par un étonnant artifice : sa façade, d'inspiration classique côté cour, est romantique côté jardin. Pourquoi l'architecte de cette délicate prouesse est-il resté complètement anonyme ?

L'intérieur du château permet de plonger dans un passé démultiplié par le mélange des styles. Chaque pièce, chaque plafond, chaque cheminée, chaque boiserie, chaque meuble reflètent les réalités d'antan que les soins attentifs des Bournazel ont merveilleusement protégées et conservées. L'ancienne salle dite *du billard* en est à la fois le témoignage et le résumé le plus révélateur. Le sol est dallé d'harmonieuses figures géométriques en marbre des Pyrénées dont des échantillons en forme de boules de différentes tailles ornent le dessus des cheminées. Les murs sont recouverts de boiseries du XVIIe siècle traitées *à la capucine*. Cette technique mise au point par l'architecte François d'Orbay dans un couvent de capucines – d'où l'origine de son nom – consistait à les entretenir avec de la cire car Louis XIV exigeait que l'emploi de dorures et de couleurs vives soit uniquement réservé aux lieux qu'il fréquentait. Dans la décoration proprement dite, ce qui attire le regard et retient l'attention, ce n'est pas, dans son cadre en marbre, le portrait du premier Lur-Saluces à avoir habité Malle ni les tables à gibier, mais les trompe-l'œil. Réalisés au XVIIe siècle, ils représentent des personnages en costume de cour ou de campagne. Utilisés dans les représentations théâtrales pour silhouetter des figurants immobiles, ils pourraient aujourd'hui illustrer la folie de théâtralité qui s'est emparée de certains châteaux bordelais.

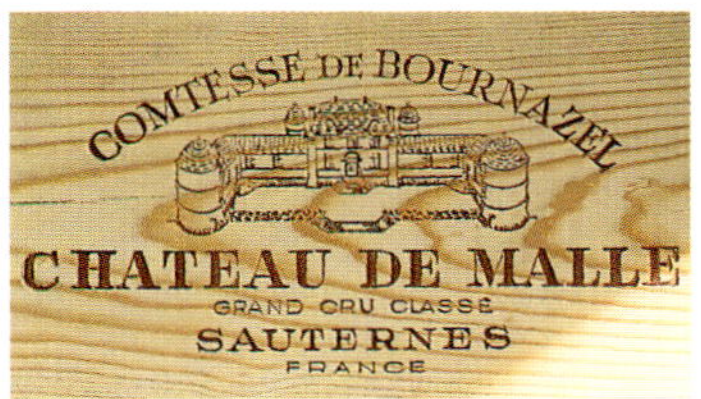

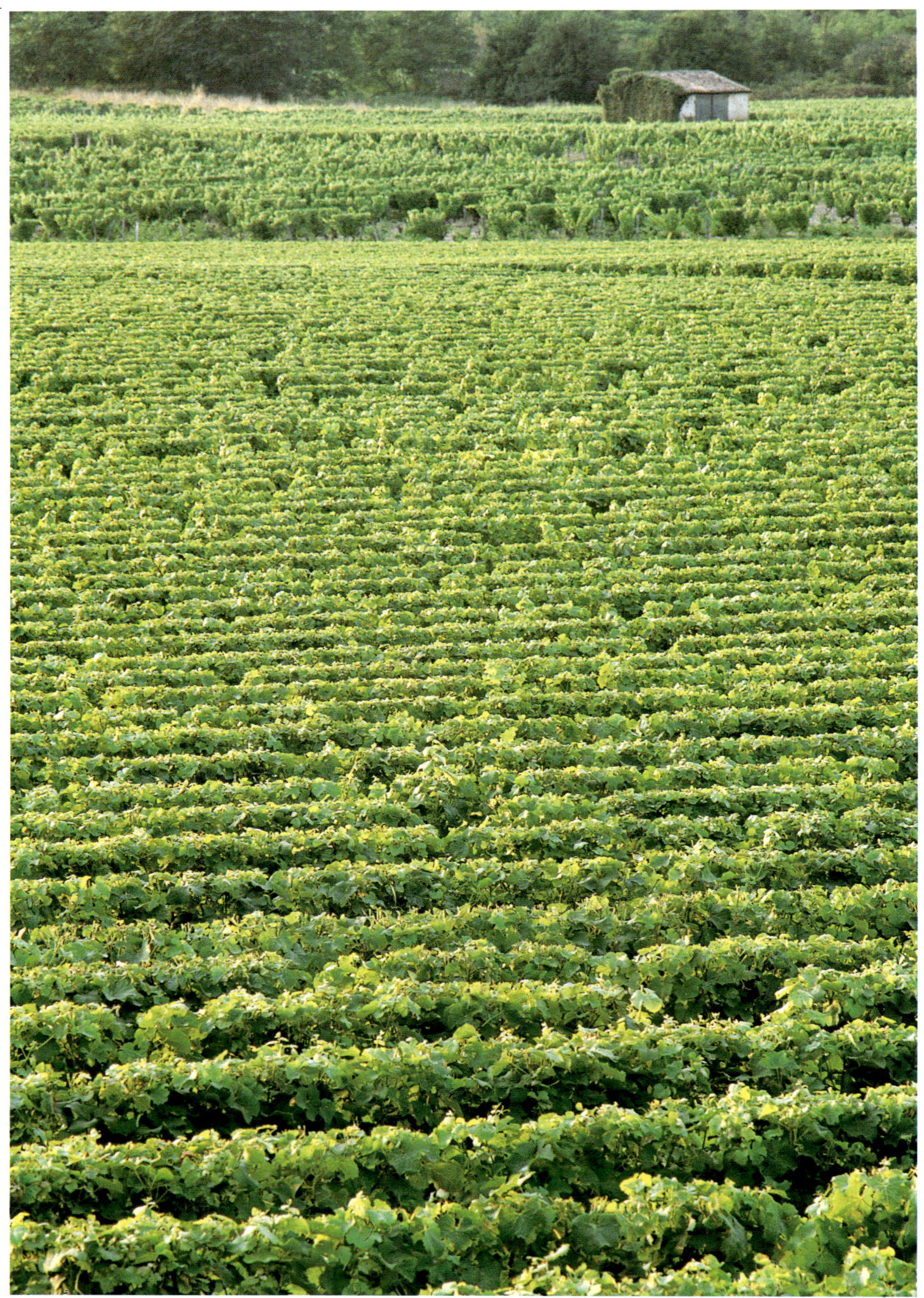

Ce vignoble possède la particularité d'être à cheval sur les appellations Sauternes et Graves, apportant à la propriété un bel équilibre.

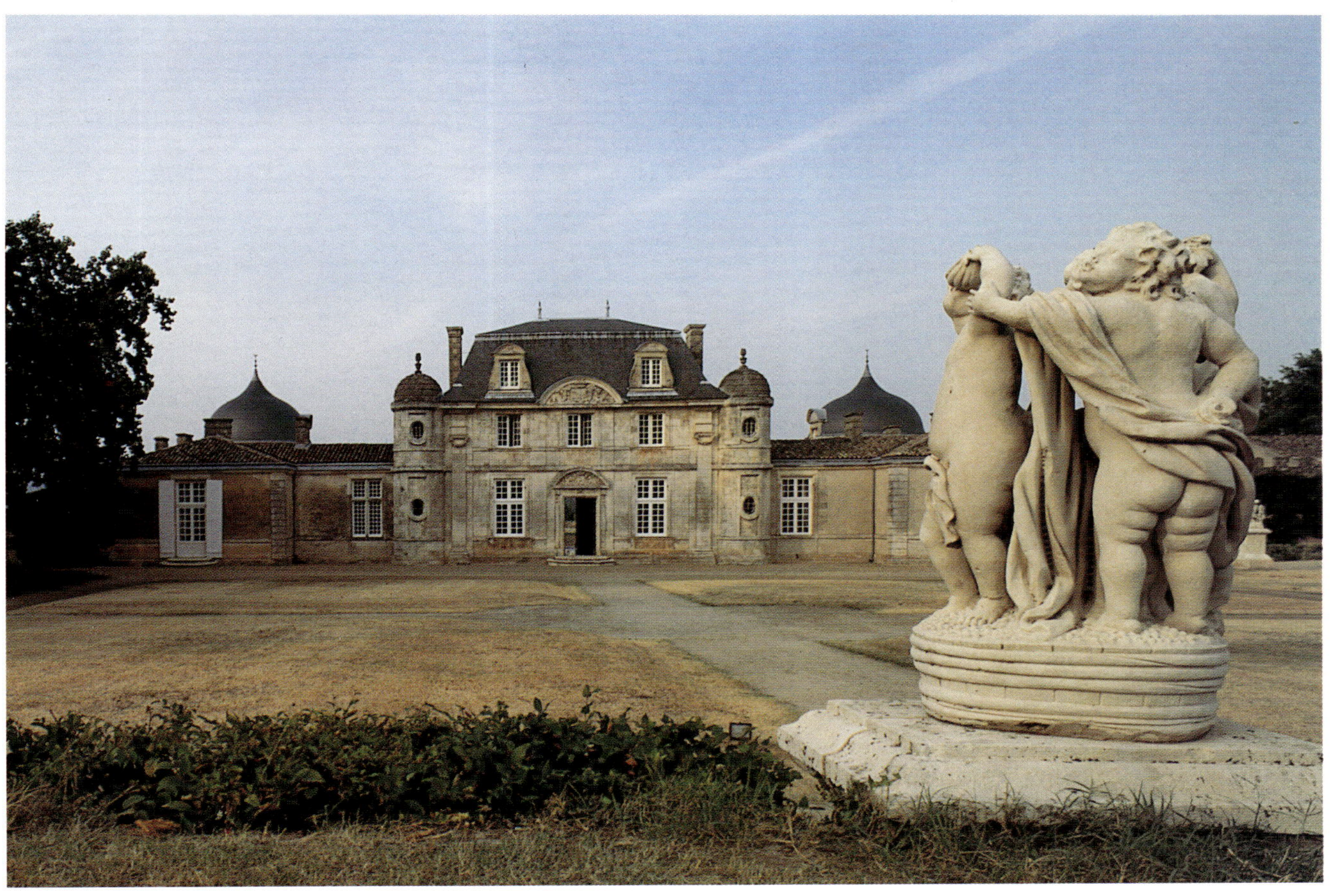

Devant la façade Renaissance qui ouvre sur le parc, un des groupes sculptés réalisés au XVIIe siècle par des artistes italiens.

Nancy de Bournazel et son deuxième fils Antoine.

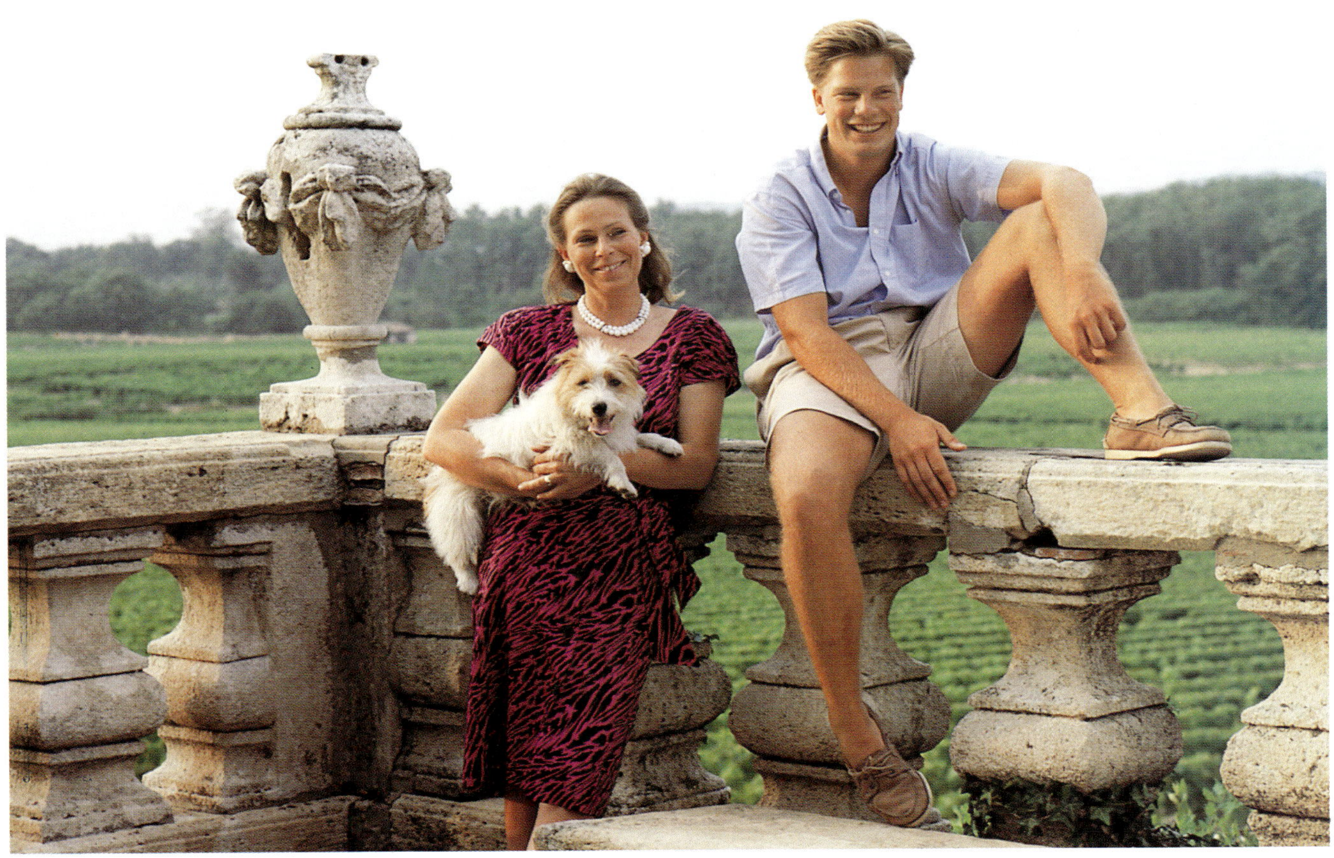

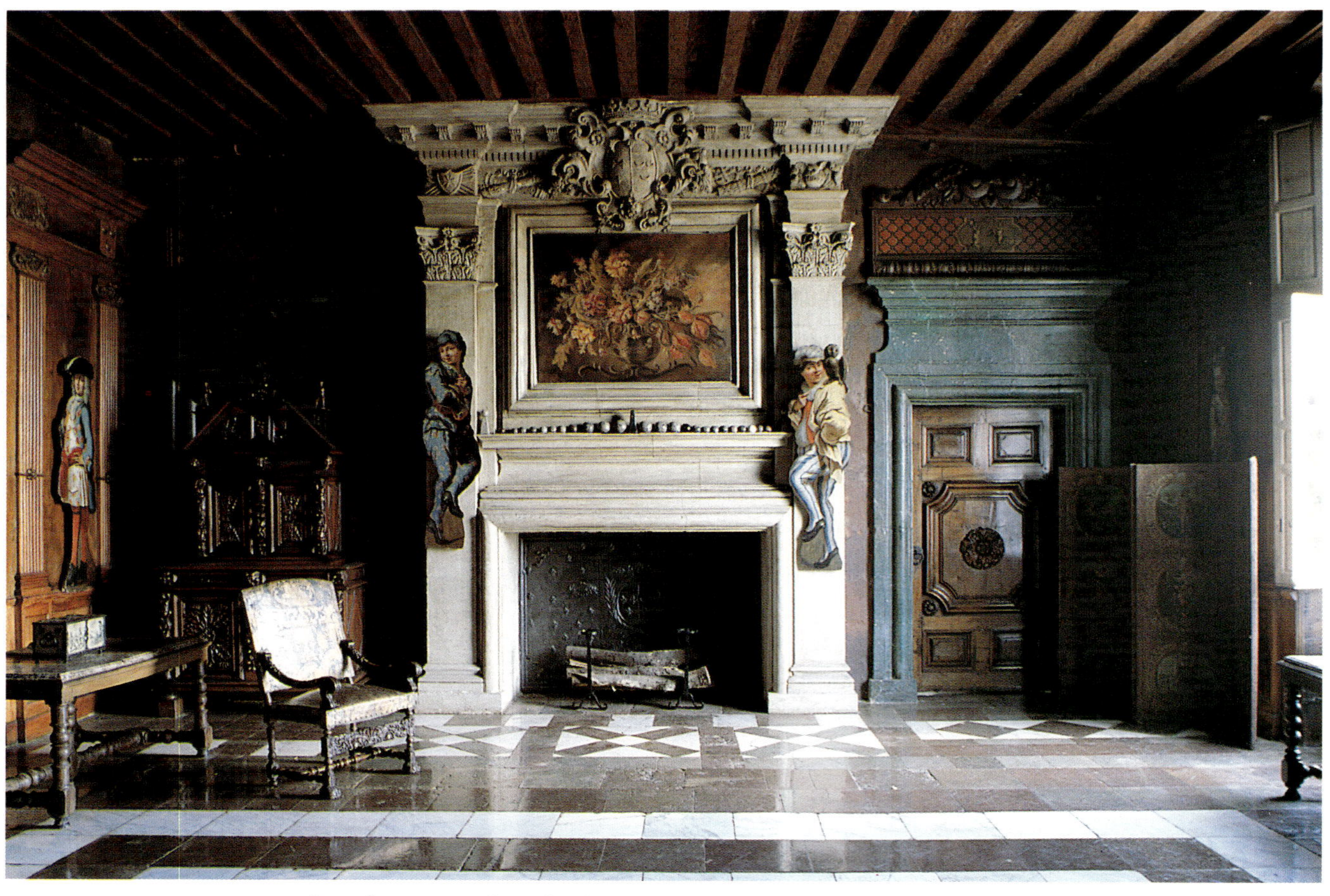

Les sols recouverts de marbre des Pyrénées participent à la renommée de Malle.

Son bureau est aménagé comme une cabine de commandant de bord.

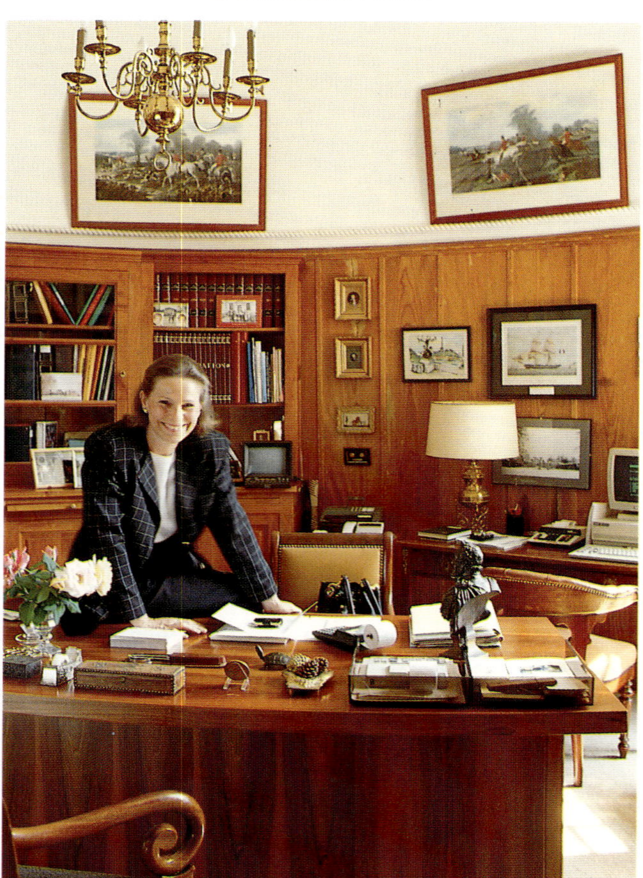

Parmi ses trésors, la bibliothèque renferme une édition originale de l'encyclopédie de d'Alembert et les souvenirs du Cavalier rouge.

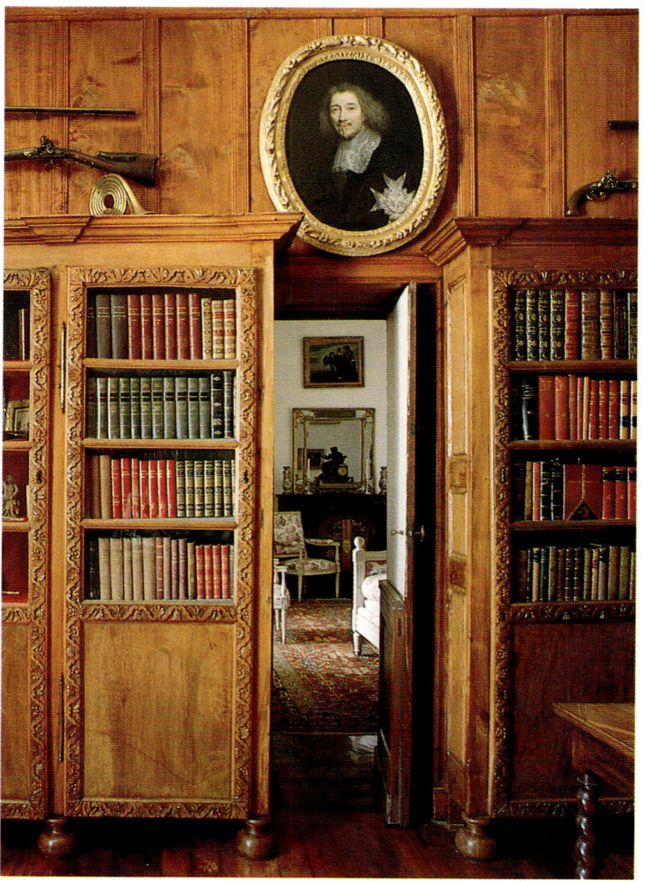

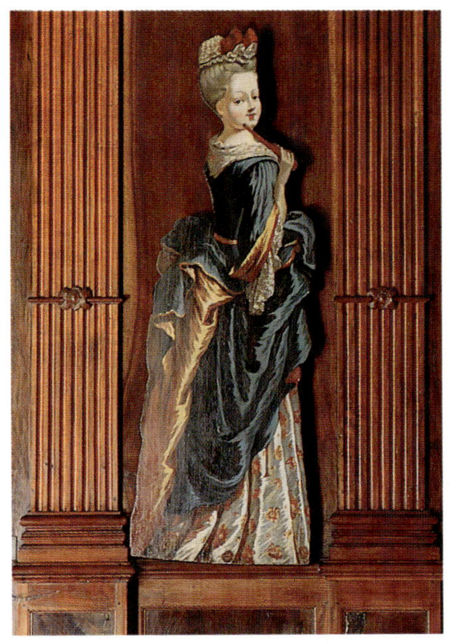

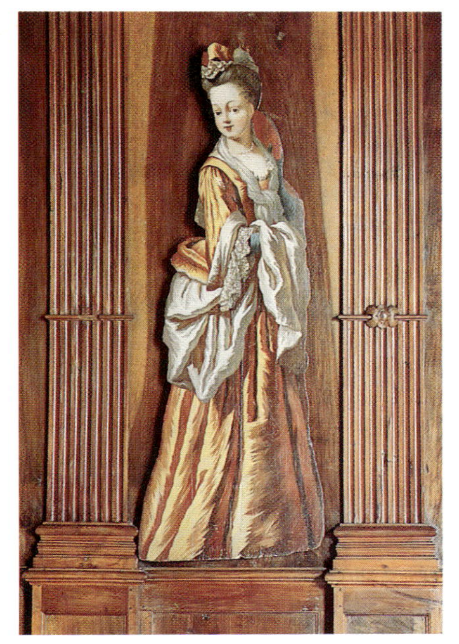

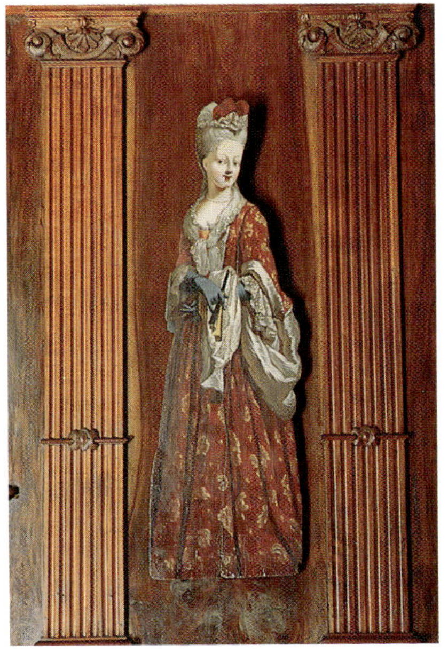

Ornant des boiseries Louis XIV traitées « à la capucine », ces silhouettes peintes sur des panneaux de bois réalisées au XVIIe siècle maintenaient les portes ouvertes et faisaient croire à une présence humaine dans la pièce. Elles représentent des messieurs et des dames en costume de cour ou de campagne. Ces trompe-l'œil étaient aussi utilisés comme figurants dans les comédies données dans les théâtres de verdure.

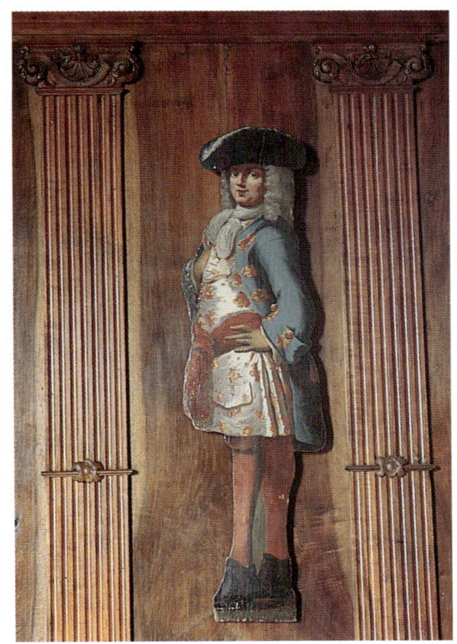

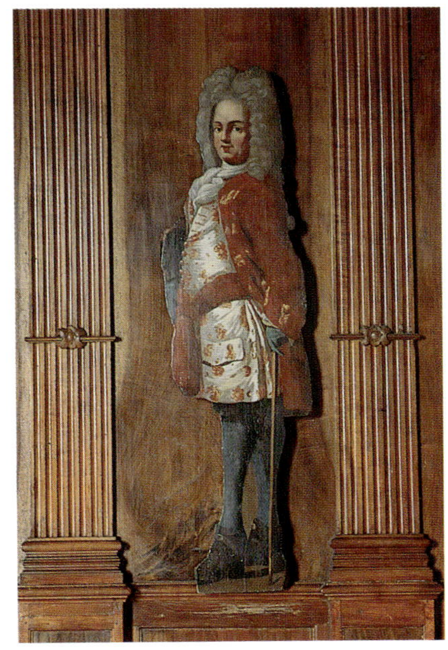

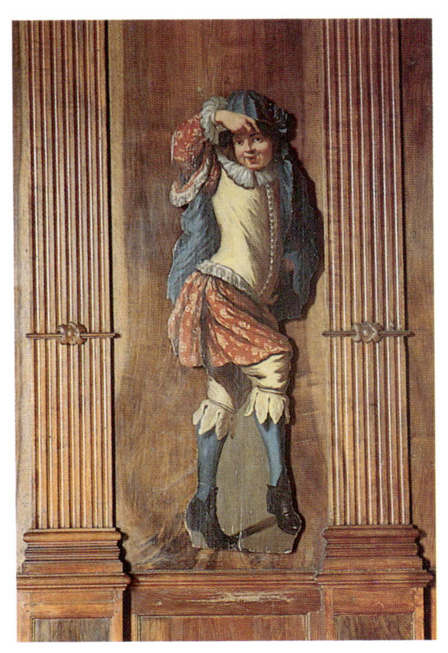

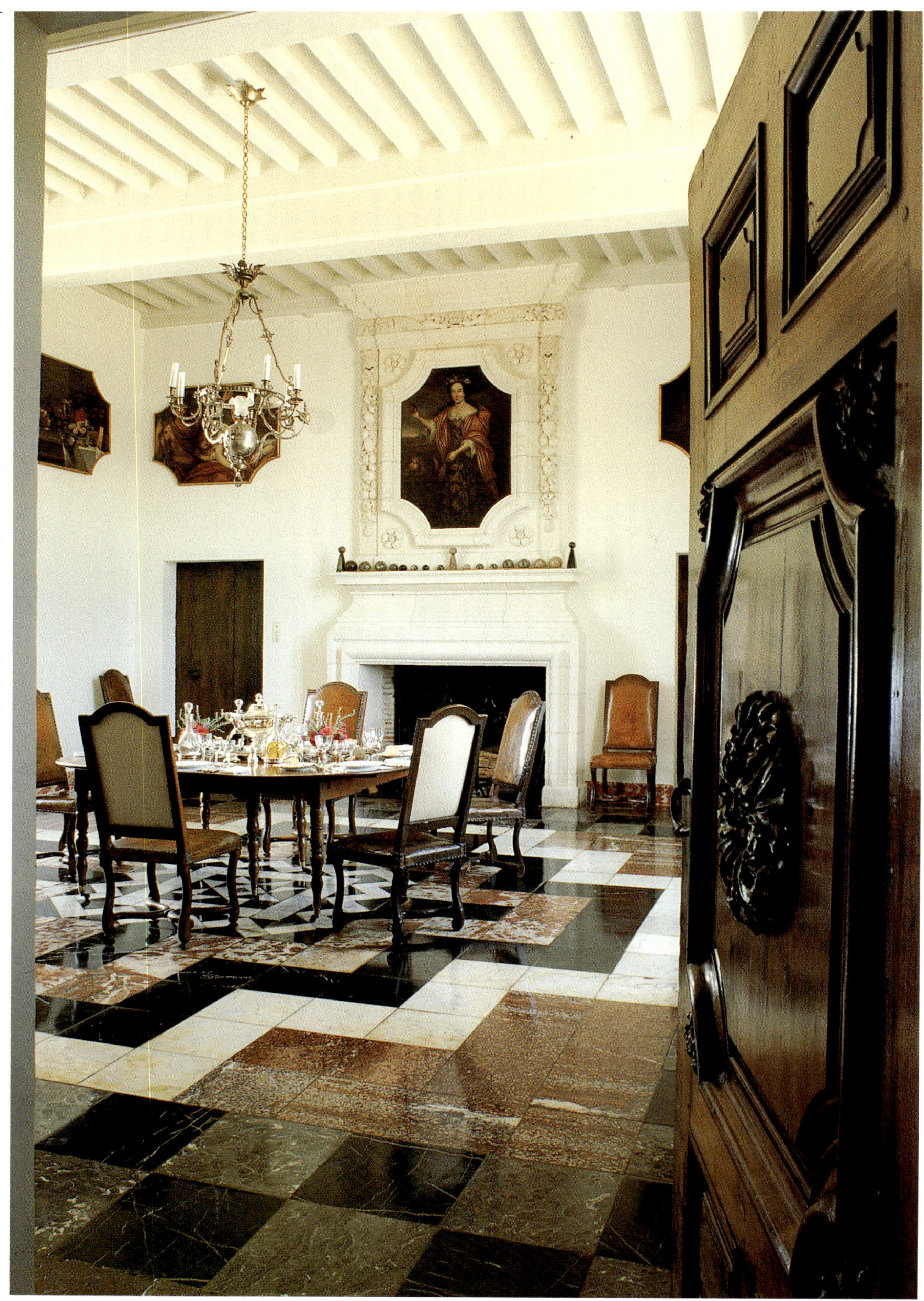

Des échantillons de marbre en forme de boules ornent le dessus de nombreuses cheminées comme ici, dans la salle à manger.

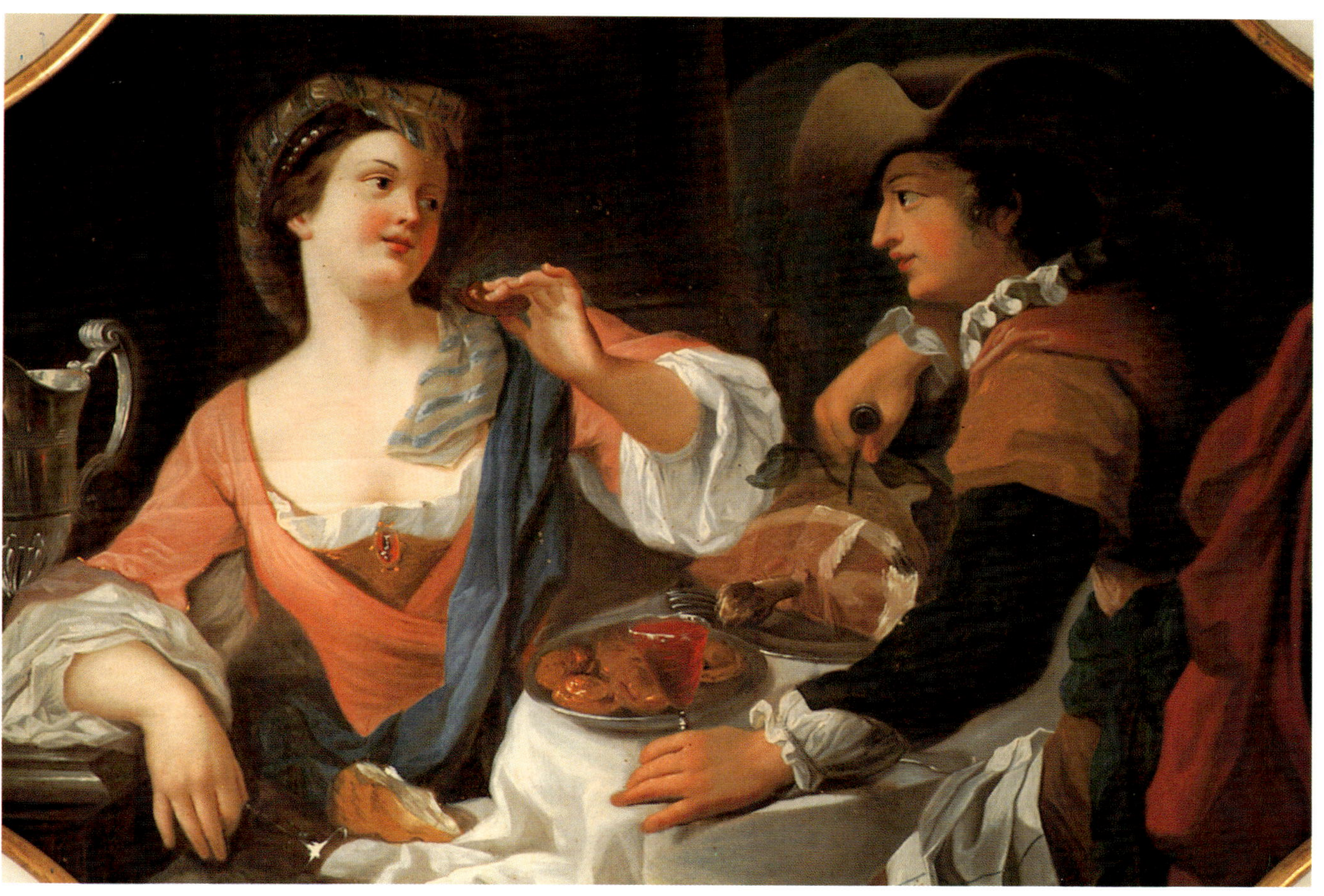

Une des quatre scènes galantes du XVIII*e* *siècle qui décorent depuis toujours les murs de la salle à manger.*

Des carafes bien égouttées conservent toute leur transparence.

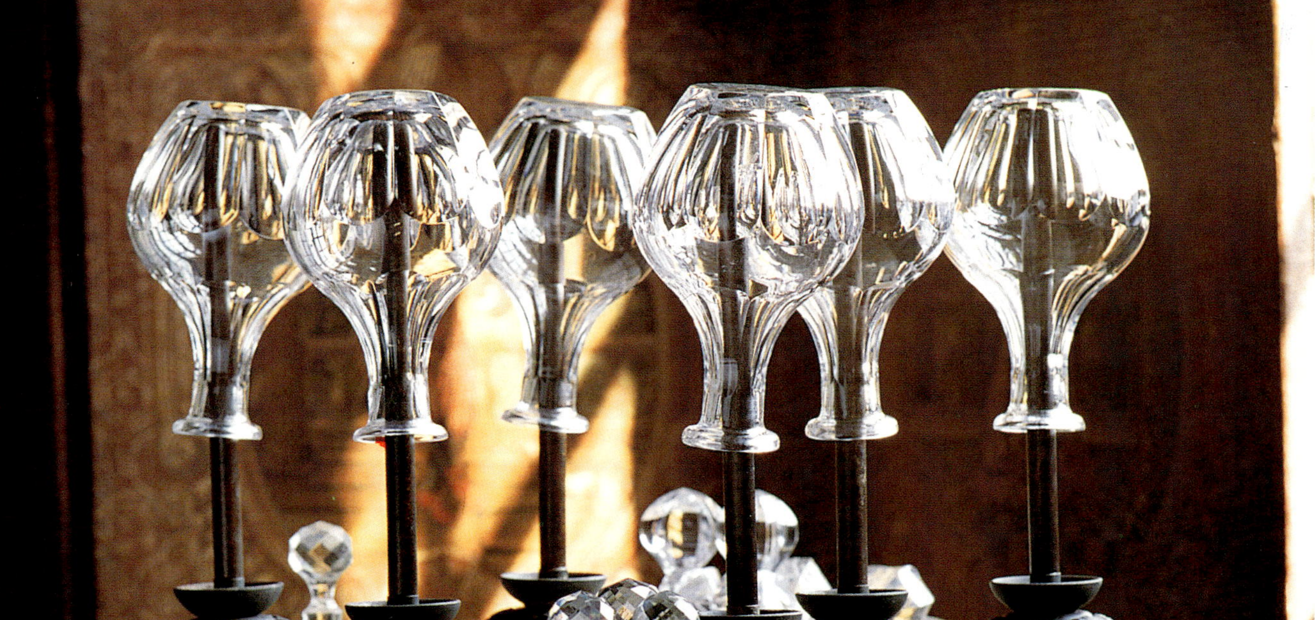

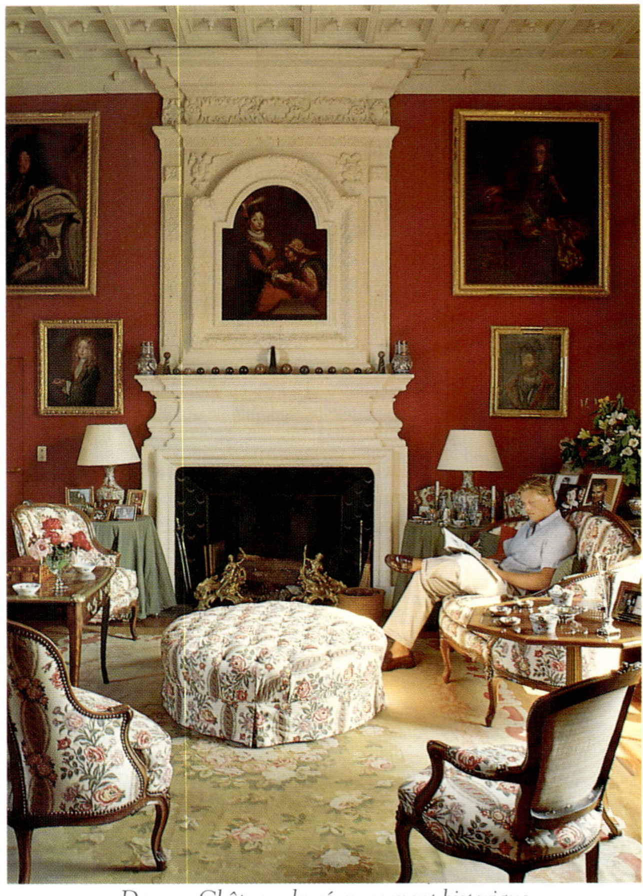

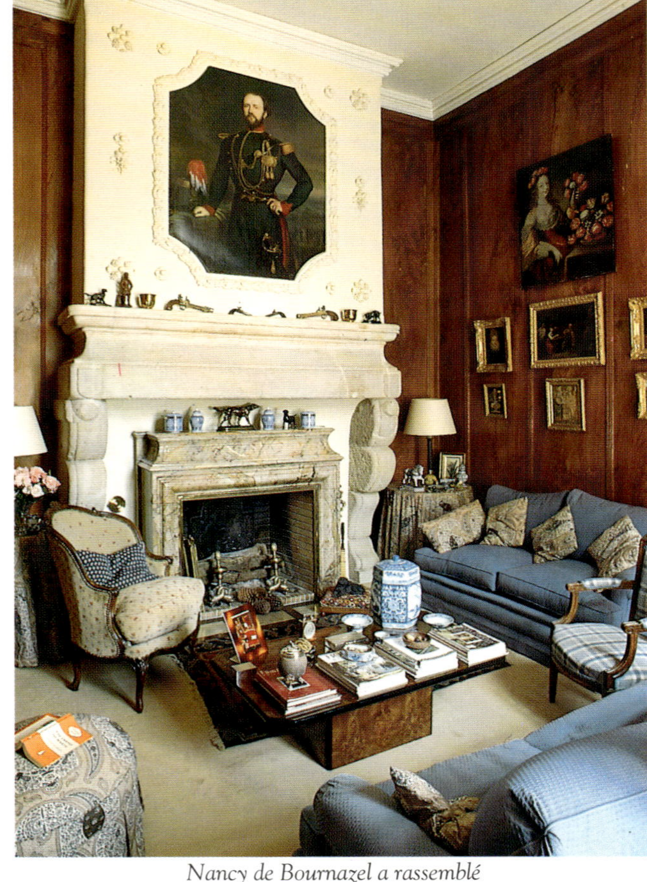

Dans ce Château classé monument historique le grand salon au mobilier provincial et cossu est visité chaque jour.

Nancy de Bournazel a rassemblé dans son salon particulier une collection de tortues.

Page de droite : la patère d'un rideau frappée aux armes des Lur-Saluces.

Chambre dite des Cardinaux, nom qu'elle doit aux quatre portraits des prélats Dubois, Mazarin, Richelieu et Polignac.

Quand elle ne fait pas visiter Malle, Marie-Thérèse Bayle et son mari occupent leur temps à retapisser les murs des pièces et les sièges.

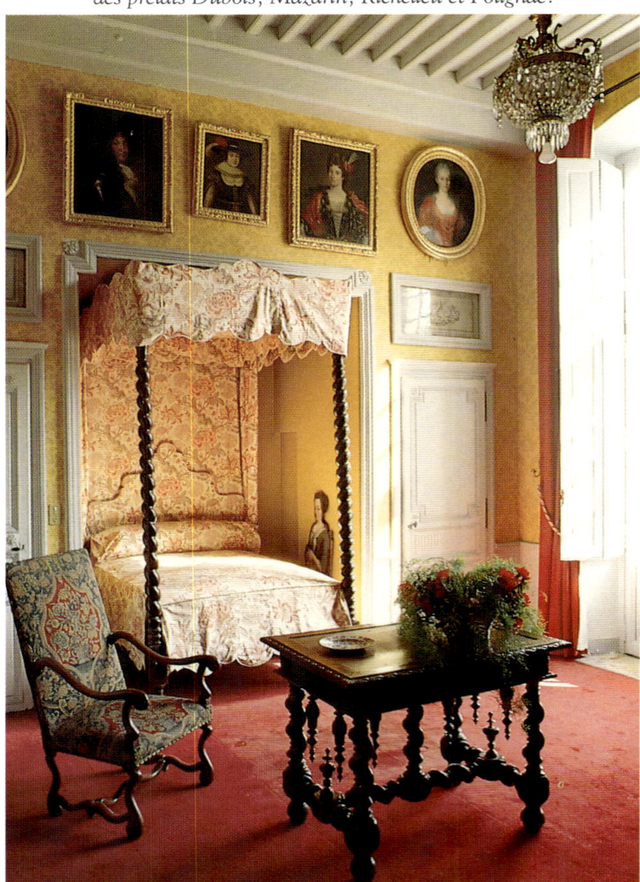

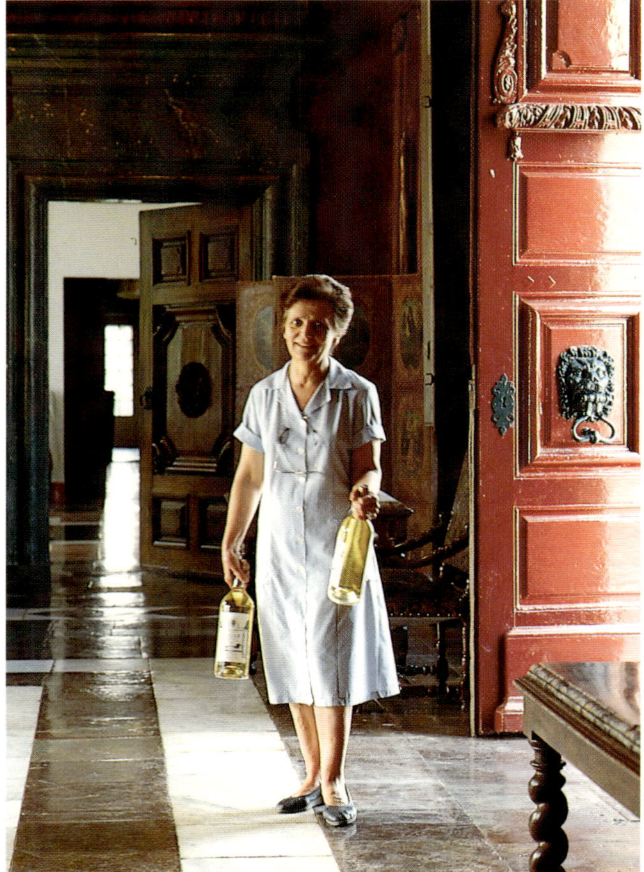

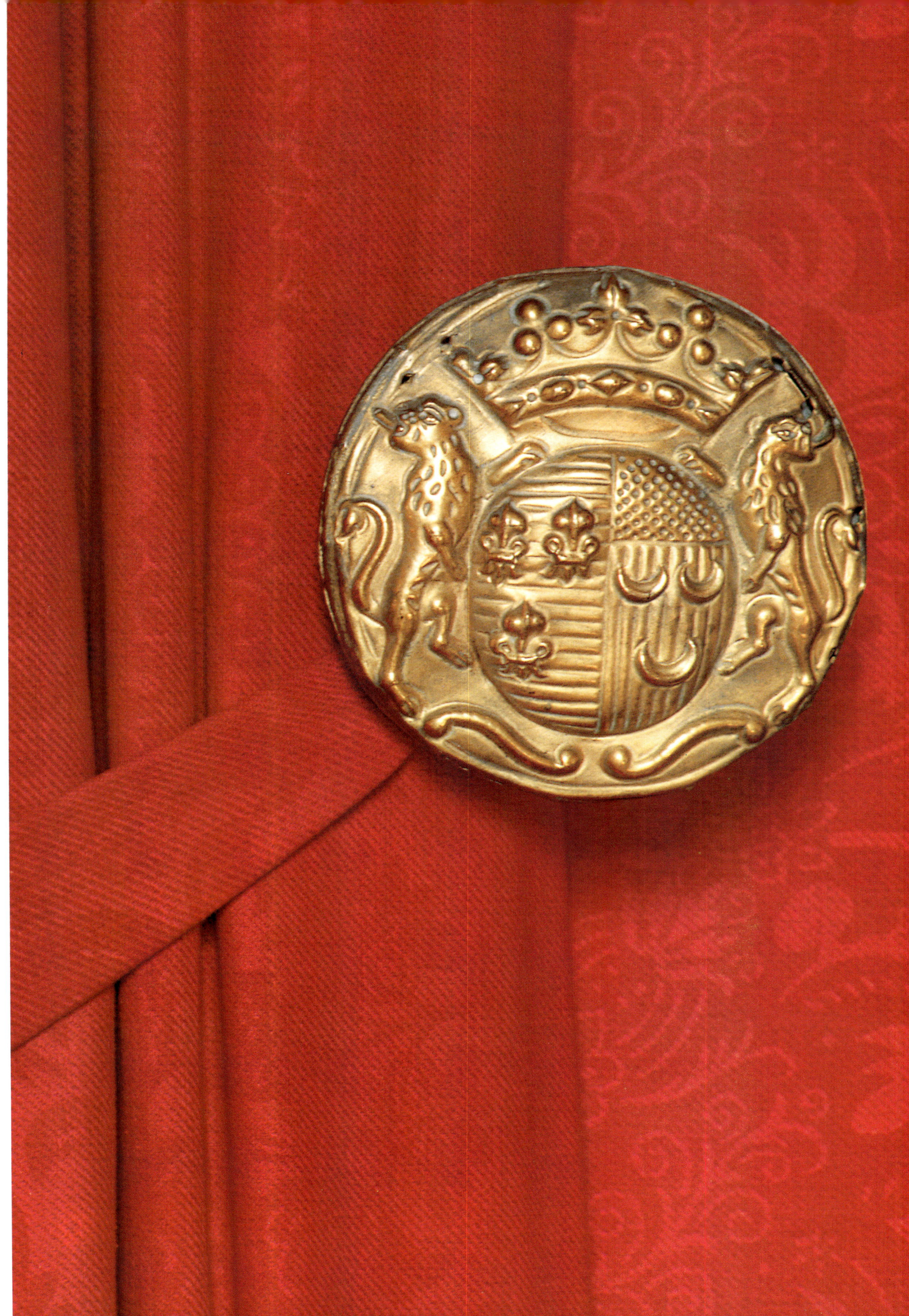

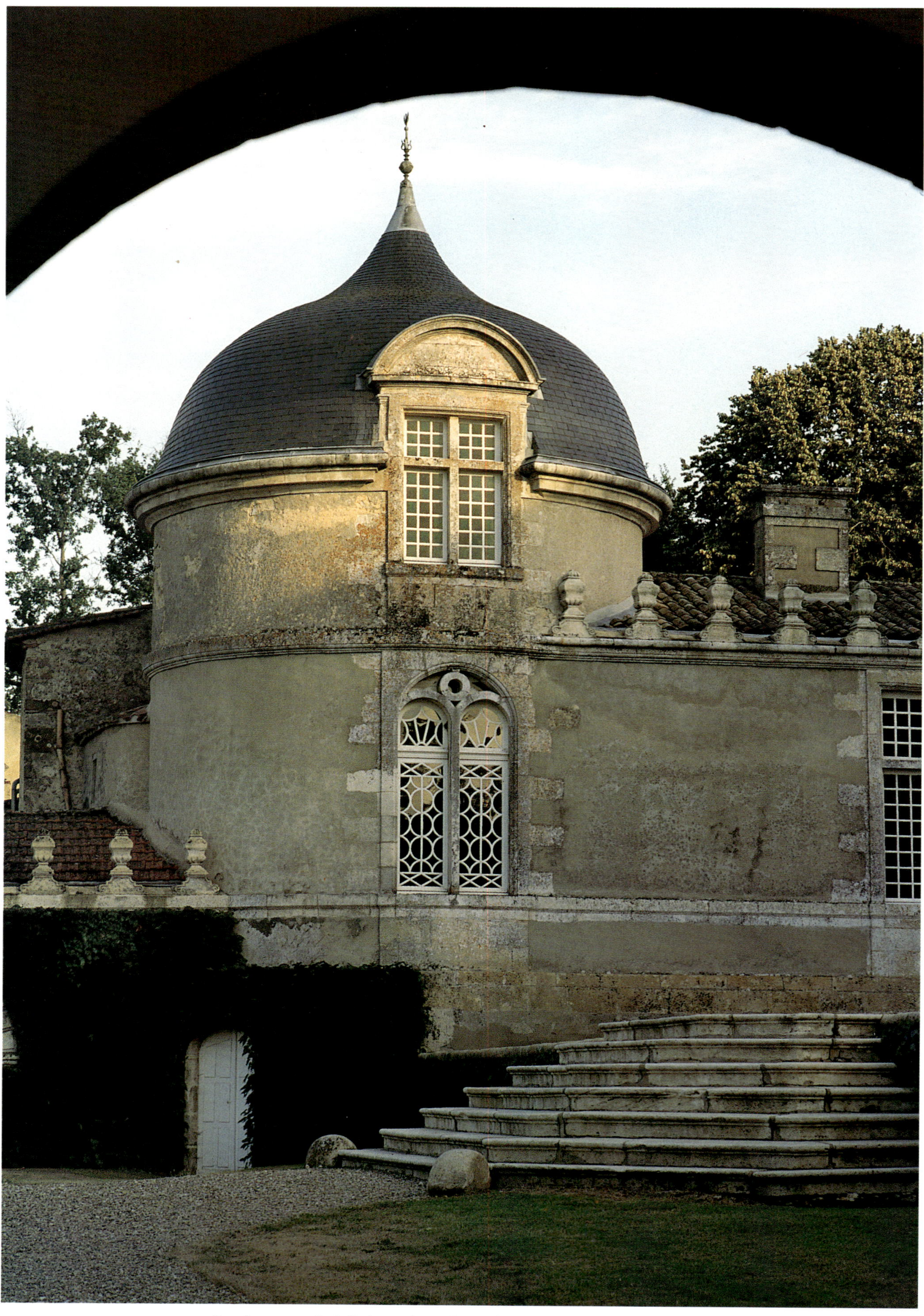

Sous la tour ronde de l'aile gauche coiffée « à l'impériale » se trouve la chapelle.

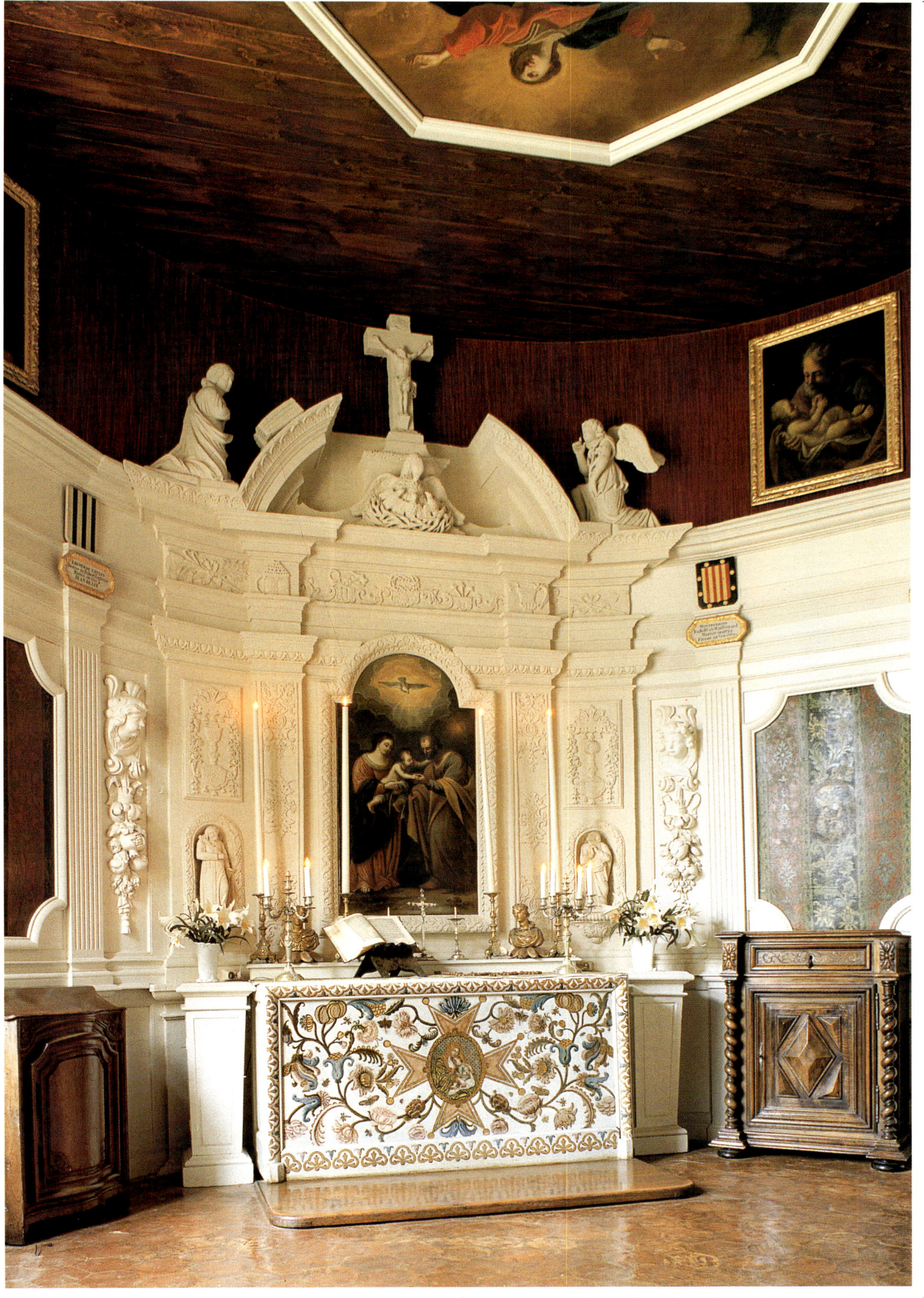

Disposés en frise, les écussons des familles alliées aux Bournazel ornent la chapelle en forme de rotonde.

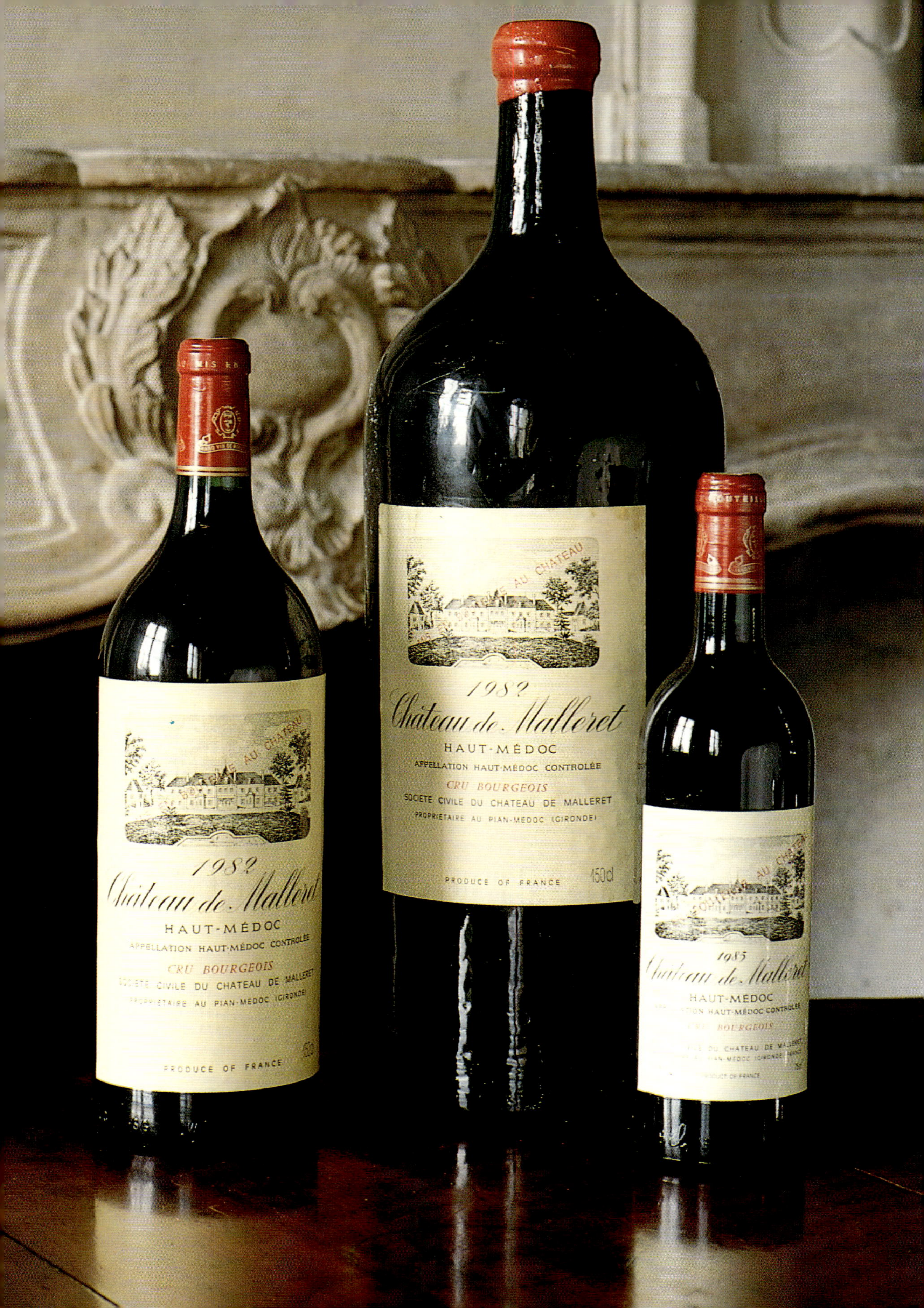

1982
Château de Malleret
HAUT-MÉDOC
APPELLATION HAUT-MÉDOC CONTROLÉE
CRU BOURGEOIS
SOCIETE CIVILE DU CHATEAU DE MALLERET
PROPRIETAIRE AU PIAN-MÉDOC (GIRONDE)
PRODUCE OF FRANCE
150cl
1982
Château de Malleret
HAUT-MÉDOC
APPELLATION HAUT-MÉDOC CONTROLÉE
CRU BOURGEOIS
SOCIETE CIVILE DU CHATEAU DE MALLERET
PROPRIETAIRE AU PIAN-MÉDOC (GIRONDE)
PRODUCE OF FRANCE
1985
Château de Malleret
HAUT-MÉDOC
CRU BOURGEOIS

MALLERET

Haut- Médoc. Cru bourgeois
Marquis du Vivier

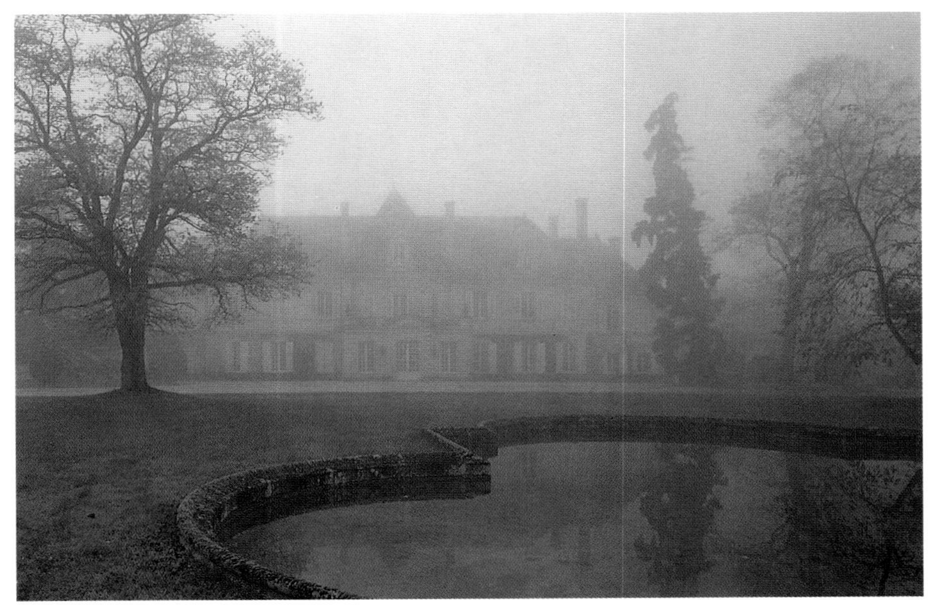

My kingdom for a horse.
Shakespeare

Il est des apparences qui ne trompent pas. Dès le prime abord, Malleret, château que fit bâtir au XVIIe siècle le président de Basterot, avec sa façade lisse et blanche, ses combles abrupts recouverts d'ardoises chapeautant l'étage surélevé par les Clossman, s'impose comme une des plus agréables demeures du Médoc. Construits sous Louis XIV, les deux pavillons latéraux qui l'encadrent renforçent cette impression de charme et de beauté.

Malleret est un lieu ancré dans l'extravagant raffinement de passions intemporelles. Son image, qui fait passer le visiteur de la surprise à l'émerveillement, reflète les engouements de ses propriétaires successifs.

La généalogie de l'actuel propriétaire, le marquis Bertrand du Vivier, révèle une alliance de haute bourgeoisie commerçante et de noblesse attachée à certaines valeurs ainsi qu'un brassage de nationalités et de religions. S'y retrouvent, en effet, les Balguerie, propriétaires de la plus importante flotte de France au XVIIIe siècle, les Oberkampf, inventeurs et diffuseurs de la célèbre toile de Jouy, les Clossman, négociants d'origine allemande qui affermèrent Malleret en 1830 avant de l'acquérir en 1854, et les Lawton, autres négociants mais irlandais d'origine, qui introduisirent le protestantisme dans la famille.

Son vignoble de 60 hectares réparti en trois parcelles de même surface et bien drainées est situé sur des graves de cinq ou six mètres reposant sur un socle d'alios ou de sable. En plusieurs endroits, il côtoie ceux de crus fort renommés comme Château La Lagune ou Cantemerle. Cru bourgeois, on peut se demander si, à l'époque du classement de 1855, le vin était la principale préoccupation de ses propriétaires, négociants de surcroît.

Malleret n'est-il pas déjà une terre de folies ? Le parc dessiné par Armand-Joseph Ivoy au début du XIXe siècle en est une première illustration. Ivoy, personnage étonnant à plus d'un titre, s'accorde parfaitement à l'esprit de Malleret, à moins que Malleret ne symbolise les conceptions esthétiques d'Ivoy. Propriétaire du domaine de Geneste au Pian-Médoc, il ne possède pas une véritable formation de paysagiste, seulement quelques rudiments d'agronomie, et manifeste de l'intérêt pour les activités d'une société savante et botanique, la société linnéenne, créée à Bordeaux en hommage au célèbre botaniste suédois.

Pourtant, sur les 400 hectares du domaine, Ivoy *se déchaîne*. Il sait qu'au XIXe siècle, vivre *noblement* dans le Bordelais ne consiste pas à posséder des vignes mais plutôt un parc bien entretenu. Les propriétés se différencient les unes des autres par la diversité, le luxe et l'originalité de leur décor. Pour afficher leur puissance, les propriétaires les plus fortunés, ou à défaut les plus vaniteux, n'hésitent pas à y faire construire kiosques à musique, temples, fabriques, glacières, et autres bassins souvent animés d'un jet d'eau. Ivoy plante donc des cèdres du Liban, des gingkos, des hêtres pleureurs, des séquoias. Sur les pelouses légèrement bombées du parc, il dispose, çà et là, des statues symbolisant les quatre saisons et ferme la perspective d'une longue terrasse en édifiant une gloriette évocatrice de rendez-vous secrets et de billets doux échangés à la dérobade. Il dissimule les chais construits à l'entrée de la propriété derrière des plantations d'essences exotiques. Aux fêtes galantes de Malleret, seuls les chais étaient masqués.

Les voyages répétés d'un Clossman en Angleterre, principal débouché pour les activités du château, lui font découvrir deux folles passions :

l'élevage des chevaux et la chasse à courre. En 1836, il décide de créer un haras et fait construire des écuries sur le mode anglais avec un patio suffisamment vaste pour abriter quinze poulinières. Aujourd'hui encore, ces écuries restent un modèle du genre. Avec celles de Lanessan, elles sont les plus belles de tout le sud-ouest. Pour l'entraînement et les promenades, des pistes et des allées cavalières sont tracées dans le parc sans rien modifier au travail d'Ivoy. L' équipage de chasse à courre sera constitué beaucoup plus tard, en 1860. Dès lors, il est devenu impossible de dire si Malleret est devenu un domaine vinicole où l'on élève des chevaux ou un centre hippique où l'on fait du vin, tant l'un et l'autre sont indissociables du mode et du style de vie de l'endroit.

Au début des années 1960, Bertrand du Vivier confie à la célèbre maison Jansen le soin de repenser la décoration intérieure de son château. Renommée pour ses fastueuses réalisations officielles en Afrique, elle compose pour Malleret une atmosphère à la fois étonnante, séduisante et chaleureuse grâce au choix des couleurs et à leur alliance harmonieuse. Non seulement tous les éléments du décor s'accordent avec la dominante de chaque pièce – une tonalité toujours insolite –, mais il est possible de passer d'une pièce à l'autre ou de prendre en enfilade les trois salons exposés au sud sans avoir l'impression qu'une dominante contraste d'une manière disgracieuse avec celle de la pièce voisine ou qu'elle s'impose à elle. Ce sont, par exemple, les accords de la soie rose de fauteuils Régence avec le fond safrané des boiseries rechampies d'un filet vert, ou ceux de panneaux persans bleus avec les murs recouverts de onze couches d'une intense et profonde tonalité corail et rechampis d'un gris-bleuté. C'est encore le mariage couleur coquille d'œuf, qui recouvre sol et cheminée, avec les boiseries d'une tonalité tilleul. Le marquis du Vivier, qui aurait aimé trouver certaines pièces plus blanches avec des flots de dorure, eut raison de capituler devant l'intransigeance de son décorateur : « Monsieur, vous n'êtes pas à Versailles ! »

L'univers de la chasse et du cheval, thème souvent exploité dans la décoration intérieure, peut être représenté magnifiquement par un tableau de Jean-Baptiste Oudry ou conventionnellement sous la forme de trophées, de bronzes et de gravures. Il peut aussi être utilisé d'une manière plus insolite. Ce sont, accrochés aux murs, des portraits des chiens préférés du maître de maison, des boutons de veste de chasse de maîtres d'équipages anglais et français alignés et répertoriés sous-verre. C'est aussi, serrés sur les rayonnages de la bibliothèque comme autant de journaux intimes, des journaux de chasse. « Samedi 20 octobre 1966. Les chiens sont mis sur la voie à onze heures. C'est avec beau-

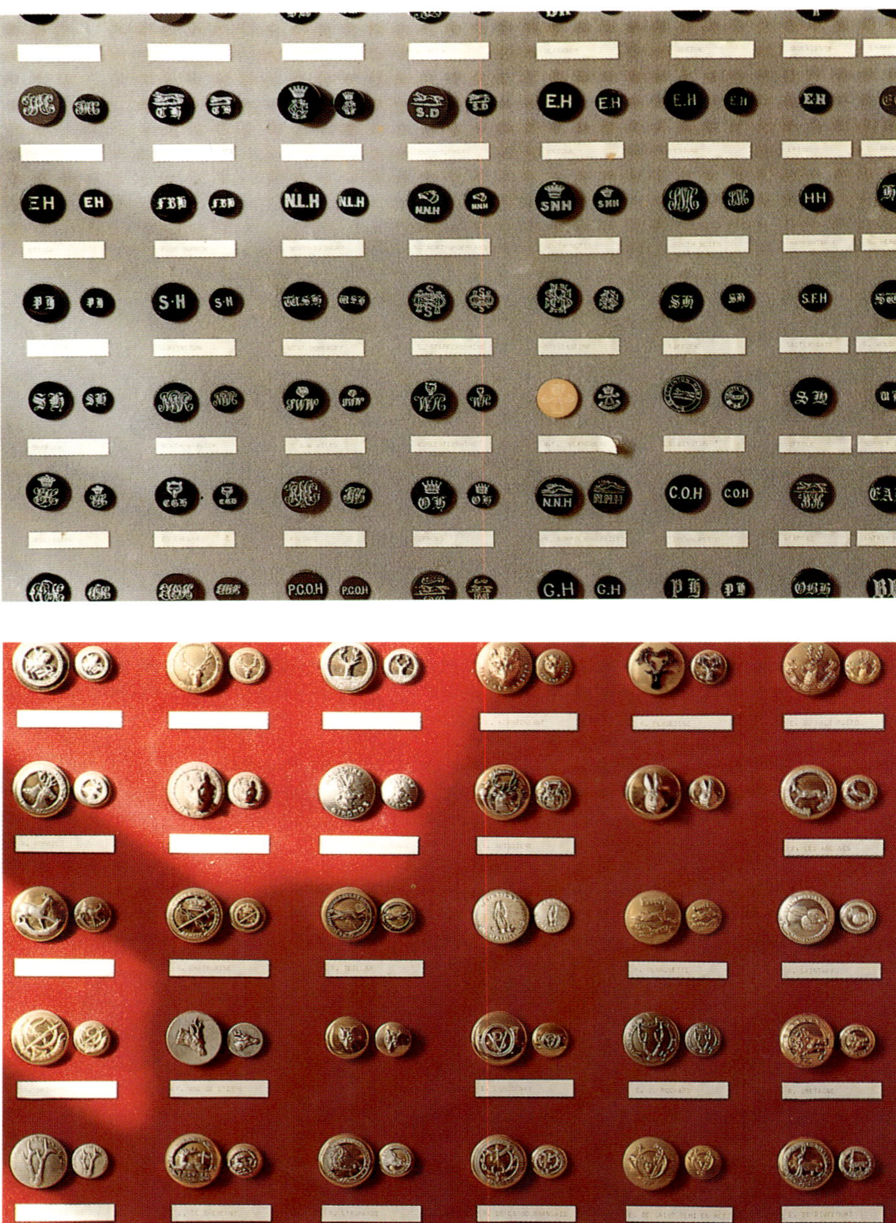

Boutons de veste d'équipage français et anglais épinglés sur les murs d'un petit escalier conduisant au premier étage.

coup de difficultés qu'ils mènent un jeune brocard dans la haute bruyère. Il se dégage une poussière épaisse... », ou pour un autre jour : « 12 novembre 1970. Je me mets sur la passe verte. Ouf ! trois chevreuils. Toc, toc, toc, et là, un orage, de la grêle, on a bataillé, bataillé... »

Bertrand du Vivier perpétue les trois traditions de Malleret : élevage, courses et chasse à courre. Ses poulains animent chaque année les ventes de Deauville, ses chevaux toujours entraînés sur le domaine participent à de nombreux grands prix et l'équipage fut reconstitué en 1957, à la mort de son père.

Si une méchante grippe l'empêche de suivre une chasse, il demande à son neveu de la lui raconter. L'œil illuminé, il ne cesse d'interrompre le récit. Sa connaissance du terrain est telle que chaque son de trompe, chaque aboiement perçus depuis son lit lui avaient déjà permis de reconstituer les événements de la journée, tous les passages, ruses et détours de l'animal.

On prétend que l'anglomanie demeure la seconde nature des Chartrons. À Malleret, elle ne se limite pas au cheval et à la chasse. Elle se retrouve aussi dans la prestance qu'elle imprime à Bertrand du Vivier pour qui Londres symbolise l'élégance masculine. Ses costumes comme ses tenues de sport viennent de chez Huntsman ou autres faiseurs fameux de Saville Row. Faut-il s'étonner quand on apprend que ce séducteur au charme incontesté a poussé son besoin de raffinement jusqu'à baptiser sa chienne *Élégante* ?

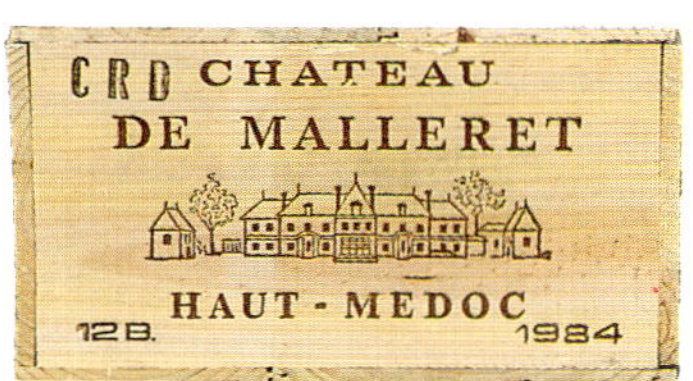

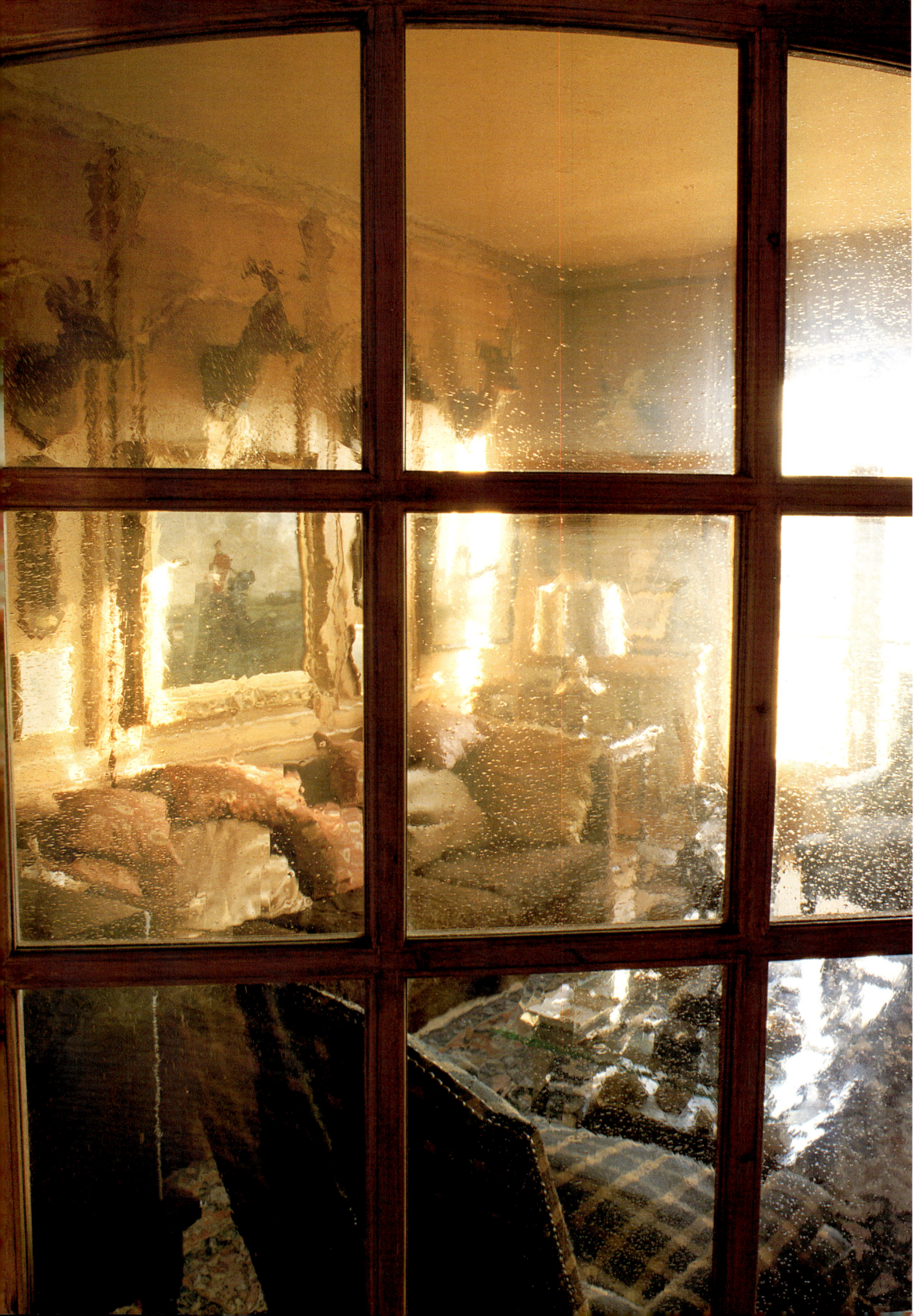

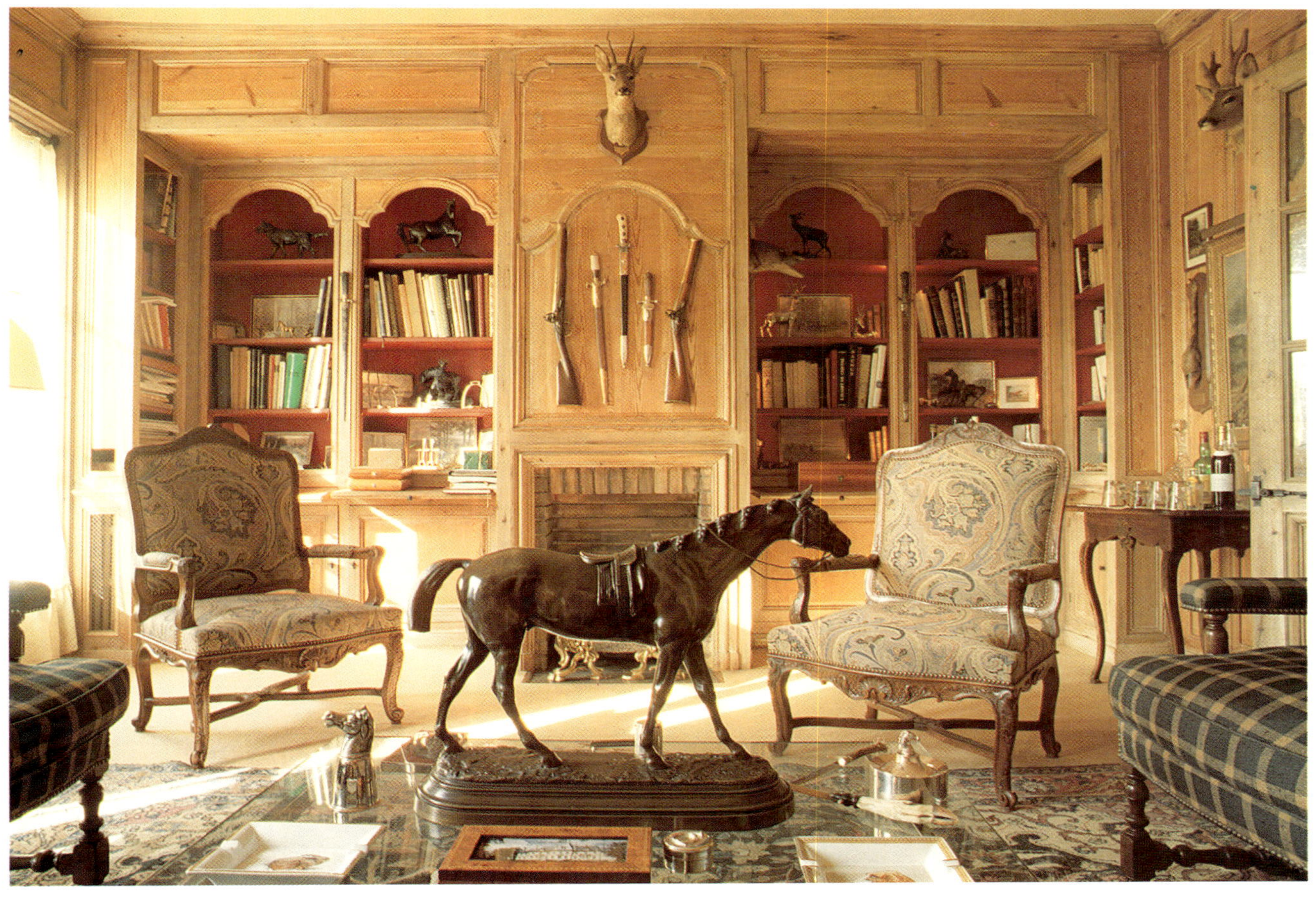

Le soir venu, les chasseurs viennent se réchauffer au cœur de la maison dans ce petit salon situé au premier étage.
Parmi les trophées, des tableaux peints par un aïeul de Bertrand du Vivier.

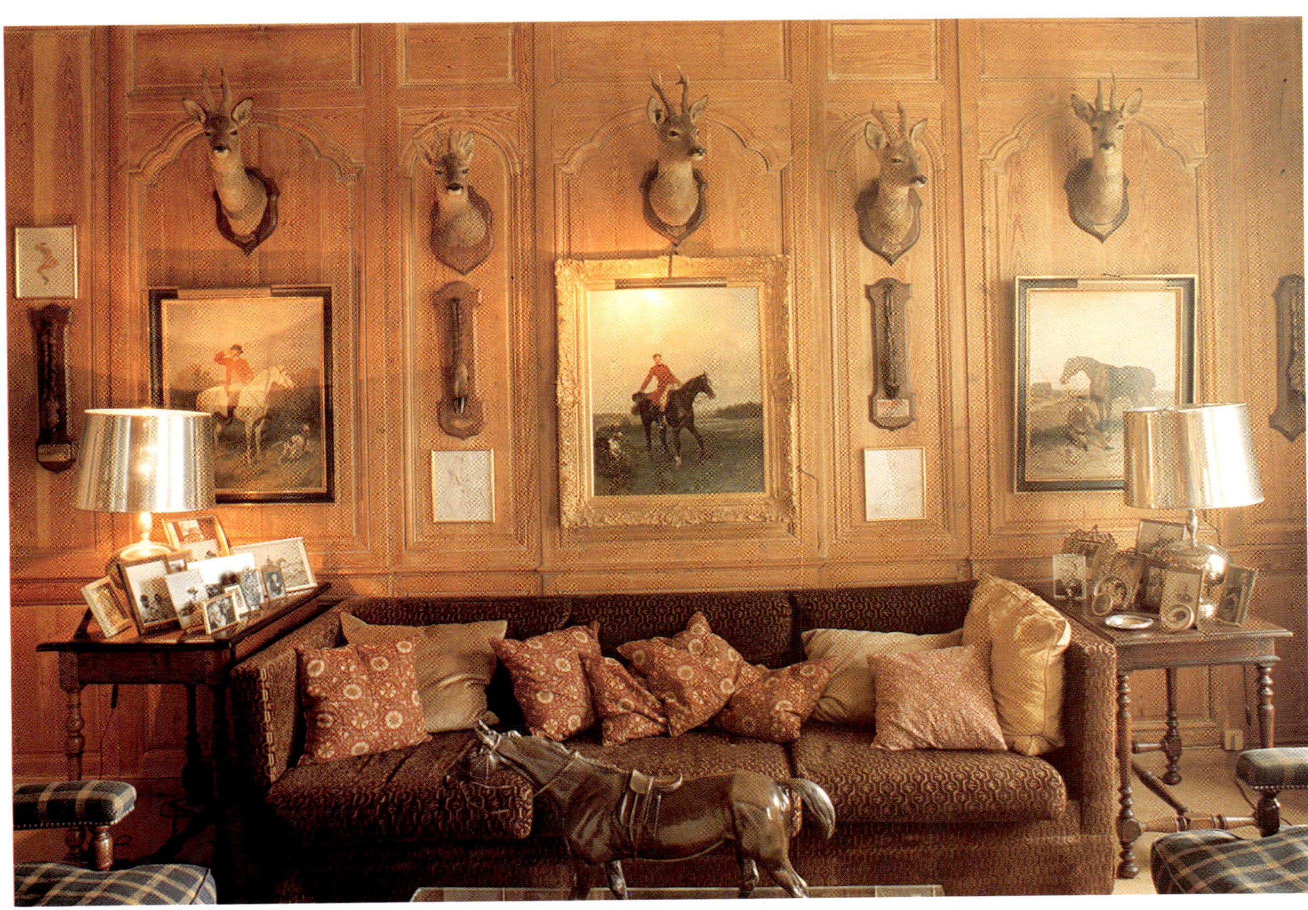

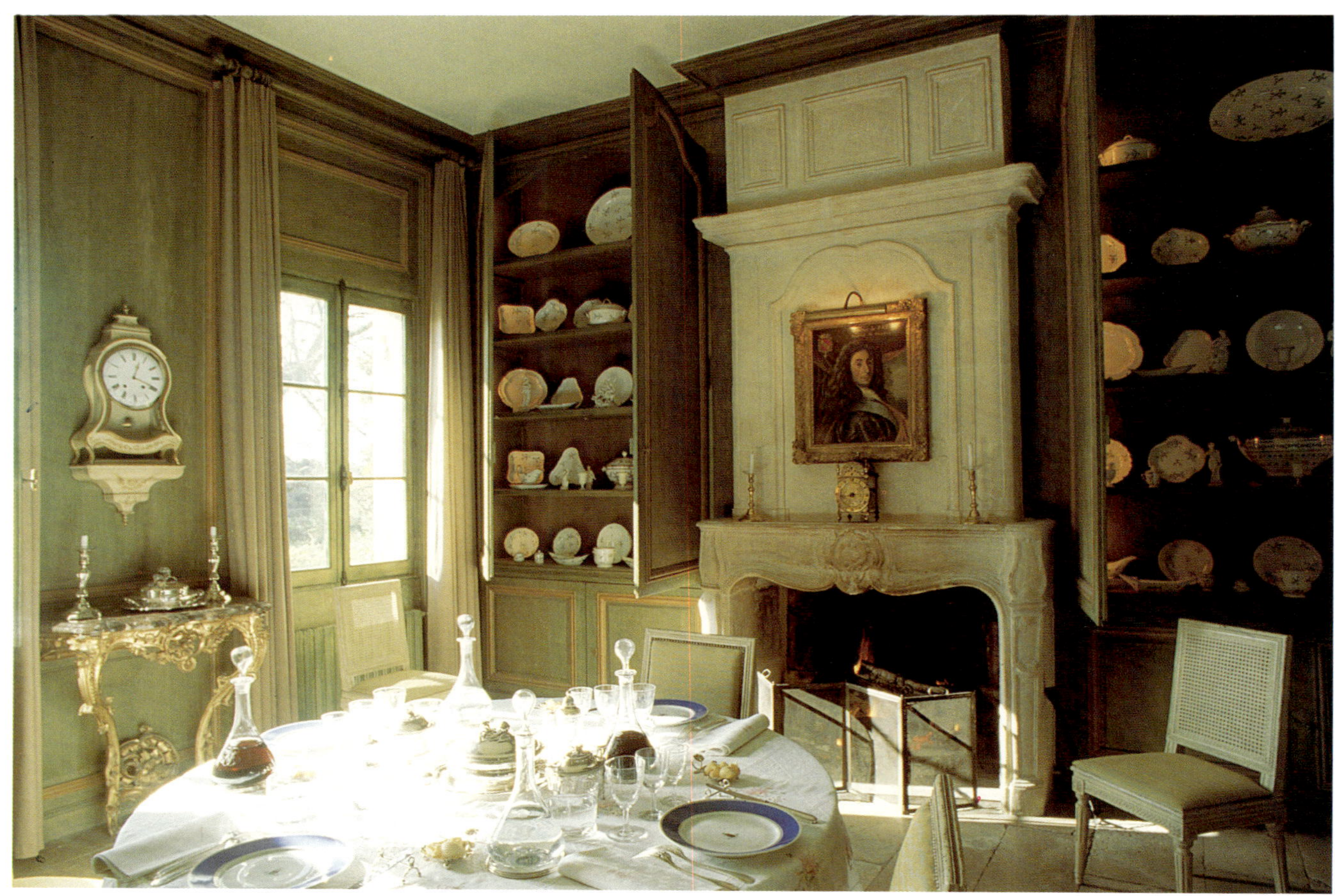

Après la chasse, la famille dîne au coin du feu dans une petite salle à manger dont les placards recèlent une collection de porcelaines de Saxe.

Les portraits des différentes maîtresses de Malleret transforment ce salon XIXe siècle en gynécée.

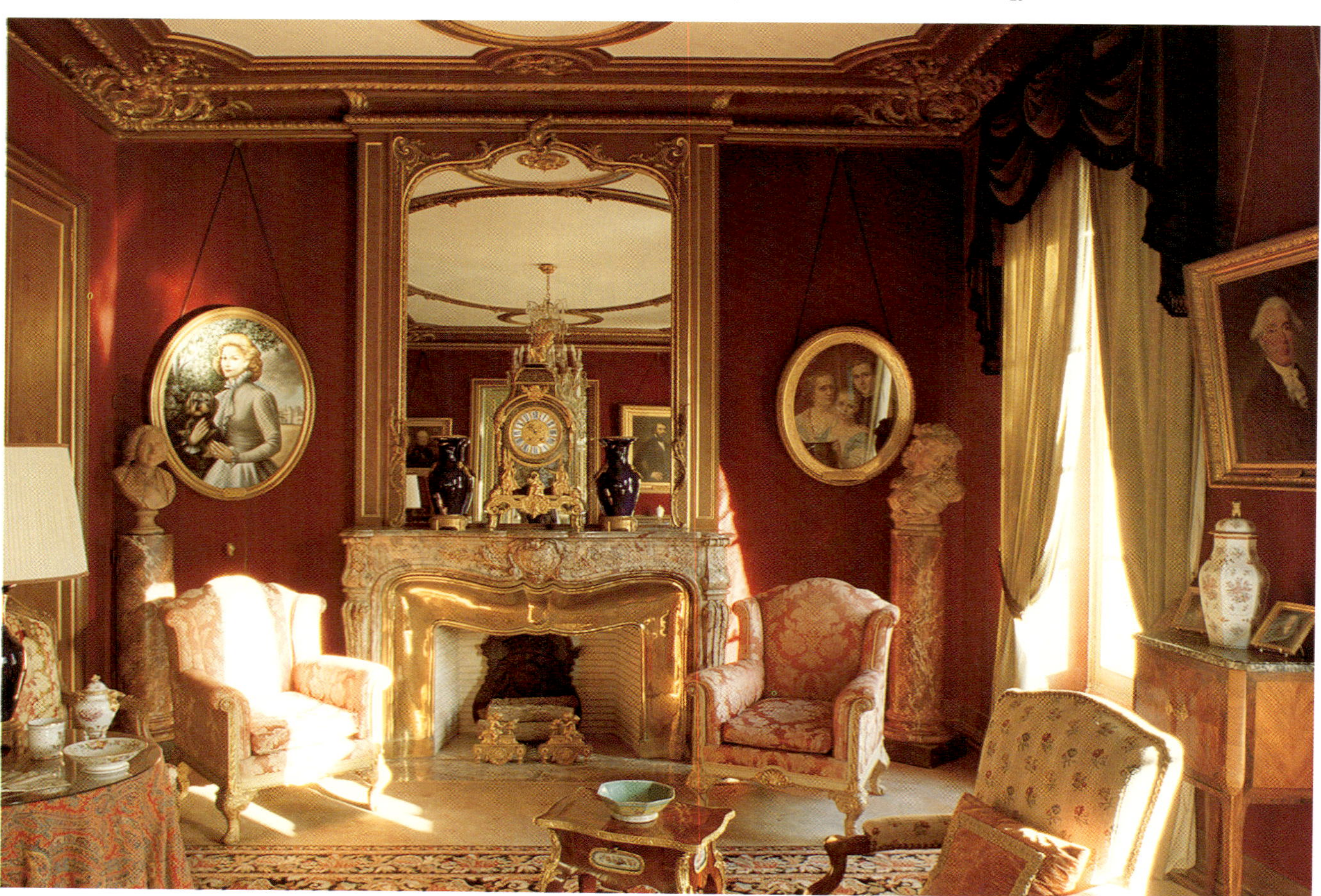

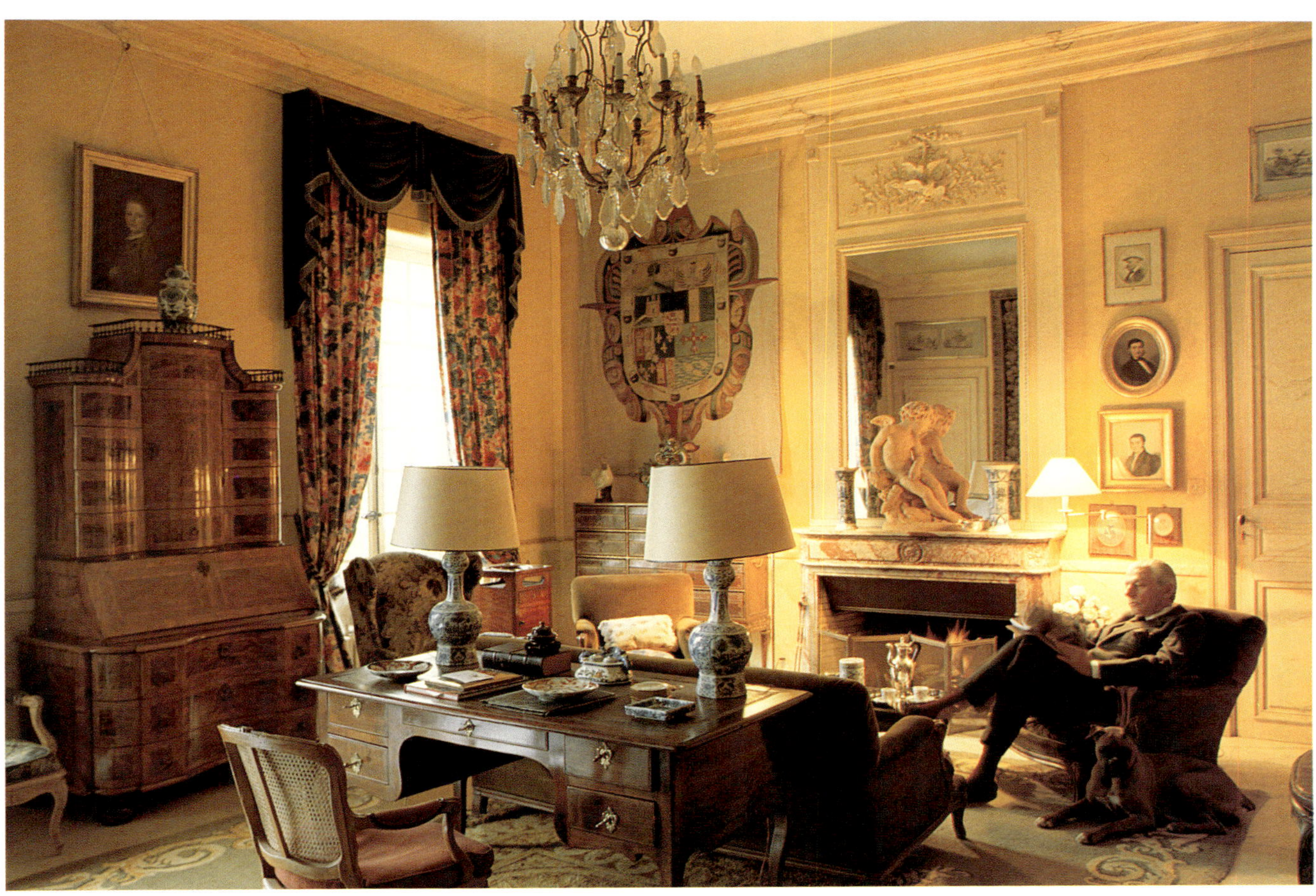

Bertrand du Vivier et sa chienne boxer, Élégante, dans le petit salon-bureau.

Ouvrant sur le jardin par des portes-fenêtres, le salon central orné de boiseries du XVIIIe siècle est encadré de deux autres salons, l'un rouge opéra, l'autre bleu azur.

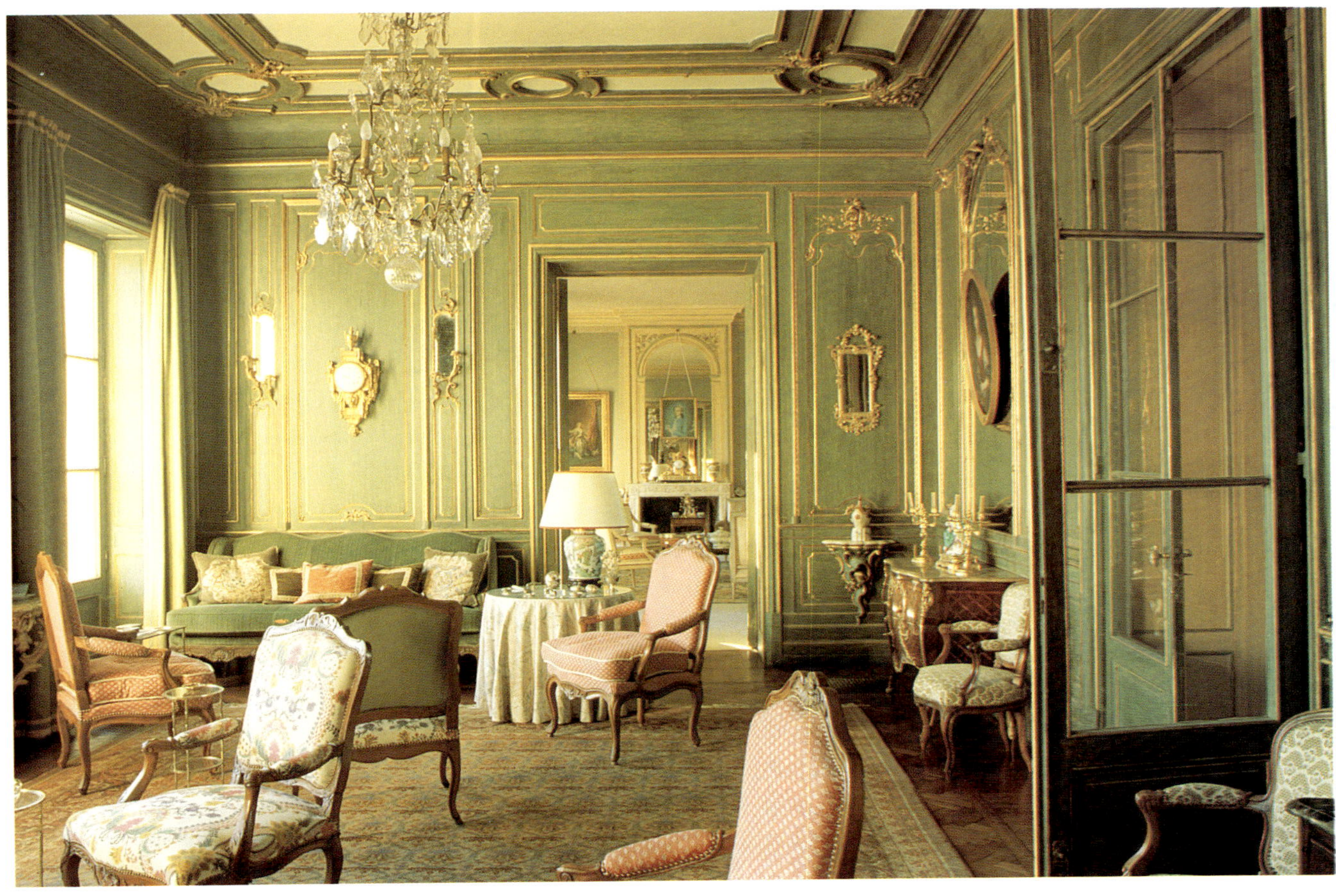

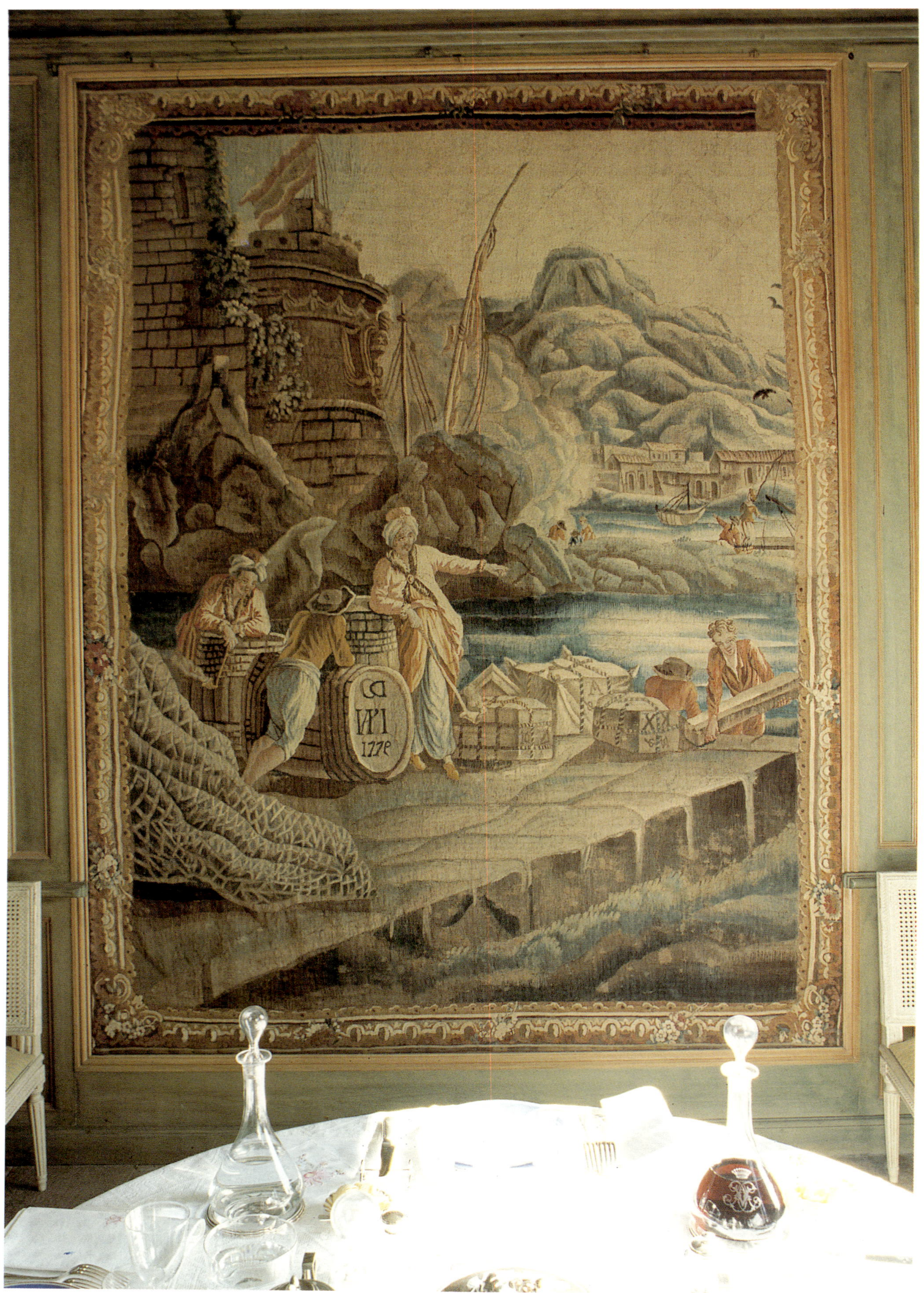

Tapisserie d'Aubusson « Retour des Indes », nom donné au vin revenu d'un voyage en mer destiné à le faire vieillir plus rapidement.

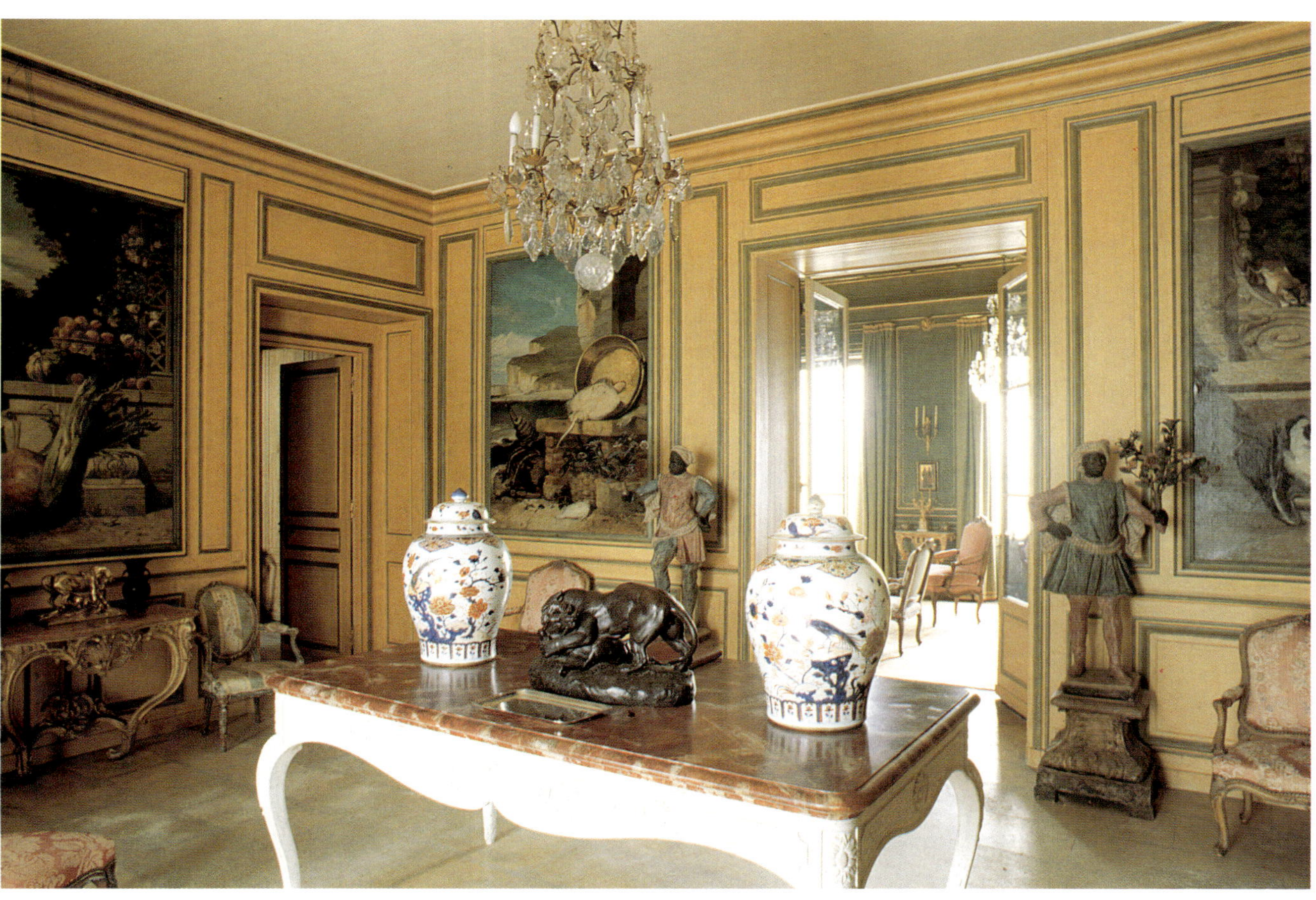

Vestibule orné de boiseries du XVIIIe siècle et de quatre panneaux peints illustrant les thèmes suivants : le gibier, les poissons, les légumes et les fruits.

Dans le vestibule, deux esclaves en bois polychrome du XVIIIe siècle acquis dans une vente aux enchères par Bertrand du Vivier.

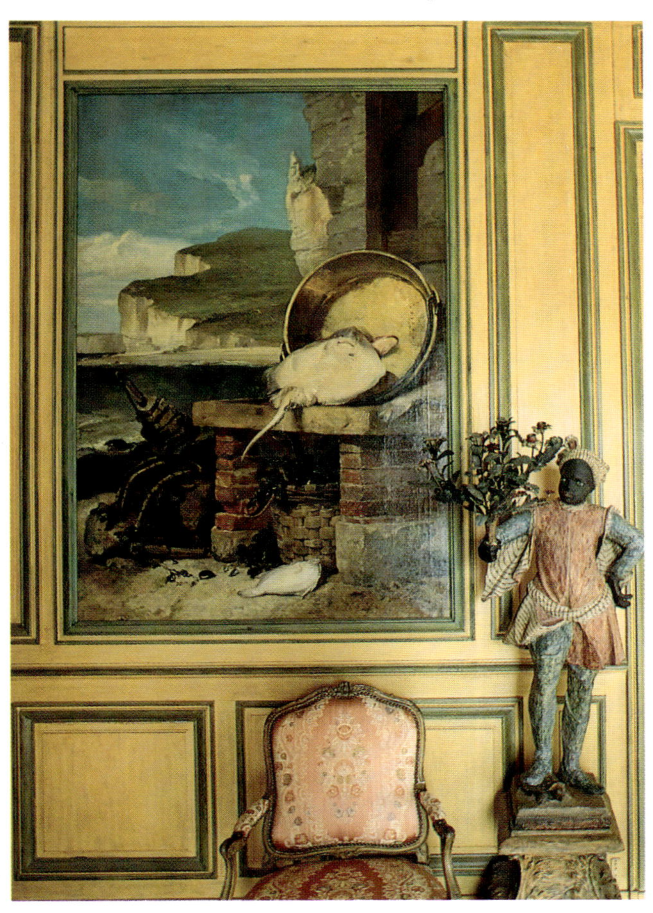

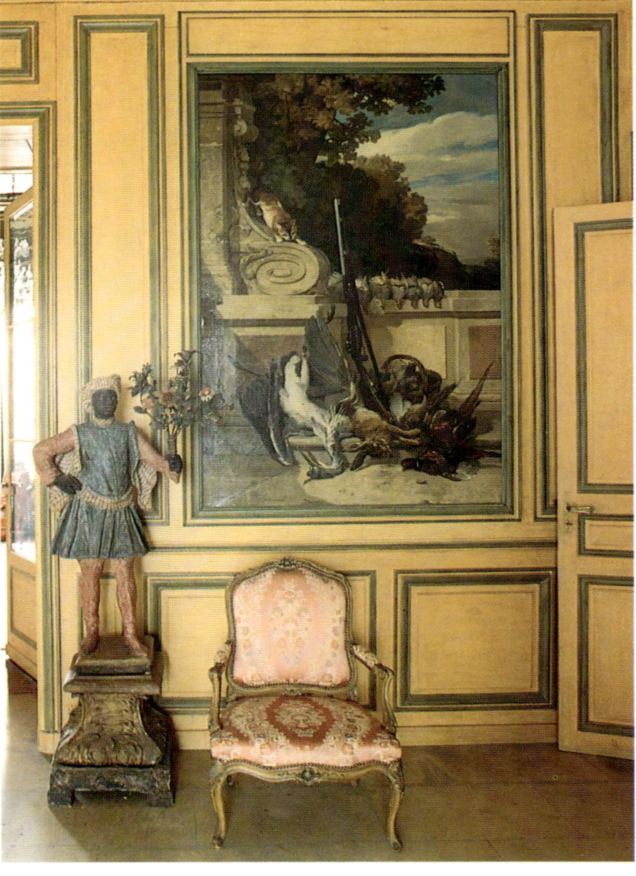

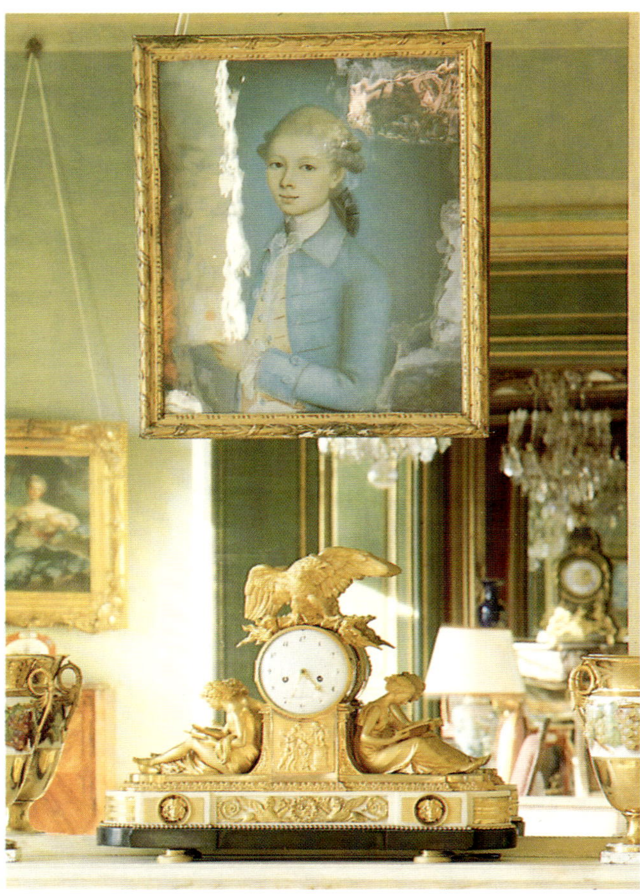

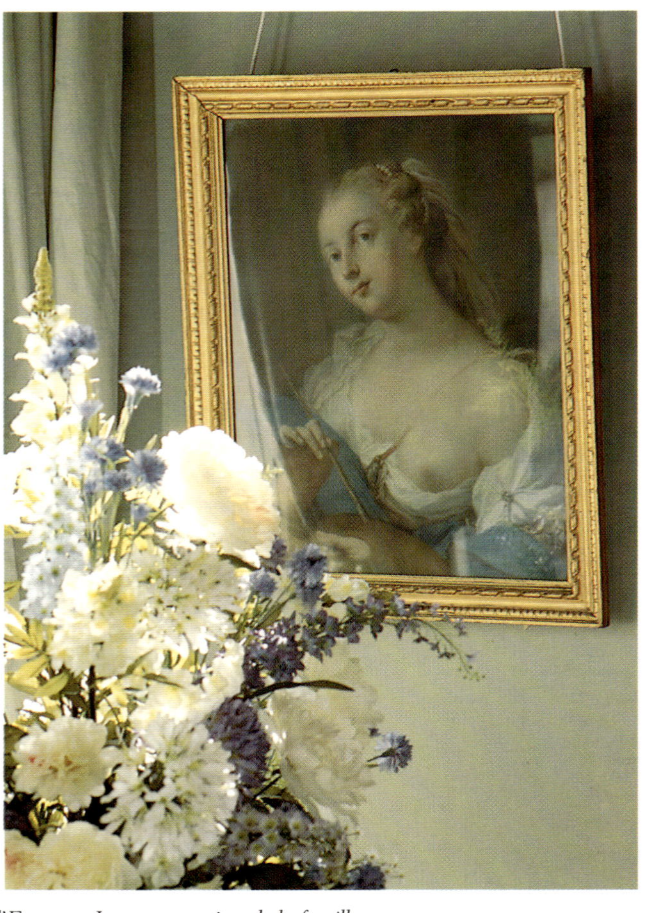

Il est dit que, la nuit, ce jeune page, marquis d'Escayrac Lauture, ancêtre de la famille, s'échappe de son cadre pour rejoindre sa belle voisine, Rosalba Carriéra peinte par elle-même.

Cette composition de fruits évoque les tableaux de natures mortes flamandes.

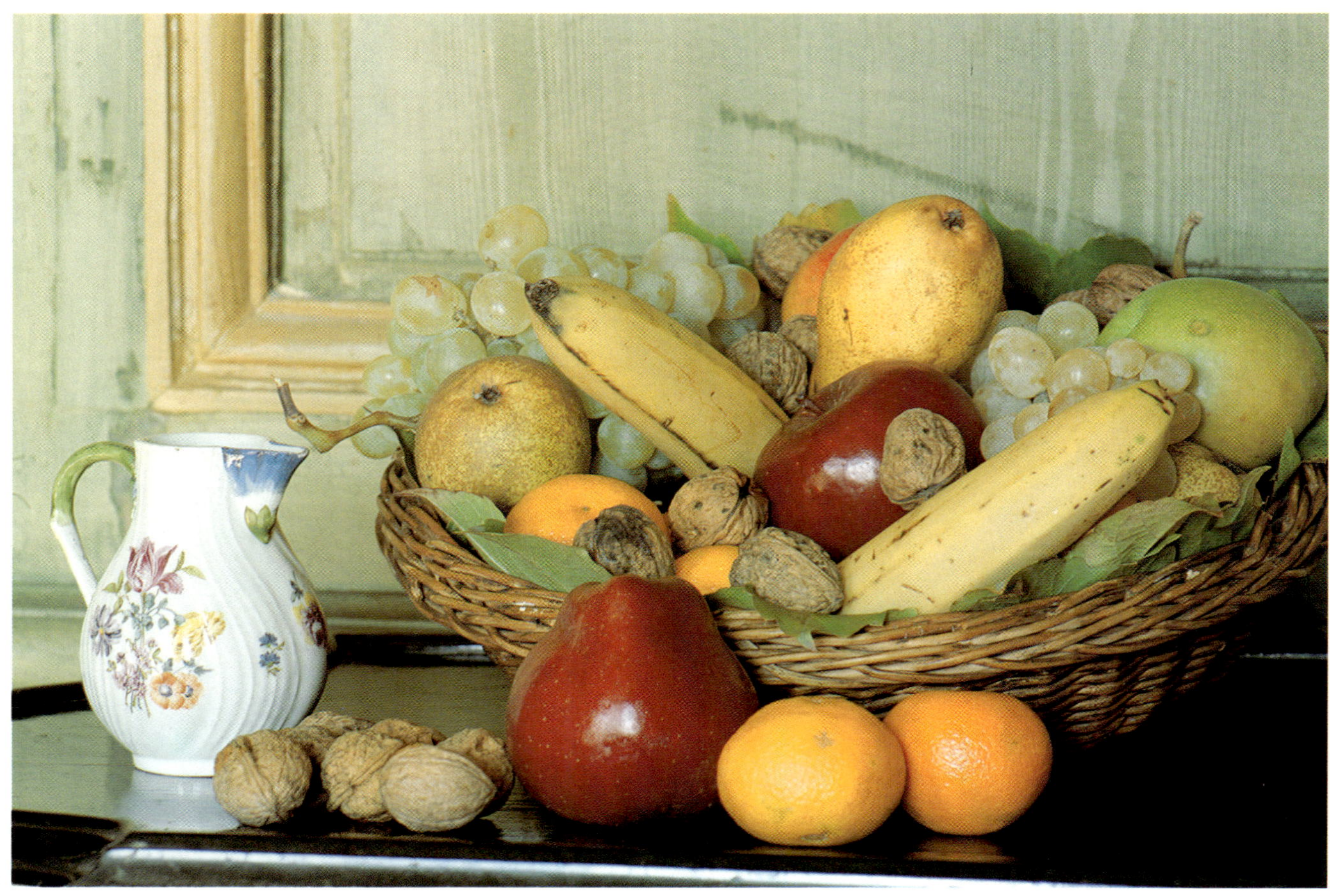

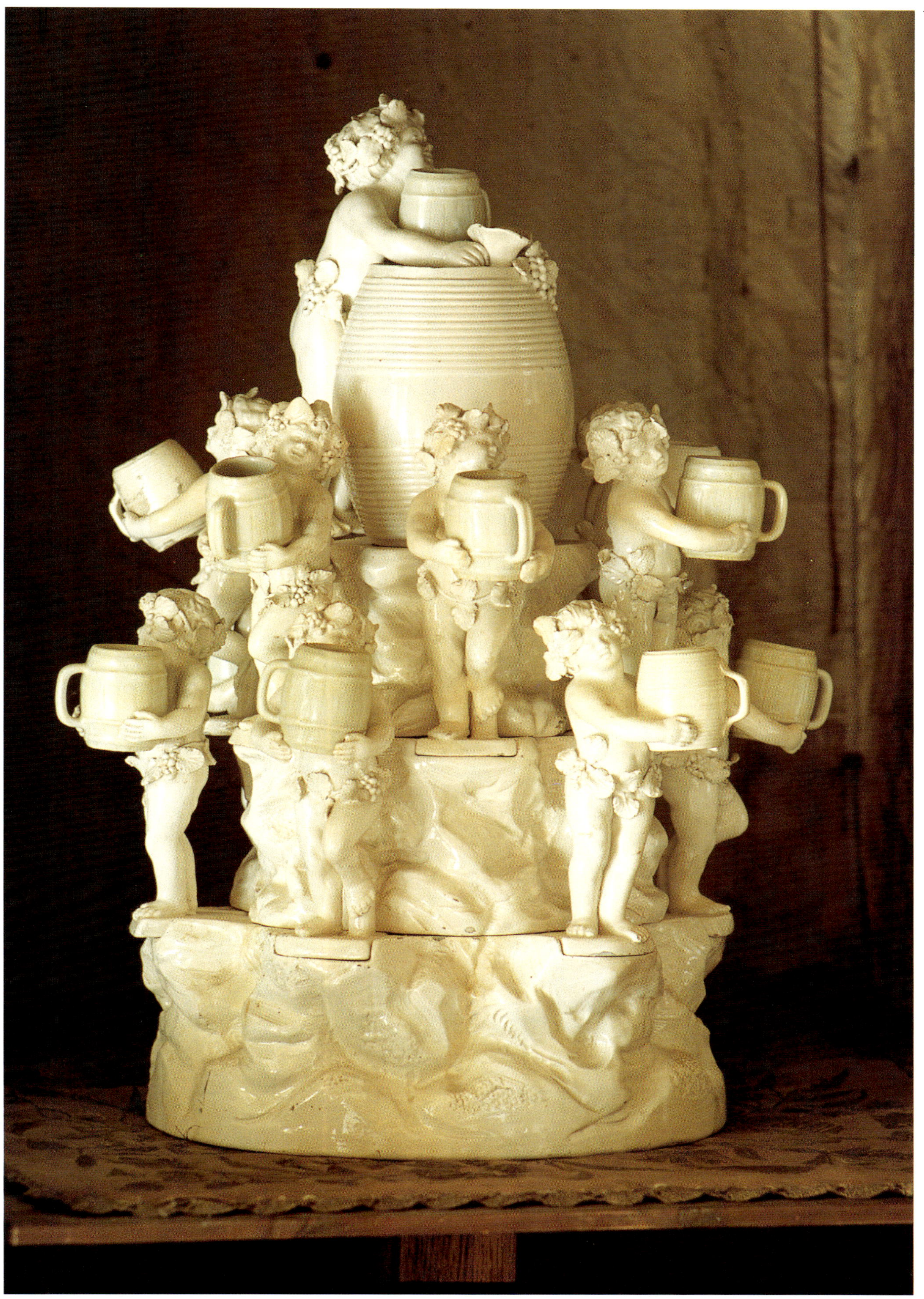

Cave à liqueurs allemande du XVIIIe *siècle.*

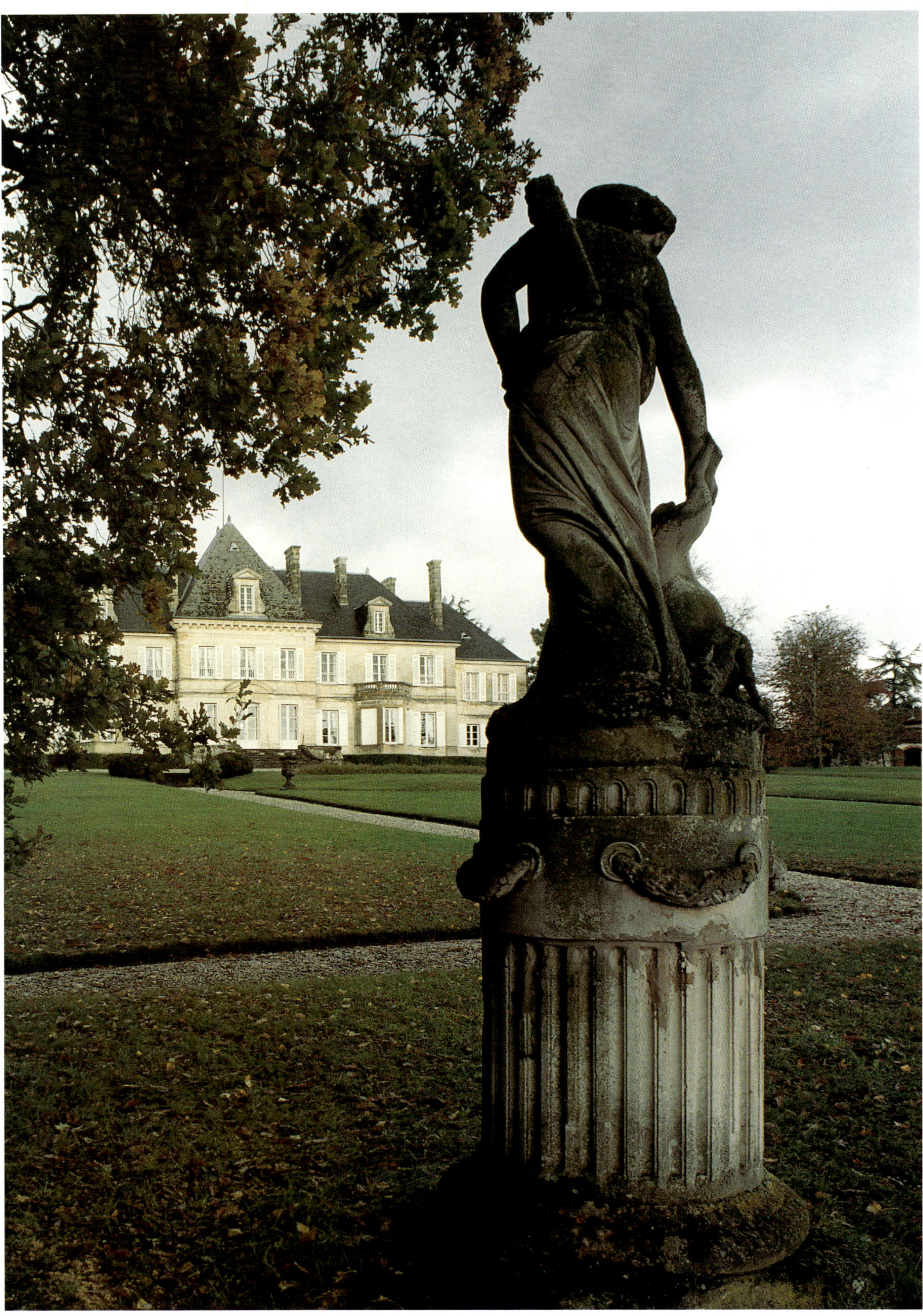

Chaque dimanche, pendant la saison, une chasse à courre célèbre le culte de Diane.

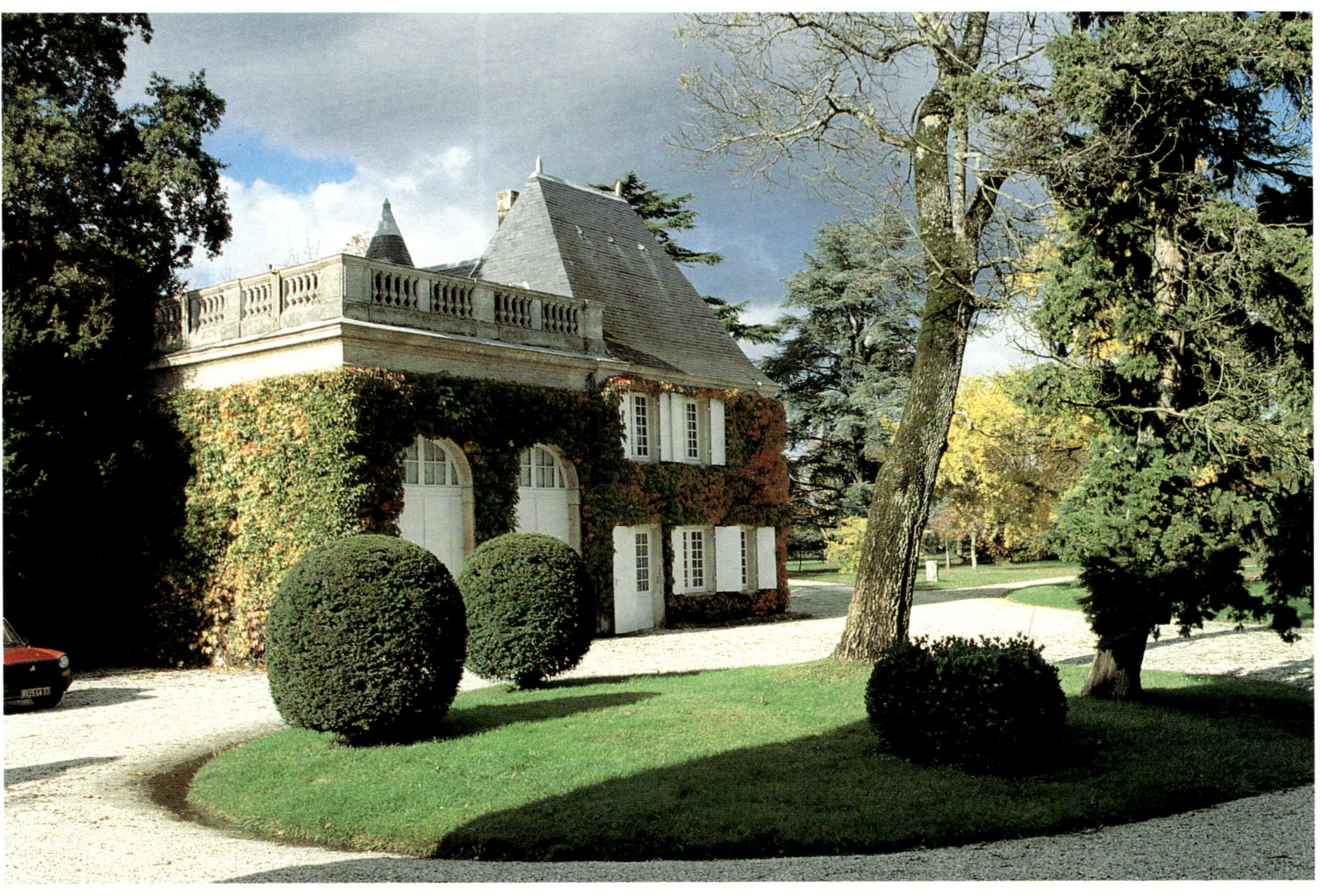

Vue de l'un des deux pavillons du XVIIe siècle reliés autrefois au château. Ils donnent sur le parc dessiné par Ivoy au XIXe siècle.

Écuries construites au XIXe siècle sur des plans rapportés d'Angleterre par Fritz Clossmann, ancêtre de Bertrand du Vivier.

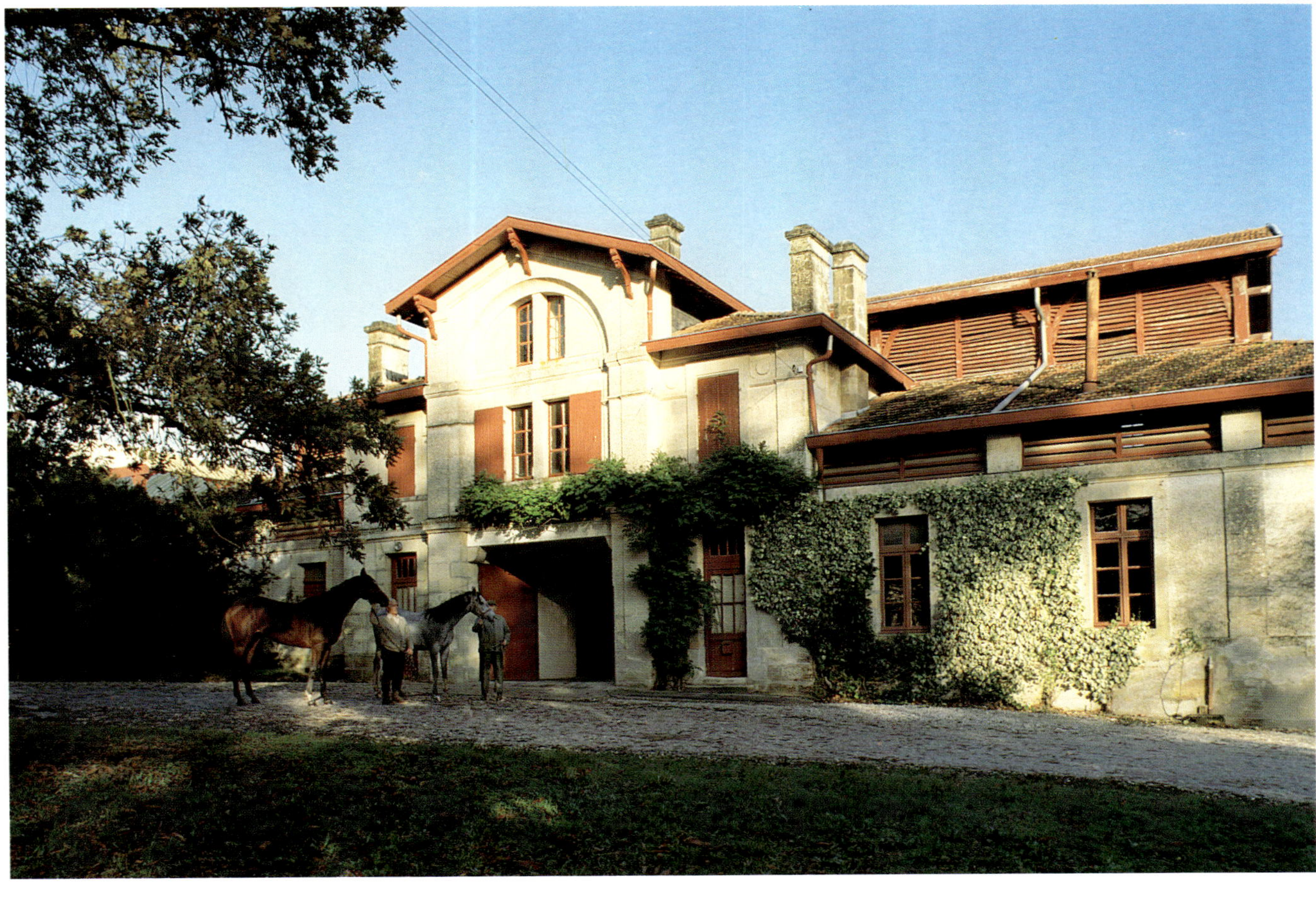

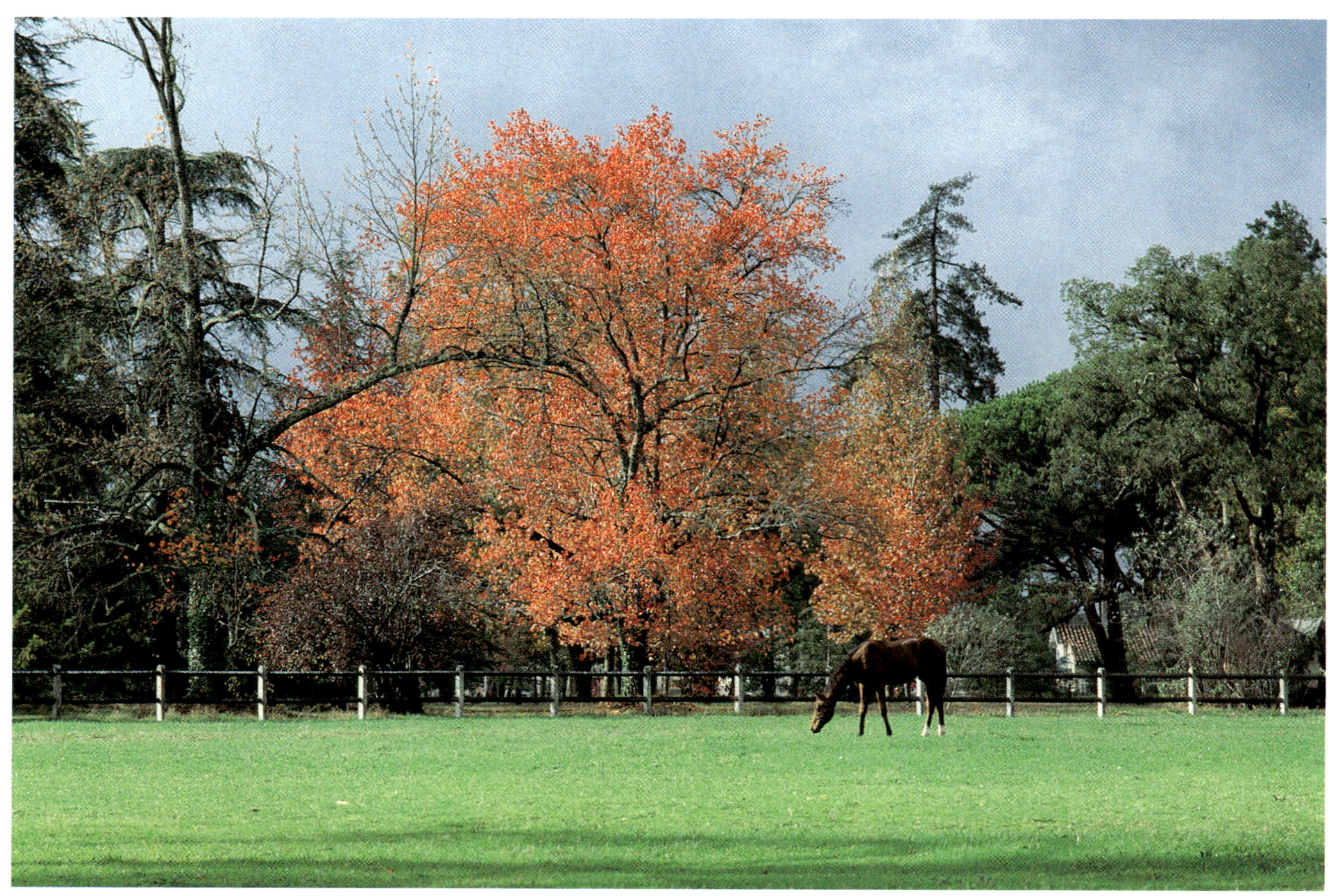

À l'automne, la diversité des essences donne au parc un aspect impressionniste.

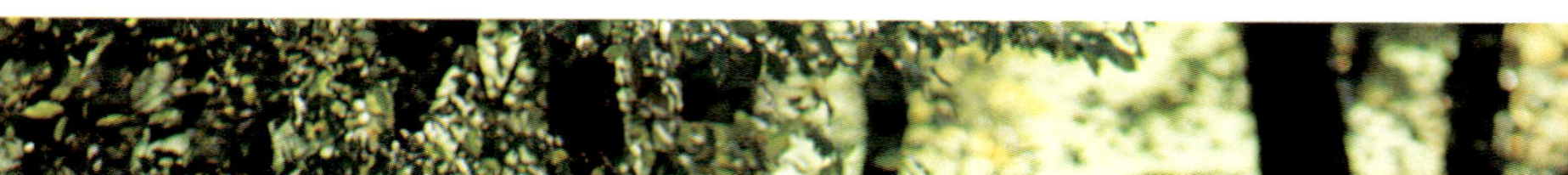

Miguel, le cocher, présente un yearling de l'élevage du château.

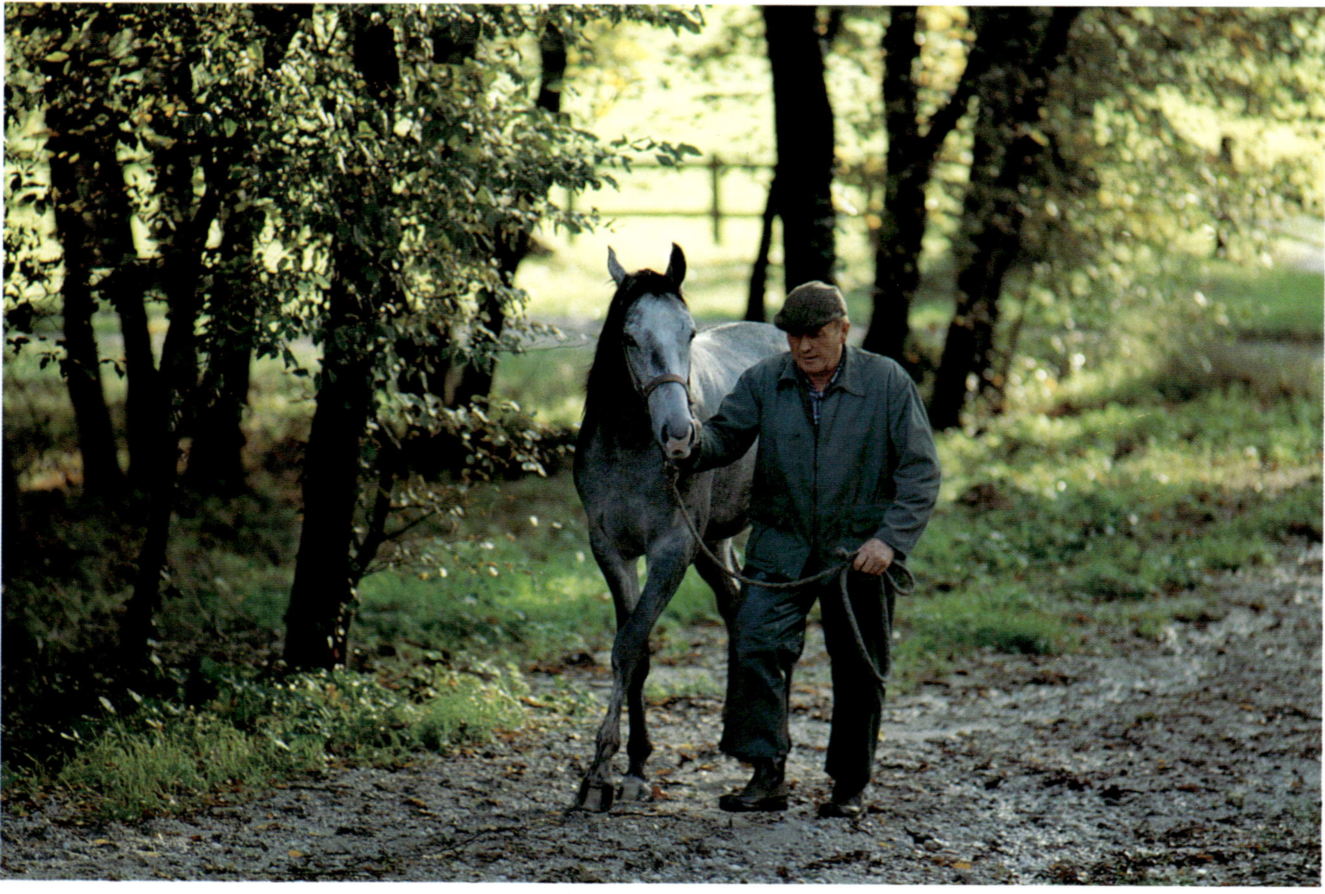

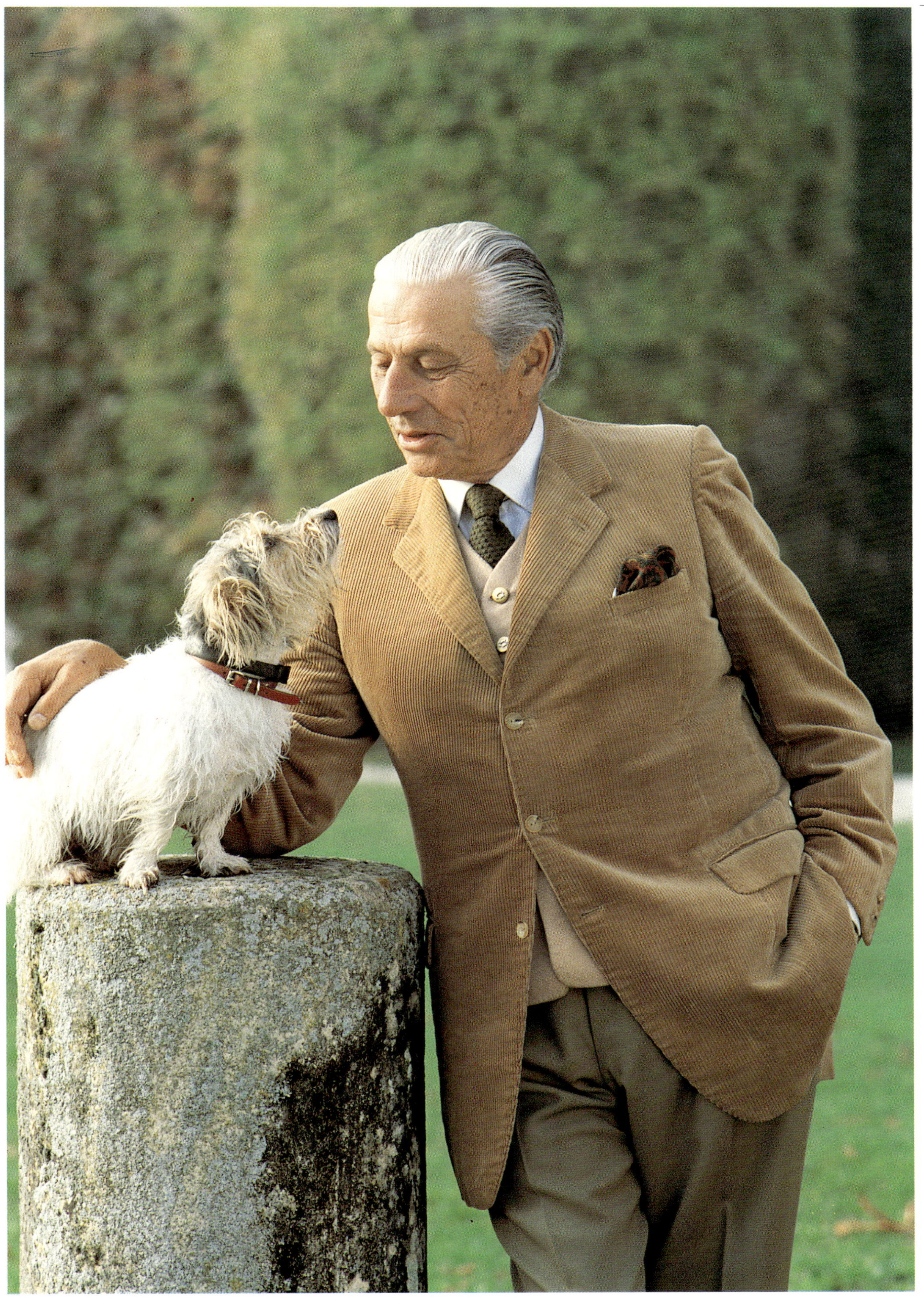

Bertrand du Vivier converse avec sa chienne Jack Russell, Babouche.

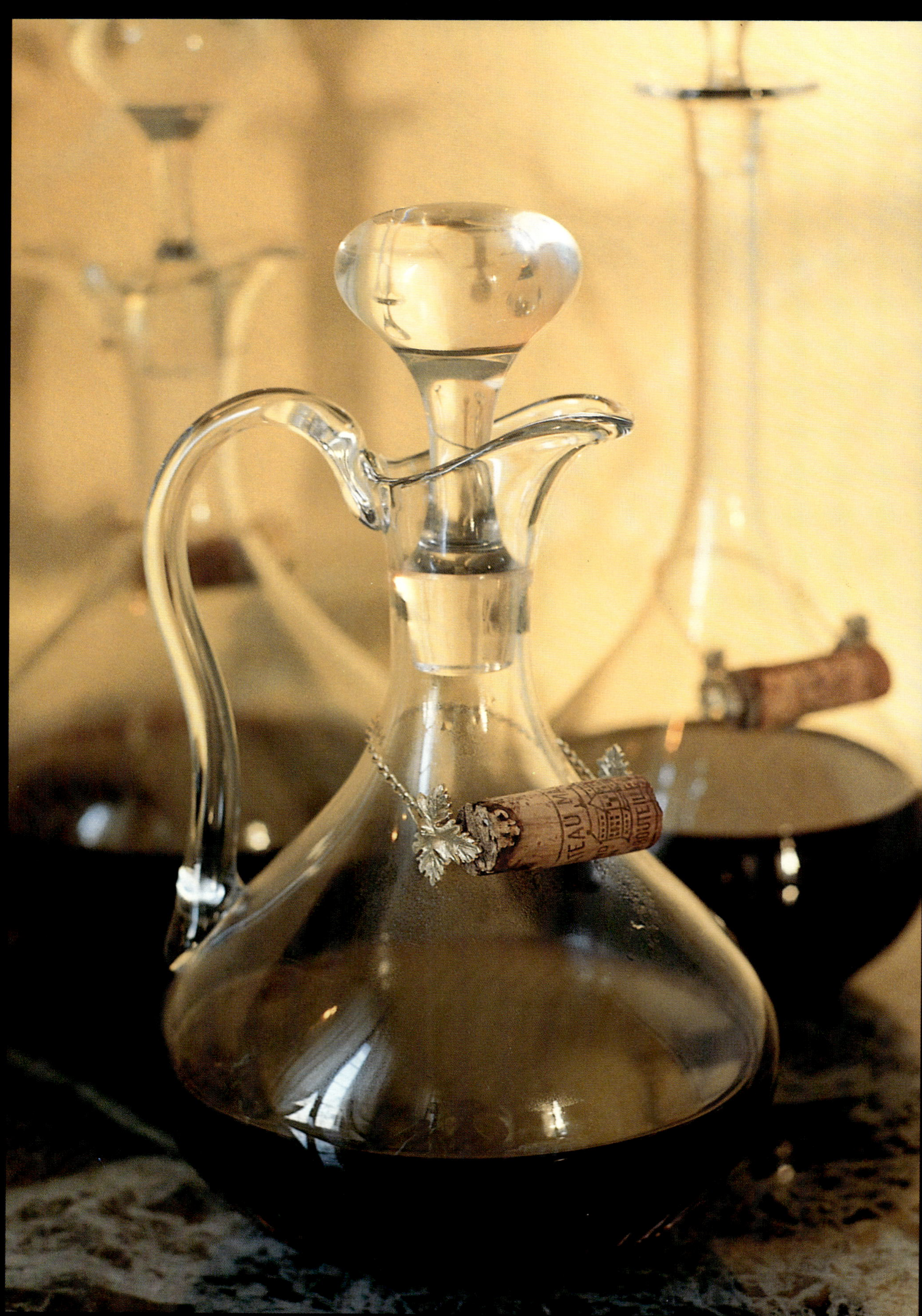

MARGAUX

Margaux. Premier grand Cru classé
Mesdames Mentzelopoulos

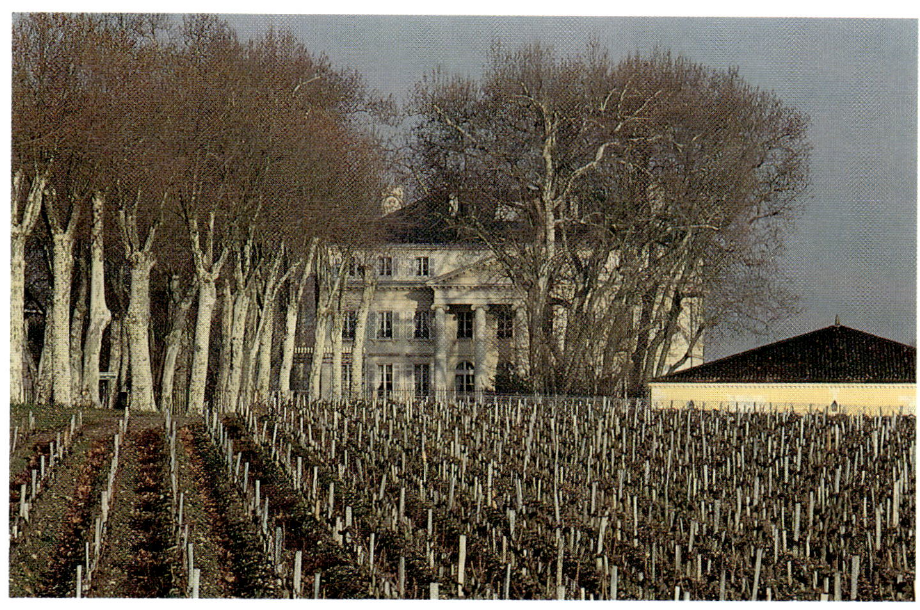

Je vous le dis, il faut encore avoir du chaos en soi pour enfanter une étoile dansante.
Nietzsche

A l'emplacement de l'actuel château s'élèvait, au XVe siècle, une maison noble appelée la Mothe de Margaux.
Le vigne y apparaît à partir de 1570 et si, à la fin du XVIIe siècle, le domaine atteint déjà sa superficie actuelle, 265 hectares, dont un tiers consacré au vignoble, c'est au XVIIIe siècle que Margaux affirme sa vocation viticole qui le place au tout premier rang des vins de Bordeaux et devient un véritable centre d'expérimentation sous l'influence de deux hommes remarquables, un maître de chai, Berlon, et un propriétaire, Joseph de Fumel.
Berlon révolutionne les procédés de vinification et définit les bases de nouvelles techniques encore utilisées de nos jours. Il est le premier à

sélectionner le vin d'après ses parcelles d'origine, à séparer dans des cuves différentes le vin tiré de raisins blancs et de raisins noirs, à ne planter dans la même parcelle que des cépages de raisins de même coloration. Désormais, il y aura d'un côté les vignes blanches, de l'autre les vignes noires. On peut affirmer sans crainte d'être contredit que Berlon est au bordeaux ce que Dom Pérignon fut au champagne un siècle plus tôt.

Joseph de Fumel comprend que, pour améliorer en même temps la qualité et le rendement, il faut rajeunir le vignoble et ne sélectionner que des cépages de premier choix parfaitement adaptés à la nature du sol. Si toutes ces innovations font aujourd'hui sourire tellement elles paraissent évidentes, elles bousculent à l'époque un ensemble d'idées reçues bien ancrées.

Dans son poème en vers de mirliton, monsieur Biarnez écrit sur le vin de Margaux, qu'il considère comme un des trois dieux du monde :

De ce château divin, tout peuple est tributaire.
Nul ne tenta jamais…
De secouer le joug de son autorité.
Quand les rois d'aujourd'hui, la puissance chancelle,
La sienne grandit seule, elle est seule immortelle.

Si sa notoriété n'est pas contestée, sa puissance, en revanche, suscite bien des convoitises. Margaux fascine, envoûte, attire. C'est la raison pour laquelle l'histoire de ses deux derniers siècles défile comme un feuilleton ou une série américaine. Il est surprenant qu'aucun producteur ou scénariste ne s'y soit intéressé. En quatre actes et un épilogue, elle fait apparaître plusieurs types de personnages dont la passion du vin n'est pas toujours la motivation de l'investissement.

Acte 1 – Laure de Fumel.

En 1795, elle achète le domaine estimé à 150 000 livres. Sa démarche est vraisemblablement plus sentimentale qu'affairiste car, sans la parenthèse révolutionnaire, Margaux appartiendrait encore à des parents proches. Cet achat doit aussi résoudre son mariage avec le comte Hector de Brane, un individu qui ne brille pas vraiment par sa clairvoyance. Propriétaire de Brane-Cantenac et de Brane-Mouton, il pressent plus d'avenir au premier. Il se débarrasse donc du second, qui deviendra beaucoup plus tard Mouton-Rothschild.

On ne fait pas forcément de bonnes affaires avec de bons sentiments, et dans un pays où l'arbitraire est le nouveau roi survient un premier rebondissement. Sans le moindre fondement, le montant de la vente est considérablement augmenté. Ne possédant pas assez de liquidités, Laure de Fumel est obligée de rechercher des appuis financiers auprès d'un groupe de négociants. Contre une location de quinze années au loyer annuel de 24 000 livres, ce groupe accepte de payer le reliquat de la transaction d'un montant de 260 000 livres. Au lieu de résoudre ses problèmes, l'infortunée vient de pactiser avec le diable. Un malheur n'arrivant jamais seul, deux plus tard, son mari, outre son absence de perspicacité, manifeste un tempérament instable et fantasque et décide d'émigrer. Il laisse derrière lui beaucoup de dettes, une femme et un tout jeune enfant. Faisant fi de toutes les conventions, Laure demande le divorce et, décision remarquable pour l'époque, l'obtient. En 1801, quand elle se remarie avec le négociant Langsdorf, elle ne conçoit pas cette union sans tirer un large trait sur son passé, dût-elle se débarrasser de Margaux. Dans un premier temps, elle essaie de le revendre à son groupe de négociants-locataires qui refuse son offre car leur situation de locataires est plus confortable et moins sujette à discordes que celle de propriétaires associés. Faute d'acquéreur, Margaux est mis aux enchères.

Acte 2 – Bertrand Drouat, marquis de la Colonilla.
Originaire de Ciboure au pays basque, il s'établit, à l'approche de la trentaine, en Espagne avec son frère et se lance dans les affaires. Représentant d'une banque, fondé de pouvoir du gouvernement de Madrid, il acquiert dans le négoce international une rapide et confortable fortune. Avide de reconnaissance, elle lui permet de concrétiser certaines ambitions, même si elles ne se réalisent pas toujours au moment opportun. Ainsi son désir d'acquérir une particule en 1789. Son envie est si forte que le début des persécutions et des exécutions perpétrées contre la noblesse ne le fait ni reculer, ni refuser le titre de marquis de la Colonilla que lui cède, gracieux euphémisme, la famille de la Cruz.
Quand son frère, revenu s'installer dans la région de Bordeaux, lui fait part de la vente de Margaux, il y voit immédiatement le moyen d'afficher sa réussite et sa toute puissance. En quelques jours, Margaux devient l'objet de son caprice. Il le veut, il l'aura. Obnubilé par ce seul but, l'homme d'affaires avisé et prudent ne cherche même pas à s'informer sur les modalités de la transaction. Dix jours plus tard et sur une enchère de 650 000 francs, il croit pouvoir franchir les portes du domaine en maître des lieux. Il entre plutôt dans un véritable imbroglio juridique car surgissent d'anciens créanciers de l'inconséquent Hector de Brane qui essaient de bloquer les produits de la vente. Le marquis de la Colonilla s'y oppose en faisant annuler cette vente ! Margaux, remis aux enchères, est adjugé 803 000 francs à un individu qui s'avère être... insolvable. Après une âpre bataille juridique, où la légalité est allègrement bafouée, le marquis de la Colonilla redevient propriétaire de Margaux six ans après sa première enchère.

Désireux de marquer l'endroit de son empreinte, ce marquis au nom de personnage d'opérette va se révéler un redoutable maître de ballet. Il fait raser l'ancienne maison et demande à l'architecte bordelais Louis Combes de faire de Margaux un temple à la mesure de sa mégalomanie. Dans un style néo-classique, puisé aux sources de l'Antiquité grecque, Louis Combes réalise un petit *Versailles* médocain qui, malgré son impressionnante apparence, ne possède pas plus de pièces que la maison qu'il remplace.

La profession de foi architecturale de Combes : « La perfection repose sur trois grands principes : unité, simplicité et convenance » se trouve mieux exprimée dans les dépendances du château. L'ensemble composé de rues bordées par les chais, de logements d'ouvriers et d'ateliers d'artisans donne l'impression d'un petit village. Les travaux se terminent en 1816. Le marquis de la Colonilla meurt la même année sans avoir vu son rêve achevé.

Ses trois enfants ne marquent pas plus d'intérêt pour le vin que leur père qui, selon les confraternels propos du régisseur de Château Latour, a fait chuter la qualité de Margaux en y ajoutant de l'eau. Ils se contentent de vivre des revenus de la vente à l'abonnement qui consiste à écouler la production pendant un certain nombre d'années à un prix convenu au début du marché. En 1836, ils vendent « ce domaine agricole et ses vignes ».

Acte 3 – Alexandre Aguado, marquis de las Marismas.

Banquier et financier de grands travaux, cet Espagnol d'origine décide en 1828 de prendre la nationalité française. Il s'installe à Paris et dépense sa fortune en assouvissant ses désirs de collectionneur et de mécène. Amateur de maîtres espagnols et italiens, il rassemble une célèbre collection de tableaux et aide Rossini quand celui-ci compose la musique du *Comte Ory* et de *Guillaume Tell*.

Alexandre Aguado figure dans cette histoire parce qu'il ouvre la voie aux Rothschild, Péreire et Fould. Il est le premier banquier à s'intéresser à un très grand cru, que, paradoxalement, il gère de façon complètement philanthropique.

Si le marquis de la Colonilla s'est chargé de l'aspect extérieur du château, Alexandre Aguado s'intéresse à la décoration intérieure. Sans rien modifier à la disposition décidée par Louis Combes, il en fait un lieu agréable, confortable et vivant. Une véritable maison d'automne qu'il aime retrouver au moment des vendanges, entouré d'amis et d'artistes invités pour la circonstance. Son agencement ne subira aucune modification pendant plus d'un siècle.

À la mort de ses héritiers, Margaux connaît un entracte. Selon la formule de l'historien du lieu, Nicolas Faith : « Il passe de mains de banquiers issus de l'aristocratie – le comte de Pillet-Will et le duc de la Trémoille – à celles de bourgeois capitalistes et gagne en importance économique ce qu'il perd en éclat. » L'histoire reprend avec la liquidation de la société anonyme et la mise en vente de Margaux au tournant des années 1930.

Acte 4 – La famille Ginestet.

En cette période de crise, qui peut être intéressé par l'acquisition d'un château aussi prestigieux soit-il ? Un banquier ? Certainement pas. La profession est touchée de plein fouet par la récession. Un châtelain ? Tous cherchent à sauver leur exploitation ou à s'en débarrasser. Un négociant ? Jamais dans l'histoire des vins de Bordeaux un négociant n'est devenu propriétaire d'un premier Cru. Alors qui, si ce n'est Fernand Ginestet, marginal dans le négoce bordelais ? Marginal par la modestie de ses origines et le parcours de sa carrière. Aux marchés anglo-saxons trop féquentés, il préfère les terres vierges des colonies françaises. Là il noue de solides amitiés d'affaires qui lui serviront pour la reprise de Margaux. Ainsi, celle de monsieur Boylandry, importateur de vins, maire de Saïgon auquel il propose de devenir l'actionnaire majoritaire de la société qu'il dirigerait avec son fils Pierre.

Pendant toute la durée de leur gestion, le père et le fils n'ont de cesse d'améliorer l'image de Margaux. Devenus majoritaires à la mort de monsieur Boylandry par le rachat de toutes ses actions à ses héritiers, ils multiplient les initiatives. Ils *remembrent* le vignoble en récupérant des emplacements de première qualité à des propriétaires voisins en proie à de graves difficultés financières, reviennent à la mise en bouteille au château, pratique interrompue à la fin des années 1920, améliorent la technique de l'assemblage pour obtenir d'extraordinaires millésimes et restaurent le château qui devient une halte obligée des voyages officiels.

Cependant, au milieu des années 1960 apparaissent les premières difficultés financières. La récolte de 1963 a été catastrophique, celle de 1965 risque de décevoir les amateurs et de ne pas se vendre : le vin est trop léger. Pierre Ginestet décide de lui apporter la vigueur manquante en le mélangeant à celui de 1964, plus charpenté, et de le commercialiser sous une appellation non millésimée. Cette pratique courante permet aux viticulteurs de compenser des années de mauvaise récolte par des années de fort rendement. L'opinion qui la tolère pour un cru moyen l'admet difficilement d'un *Big Five* pour qui qualité est synonyme de vertu. Elle lance une campagne où les Ginestet, boucs-émissaires de la profession, perdent une partie de leur crédibilité.

En 1973, pour faire face au nouveau choc économique, Pierre Ginestet sollicite des emprunts qu'il garantit en misant sur les ventes des récoltes de 1973 et 1974. Celles-ci sont malheureusement trop abondantes et se vendent difficilement. Pour Pierre Ginestet, c'est le début d'une spirale infernale. En 1975, la masse des emprunts dépasse le chiffre d'affaires et leurs intérêts s'élèvent à 20 000 francs par jour. La vente de Margaux devient inéluctable.

Pierre Ginestet tient à ce que cette opération s'opère dans la dignité. Il exige des repreneurs le maintien de l'emploi et, pour lui, l'assurance de résider à Margaux, de s'occuper de sa gestion et de la commercialisation exclusive de ses vins.

Pendant deux ans, il va de négociations en négociations où se retrouvent le monde de la haute finance, des mutinationales et l'administration, libérale d'esprit mais très dirigiste et protectionniste dans les faits. Intéressé, Rémy-Martin se trouve incapable de réunir les fonds ; l'UAP, la compagnie d'assurances, estime la *barre trop haute*. Ironie du destin, dix ans plus tard, une autre compagnie d'assurances, AXA, paiera 200 millions de francs le Château Pichon-Longueville-Baron. Les possibilités nationales épuisées, Pierre Ginestet se tourne vers les sociétés étrangères. Un accord est en vue avec National Distillers sur une base de 82 millions de francs quand le gouvernement entre en jeu et impose son veto. Il redoute que cette marque galvaude l'image de Margaux en associant son appellation à la promotion de n'importe quel produit. En l'occurrence, l'administration joue l'air de la vertu outragée : « Vendre Margaux, c'est porter un coup bas à une richesse qui fait partie du patrimoine national. C'est comme si on laissait des étrangers acheter la Joconde ou la tour Eiffel. » Pour faire bonne mesure et rassurer les Ginestet, elle leur promet d'accepter toute offre équivalente venant d'acheteurs français, voire d'aider à en trouver. Quand il propose 60 millions de francs pour le domaine et la maison de négoce, le Crédit Agricole agit sur ordre du gouvernement. En tout cas, son offre est rejetée ; elle couvre à peine les dettes.

Il faut se résoudre à une vente aux enchères quand, coup de théâtre, une offre de 72 millions de francs provient du président de la chaîne des magasins Félix Potin, André Mentzelopoulos. Dans l'avion, il a lu un article du *Financial Time* consacré aux péripéties de *l'Affaire Margaux*. Actionnaire des vins Nicolas, il connaît les Ginestet et les pratiques du milieu. Très vite, il négocie et sa proposition est acceptée avec 90 % du montant payé à la signature. Ce montant, moins important que celui avancé par National Distillers, est la moitié d'une offre refusée cinq ans auparavant. Dans cette transaction, André Mentzelopoulos fait inclure le stock des récoltes de 1974, 1975 et 1976, stock qui aurait couvert, par la suite, la presque totalité de son investissement. Une réussite s'établit souvent sur des détails de ce genre.

Épilogue – La famille Mentzelopoulos.

Au début, tout le monde pense qu'André Mentzelopoulos vient de se livrer à une « banale » opération financière. Au contraire. À Margaux il se découvre une véritable passion pour le lieu et pour le vin et entreprend un vaste programme de remodelage de la propriété. Il fait drainer et replanter de nombreuses parcelles et lors de l'augmentation de la capacité du cuvier, il tient à installer des cuves en bois. Cette décision qui ne traduit aucun archaïsme démontre qu'il a rapidement assimilé les arcanes de la viniculture : il sait que son vin ne se *fera* pas à l'acier.

Il meurt en 1980 et tout le Médoc voit Margaux remis en vente. C'est sans compter avec le courage de sa femme Laura et de sa fille Corinne qui perpétuent l'élan qu'il a impulsé. Grâce à elles, Margaux maintient sa renommée au zénith de la gloire, chantée de tout temps par ses admirateurs comme Friedrich Engels, co-auteur du *Manifeste du parti communiste*, qui, interrogé sur son idée du bonheur, répondit : « Château Margaux 1848 » ou, plus récemment, comme l'écrit William Styron dans *Le Choix de Sophie* : « S'il y avait un vin à boire au paradis, ce serait celui de Château Margaux », sans préciser en quelle compagnie. Peut-être celle d'un des tout premiers propriétaires du Cru, le marquis d'Aulède, dont l'élégance consistait à arborer sur ses vestes, en guise de boutons, des petites pierres polies ramassées aux pieds de ses ceps .

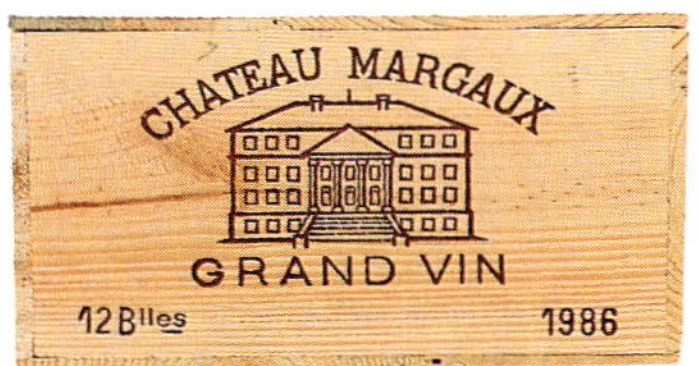

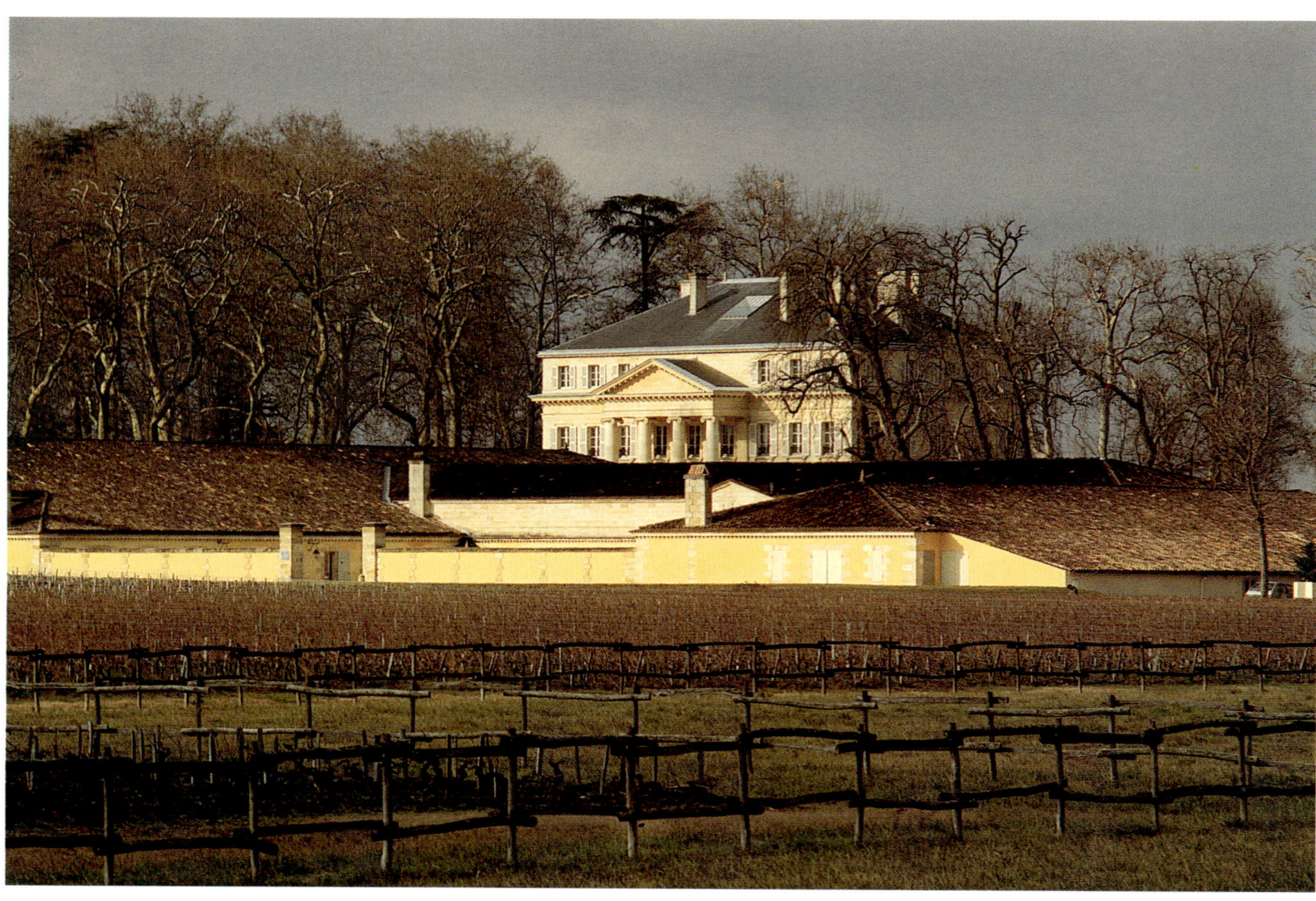

L'austère dépouillement de l'hiver sublime la majesté du lieu.

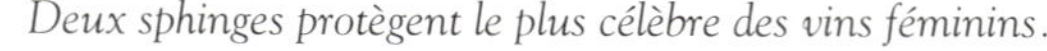

Deux sphinges protègent le plus célèbre des vins féminins.

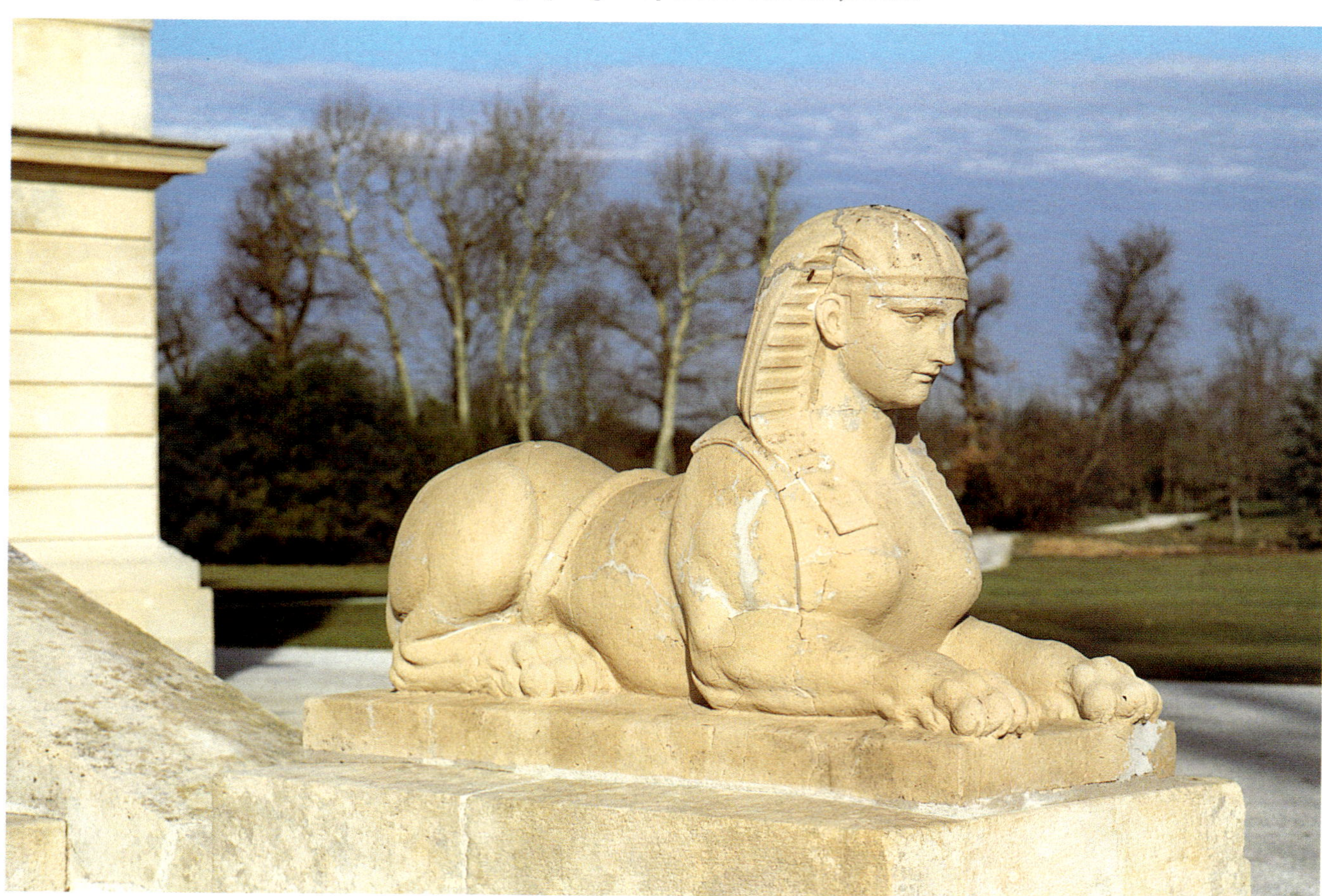

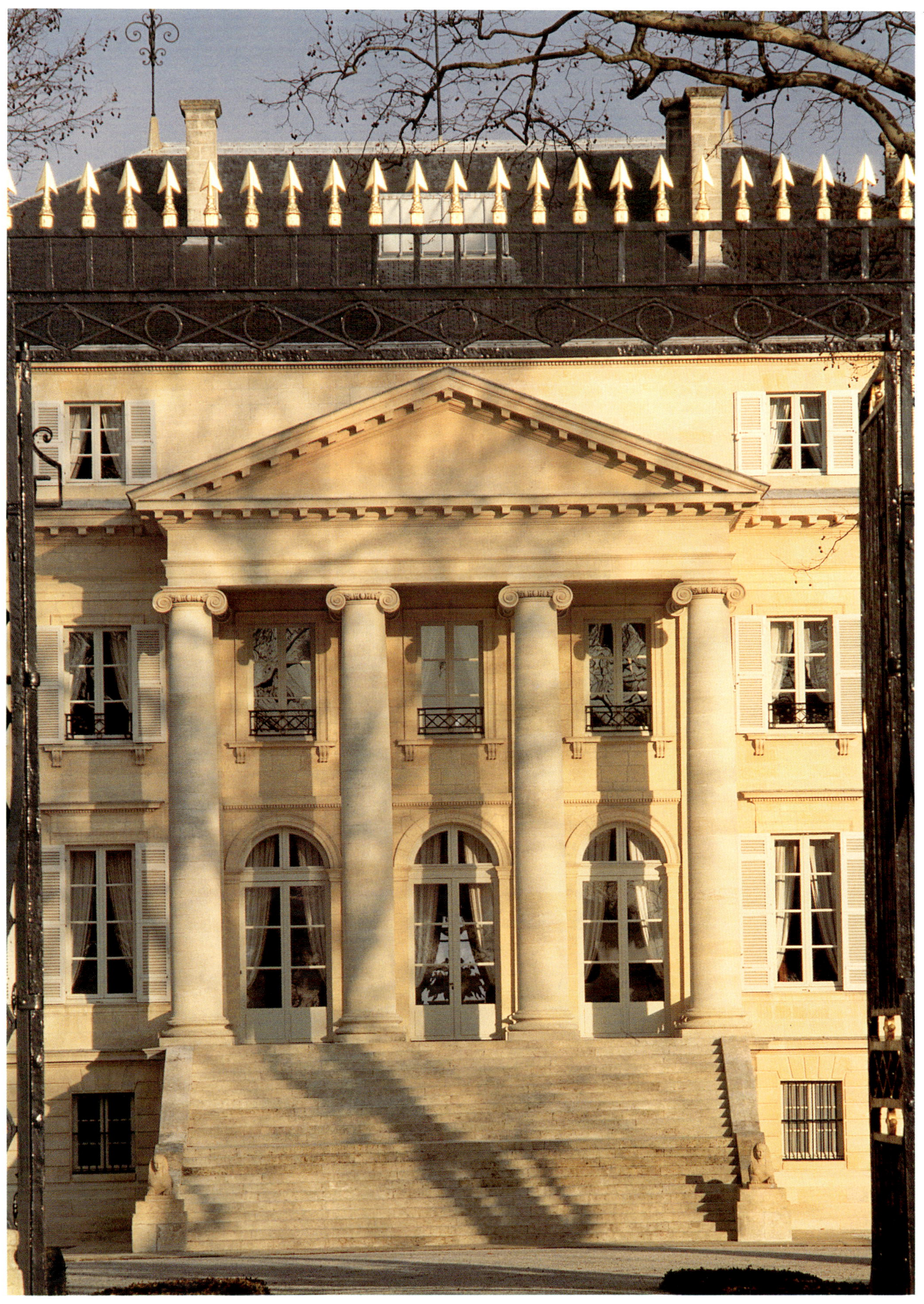

Gravir, même une seule fois, cet escalier est le rêve de tout amateur de bordeaux.

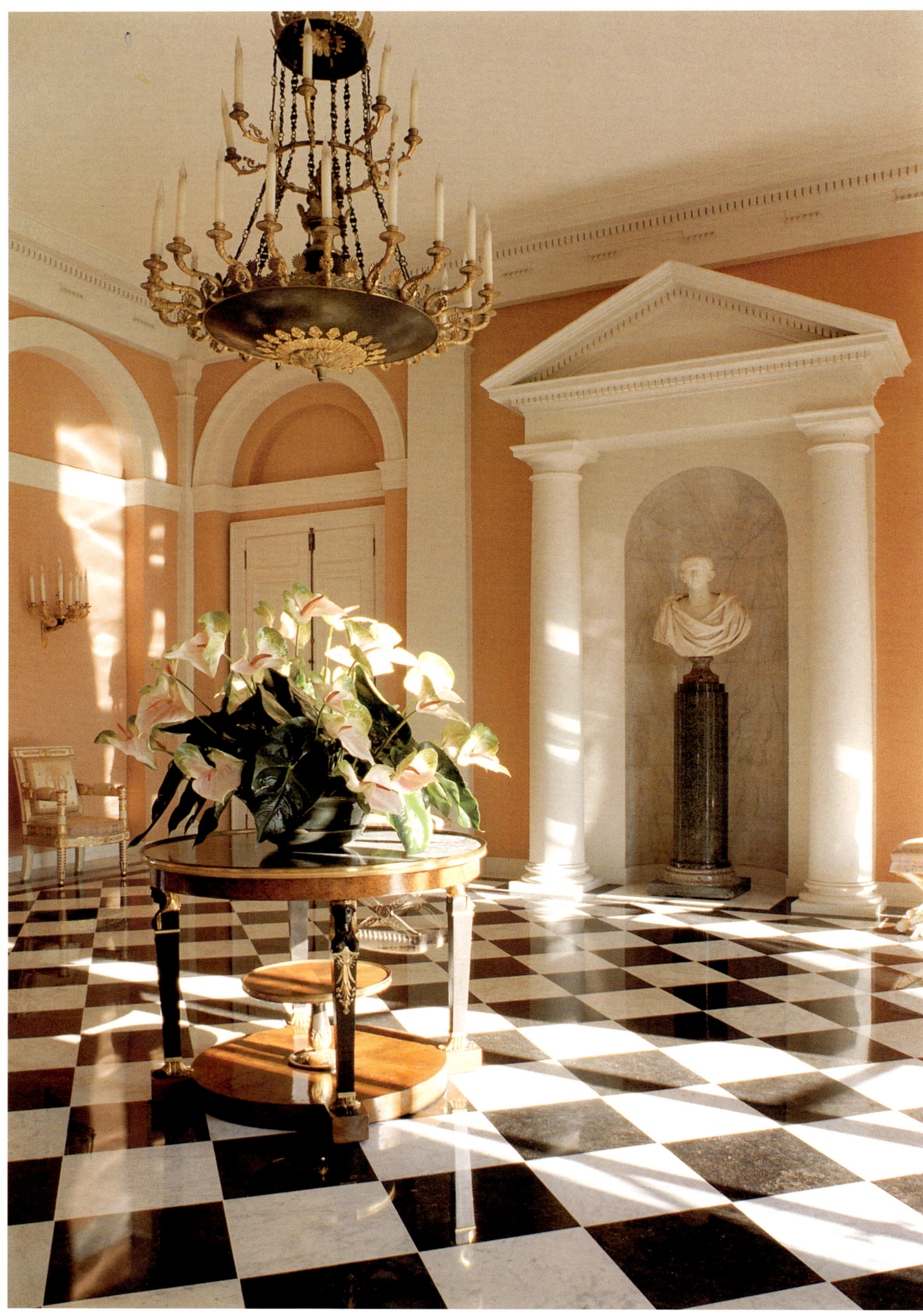

D'emblée, le vaste hall donne le ton de la splendeur intérieure à la hauteur de la renommée de ce grand Cru classé.

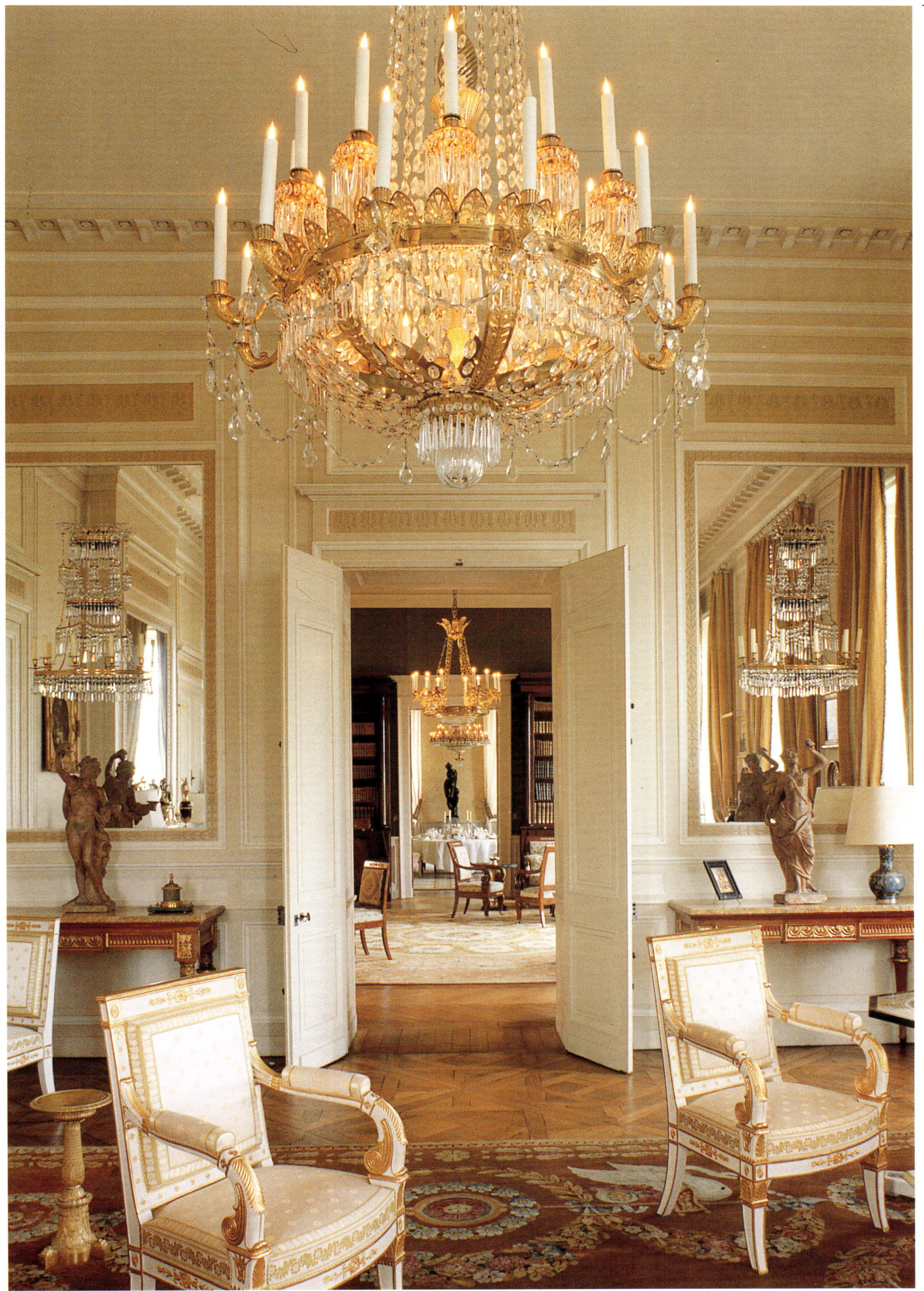

Salle à manger, bibliothèque et salon, tous décorés en style Empire, se suivent en enfilade.

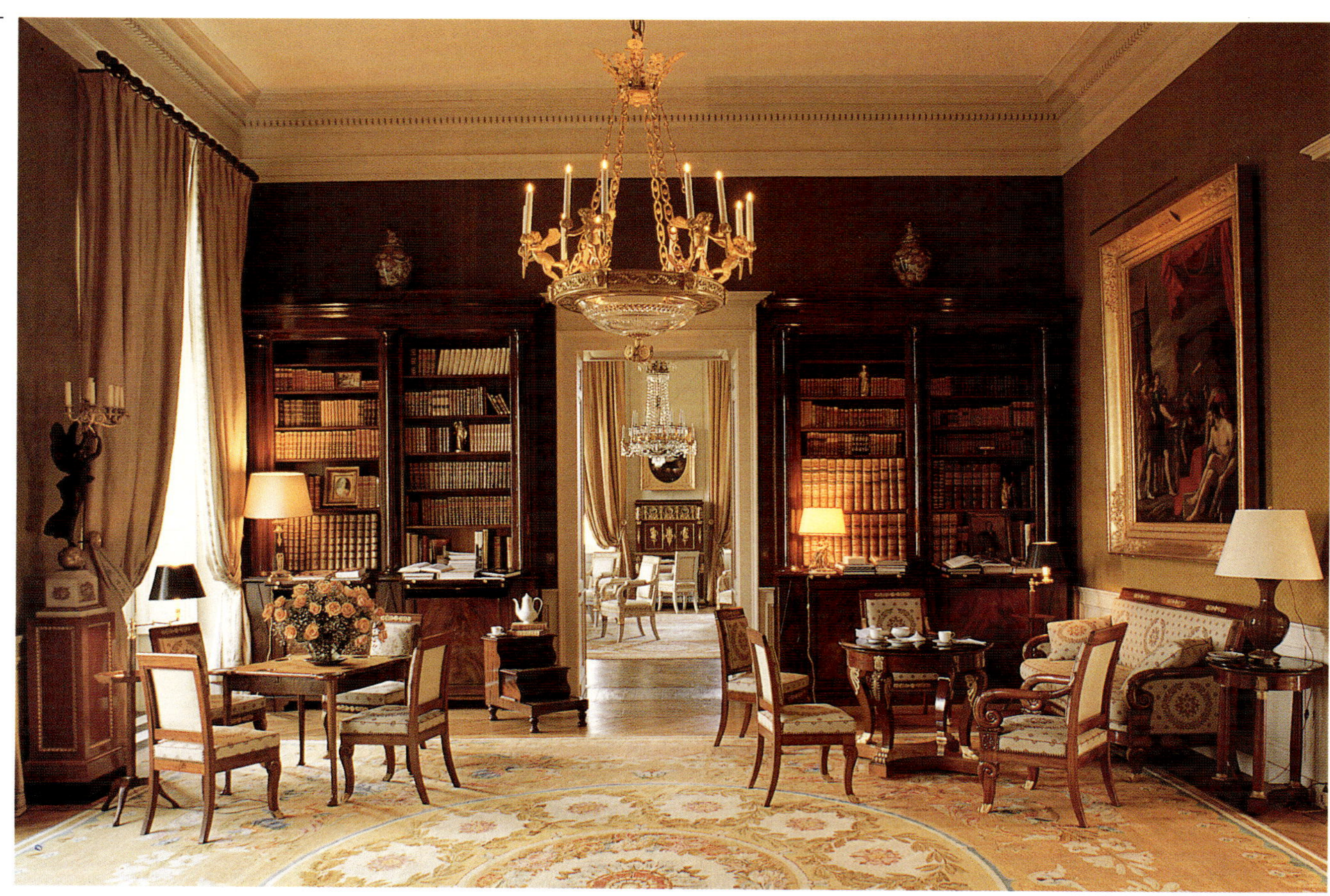

Dans la bibliothèque, les meubles et les fauteuils sont en acajou, ornés de bronzes dorés ; le lustre en cristal et bronze doré est russe datant du début du XIXe siècle.

Les tons beige et miel du grand salon s'harmonisent au mobilier Empire et au tapis de la Savonnerie.

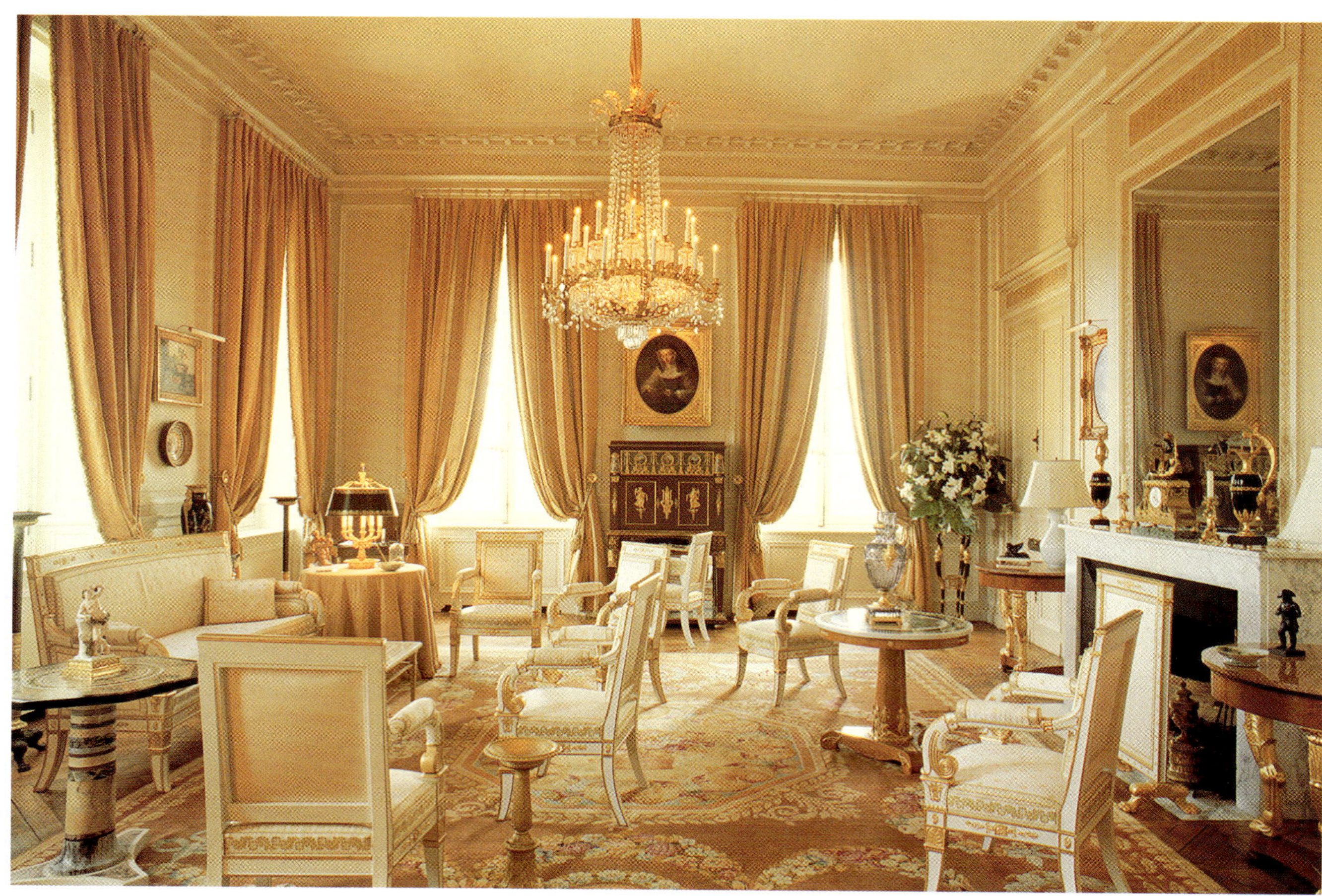

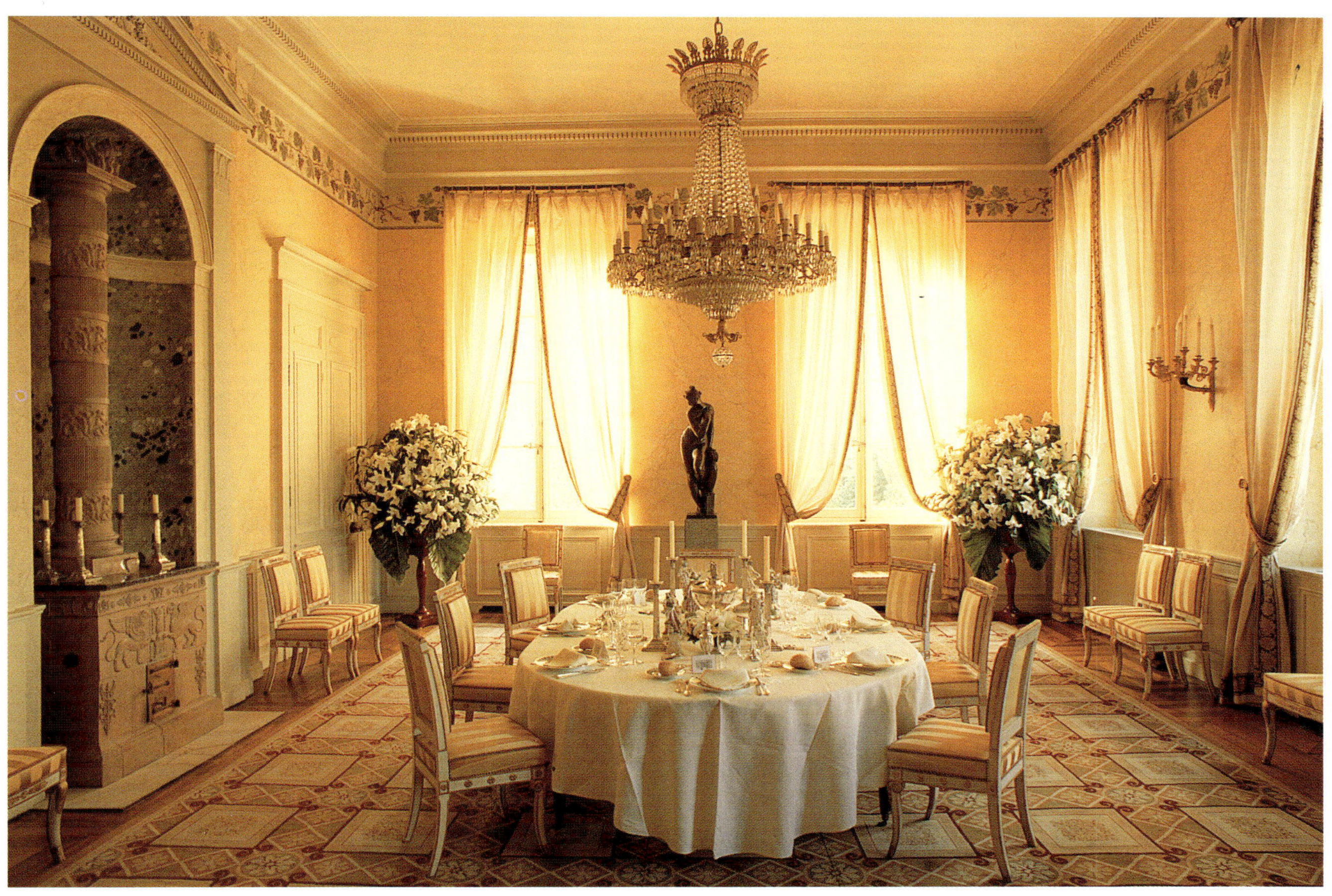

Tout l'esprit du Margaux est exprimé dans la sérénité de cette salle à manger.
Les murs sont traités en faux marbre, ornés d'une frise de grappes de raisin.

L'architecture intérieure est l'œuvre commune de Laura Mentzelopoulos et du décorateur Henri Samuel.
Le bureau Empire de Corinne Mentzelopoulos.

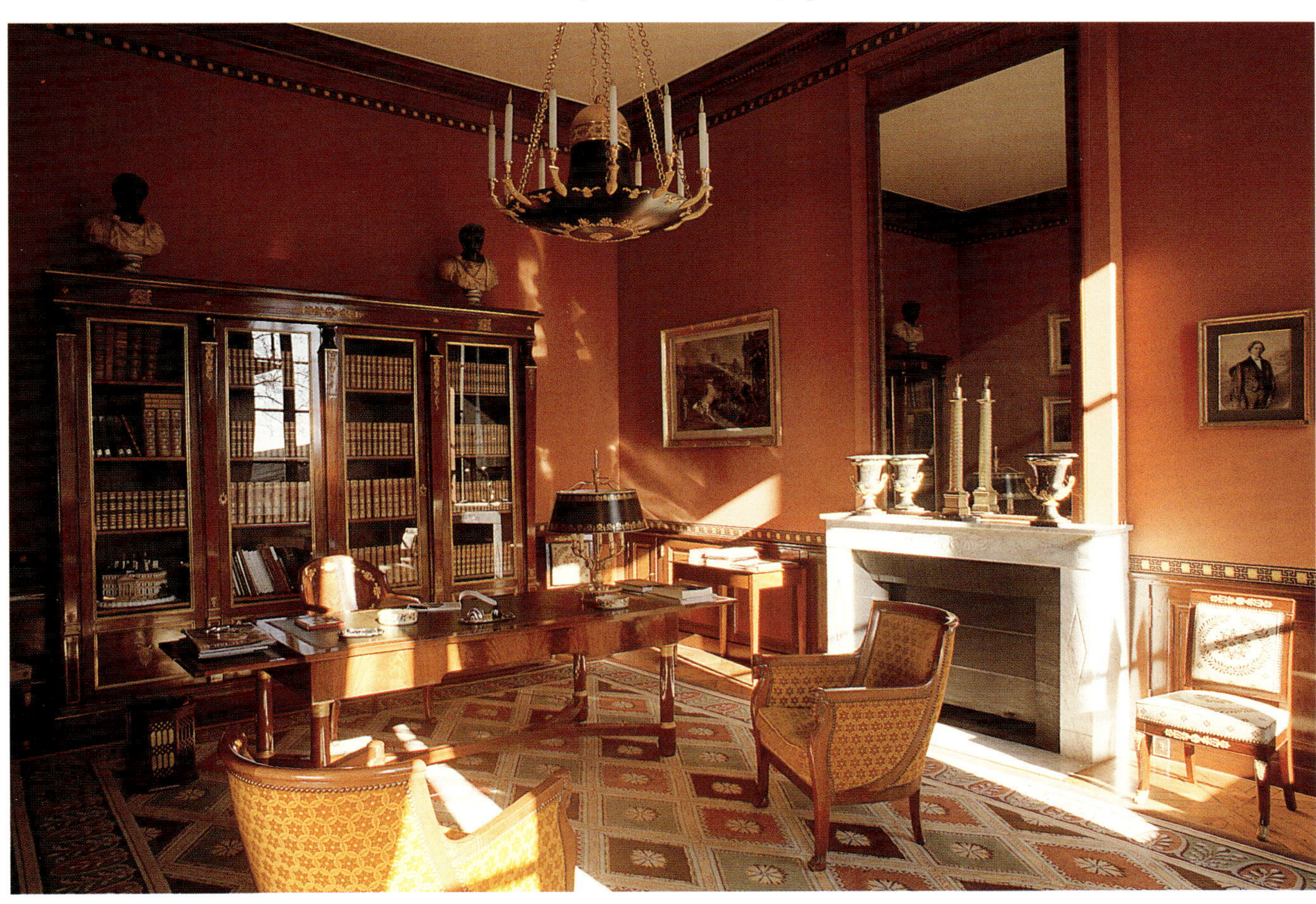

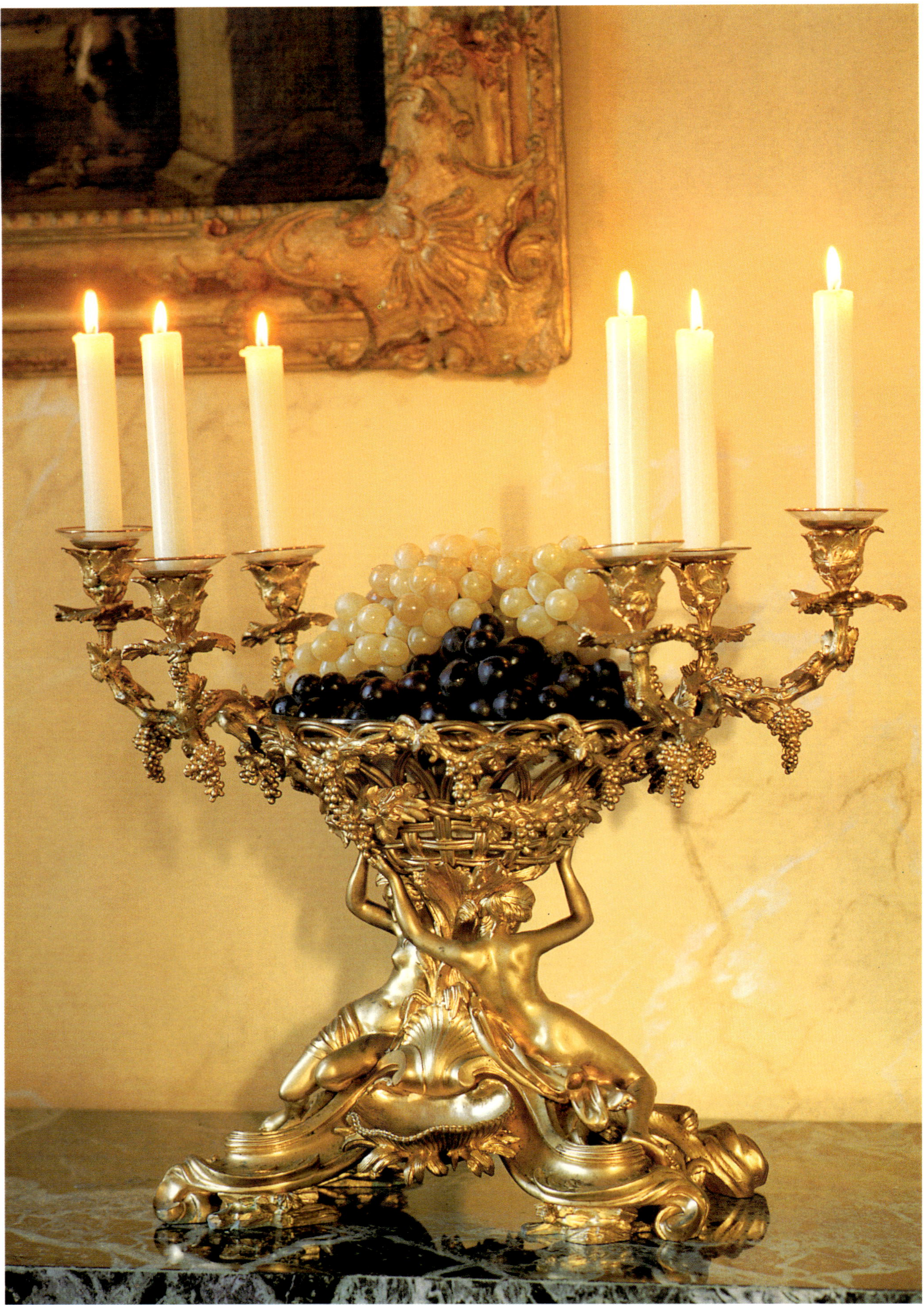

Milieu de table en bronze doré dans lequel sont présentés des grappes de raisin.

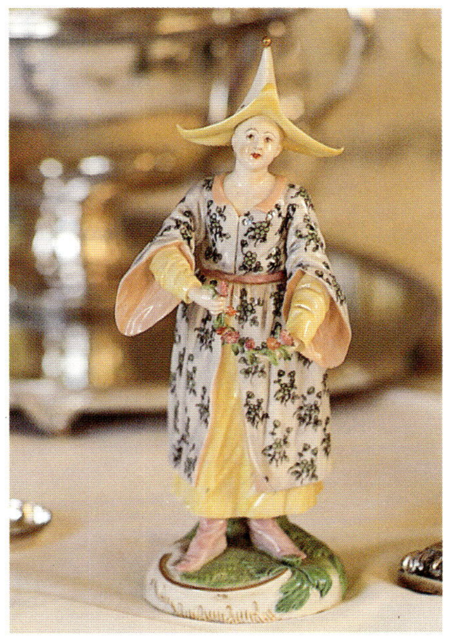

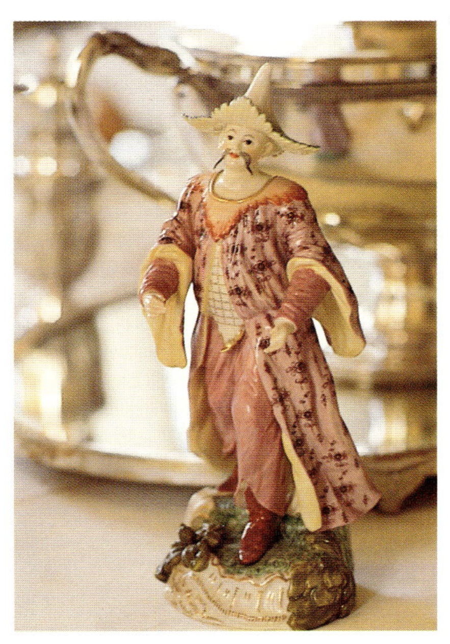

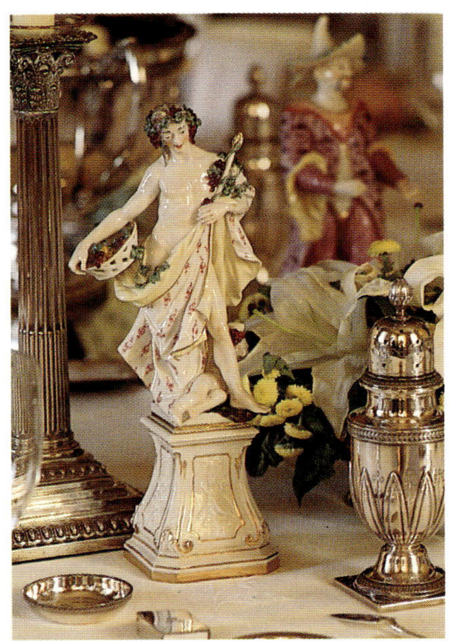

Sur la table dressée, devant chaque couvert, un personnage en porcelaine de Meissen, un cendrier et une boîte d'allumettes en argent, ainsi que le menu.

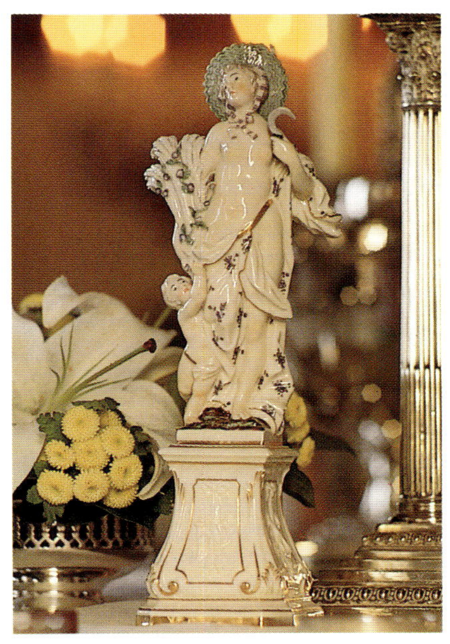

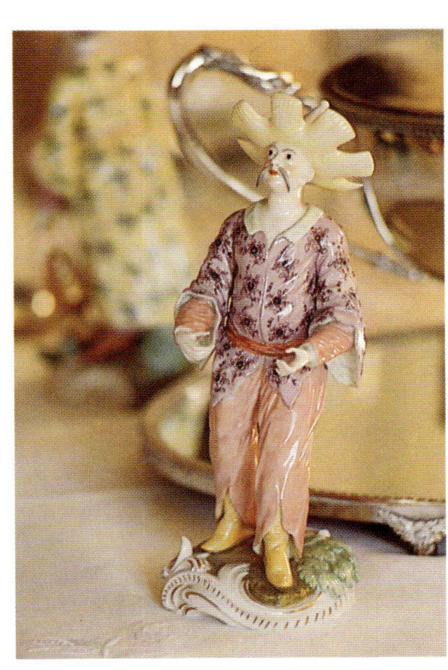

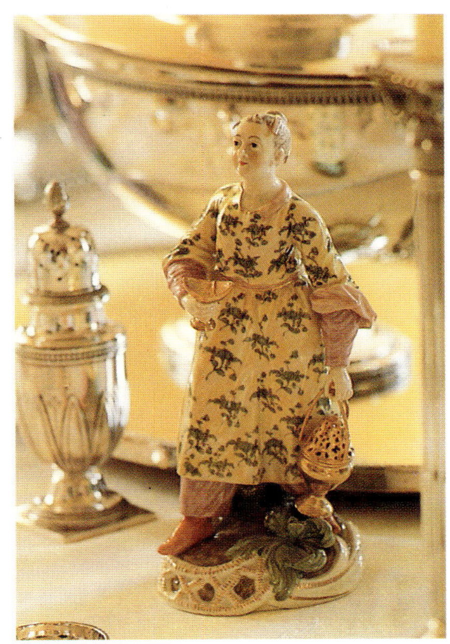

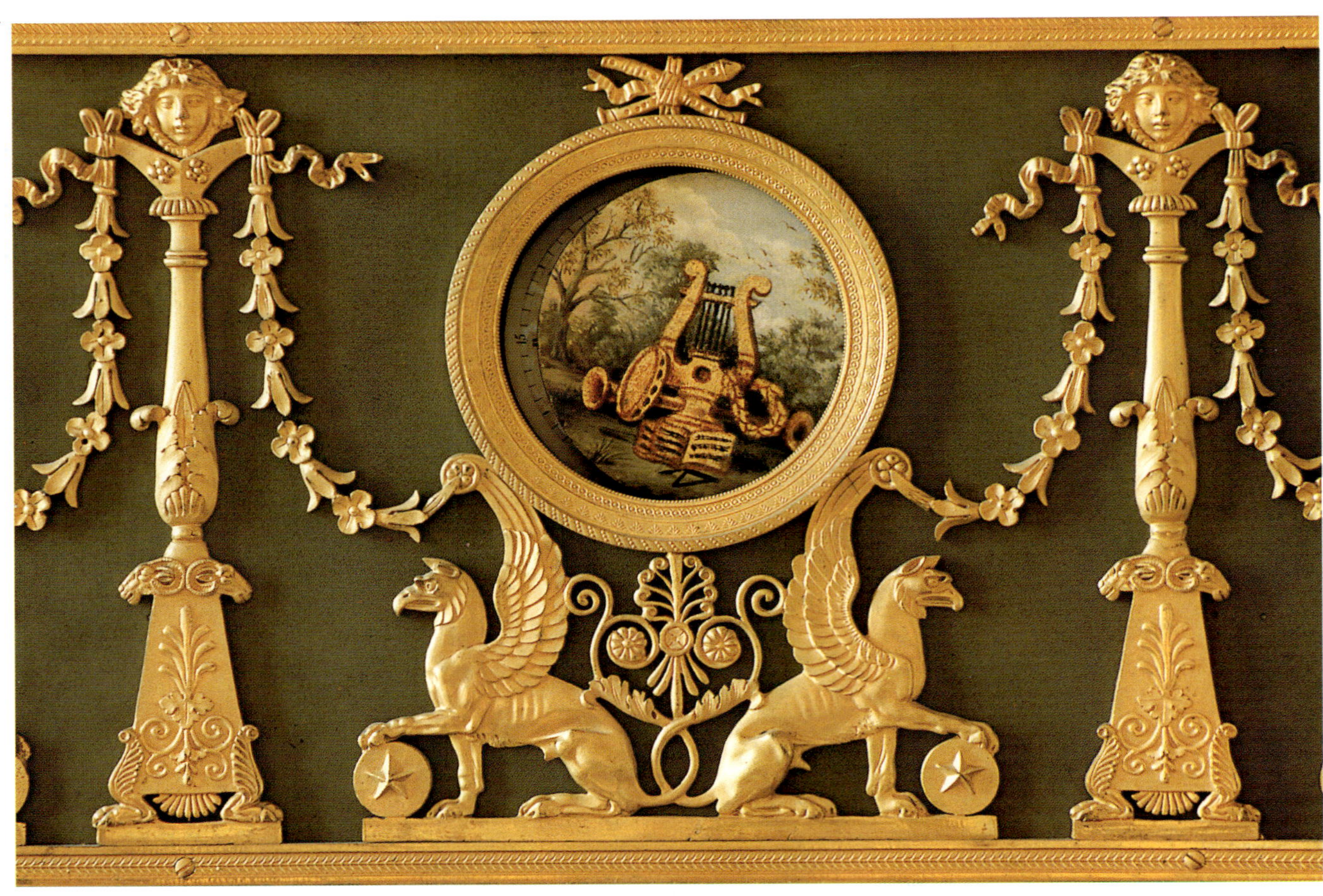

Détail d'un meuble de musique offert par Napoléon Ier au prince Murat pour sa victoire aux Pyramides. Il est aujourd'hui en parfait état.

Détail du poêle en terre cuite de la salle à manger. Datant du début du XIXe siècle, il est orné de motifs de macarons, de faisceaux et de lions ailés.

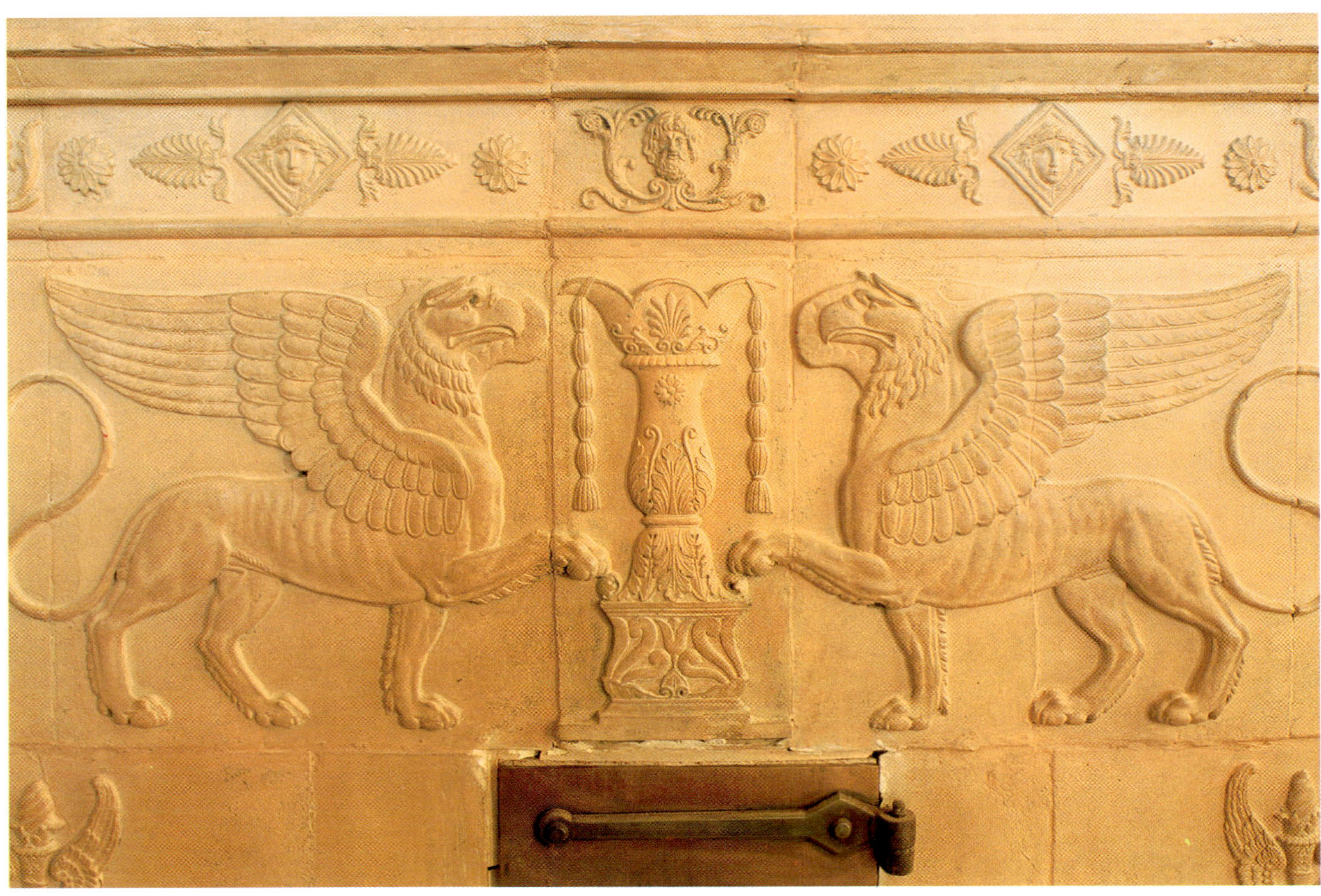

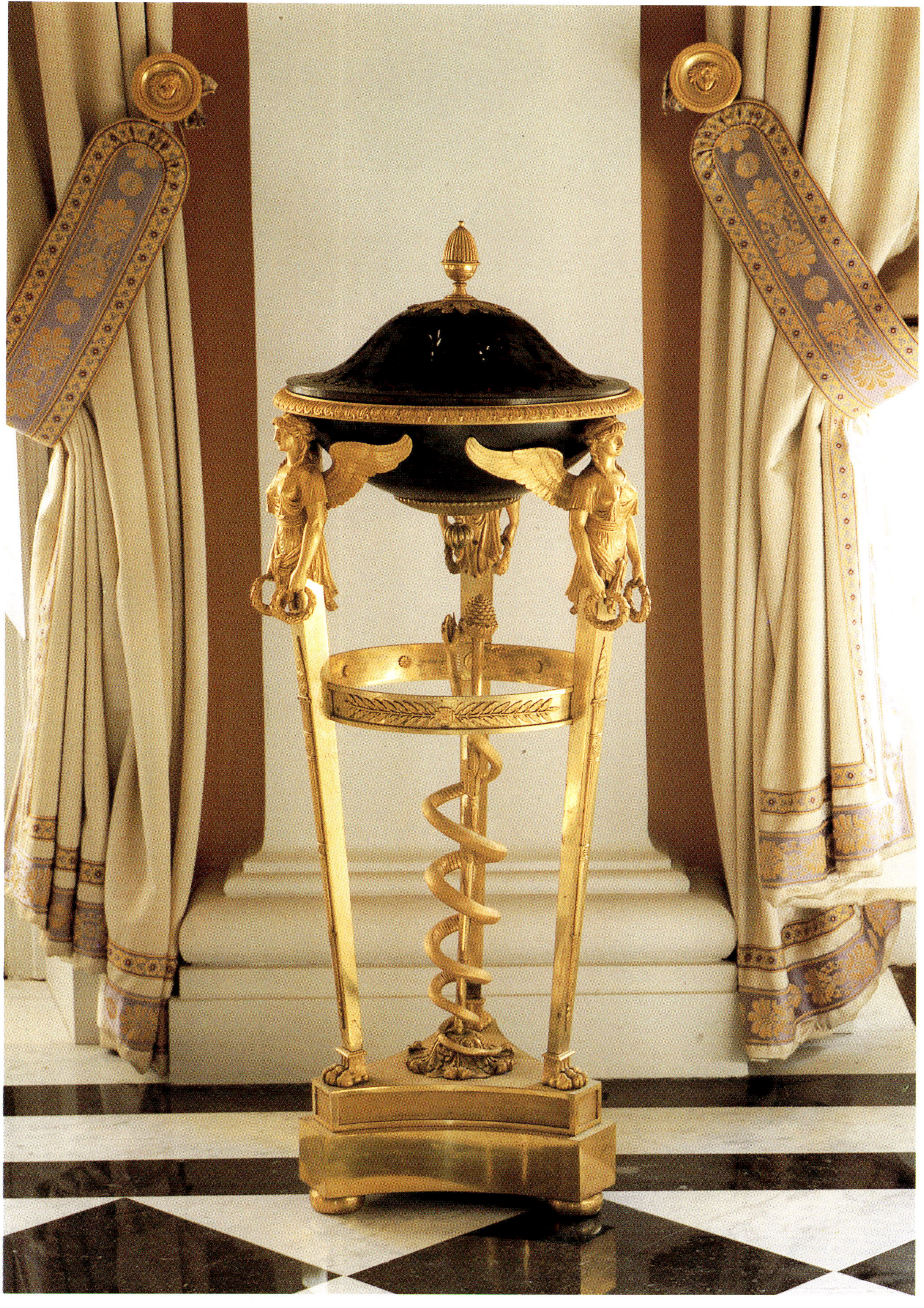

L'un des deux braseros Empire placés de part et d'autre de la porte du hall.

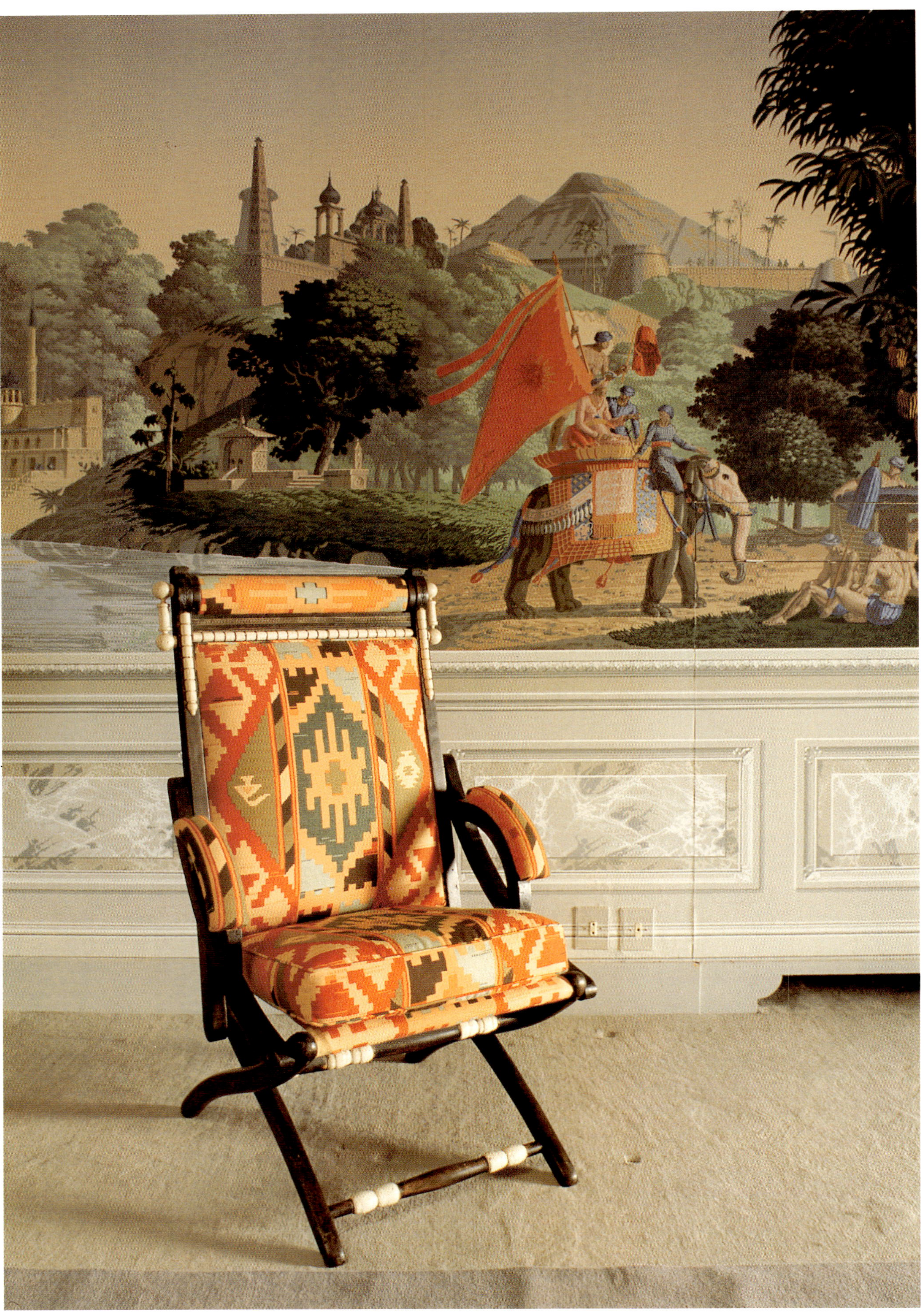

Dans le salon du deuxième étage, les fantaises orientales contrastent avec la rigueur du rez-de-chaussée.

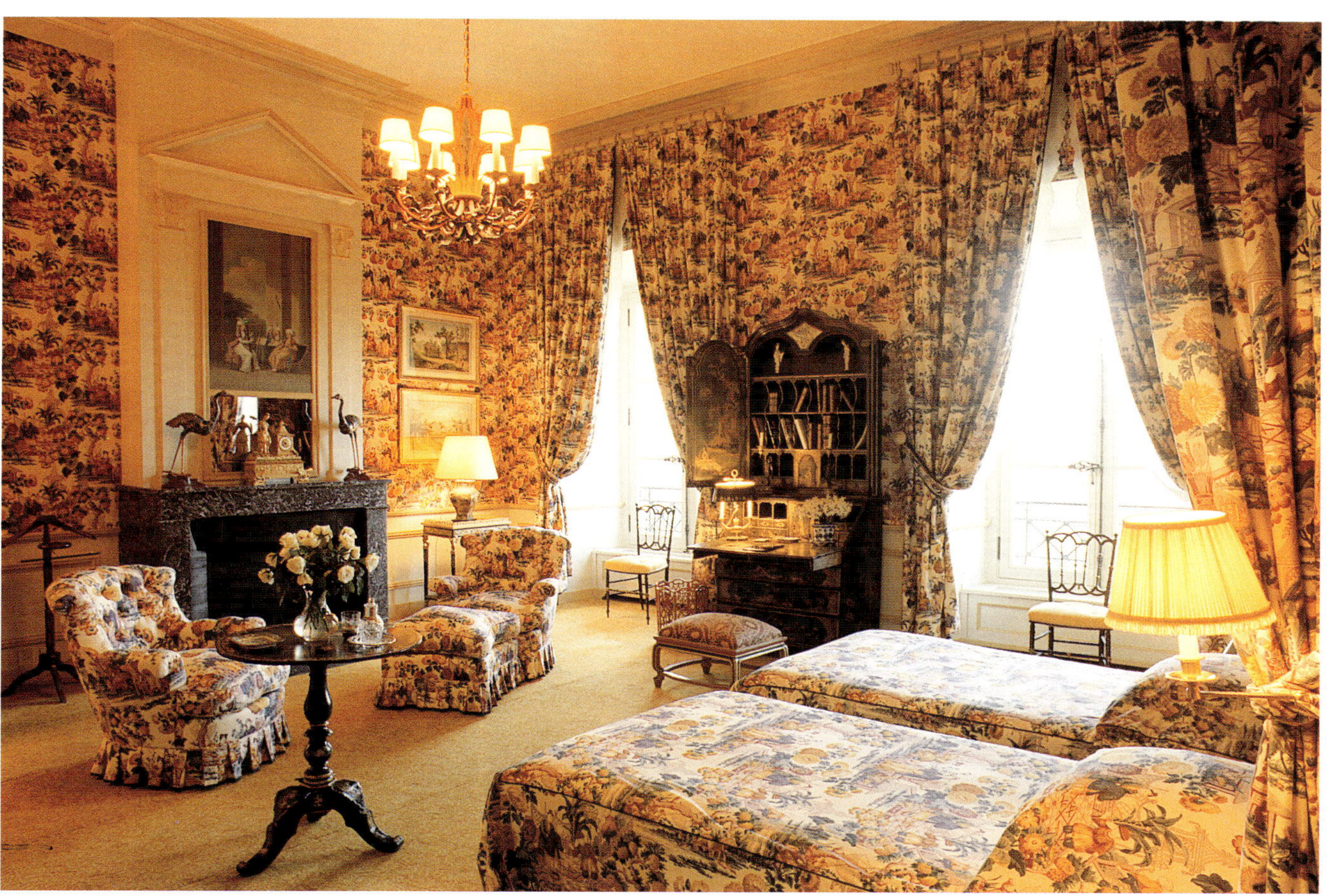

Margaux abrite une dizaine de chambres spacieuses, confortables et de style différent. Ici la chambre chinoise.

Un panoramique en papier peint donne une touche exotique à ce salon du deuxième étage éclairé par une verrière.

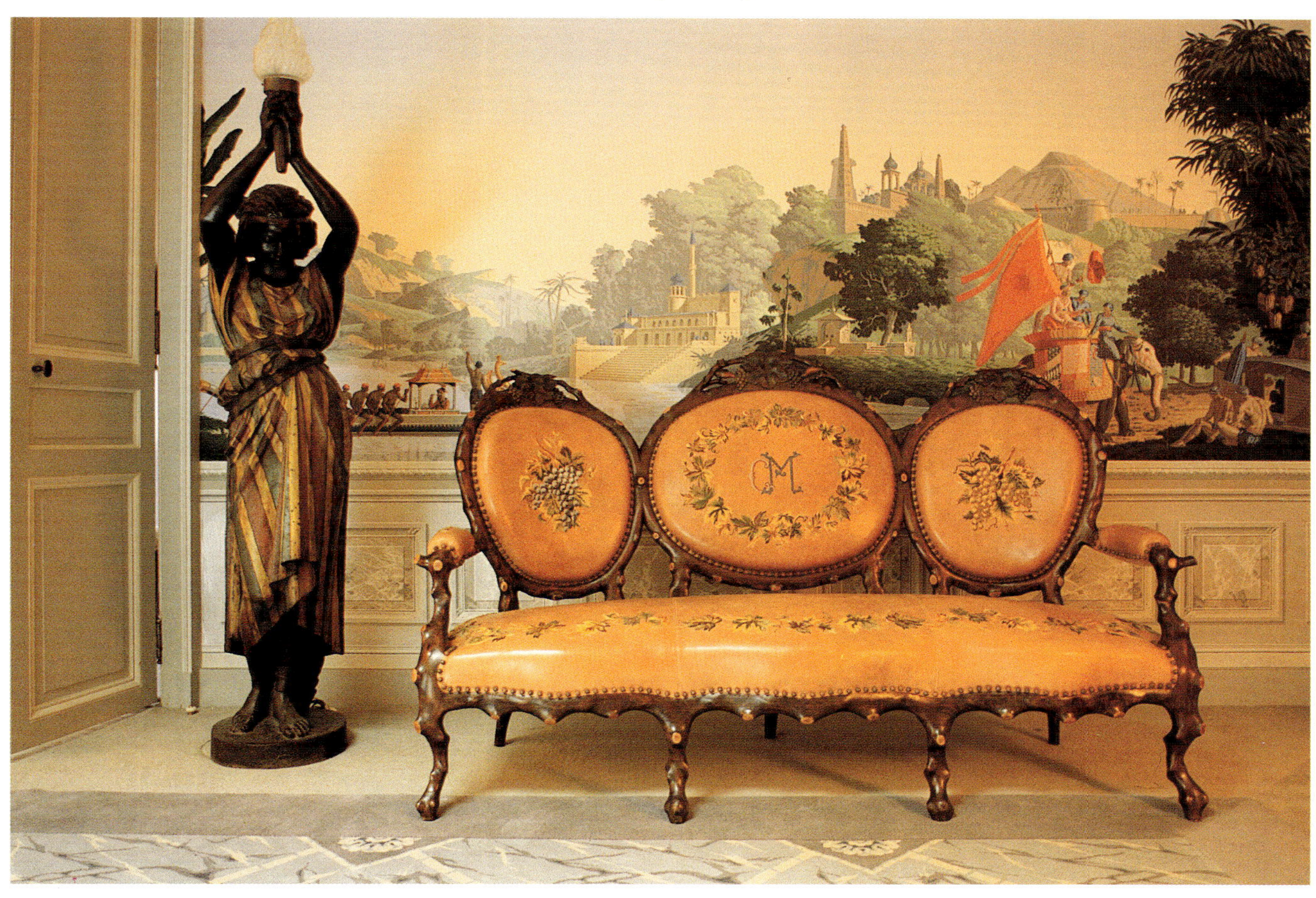

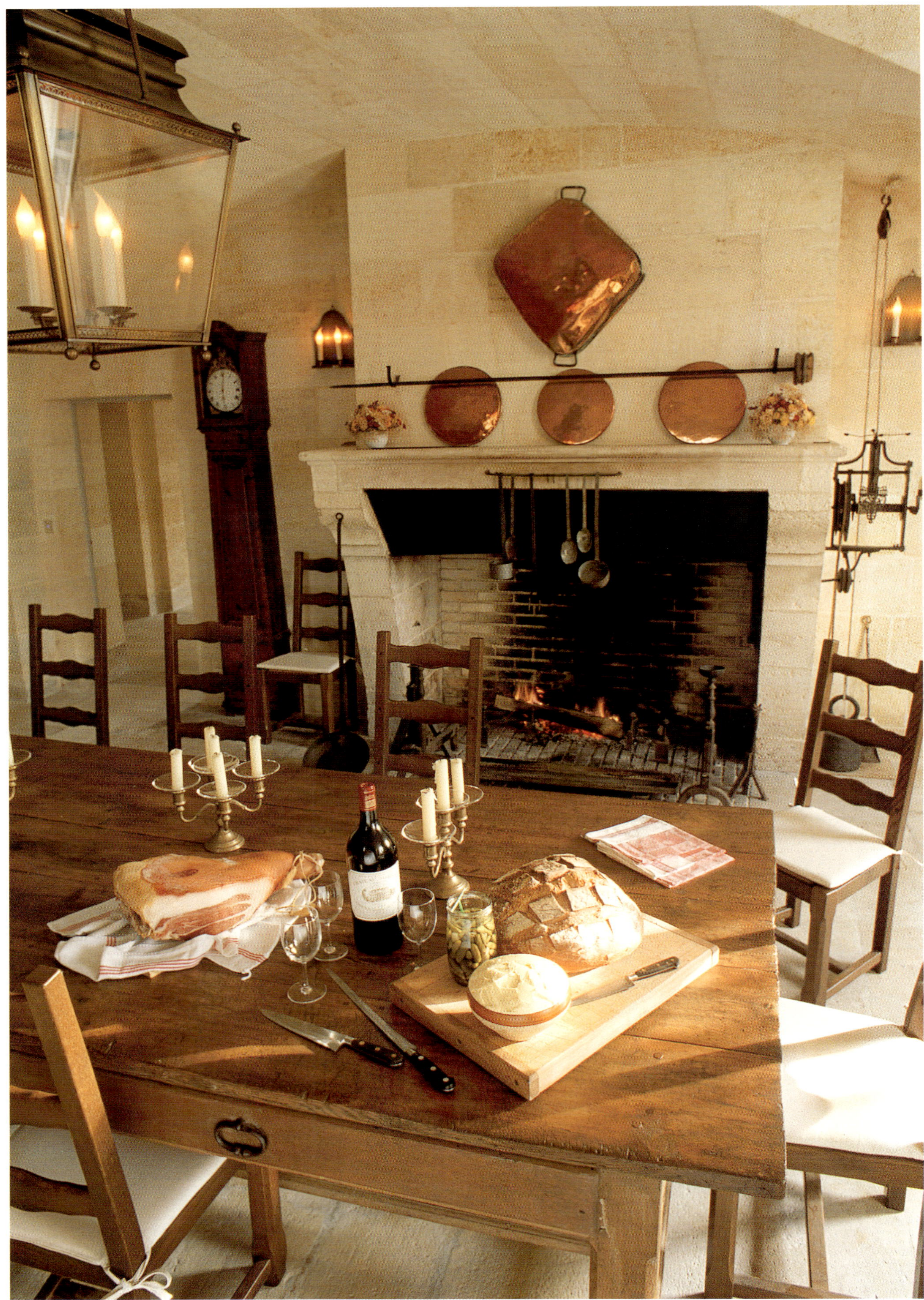

Ancienne cuisine du château où l'on rôtit parfois encore le célèbre agneau de Pauillac à la ficelle.

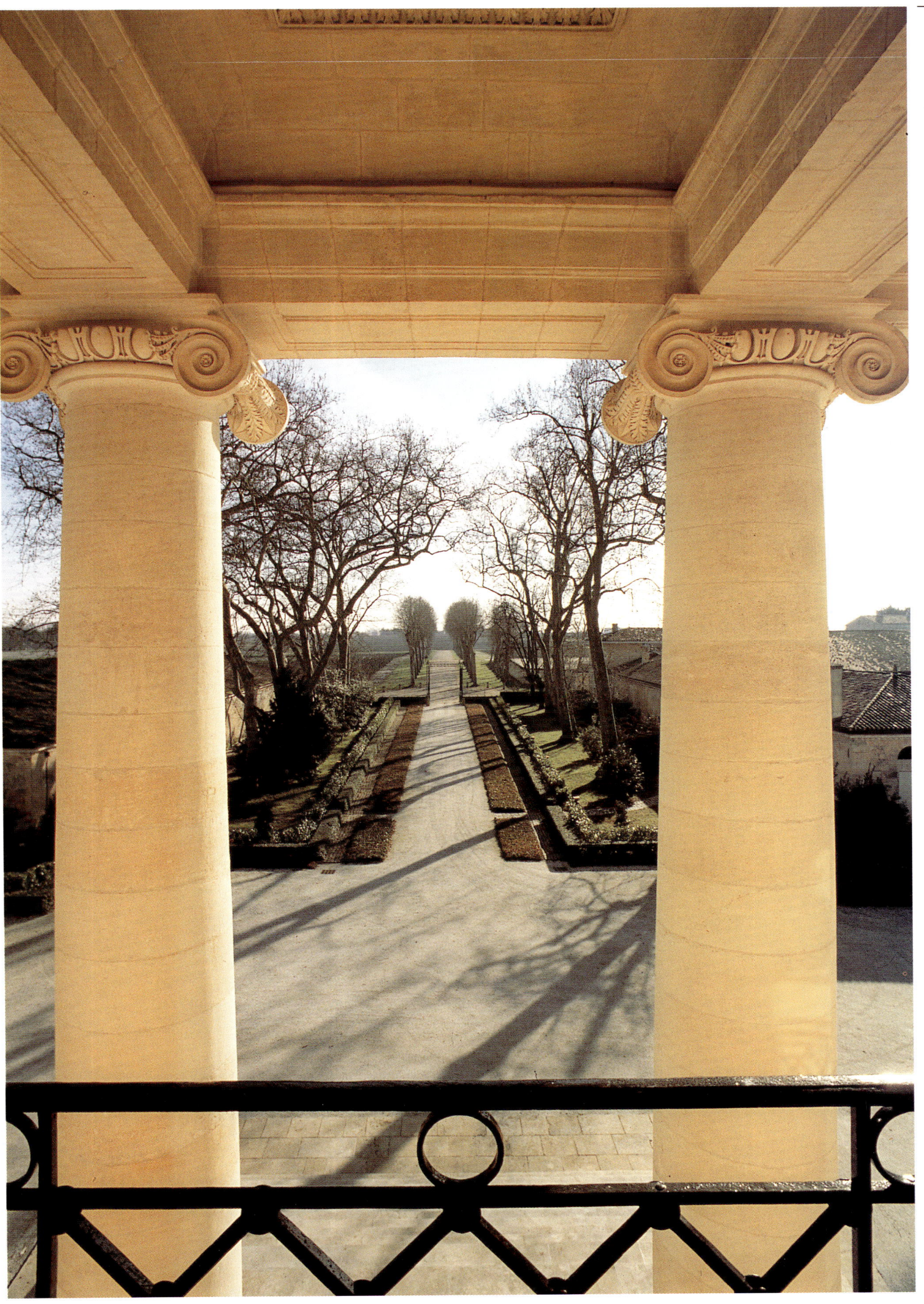

Du salon du premier étage, vue sur la perspective de la longue allée de platanes.

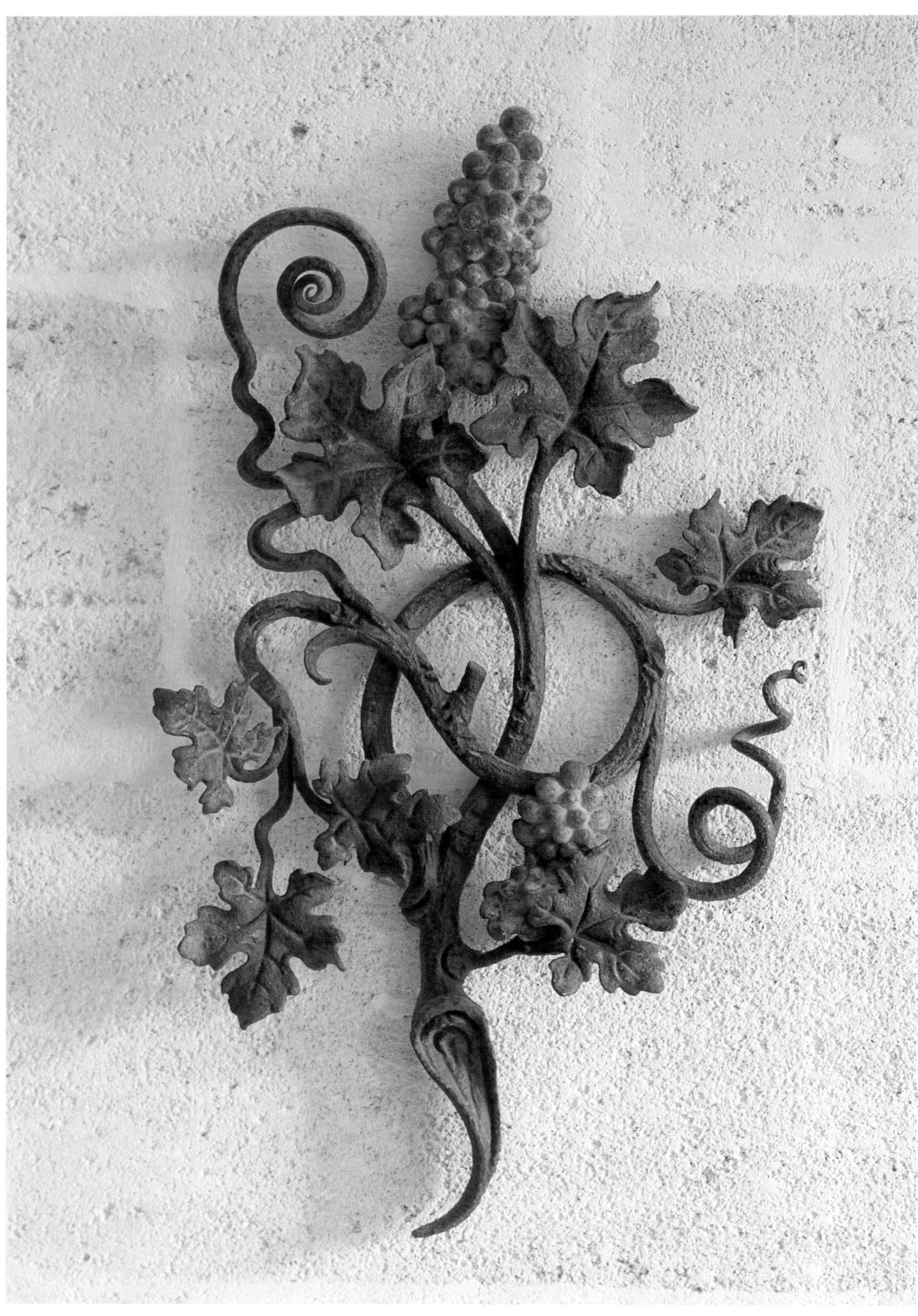

Applique en fer forgé en forme de pampre .

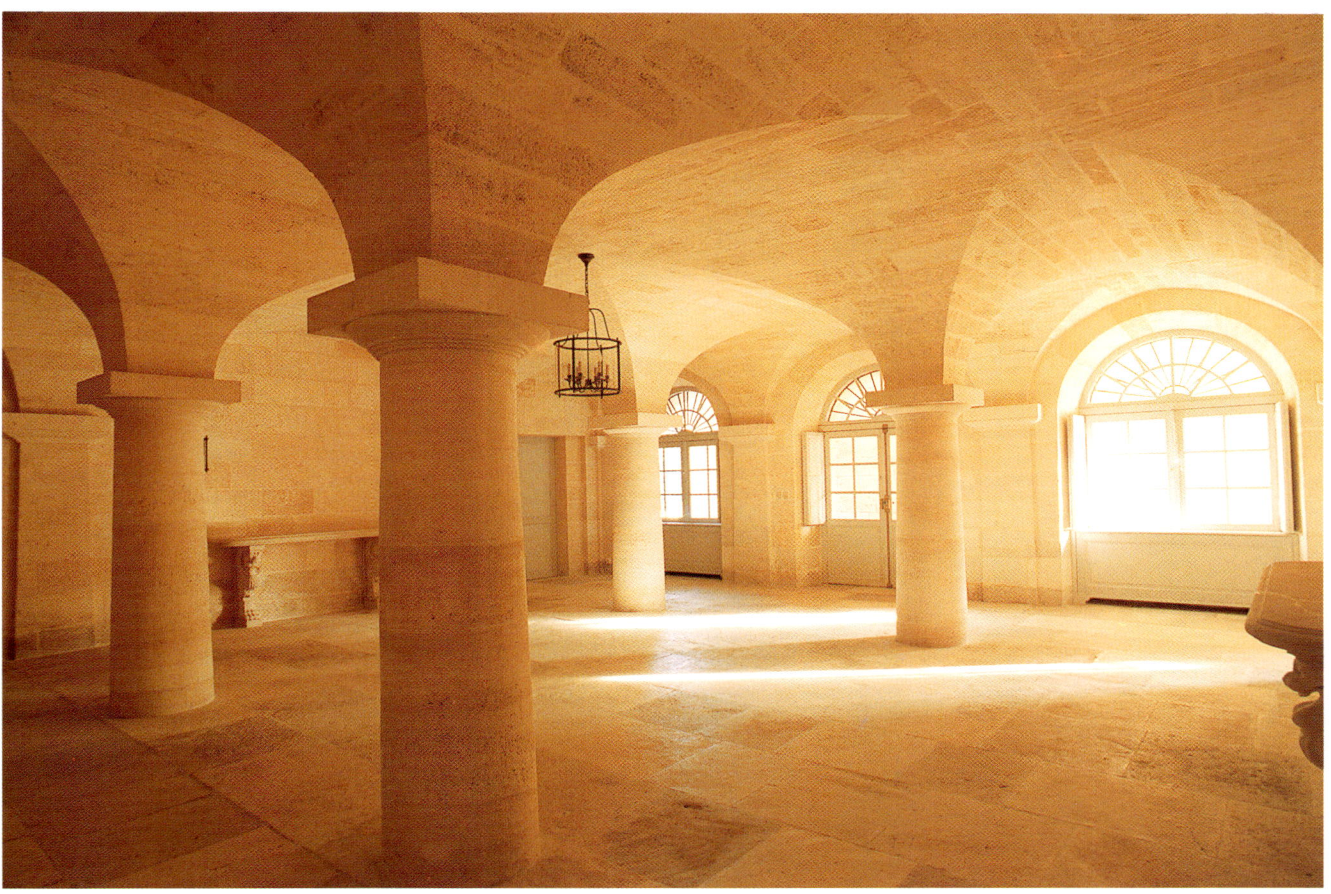

Rez-de-chaussée monacal pour un temple du vin.

Le grand chai où repose le vin de première année. Par souci esthétique et par respect des traditions, la partie centrale des barriques est rougie uniformément et les deux parties latérales sont nettoyées.

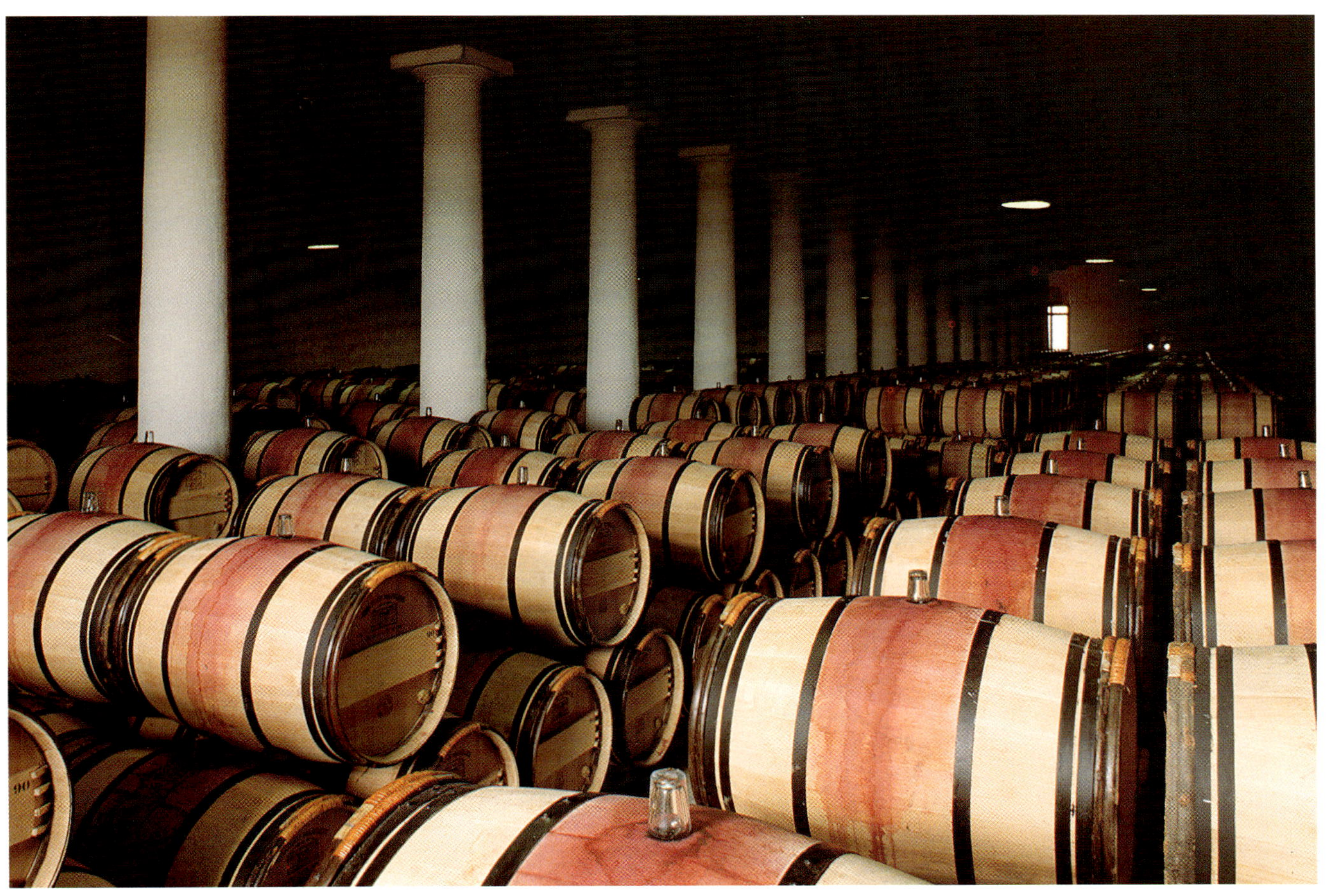

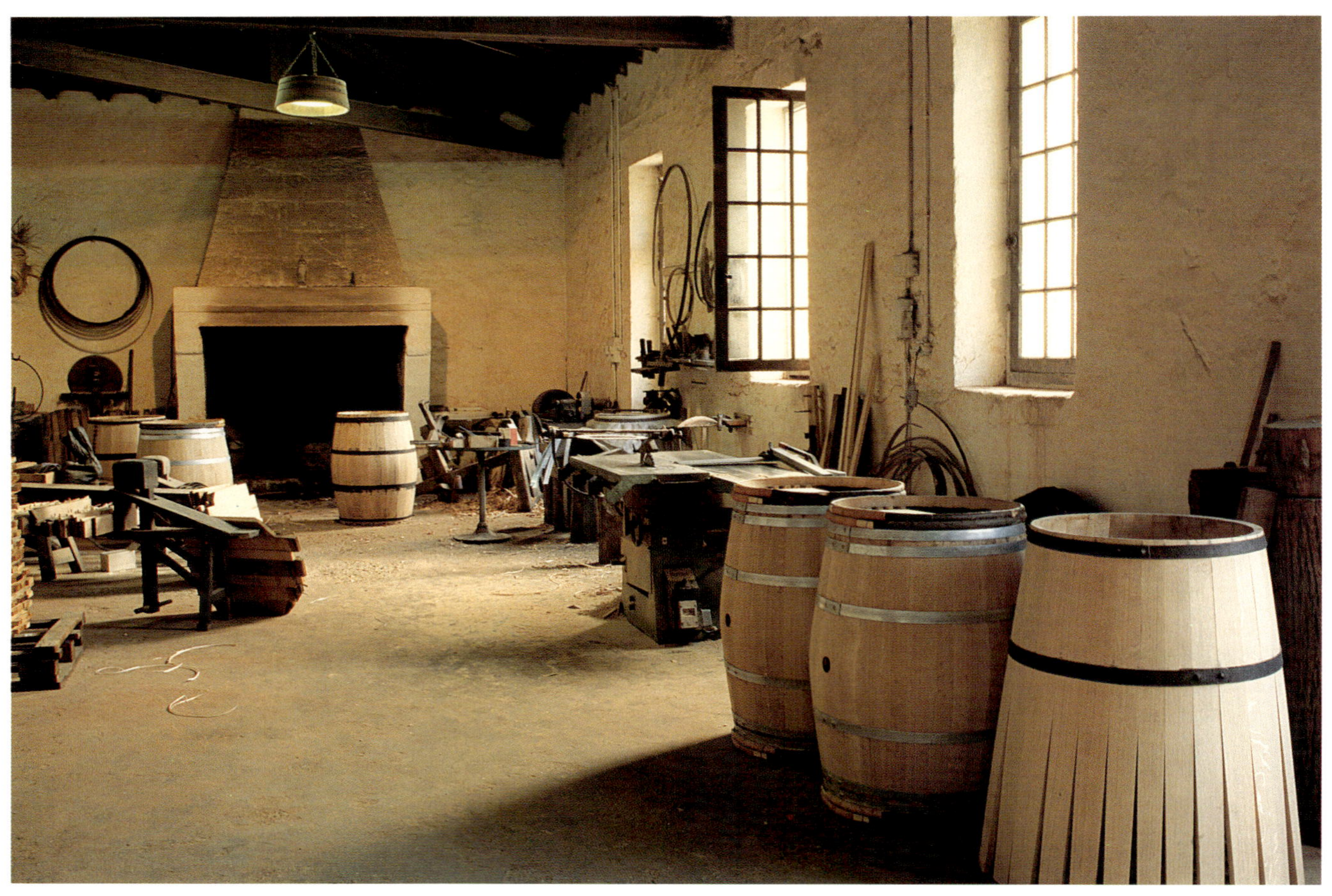

Château Margaux reste la seule propriété à entretenir dans ses murs une tonnellerie produisant chaque année 25 % des tonneaux nécessaires.

Les meilleures barriques sont faites en douelles de chêne merrain originaires de l'Allier.

Alain Nunès, tonnelier de Margaux, fabrique une barrique baptisée à ce stade « marguerite ».

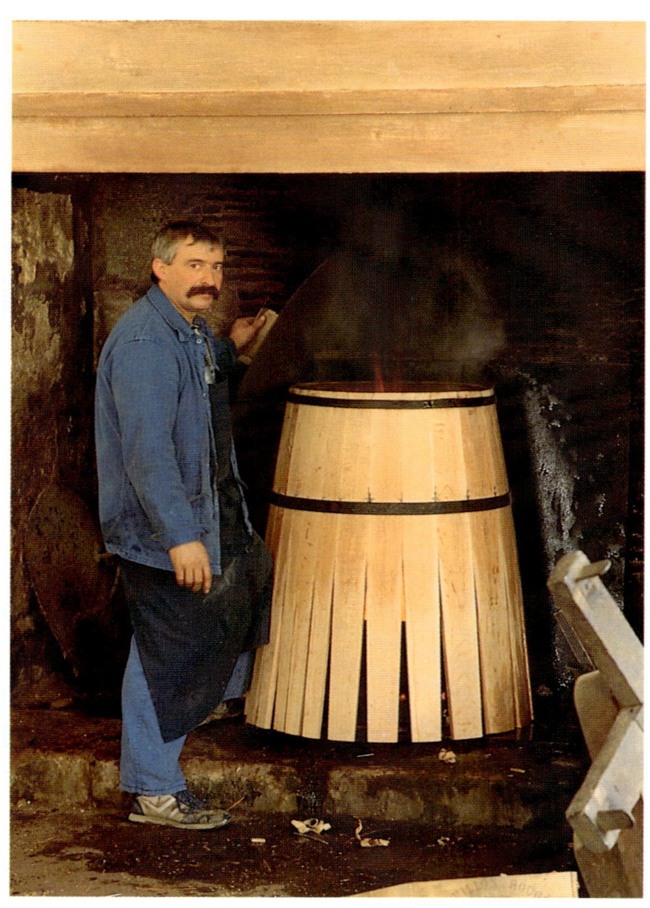

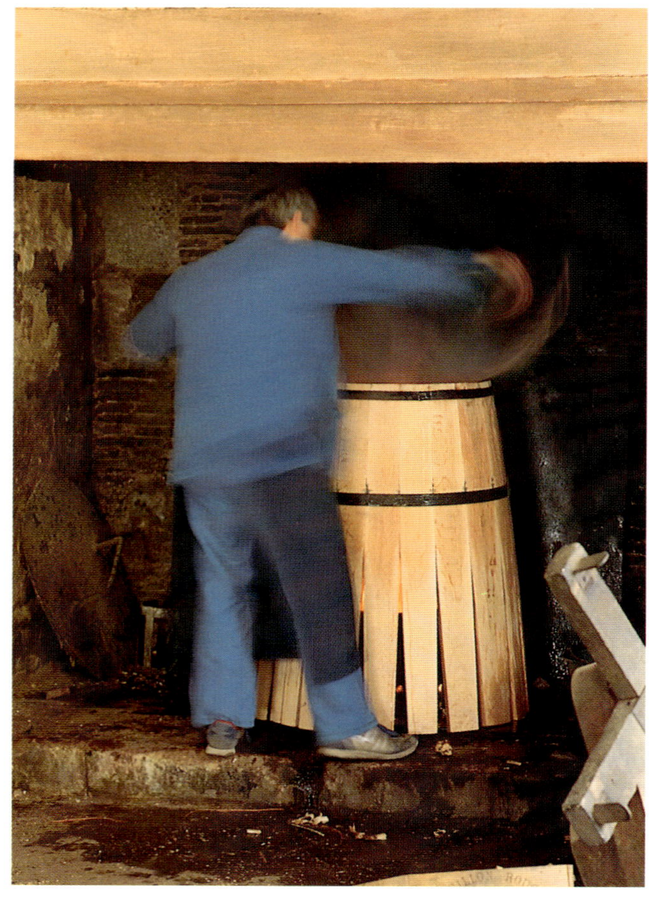

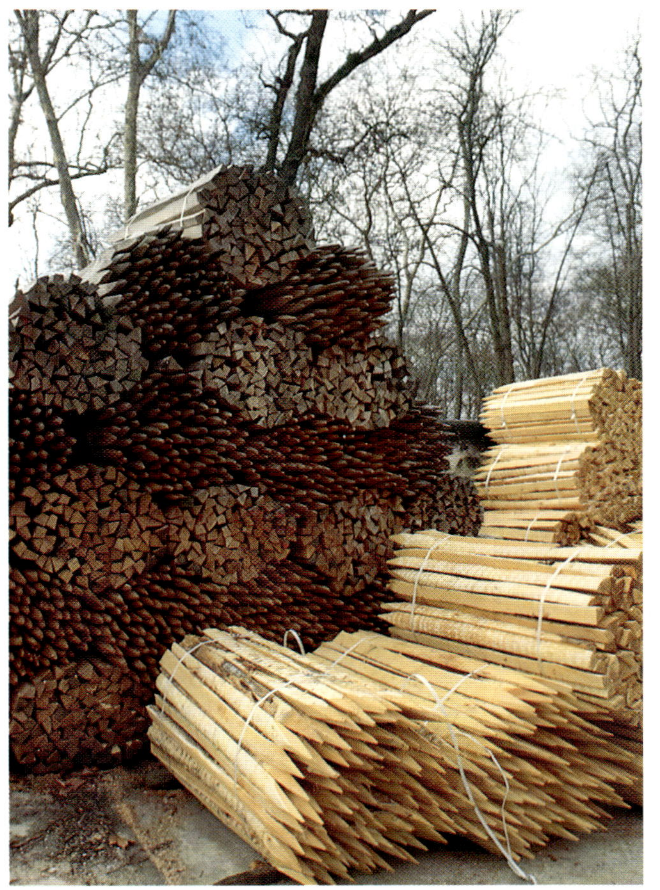

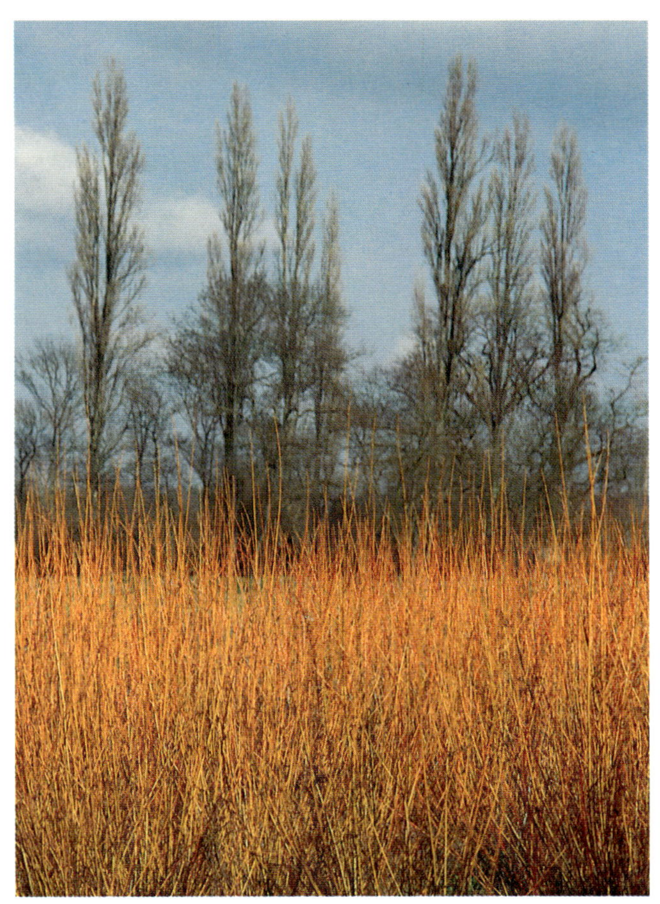

Carassons en pin dans le Médoc, en robinier ou faux acacia dans le Sauternais et en saule pour les vignerons plus modestes.
Champ d'osier. En hiver les femmes acanent *ou attachent la vigne aux carassons avec un lien d'osier.*

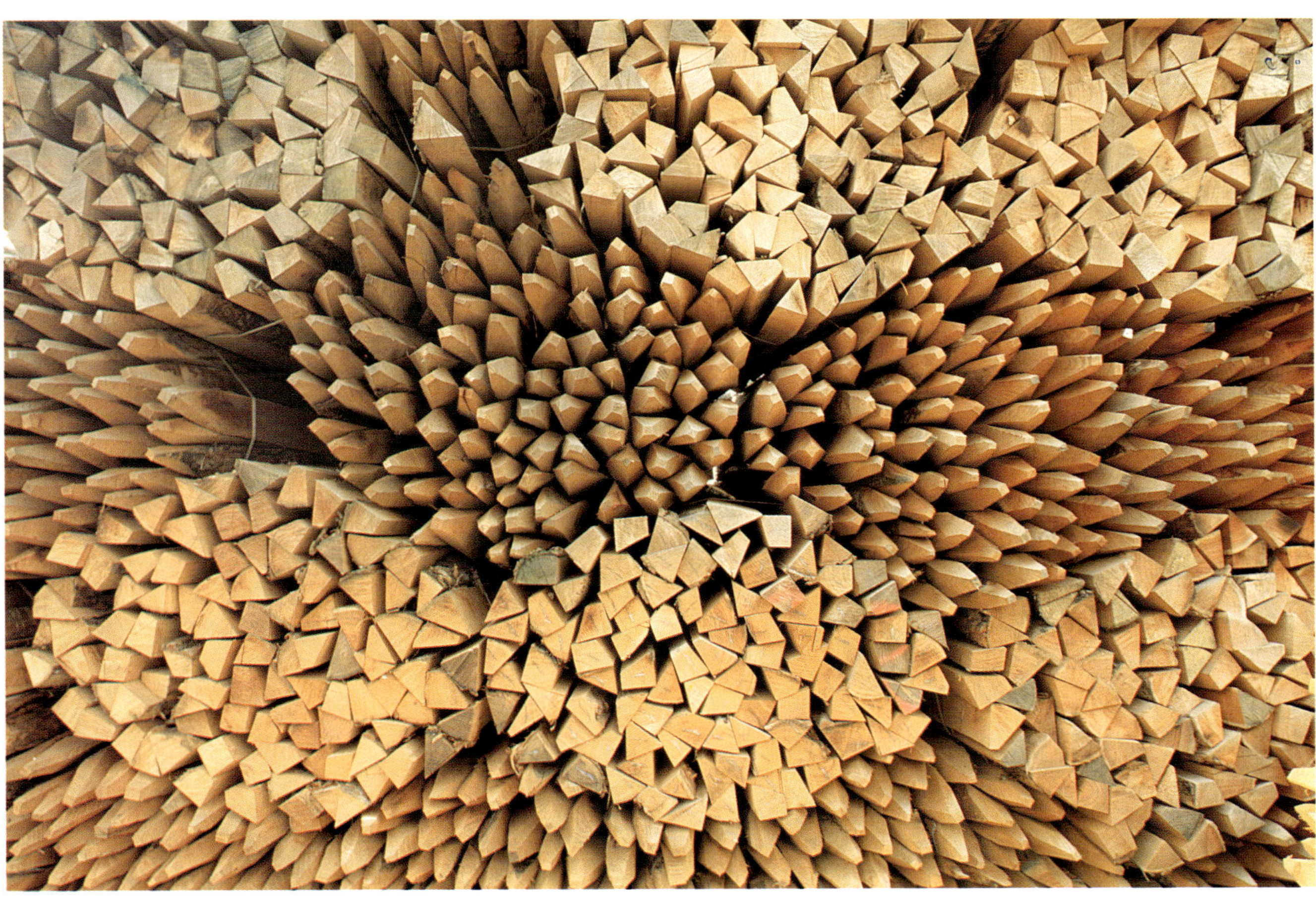

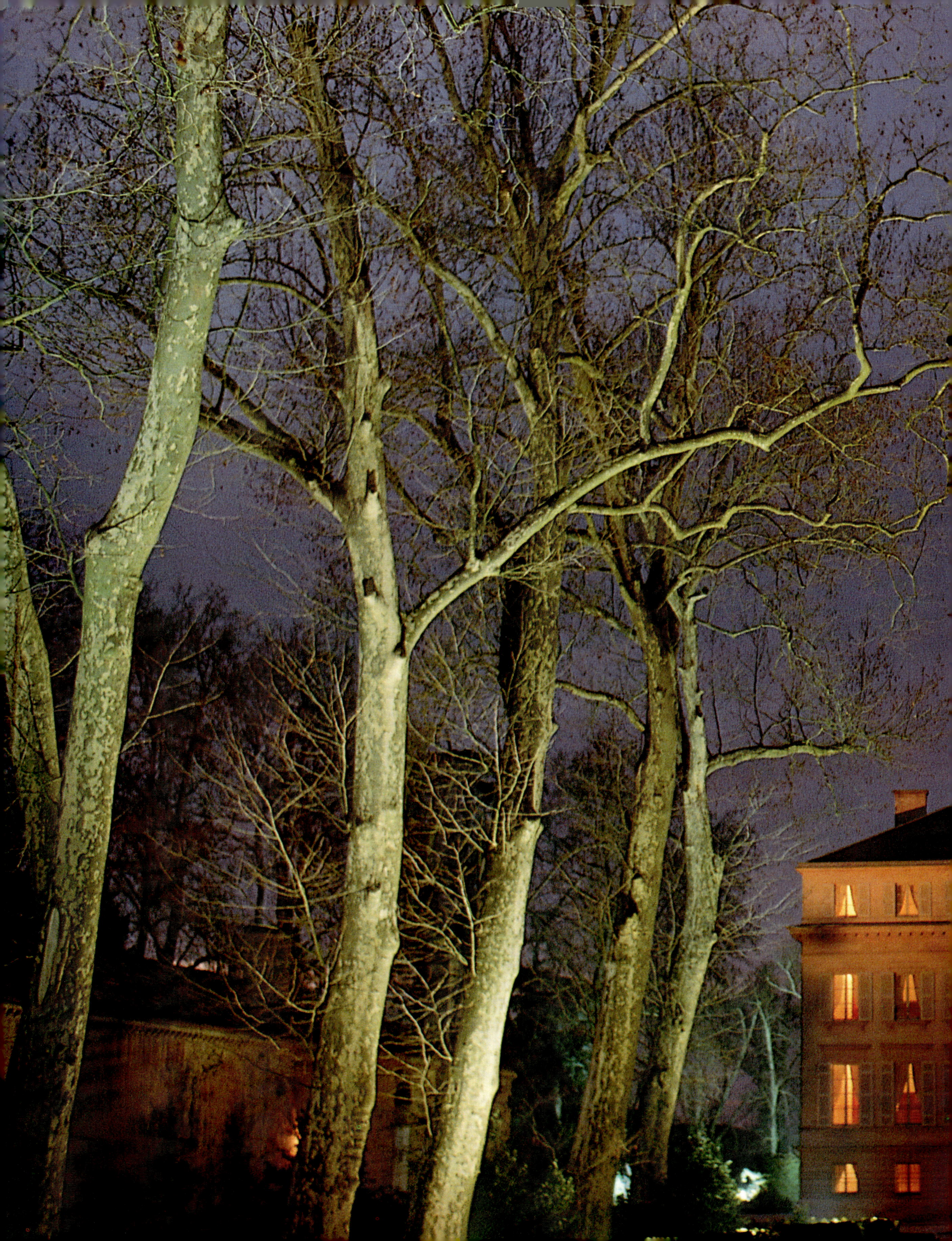

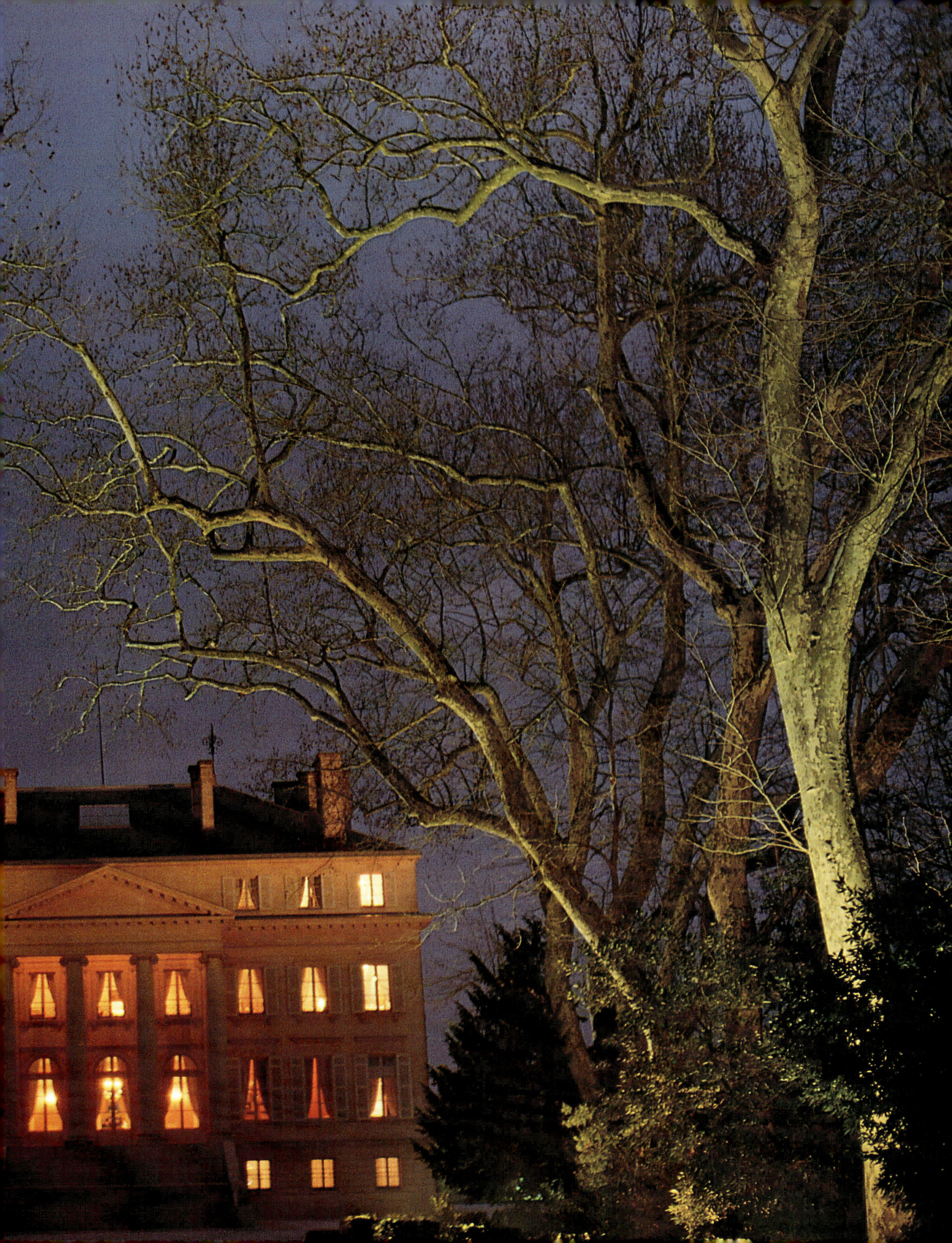

CHATEAU
PAVEIL DE LUZE
Appellation HAUT-MÉDOC Contrôlée
1947
A. de Luze & Fils
BORDEAUX

PAVEIL DE LUZE

Margaux. Cru bourgeois
Baron Geoffroy de Luze

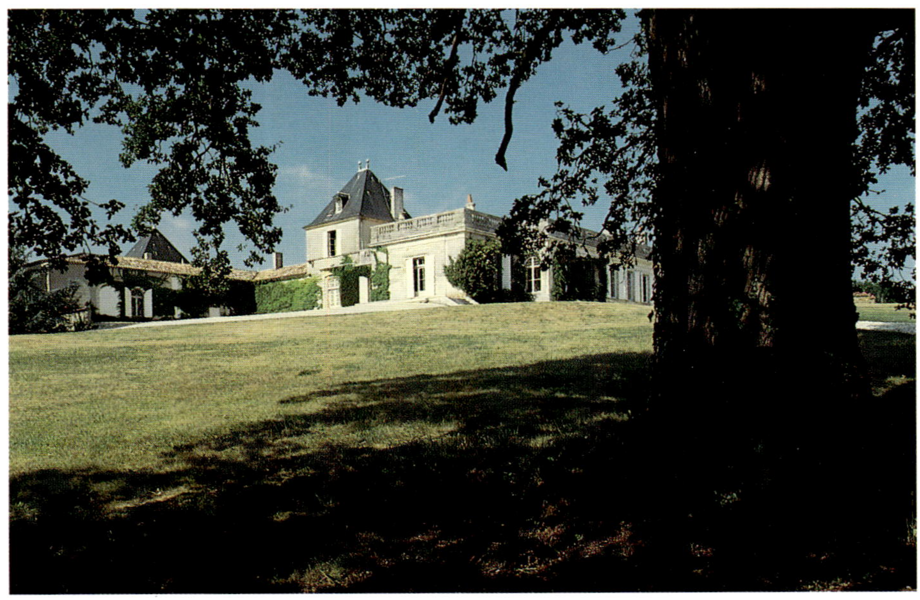

Un criquet tient dans le creux de la main,
mais on entend son chant dans toute la prairie.
Proverbe sénégalais

Au XVIIe siècle, la chartreuse apparaît dans le paysage bordelais. Elle se distingue des autres petits châteaux par son aspect bas et allongé. Simple particularité régionale, elle devient l'objet de toutes les convoitises au XVIIIe siècle, époque où les gentilshommes affectionnent les petites maisons de plaisance. Pavillons, ermitages, folies, casinos, fabriques et chartreuses représentent alors des lieux de retraites privilégiés pour ceux qui affectent de vivre sur leurs terres.

Cette vogue passe rapidement. Dès le XIXe siècle, la chartreuse ne suffit plus à ses maîtres qui ambitionnent de devenir châtelains. Les architectes sont chargés de la parer de tous les signes susceptibles de satisfaire les désirs de gloire de ses propriétaires. Une solution répandue consiste à ajouter un pavillon médian ou des pavillons latéraux, tout en respectant son caractère horizontal. Une autre, à la mettre pompeusement en scène en multipliant les terrasses qui dégagent son environnement et la rendent plus visible... En outre, par l'édification de balustrades et d'escaliers, ces terrasses jalonnent et rythment l'espace. Architecture et paysage se trouvent associés dans une composition qui s'assouplit au fur et à mesure qu'on s'éloigne de la maison.

Aujourd'hui, la chartreuse représente la demeure idéale des Bordelais. Par ses dimensions restreintes, elle suffit aux besoins d'un propriétaire viticole, par son caractère architectural, elle comble le goût d'une société qui vit dans la nostalgie du XVIIIe siècle...

Paveil de Luze, charmante chartreuse située sur la commune de Soussans, en est la parfaite illustration. Construite au début du XVIIIe siècle, c'est une demeure à double exposition qui tire son nom, Paveil, des deux pavillons d'un étage qui encadrent le corps central du bâtiment. Chaque pavillon est aussi flanqué d'une aile, celle de droite avec ses nombreuses chambres destinées à l'hébergement des visiteurs et amis, celle de gauche abritant les chais. Paveil est l'un de ces châteaux-chais où l'on peut vivre et travailler sans sortir. La cour, recouverte d'une épaisse couche de gravier clair et fermée par une grille de fer forgé peinte en blanc, sépare la maison du vignoble.

Le domaine viticole a précédé la construction de la maison. Il est créé à la fin du XVIIe siècle par Pierre de Rauzan, fondateur de nombreux crus dans les communes de Margaux et de Pauillac dont le futur Pichon-Longueville. Il donne la terre en dot à sa fille, lors de son mariage avec un chevalier de Bretonneau, qui choisit de planter juste en face du château un vignoble à base de cabernet-sauvignon et de merlot. Aujourd'hui, sa configuration est identique, immuabilité assez rare pour être soulignée. L'emplacement et l'encépagement sont judicieux, car la réputation de Paveil s'établit d'emblée à un niveau enviable. Abraham Lawton, le négociant qui connaît le mieux à l'époque les vins de Médoc, en parle dès 1750. Dans ses carnets, il le place devant Langoa et Lafon-Rochet, classés troisièmes Crus en 1855. Dans ces années-là, Paveil, propriété la plus importante de la commune, se trouve sous la domination d'un négociant en vins de Saint-Domingue, monsieur Minvielle. En 1862, il est acheté par la famille de Luze dont un des descendants en est toujours propriétaire.

Les Luze sont d'origine suisse. À divers titres, certains ancêtres sont entrés dans l'histoire comme Françoise Warny, épouse du bannerey de Neuchâtel qui construit la maison familiale du Pied, à Colombier, en Suisse. L'ayant très défavorisée physiquement, la nature la dote, en revanche, d'un bel esprit qui attire chez elle l'élite intellectuelle de l'époque. Elle héberge souvent Jean-Jacques Rousseau. Leur correspondance sera éditée par la suite. Ou encore Frédéric-Auguste de Luze, lieutenant-garde suisse sous Louis XVI, qui doit à son jeune âge, à ses traits délicats et à sa peau rose et imberbe, d'être un des trois rescapés du massacre des Tuileries auquel il réchappe déguisé en jeune fille. Plus tard, il sera décoré par Louis XVIII du grand cordon de Saint-Louis.

La famille établit sa renommée grâce à la fabrication d'indiennes. Au début du XIXe siècle, cette activité n'étant plus rentable, Alfred de Luze et son frère Louis-Philippe la liquident et partent pour New York où ils montent une affaire d'importation de cognacs, de vins fins, d'épices, d'huile d'olive, d'opium médicinal et autres *délicatessen*. En 1820, pensant qu'une société de négoce installée sur les lieux de production développera leurs ventes de vins fins, les deux frères décident de se séparer. Alfred s'installe à Bordeaux, monte l'affaire de négoce et épouse une demoiselle Johnston dont la famille d'origine écossaise possède une fabrique de porcelaines. Le couple a quatre fils. L'aîné Francis, marié à une suissesse, est un voyageur infatigable. Il s'absente plus de cinq mois par an pour les besoins de l'entreprise familiale. Ainsi il apprend en Russie que Paveil, propriété qu'il convoite depuis longtemps, est à vendre. Immédiatement il télégraphie à sa femme de l'acheter. Ce qu'elle fait sur ses propres deniers ! Prise d'une passion pour l'endroit, elle redessine le parc, sans vraiment en profiter ; elle et son mari y venaient passer seulement l'été, les règles de la bonne société imposant jusqu'à récemment de vivre à Bordeaux.

Quand un châtelain veut converser en toute tranquillité, il propose une visite de ses vignes. Geoffroy de Luze n'échappe pas à la règle. Là, en ponctuant son discours d'amples mouvements de sa canne favorite, une canne de légitimiste, où le portrait du roi se cache dans une cavité spécialement aménagée, il exprime son inquiétude sur l'avenir d'une profession jamais à l'abri d'une crise et sur les moyens de l'appréhender. Faut-il essentiellement se consacrer à une production haut de gamme même si c'est au détriment de la quantité ou privilégier le quantitatif ? La première position ardemment défendue par Jean-Luc Vonderheyden, propriétaire de Château Monbrison, n'est pas du goût de tout le monde. Ceux qui lui ont arraché 2 500 pieds de vigne en une nuit ont exprimé avec une violence qui s'apparente au réglement de comptes leur opposition à ses conceptions sur la limitation du rendement.

La grande majorité des récoltants n'adhère pas à l'une ou l'autre de ces positions. Elle se souvient que les crises qui ont secoué la région dans les années 1920 et 1930 étaient d'ordre conjoncturelles ; la première guerre mondiale avait appauvri la riche clientèle européenne et la prohibition ligotait les acheteurs américains. Elles n'avaient donc rien à voir avec la production et les récoltes pouvaient être bonnes ou mauvaises, abondantes ou faibles, elles ne se vendaient pas et restaient dans les chais.

Quantité ou qualité, le problème reste posé. Ce sens du statu quo qui illustre une forme de courtoisie propre au Bordelais, se manifeste aussi chaque fois que resurgit, tel le monstre du Loch Ness, la réactualisation du classement de 1855. Comme elle créerait des bouleversements désagréables à beaucoup de monde, aux promus comme aux déclassés, on préfère ne rien faire et laisser à diverses personnalités le soin de distribuer des notes et d'établir des classements qui n'ont rien d'officiel.

Volontiers conteur, sur le chemin du retour, Geoffroy de Luze parle de sa famille, des descendants du frère aîné d'Alfred, les soixante-dix cousins américains, avec lesquels il reste continuellement en contact ; de sa mère qui, chaque fois qu'elle quittait les bruines de sa Normandie natale pour la canicule bordelaise, se coiffait d'un casque colonial sitôt la Loire franchie ; du Paveil de son enfance et de ses frayeurs. À cette époque, les couloirs étaient encore éclairés par des lampes à acétylène dont la flamme bleutée projetait sur les murs des ombres mouvantes tellement grandes qu'il les prenait pour d'horribles fantômes. Pour le rendre courageux et obéissant, sa grand-mère lui demandait souvent d'aller chercher un mouchoir oublié dans sa chambre. Aujourd'hui Geoffroy de Luze continue de se demander si l'oubli n'était pas volontaire et la traversée du pays des fantômes aussi nécessaire que celle des remparts de Combourg quand Chateaubriand, jeune, regagnait sa chambre.

Avec ses 25 hectares de vignes, Geoffroy de Luze produit en moyenne 120 000 bouteilles d'un vin à son image, distingué et séduisant. Quand il propose une dégustation de diverses années, il laisse apparaître une certaine tendresse pour son millésime 1980, fort modeste, qu'il place au-dessus de tous les autres. Point n'est besoin de préciser, tant cela semble évident, qu'il correspond à l'année de son mariage avec Patricia, et qu'il célèbre le début d'une irradiante complicité où, selon la formule d'Alain-Fournier, « l'amour se vit comme un vertige, comme un sacrifice, comme le dernier mot de tout. »

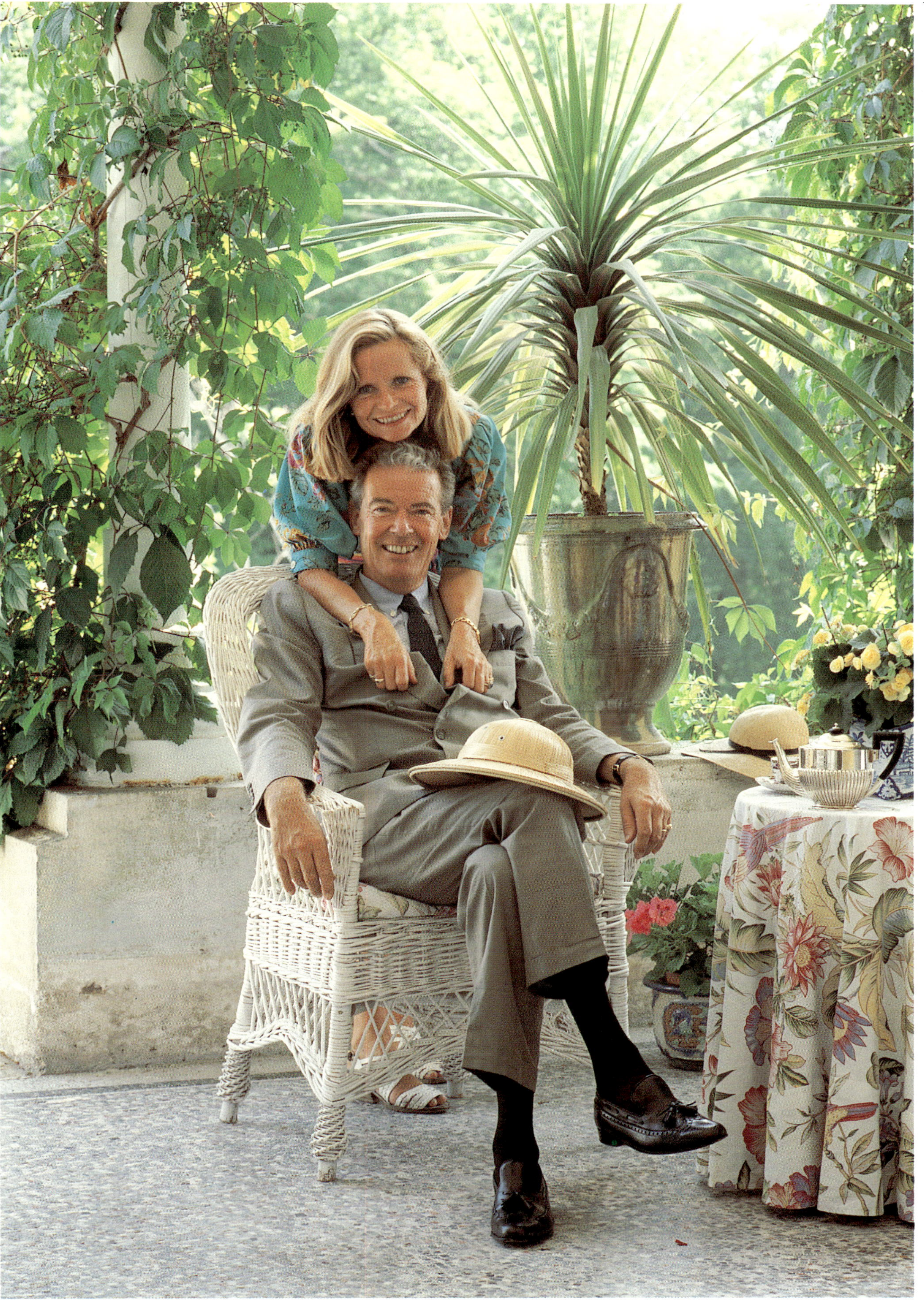

Geoffroy de Luze et sa femme Patricia.

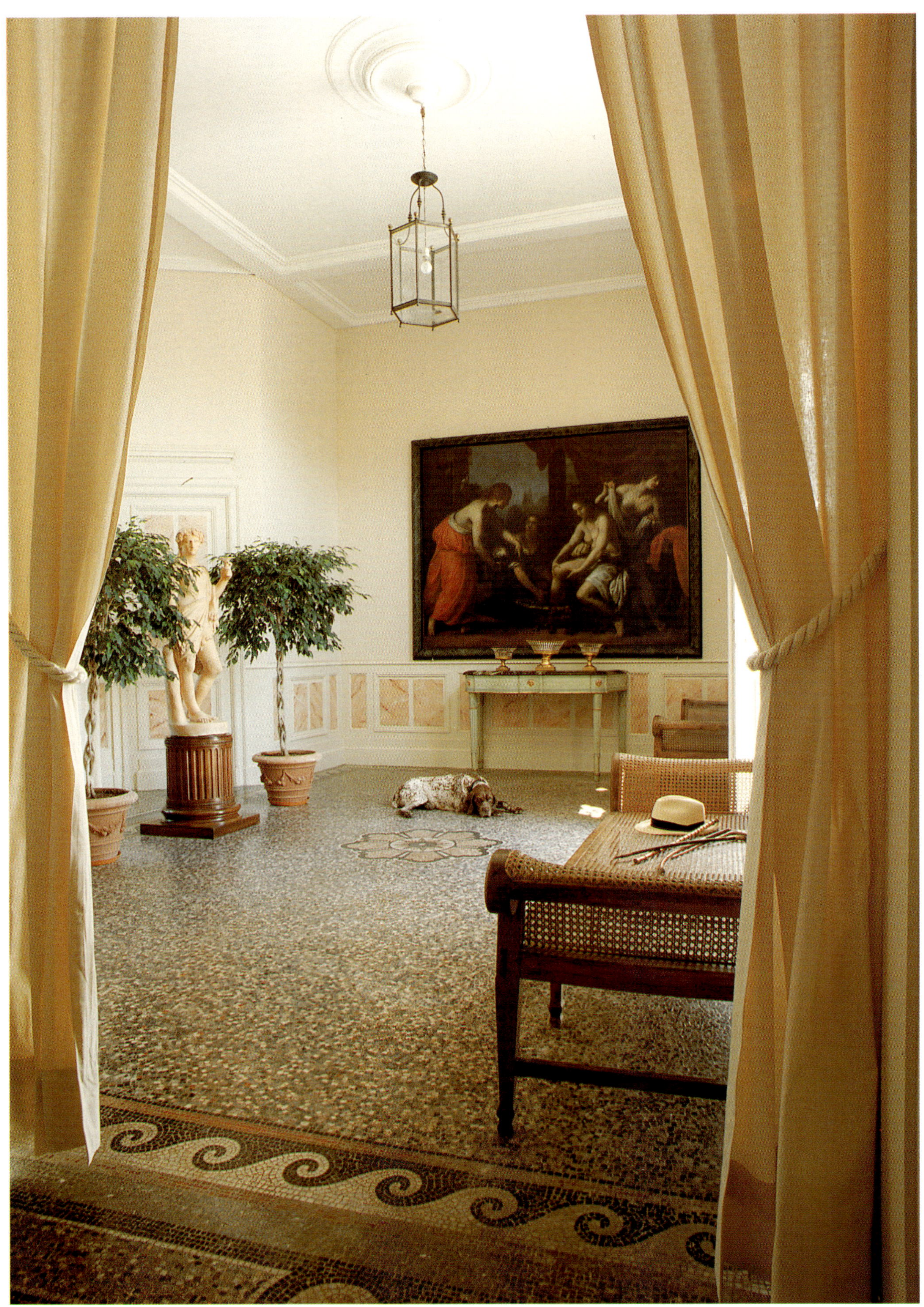

Deux banquettes canées pour se reposer dans l'entrée néo-classique.

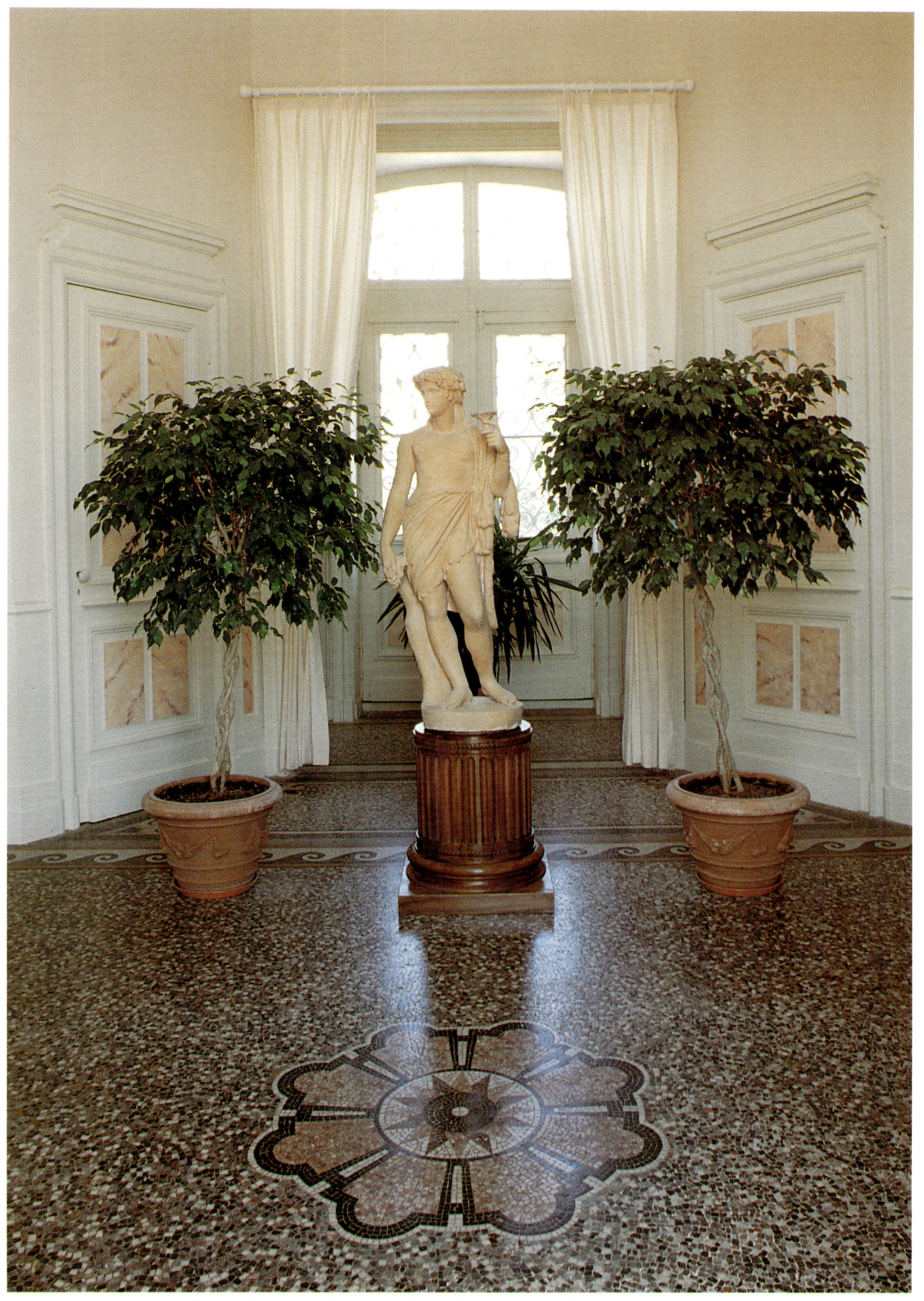

Rescapée du grenier et décapée par Patricia de Luze, cette sculpture accueille les invités.

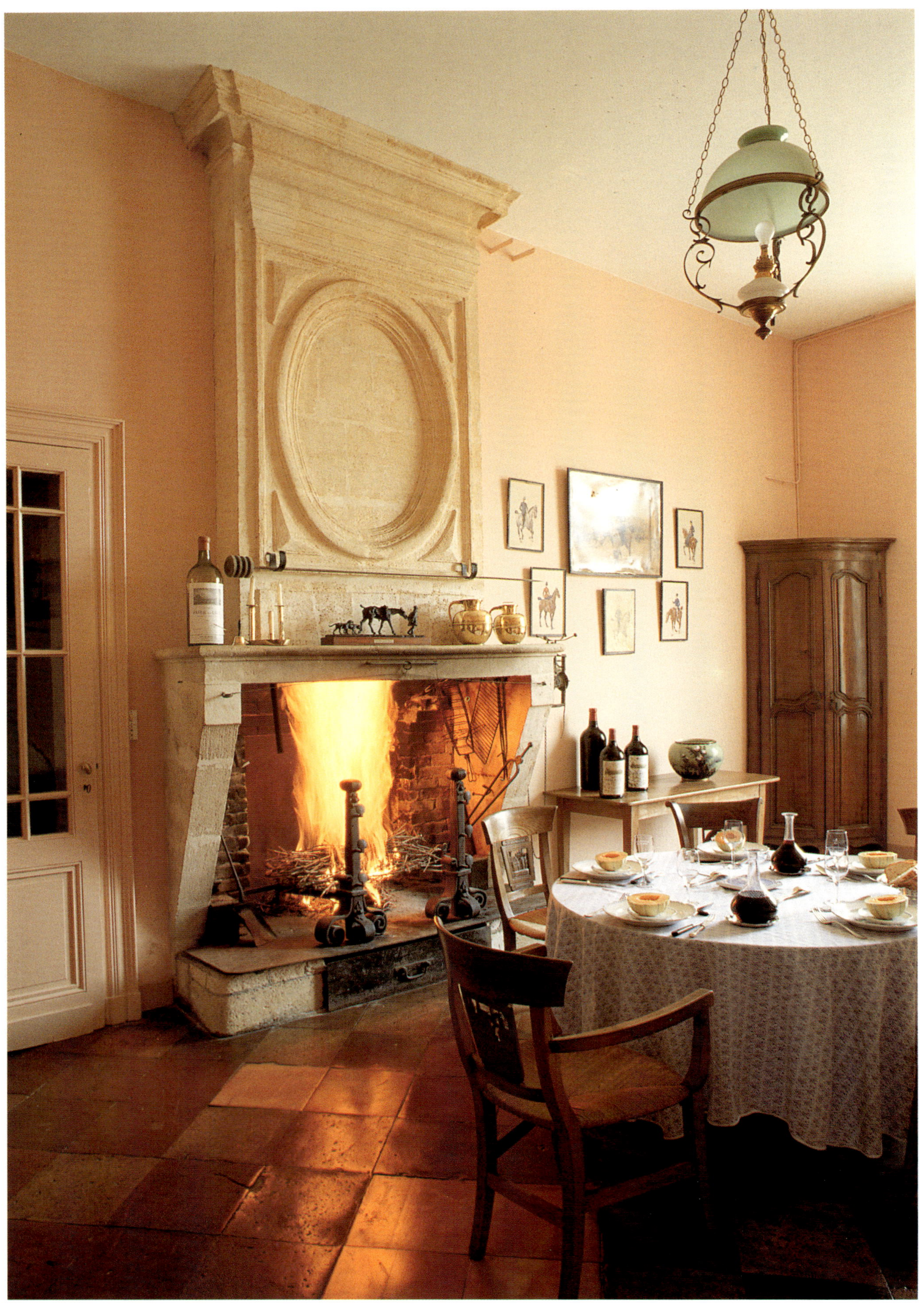

Les grillades se préparent sur des sarments dans la cheminée de la petite salle à manger.

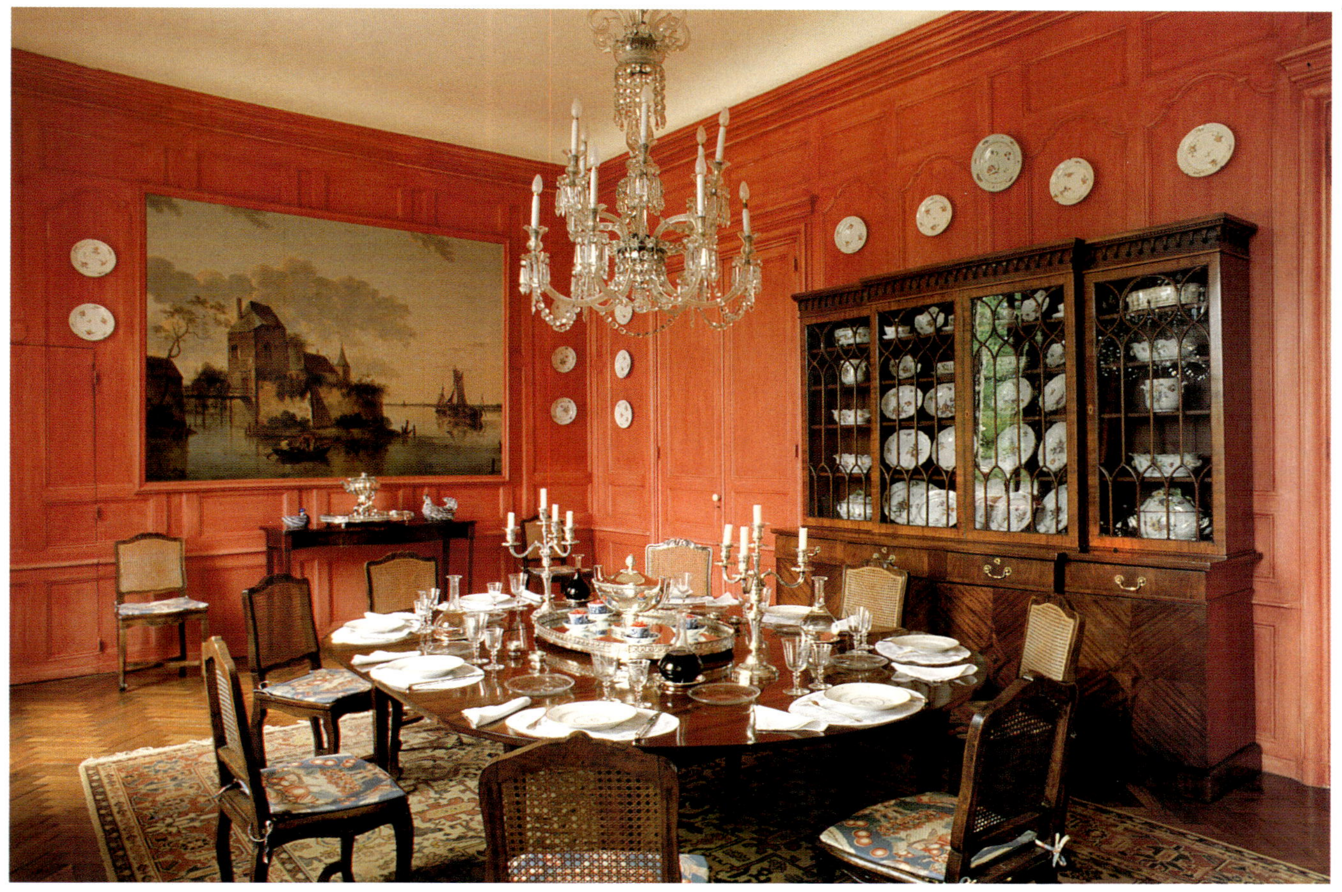

Dans cette salle à manger d'apparat, les boiseries du XVIIIe siècle ont été repeintes récemment. Dans la vitrine, collection de faïences de Bordeaux héritée de la famille.

Ce petit salon fait aussi office de bibliothèque. C'est la seule pièce à ne pas avoir été transformée et à avoir gardé son tissu couleur chocolat, très à la mode au XIXe siècle.

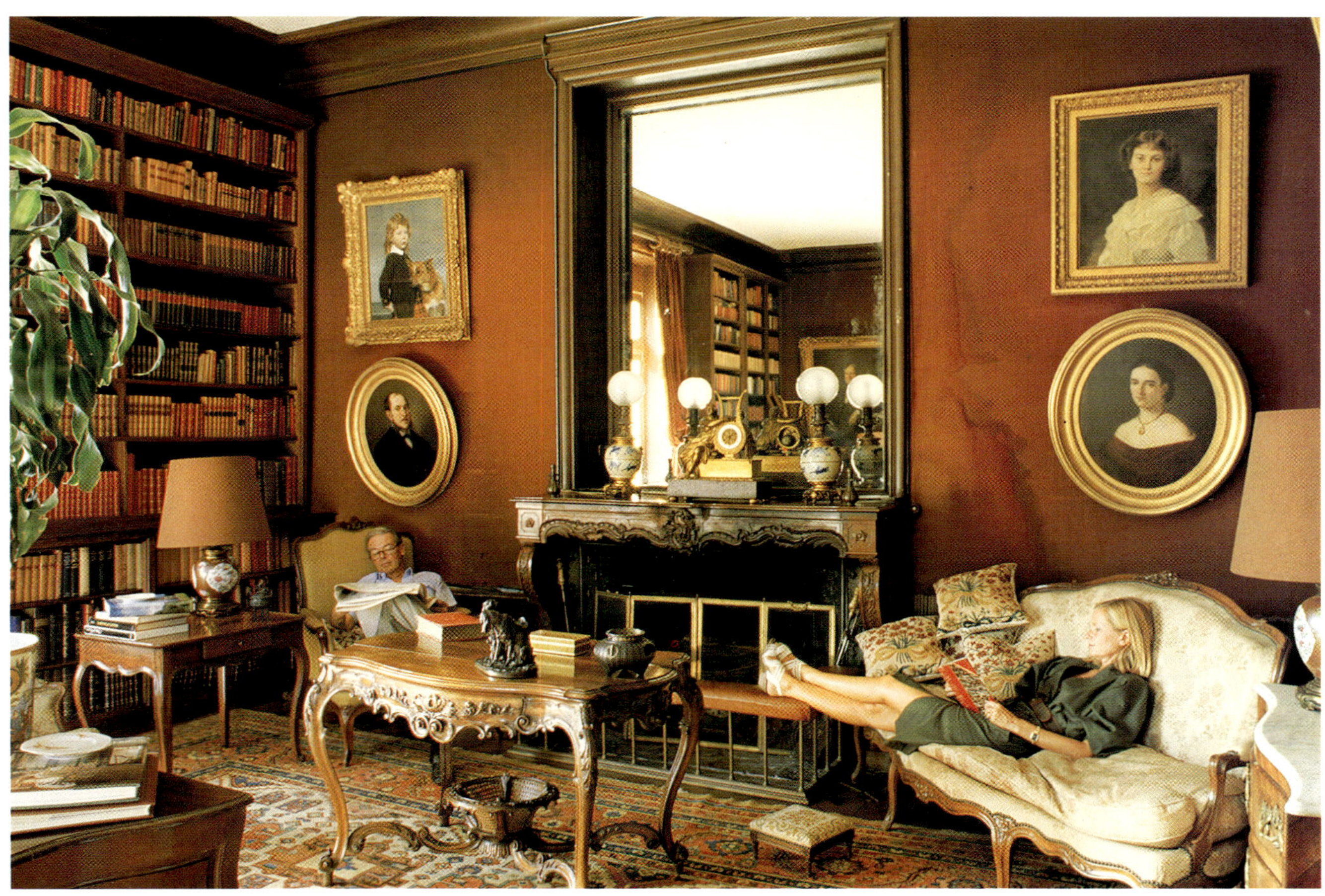

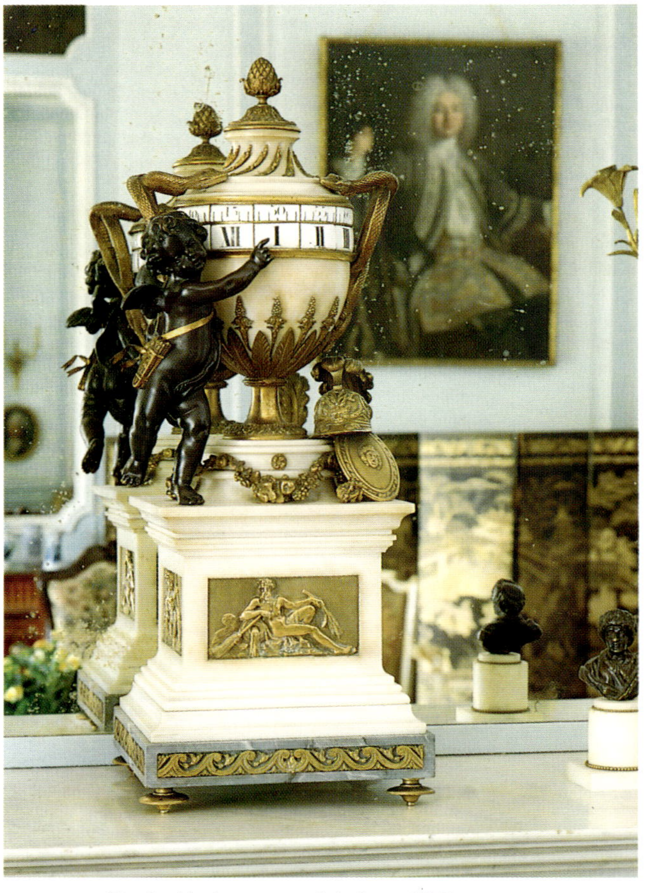

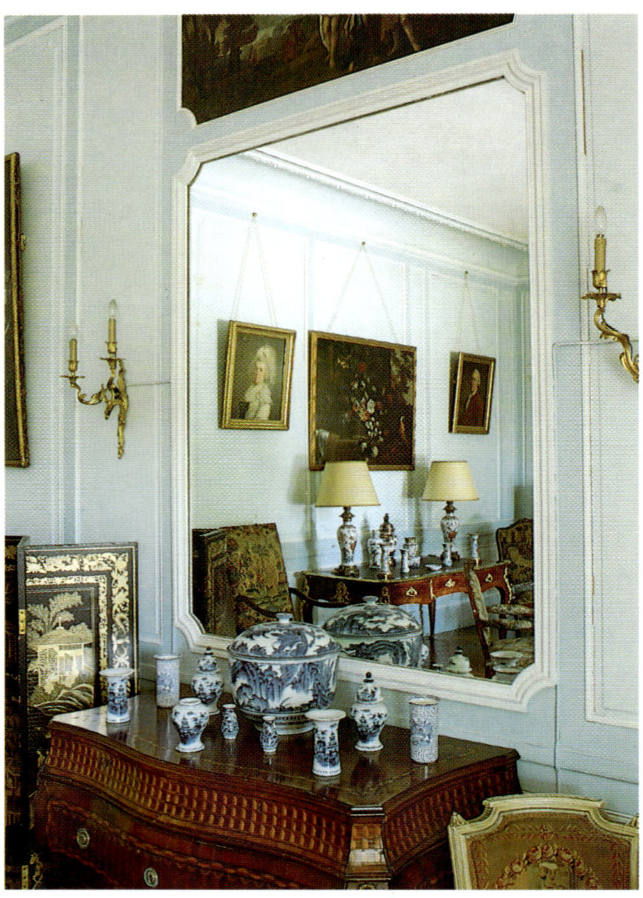

Un double de cette pendule Louis XVI se trouve à la Wallace Collection de Londres.

Sur la commode du salon bleu, une collection de poteries chinoises du XVIIIe siècle.

Sur le scriban XVIIIe siècle bordelais portrait de Marie de Luze jeune fille.

De chaque côté de la cheminée, les aquarelles du XVIIIe siècle de la chambre évoquent les origines suisses de la famille.

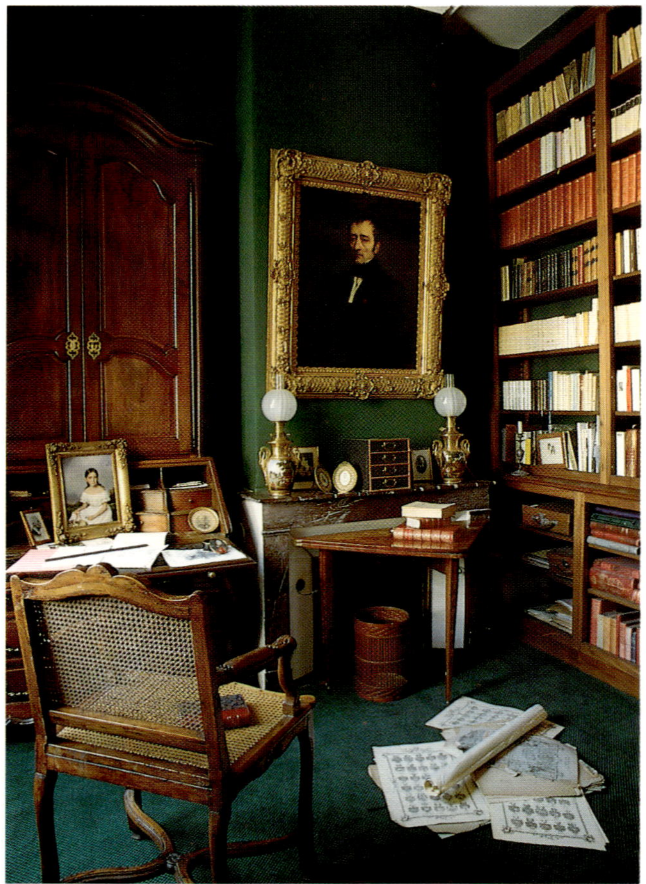

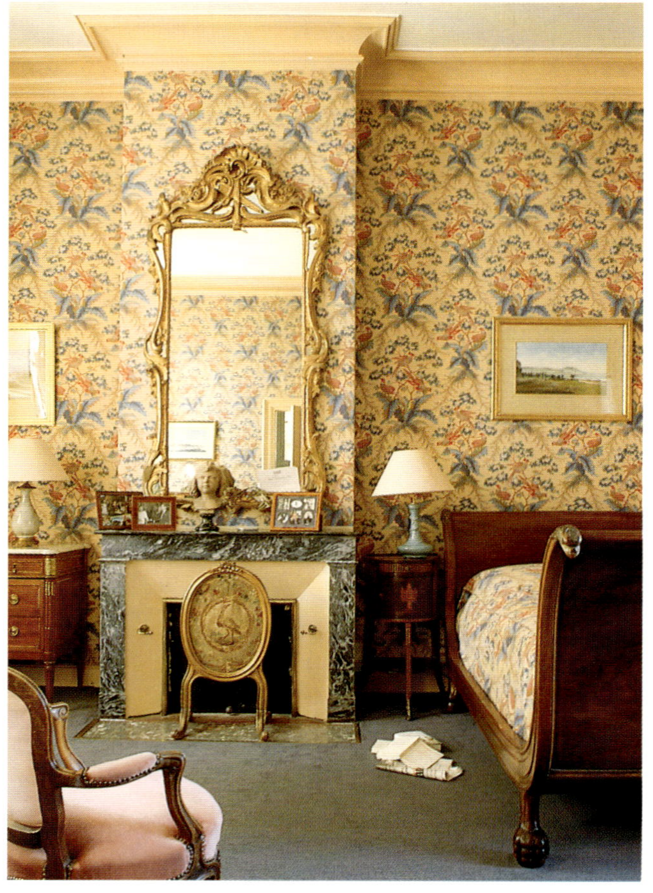

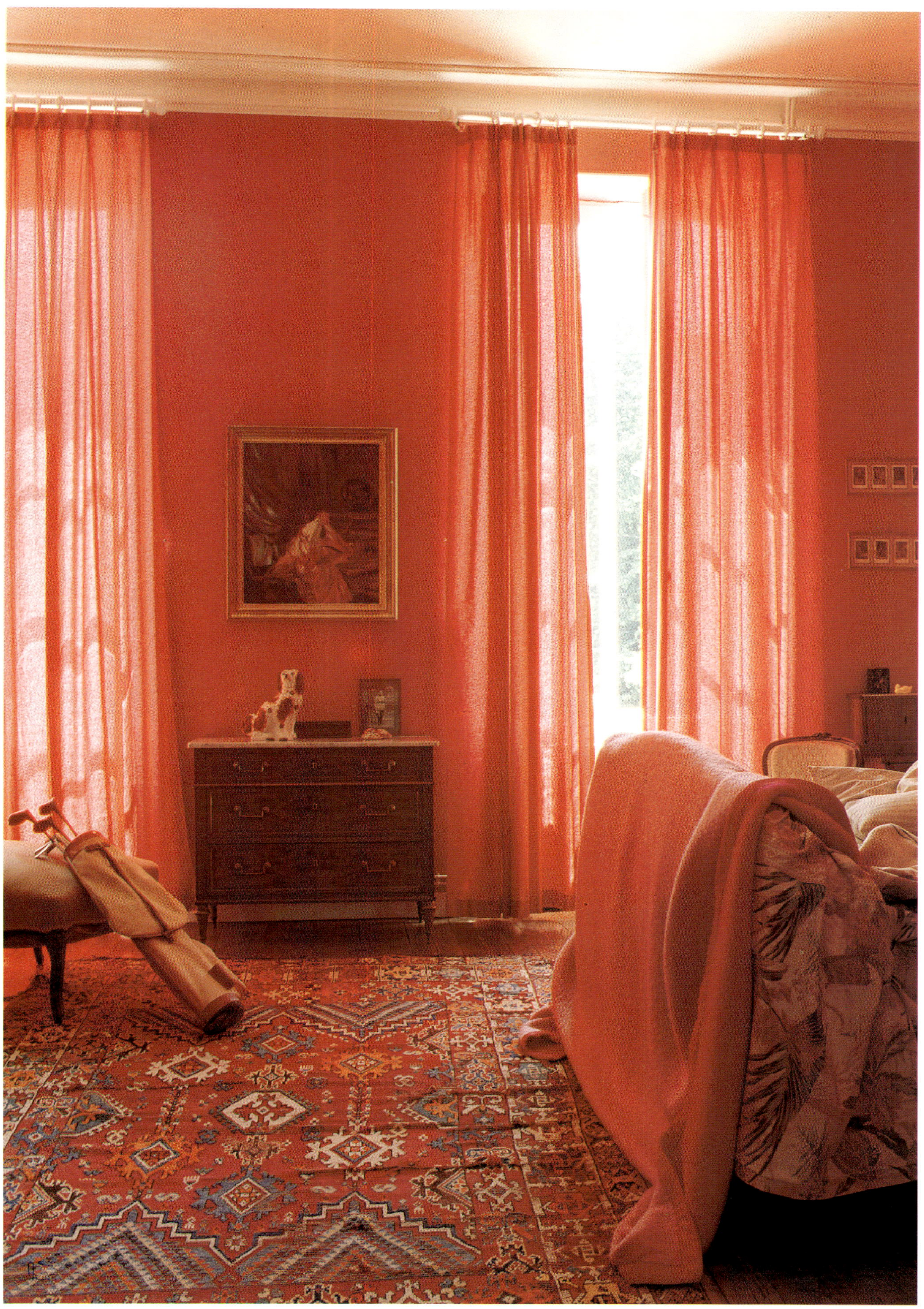

Dans cette chambre d'amis, une toile du peintre Domergue représente la mère de Geoffroy de Luze.

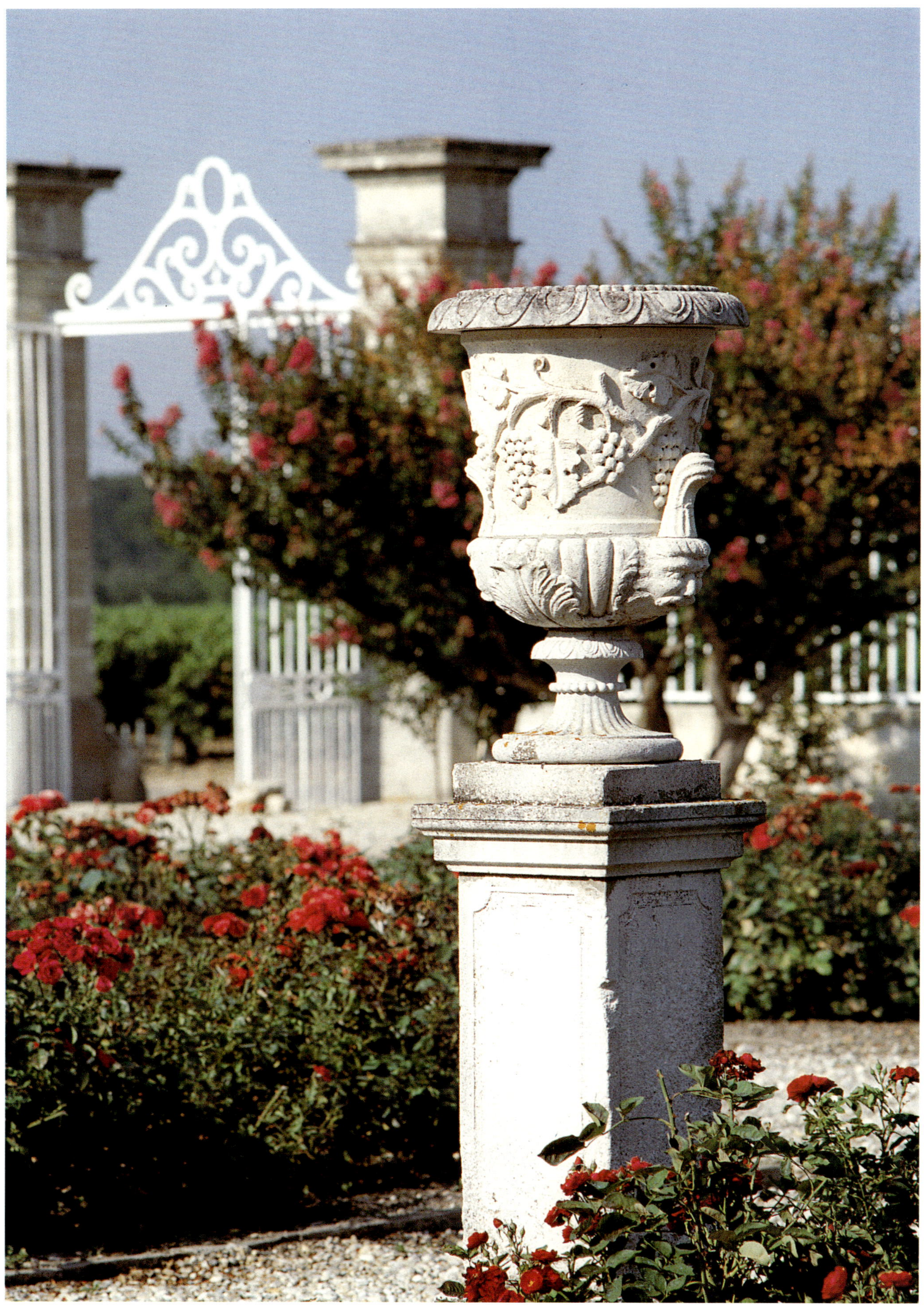

Une grille en fer forgé sépare le château de son vignoble.

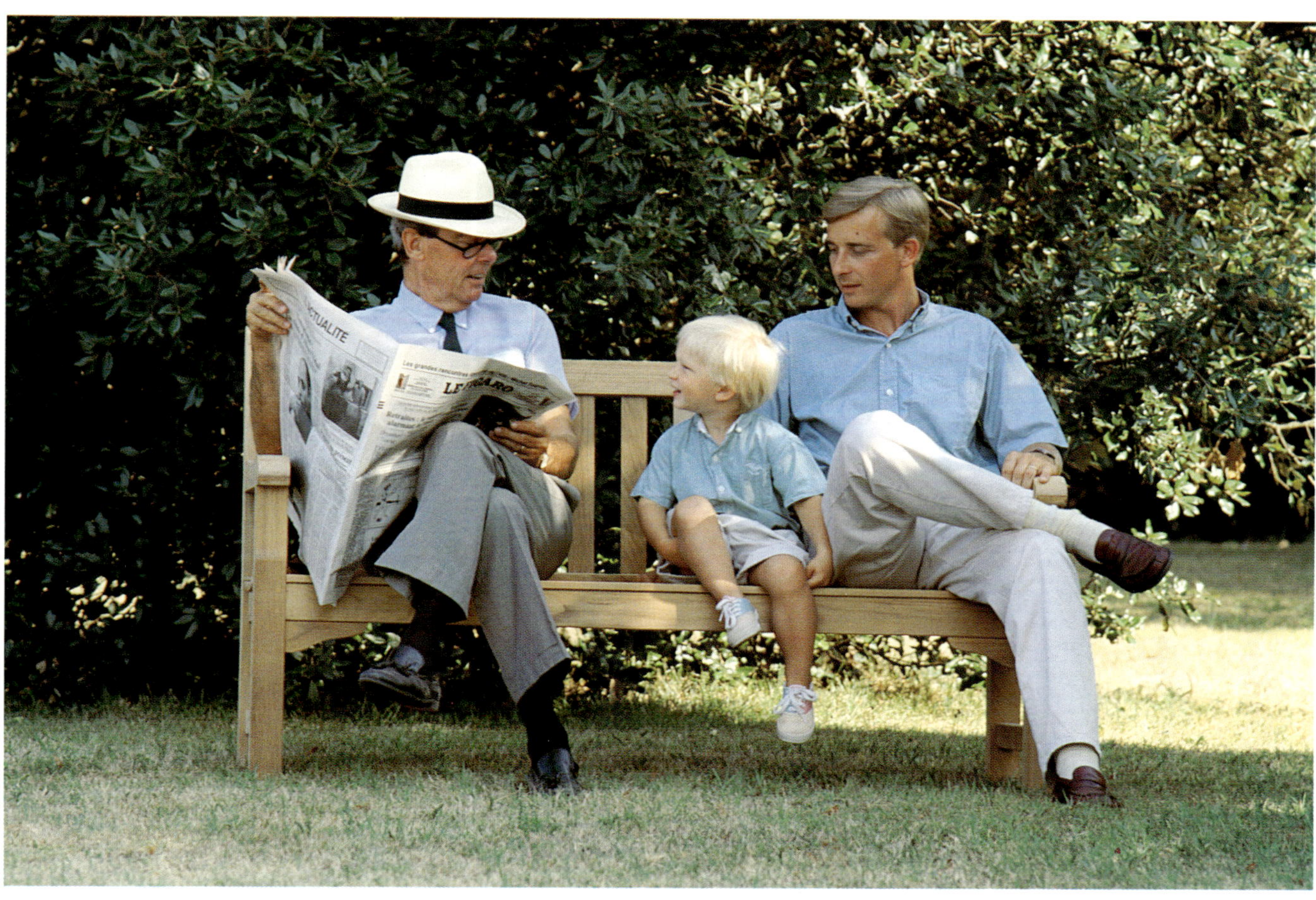

Trois générations sur un même banc.
Geoffroy de Luze en compagnie de son fils Frédéric et de son petit-fils Édouard.

Véranda ouvrant sur le parc dessiné au XIXe *siècle par Marie de Luze.*

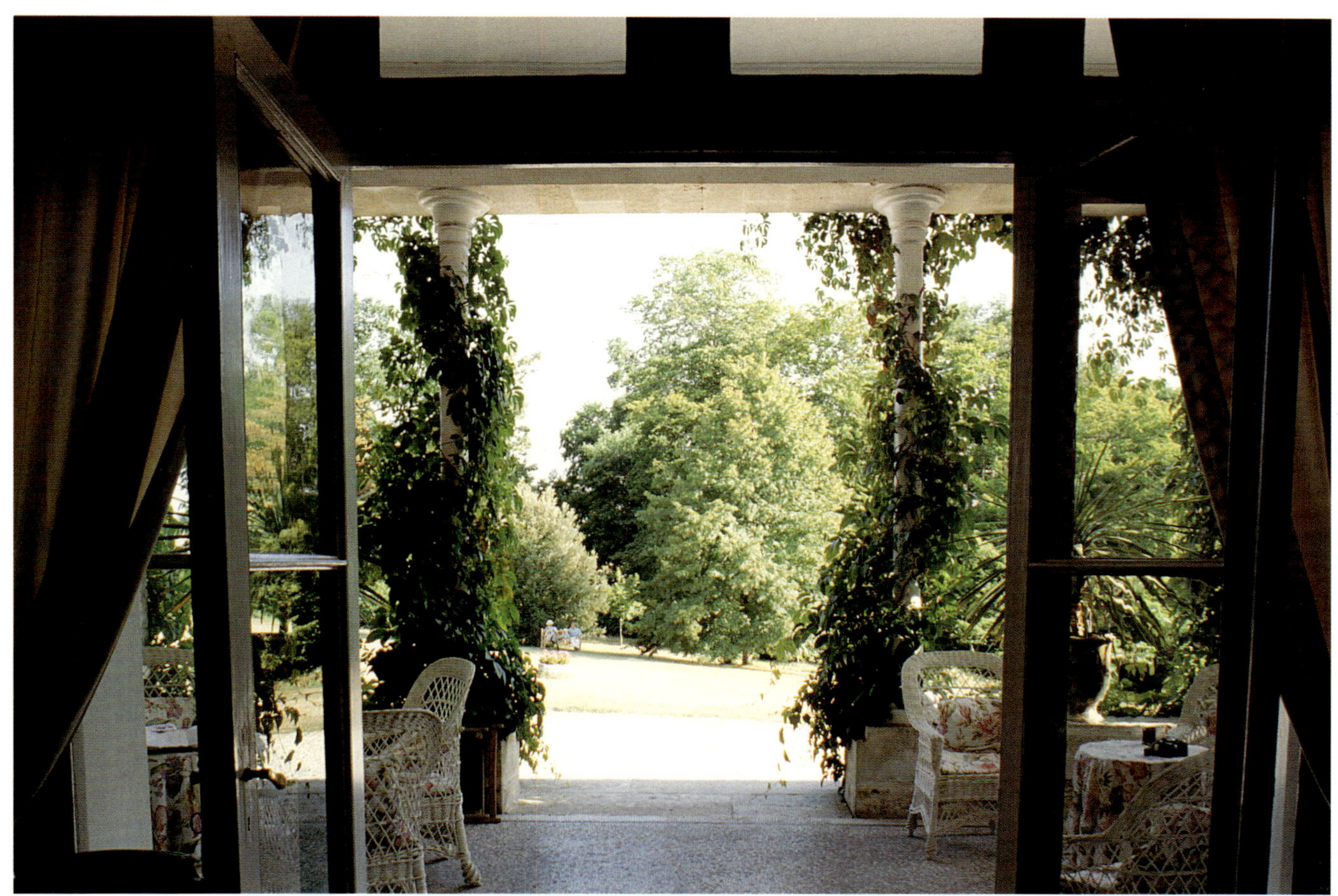

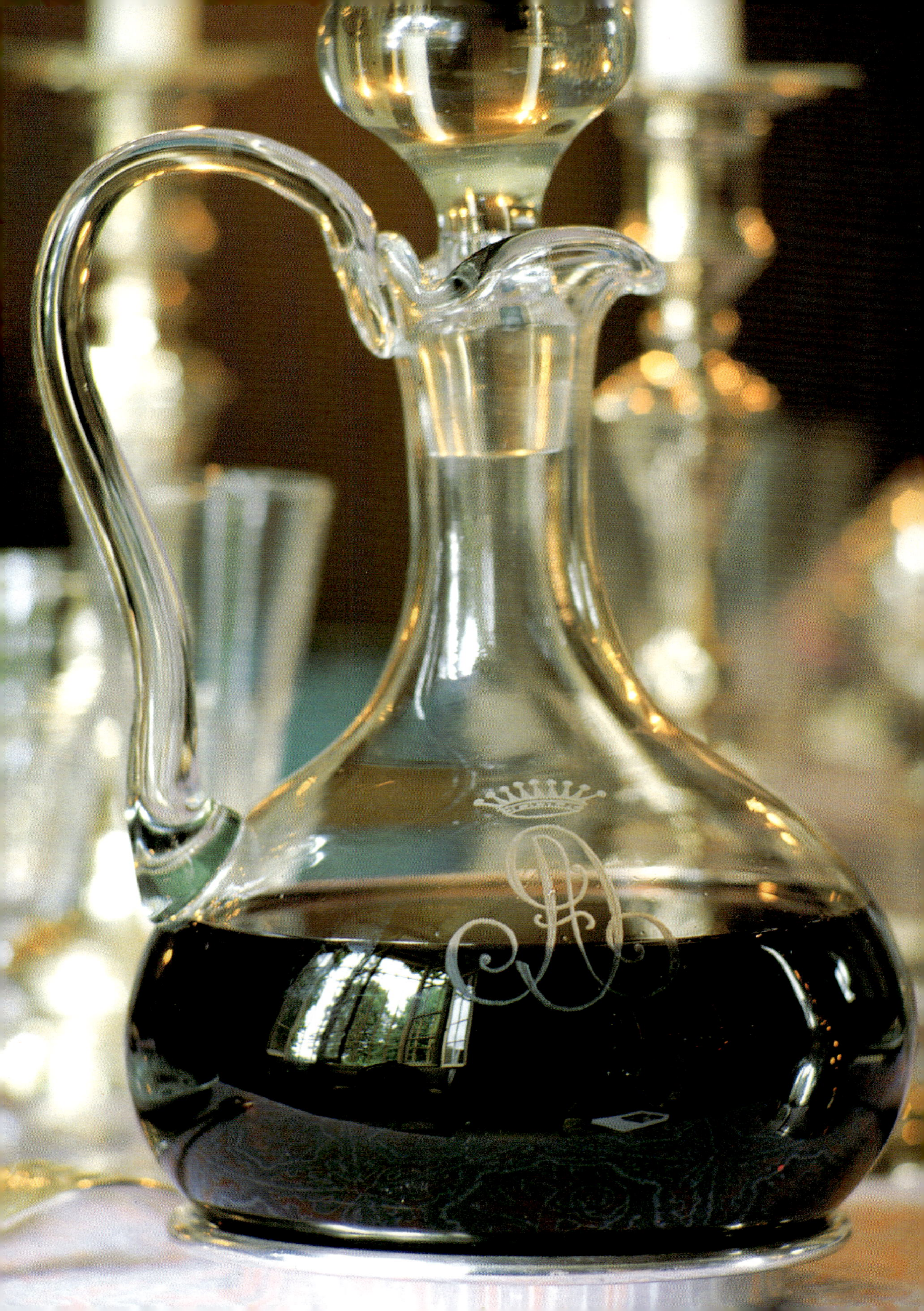

PERROTIN

Appellation Bordeaux
Baron de Condé

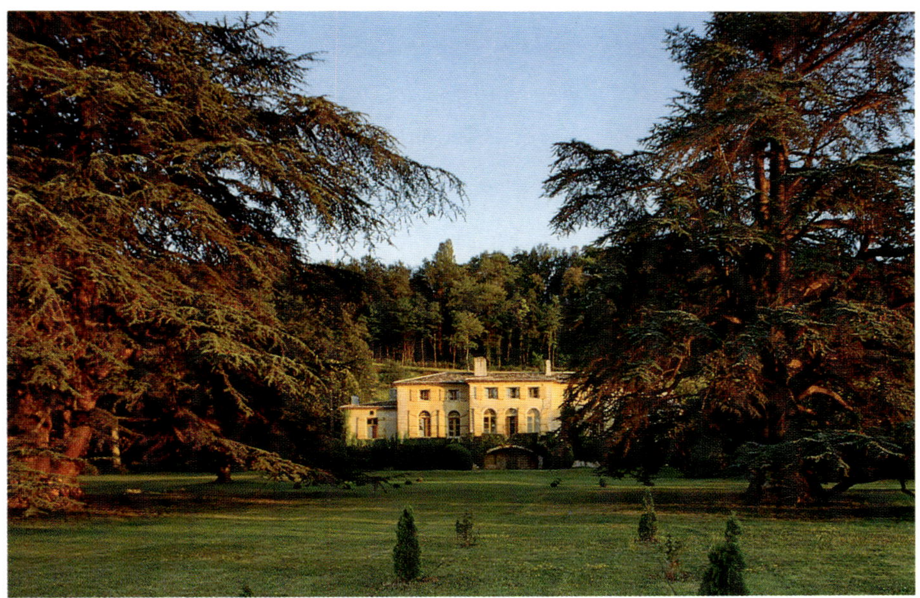

Le merveilleux chez cet être : toute source en lui donne le jour à un ruisseau.
Avec le moindre de ses dons descend une averse de colombes.
René Char

Certains lieux se méritent, seulement il faut savoir pousser la petite porte secrète qui y conduit et devant laquelle tant de gens sont déjà passés sans rien voir. Même si elle semble relever du hasard, la rencontre d'Alain de Condé avec Perrotin devait se produire.

« Il y a une quinzaine d'années, un peu à l'écart de Saint-Pée de Castets, une borne de pierre attira mon attention. Située à l'entrée d'une longue allée bordée d'arbres, elle portait un nom bizarre : Perrotin. J'ai proposé aux amis qui m'accompagnaient de faire un détour pour découvrir ce que pouvait cacher un nom pareil. Nous sommes tombés sur une maison, située au pied d'une colline, qui abritait la famille du Petit Poucet, un couple d'agriculteurs et ses sept enfants, et aussi abandonnée que celle de la Belle au bois dormant. Elle était entourée de ronciers, d'orties et de broussailles, et la cour jonchée de gravats, de morceaux de ferraille et de matériel agricole rouillé. Pourtant, j'ai eu un coup au cœur et je ne comprends toujours pas pourquoi. Était-ce dû à sa façade qui prenait si bien la lumière et à une harmonie secrète dans ses proportions ? Je me retrouvais aux îles Borromées ou près du lac de Côme. Sur le champ, à mon propre étonnement et à celui de mes amis, je décidai de l'acheter. » Alain de Condé raconte avec un tel bonheur cette première rencontre qu'à l'évidence, il continue de vivre avec Perrotin un conte de Perrault !

Tel un prince charmant, ce baron réveilla la demeure. Il s'improvisa sans peine maître d'œuvre de son rêve. Ancien restaurateur de tableaux, il avait gardé de son métier le goût du travail accompli, la simplicité et la rigueur que son tempérament d'artiste pimenta d'audace, de folie et de liberté envers les modes.

Il ne savait rien de l'histoire de la maison, sinon qu'elle fut construite pour un certain monsieur Perrotin anobli par Louis XV à la bataille de Fontenoy. D'ailleurs, il n'en avait cure, préférant s'en remettre à son inspiration plutôt que de reconstituer le modèle original. Il repensa chaque volume intérieur, dessina un jardin, fit creuser un bassin et planta une multitude de fleurs et de plantes en recherchant souvent les espèces les plus rares.

Au prime abord, il est difficile de deviner ce coup de baguette magique. Au-delà du pré plat et tondu ras qui fait penser au *prato verde* florentin, la maison offre une façade discrètement restaurée. Mais le seuil franchi, se produit un miracle. Le visiteur est accueilli au cœur d'une passion et de l'endroit où elle s'élabore : l'atelier d'un artiste.

D'un côté de la pièce, trois arcades donnent de plain-pied sur la cour intérieure. De l'autre côté, un escalier à double révolution descend dans le parc. C'est ici qu'Alain de Condé projette sur des toiles longuement préparées ses *réalités imaginaires*. La peinture lumineuse de cet ancien spécialiste des impressionnistes, de l'école de Pont-Aven et des nabis, est la transcription d'une vie silencieuse empreinte de pudeur. Ce qu'exprime parfaitement son ami Maurice Druon : « Une atavique élégance lui interdira toujours de laisser paraître dans un tableau une plainte, un reproche, une angoisse. » Cette réserve délibérée lui vaut d'être boudé par certains marchands parisiens. Claude Bernard trouve sa peinture insuffisamment dérangeante et Albert Loeb, qui pourtant l'exposa, considère qu'il « ne fait pas assez peintre, cravaté dans ses costumes trois pièces ». Ce n'est pas l'avis des Japonais qui ont fait un succès à sa dernière exposition à Tokyo : des milliers de visiteurs

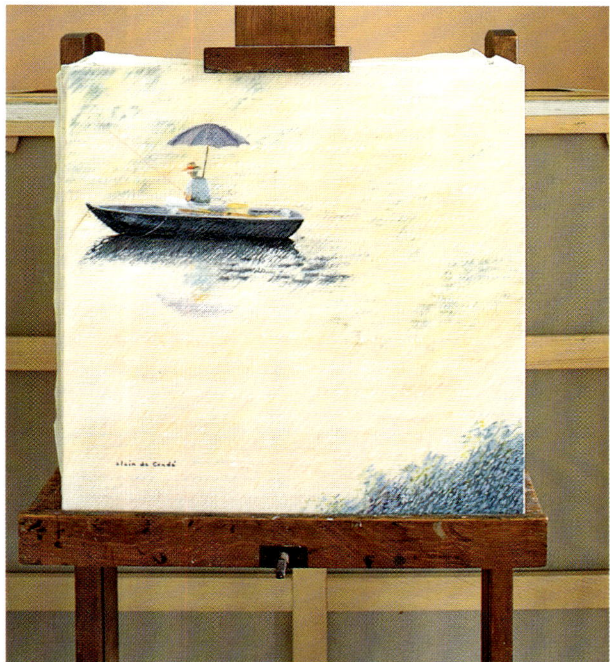

Le Parasol mauve, *peinture d'Alain de Condé réalisée en 1989, « images hors du temps, paix de ces belles journées ensoleillées et lumineuses que l'on voudrait éternelles… »*

chaque jour, dix-sept passages à la télévision, tous les tableaux vendus. Nul n'est prophète en son pays.

La décoration de Perrotin révèle une autre facette du talent d'Alain de Condé, qui, de suite, avertit son visiteur : « Ne cherchez pas une référence à une époque, je déteste les endroits gouvernés par une idée. » On croirait entendre parler Julie de Carnailhan, personnage de Colette, quand elle crée son décor à coups de cœur et à coups de foudre. Bordelais de souche, Alain de Condé aurait pu céder aux tentations de la couleur locale ou de la reconstitution. Il n'a pas commis « cette horreur, ni donné, selon ses propres termes, dans un quelconque style *Louis Singe* ». Il a suivi son démon : séduire en multipliant les effets de surprise.

Pas de stucs, de faux marbres ou de boiseries : les murs comme les sols doivent garder la neutralité d'une toile nue, d'un support. Autour de son objet préféré, un bronze italien de Tafanari représentant deux lionnes couchées, il s'est plu à entasser des trésors : ses trouvailles. Dans une jungle de plantes vertes se côtoient poteries Chimu, putti florentins, pinceaux japonais et chinois, tapisseries, bas-reliefs et naïades. Mais tout répertorier fausserait le jeu. L'important n'est pas le catalogue mais le raffinement de cet apparent désordre. Du très grand art où, dans une atmosphère intemporelle, chaque objet révèle pleinement sa beauté.

Faïences anciennes, porcelaines bordelaises de Vieillard, dessins rescapés de plusieurs successions, chiens peints, sculptés, brodés, chaque pièce de Perrotin renferme une *accumulation inspirée*, expression d'un souci de composition rigoureux, presque obsessionnel. Qu'une tabatière soit déplacée, une pile de livres dérangée, l'œil du maître décèle aussitôt la dissonance. Rien ne lui échappe, ni un faux pli sur un rideau, ni une feuille morte sur une plante. Il hait, sans doute, « le mouvement qui déplace les lignes » mais par un curieux paradoxe, cet ordre minutieux n'exprime que la vie, l'intimité et la chaleur. Ici tout respire, même le passé.

Ce raffinement se retrouve lors des dîners. Les dimensions de la salle à manger sont volontairement modestes, le maître de maison redoute les dîners de plus de six couverts. Il offre à ses hôtes une des meilleures tables de la région et le produit de ses deux hectares de vignes, un cru confidentiel qui se déguste aux chandelles entre intimes. Le couvert est mis sur des foulards des Indes : « Et pourquoi pas ? Quand elle se sentait frileuse, Marie Laure de Noailles se recouvrait d'une nappe de restaurant en guise de châle. Où est la différence ? » Sur la vaisselle figurent ses armes, ces mêmes armes qu'un grand-père, maniaque du détail exquis, imprimait sur la peau des pommes avec un pochoir en mousseline de sa confection.

Pour Alain de Condé, Perrotin est un lieu de travail et de paix, ouvert aux amis qui désirent se ressourcer en totale harmonie avec la nature et les animaux.

Nul n'aura comme moi si chaudement aimé
La lumière des jours et la douceur des choses…

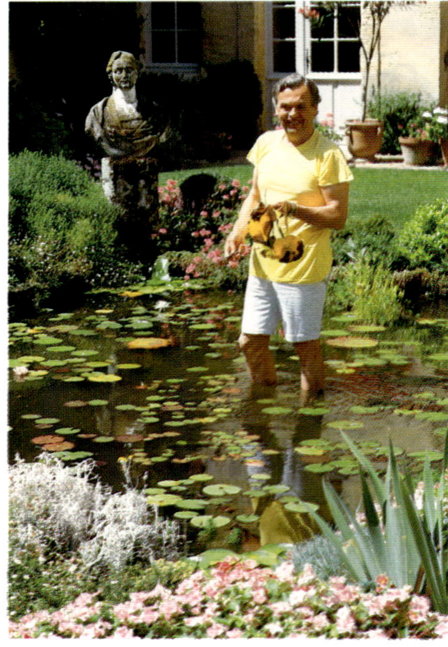

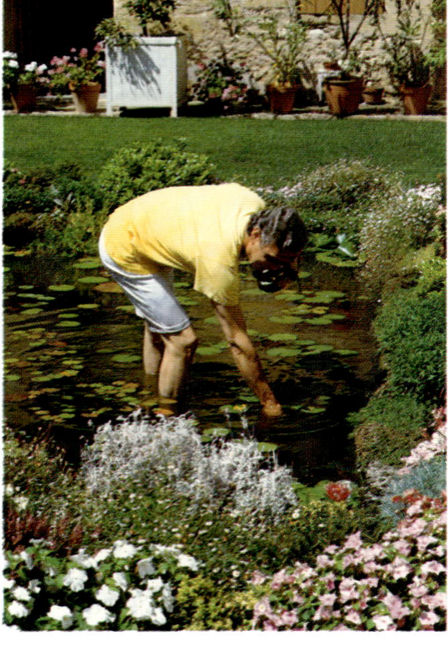

Rituel quotidien : prodiguer ses soins aux poissons rouges et aux nénuphars dont il possède certaines espèces fort rares.

Au petit matin, Alain de Condé se glisse dans son jardin pour assister à la naissance du jour et à l'éclosion de ses nénuphars, agenouillé sous l'œil d'une déesse de pierre qui protégeait l'entrée du port de Gênes. Plus tard, dans l'eau jusqu'à mi-cuisses pour nettoyer son bassin, il caressera les poissons et conversera avec eux comme « du temps que les bêtes parlaient ». C'est sûr que Rouge Baiser, le tout blanc aux lèvres rouges, comprend tout ce qu'il lui dit. Alain de Condé prête aux animaux et aux plantes qui l'entourent des sentiments humains. Le canari s'est envolé parce que le perroquet a ouvert sa cage par jalousie. Les fleurs poussent mieux quand on les aime. Il fait alors penser au saint François des *Fioretti* ou au *Cœur innombrable* d'Anna de Noailles :

Je me suis appuyée à la beauté du monde
Et j'ai tenu l'odeur des saisons dans mes mains.

Après le dîner, son œil gauche se plisse légèrement. Il a alors l'air de porter un monocle. Est-ce un signe de lassitude ou le signal du dernier rite de la journée, une longue promenade en compagnie de ses chiens ? Quel que soit le temps, il traverse le parc, longe la rivière en humant les senteurs de la terre. Son travail, ses dernières lectures, ses amis, vivants ou disparus, occupent ses pensées. Puis, dans une clairière, tourné vers les étoiles qu'il connaît toutes par leur nom, il prie.

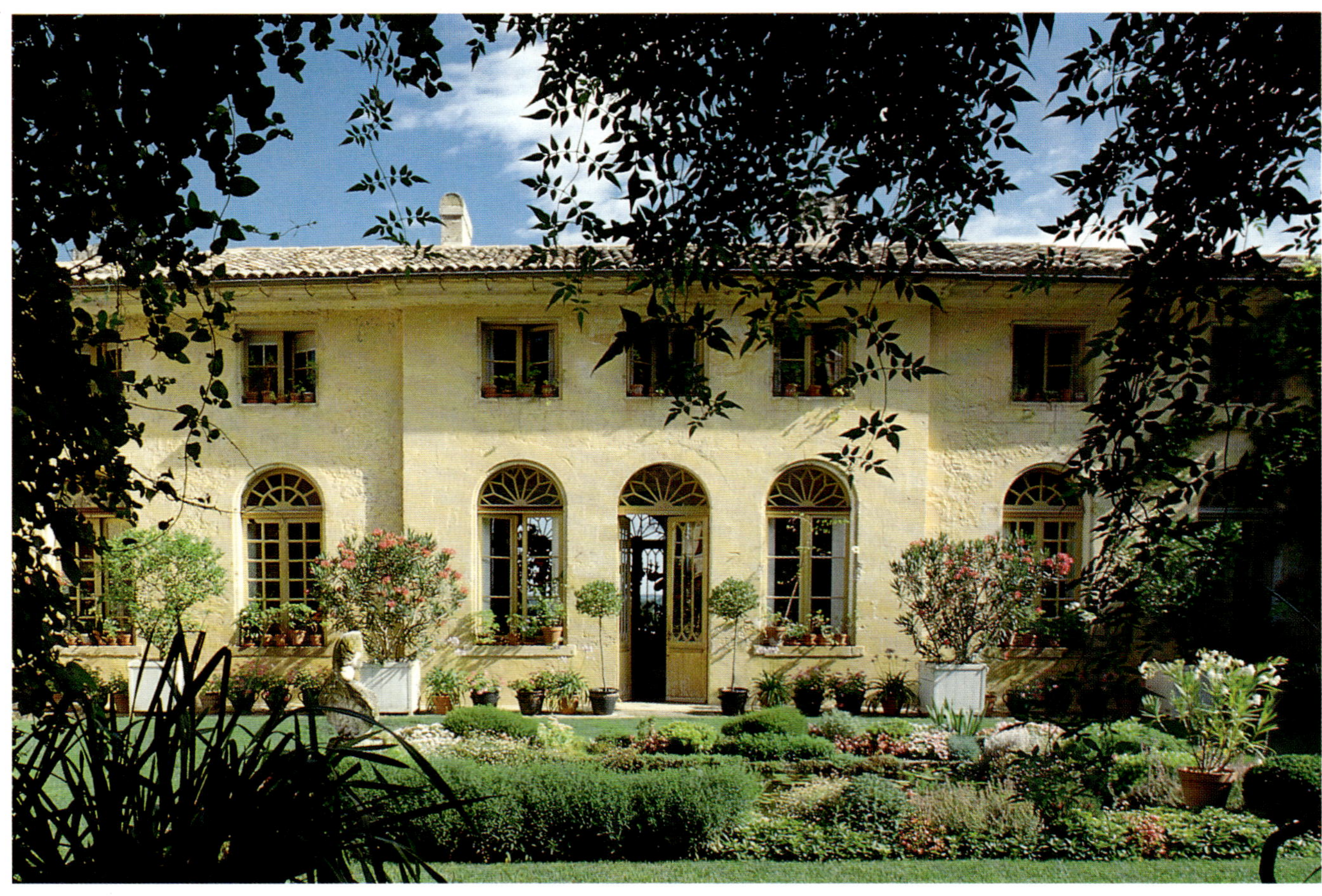

« Enfin des rocs expirants de chaleur, enfin de l'ombre aussi sèche que la fièvre. » Pierre-Jean Jouve.

Page de droite : le lent passage de la femme de chambre ne trouble pas la quiétude de l'endroit.

Dans la cour intérieure, Alain de Condé s'entretient avec ses deux dobermans Diane et Cléa.

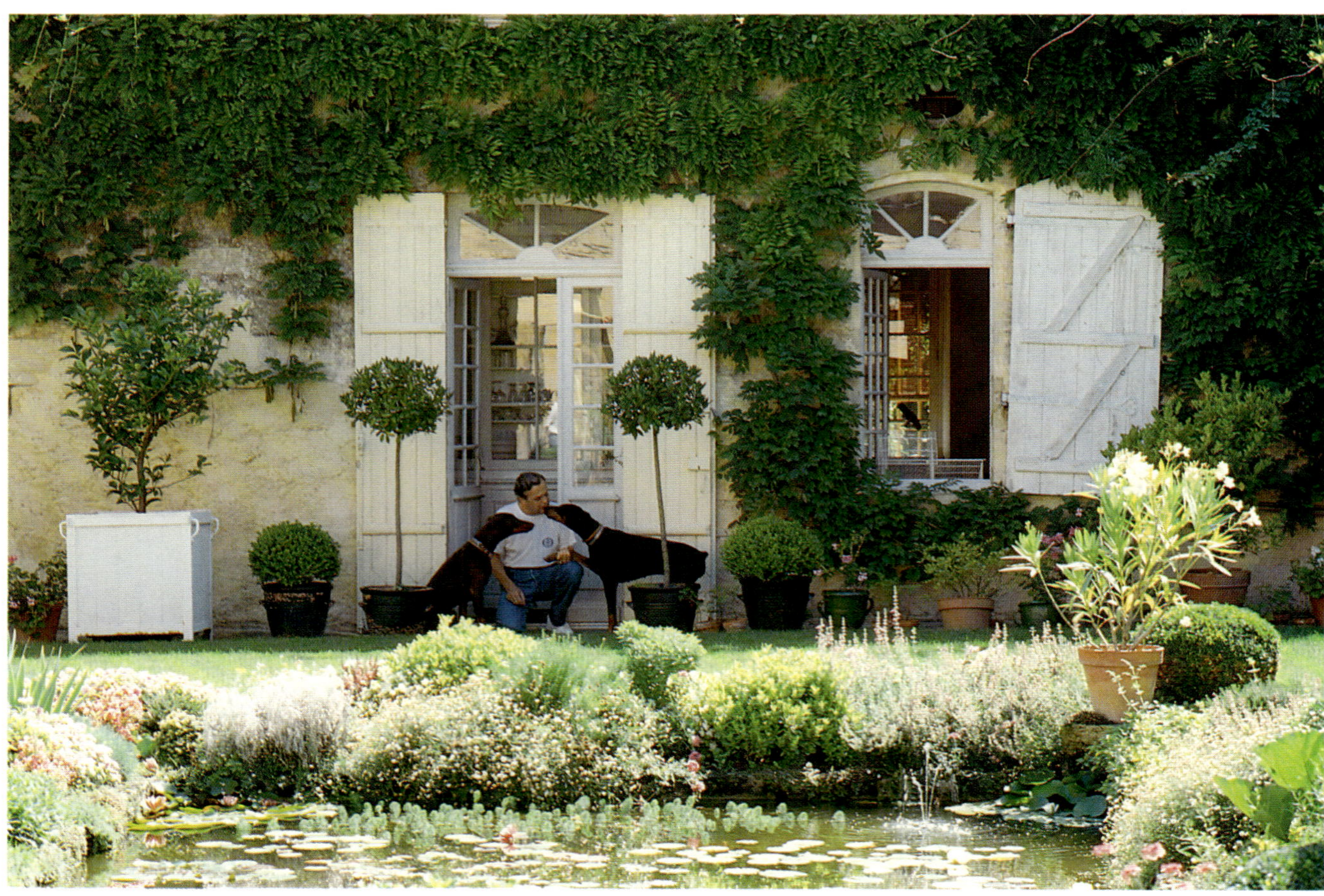

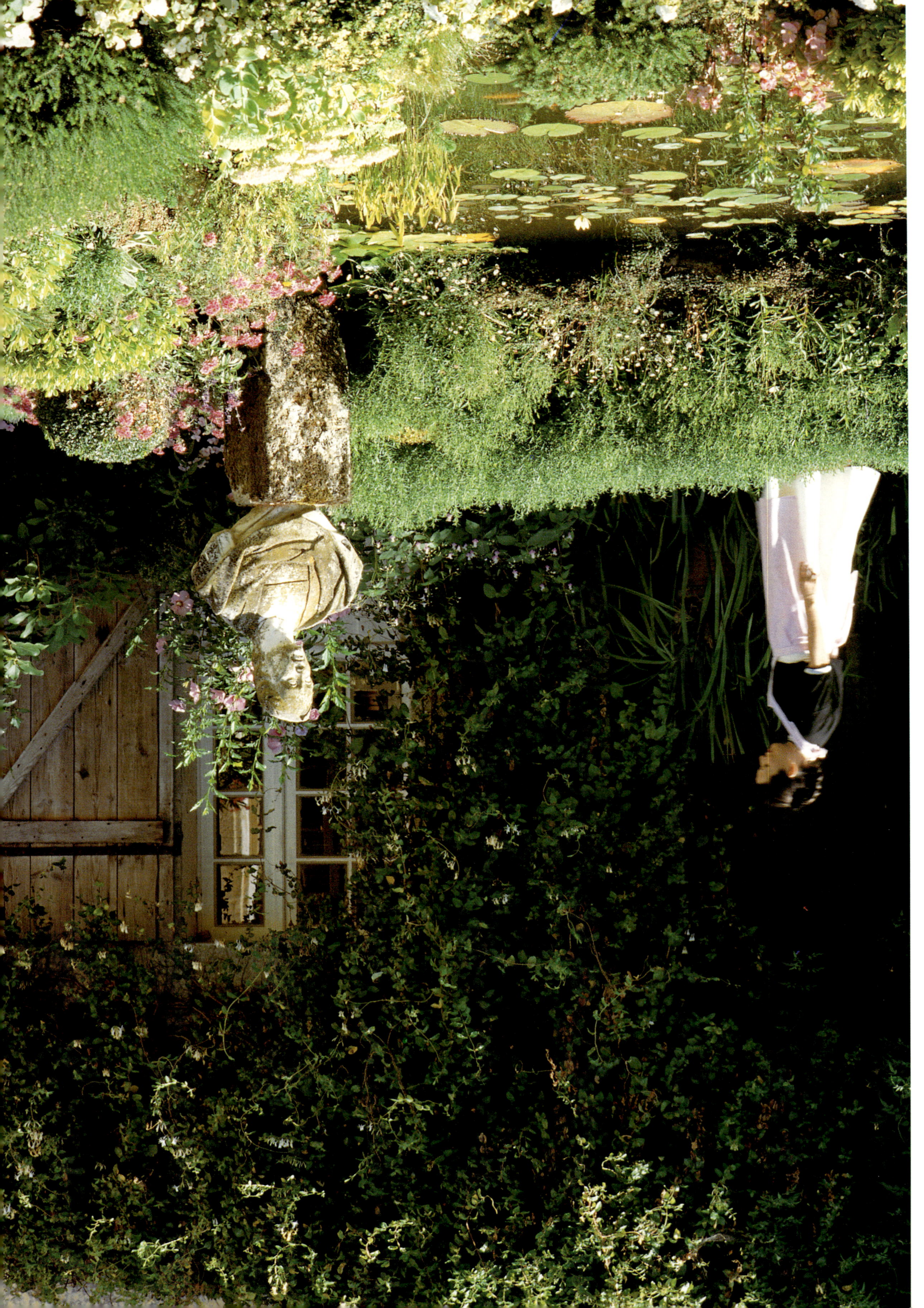

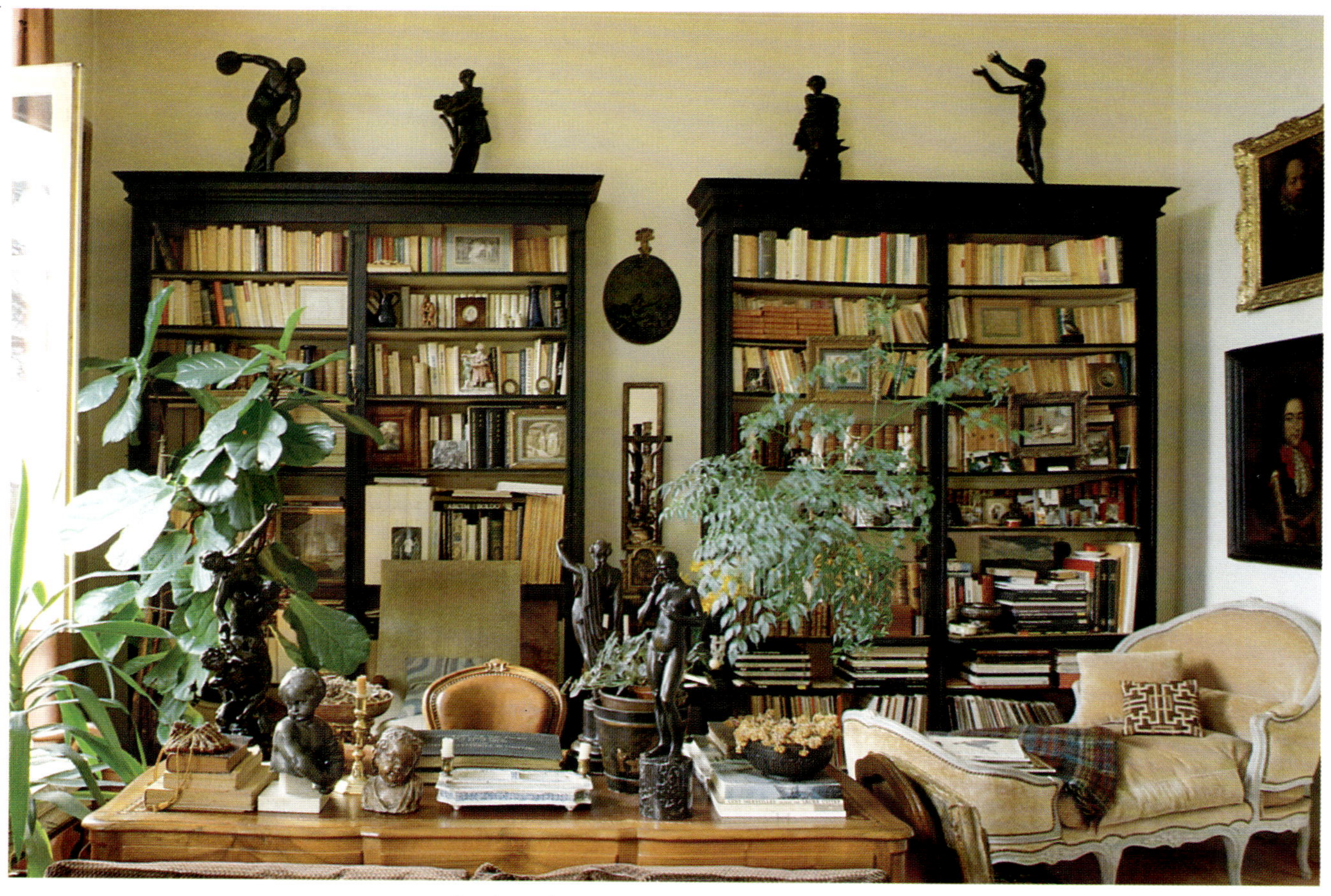

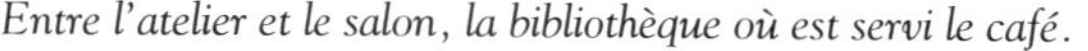

Entre l'atelier et le salon, la bibliothèque où est servi le café.

Sur les canapés du petit salon, des coussins faits au petit point par des amis.

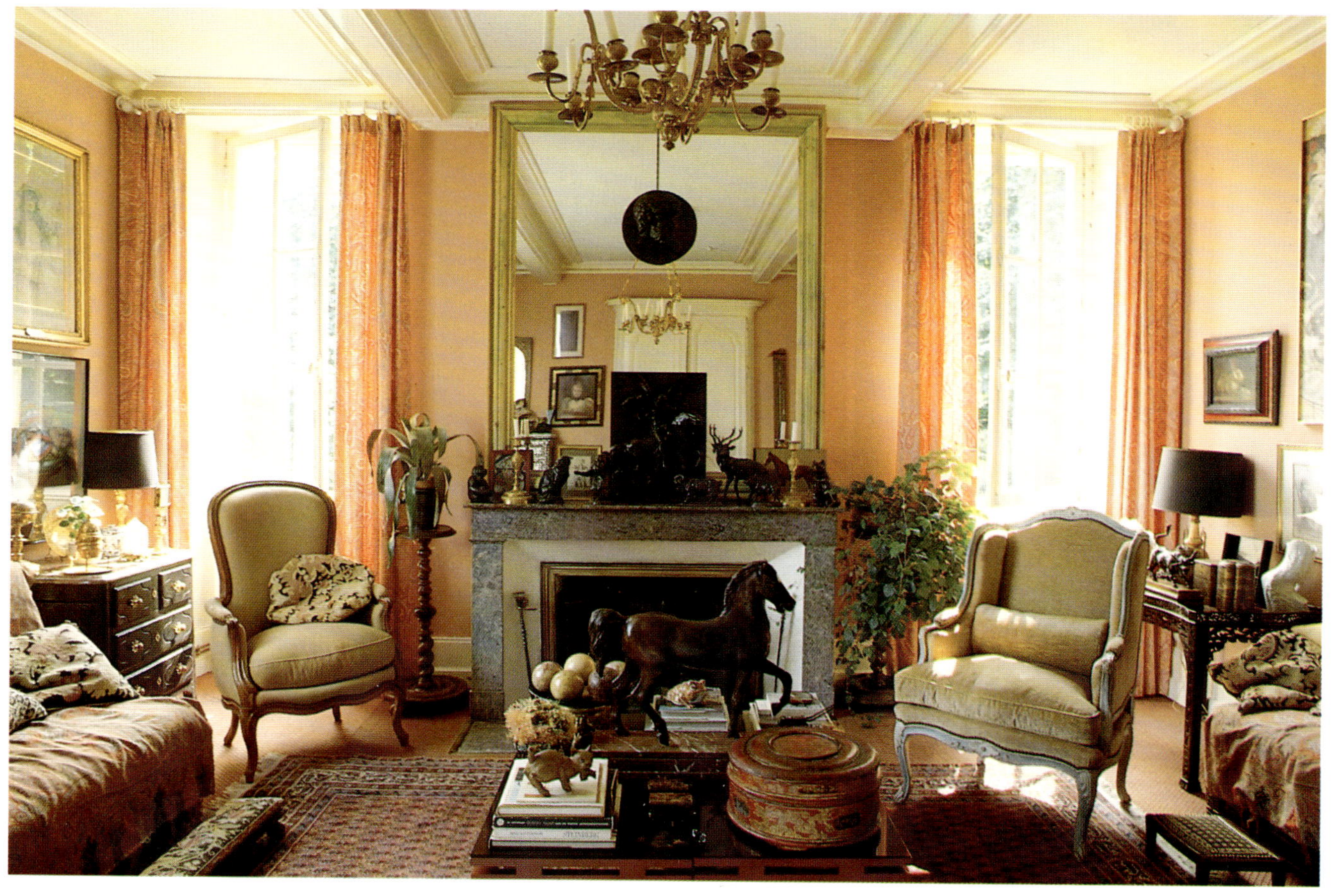

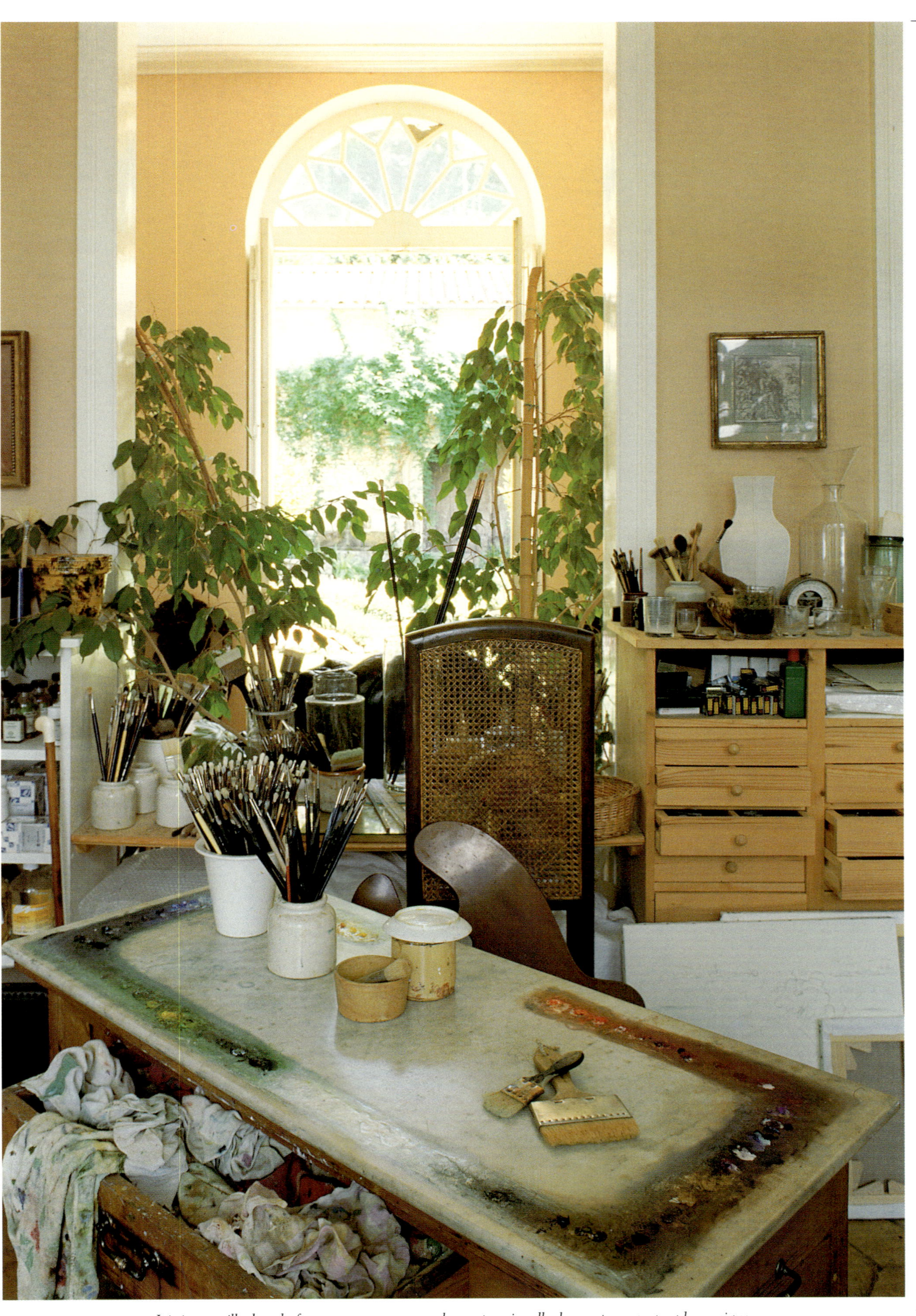

« Ici, je travaille dans la ferveur avec comme seule compagnie celle de mes perroquets et la musique. »

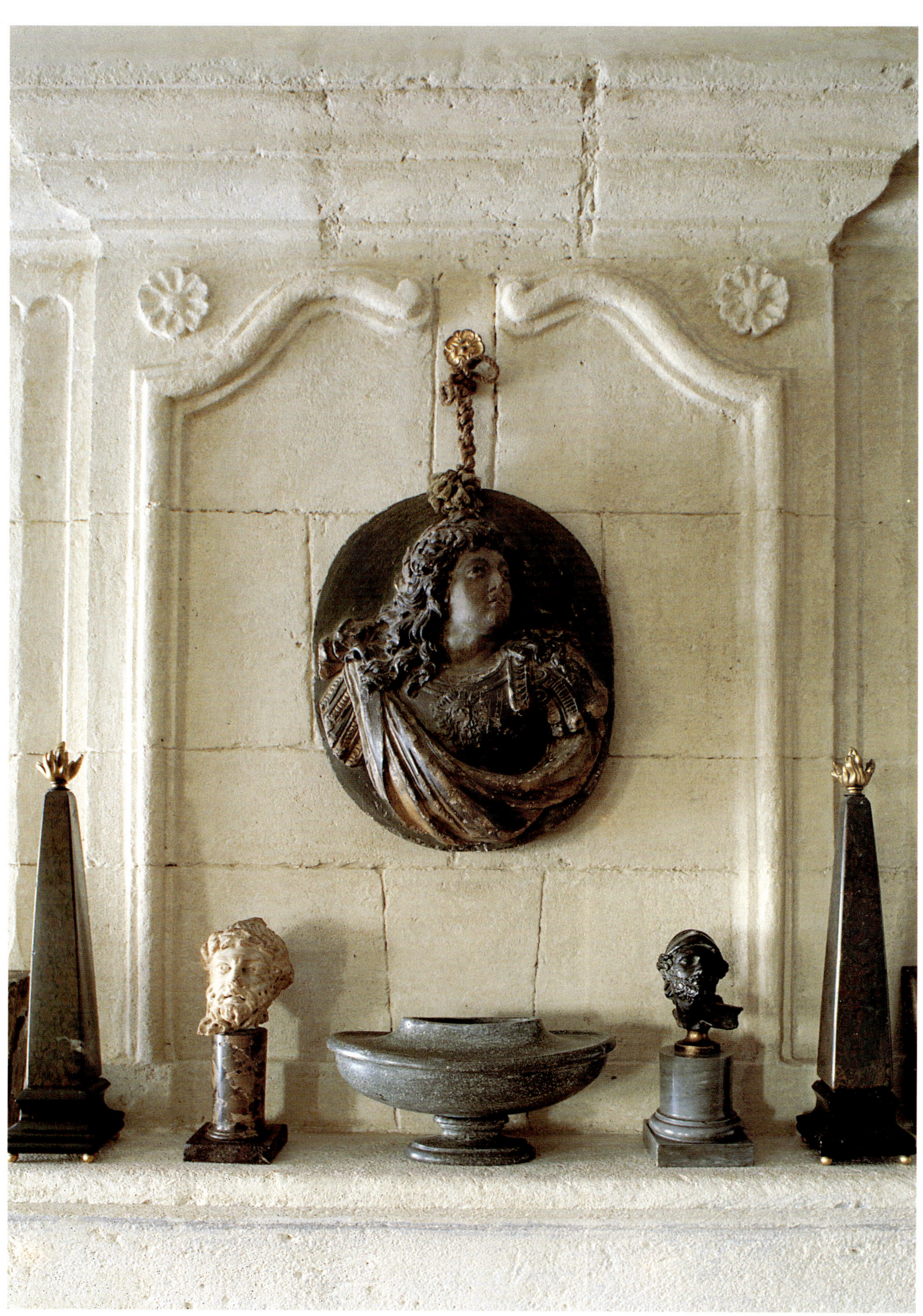

Composition minérale dans la chambre à coucher d'Alain de Condé.

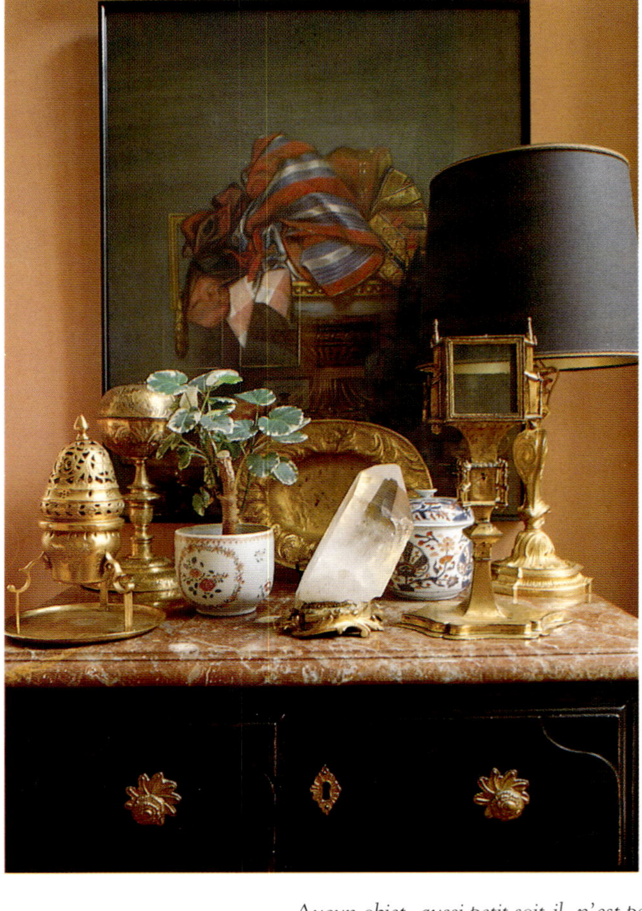

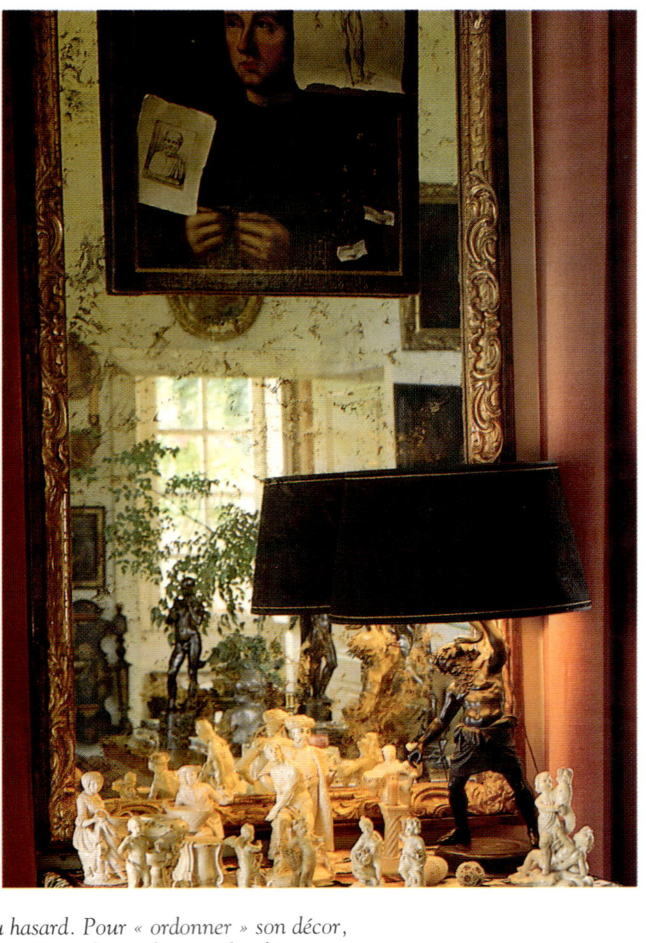

Aucun objet, aussi petit soit-il, n'est posé au hasard. Pour « ordonner » son décor, Alain de Condé procède par analogie des matières, des couleurs et des thèmes. Il reprend volontiers à son compte l'aphorisme de Jules Renard : « Le style, c'est l'oubli de tous les styles ».

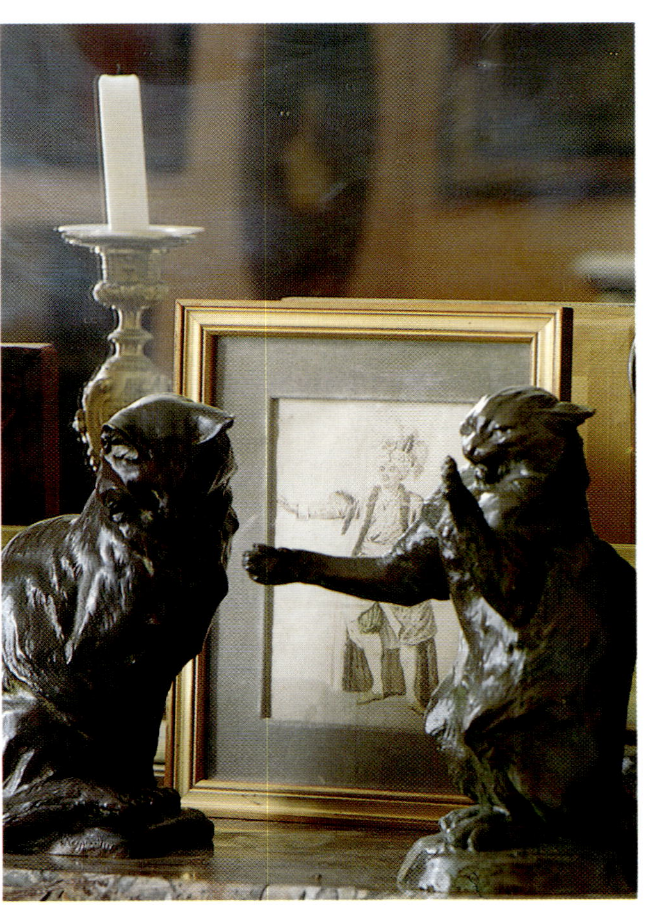

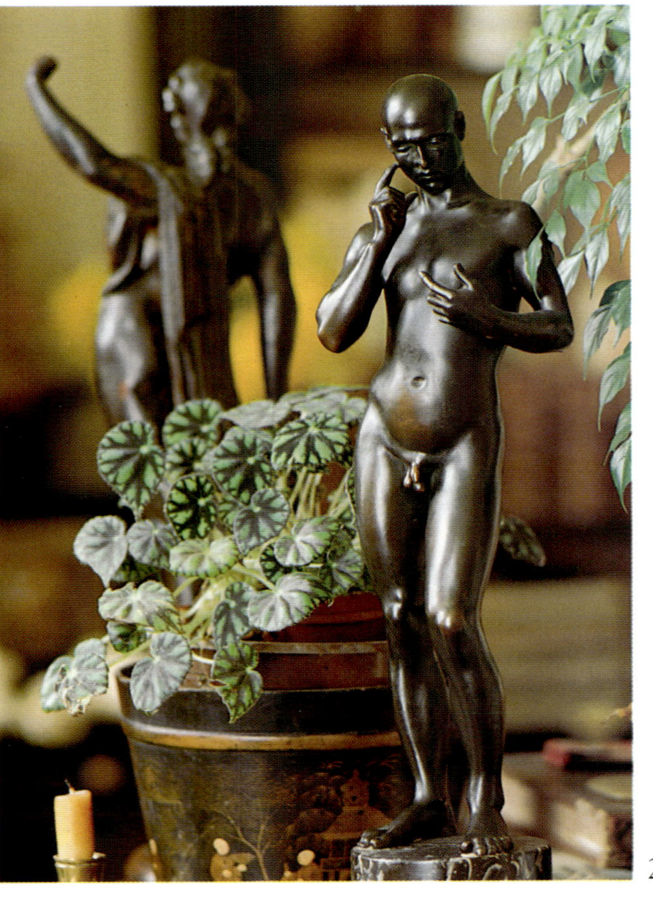

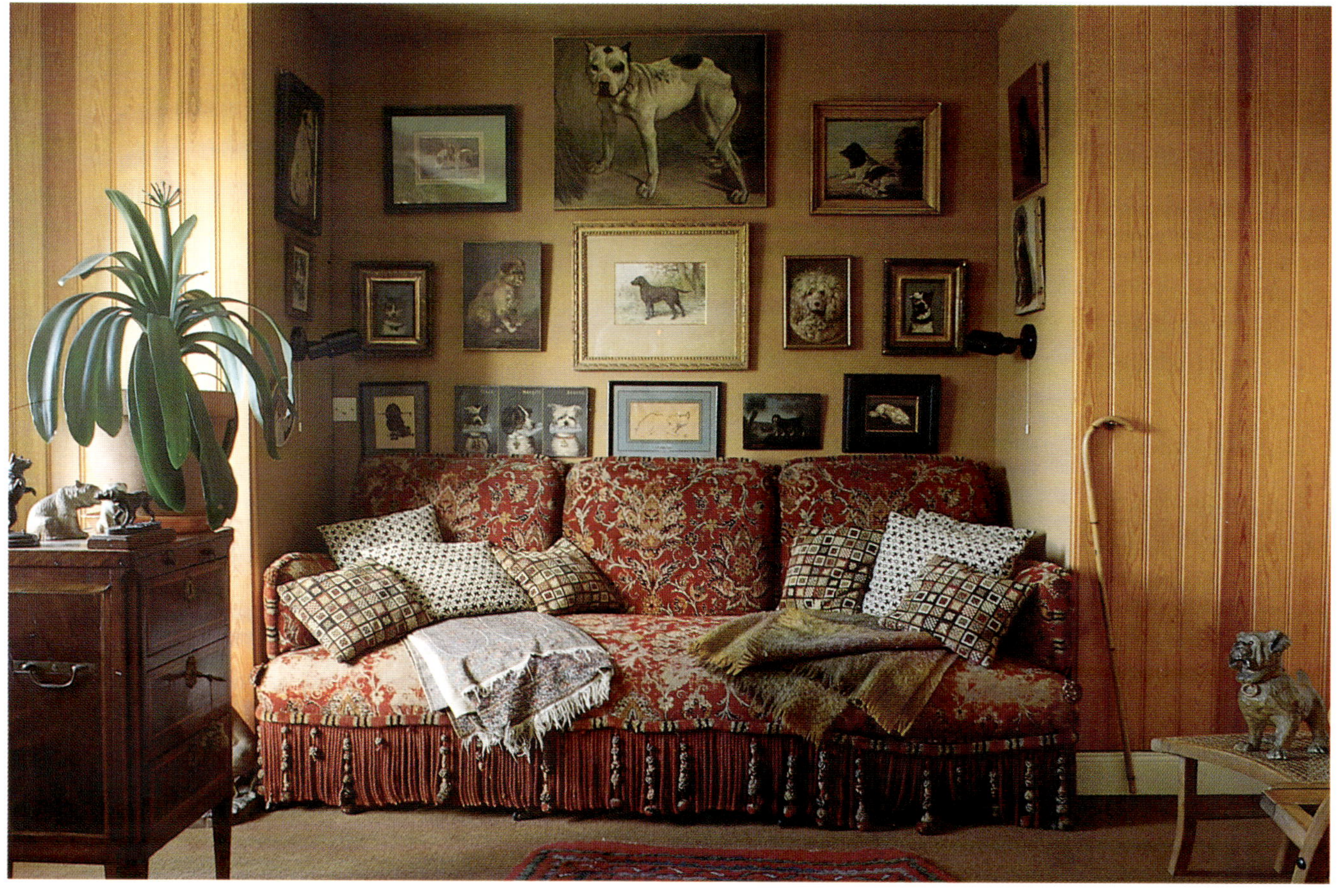

Une collection de toutous envahit son domaine privé, vaste pièce qui fait office de boudoir, de bureau et de salle de bains. Il arrive même que les livres et les chiens occupent la place des hôtes !

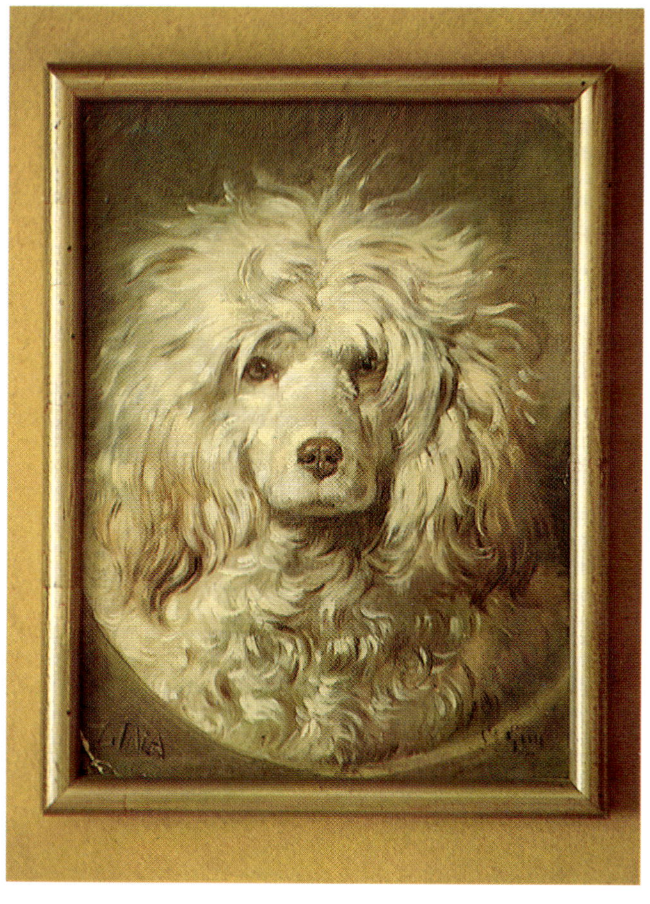

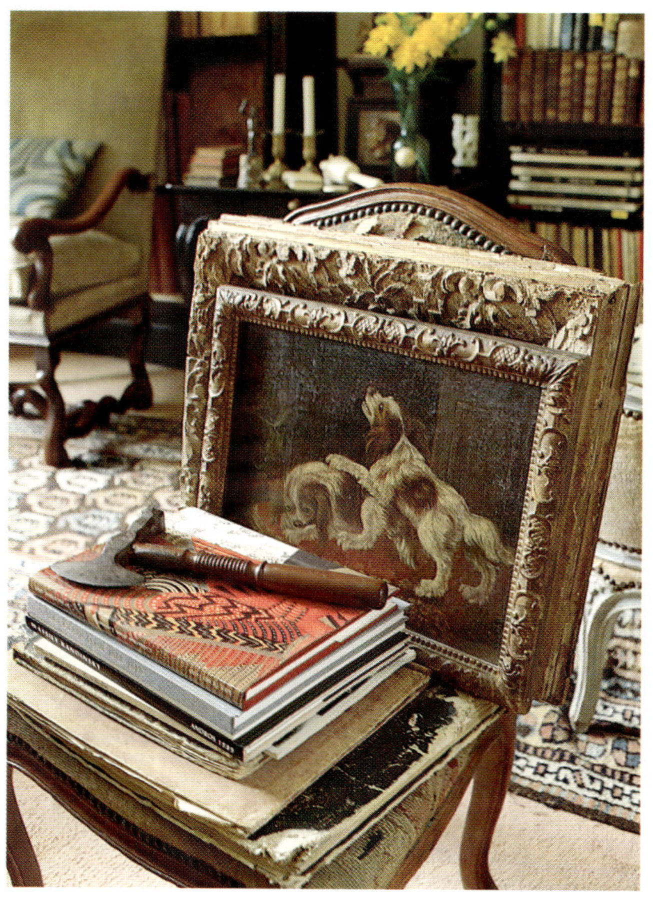

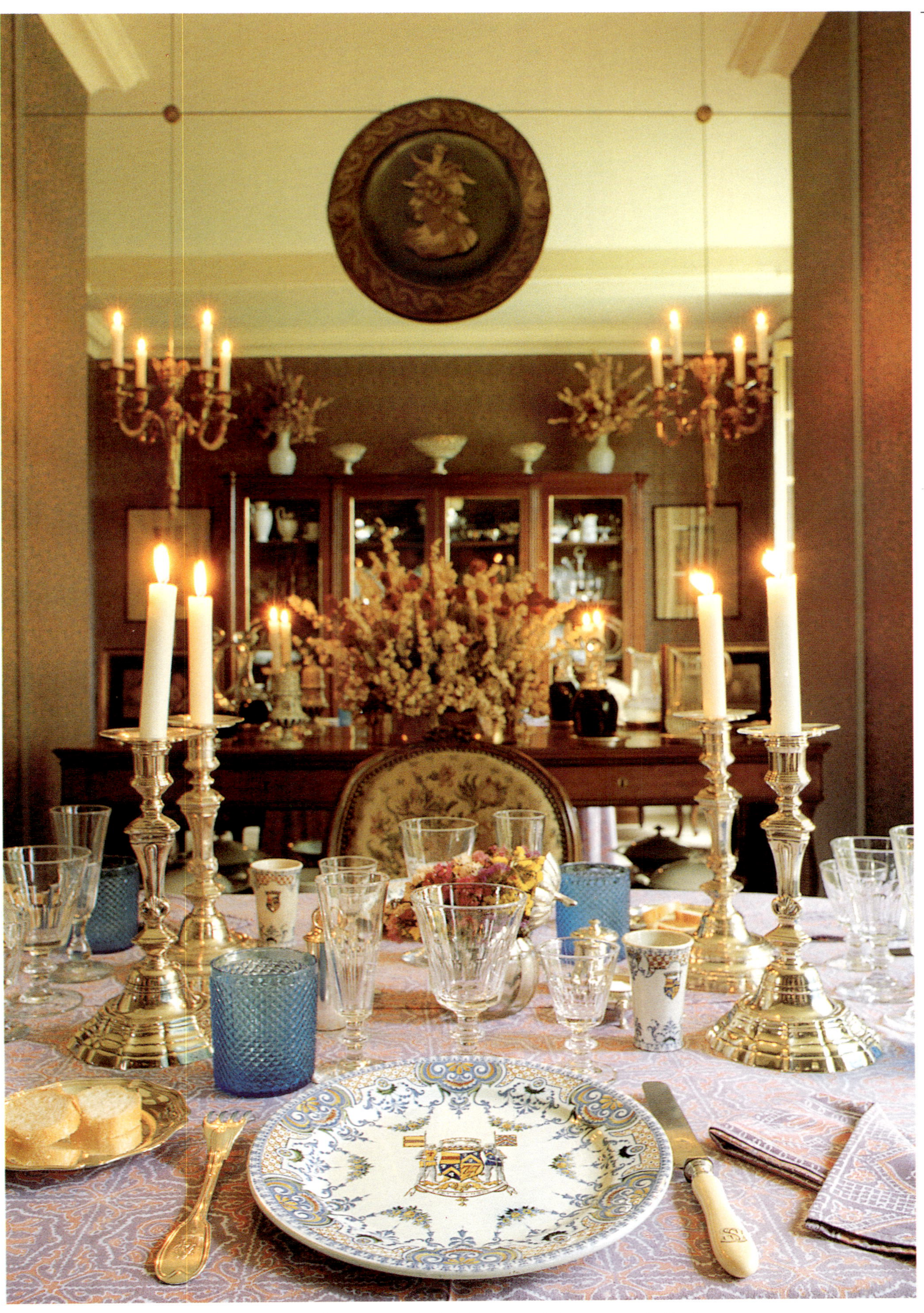

Sur une nappe indienne, un service de Gien du XIXe siècle aux armes des Condé.

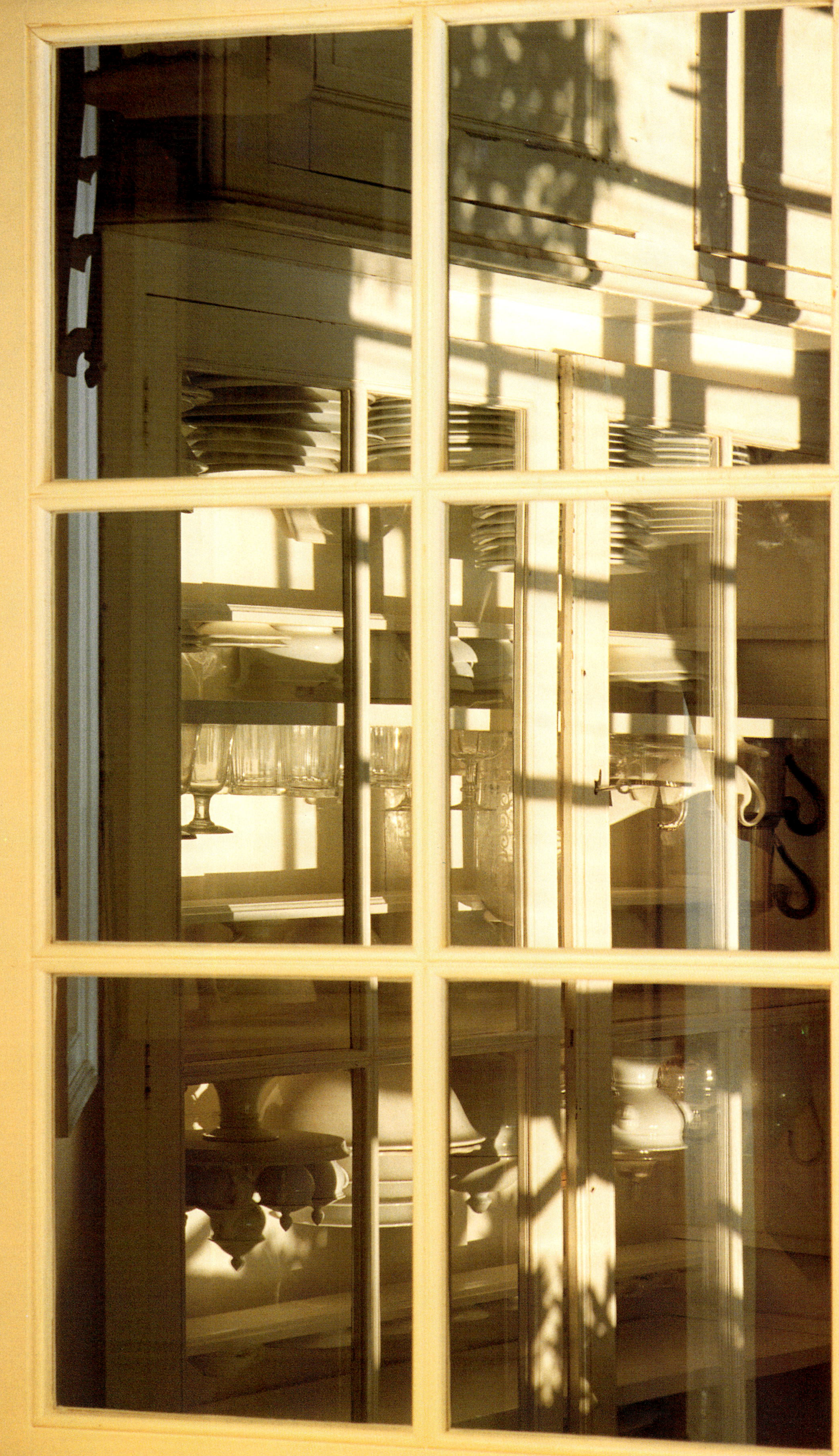

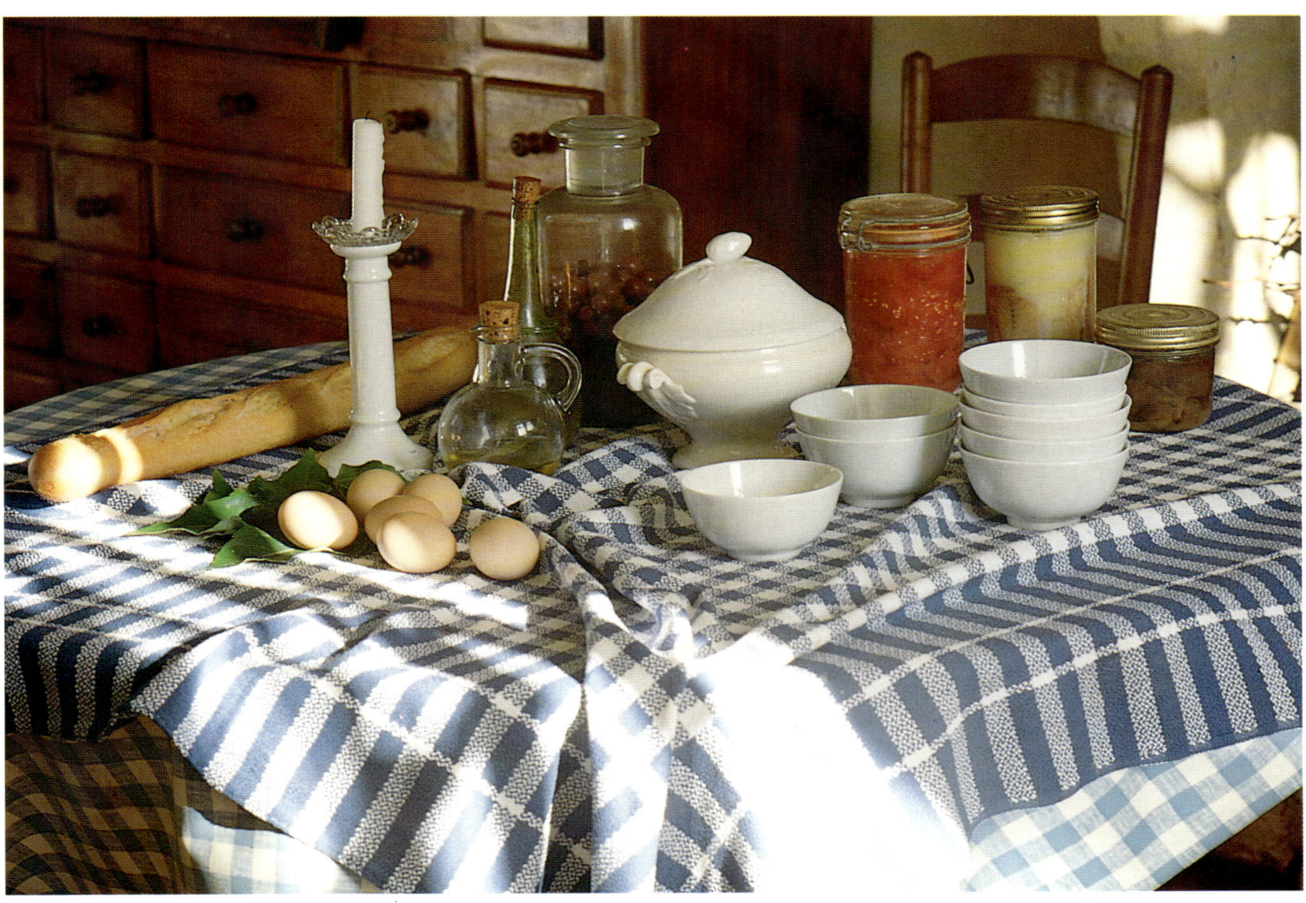

Une cuisine aussi conviviale qu'une salle à manger.

Page de gauche : dans la vitre de cette armoire à vaisselle se reflète un service en porcelaine de Vieillard.

La réserve personnelle du domaine serrée dans un panier à bouteilles.

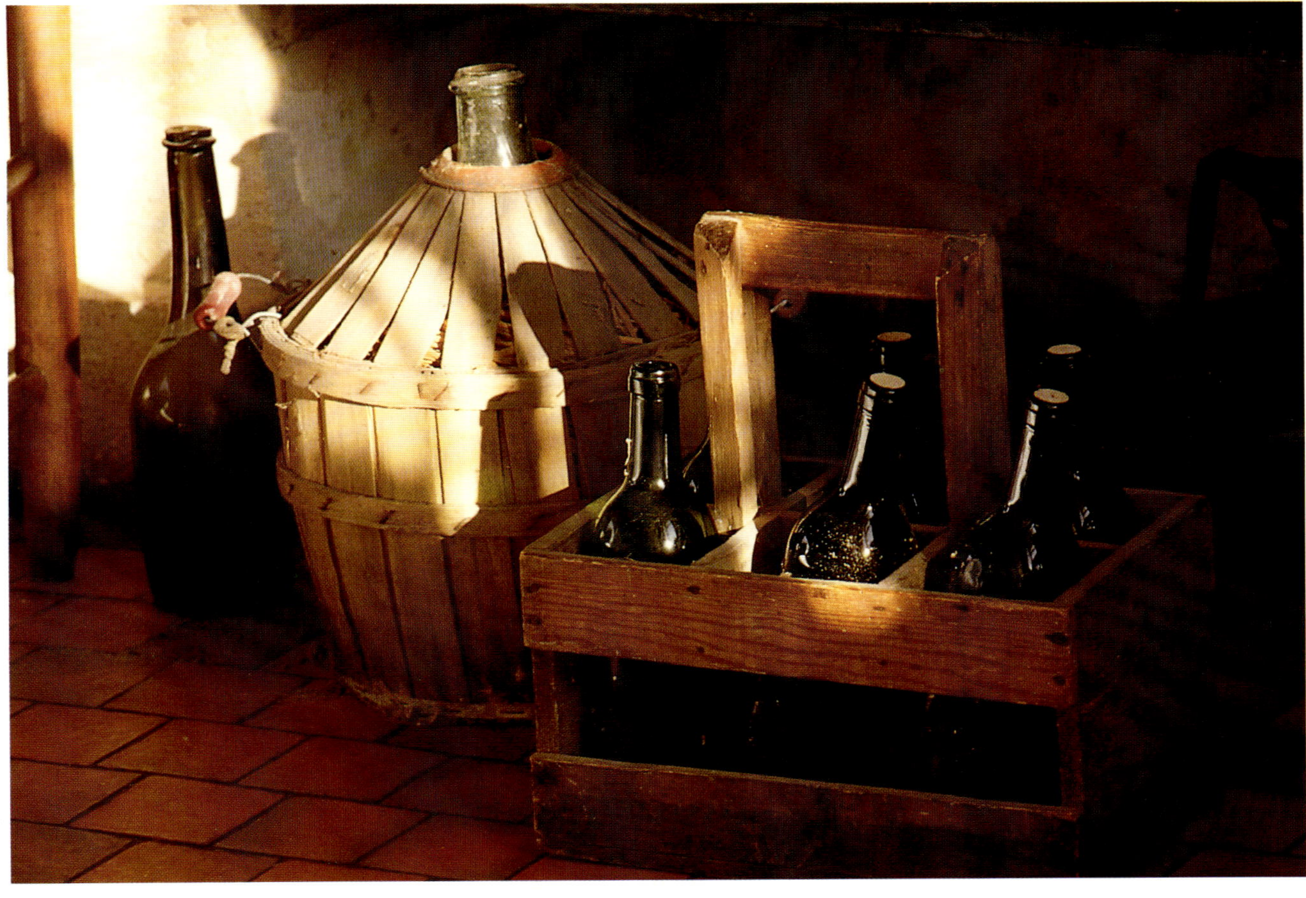

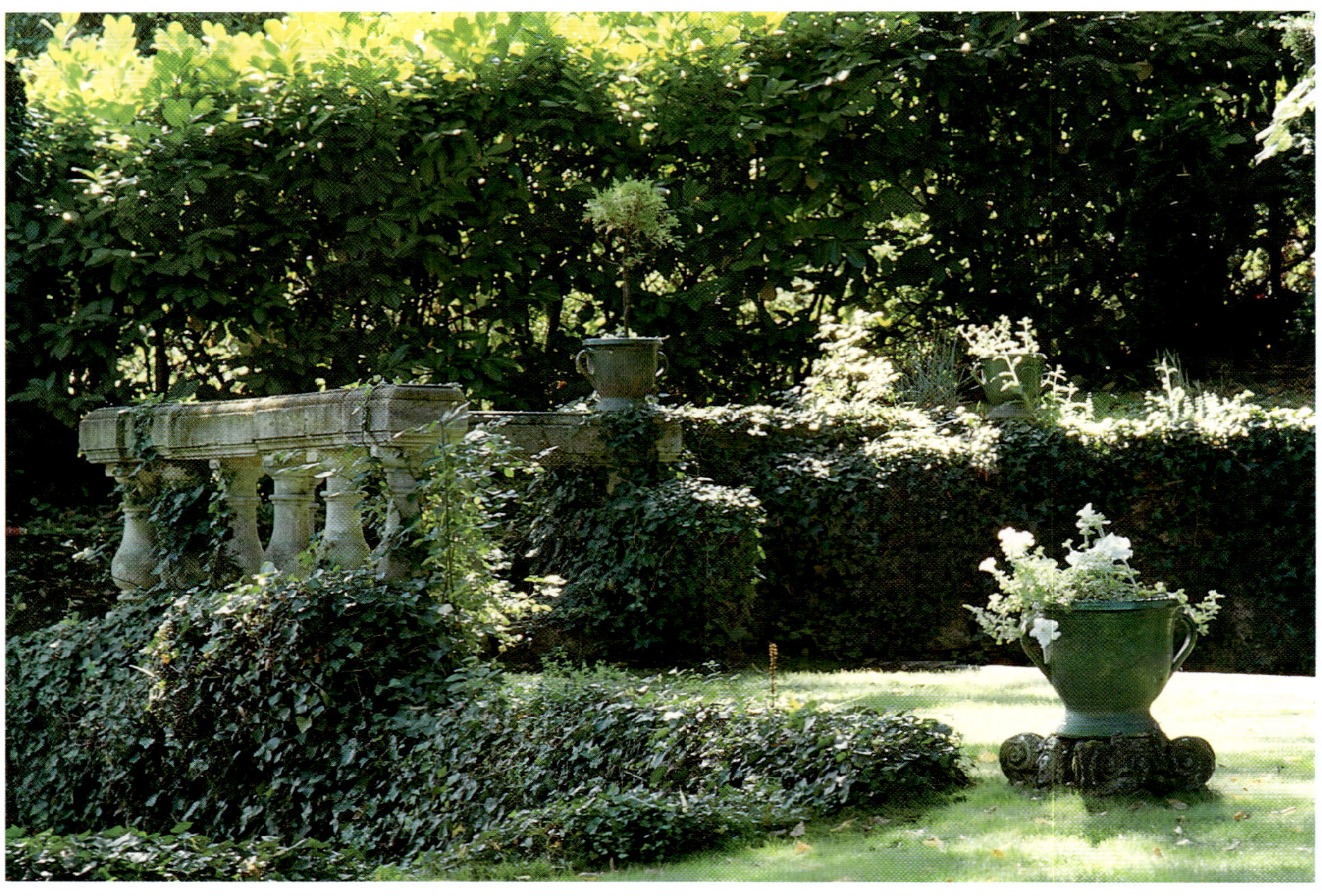

Jardin en camaïeu de vert, contrepoint de la cour intérieure foisonnante de fleurs.
Page de droite : « Je suis les rives de la Dordogne de l'aube à la nuit. J'en connais les lumières toujours nouvelles. »
C'est par ces deux petites portes que l'on entre dans le monde enchanté de Perrotin.
Elles relient le jardin à la cour intérieure.

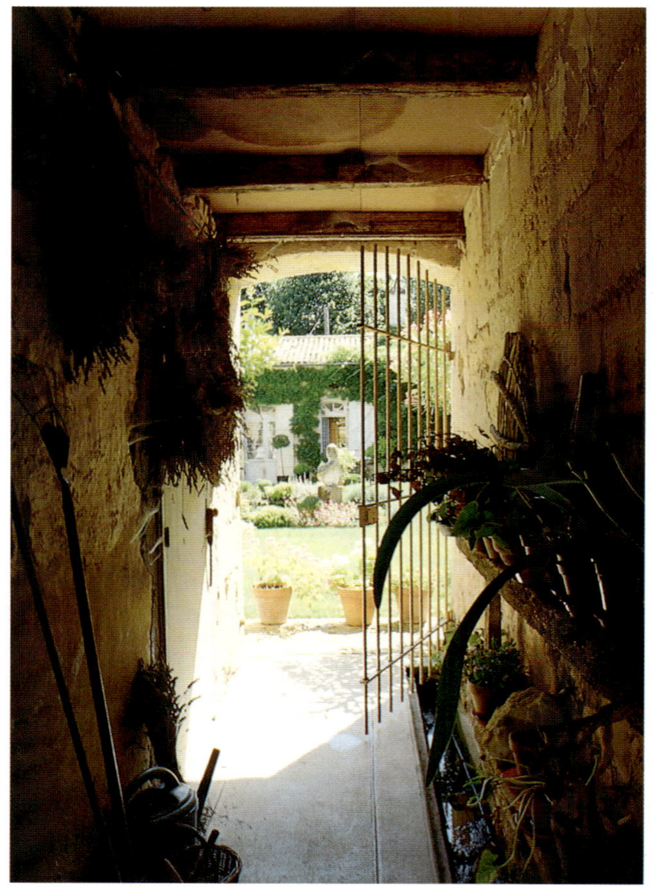

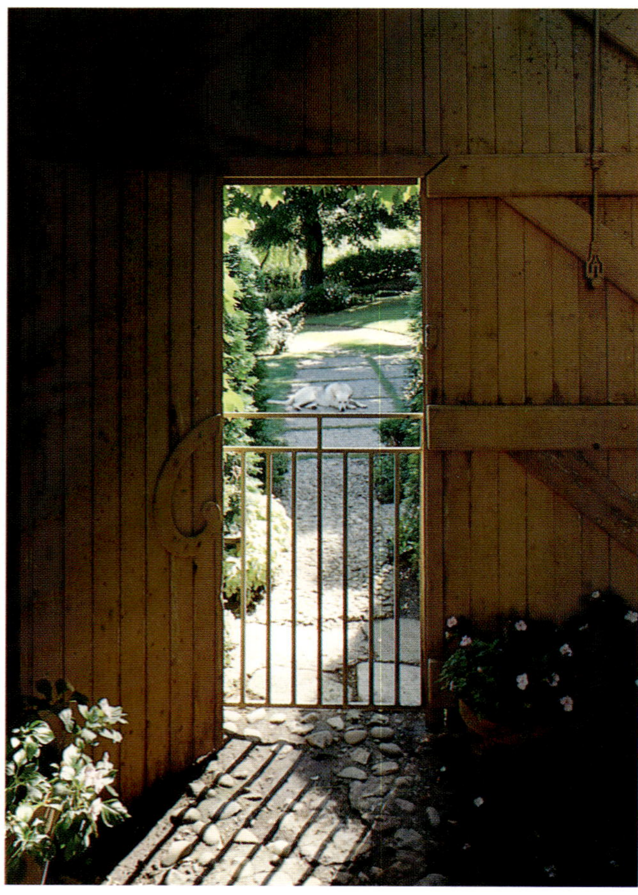

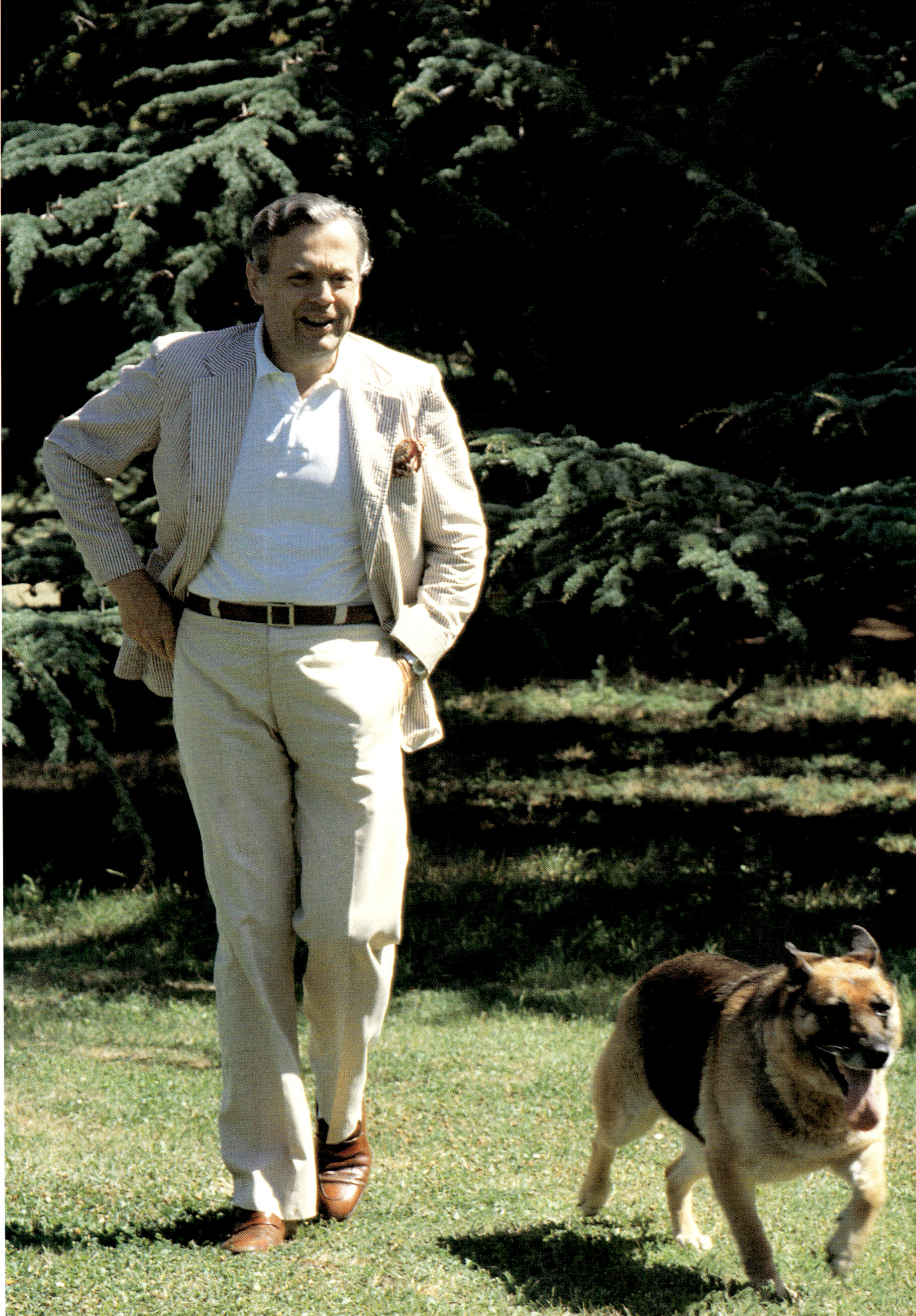

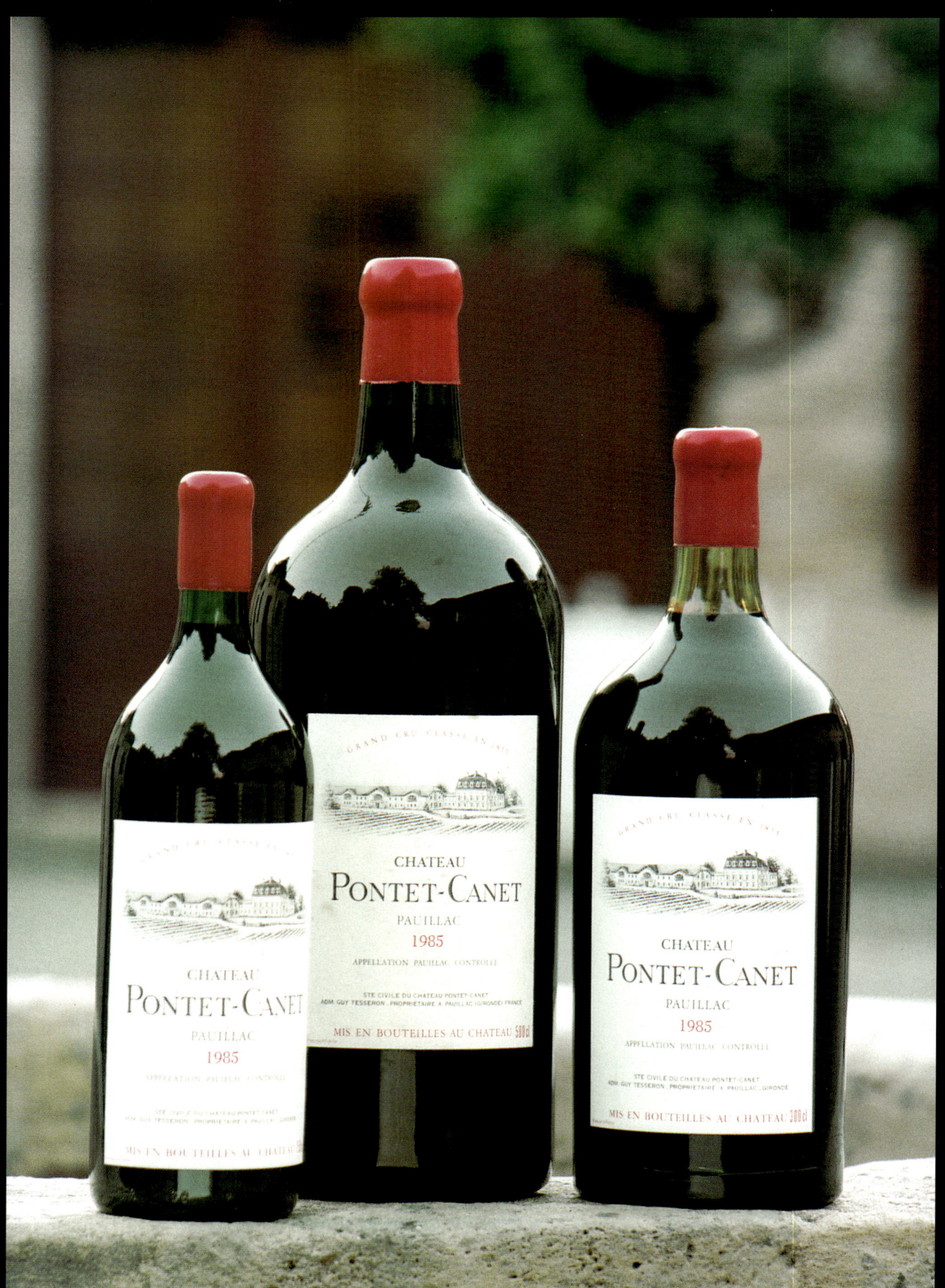
CHATEAU
PAUILLAC
1985
CHATEAU
PONTET-CANET
PAUILLAC
1985
APPELLATION PAUILLAC CONTROLEE
STE CIVILE DU CHATEAU PONTET-CANET
ADM. GUY TESSERON, PROPRIETAIRE A PAUILLAC (GIRONDE) FRANCE
MIS EN BOUTEILLES AU CHATEAU 500 cl
CHATEAU
PONTET-CANET
PAUILLAC
1985
APPELLATION PAUILLAC CONTROLEE
STE CIVILE DU CHATEAU PONTET-CANET
MIS EN BOUTEILLES AU CHATEAU 300 cl

PONTET-CANET

Pauillac. Cinquième grand Cru classé
Monsieur Alfred Tesseron

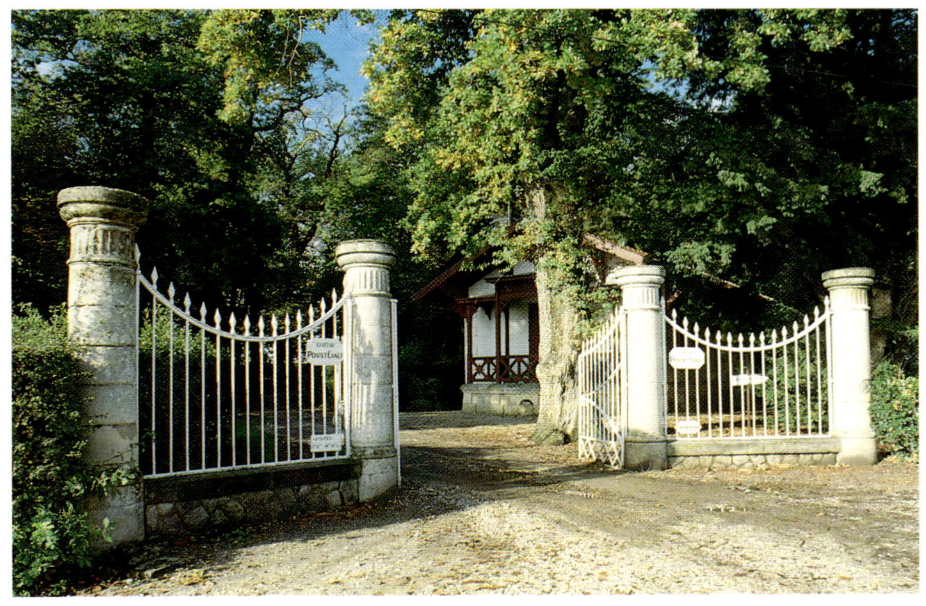

Un peuple qui ne sait plus boire, cesserait bientôt de penser, d'écrire et de peindre.
Légende sumérienne

Peu après la sortie de Pauillac, en direction de Saint-Estèphe, une petite pagode blanche en bois indique, sur le bord de la route, l'entrée du domaine. Situé à l'ancien lieu-dit du Canet, il apparaît comme une oasis au milieu des vignes. La demeure, petit château du XVIIIe siècle surélevé d'un étage et agrandi de part et d'autre au milieu du XIXe siècle, est entourée d'un parc aux cèdres centenaires enrobés de lierre. Une trouée laisse apparaître dans le lointain l'obélisque de Mouton-Rothschild.

Le château doit son nom à Jean-François Poncet. En 1725, cet avocat très influent, secrétaire particulier de Louis XV, achète 20 hectares de terres et plante un vignoble qui accède rapidement à la notoriété. En 1821, Bernard Pontet qui en a hérité le préfère à Langoa qu'il céde à Hugh Barton. Cinquième grand Cru en 1855, Pontet-Canet est victime d'une injustice pour beaucoup de spécialistes. Ce classement ordonné par Napoléon III hiérarchise cinquante-huit crus du Médoc et des Graves et vingt-deux du Sauternais. Inchangé depuis, il connaît en 1973 sa seule dérogation. Elle concerne Mouton-Rothschild. Grâce aux efforts du baron Philippe, ce deuxième Cru de 1855 rejoint le clan des premiers grands Crus qui sont désormais cinq, les *Big Five* comme les appellent les américains : Château Lafite, Château Latour, Château Margaux, Château Haut-Brion, Château Mouton-Rothschild.

En 1865, la dernière descendante des Pontet se résout à vendre son bien à Hermann Cruse pour 700 000 francs. Le pouvoir et les ressources de la puissante famille de négociants des Chartrons, alors à son apogée, fait remonter la cote de Pontet-Canet. Toujours placé en tête des cinquièmes Crus, il se vendra souvent au prix des quatrièmes, parfois à celui des troisièmes et connaîtra quelques incursions remarquées parmi les seconds. Pendant plus de cent ans, Pontet-Canet est un des fleurons de l'écurie Cruse qui comprit, selon les époques, les Châteaux Rausan-Ségla, Giscours, Haut-Bages-Libéral, Issan ainsi que de nombreux crus bourgeois.

Alors qu'elle produit un vin d'excellente qualité, la maison Cruse a toujours refusé la mise en bouteille au château. Elle considère que cette opération doit se pratiquer dans ses caves du quai des Chartrons, ou être à la charge de celui qui l'achète en tonneaux. Cette inflexibilité, respect des conventions ou inadaptation à l'évolution, explique les curieuses différences existant entre deux bouteilles du même millésime.

En 1974, un scandale frappe de plein fouet la maison Cruse. Dans l'obligation de se séparer du Château et de ses 60 hectares de vignobles, elle les cède à Guy Tesseron, important marchand de cognacs. Déjà propriétaire de Château Lafon-Rochet à Saint-Estèphe depuis 1959 et de Château Malescasse près de Lamarque, il concrétise là un vieux rêve : posséder un Pauillac, une de ses appellations favorites.

Les cuviers sont la curiosité de Pontet-Canet. Ne pas les visiter équivaudrait à ignorer la Tour Eiffel à Paris. Sous un plafond soutenu par une structure métallique, ils sont au nombre de trois, chacun correspondant à une technique différente de vinification depuis la fin du XIXe siècle. Le plus ancien comprend une rangée d'immenses cuves de chêne cerclées de cuivre, toujours en service malgré l'entretien qu'elles exigent. Elles confèrent au château un cachet d'authenticité et un prestige irremplaçables. Le deuxième est en ciment, type de construction adapté à une technique à la mode dans les années 1950-1960. Le dernier, inauguré en 1986, abrite dix-neuf cuves en inox. Doté des derniers perfectionnements en matière de contrôle des températures, il est un exemple de modernité et de précision.

Guy Tesseron a su communiquer sa passion du vin à ses quatre enfants. Caroline, Michel, Gérard et Alfred sont tous tombés dans cette potion magique. Pendant ses études de commerce aux États-Unis, Alfred n'avait qu'une envie : revenir au plus vite dans le Bordelais et se consacrer exclusivement au travail de la vigne. À Pontet-Canet, il s'est réservé le rez-de-chaussée pour vivre avec sa femme Nathalie et leur petite fille Justine.

Dans le bassin d'Arcachon, lieu de villégiature favori des Bordelais, les bahines sont les poches d'eau laissées sur le sable par la mer qui se retire. Si deux personnes qui ne se connaissent pas possèdent chacune une chienne labrador de couleur ivoire nommée Bahine, il existe toujours une amie prête à jouer l'entremetteuse. C'est ainsi qu'Alfred Tesseron fut présenté à Nathalie. Leur amie avait vu juste, toutes ces coïncidences n'étaient pas fortuites. Elles laissaient présager d'autres intérêts communs comme les régates qu'ils pratiquent à bord de leur voilier naturellement baptisé *Pontet-Canet*.

Au château, le premier étage, *l'étage noble* est consacré aux réceptions officielles. La grande salle à manger, qui a conservé toute la rigueur et l'austérité protestante imprimées par les Cruse, est célèbre par son originalité. Toute en longueur, très haute de plafond, on y accède par un palier délimité par une colonnade en bois. Tout y est nimbé d'une lumière blonde identique à la couleur du mobilier, des boiseries et du parquet. C'est dans cette pièce qu'Alfred Tesseron organise pour ses amis et visiteurs son jeu favori : une dégustation à l'aveugle. Sur toute la longueur d'une table sont alignées des rangées de verres de forme bien définie et des bouteilles sans étiquette ni bouchon.

À Bordeaux, l'art de la dégustation s'est imposé entre 1770 et 1855, c'est-à-dire entre l'apparition des premiers grands Crus et la date de leur classement. Au tout début, on se contentait de *boire à grands traits* des vins tirés à la barrique, sans chercher à découvrir leurs caractéristiques propres. La vulgarisation de la verrerie incita ensuite les amateurs à regarder le vin par transparence et un vocabulaire de la dégustation, relativement analogique, s'impose peu à peu.

Une dégustation se décompose en trois parties, chaque partie faisant intervenir un sens bien particulier. Réjouis d'être conviés à cette tombola, les participants commencent par lever leur verre à la hauteur du regard. Par transparence, ils observent la texture et la couleur du vin. Sa vivacité peut être franche, fraîche, lumineuse, châtoyante, scintillante ou bien au contraire, mate, douteuse, indécise, morte, défraîchie et sa teinte, pour un vin rouge, varier de l'amarante à la groseille, du cramoisi à la cerise, du feu à l'écarlate. Ensuite, dans le verre tenu par son socle, ils font tournoyer le vin pour en exalter les senteurs puis, nez plongé dans le verre, ils essaient d'en déceler tous les arômes. Cette classification est plus ardue. Pour Émile Peynaud, les nuances odorantes peuvent se regrouper dans dix séries à caractère animal, balsamique, boisé, chimique, épicé, empyreumatique, éthéré, floral, fruité et végétal, ces trois derniers étant surtout propres aux vins jeunes.

La dernière phase de la dégustation concerne le goût. Les invités absorbent une gorgée qu'ils conservent longuement en bouche. Certains font aller leurs lèvres pincées d'avant en arrière, d'autres absorbent une petite bouffée d'air. Pour formuler leur jugement, ils n'ont qu'à se référer aux quatre goûts fondamentaux perçus par les papilles : le sucré, le salé, l'amer et l'acide. Mais comme le vin est l'aboutissement d'un mélange de saveurs dans des proportions et des concentrations toujours différentes, malgré une bonne connaissance des saveurs de base et une puissante capacité d'analyse, le dégustateur a énormément de difficultés à tout cerner. Il se réfugie derrière des formules dont *l'originalité du vocabulaire masque l'approximation*.

Un silence s'est fait, plein de doutes et d'interrogations. On ne joue plus, c'est l'heure du verdict. Les regards se croisent, guettant la réaction du voisin. Qui trouvera le nom du cru proposé et son millésime ? Qui déjouera le piège tendu par l'hôte malicieux en déclarant avoir bu un vin d'Afrique du Sud ou de Californie ? À cet instant, chacun voudrait posséder le savoir d'Émile Peynaud et sa notoriété qui lui permettent de déclarer péremptoirement après un enième exercice de dégustation : « Mais c'est du vin ! »

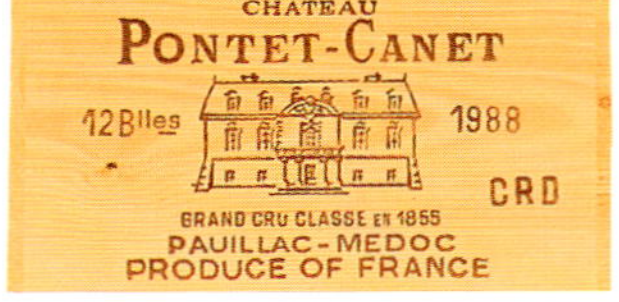

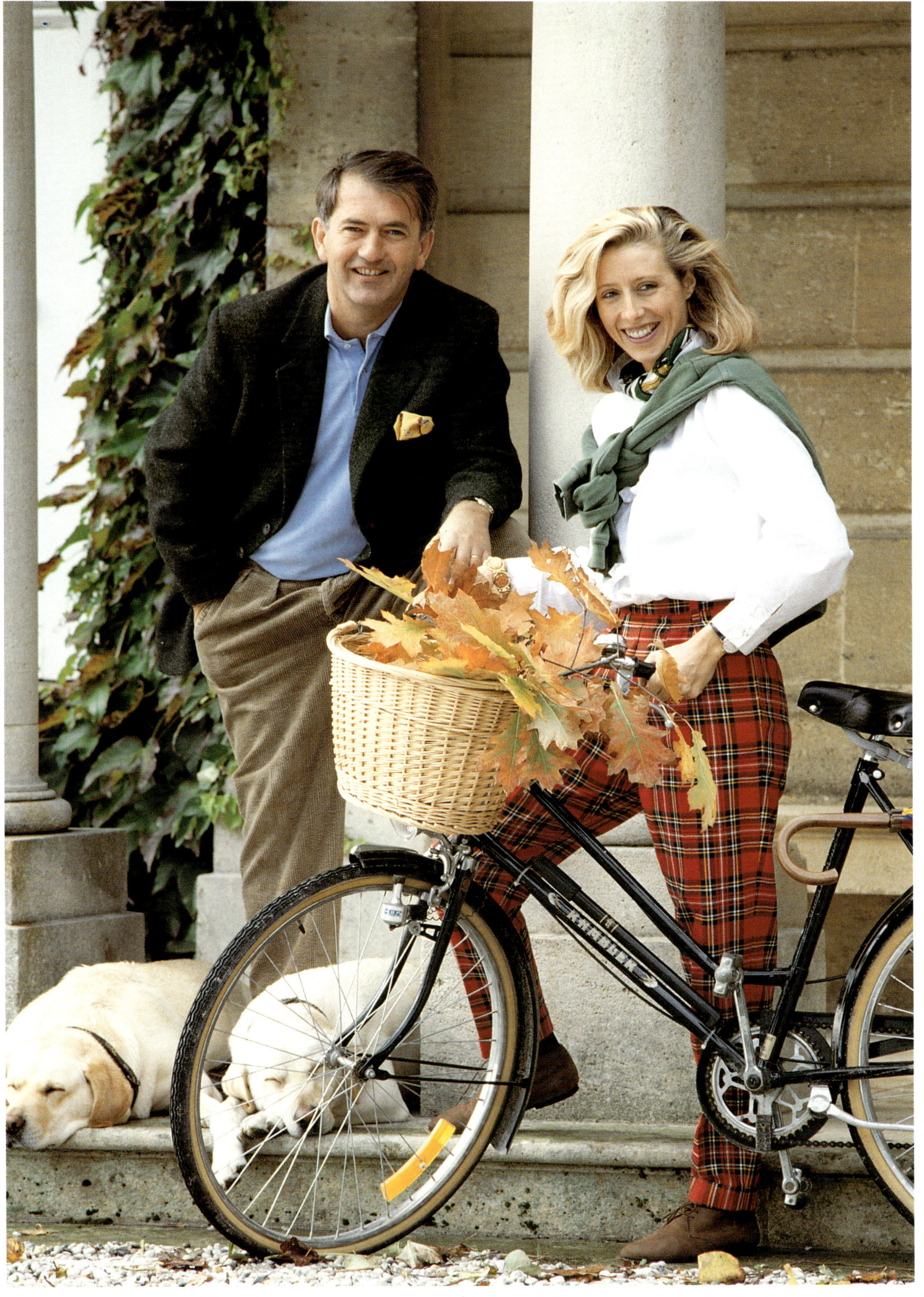

Alfred Tesseron avec sa femme Nathalie et leurs deux labradors nommées Bahine.

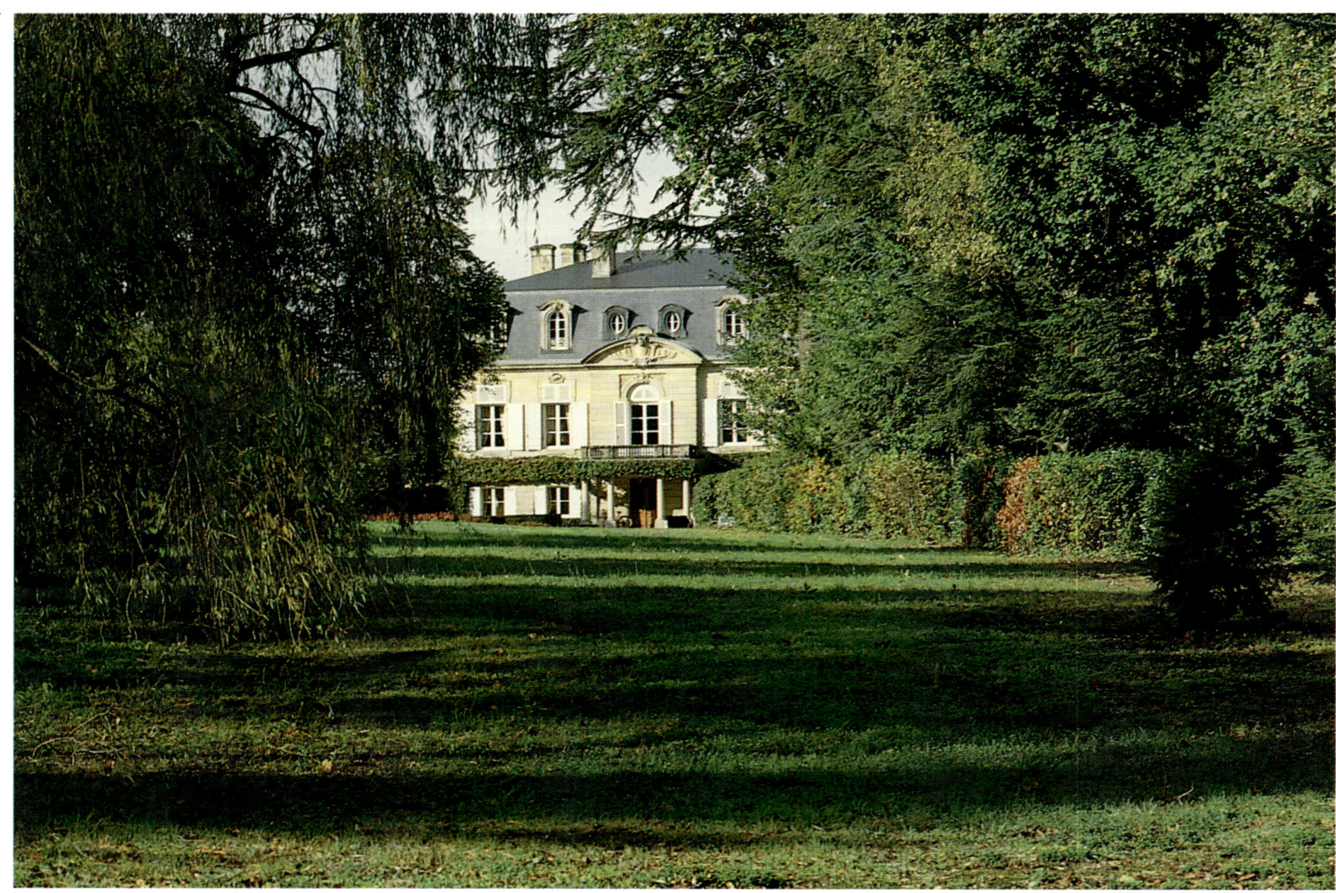

Vue du parc, la façade rehaussée d'un étage au XIXe siècle.

Dans l'entrée, le dallage fleure bon la cire d'abeille.

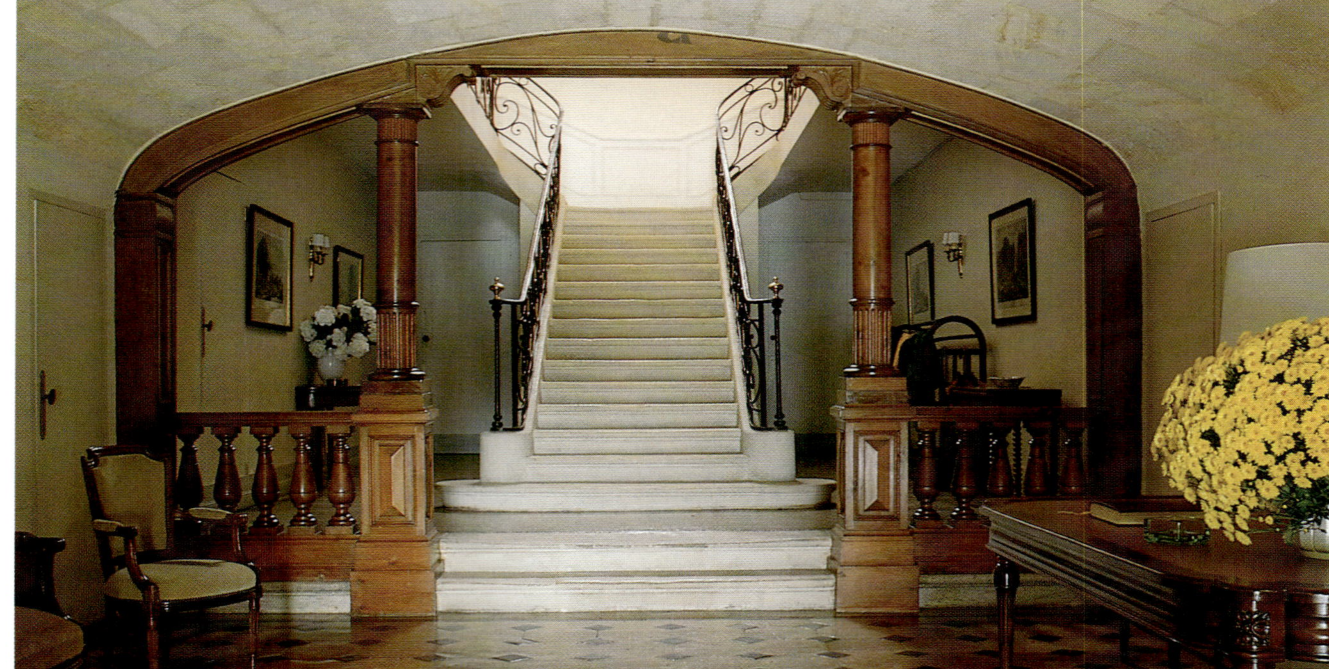

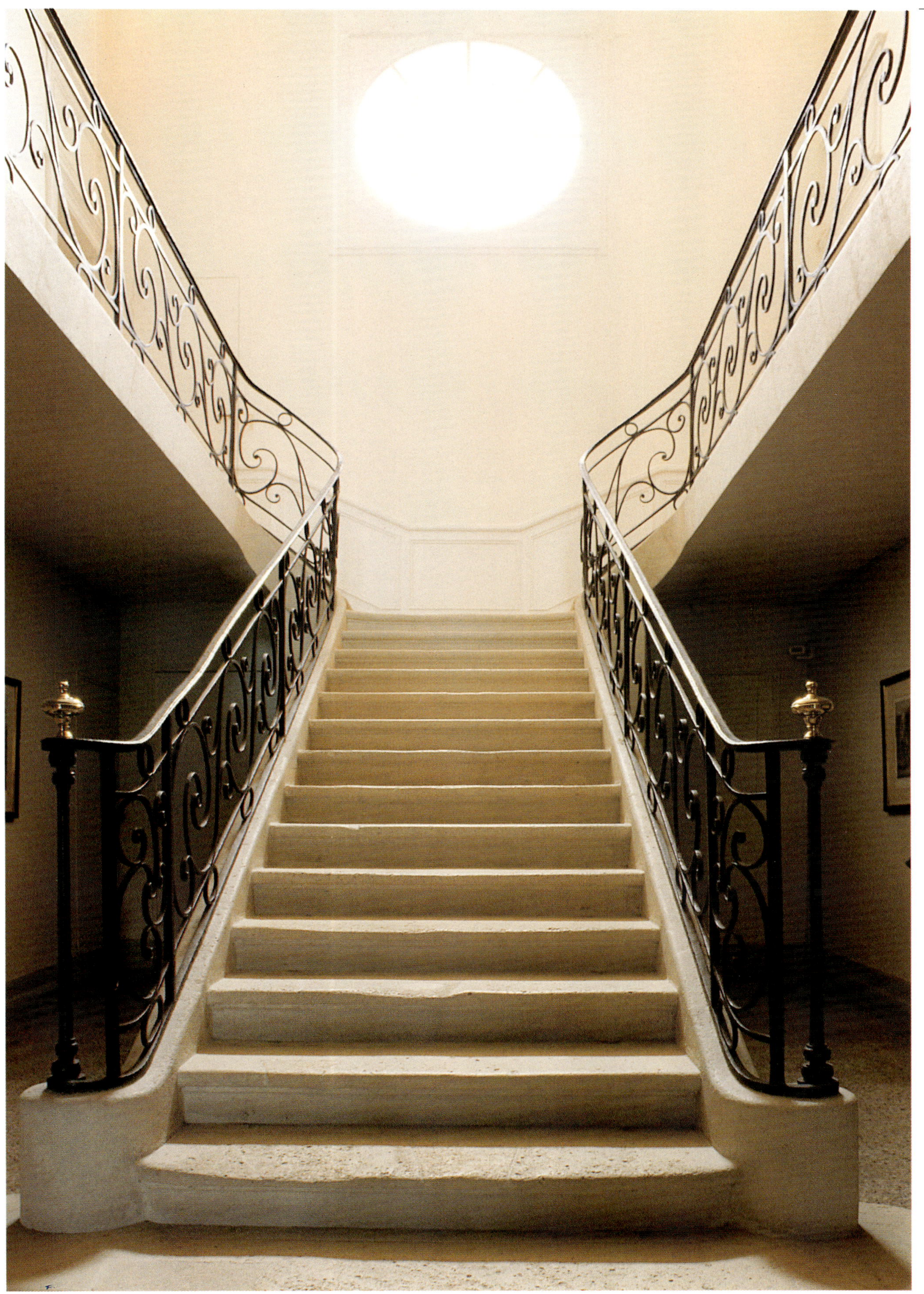

Cet escalier du XVIIIe siècle s'apparente à celui du Grand Théâtre de Bordeaux.

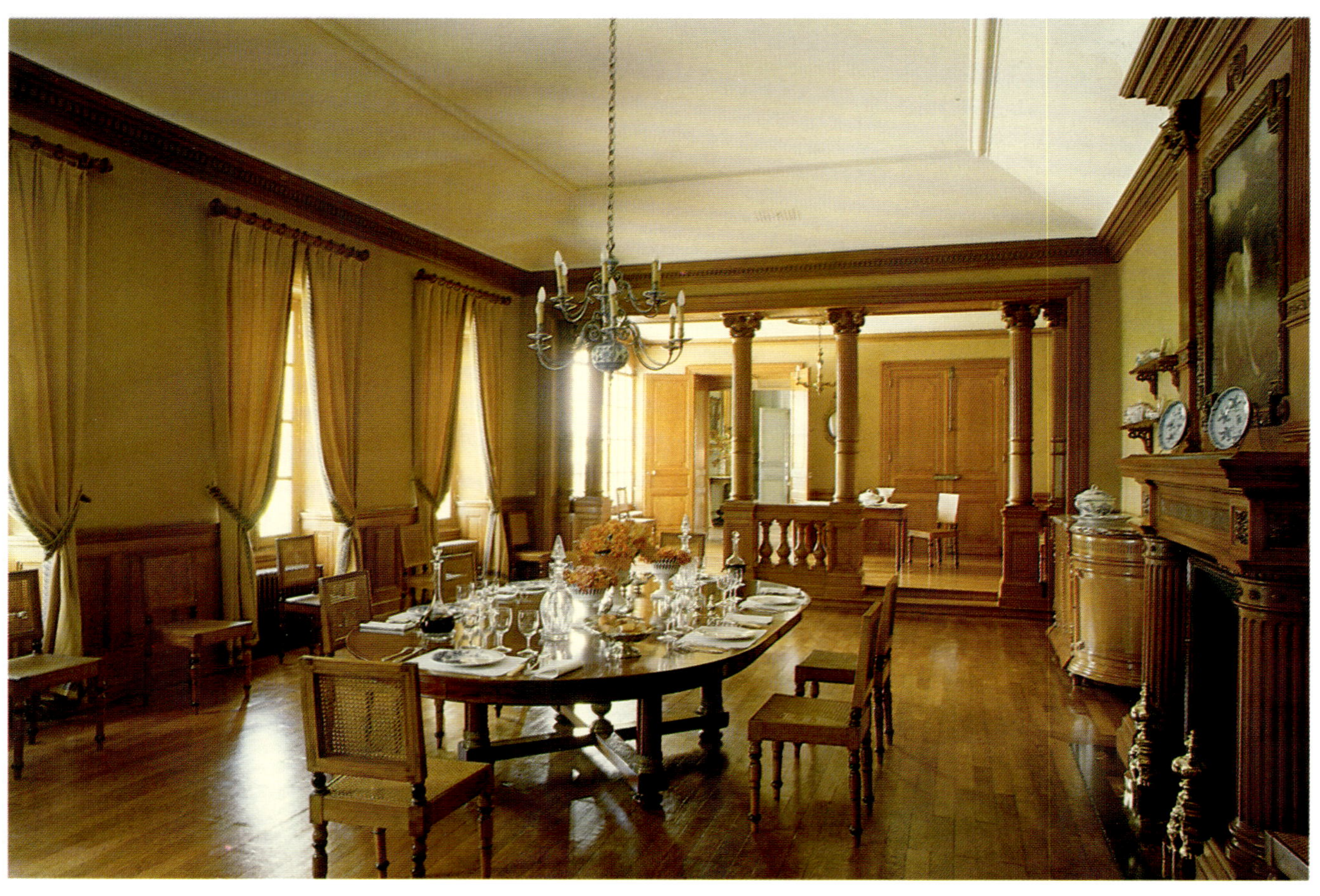

Tonalités d'ambre et de miel pour la grande salle à manger, orgueil de la demeure. Située au premier étage, elle contient un mobilier du XIXe siècle.

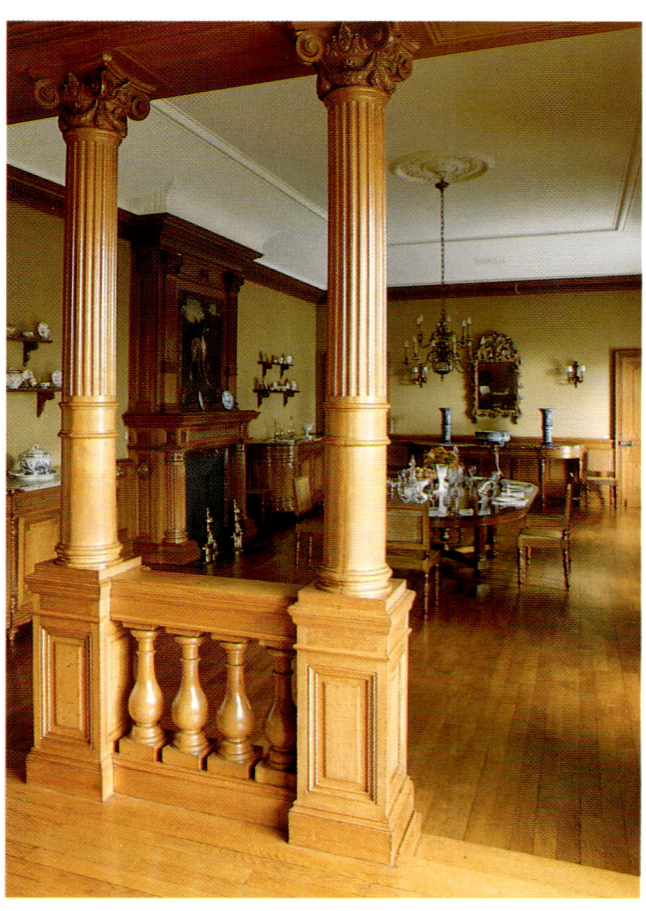

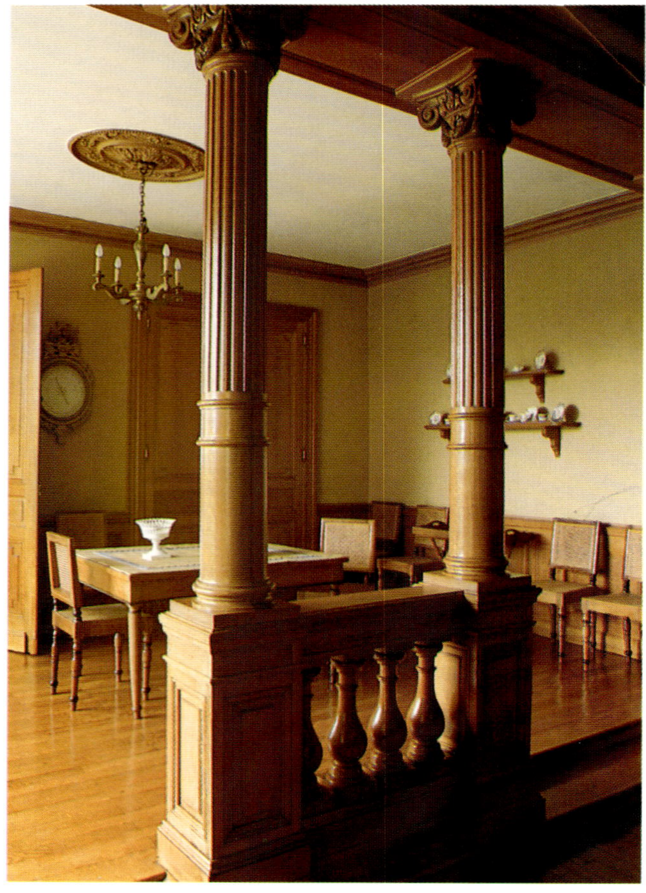

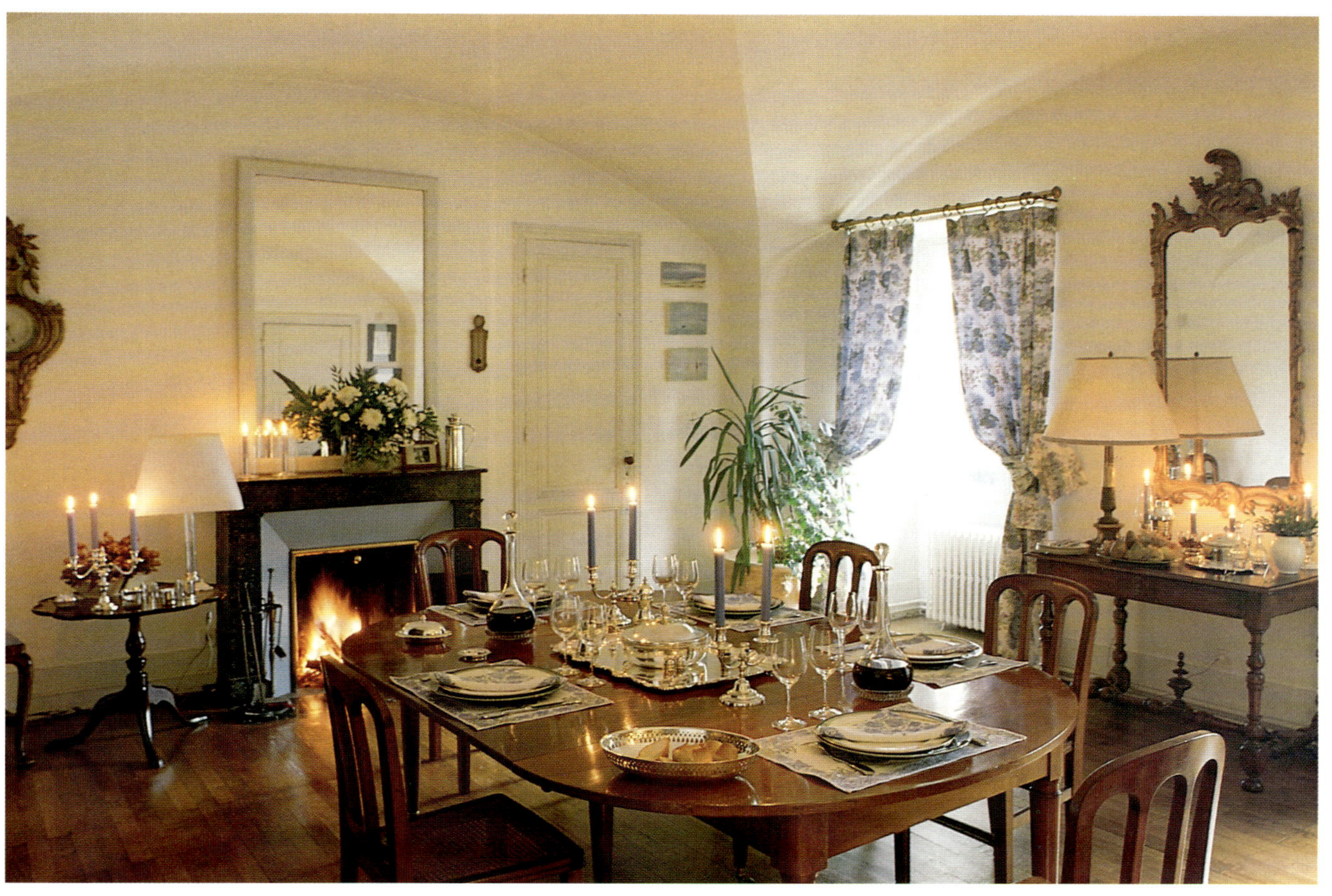

Atmosphère anglaise pour cette petite salle à manger du rez-de-chaussée réservée aux intimes.

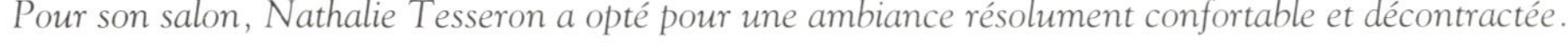

Pour son salon, Nathalie Tesseron a opté pour une ambiance résolument confortable et décontractée.

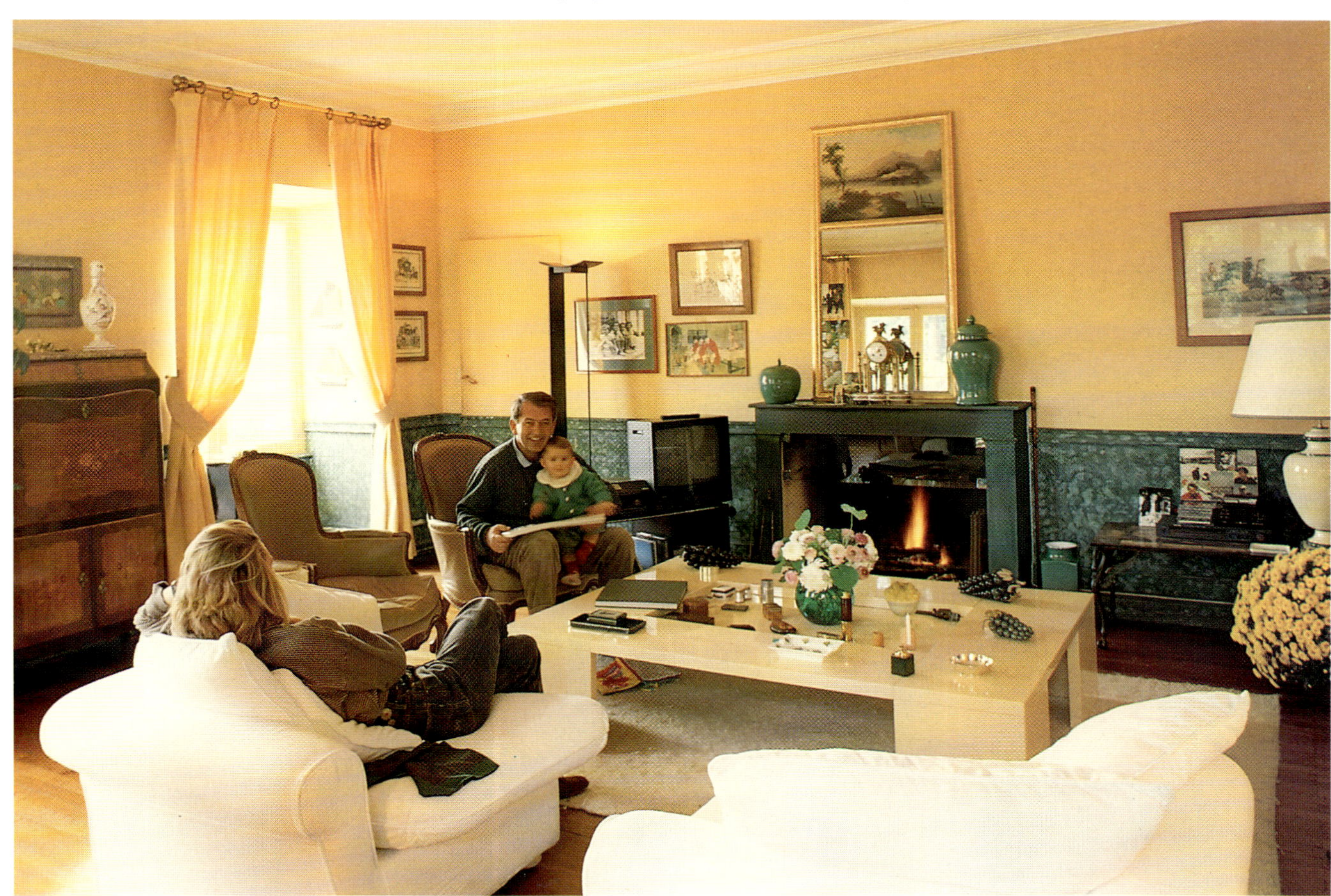

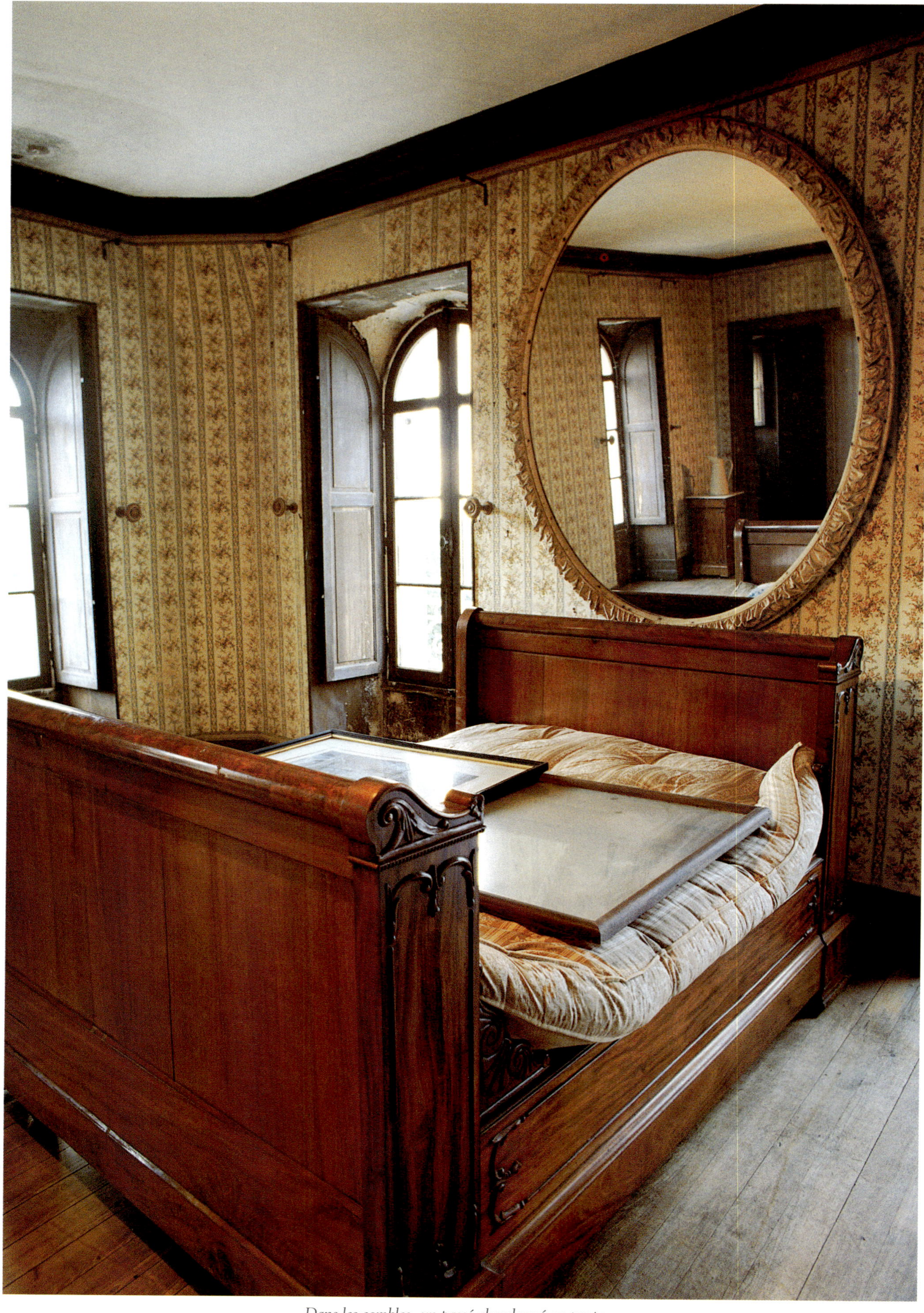

Dans les combles, un passé abandonné au temps.

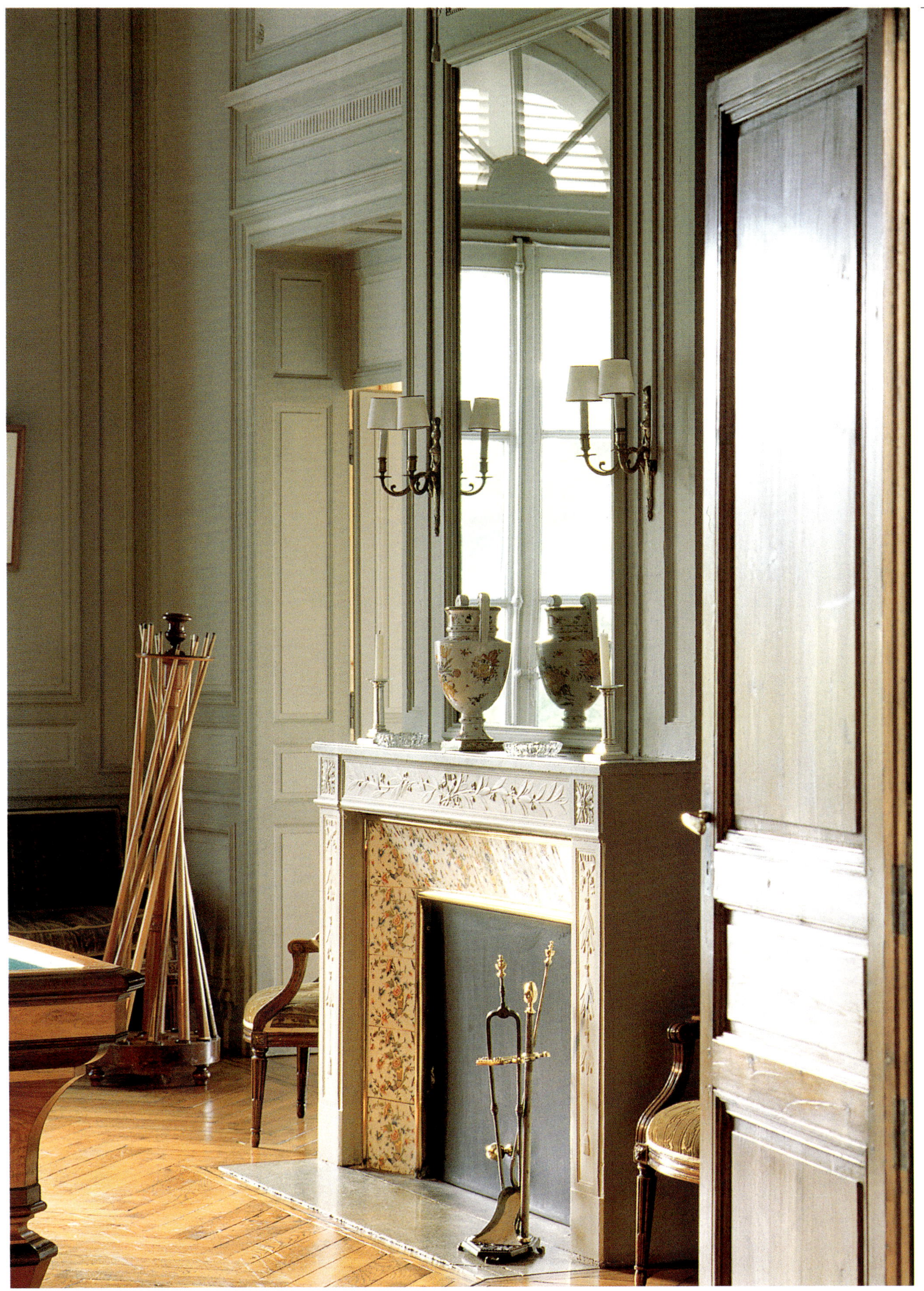

Un assemblage de cannes de billard en torsade casse la rigidité huguenote du premier étage.

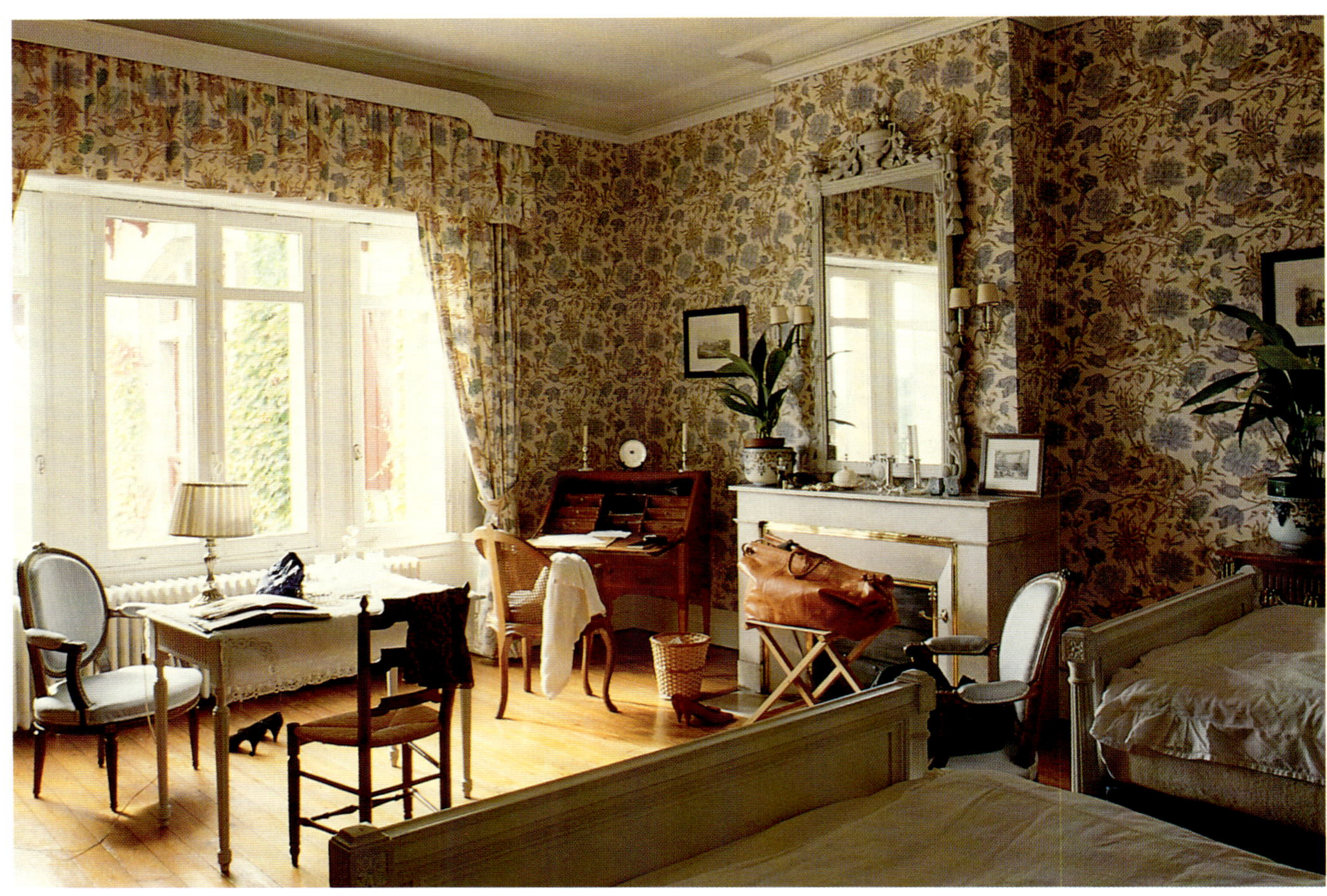

« Chut ! Marchez doucement. Justine dort en dessous ! »
Première recommandation faite aux amis qui habitent cette chambre au premier étage.

Nathalie Tesseron a choisi pour leur chambre
les couleurs traditionnelles des maisons du bassin d'Arcachon.

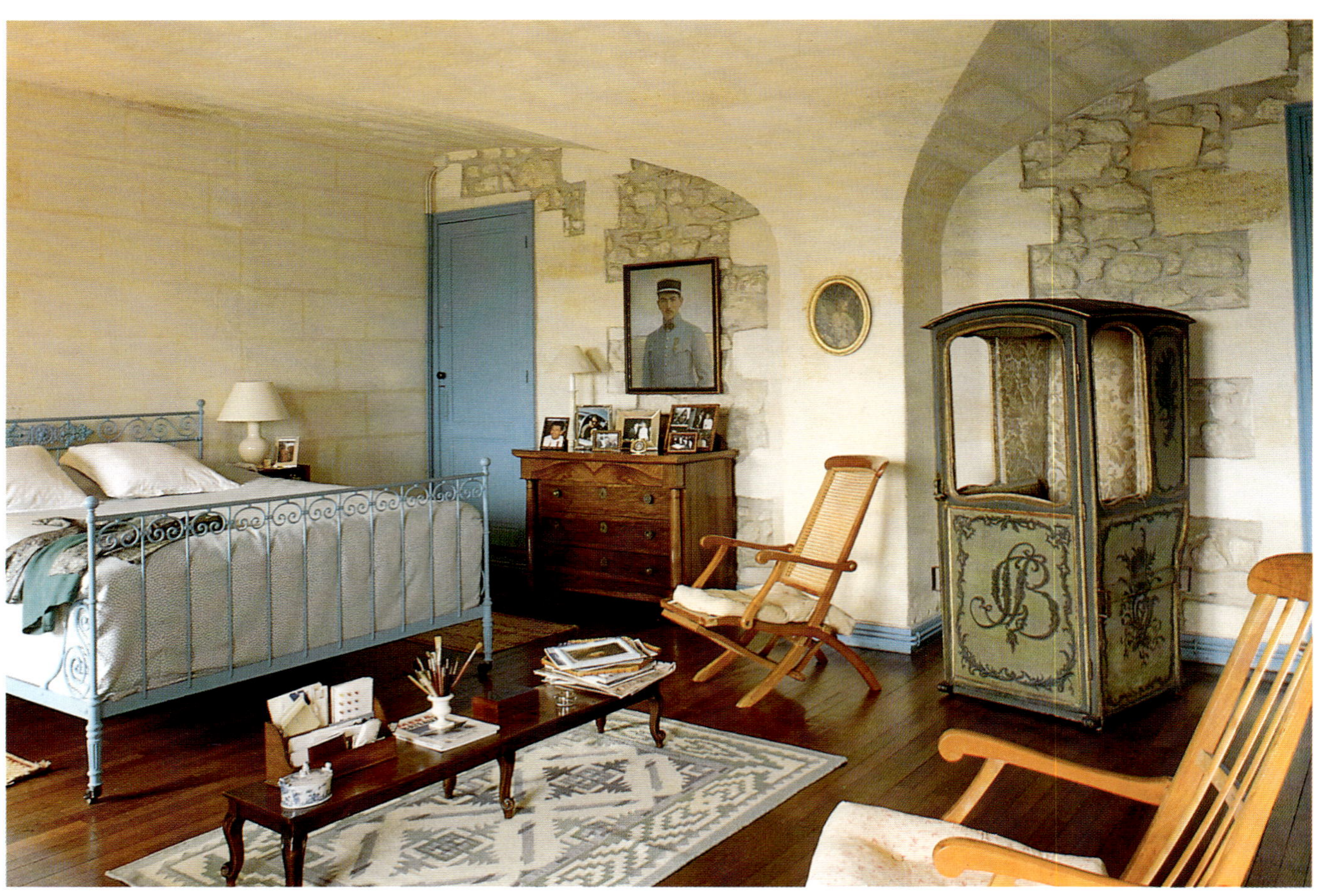

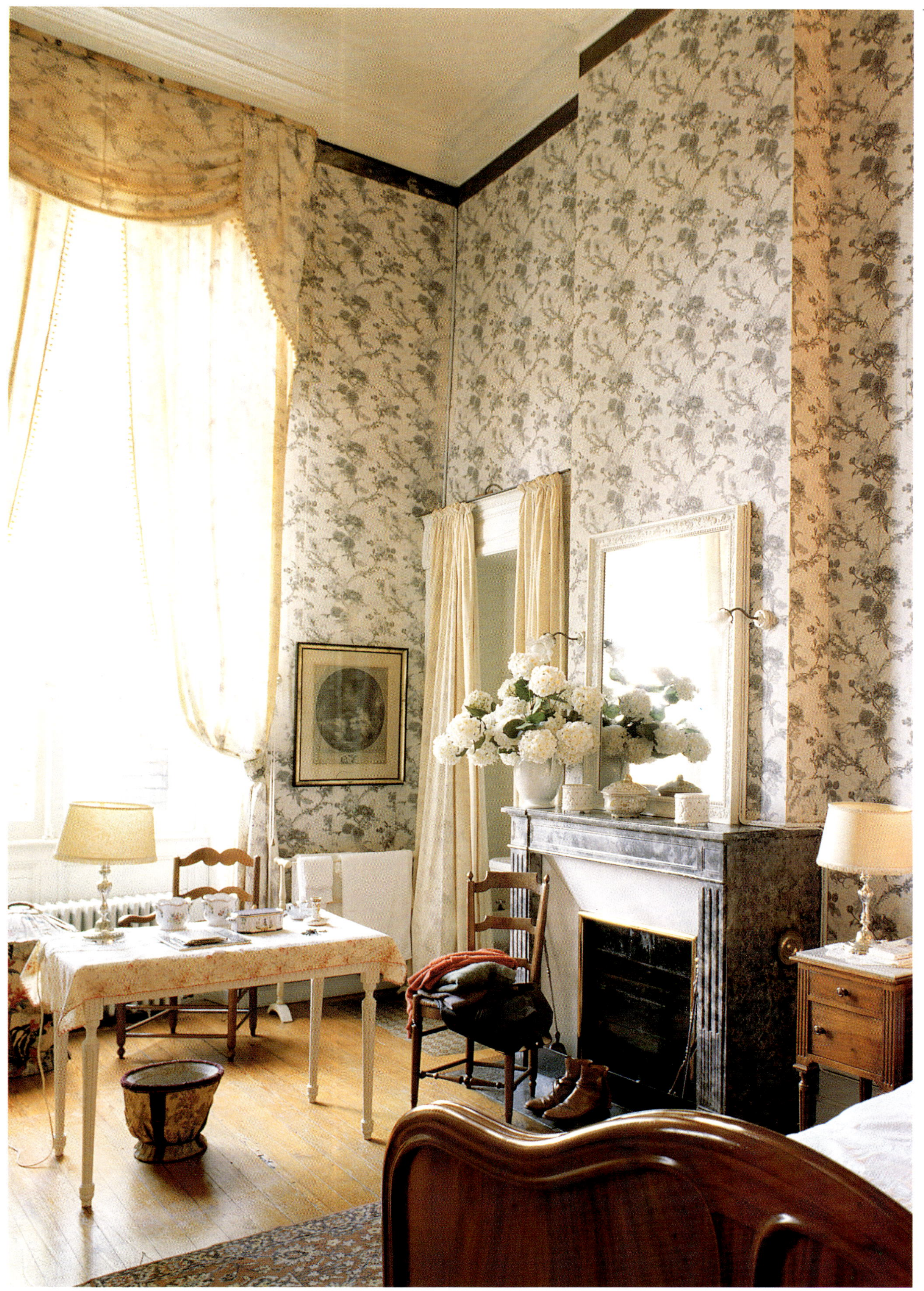

Cette chambre d'amis a conservé son papier peint du XIXe siècle.

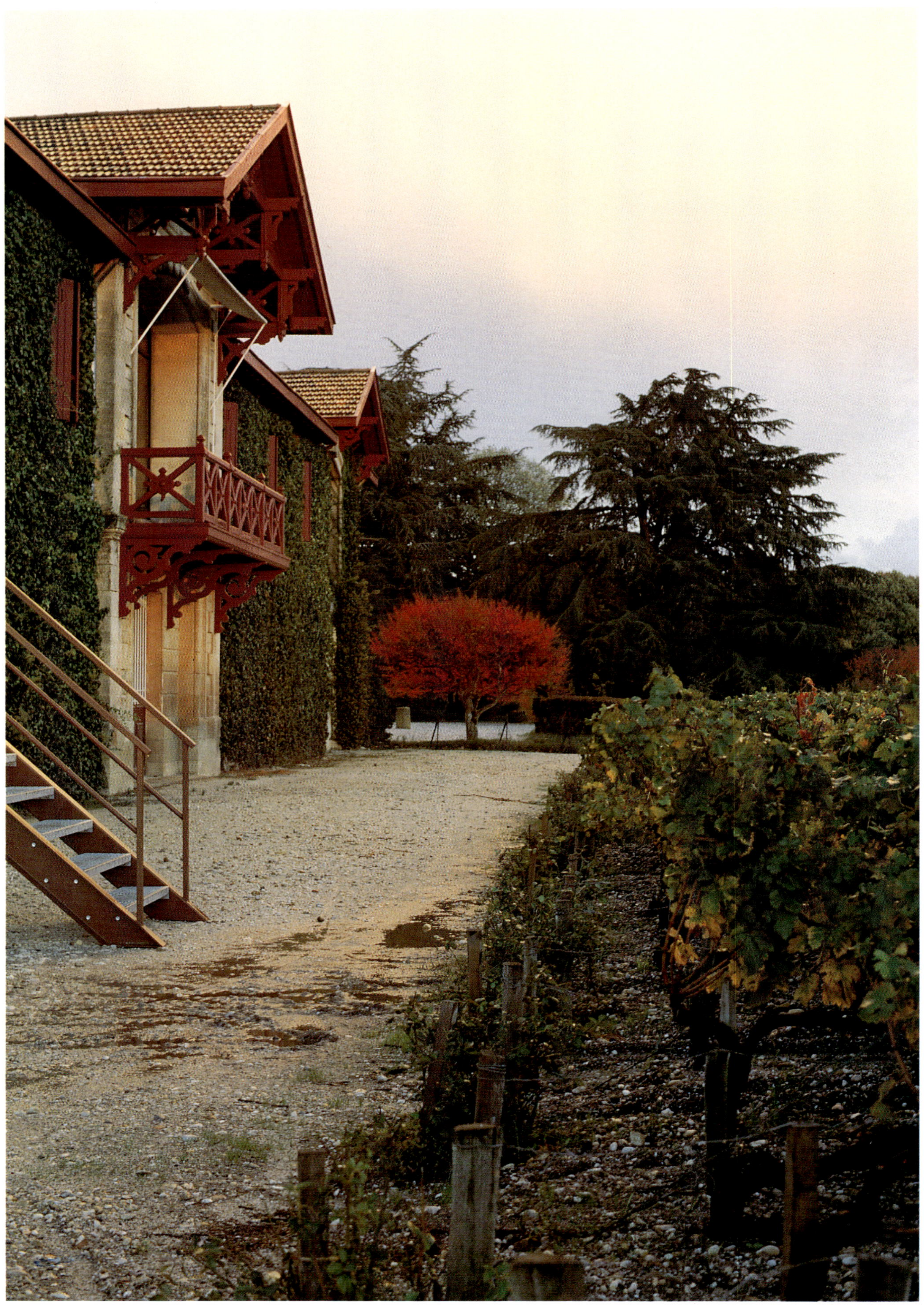

Jouxtant la maison d'habitation, l'ancien cuvier fait face au vignoble.

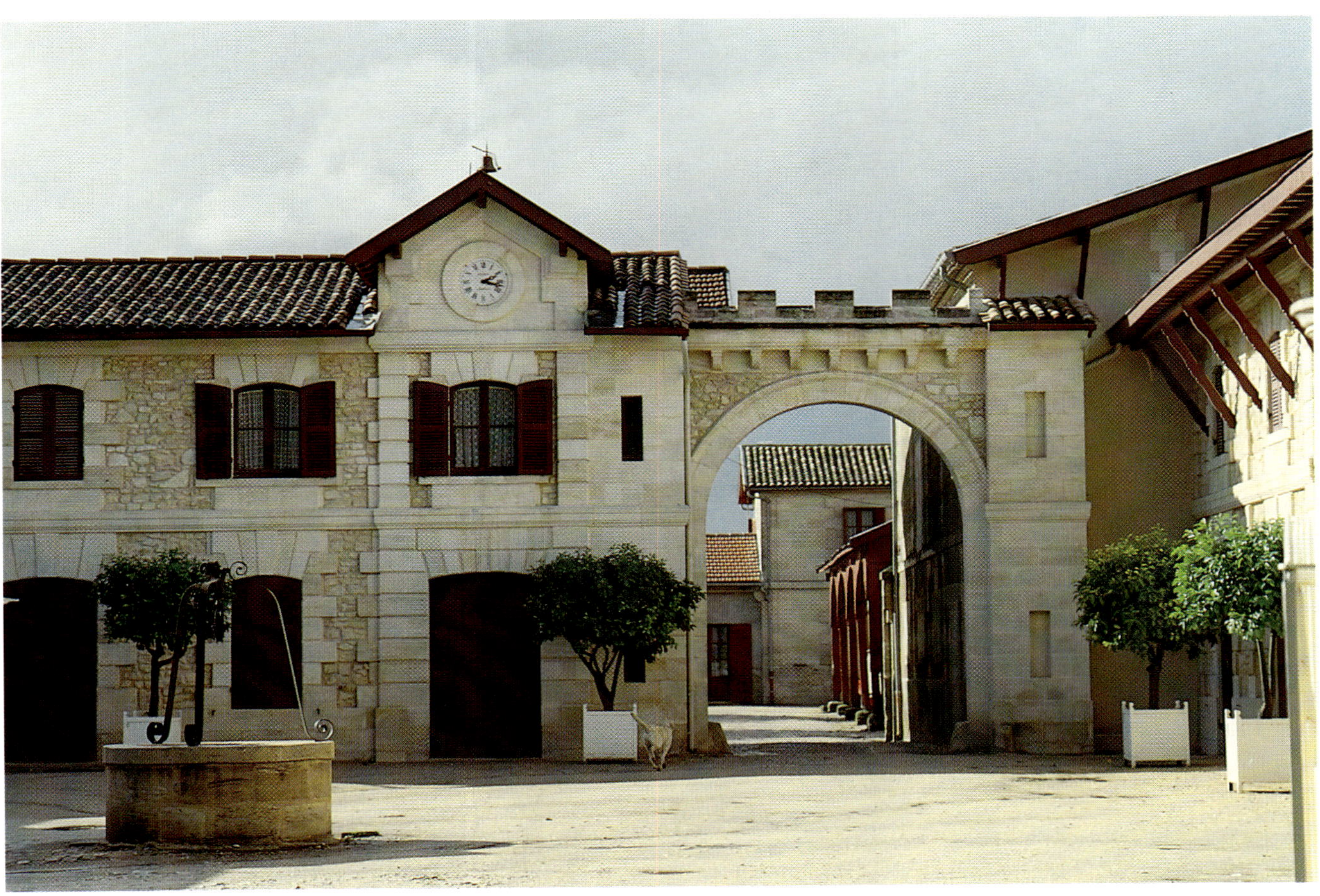

Une suite de cours carrées attenantes à la demeure fut construite au XIXe siècle sur l'initiative de l'ancien régisseur, Skavinski.

Ces deux personnages font mentir l'adage : « Médoquin, gueule de coquin ! » Jean-Paul Pac, ouvrier de chais (à gauche) et Pierre Geffier, ancien chef de culture du château.

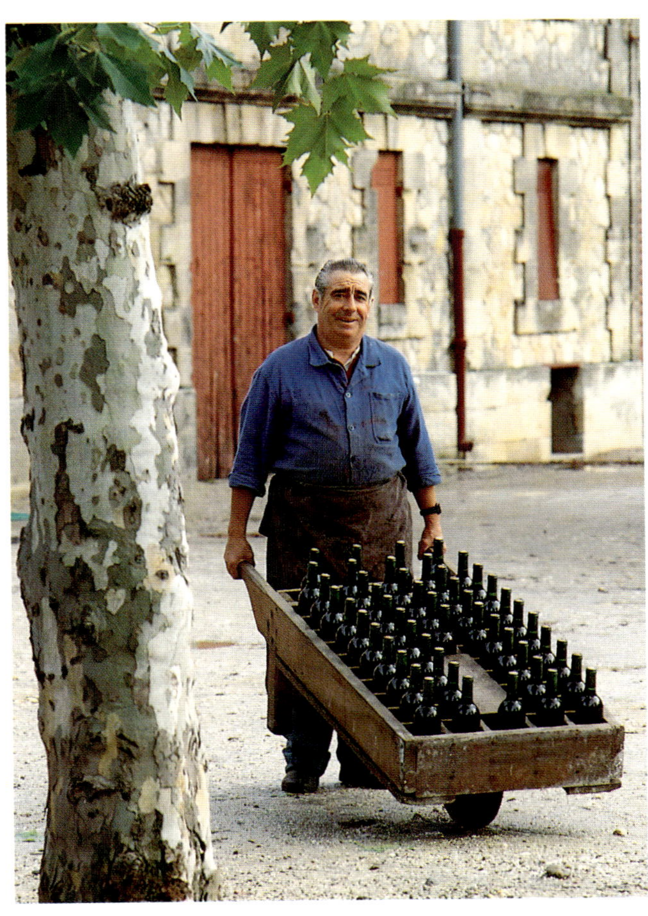

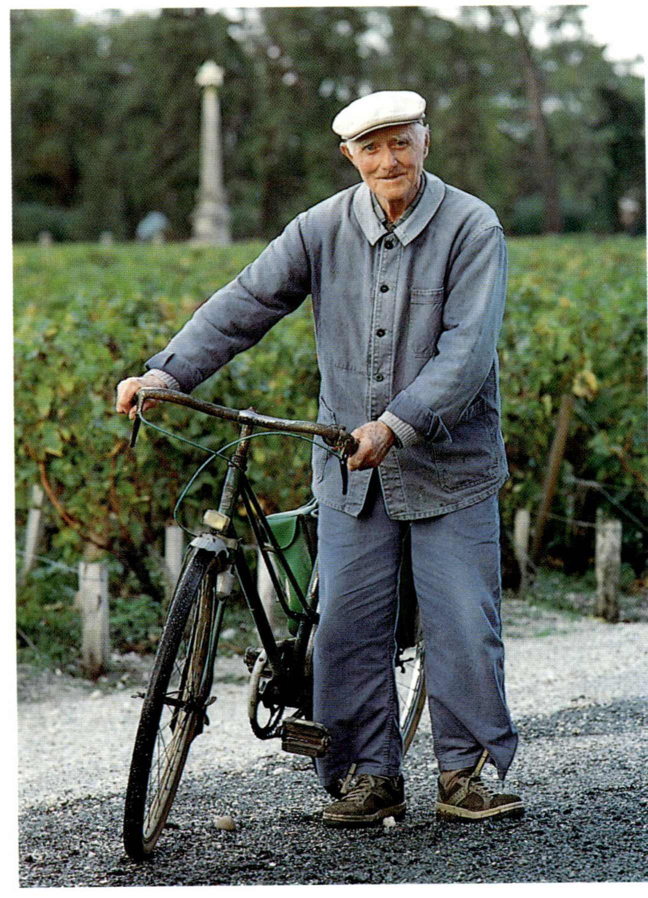

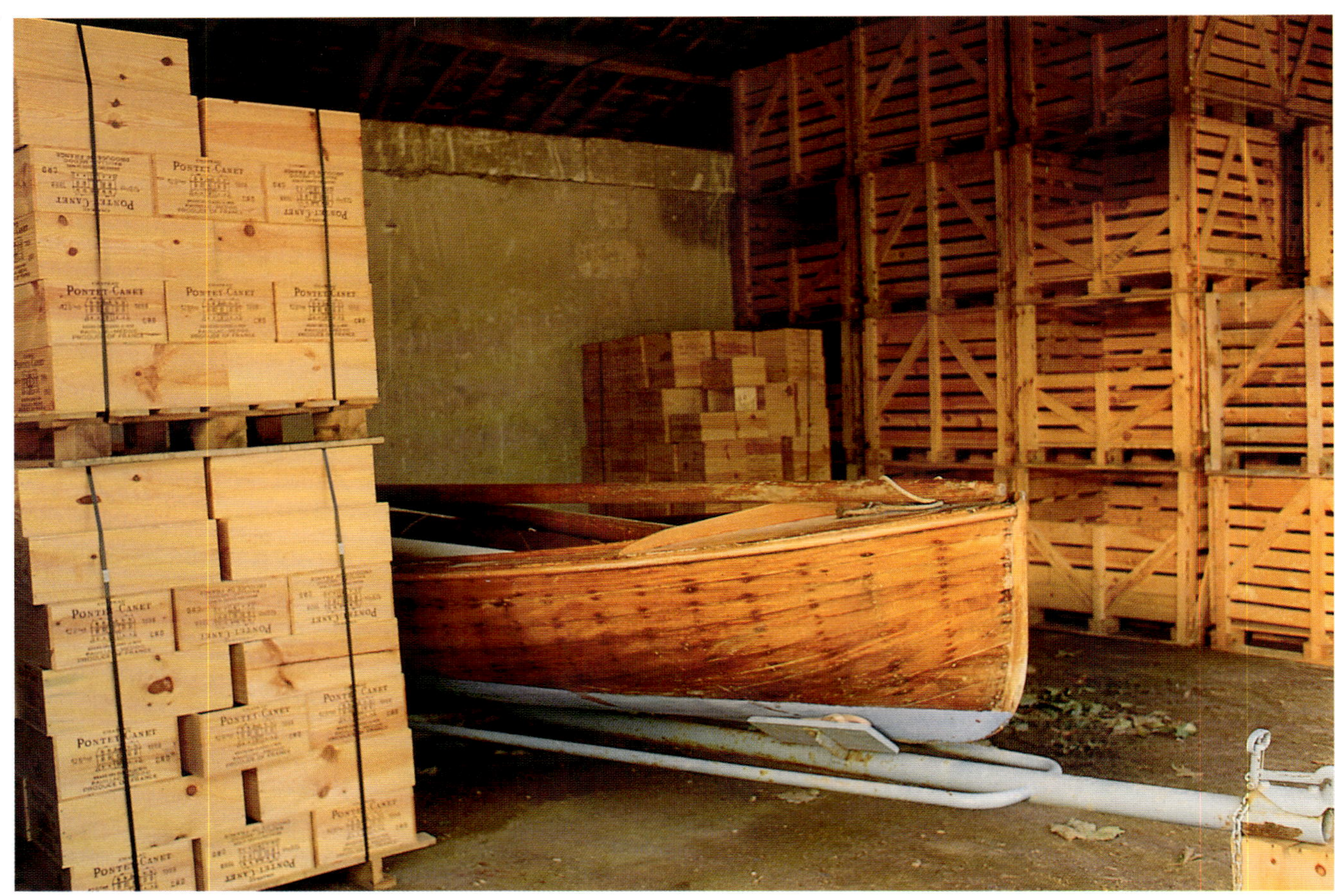

Attendre la fin des vendanges pour prendre le large sur le bassin d'Arcachon !

Alfred Tesseron a préféré à l'ancien cuvier en bois (ci-dessous) les cuves en inox thermo-régulées (ci-contre).

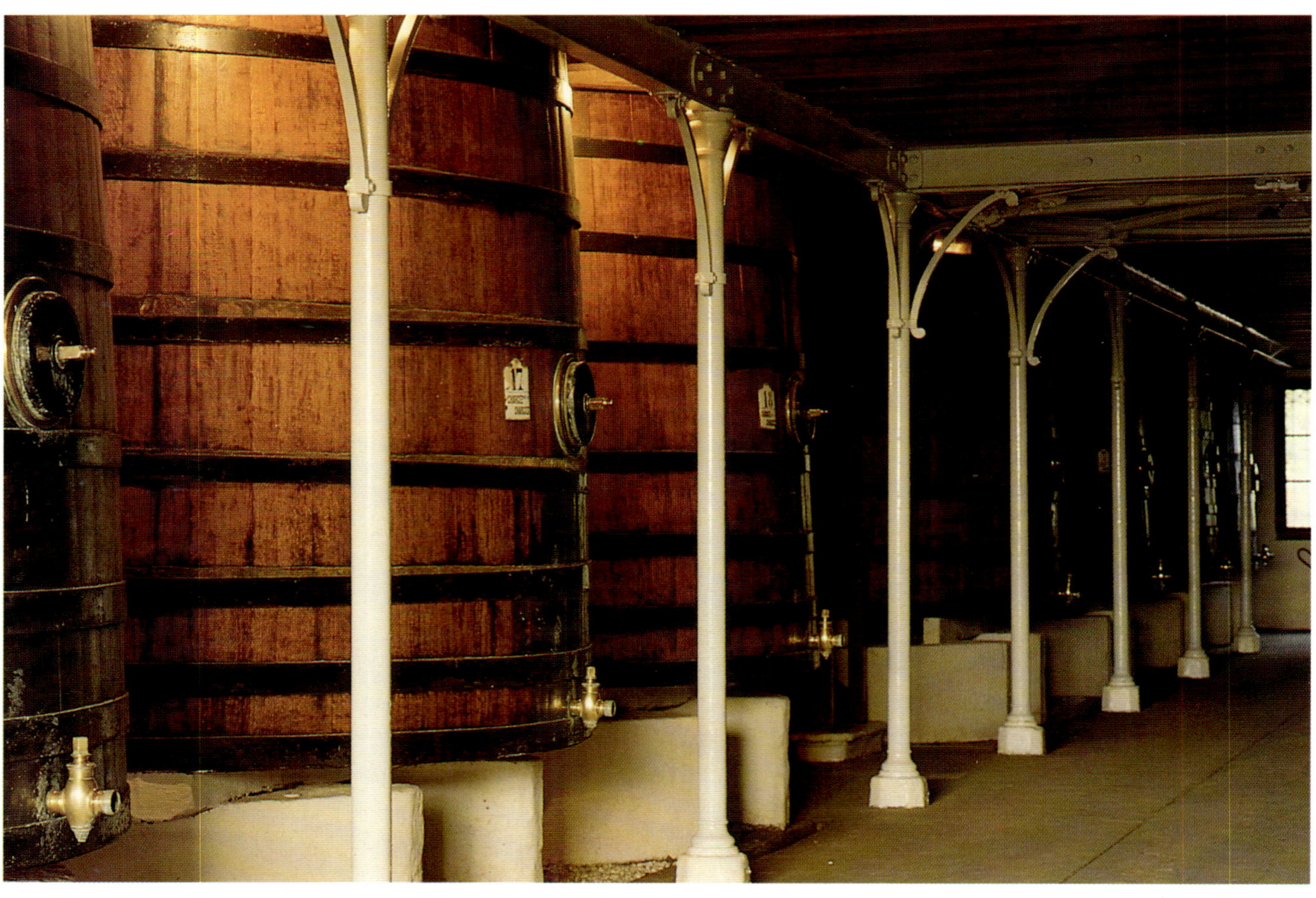

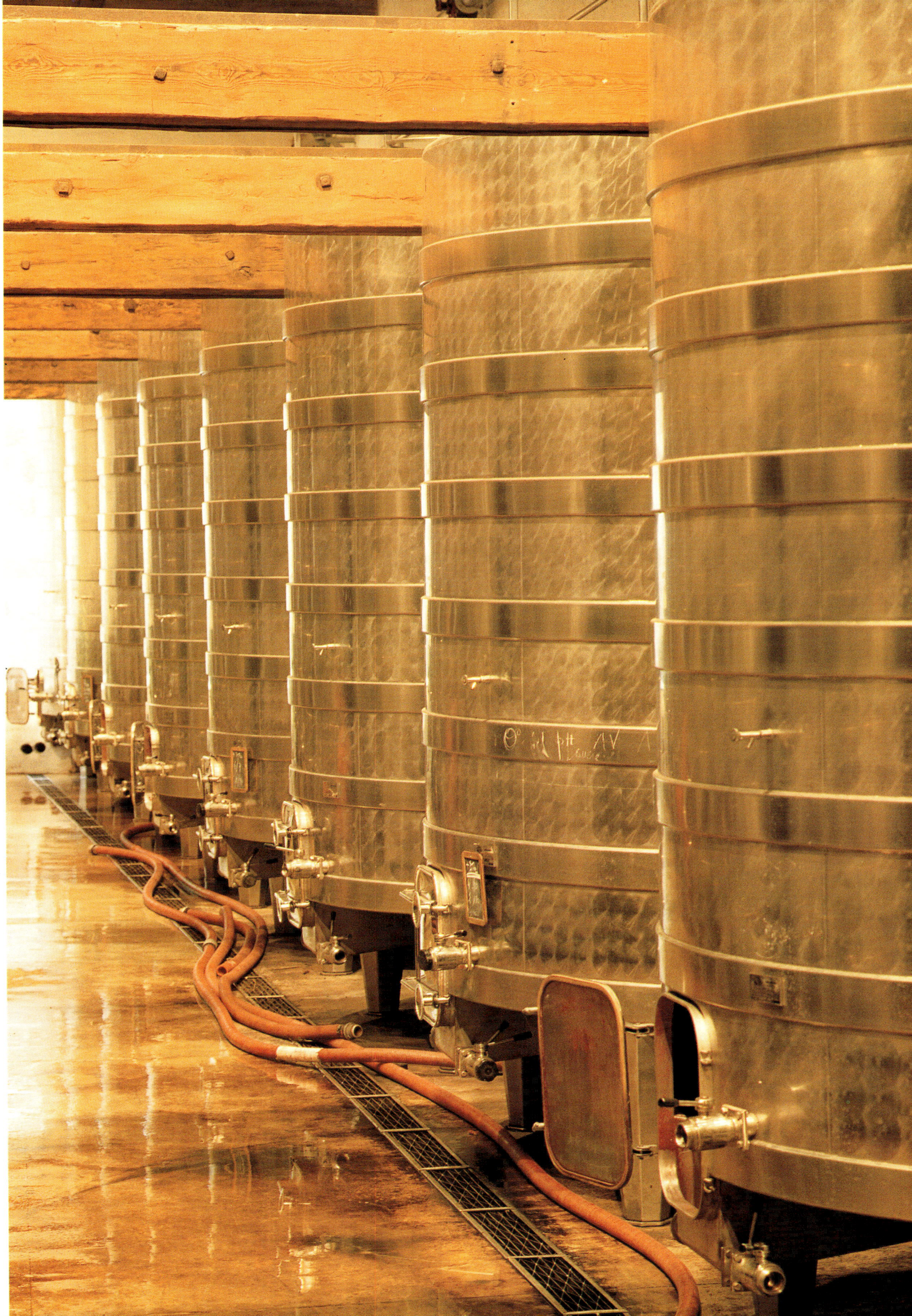

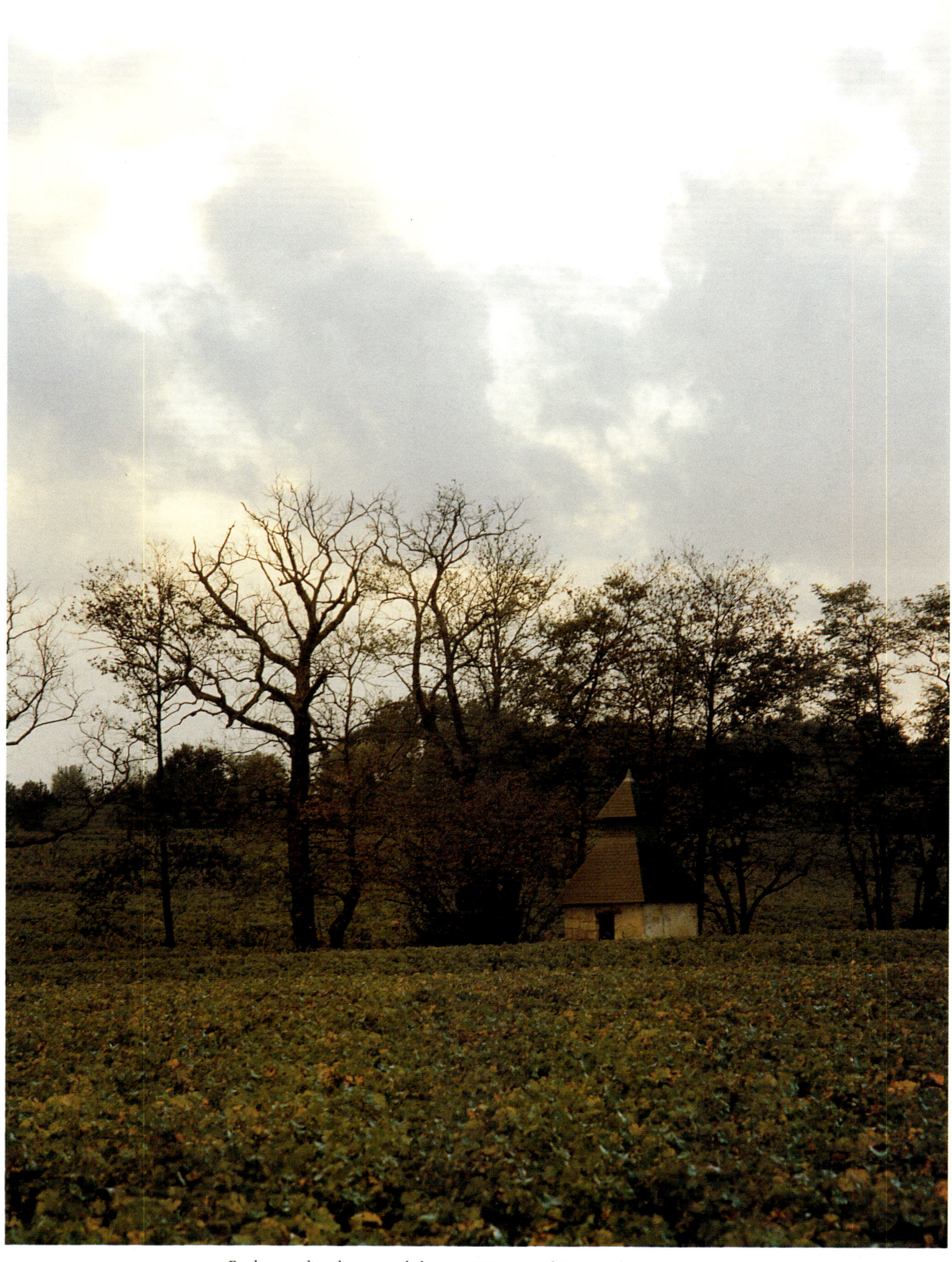

Perdu au milieu des vignes de la propriété, ce petit bâtiment abrite une source.

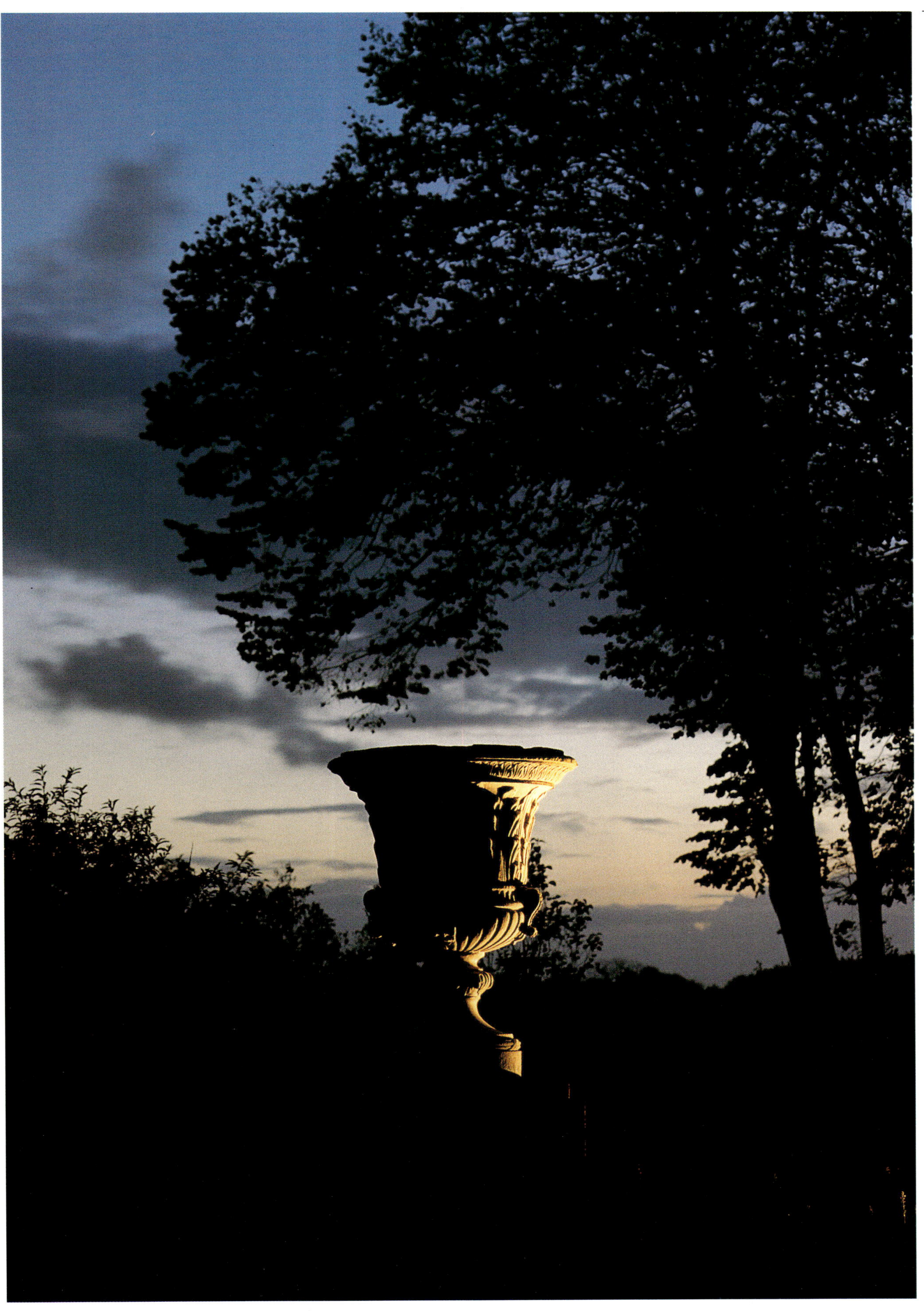

À l'heure du serein, la fraîcheur tombe avec le soir.

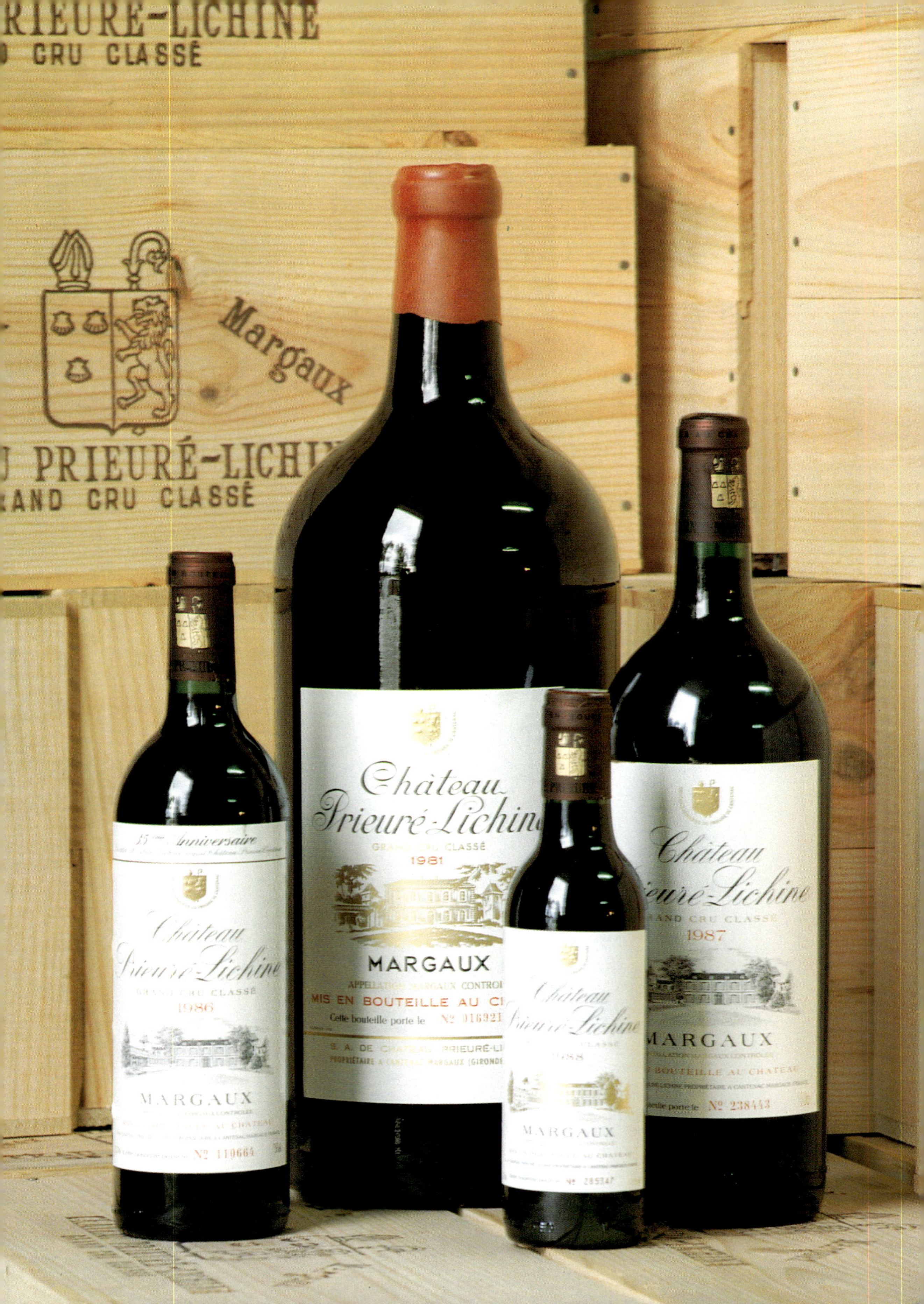

GRAND CRU CLASSÉ
Margaux
Château
Prieuré-Lichine
GRAND CRU CLASSÉ
1981
MARGAUX
Château
1987
MARGAUX
Château
Prieuré-Lichine
1986
MARGAUX
MARGAUX

PRIEURÉ-LICHINE

Margaux. Quatrième grand Cru classé
Monsieur Sacha Lichine

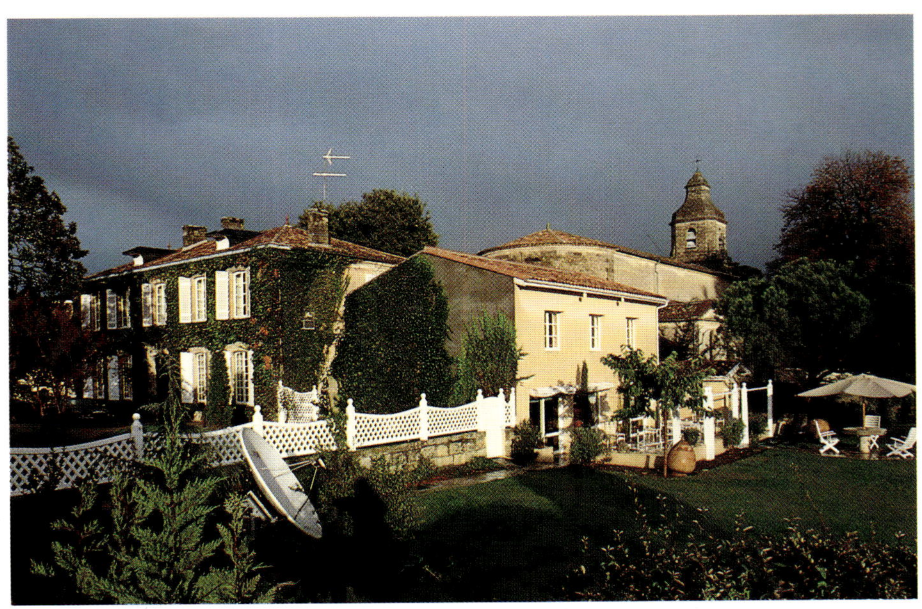

De l'inventeur du vin,
Il révérait la mémoire.
Et pour bien goûter au vin,
Jugeait qu'il fallait en boire.
Seigneur de La Palice

Le prieuré de Cantenac, aujourd'hui Prieuré-Lichine est fondé au Moyen-Âge par les bénédictins de l'abbaye de Vertheuil. Comme beaucoup d'autres propriétés de l'église, il est confisqué à la Révolution et revendu aux enchères. Passé dans le domaine privé, de nombreux propriétaires s'y succèdent sans laisser de trace marquante. Son histoire commence vraiment en 1951 avec Alexis Lichine.

Si, pour la renommée des vins de Bordeaux, une personne a tenu un rôle important, il s'agit bien d'Alexis Lichine dont la vie ressemble à celle d'un personnage de Kessel ou d'Hemingway, né en Russie dans les premières années du siècle. Pressentant la révolution d'octobre et ses conséquences, sa famille émigre peu avant qu'elle n'éclate et s'installe à Paris où son père, ancien banquier, investit ses économies dans une modeste affaire de cars de tourisme. Dès l'âge de treize ans, le jeune Alexis guide, armé d'un porte-voix, des troupeaux d'étrangers dans Paris. Ainsi, il développe son talent pour les langues étrangères et son sens des contacts humains. À dix-sept ans, entraîné par d'autres camarades, il prend goût au bridge et au vin. Miracle du Culbertson, les perdants paient en bouteilles. Très vite, il acquiert donc une solide connaissance des grands vins qu'il améliorera sa vie durant.

Il entre, peu après, comme journaliste à temps partiel au bureau parisien du *New York Herald Tribune*. En 1934, alors que l'Amérique sort de quatorze années de prohibition et d'abstinence, son rédacteur en chef lui confie une série d'articles sur les vins français. Alexis Lichine vient d'être touché par la Providence. Il sillonne le pays dans tous les sens pour découvrir une multitude de terroirs et de crus. Partout il goûte, compare, note et, *last but not the least*, noue d'excellents contacts avec d'importants propriétaires. Alexis Lichine ignore l'impact de ses articles sur les lecteurs américains mais il retire de cette enquête deux certitudes. Premièrement, tout le reste de sa vie s'orientera autour du vin et deuxièmement, un marché plein de promesses pour les vins français se trouve aux États-Unis.

En 1937, il quitte le journalisme et crée à New York, en association avec Franck Schoonmaker, une société d'importation et de distribution de vins fins. La guerre stoppe son essor et les deux associés s'engagent dans l'armée américaine. Alexis Lichine devient aide de camp du général Eisenhower qui utilise merveilleusement ses compétences en lui confiant l'organisation de dîners où se retrouvent de grands amateurs de vin comme Patton ou Churchill. Démobilisé, il reprend ses activités commerciales aux États-Unis.

Visitant régulièrement ses fournisseurs français, il s'enflamme pour le prieuré de Cantenac qu'il achète malgré les mises en garde de ses amis. Ce cru classé de Margaux qui avait connu bien des vicissitudes ne se compose plus en 1951 que de onze hectares de vignes en très mauvais état. À la même époque, aidé par un groupe d'investisseurs américains dont David Rockfeller, il reprend un autre cru de Margaux, Château Lascombes. Ensuite, il acquiert quelques vignobles en Bourgogne et crée une maison de commerce à Bordeaux pour assurer une meilleure distribution de ses vins aux États-Unis. Il la revendra en 1966 et Château Lascombes en 1971.

Les bénéfices de ces dernières opérations sont utilisés à la remise en état et au développement de sa propriété favorite, le Prieuré : amélioration du cuvier et des chais, rachats de parcelles voisines aux propriétaires

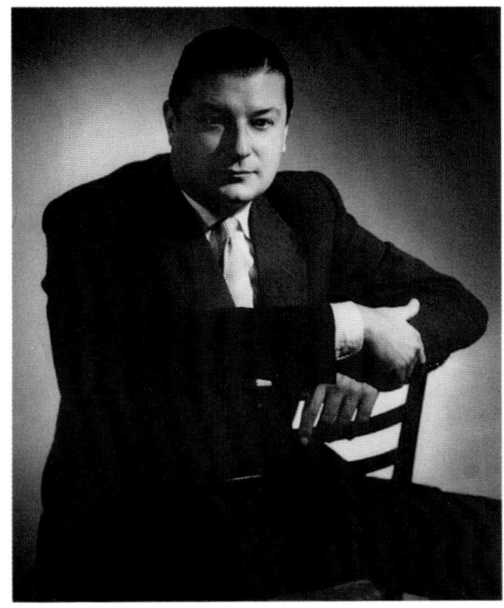

Alexis Lichine, le « Pape du vin ».

des Châteaux Palmer, Kirwan et Issan, échanges d'autres terrains et replantations. Aujourd'hui le vignoble couvre 62 hectares et produit un vin digne de son classement. Quant à la maison, elle est devenue une charmante demeure médocaine.

Doté d'une énergie inépuisable, Alexis Lichine est capable d'entreprendre et de mener de front plusieurs activités différentes. Comme le businessman ne s'est jamais totalement substitué au journaliste, il publie, en 1951, dans une édition américaine son *Guide des vins et vignobles de France*. Le succès de ce qui reste aujourd'hui encore un livre de référence, l'incite à entreprendre sa monumentale *Encyclopédie des vins et des alcools*. Cette somme de seize années de recherches et d'écriture devient, malgré son poids et son prix, un nouveau *best-seller* traduit dans de nombreux pays. Dans cette encyclopédie, Lichine établit sa propre classification des vins de Bordeaux, qui veut être une actualisation du classement de 1855 considéré comme obsolète par de nombreux professionnels et amateurs. La tâche est ambitieuse mais bousculer les traditions et faire évoluer les mentalités et les comportements ne lui ont jamais fait peur. On peut même se demander si, en son for intérieur, il ne possède pas le goût de la provocation. Ne fut-il pas dans les années 1960 le premier châtelain à ouvrir son domaine aux visiteurs 365 jours par an ? L'étonnement passé, les autres châtelains l'imitent. Désormais, l'entrée des Châteaux n'est plus réservée à la seule curiosité des professionnels mais à toute personne intéressée par leur production.

Alexis Lichine, *le pape du vin*, meurt en 1989 et cette phrase de Jean Cassou pourrait être son épitaphe : « C'est un idéaliste, il n'a jamais aimé que le vin, l'amour et le tabac. » Son fils Sacha, âgé d'une trentaine d'années, lui succède au Prieuré. Élevé aux États-Unis où

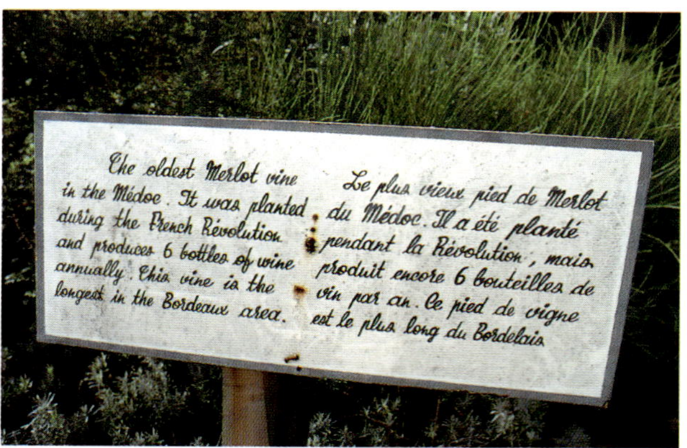

Une des curiosités de la propriété.

il a poursuivi toutes ses études, il s'est définitivement installé en France quelque temps avant la mort de son père.

À la mi-juin, les vignerons guettent avec impatience l'apparition de la première fleur car cent jours après la floraison le raisin sera mûr. C'est un moment fragile où l'on ne peut visiter les vignes sans risquer de bousculer et de perdre le précieux pollen. Un proverbe assure : « Vigne en fleur ne veut voir ni vigneron, ni seigneur. » Chassés de leurs vignes, les propriétaires toujours friands de réceptions organisent une fête pour se retrouver, celle de la Fleur, célébrée chaque année dans un Château différent.

En 1990, ce privilège échoit au Prieuré-Lichine. L'organisation de cette soirée de huit cents invités révèle les facettes des trois cultures dont Sacha Lichine se réclame : l'efficacité d'un spectacle à l'américaine, la démesure russe et le plaisir français des sens.

Un tapis bleu roi jonché de pétales de roses mène aux réjouissances. Cette fête inouïe commence par une intronisation de la Commanderie du Bontemps du Médoc et des Graves. Beaucoup de confréries portent le nom de bontemps, récipient en bois utilisé pour l'opération du *collage* qui se déroule au cours de l'hiver pendant la fermentation. On y fouette cinq ou six blancs d'œufs qu'on introduit dans la barrique. Le voile d'albumine ainsi formé entraîne vers le fond les impuretés restées en suspension. Le vin, devenu limpide, possède presque son goût définitif. Recenser les quantités d'omelettes et de pâtisseries à base de jaunes d'œuf ingurgitées par les habitants de la région durant le collage est un vrai travail de bénédictin.

Pour le dîner, Régis Dho a dessiné les centaines d'assiettes en porcelaine de Limoges aux couleurs de la fête russe : bleu et or. Le repas est enjoué. L'assurance d'appartenir au même monde est la seule condition qui sorte les Bordelais de leur traditionnelle réserve. Facilement choqués par l'excentricité, ce soir-là, il sont amusés par l'arrivée de l'extravagante Birgit Nielsen, ex *madame Rambo*. Elle ressemble à une martienne débarquant d'une soucoupe volante posée sur l'héliport aménagé au-dessus des nouveaux chais. Corps sculptural moulé dans une robe jaune citron aux échancrures audacieuses, cheveux blonds platinés coupés ras, elle n'hésite pas à mettre en valeur tous les charmes de la féminité dont elle est abondamment pourvue. Le contraste est violent avec les festons, les volants de faille, les classiques et sages tenues qui s'accordent aux trois rangs de perles réglementaires !

L'effet de surprise passé, la fête reprend. Entre les pitreries de Jerry Lewis et les *standards* américains de l'orchestre de Claude Bolling, Philippine de Rothschild rompt le brouhaha pour demander le silence et donner la parole à Sacha Lichine. En quelques mots, il dédie la fête à son père, instant solennel où l'ombre d'Alexis plane sur l'assistance.

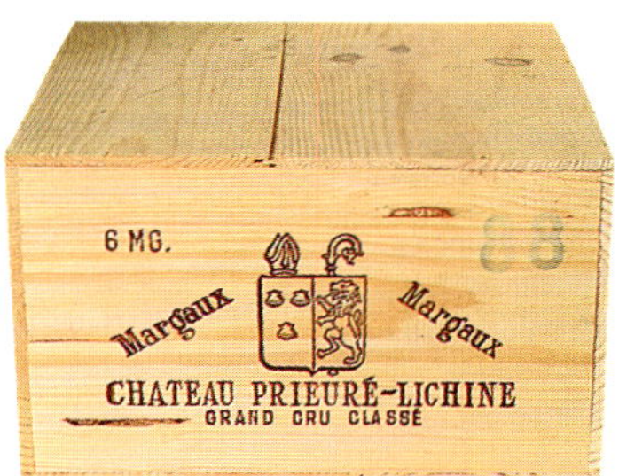

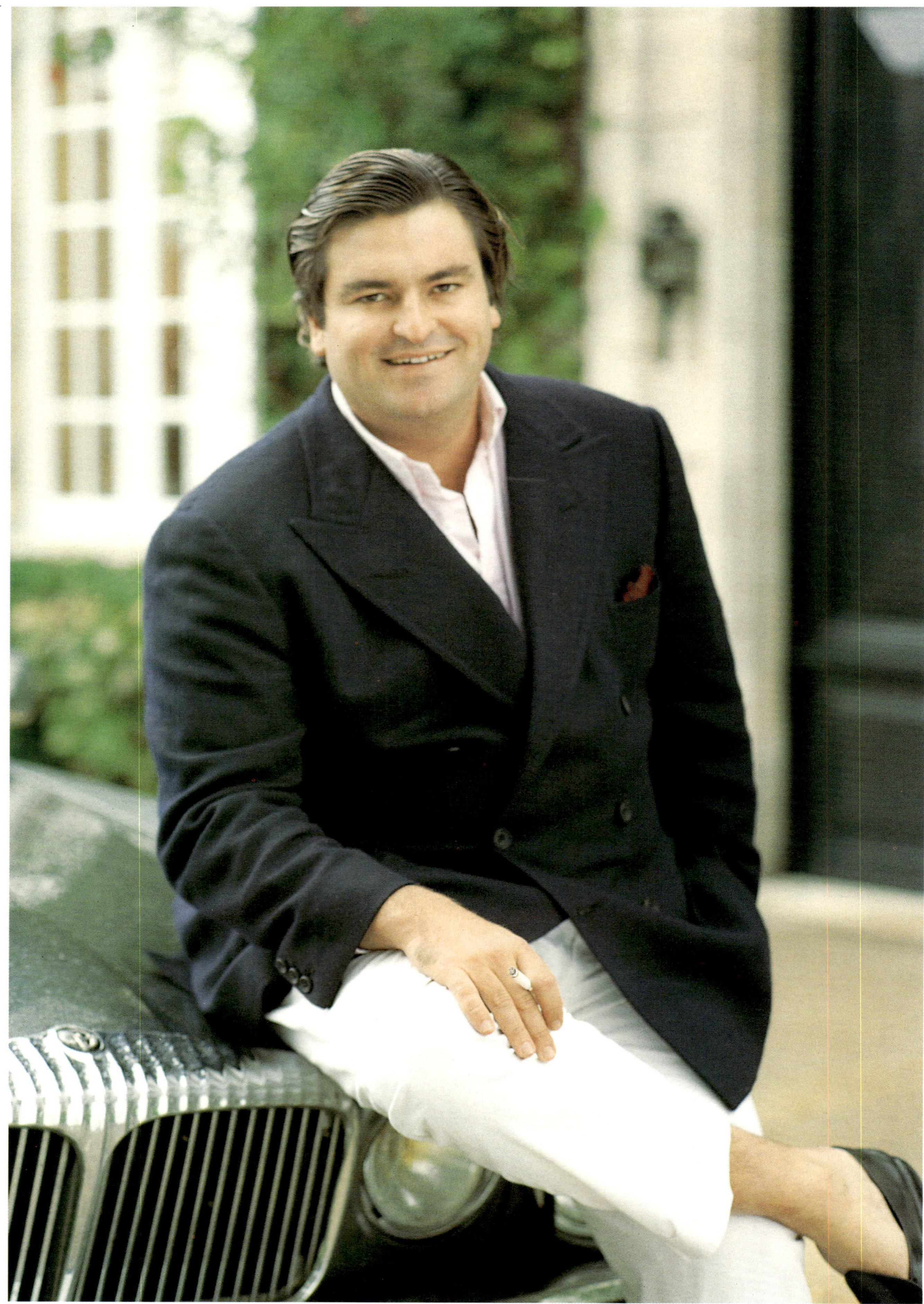

Sacha Lichine.

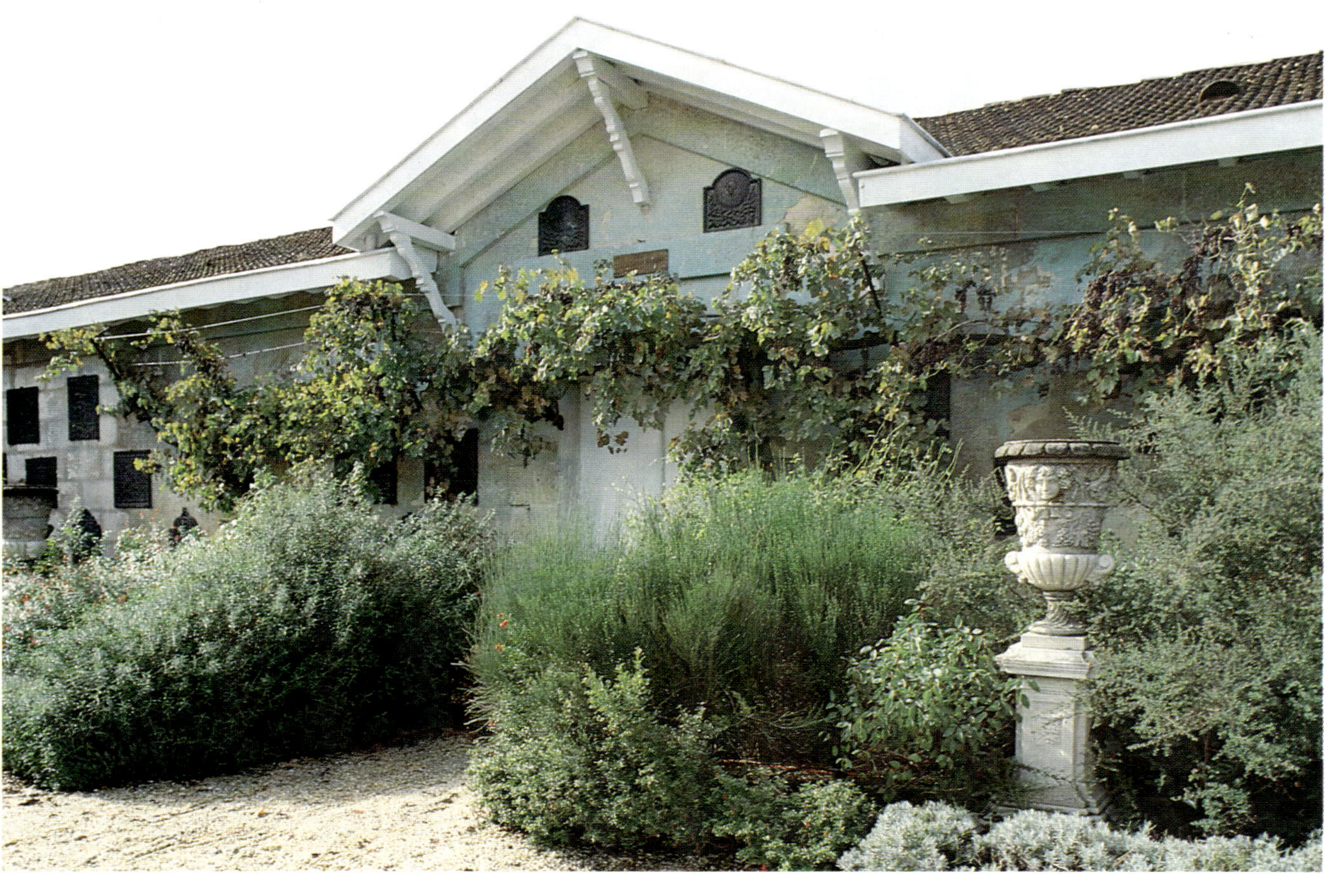

Un pied de merlot vieux de 150 ans serpente sur le mur du cuvier.
Curiosité de l'endroit, deux cents plaques de cheminées sont scellées sur les murs du Prieuré-Lichine
qui fut le premier château ouvert au public.

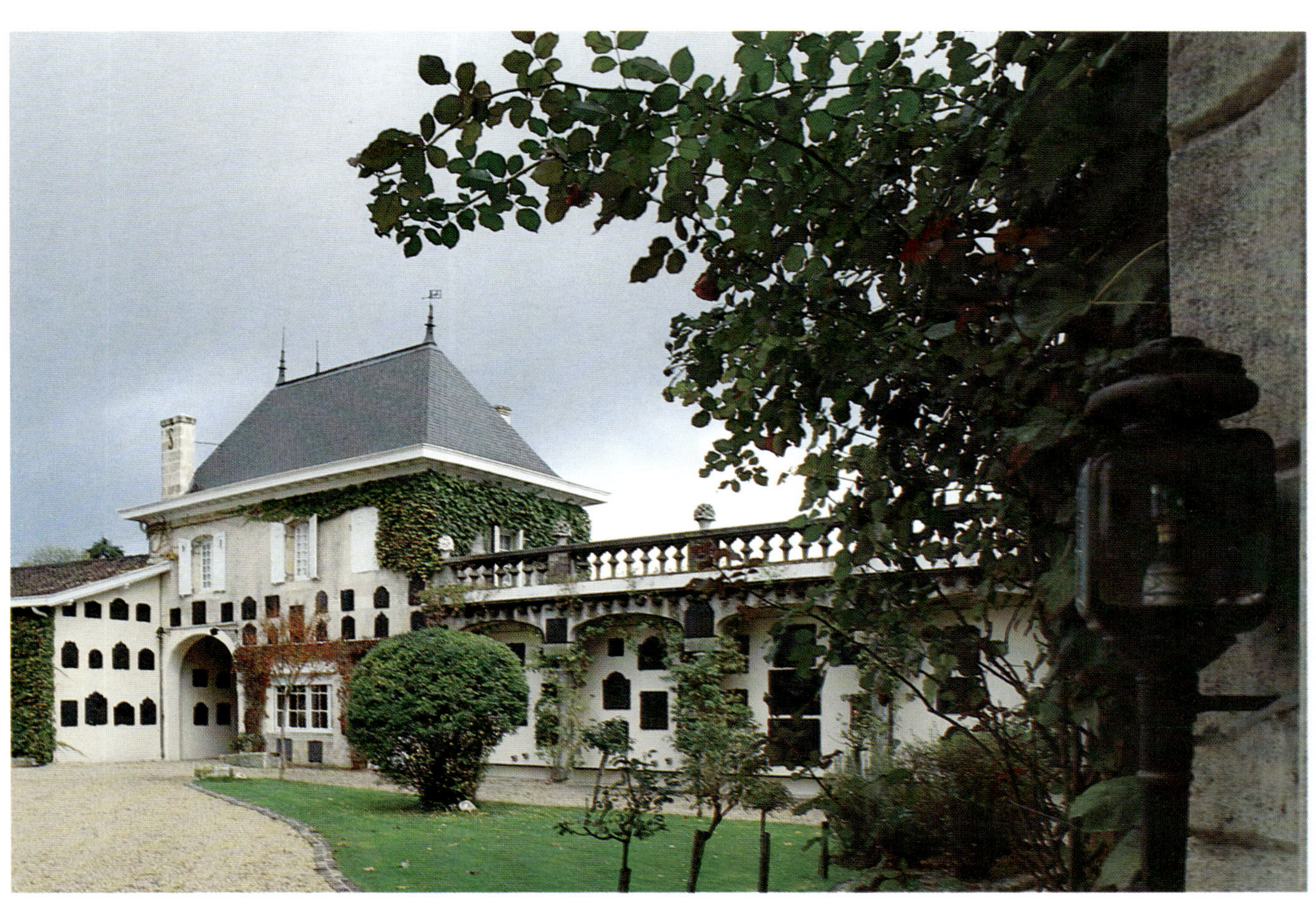

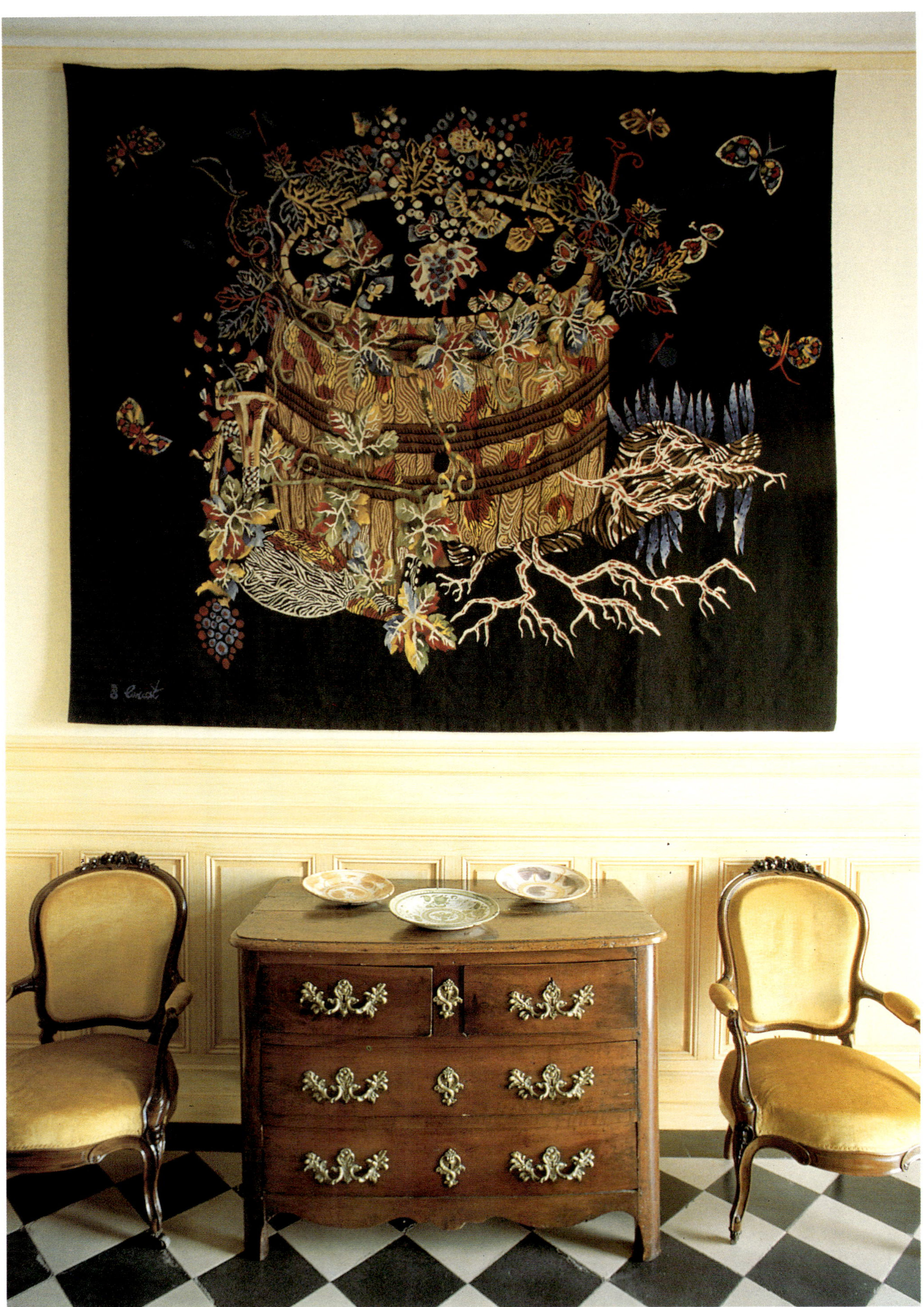

Dans l'entrée, une tapisserie de Lurçat achetée par Alexis Lichine, grand amateur d'art des années 1950.

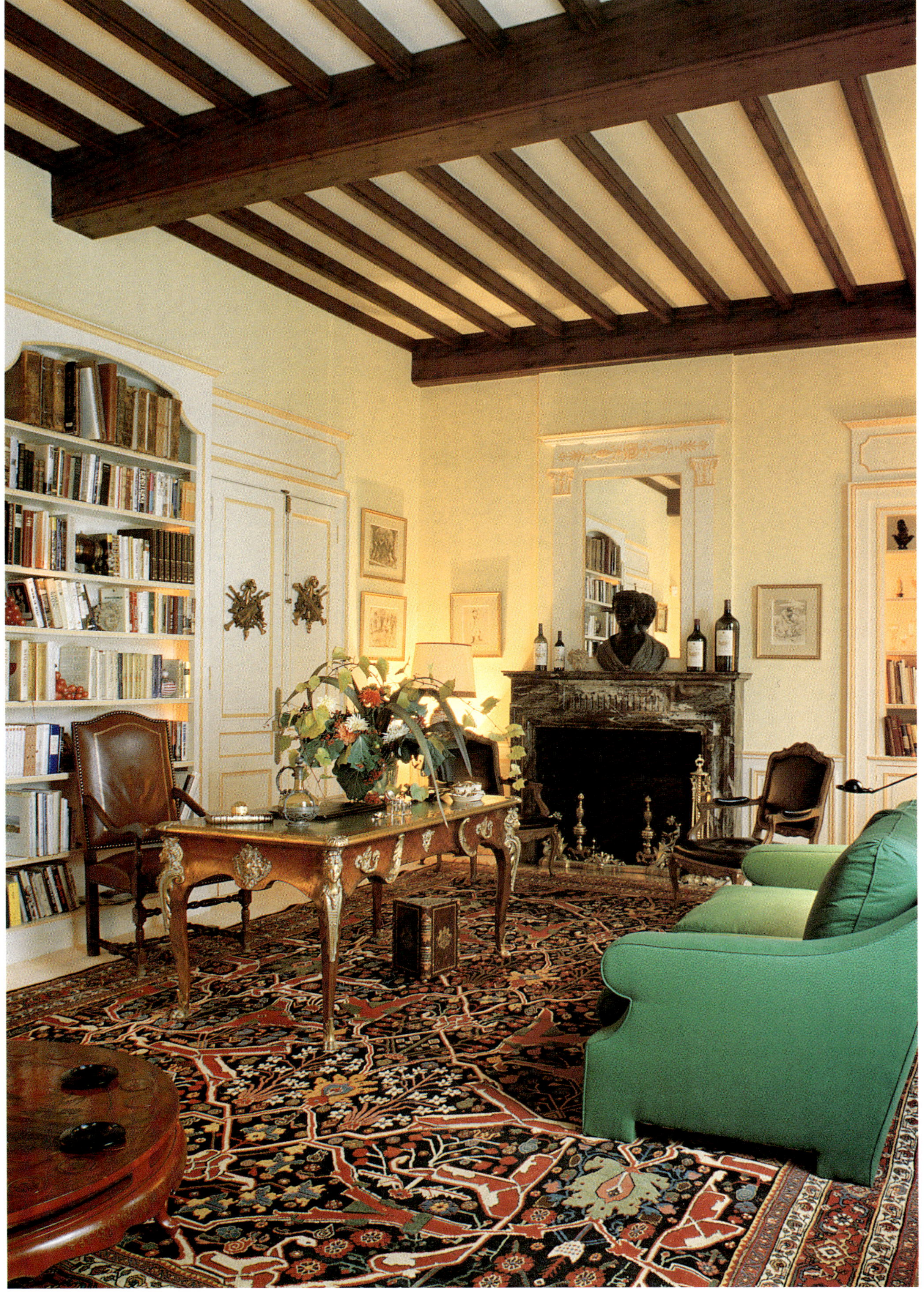

Les œuvres d'Alexis Lichine et leurs traductions constituent le fonds de cette bibliothèque consacrée au vin.

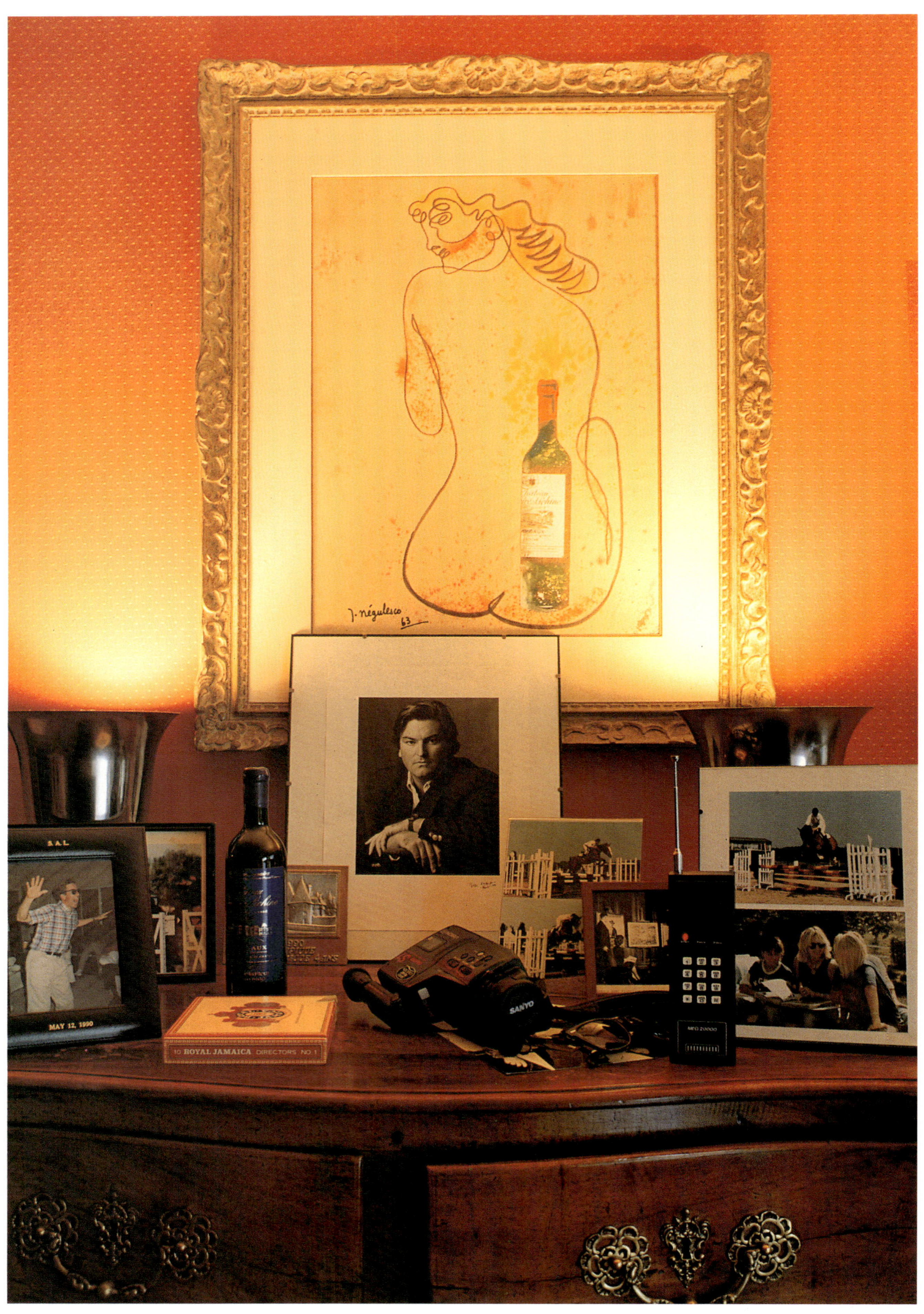

Sous un tableau du metteur en scène Négulesco, les gadgets côtoient les photos d'amis.

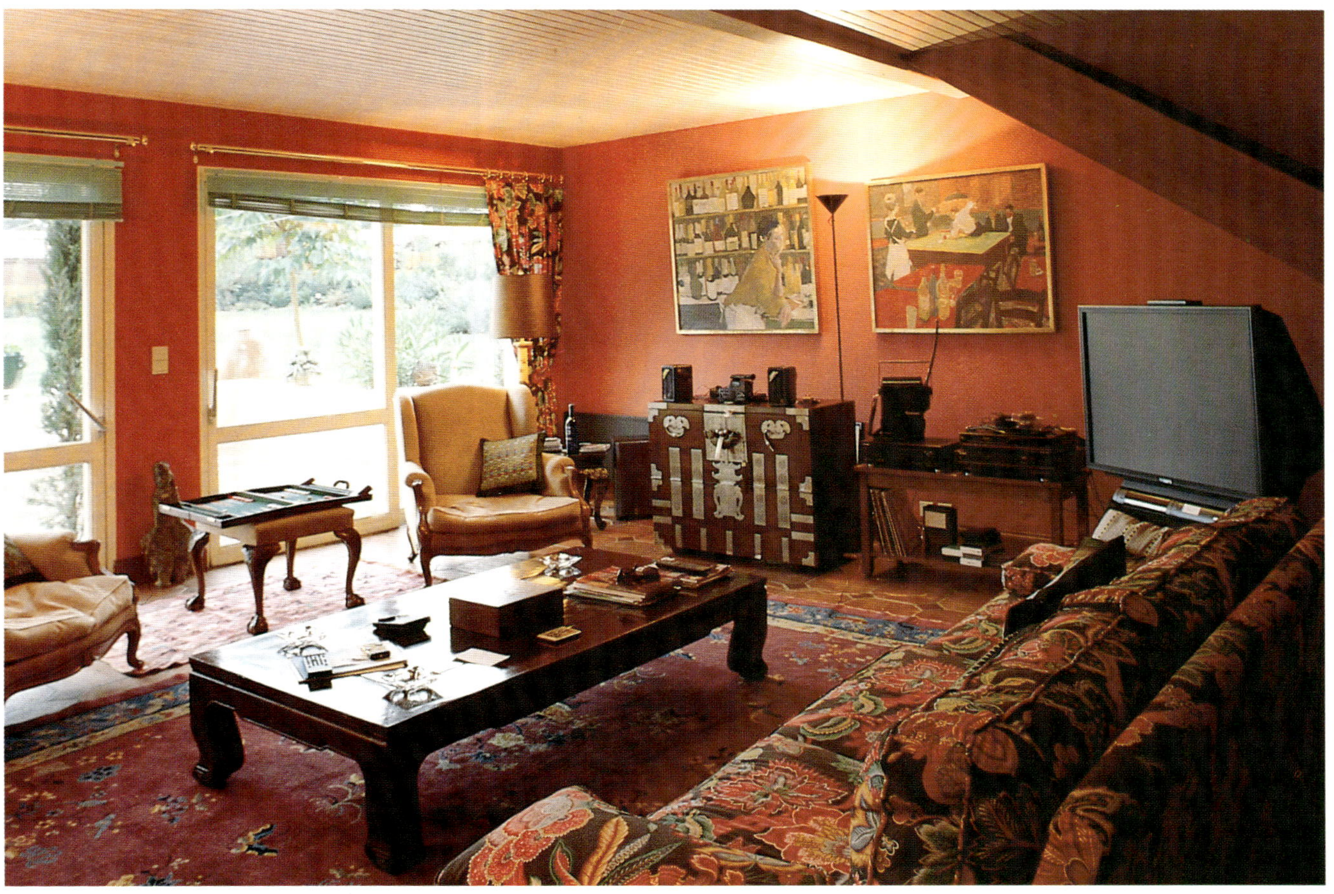

Ce petit salon est le domaine réservé de Sacha qui aime y regarder des films et jouer au backgammon.

La salle à manger est située dans l'ancien réfectoire des moines.
Habituellement destinées à former un tonneau, des douelles ou lattes de chêne recouvrent ici les murs.

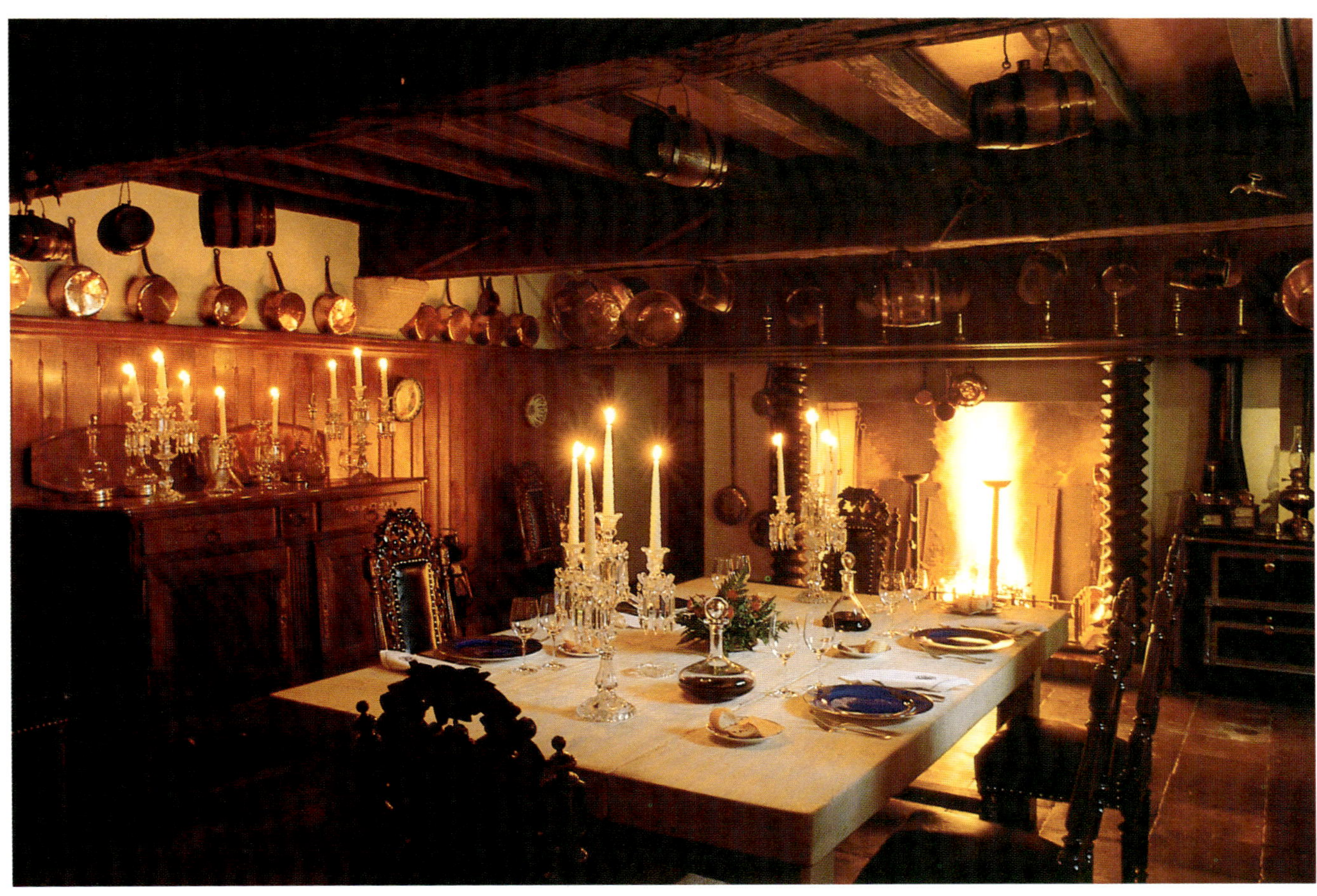

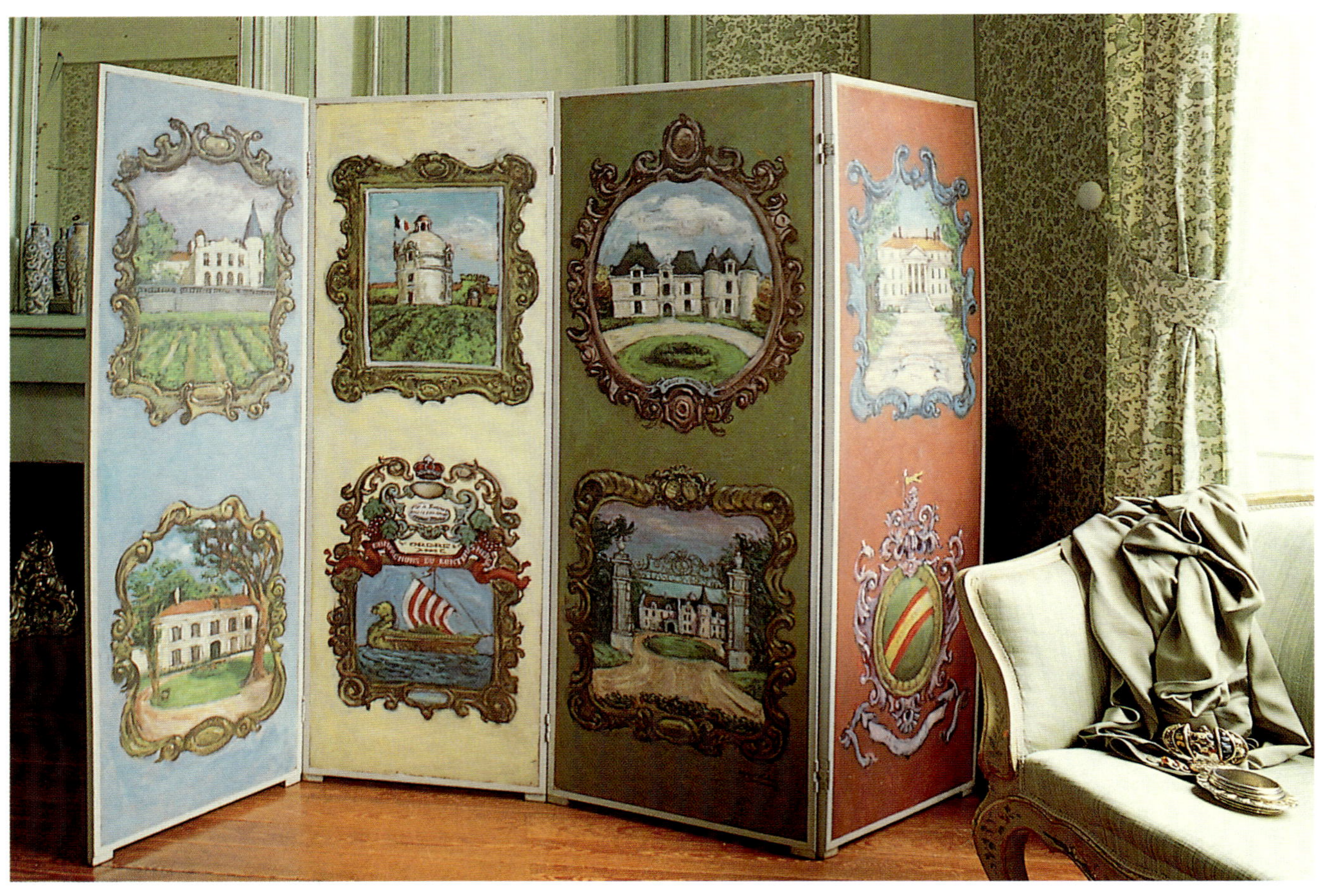

Six châteaux ont été peints sur le paravent d'une chambre d'amis : Lafite, Latour, Haut-Brion, Margaux, Prieuré-Lichine et Lascombes.

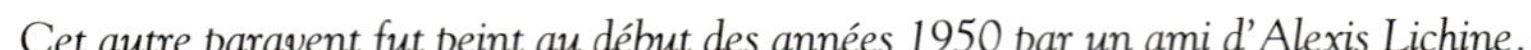

Cet autre paravent fut peint au début des années 1950 par un ami d'Alexis Lichine.

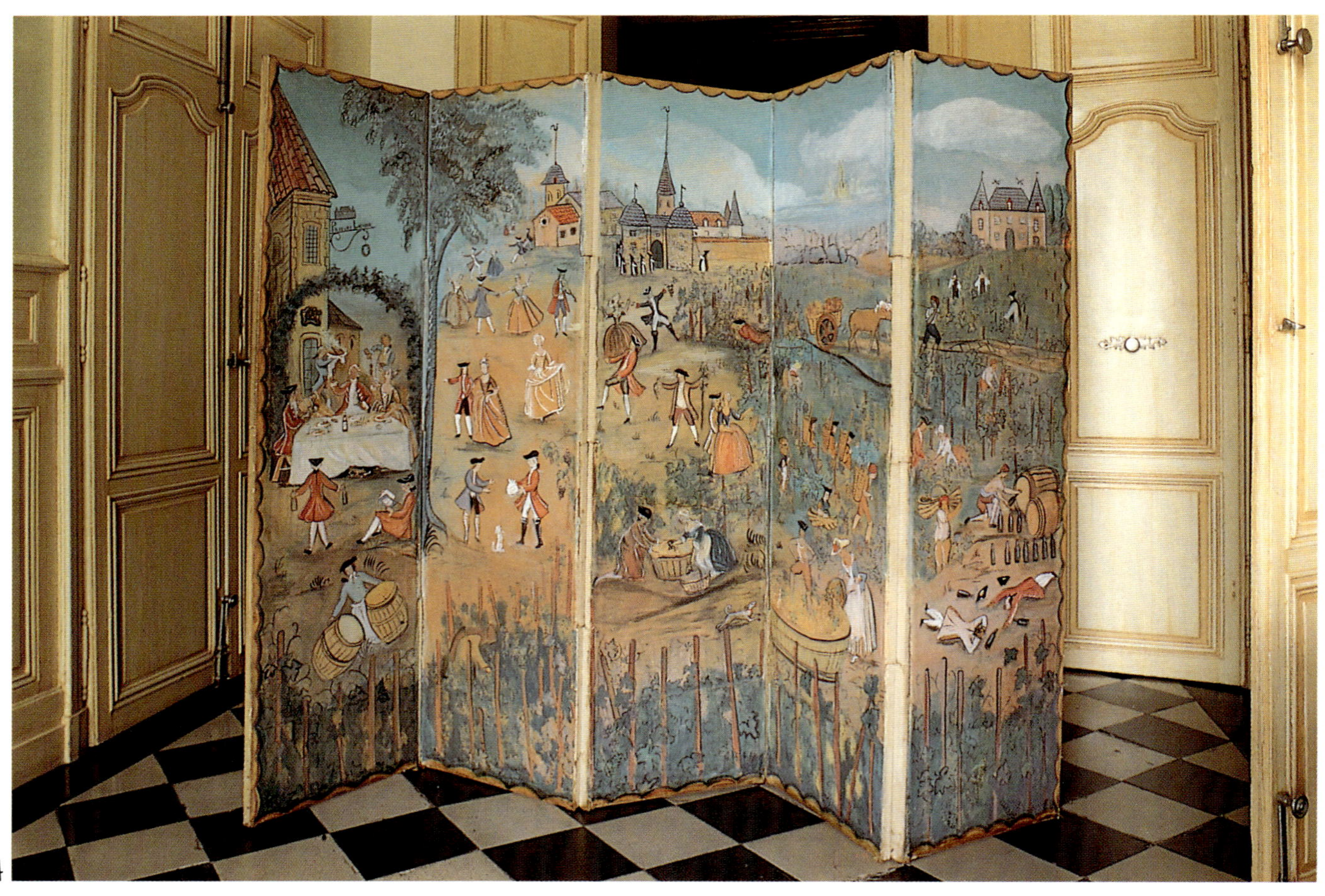

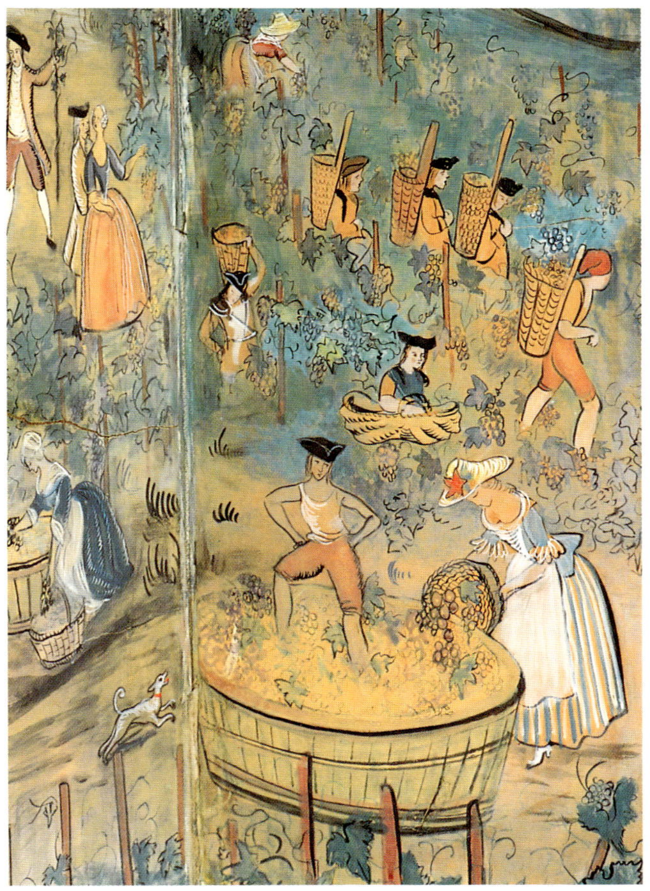

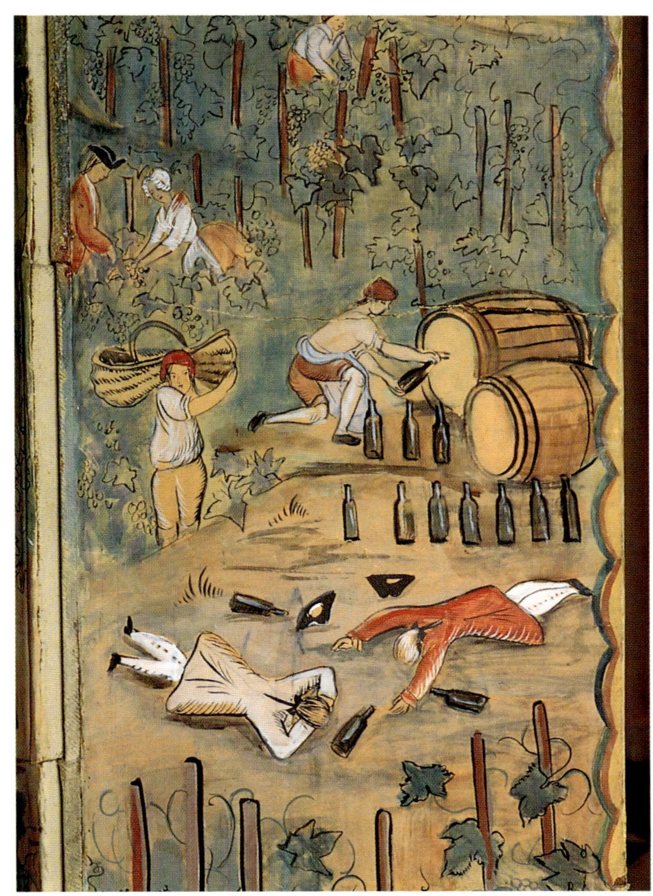

Sur le thème des vendanges, le peintre a « croqué » quelques scènes inspirées de la vie d'Alexis Lichine. On le voit lisant un de ses ouvrages, entouré d'amis et d'actionnaires dont « le roi du ketchup » Jack Heinz, le directeur à l'époque du Waldorf Astoria et le parrain de son fils Sacha.

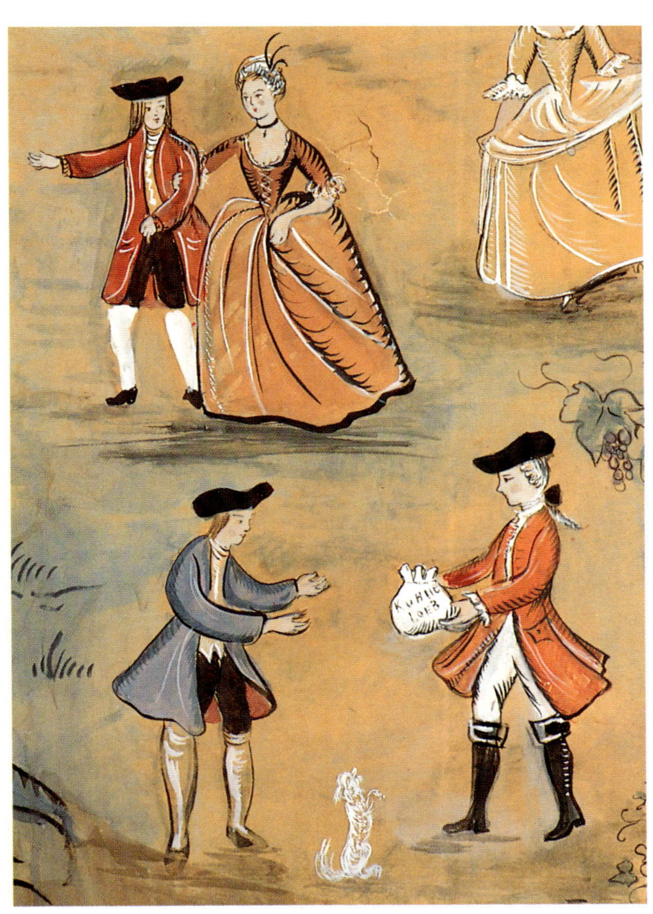

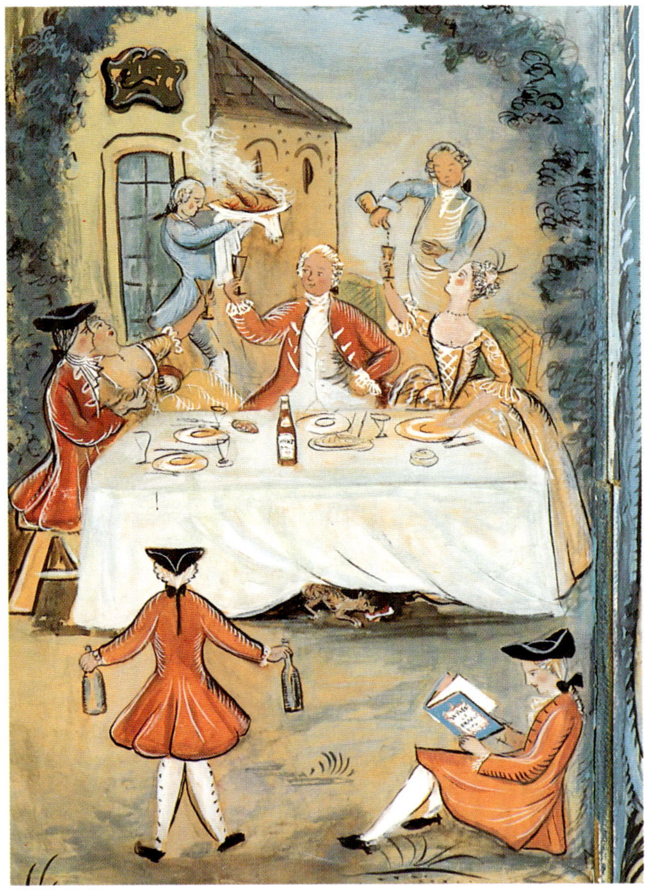

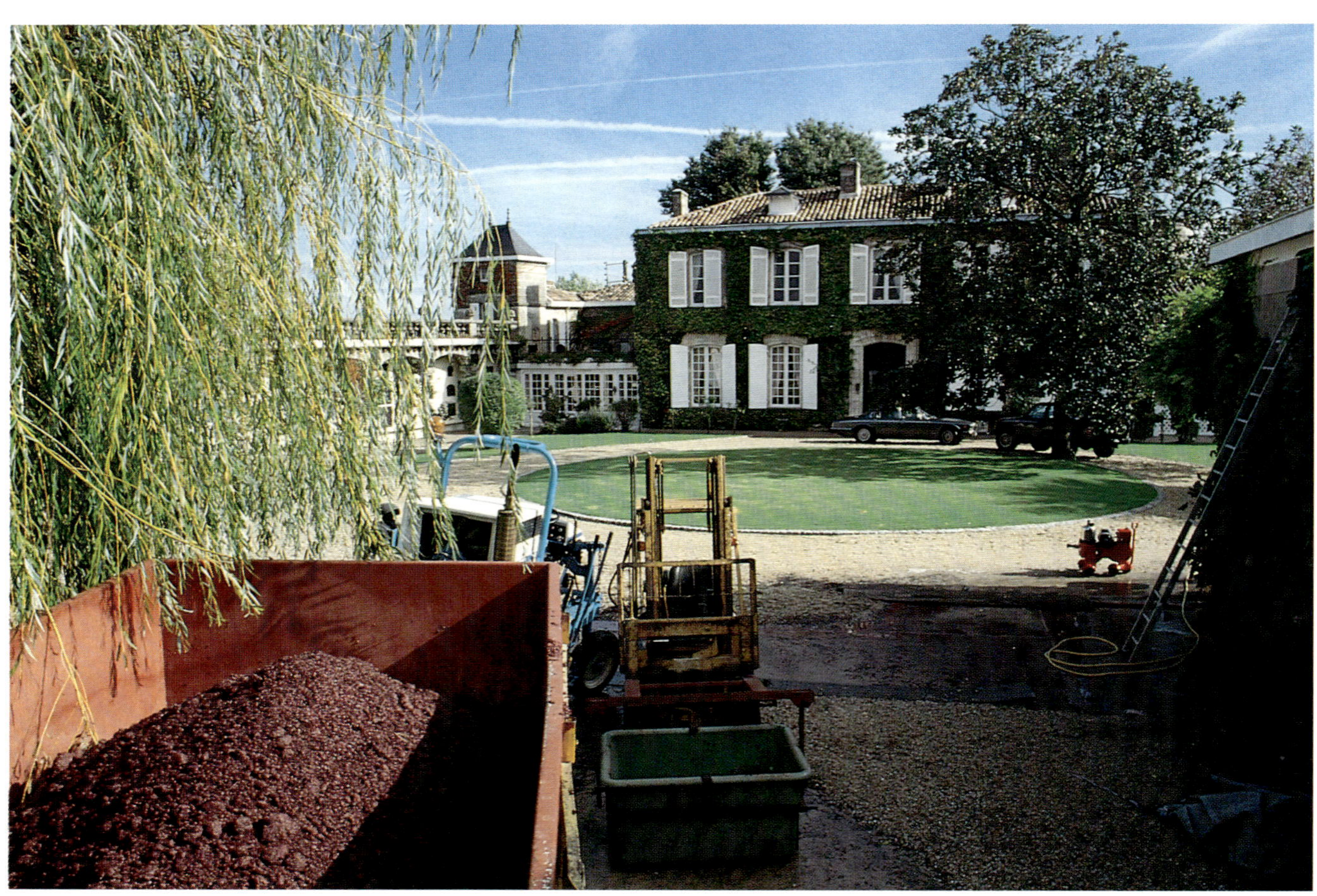

Après la presse, les peaux de raisin sont apportées à la distillerie pour en faire du marc ou de l'alcool industriel.

Page de droite : le sulfate utilisé contre le mildiou bleuit les murs.

Sacha Lichine avec sa femme Caroline.

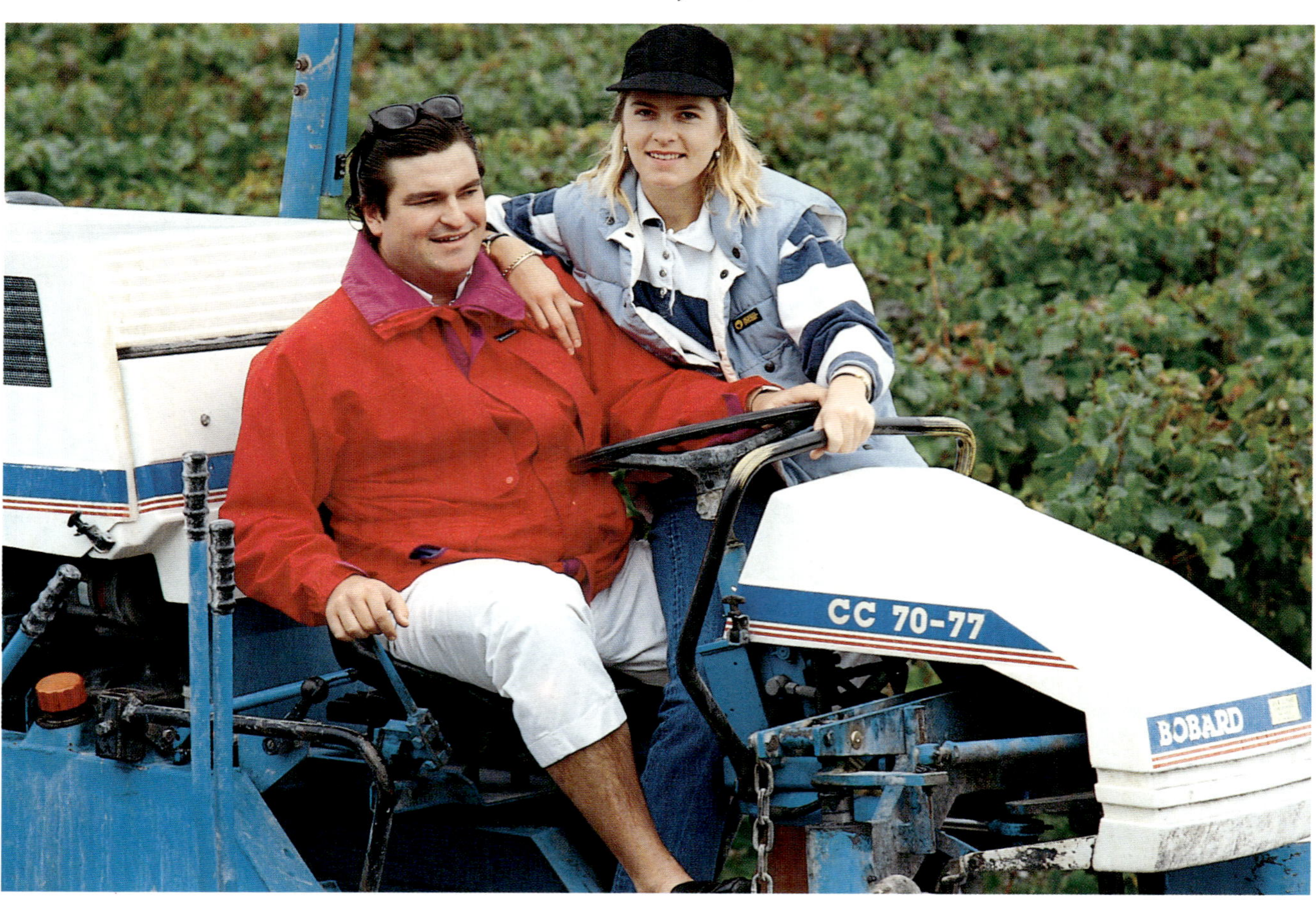

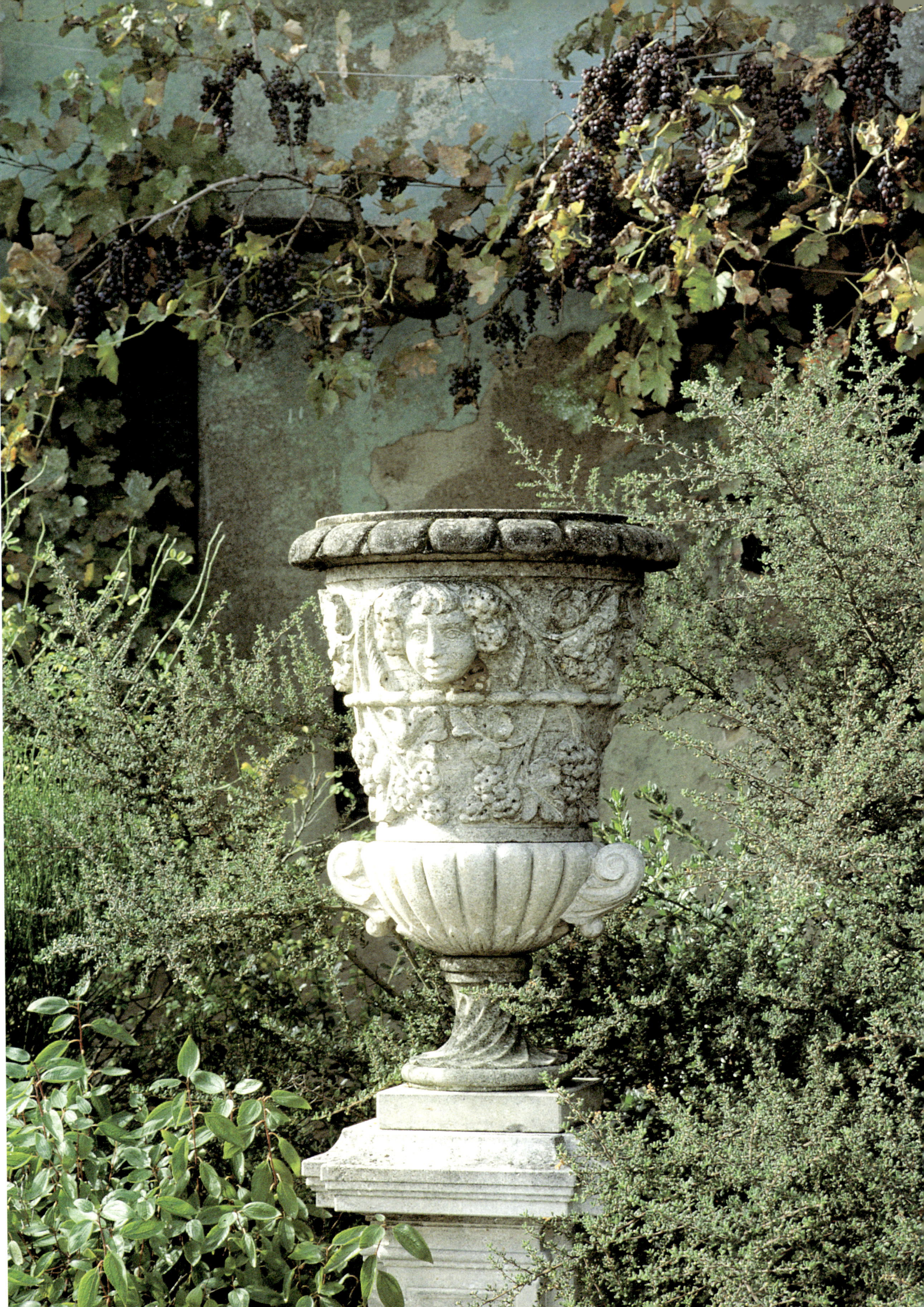

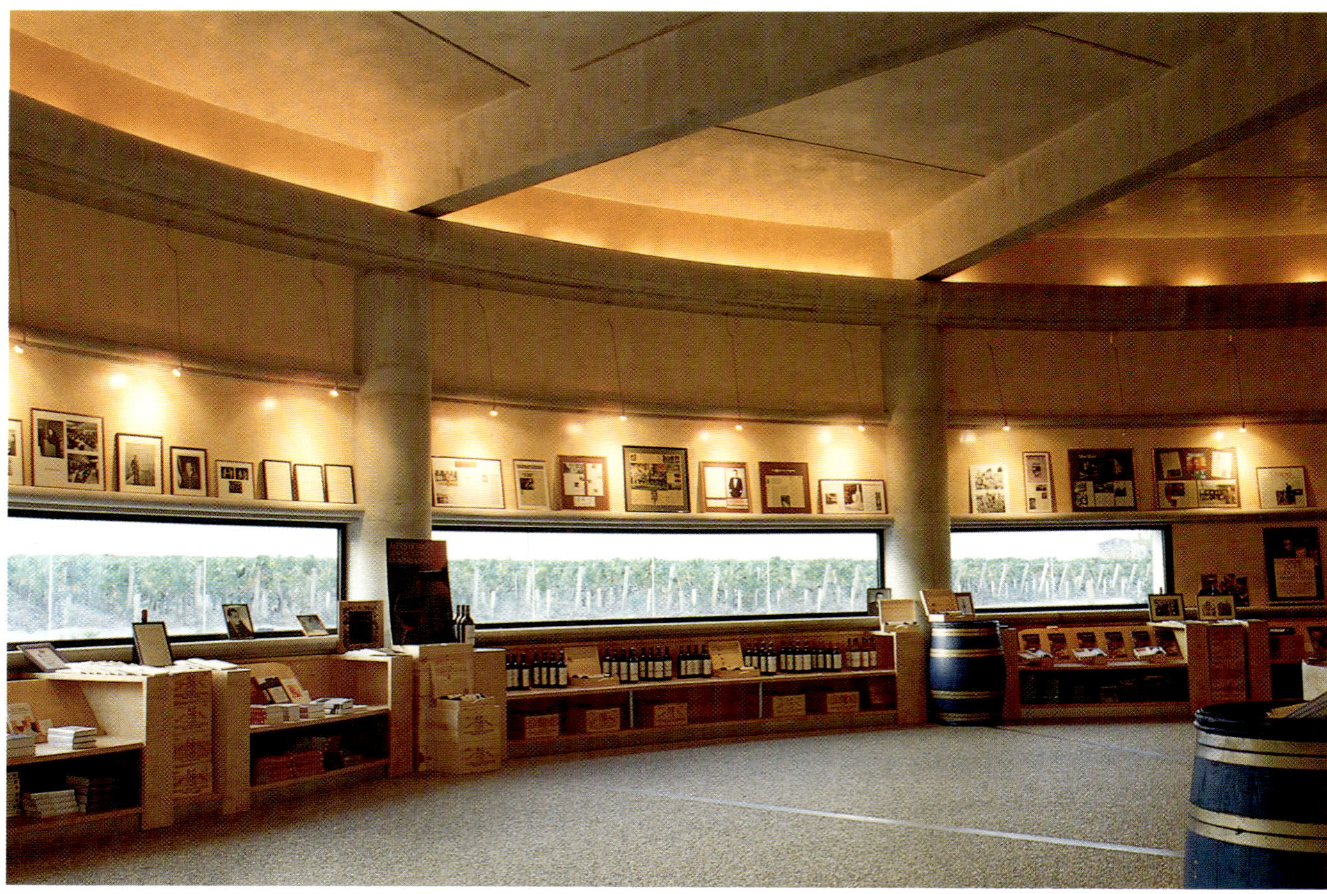

Dans ce bâtiment moderne, une salle est réservée aux visiteurs qui peuvent acheter, outre des bouteilles de Prieuré-Lichine, des livres sur le vin, des tee-shirts, des briquets, de la vaisselle... frappés du sigle du château.

Lors de l'assemblage, entre janvier et mars, le propriétaire, le maître de chai et l'œnologue goûtent le vin de chaque cuve. Après sélection des meilleures cuves, on associe les différents cépages pour faire « le grand vin ».

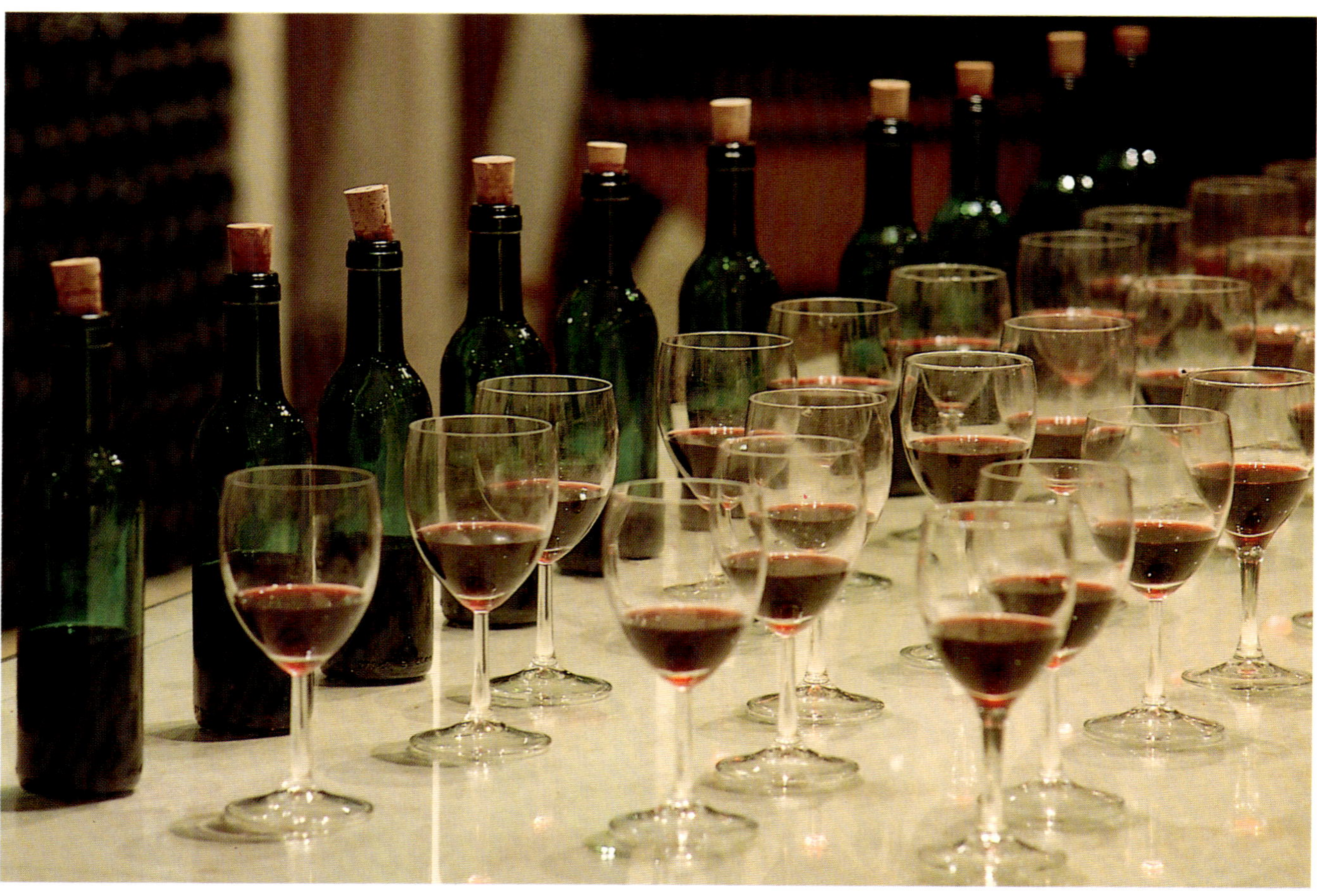

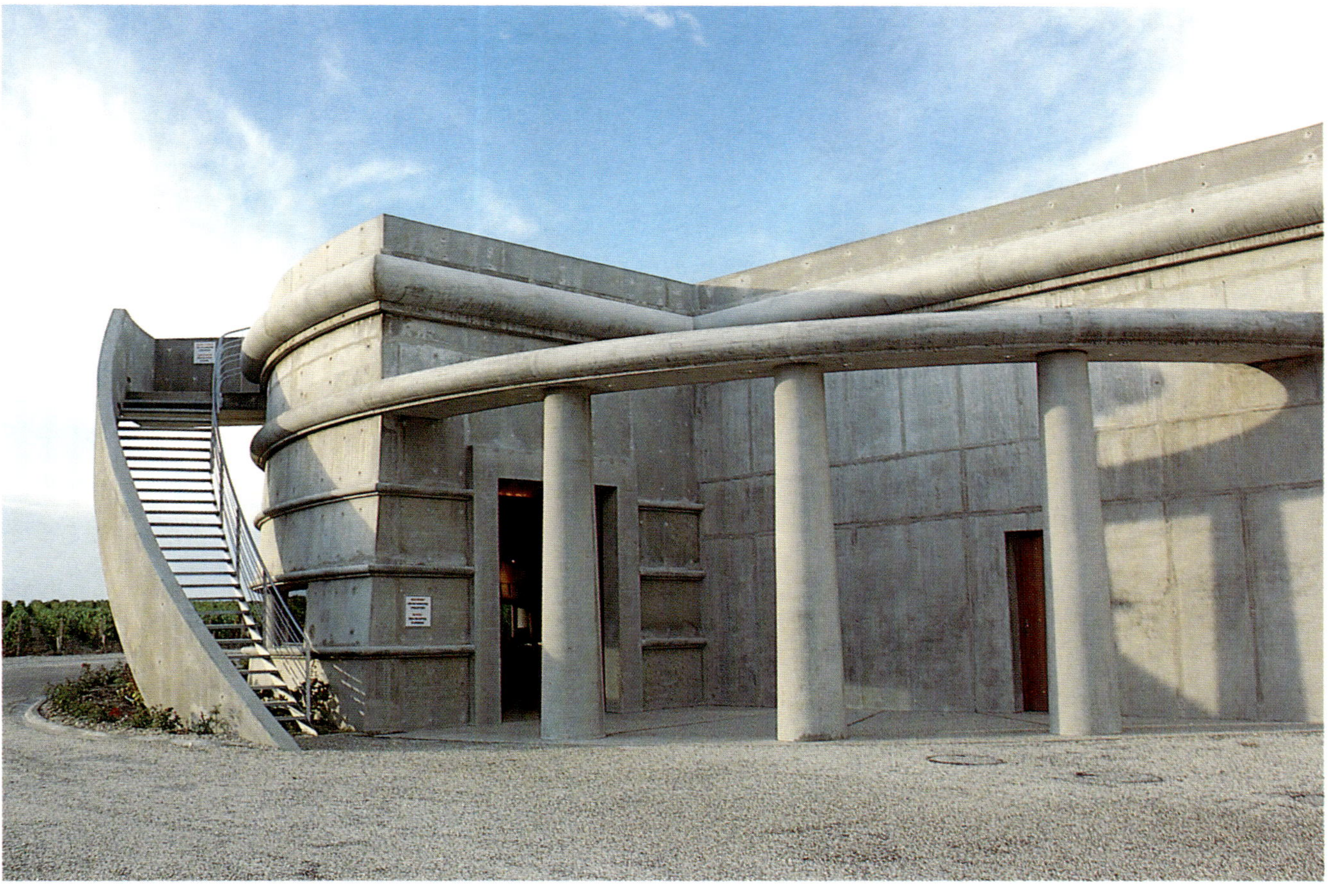

Le XIXe siècle fut le siècle des châteaux, le XXe siècle sera celui des temples dédiés au vin. Ce bâtiment circulaire ainsi que de nouveaux chais ont été conçus par l'architecte Philippe Mazières et inaugurés en 1990.

« Pour aller à Bordeaux, les Martin avaient le choix entre le cheval avec la femme en croupe ou la charrette à bœufs des rois fainéants. » François Mauriac.

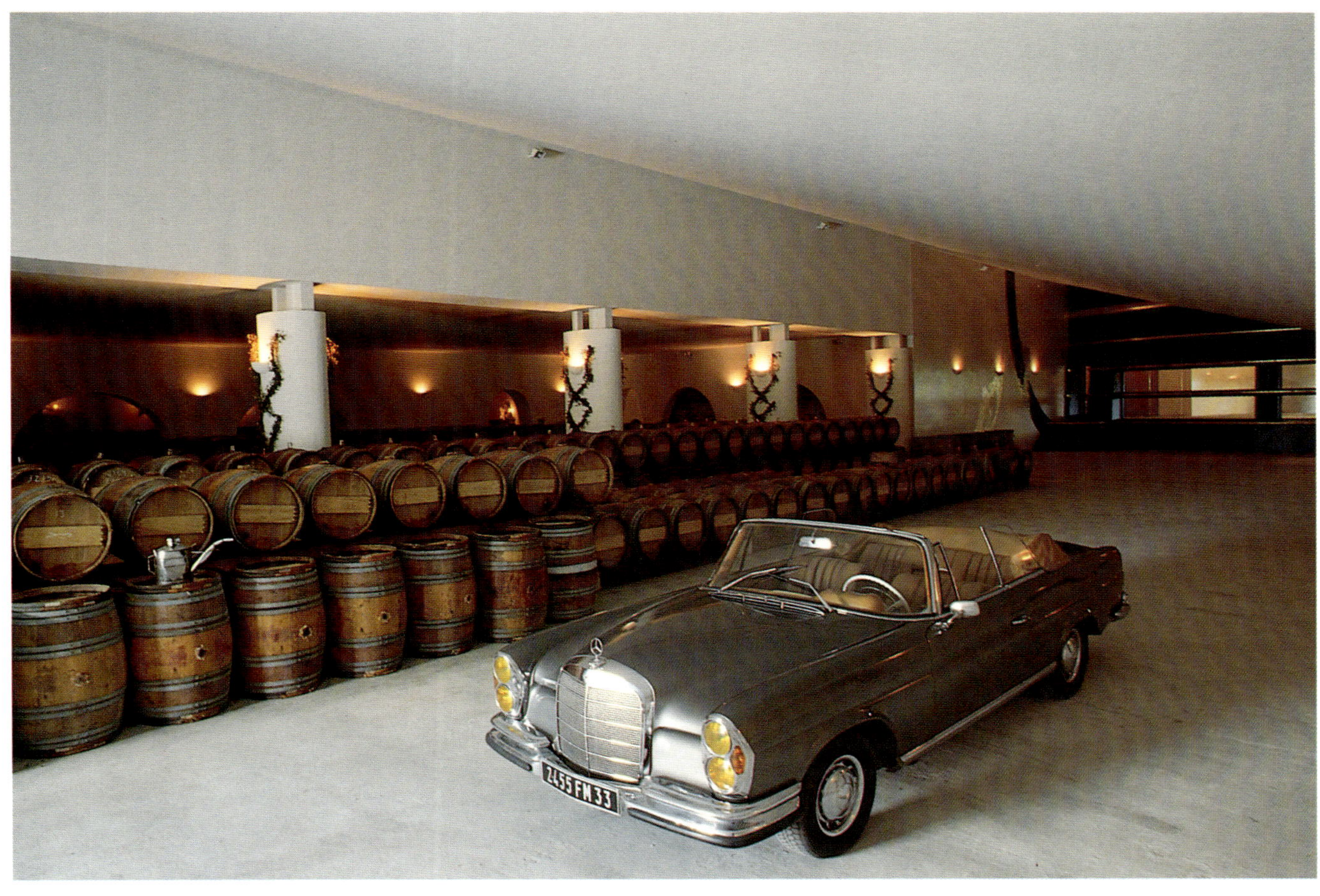

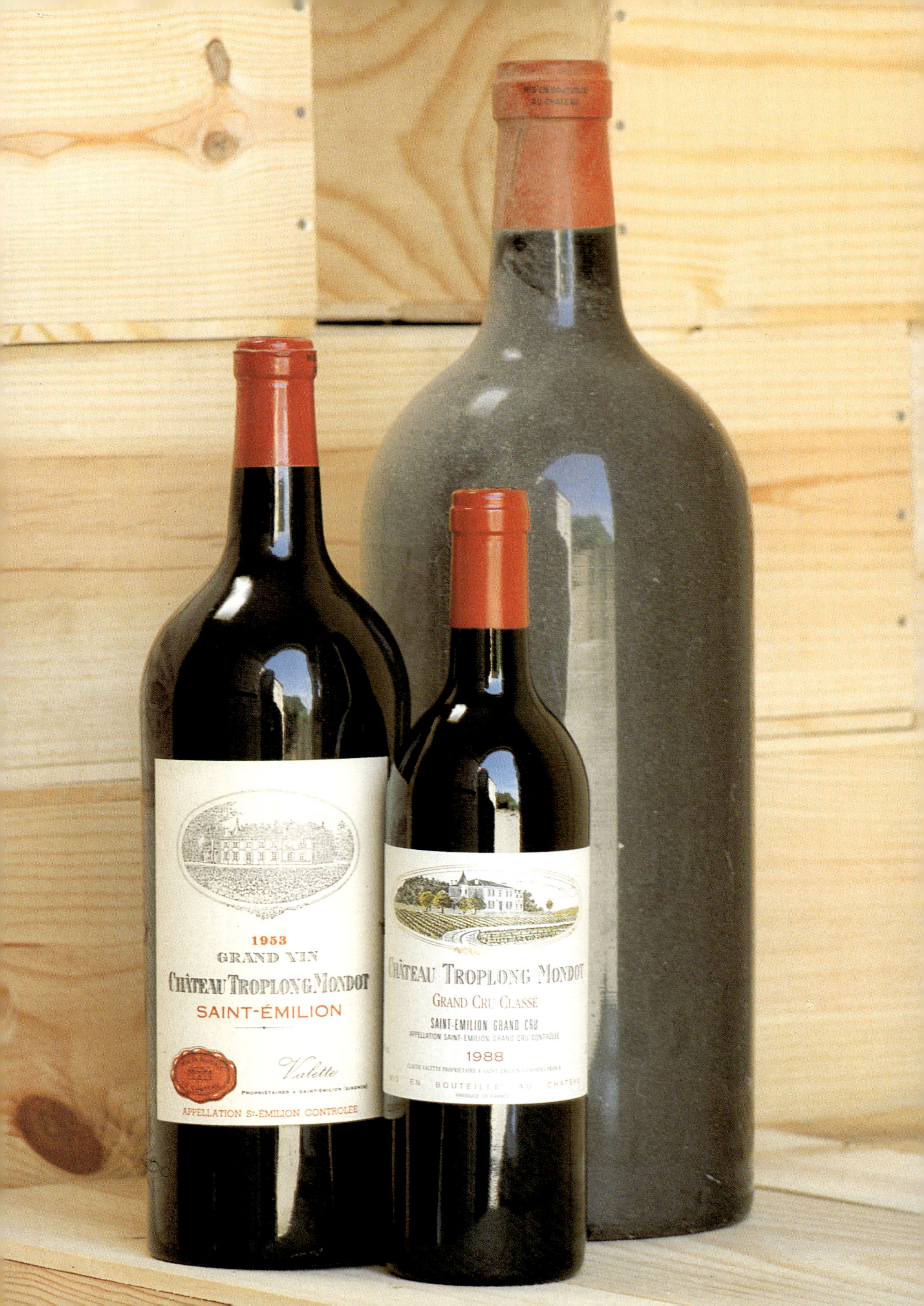

1953
GRAND VIN
CHÂTEAU TROPLONG MONDOT
SAINT-ÉMILION
Valette
APPELLATION St-ÉMILION CONTROLÉE
CHÂTEAU TROPLONG MONDOT
GRAND CRU CLASSÉ
SAINT-EMILION GRAND CRU
APPELLATION SAINT-EMILION GRAND CRU CONTROLÉE
1988
MIS EN BOUTEILLE AU CHATEAU

TROPLONG-MONDOT

Saint-Émilion. Grand Cru classé
Madame Christine Valette

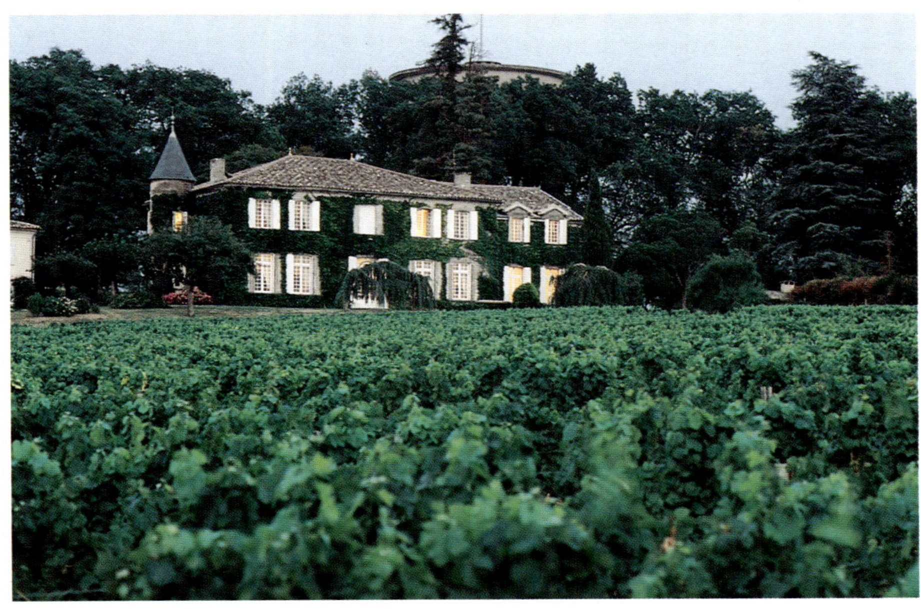

Ce sont les passions
et non les intérêts
qui mènent le monde.
Alain

Elle aurait pu séduire Barrès cette colline qui prit le nom d'un moine anachorète, venu de Bretagne par la côte pour s'y retirer dans une grotte au VIIIe siècle. Si, pour mieux prier Dieu, il faut l'admirer dans ses œuvres ou, pour résister aux tentations, s'y exposer en permanence, ce contemplatif savait choisir. Le site et son panorama étaient superbes, les plaisirs des fruits de la vigne généreux.

Depuis sept siècles, le lieu possède une solide tradition viticole. La paix d'Auguste a favorisé le développement du vignoble qui va s'étendre de la Méditerranée à l'Océan. Cette extension oblige à rechercher des cépages nouveaux adaptés au climat et au sol des graves. C'est ainsi que les anciens Gaulois d'Aquitaine, les Bituriges Vivisques mettent au point le *biturica*. Columelle, célèbre botaniste de l'époque, écrit qu'il « supporte bravement les tempêtes et les pluies et rend en quantité un vin qui se garde longtemps et qui se bonifie au bout de quelques années. » Au IVe siècle, le poète Ausone qui habite, à l'emplacement actuel de Château Ausone, la villa Lucanius, avec « deux cents arpents de terre labourable, cent de vignobles... », chante en vers aimables la colline et ses produits.

Murs d'ocre clair, toits brun rouge, ruelles étroites et pentues fleurant bon le macaron, cachant sous leurs pavés une cathédrale monolithe et des caves où mûrit lentement le vin, la ville est à l'étroit. Réfugiée derrière ses remparts, elle ne redoute plus que les assauts de la vigne dont, de toute sa hauteur, elle surveille les richesses : 72 grands Crus dont 12 premiers grands Crus.

Au milieu du vignoble qui strie le paysage, une citerne surélevée émerge des futaies qui l'entourent. Baptisée pompeusement *château d'eau* par les gens du pays, elle signale de loin l'un de ses fleurons, Troplong-Mondot, propriété de madame Christine Valette.

La demeure est attachante, empreinte de la séduction discrète des derniers beaux jours de l'Ancien Régime. Bâtie en 1745 par l'abbé de Sèze, elle *fleure* son gentilhomme aux champs. De ligne sobre, construite sur deux niveaux, recouverte de vigne vierge, elle donne d'un côté sur une pelouse plantée d'arbustes et de l'autre sur un muret qui la sépare du vignoble accroché au côteau calcaire. Un autre bâtiment regroupe les bureaux, le cuvier entièrement rénové et les chais. Un aménagement plutôt rare dans ce terroir où les chais sont souvent creusés dans la roche.

En 1851, le domaine de Sèze a bien décliné quand il est acquis par Théodore Troplong, pair de France depuis 1846 et futur président du Sénat. Ce juriste progressiste, auteur de nombreux traités de droit – certains sont pieusement conservés dans la bibliothèque – est aussi l'ami d'artistes et d'écrivains : Théophile Gautier est souvent son hôte. Ne reculant devant aucun sacrifice d'argent, Théodore Troplong remet son vignoble en état par un choix de cépages fins et des soins aussi *intelligents qu'assidus*. Par l'achat de la partie supérieure de l'ancien côteau Mondot, il l'agrandit et lui donne sa superficie actuelle, 30 hectares.

À la fin du siècle dernier, il est aux mains de son neveu qui sera obligé de le céder à une famille d'origine belge, les Thienpont. C'est à ces derniers qu'Alexandre Valette le rachète en 1936. Cet auvergnat, négociant en vins à Saint-Ouen et propriétaire de plusieurs brasseries parisiennes, réalise là son premier investissement dans le Saint-Émilionais. En 1943, il reprend Château Pavie, un premier grand Cru et Château Clusière en 1953.

Depuis 1981, sa petite-fille Christine règne sur le domaine. Elle n'a pas hésité à changer radicalement de vie, abandonner son métier de journaliste et quitter Paris pour maintenir dans la famille ce domaine que son père voulait vendre. Elle n'a que vingt-trois ans et sa *connaissance du terrain* se limite à de radieux souvenirs de vacances d'été. « Ô pôvre, une femme ! » Personne ne l'attend et personne ne la ménage dans ce milieu où le vin est considéré comme une affaire d'hommes. Pour conquérir son territoire, elle apprend, initiée à la vigne et au vin par cet œnologue réputé dont elle prononce le nom avec fierté et ferveur, monsieur Rolland. Elle *apprivoise* son domaine et s'impose à son monde par son courage, sa fermeté douce, souriante mais sans faille.

Elle ne regrette pas le coup de tête qui l'a conduite à Troplong comme elle ne retire aucune gloire de sa réussite, simplement une juste fierté. Il en est de même pour la décoration de sa maison qui lui ressemble tant. Un lieu de calme et de beauté où la tradition et la modernité, l'audace et la discrétion s'harmonisent avec simplicité dans un climat de chaleureuse sérénité. Pour ce faire, elle a composé avec les modes et les couleurs autour de la lumière qui s'impose dès l'entrée, présente et caressante, sur les patines des murs comme sur les carreaux de Gironde bien cirés et pleins de reflets d'agate éclatée.

Quant à son père, Claude Valette, il a cessé toute activité viticole. Il s'est installé, un peu à l'écart, sur la propriété et s'adonne à la peinture en écoutant ses airs de jazz favoris.

En septembre, avec le retour des vendanges, Troplong-Mondot vit une période de forte exaltation. C'est un des derniers châteaux où l'on n'engage que des saisonniers gitans pour la récolte. Ils sont une soixantaine à revenir d'une année sur l'autre pour le dernier acte de longs mois de travail, de soins et d'incertitudes. Pendant quelques jours, ils transforment leur tâche harassante en une fête, un spectacle, repris chaque matin dans la joyeuse liberté d'une improvisation perpétuelle. Les femmes qui s'avancent dans les règes en balançant des hanches, un ou deux enfants accrochés à leurs gueyes, donnent l'impression d'interpréter un ballet. Précis, parfaits, rituels, leurs gestes sont ceux d'une chorégraphie mille fois répétée. Un genou plié devant le pied de vigne, la grappe est sectionnée avec soin puis contemplée, bras tendus, comme un lourd présent du soleil.

Les hommes recueillent ces grappes dans leur hotte. Raidis pour ne pas plier sous son poids, ils vont jusqu'au chemin de sable qui traverse les vignes verser leur hottée dans un tombereau de bois remorqué par un tracteur. Là, d'autres femmes ôtent avec attention les feuilles et les impuretés qui risqueraient d'acidifier le vin futur.

C'est autour de cette remorque que l'on se regroupe pour les pauses, moments de haute tension verbale. Les brocards, invectives et autres propos lestes qui s'échangent, feraient rougir un tavernier. Tous les Rocky, Rambo, Tarzan, héros de la mythologie télévisée, perdent de leur superbe sous le flot d'agaceries plus ou moins gaillardes. Puis le travail reprend jusqu'au soir où commence une autre fête autour d'un brasero sous la citerne devenue chapiteau.

Une belle veillée où l'on ne boit qu'à la régalade, où l'on chante à en perdre la voix, où l'on danse des séguedilles fortement mâtinées de rock and roll sur des accords de guitare et au rythme de claquements des mains. Souvent Christine Valette aime venir se mêler au spectacle et flairer le fumet des marmites. Depuis longtemps, elle a renoncé à nourrir des vendangeurs appartenant à deux communautés différentes implantées dans la région. Trouver un menu qui pût satisfaire tout le monde, posait des problèmes insolubles. Elle connaît aussi l'influence de la cuisine sur les destinées de Troplong-Mondot. Le *neveu* nourrissait tellement mal ses vendangeurs qu'un jour, ceux-ci firent irruption dans la maison pour jeter leur platée sur les tapis. Jadis les vendanges « correspondaient souvent à un moment privilégié de l'éclatement des revendications contre les redevances seigneuriales ».

Au loin, sur la colline, les lumières des projecteurs ont remplacé les lueurs roses puis violines du couchant qui semblaient tomber en cascade sur les remparts. Ultimes feux d'un merveilleux voyage.

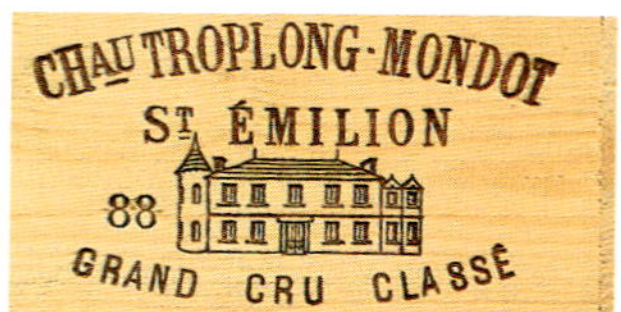

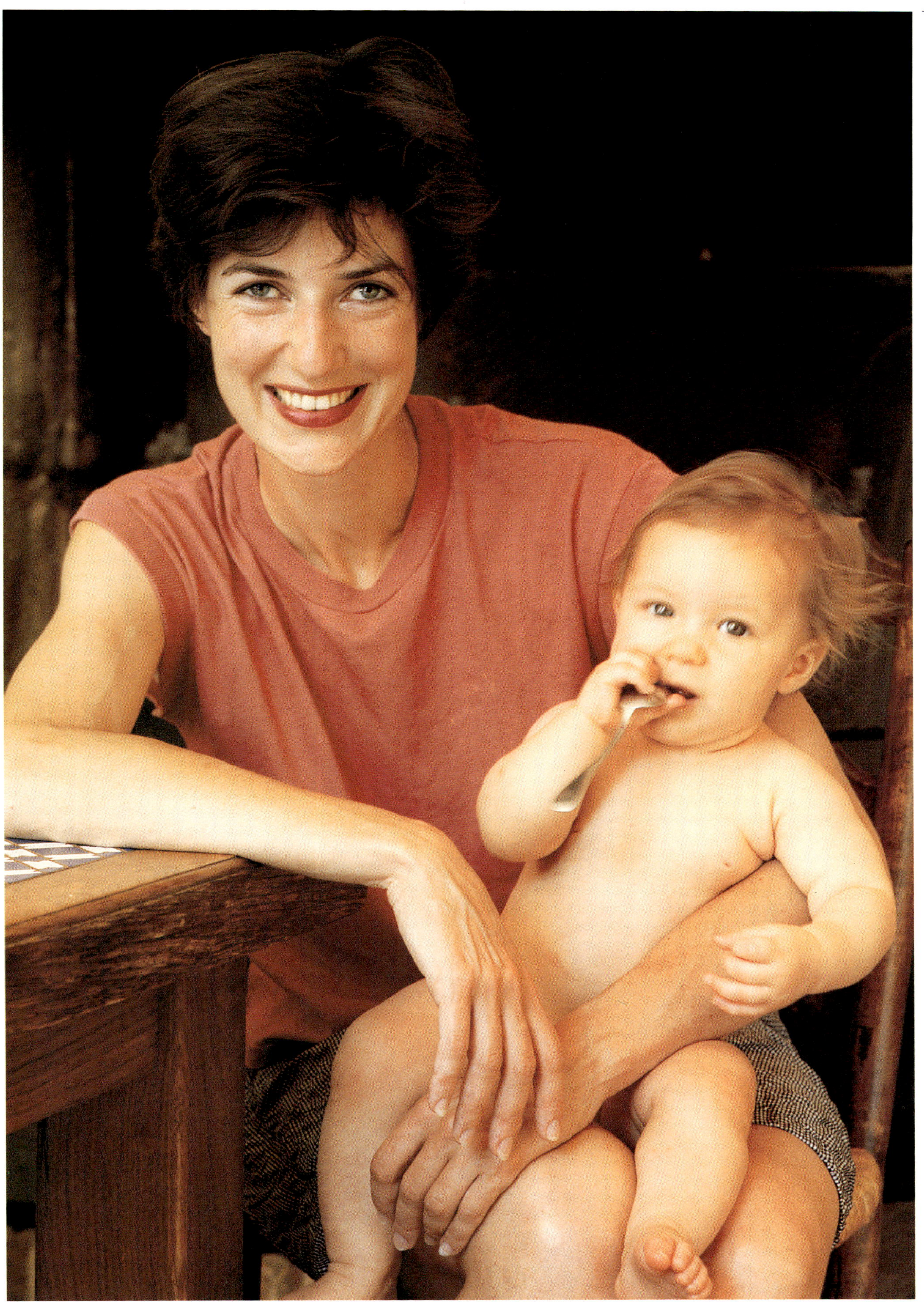

Christine Valette et sa deuxième fille Judith.

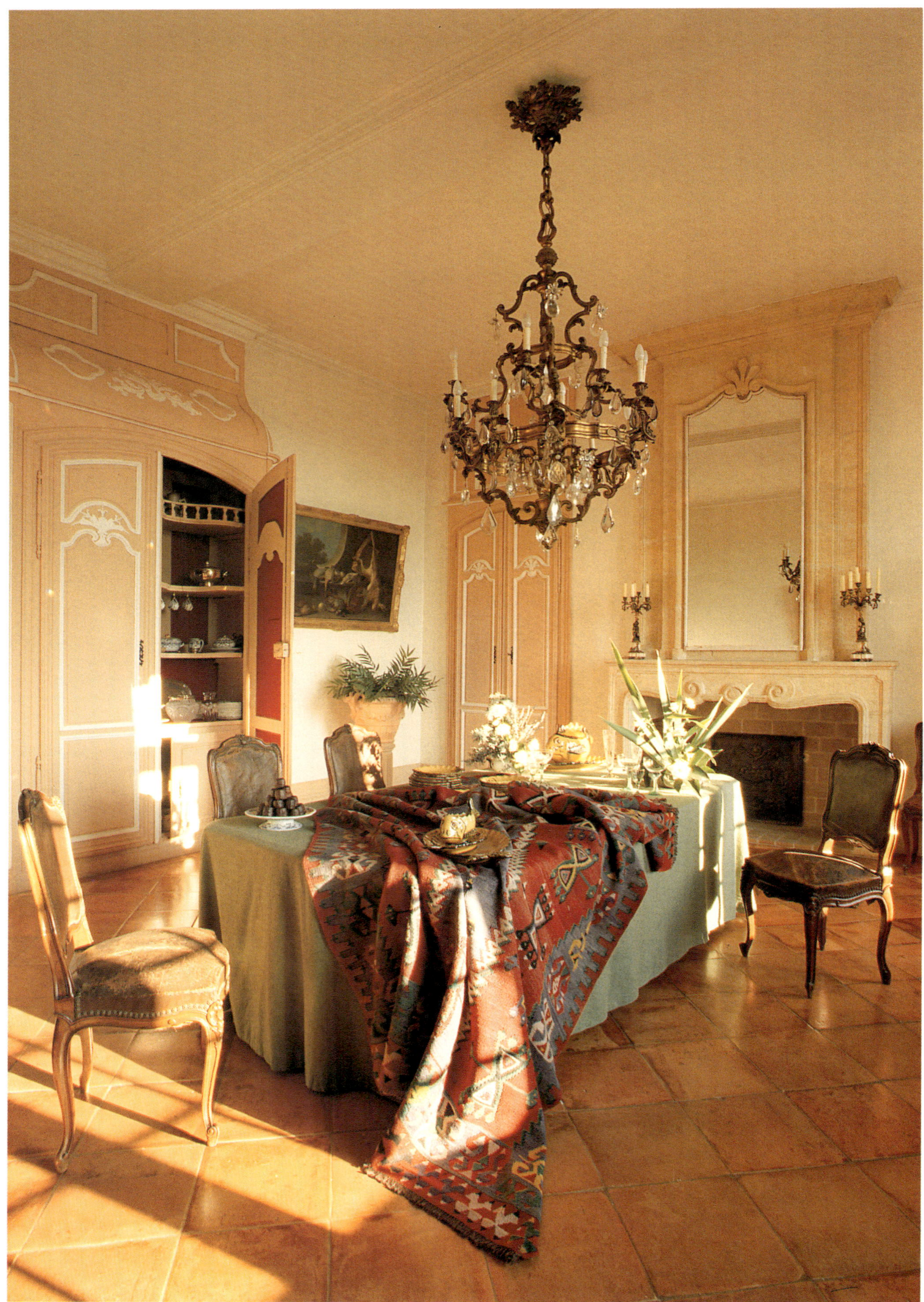

La maîtresse de maison a souhaité garder au rez-de-chaussée les anciens carreaux de Gironde.

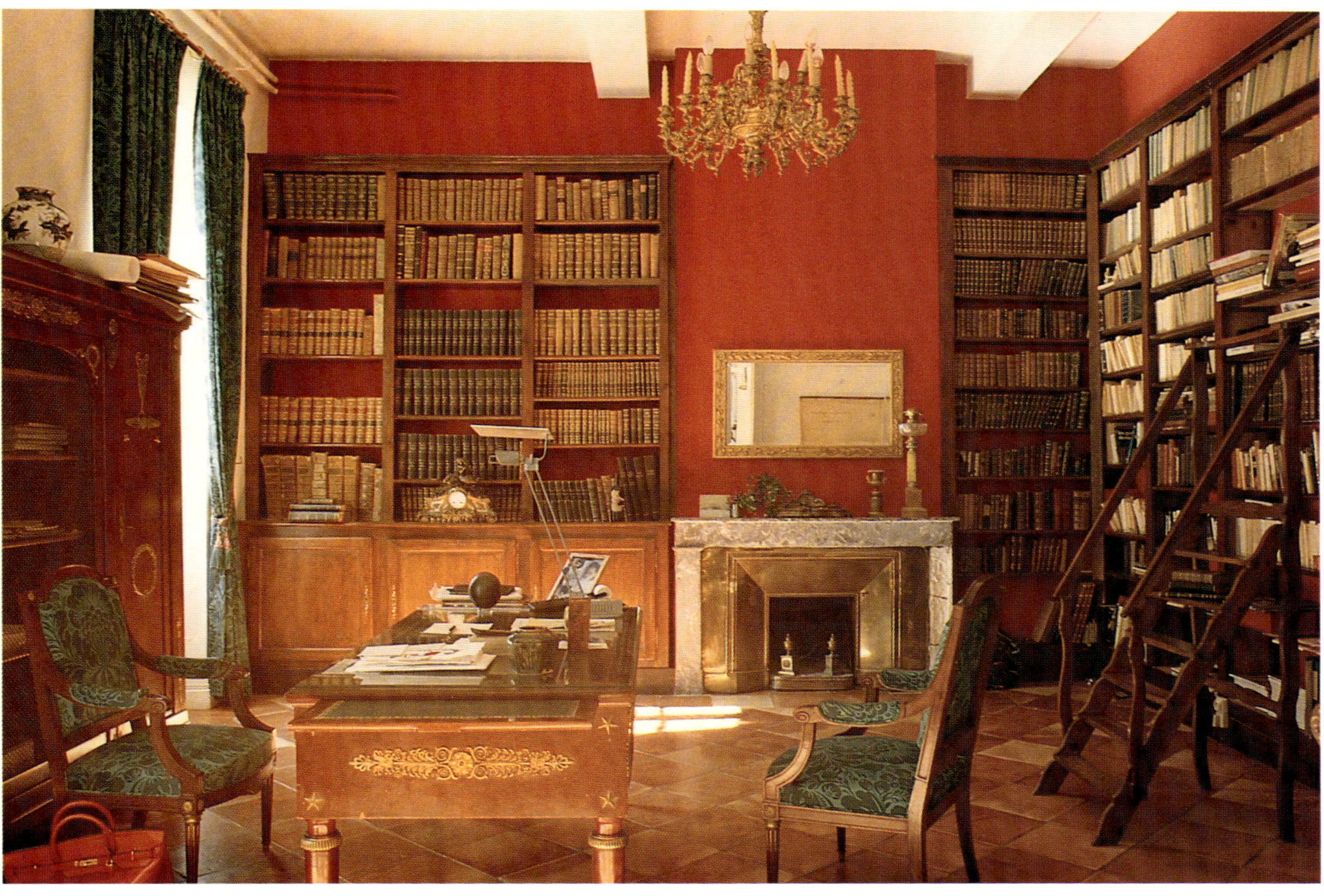

Sur les rayonnages de la bibliothèque, parmi les maroquins dorés sur tranche, se trouvent les traités de droit de Théodore Troplong, pair de France et président du Sénat au XIXe siècle.

Dans cette salle à manger dont les boiseries datent du XVIIIe siècle, Christine Valette aime recevoir de façon simple et décontractée n'excluant pas pour autant le raffinement.

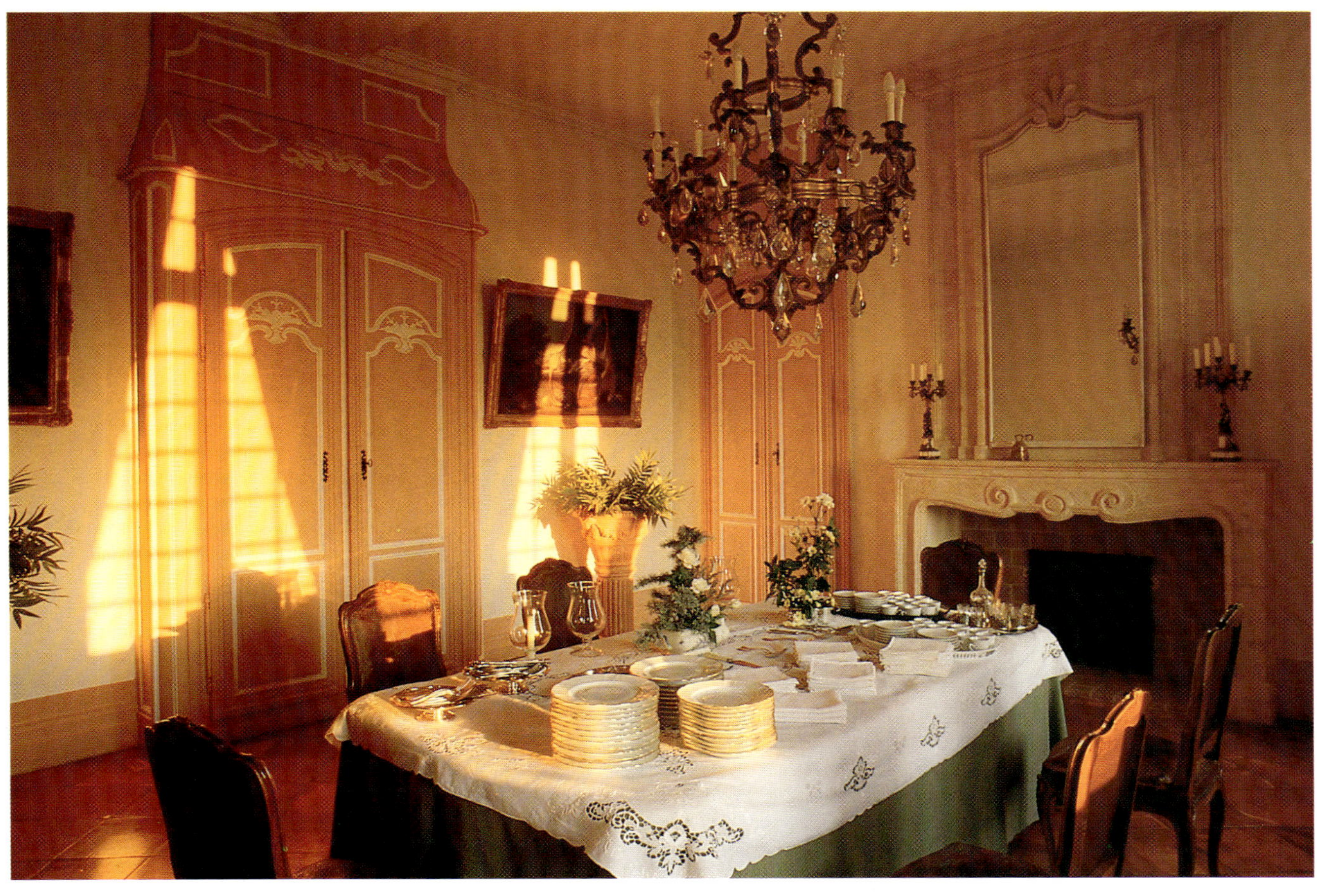

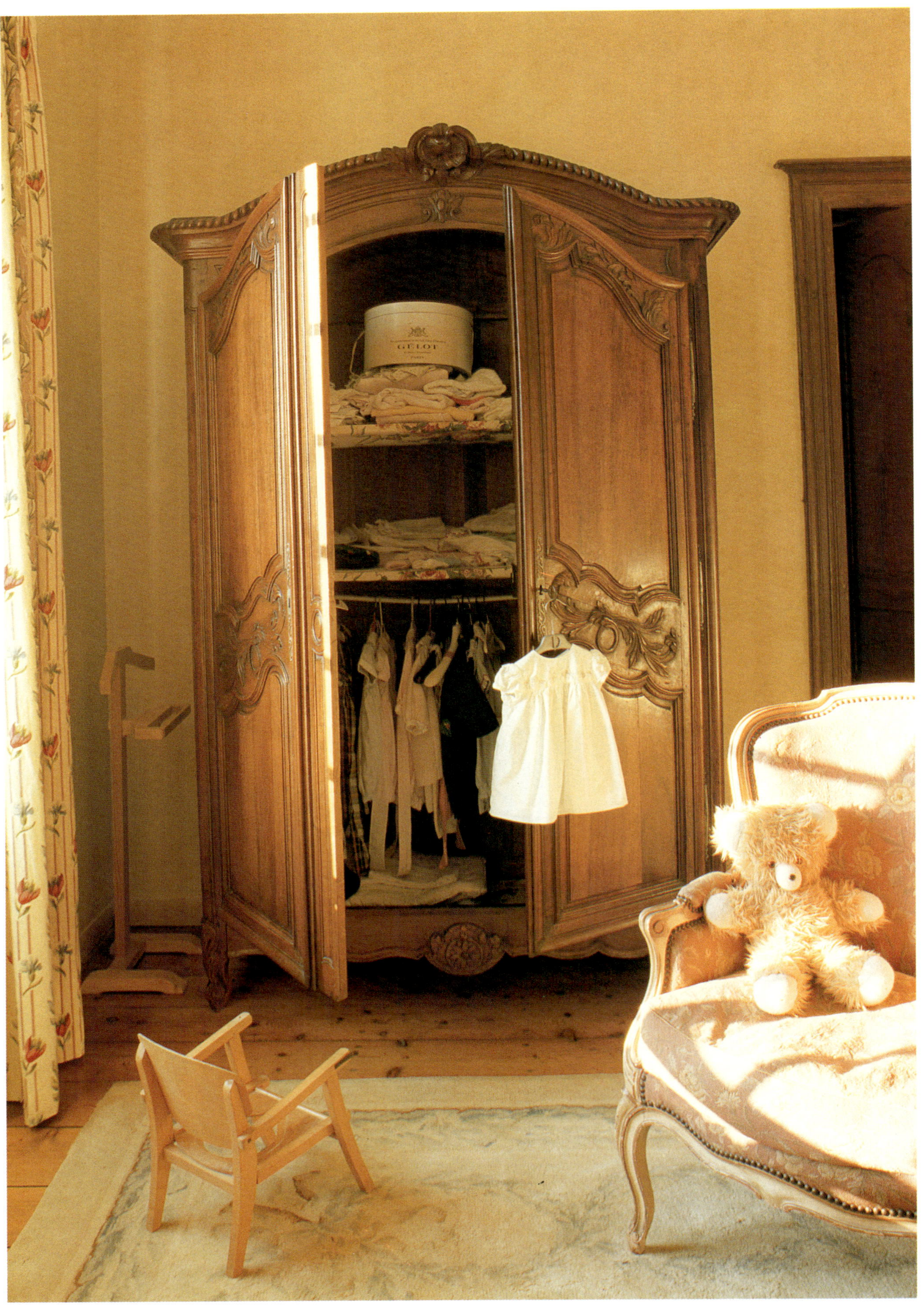

Nounours garde les robes de Judith, empesées par la nounou.

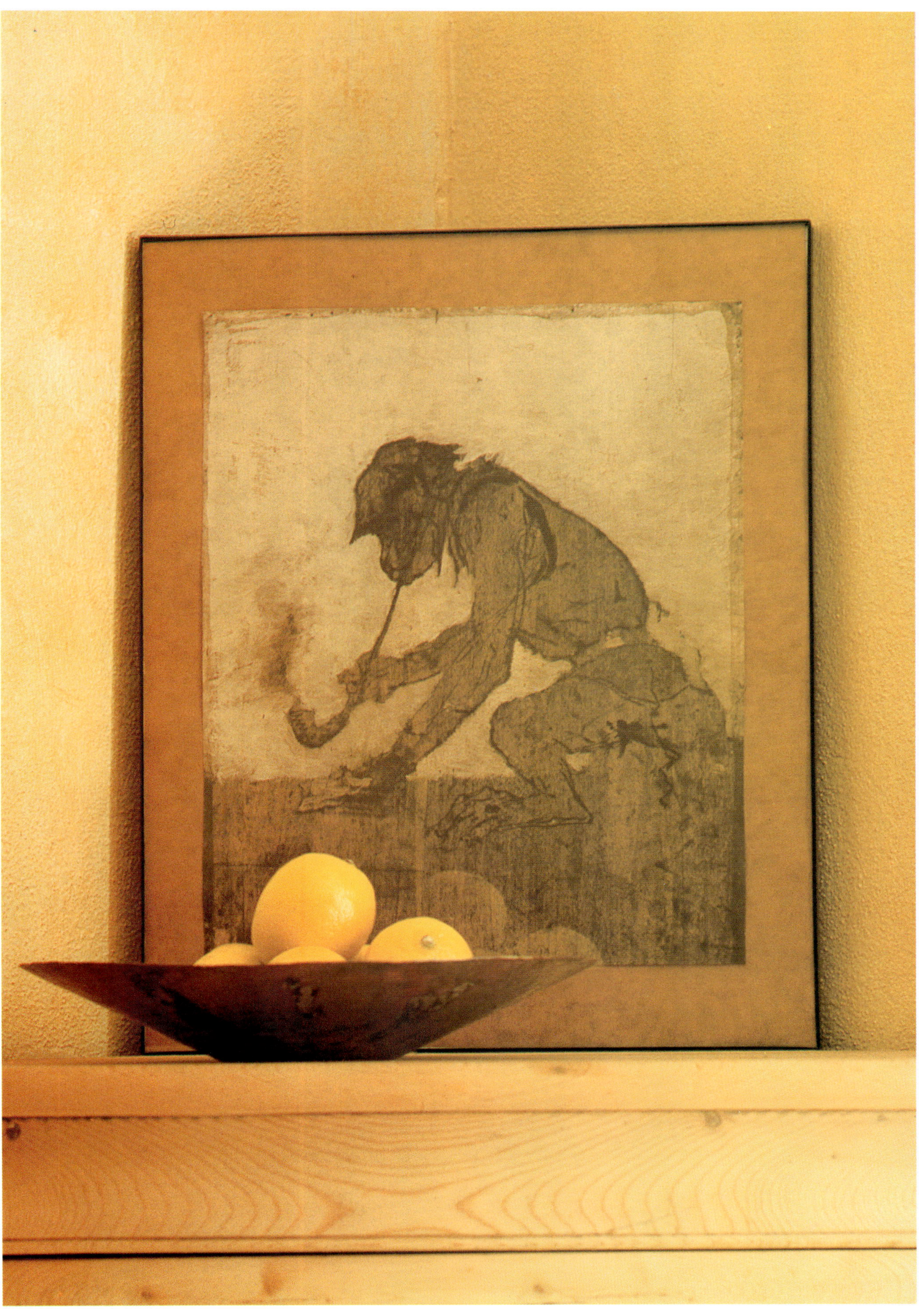

La fille aînée, Charlotte, apporte quotidiennement son offrande au « singe qui fume » dans la cuisine.

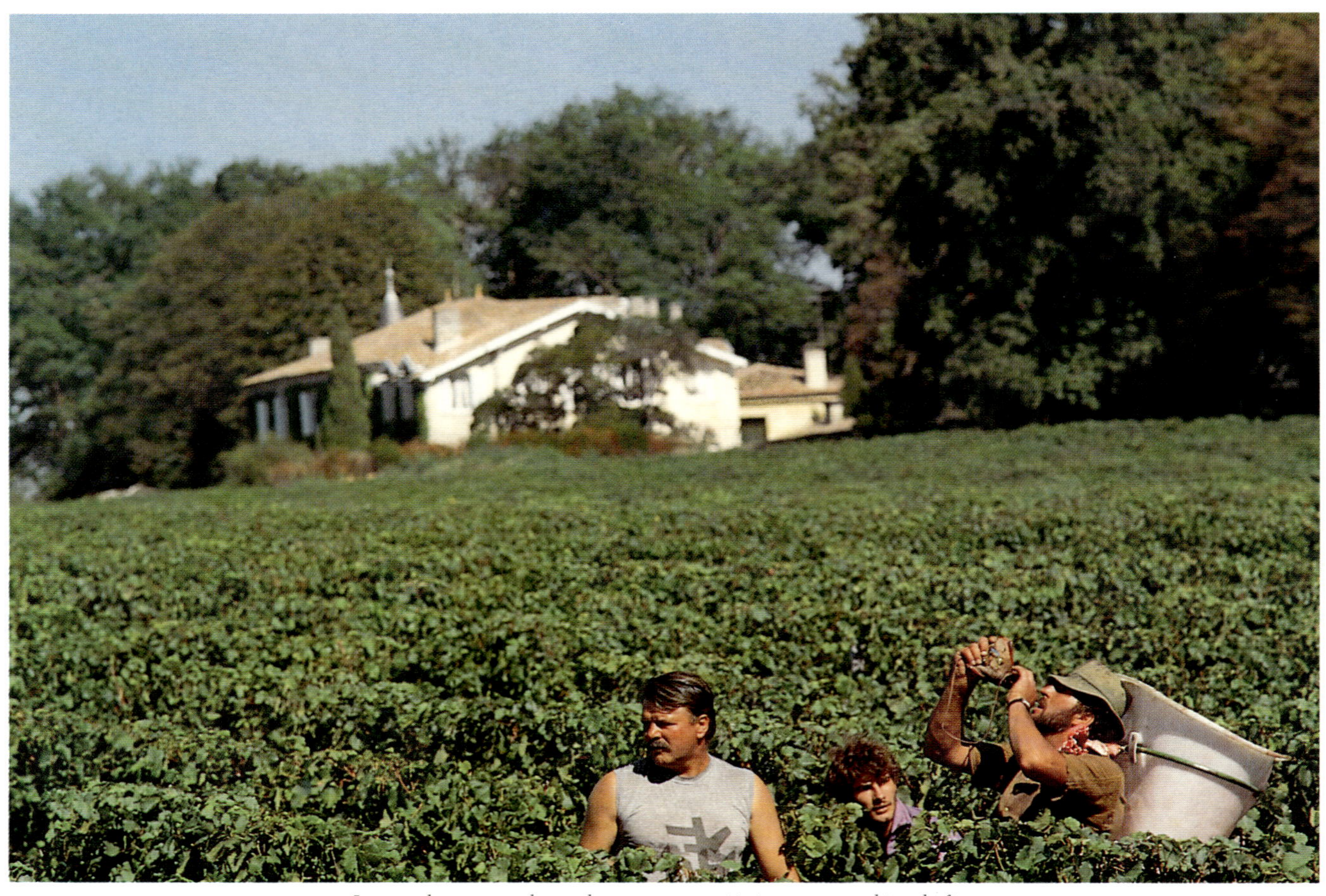

*Les vendanges sont les seuls travaux associés à une atmosphère de fête.
Chaque année, rituellement, une soixantaine de gitans campent dans leurs roulottes
autour de la propriété et assurent à la main les vendanges.
Page de droite : après un premier tri à la main dans le tombereau,
cette machine sert à « érafler » les grappes.*

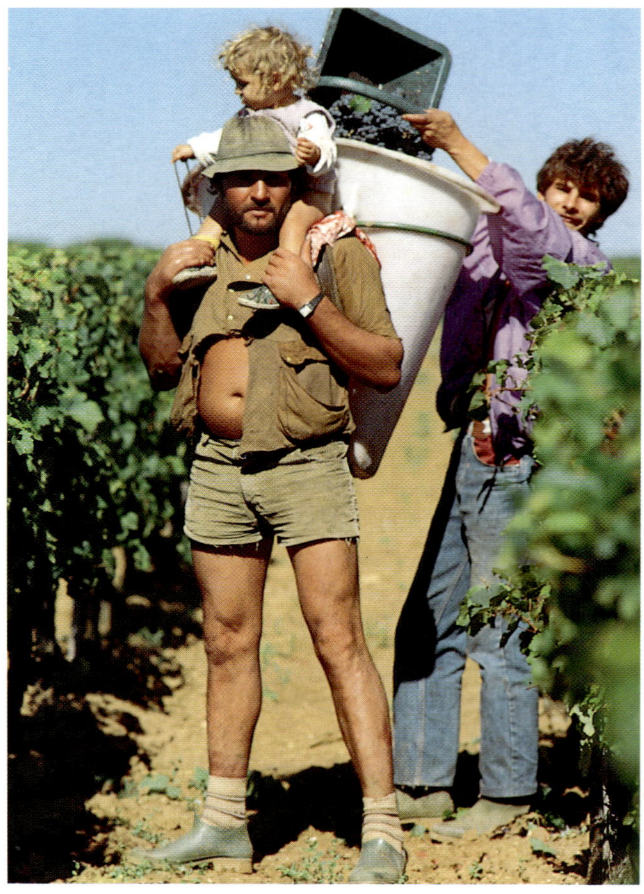

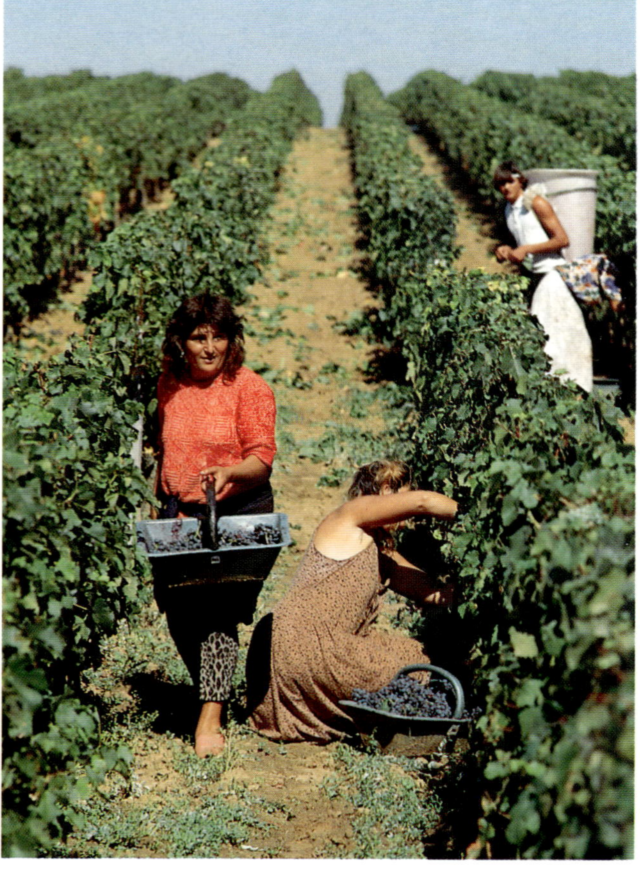

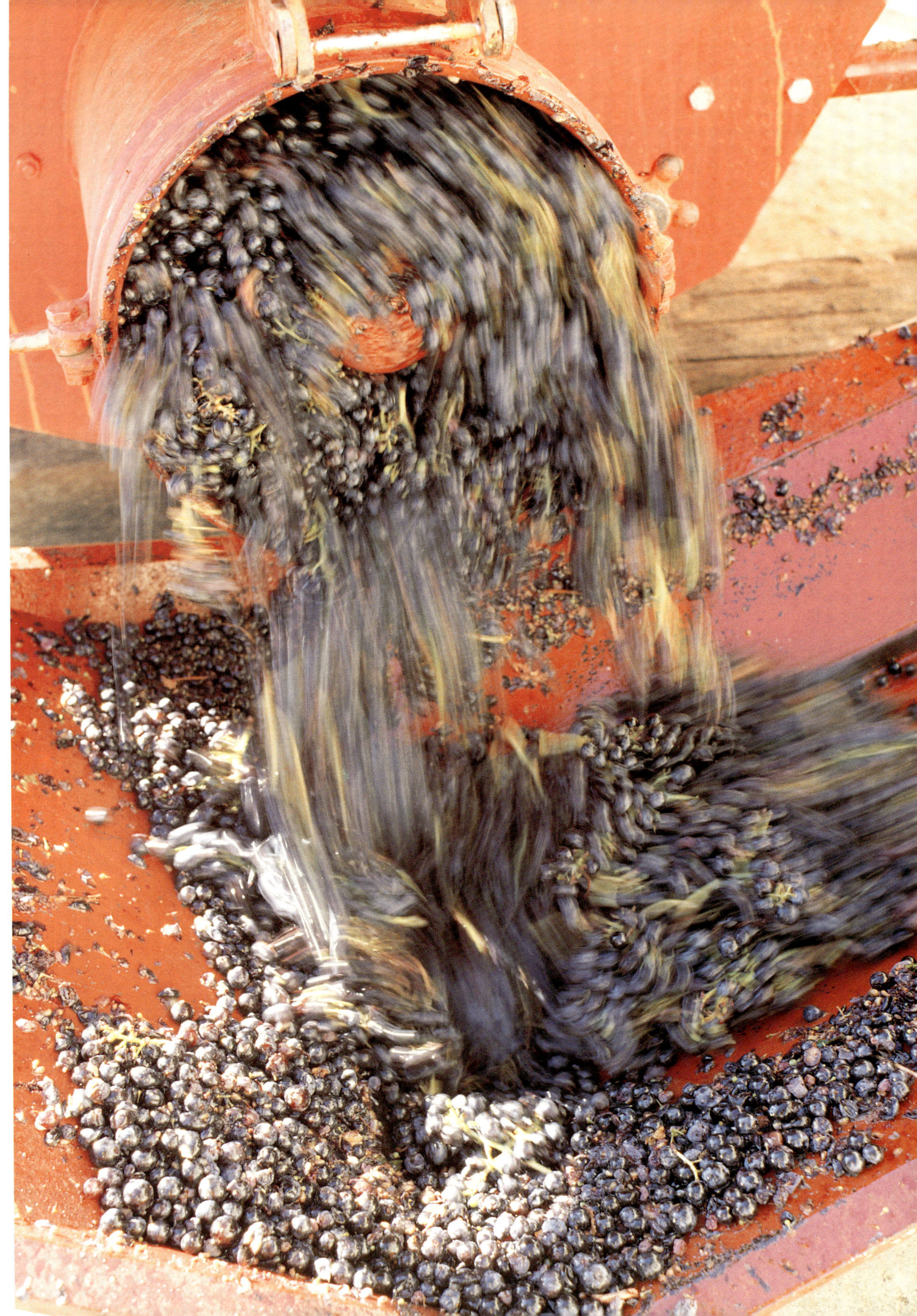

REMERCIEMENTS

Les auteurs remercient ceux et celles qui ont vu naître l'idée de ce livre et qui, par leur enthousiasme et leur hospitalité, ont encouragé ce projet.

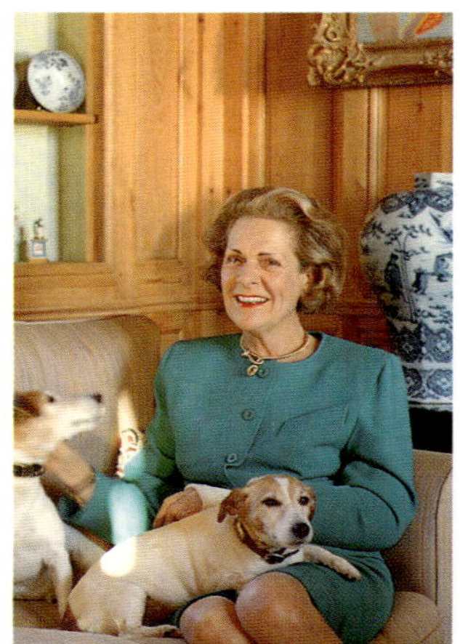

Marquise Monique du Vivier

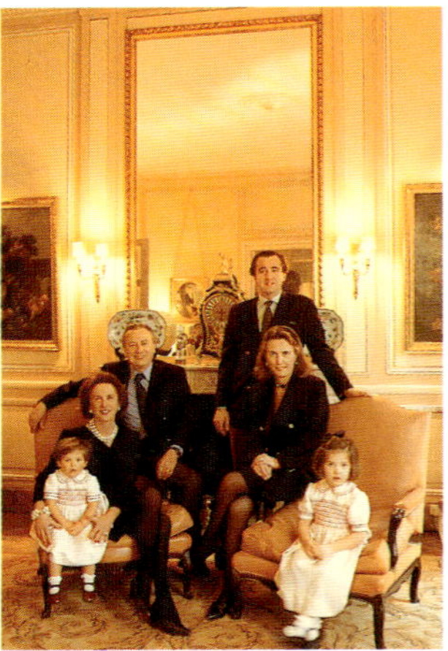

Monsieur et madame
Jean Calvet
et leurs enfants

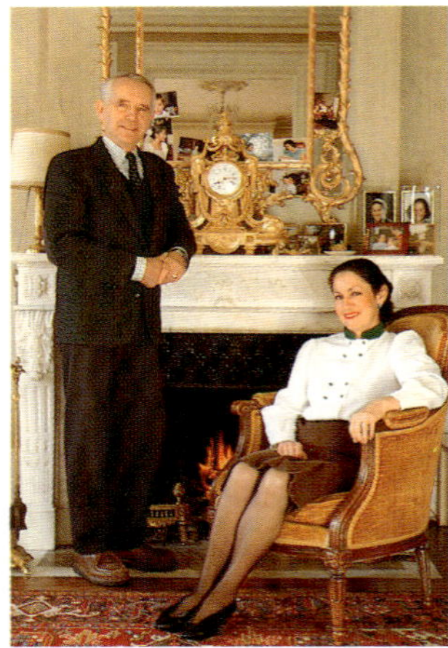

Vicomte et vicomtesse
Jean de Baritaut
Château du Foulon

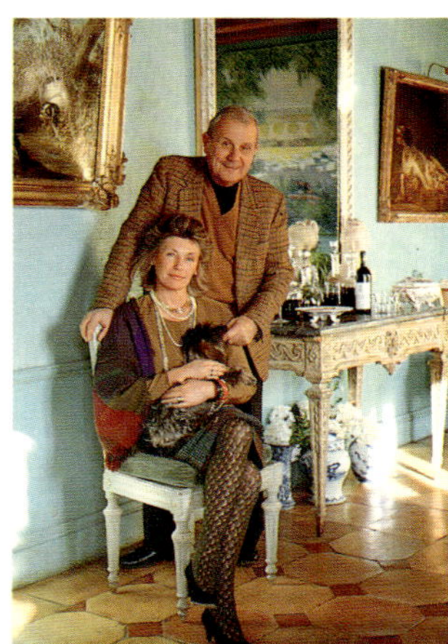

Prince et princesse
Albert Poniatowski
Domaine de Baulos

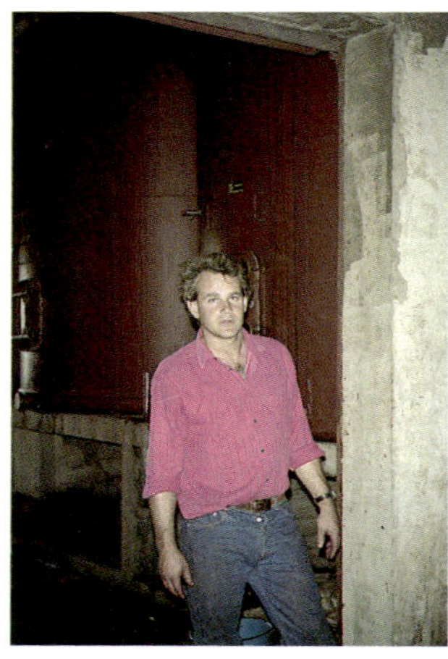

Monsieur
Jean-Luc Vonderheyden
Château Monbrison

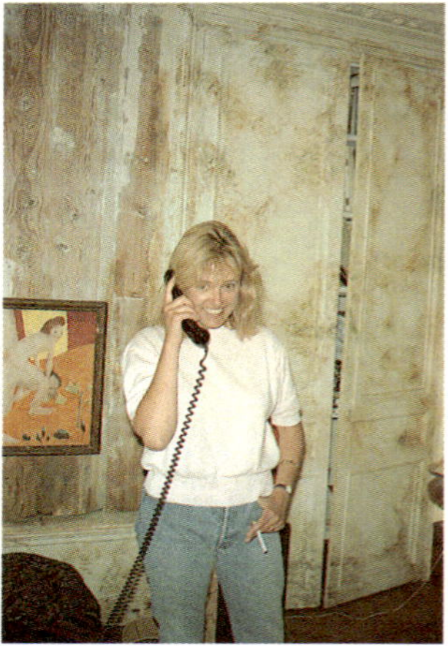

Mademoiselle Astrid Calvet

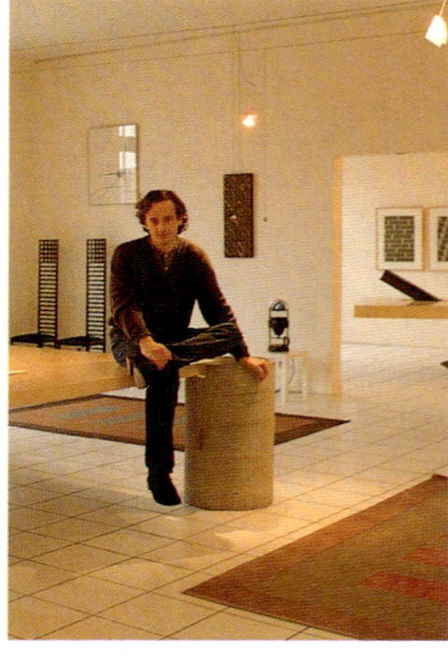

Monsieur Pierre Lawton
Négoce de vin – Alias –

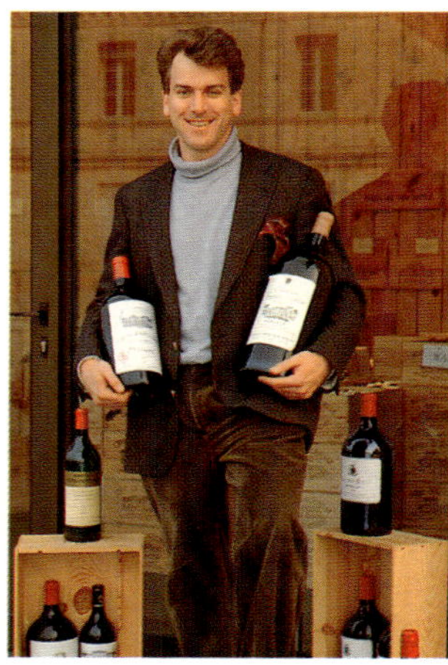

Monsieur Ross Philips

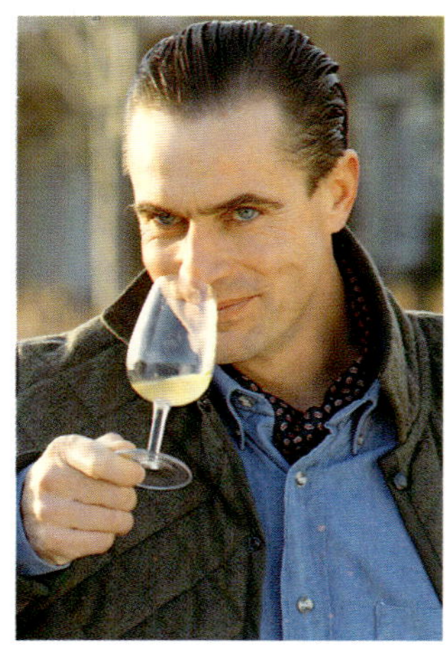

Monsieur Hervé Dubourdieu
Château Roumieu-Lacoste

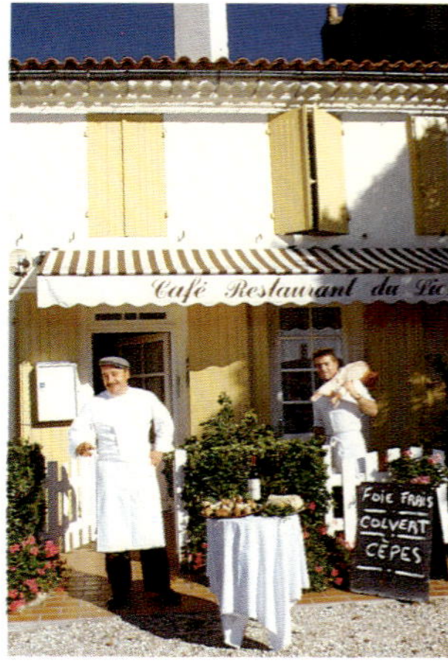

Monsieur Jean-Paul Barbier
Auberge du Lion d'Or – Arcins

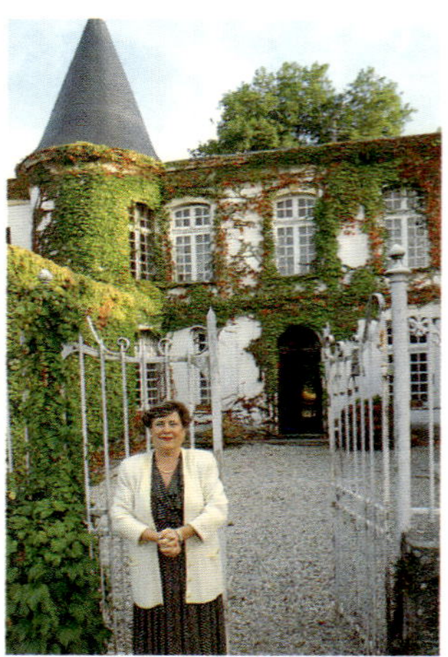

Madame Régine Roux
Château Biston

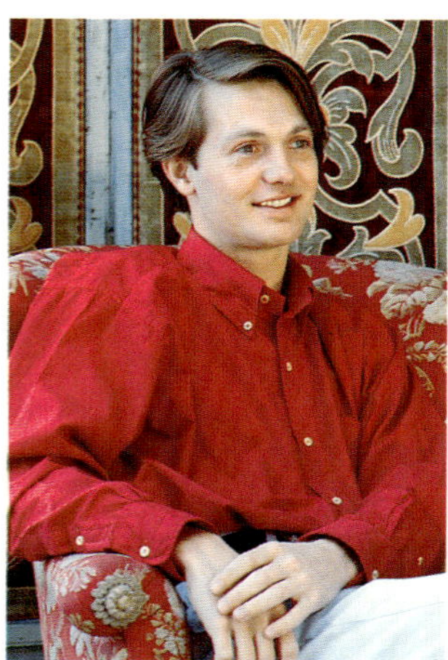

Monsieur Christophe Larquey
Antiquaire à Bordeaux

REMERCIEMENTS

Pour leur chaleureux accueil les auteurs tiennent à remercier les propriétaires ou directeurs des Châteaux suivants : madame Simone Bouchet Dubourdieu, Château Roumieu-Lacoste ; madame Diane Cruse et monsieur Michel Tesseron, Château Malescasse ; monsieur Marcel Baly, Château Coutet ; monsieur Étienne de Bailliencourt, Château Gazin ; monsieur Jacques Borie, Château de la Rivière ; madame Emmanuel Cruse, Château d'Issan ; monsieur Henry Forner, Château Camensac ; monsieur Eric Fournier, Château Canon ; monsieur Keiichi Fujimoto, Château Citran ; monsieur Peby Guisez, Château Faugères ; monsieur Jean Lalande, Château Piada ; monsieur Emmanuel de Lambert des Granges, Château Sigalas Rabaud ; monsieur et madame Philippe Legrix de la Salle, Château le grand Verdus ; madame Sylvie Nègre, Domaine de l'isle Margaux ; madame Pamela Prior, Château Loudenne ; monsieur Xavier Planty, Château Guiraud ; monsieur Xavier de Pontac, Château Myrat ; monsieur Paul Seurin, Château Fronsac ; madame Marie-Cécile Vicaire, Château Coufran.

Pour leur précieuse collaboration et leurs conseils judicieux les auteurs tiennent aussi à remercier monsieur Edgar Amiel, monsieur Pascal Bussy, monsieur Francis Brussat, madame Nadia de Butler, monsieur Nicolas Faith, monsieur Bernard Ginestet, monsieur Jean Gorne, monsieur Alain Goulet, madame Corinne d'Hauteville, monsieur Tom Heater, madame Françoise Jamoul, monsieur Luc Joubert, madame Isabelle-Sophie Lecorné, monsieur et madame François Pajot, monsieur Émile Peynaud, madame Isabelle de Saint-Victor, madame Dinah Zampetti ainsi que madame Monique Bodin pour avoir prêté les photographies de la vue extérieure de Château Lafite par J.-H. Lartigue et du portrait du baron Éric de Rothschild par Michel Guillard.

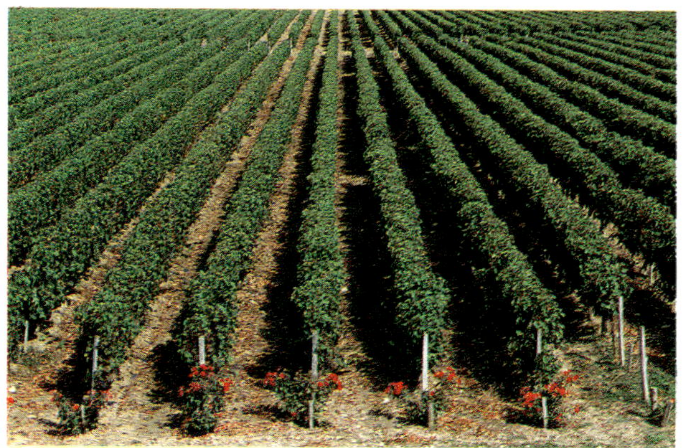

Développement des films
Laboratoire Nouveau Gorne, Paris

Photocomposition
Traitext, Dijon-Quetigny

Photogravure
Colourscan France

Achevé d'imprimer sur les
presses de Arti Grafiche **FIORNOVELLI** - Torino
le mois de septembre 1996

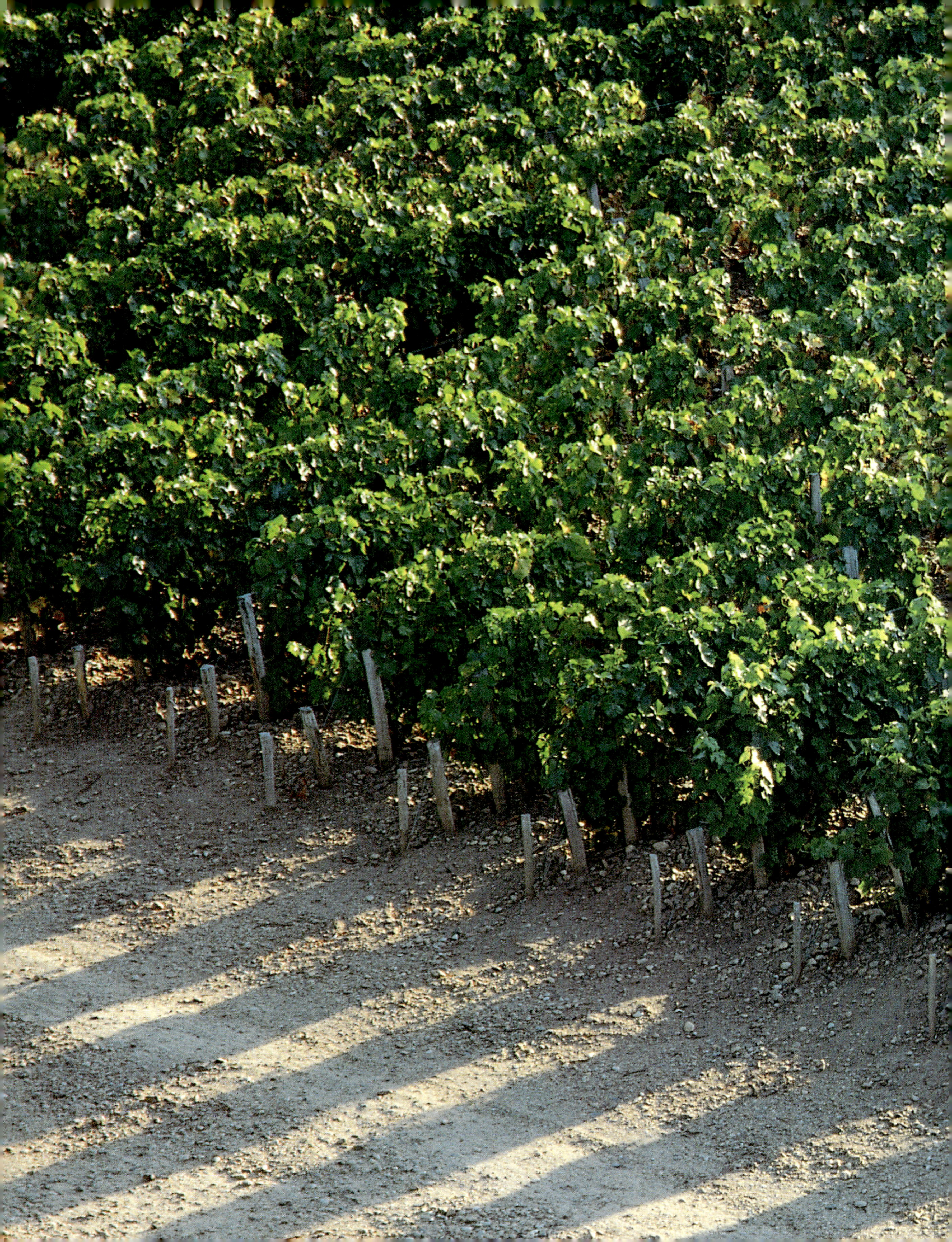

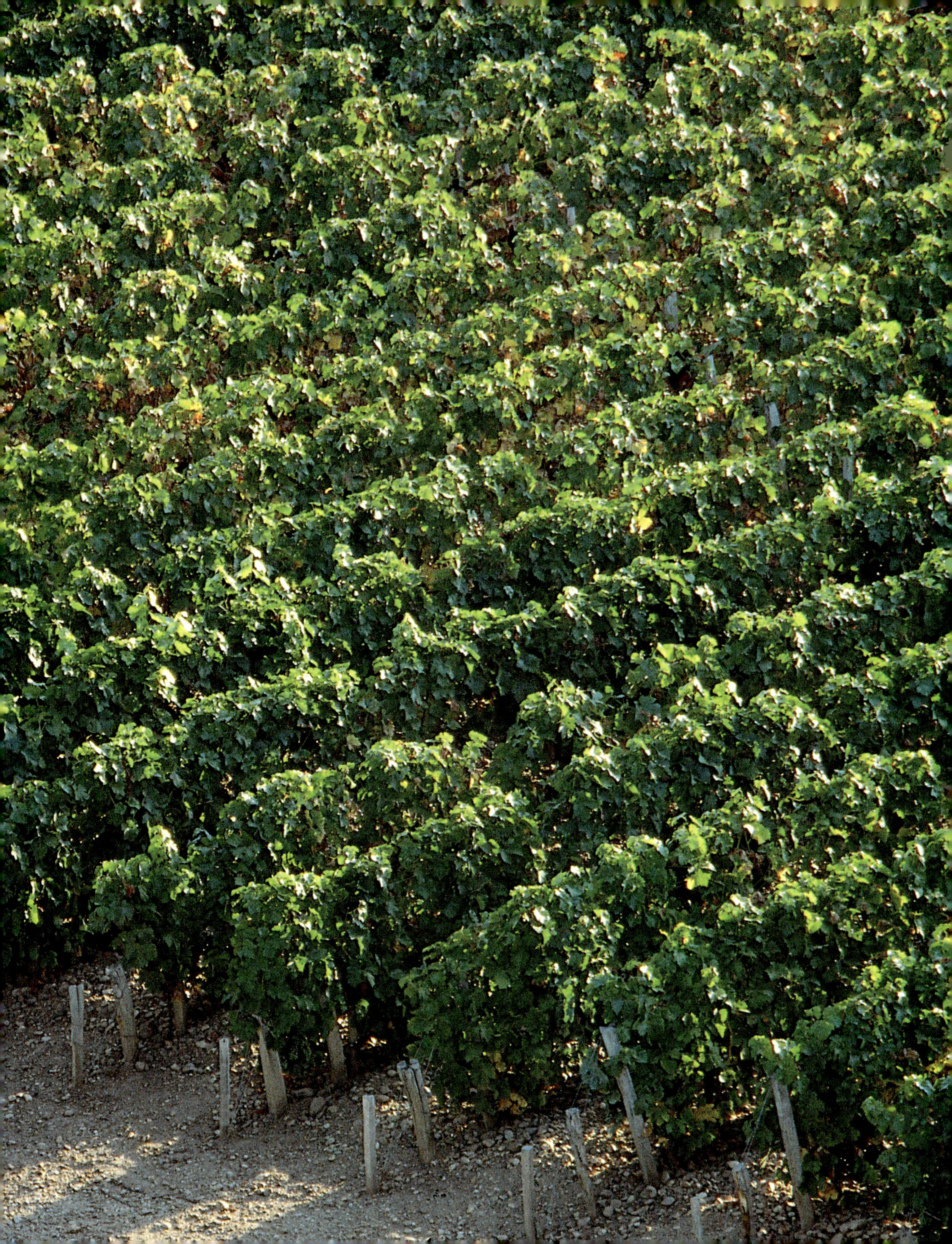